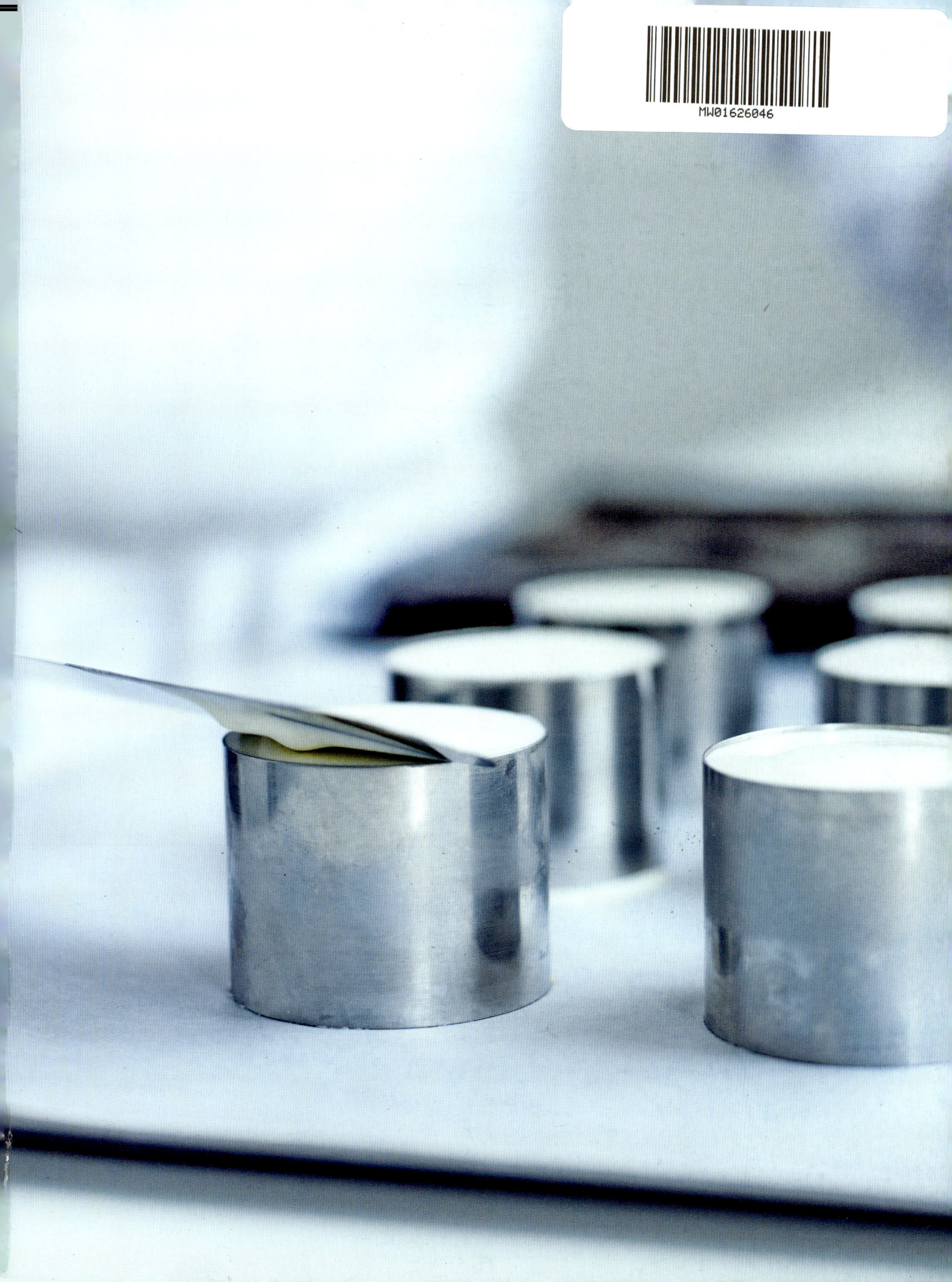

Conception et réalisation graphique :

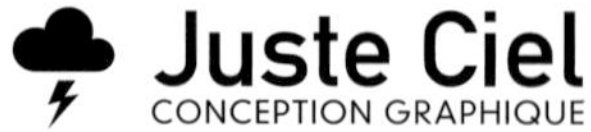

Connectez-vous sur :
www.editionsdelamartiniere.fr

ISBN : 978-2-7324-5662-1

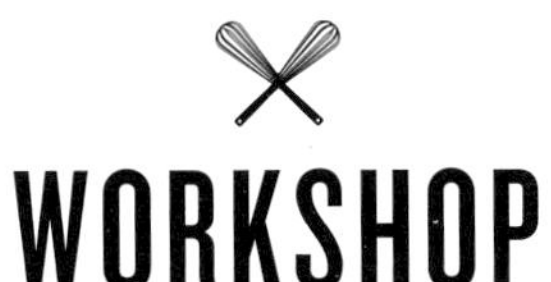

CHRISTOPHE FELDER

LES PETITS GÂTEAUX

PHOTOGRAPHIES DE JEAN-CLAUDE AMIEL

Éditions
de La Martinière

De nos jours, l'entremets est le terme professionnel employé pour désigner les gâteaux de quatre personnes et plus, à base de crème et de biscuit. Ici, je vous présente des douceurs individuelles que l'on appelle plus généralement « petits gâteaux ».

Au Moyen Âge, comme son nom l'indique, l'entremets était servi ENTRE les METS. Ce n'est que récemment que l'entre-mets a gagné toutes ses lettres de noblesses pour occuper sa véritable place: celle du DESSERT.

Composé d'une crème et d'un biscuit, il est intéressant de lui associer un fruit, afin de lui donner toute la saveur et sa touche colorée acidulée propre.

C'est ainsi que j'ai eu envie à travers ce nouveau livre de vous proposer des recettes d'entremets revues, parfois « corrigées », mais toujours audacieuses en mélanges aromatiques et hautes en couleurs.

Du classique au plus créatif, ces petits gâteaux, je l'espère, vous donneront l'envie de les réaliser avec autant de plaisir que j'ai eu à préparer ce livre plein de fraîcheur et de légèreté.
À vous de jouer désormais les entremetTEURs !!!

Christophe Felder

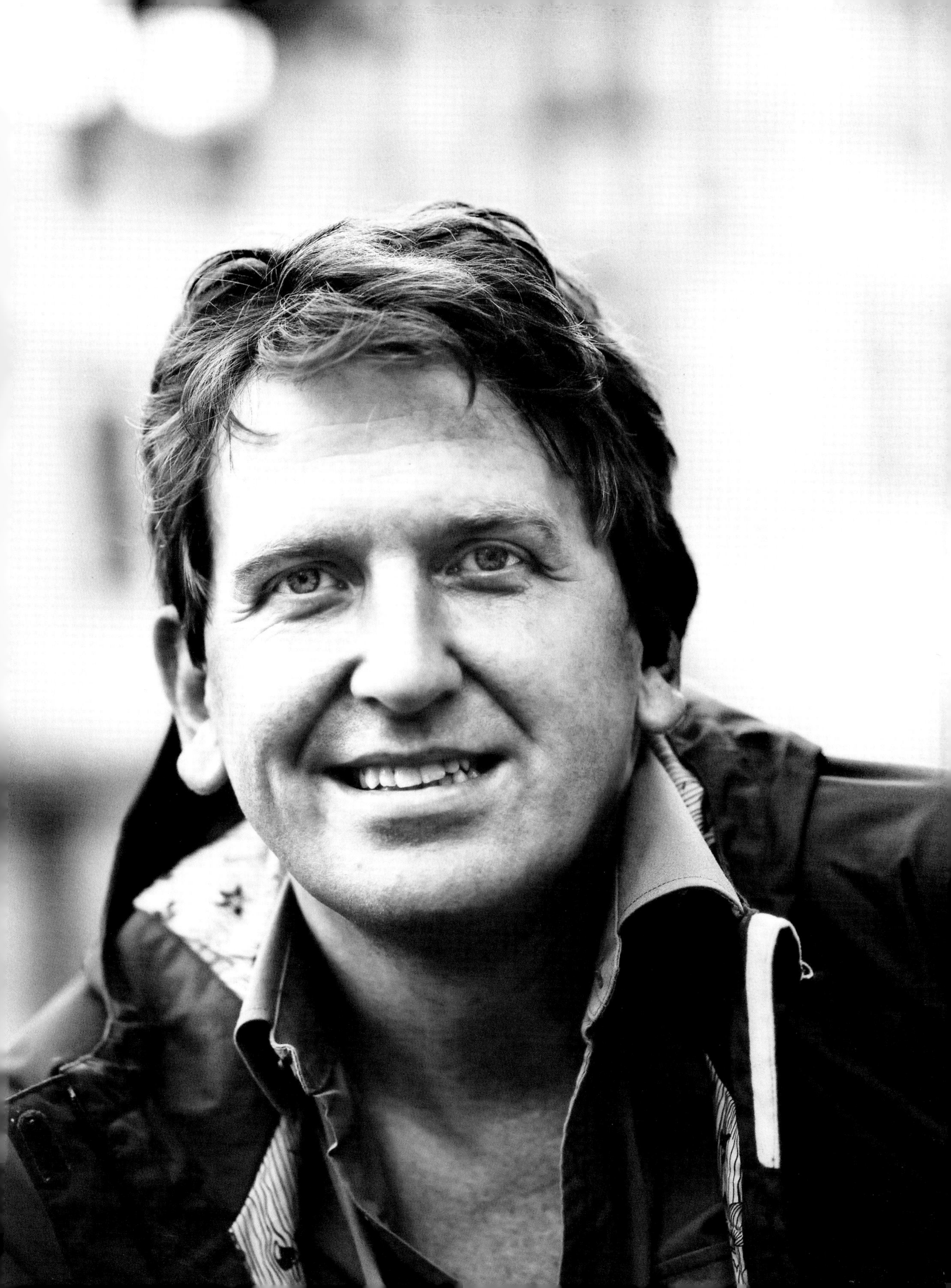

SOMMAIRE

LES RECETTES • 74

ANNEXES • 234

QUELQUES CONSEILS PRATIQUES ET TECHNIQUES

Je suis l'un des plus gros « mangeurs » de gâteaux de la terre, je les mange tous : les miens et ceux des autres... Aussi, je me suis posé cette question pour vous : est-il possible de réaliser des petits gâteaux de pâtissier à la maison ?

La réponse est : oui, bien sûr ! mais il faut être organisé et surtout prendre son temps ! Ainsi, vous aurez beaucoup de fierté à les avoir réalisés, et surtout de pouvoir les déguster à volonté !

LE MATÉRIEL

Ayez des petits cercles de différentes tailles et de différentes hauteurs.

En général, pour les petits gâteaux avec une crème et un palet de fruit, on utilise des cercles de 5,5 cm de diamètre et 4,5 cm de hauteur. Vous pouvez également utiliser des bandes de plastique Rhodoïd® à placer dans les cercles pour démouler plus facilement. Un petit gâteau chic se doit d'être de petite taille et de belle hauteur.

Pour les biscuits à base de meringue, utilisez le même type de cercle.

Pour les gâteaux à l'ancienne, à base de crème mousseline et de dacquoise, choisissez des cercles de 6,5 cm de diamètre et 3 cm de hauteur.

Dans le commerce, on trouve le plus souvent des cercles de 8 cm, mais vous pouvez vous procurer la bonne taille sur des sites spécialisés ou les fabriquer en carton souple.

Il existe de nombreux moules de formes variées, n'hésitez pas à vous en servir.

Vous pouvez également prendre des cercles à tarte de 8 cm de diamètre garnis de pâte sucrée cuite que vous surmontez de crème, de palet de fruits, de biscuits, de différents parfums.

Une petite spatule coudée vous aidera pour faire un parfait lissage, car elle est plus facile à manier qu'une spatule droite.

Vous aurez aussi besoin d'une balance, d'un batteur, d'un mixeur, de récipients en Inox de préférence, de fouets, d'une Maryse, d'un grand couteau de chef, de petits couteaux, d'un thermomètre, d'une poche à douille et de douilles de différentes tailles et formes (lisse, dentelée...), de spatules, de feuilles de papier sulfurisé, de feuilles de Téflon®, de plaques de cuisson et de petite grilles...

LES PRODUITS

Utilisez une vraie crème fraîche liquide entière pasteurisée et bien blanche ; en Alsace, nous avons de la chance d'avoir la crème Alsace lait, qui est aussi utilisée dans les bonnes et célèbres pâtisseries parisiennes. C'est toujours mieux que la crème UHT... qui est pratique et facile à trouver.

Du beurre d'excellente qualité gustative.

Prenez si possible la farine dans une minoterie près de chez vous.

Privilégiez les fruits de saison et de première qualité, irréprochables en saveur... En pleine saison, n'hésitez pas à les congeler pour les utiliser ultérieurement quand vous voudrez faire des petits gâteaux.

Choisissez un très bon chocolat (Valrhona® par exemple), cela fera une vraie différence de goût pour vos gâteaux.

N'oubliez pas que les œufs se gardent à température ambiante. Je rappelle ici que pour les macarons et les biscuits, il faut utiliser des blancs d'œufs que vous venez de séparer.

LA CONSERVATION

L'idéal est de préparer une quantité plus importante (ce n'est pas possible pour les macarons avec crème pâtissière et les gâteaux à base de pâte à choux garnis) et d'en congeler une partie. Vous pouvez les garder au congélateur pendant 3 semaines. Au-delà, vous risquez de les oublier complètement et de ne jamais les déguster.

Vous pouvez congeler les coques de macaron et les pâtes à choux non garnies.

Toutefois, il faudra les stocker convenablement dans des boîtes hermétiques.

LA FINITION

Vous la ferez toujours sur le gâteau encore congelé. Un produit de qualité même congelé, reste un produit de qualité lorsqu'il est décongelé.

Et techniquement, cela vous facilitera vraiment la réalisation.

Les petits gâteaux que vous fabriquez vous-même (avec des produits de base sélectionnés chez les meilleurs fabricants) seront bien meilleurs que certaines pâtisseries achetées. Vous avez l'avantage de les personnaliser. Votre plaisir en sera décuplé... et vous pourrez annoncer fièrement « c'est moi qui l'ai fait ! ».

La plupart des gâteaux existent depuis des décennies et sont sans cesse revisités, relookés et actualisés. Ce livre vous donne des pistes pour vous faire plaisir. N'hésitez pas à vous lancer, à varier les montages, les couleurs, les textures et les parfums... le visuel de vos petits entremets s'affinera avec la pratique.

Prenez du temps et de la satisfaction à confectionner ces petits gâteaux... ne lâchez pas à la première difficulté. Soyez persévérants. Le bonheur est au bout du chemin.

UNE BONNE ORGANISATION

Commencez par acheter tous les bons produits, vérifiez que vous avez tous les ustensiles.

Au moment de confectionner les petits gâteaux, pesez les ingrédients.

Il est préférable de fabriquer les palets de fruits 2 jours avant, et les biscuits la veille.

Ensuite, procédez dans cet ordre : faites le mélange du sirop d'imbibage, la crème, le montage, mettez à refroidir et stockez.

UNE CUISSON RÉUSSIE

Pensez à mettre le four en chaleur tournante pour cuire les biscuits. En revanche, faites-le fonctionner en convection naturelle pour les pâtes à choux, pour ceux qui ne sont pas recouverts de crumble et sont dorés – comme cela, ils se déforment moins à la cuisson.

LA DÉGUSTATION

La plupart de ces gâteaux se conservent au réfrigérateur et se dégustent une dizaine de minutes après les avoir sortis du froid et laissés à température ambiante.

Pour les petits entremets à base de chocolat, vous pouvez les déguster aussitôt.

Et pourquoi ne feriez-vous pas un biscuit d'une recette et la crème d'une autre recette, et réaliser ainsi votre propre création.

Petit rappel, vous pouvez réaliser les entremets du livre *Pâtisserie* et les couper en rectangles de 3 cm sur 9 cm ou carrés de 5 cm sur 5 cm avec un couteau long à la lame très fine (trempez-la dans de l'eau chaude et essuyez-la à chaque fois avant de couper). Vous obtiendrez également de bien jolis petits entremets.

USTENSILES POUR LE WORKSHOP

CERCLE DE 5,5 CM DE DIAMÈTRE
CERCLE DE 6,5 CM DE DIAMÈTRE
CERCLE RECTANGLE DE 5 CM X 10 CM
CERCLE HAUT DE 5,5 CM DE DIAMÈTRE
CERCLE HAUT DE 6,5 CM DE DIAMÈTRE

CORNET EN PAPIER
POCHE À DOUILLE
DOUILLE À SAINT-HONORÉ
DOUILLE CANNELÉE DE 6 MM
DOUILLE CANNELÉE DE 8 MM
DOUILLE LISSE DE 3 MM
DOUILLE LISSE DE 4 MM
DOUILLE LISSE DE 5 MM
DOUILLE LISSE DE 8 MM

EMPORTE-PIÈCE DE 3 CM DE DIAMÈTRE
EMPORTE-PIÈCE DE 4 CM DE DIAMÈTRE
EMPORTE-PIÈCE DE 5 CM DE DIAMÈTRE
EMPORTE-PIÈCE DE 6 CM DE DIAMÈTRE
EMPORTE-PIÈCE DE 7 CM DE DIAMÈTRE
EMPORTE-PIÈCE DE 8 CM DE DIAMÈTRE

FEUILLE DE CUISSON TÉFLON®

MOULE EN SILICONE À MINI-SAVARINS
MOULE EN SILICONE GRANDE DEMI-SPHÈRE
MOULE EN SILICONE PETITE DEMI-SPHÈRE
MOULE EN SILICONE NONNETTE
MOULE EN SILICONE PETITS CARRÉS

BALANCE
CHALUMEAU
MIXEUR

FOUET
MARYSE
PINCEAU
PLAQUE À PÂTISSERIE 40 CM X 30 CM
RÂPE
ROBOT MÉLANGEUR
ROULEAU À PÂTISSERIE
SPATULE COUDÉE
SPATULE EN BOIS OU EN SILICONE
SPATULE EN INOX
TAMIS
THERMOMÈTRE
ZESTEUR

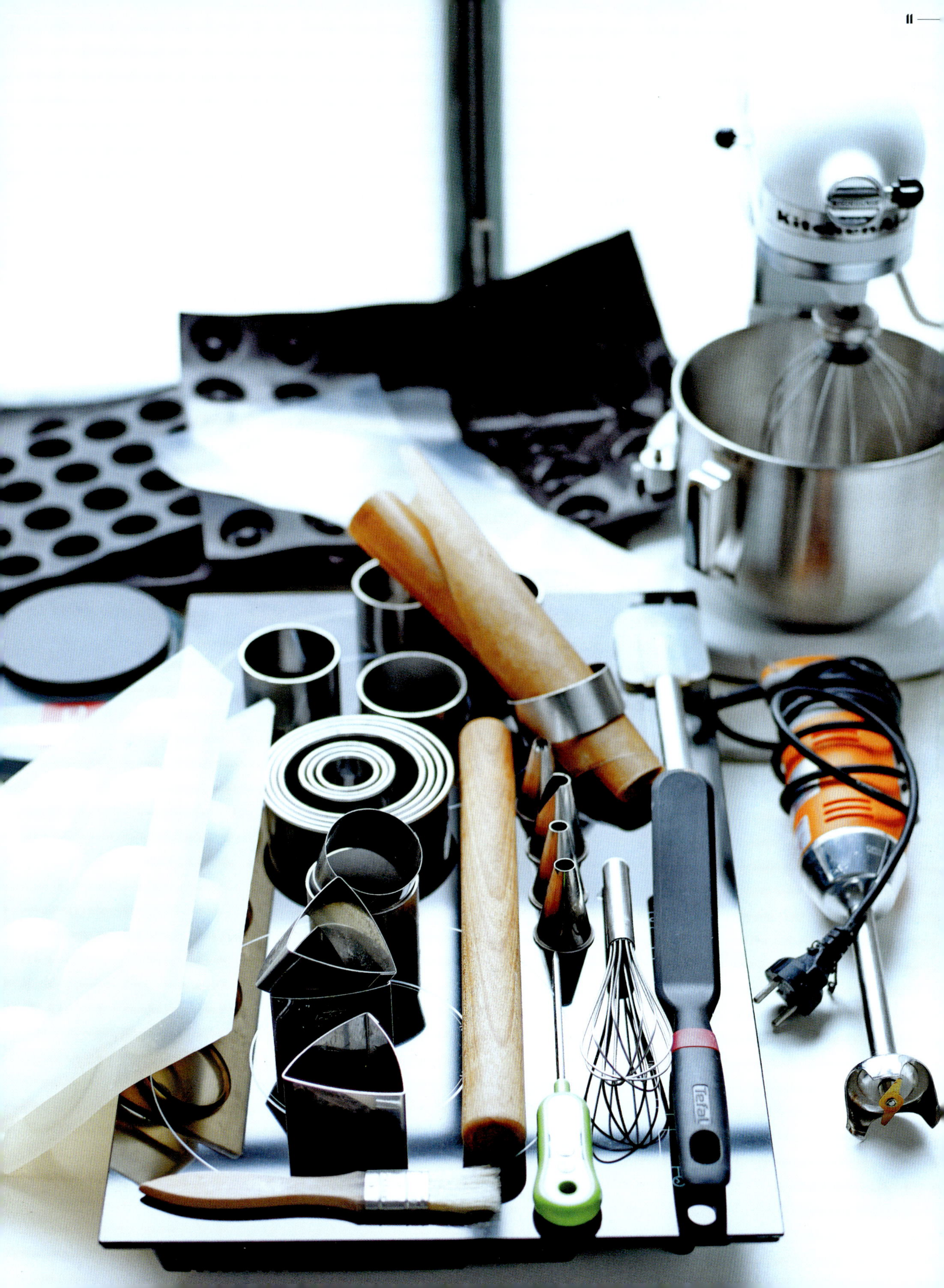
Tefal

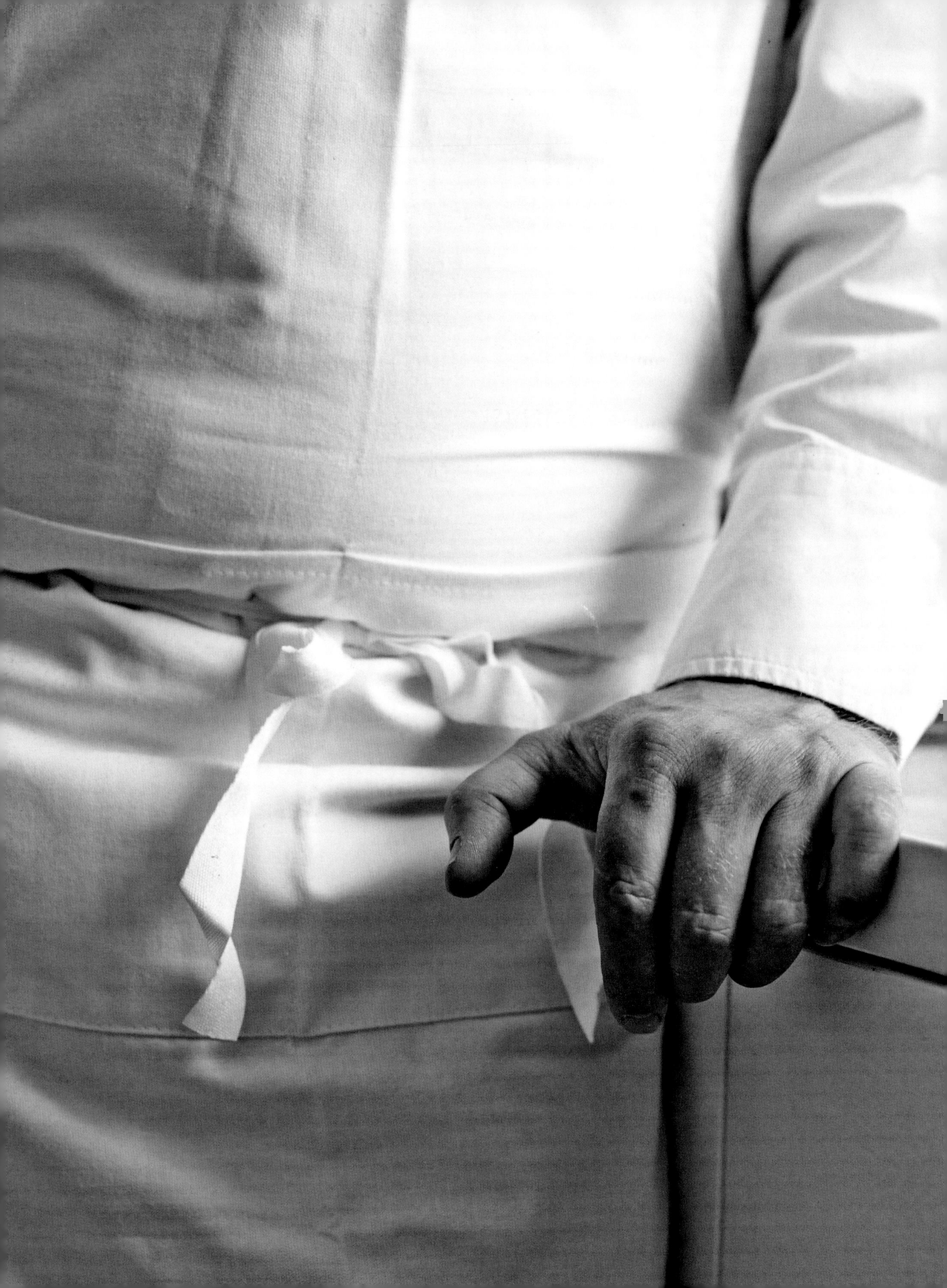

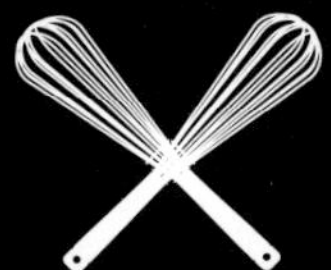

LES RECETTES DE BASE

CRÈME AU BEURRE

INGRÉDIENTS POUR
550 G DE CRÈME AU BEURRE

200 G DE SUCRE SEMOULE

10 CL D'EAU

2 ŒUFS

250 G DE BEURRE ASSEZ FERME

1 THERMOMÈTRE

TEMPS DE PRÉPARATION
15 MINUTES

TEMPS DE CUISSON
5 MINUTES

Cette crème au beurre est une recette classique de la pâtisserie française que faisait mon père. Elle est très pratique mais elle ne se congèle pas.

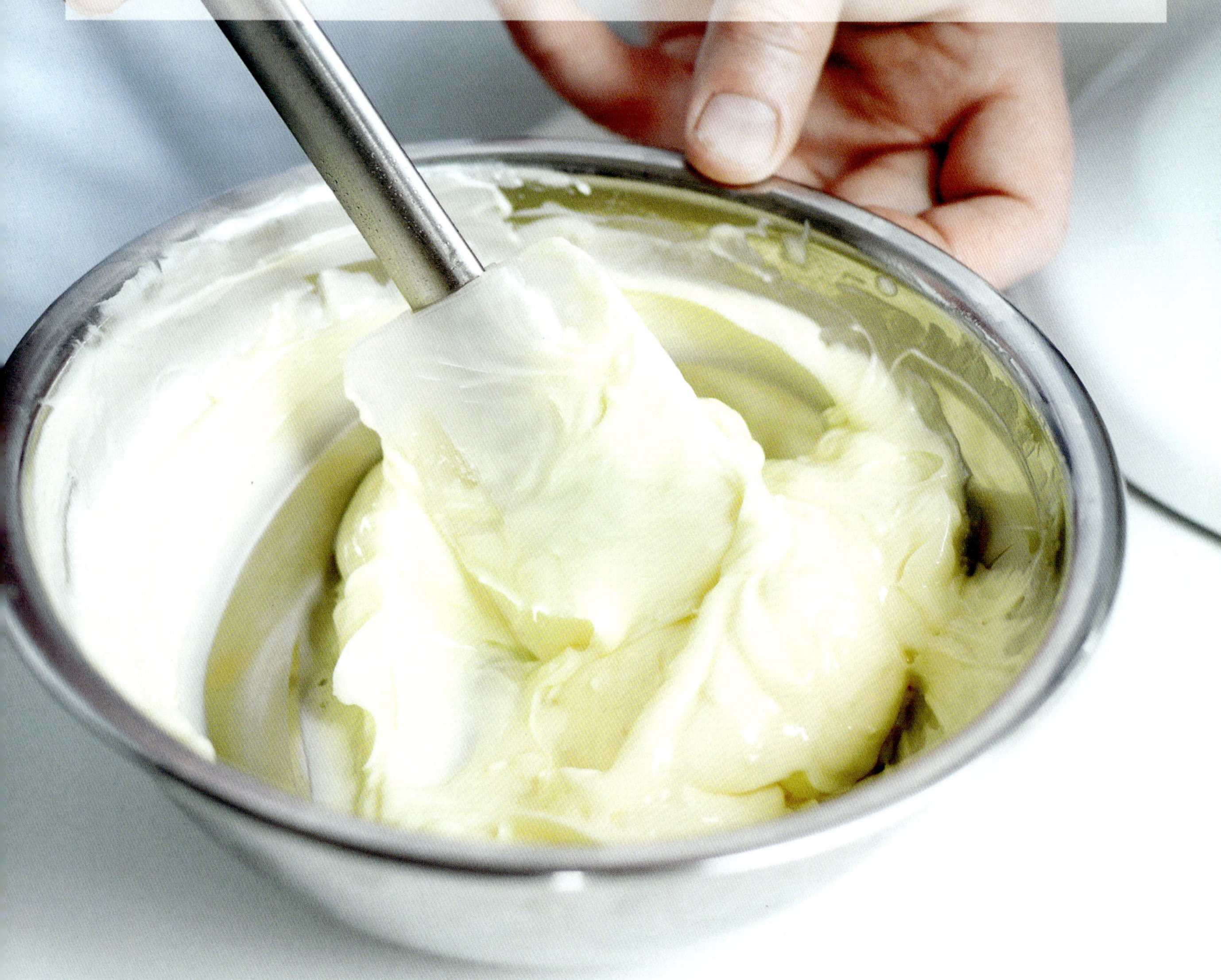

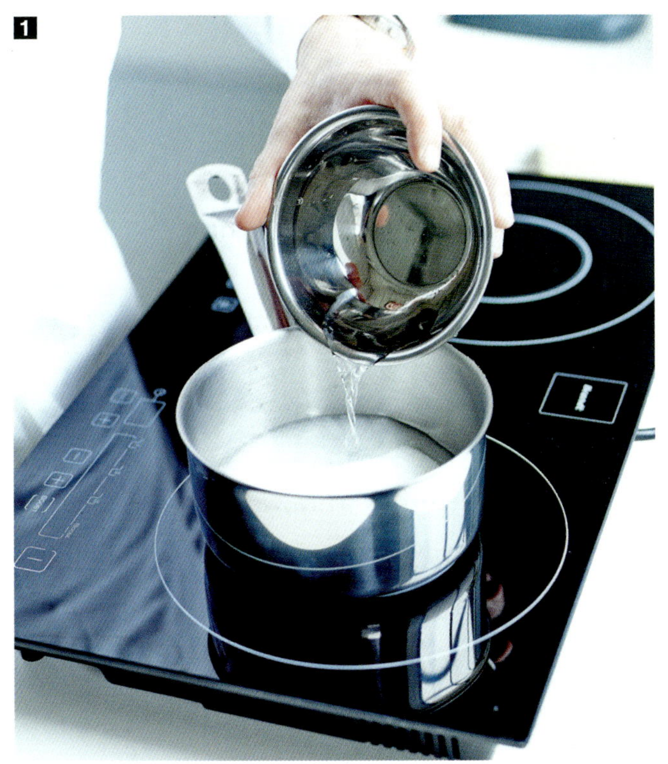

1 Dans une casserole, mettez à cuire le sucre semoule et l'eau sur feu moyen.

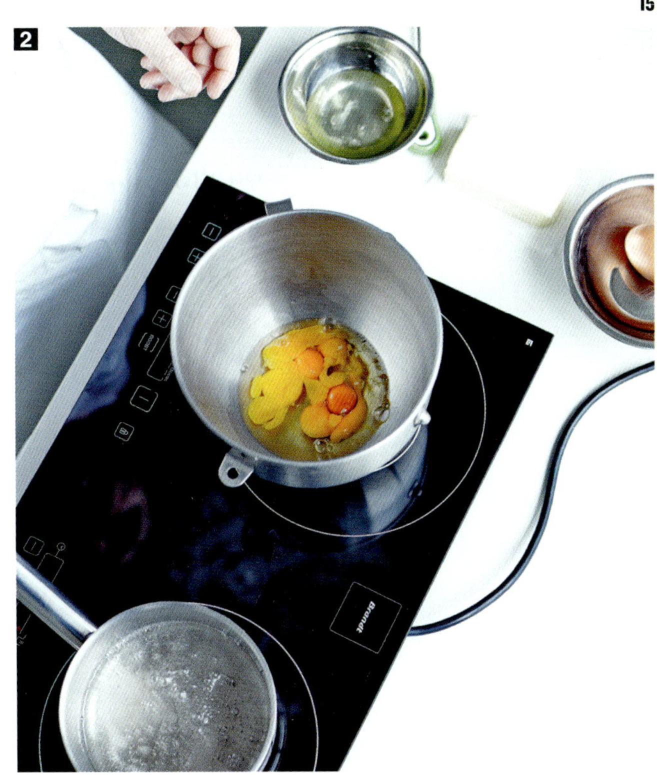

2 Versez les œufs dans la cuve du robot.

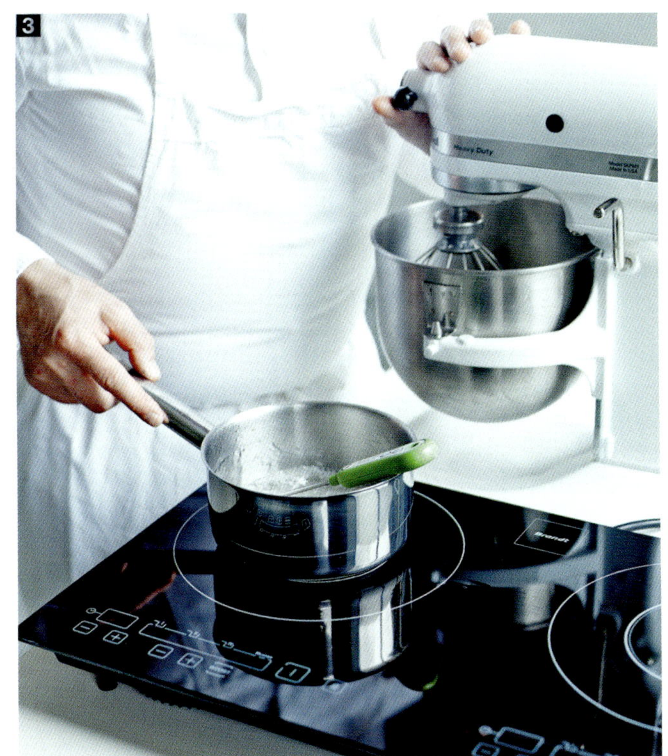

3 Faites cuire le sucre et l'eau à 120 °C.

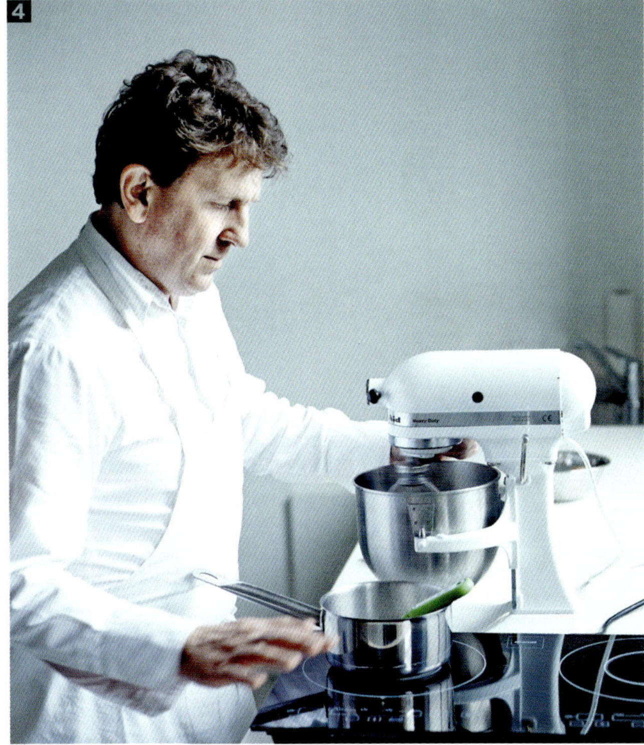

4 Lorsque le sirop est à 110 °C, démarrez le robot à pleine vitesse.

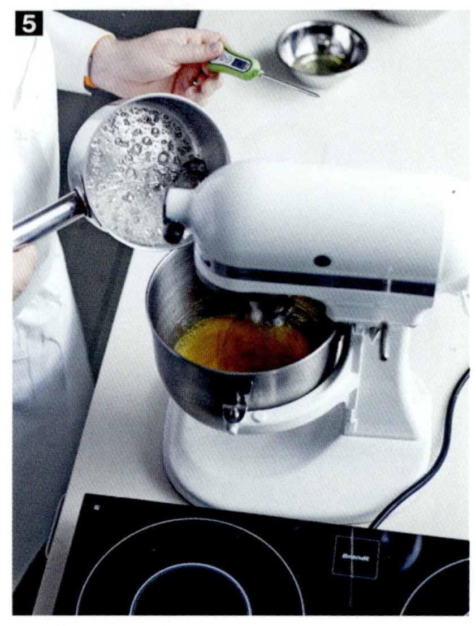
5

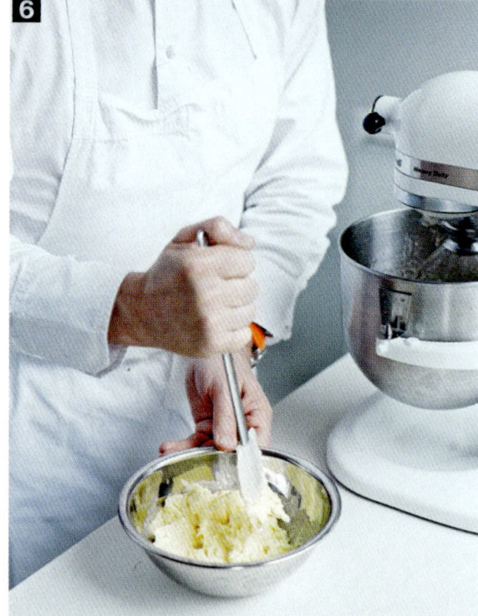
6

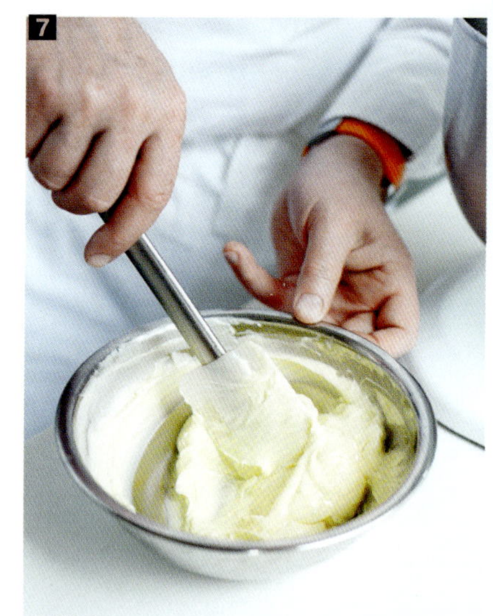
7

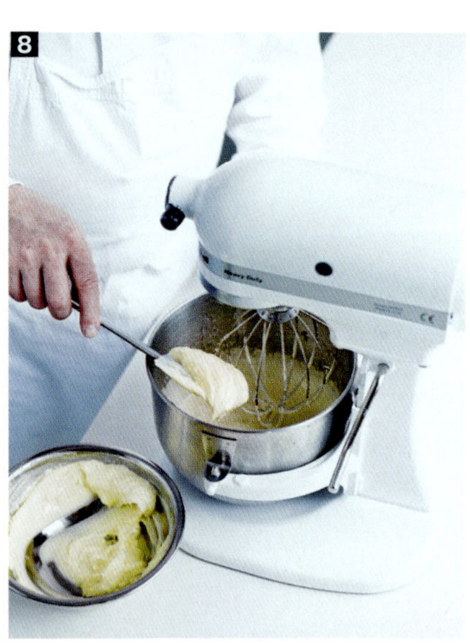
8

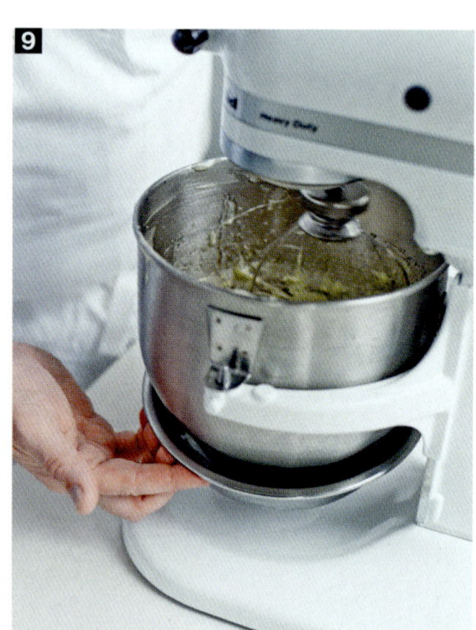
9

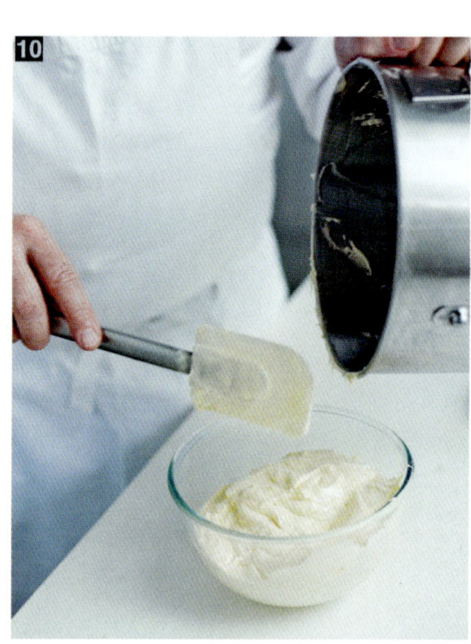
10

5 Versez en filet le sirop sur les œufs légèrement montés. Battez vivement : le mélange blanchit et fait ruban.

6 **7** Travaillez le beurre mou jusqu'à ce que vous ayez une crème lisse et homogène (en chauffant légèrement le récipient au bain-marie ou au four).

8 Ajoutez le beurre pommade aux œufs blanchis.

9 Continuez le mélange au batteur durant 5 minutes environ afin d'alléger la crème au beurre. Si la crème est trop molle, placez un récipient d'eau glacée sous le batteur, ou au contraire si la crème est trop dure, placez un récipient d'eau chaude.

10 Versez la crème au beurre dans un récipient. En attendant de l'utiliser, conservez-la à température ambiante recouverte d'un film alimentaire posé au contact.

Dans notre pâtisserie, nous faisons la crème au beurre avec : 200 g de beurre assez ferme, 200 g de crème pâtissière et 40 g de meringue italienne.
Travaillez le beurre en pommade. Fouettez séparément la crème pâtissière afin de la lisser. Faites bien monter l'ensemble au robot et ajoutez la meringue italienne.

Cette recette est idéale pour faire de petits entremets.

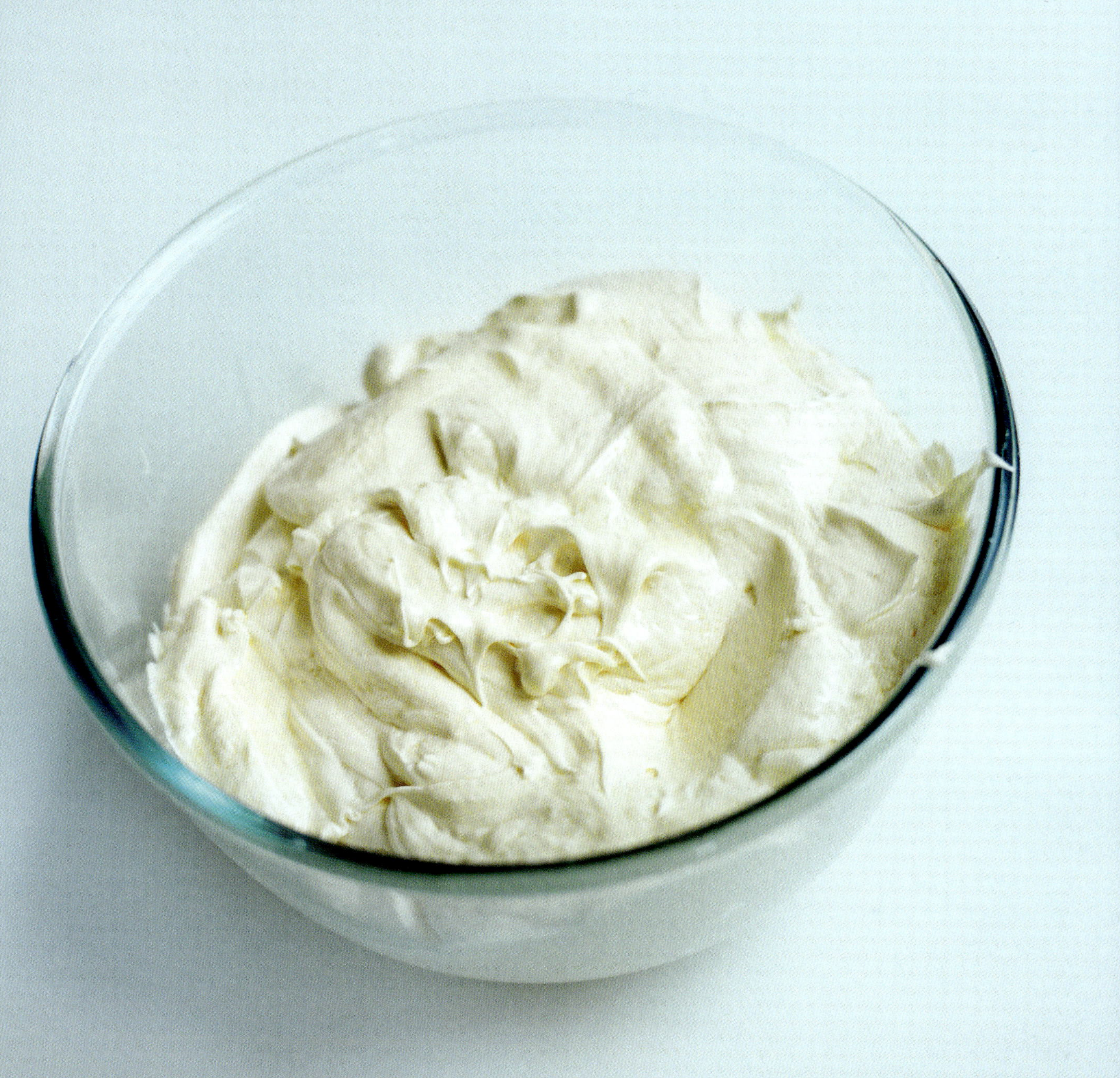

CRÈME PÂTISSIÈRE

INGRÉDIENTS POUR 800 G DE CRÈME PÂTISSIÈRE

- 50 CL DE LAIT ENTIER (IMPORTANT !)
- 1 GOUSSE DE VANILLE BOURBON
- 100 G DE JAUNES D'ŒUFS (SOIT 5 JAUNES)
- 120 G DE SUCRE SEMOULE
- 50 G DE MAÏZENA®
- 40 G DE BEURRE

TEMPS DE PRÉPARATION
20 MINUTES

TEMPS DE CUISSON
15 MINUTES

La crème pâtissière se conserve trois jours au réfrigérateur, mais ne se congèle pas.

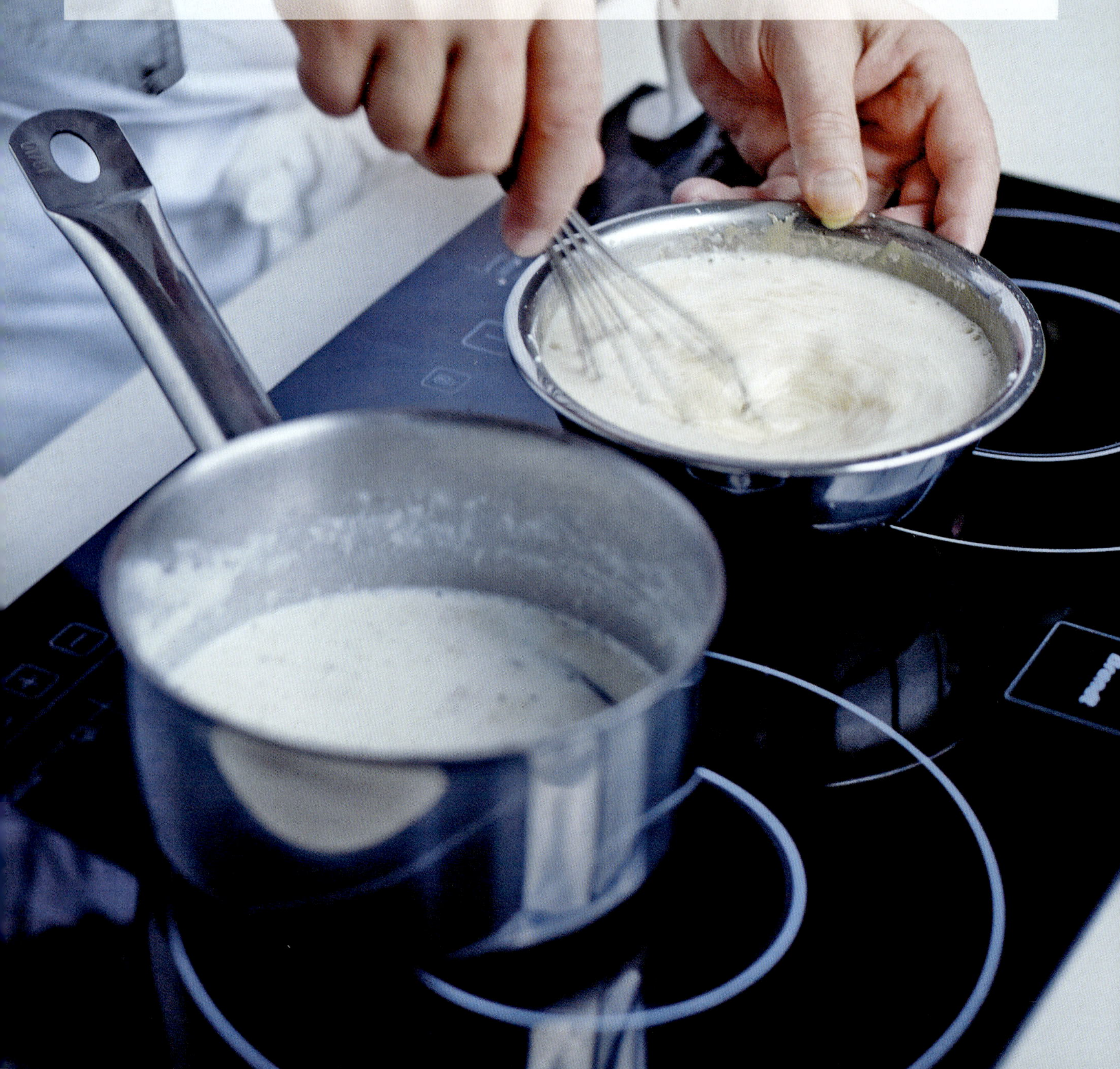

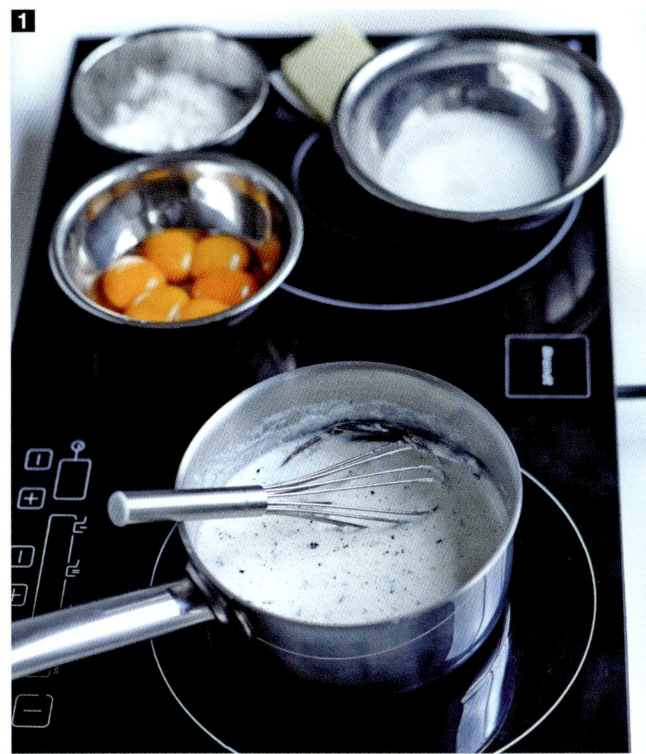

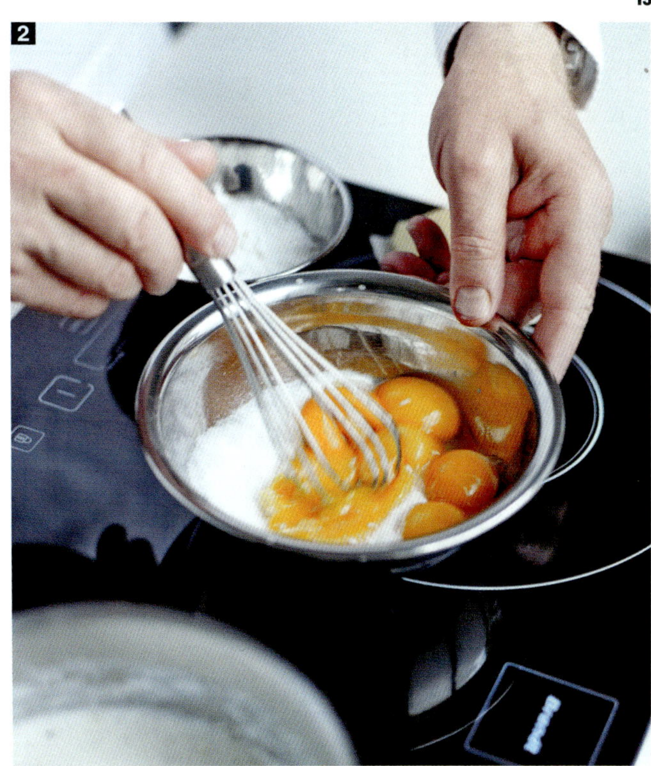

1 Portez à ébullition sur feu moyen le lait avec la gousse de vanille fendue en deux et grattée, laissez infuser 1 heure si vous pouvez. Réservez.

2 Dans un saladier, fouettez vivement les jaunes d'œufs avec le sucre, mais sans faire blanchir le mélange.

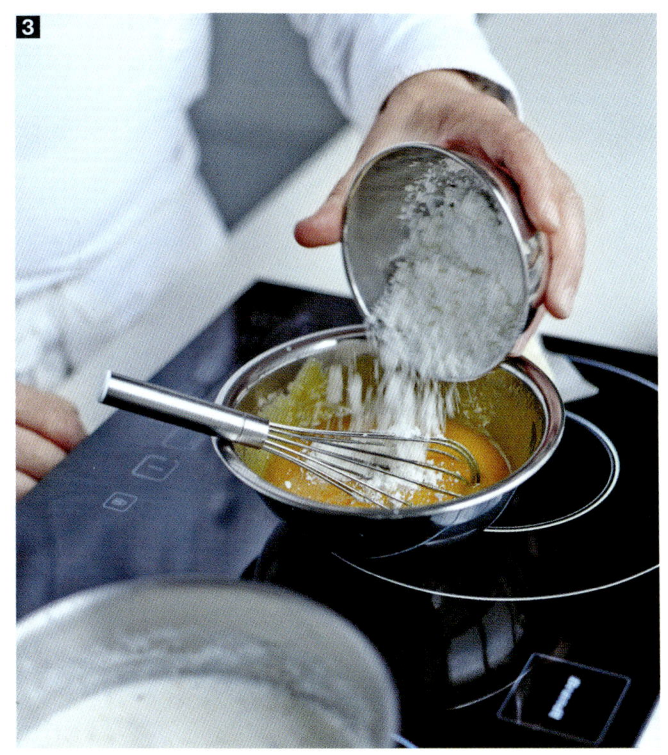

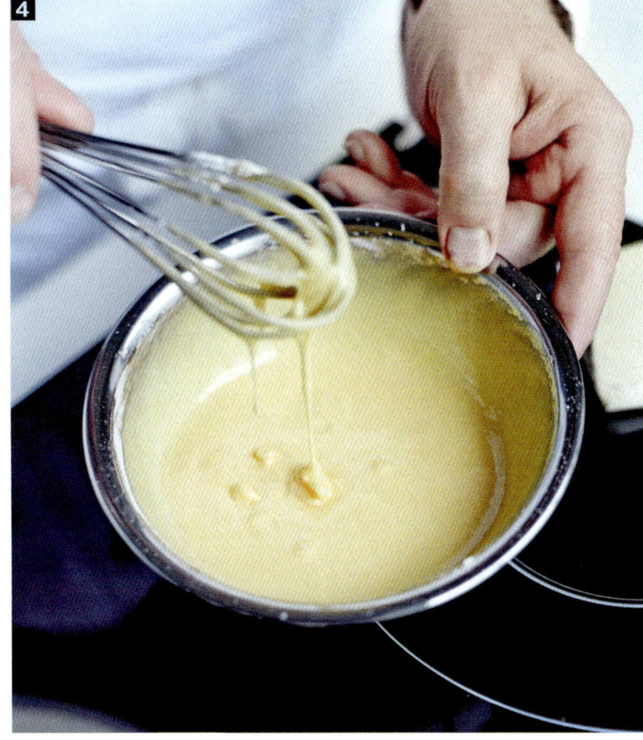

3 Ajoutez la Maïzena®.

4 Fouettez pour obtenir une préparation bien lisse.

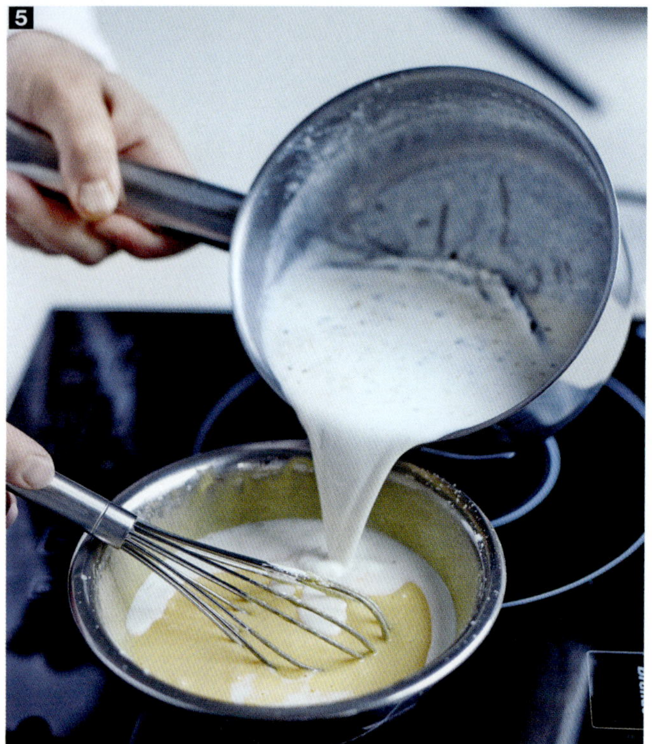

5 Portez de nouveau à ébullition le lait avec toujours la même gousse de vanille. Versez un tiers du lait bouillant dans le mélange jaunes d'œufs, sucre et Maïzena®, et fouettez bien. Enlevez la gousse de vanille.

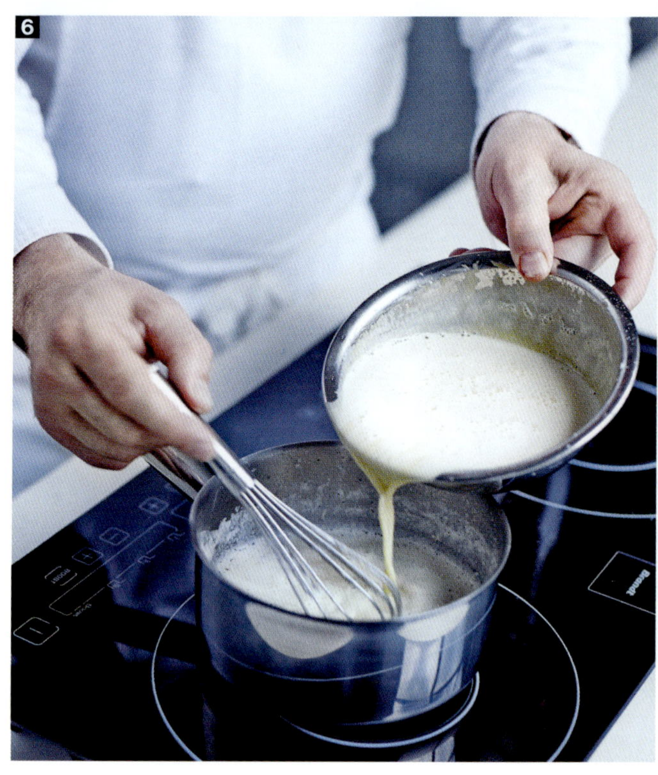

6 Reversez le tout dans la casserole et faites cuire sur feu vif en fouettant vivement.

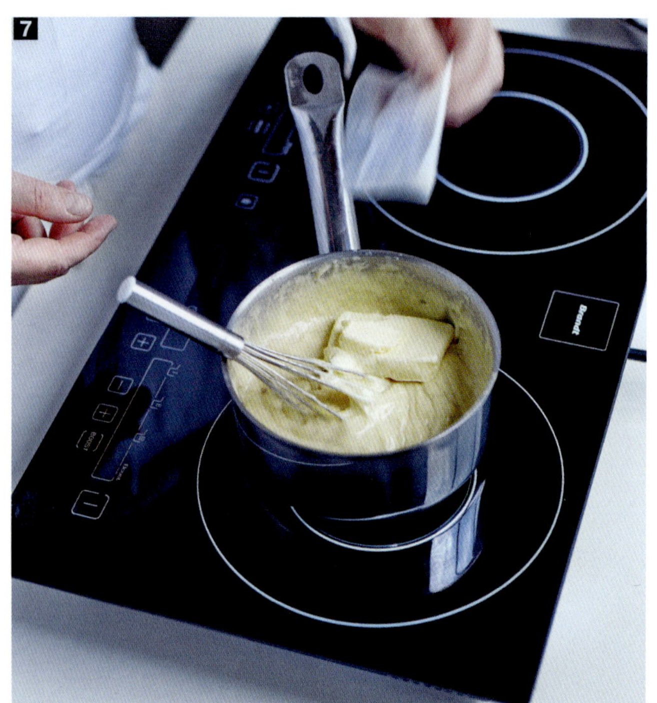

7 Dès que la crème épaissit, hors du feu ajoutez le beurre et fouettez jusqu'à ce qu'il soit totalement incorporé à la crème.

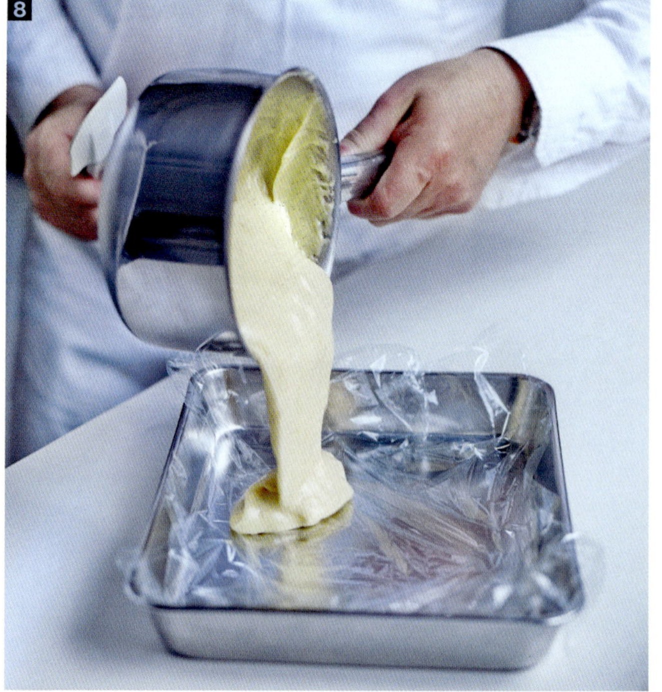

8 Déposez la crème dans un plat recouvert d'un film alimentaire, enveloppez-la complètement afin qu'elle ne sèche pas. Laissez-la refroidir au réfrigérateur.

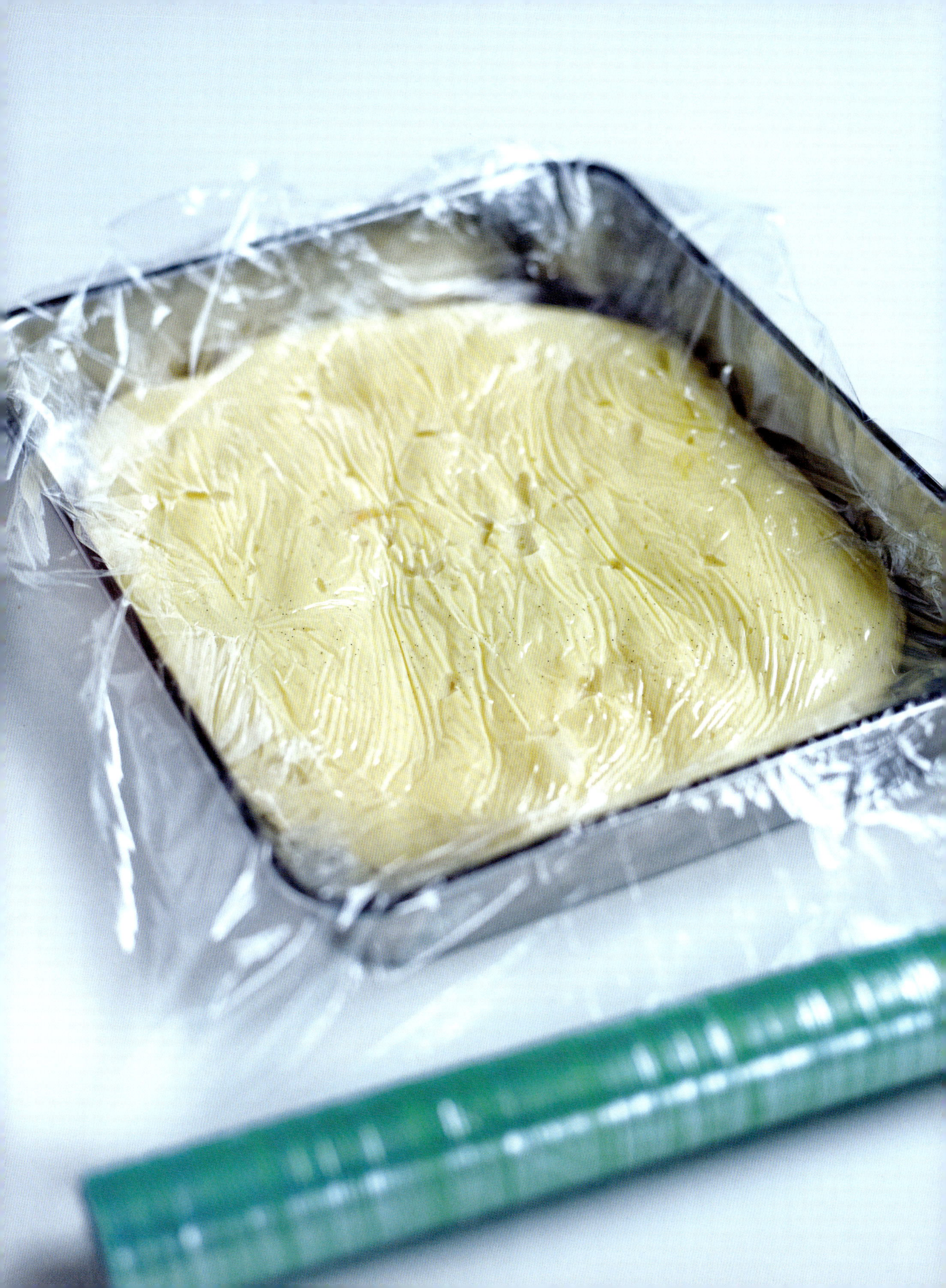

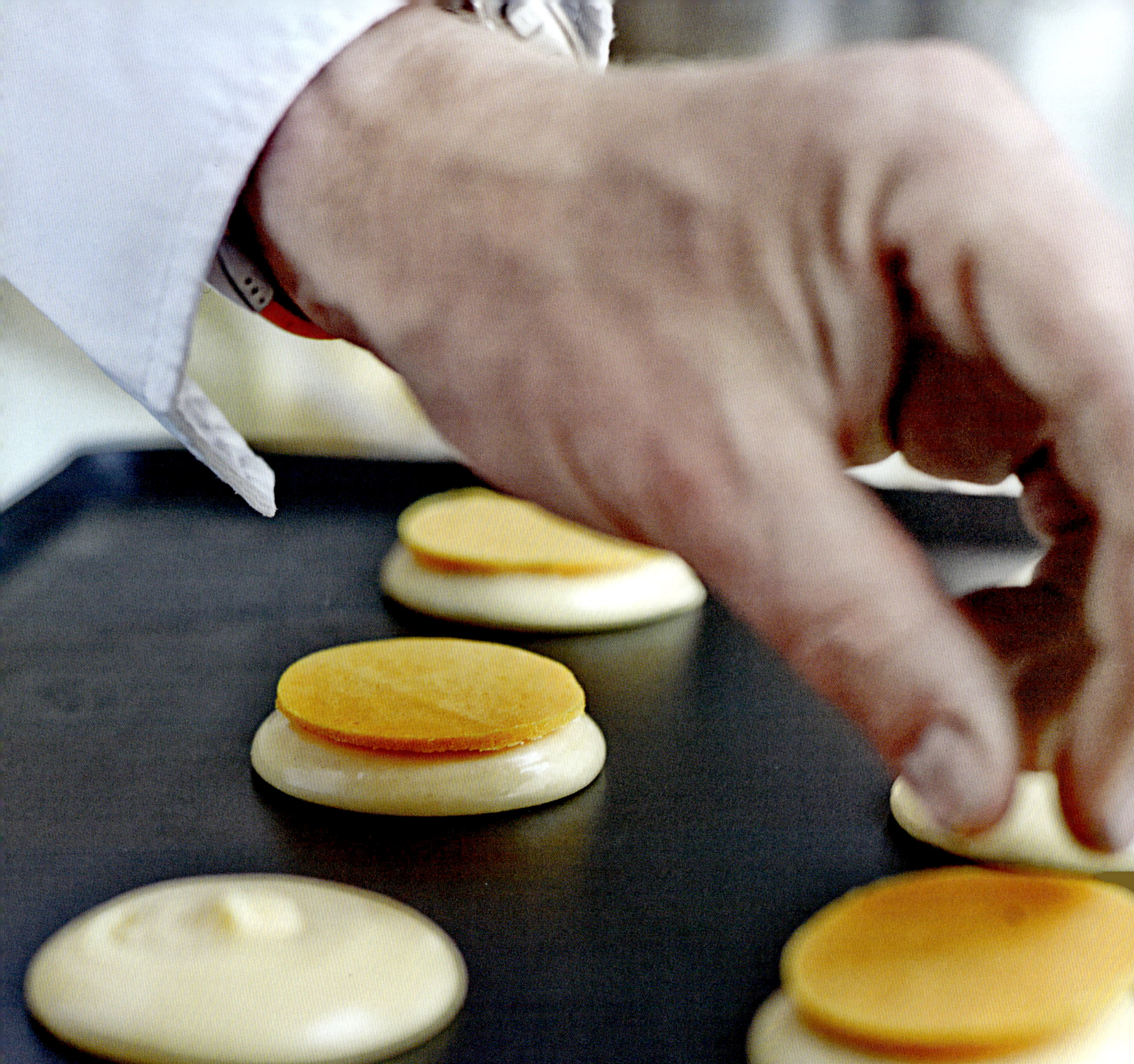

CRUMBLE CHOU

TEMPS DE PRÉPARATION 10 MINUTES

INGRÉDIENTS POUR 170 G DE CRUMBLE

50 G DE BEURRE

60 G DE CASSONADE BLONDE

60 G DE FARINE T45

QUELQUES GOUTTES DE COLORANTS JAUNE ET ROUGE

Il est préférable pour le crumble des éclairs d'utiliser de la cassonade blonde. Vous pouvez congeler le crumble.

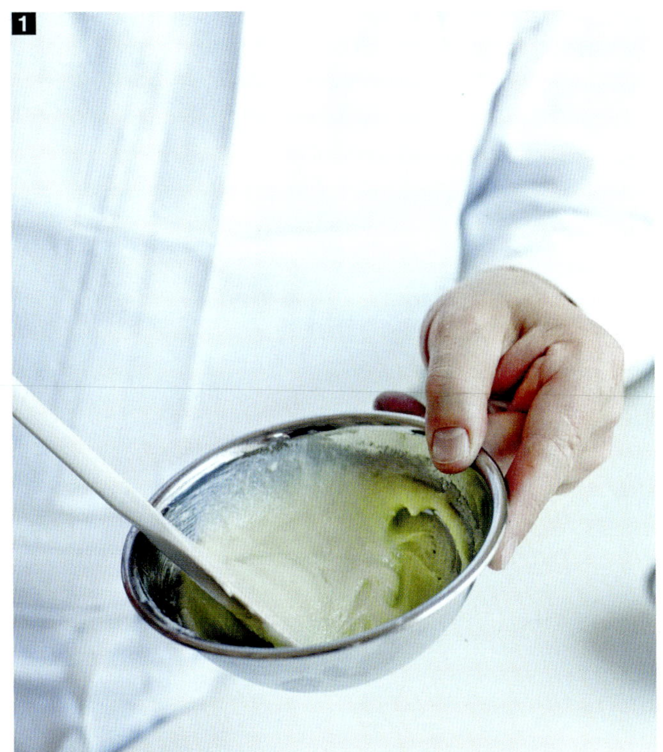

1 Ramollissez le beurre en pommade en le travaillant à la Maryse. Ajoutez la cassonade et mélangez.

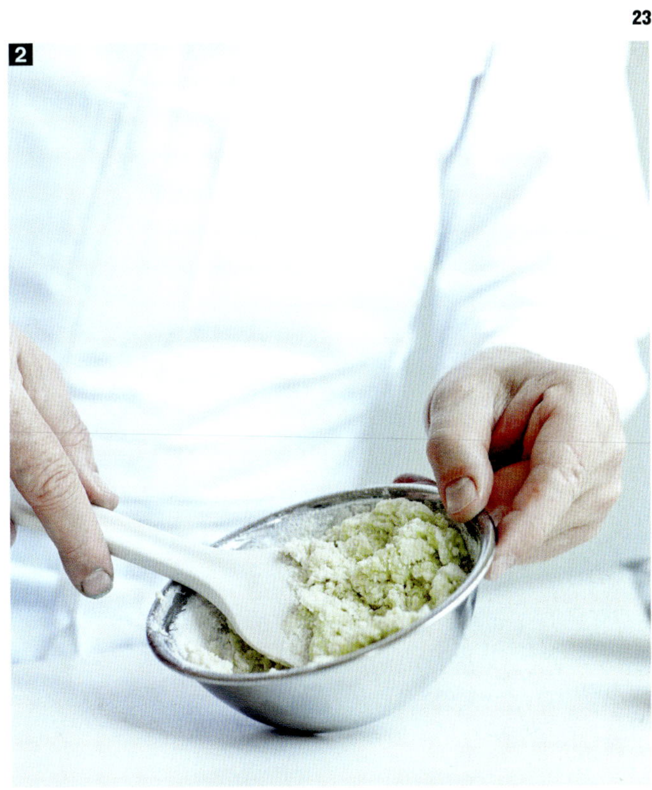

2 Incorporez ensuite la farine et mélangez. Séparez la pâte en deux. Ajoutez les colorants dans une moitié de pâte.

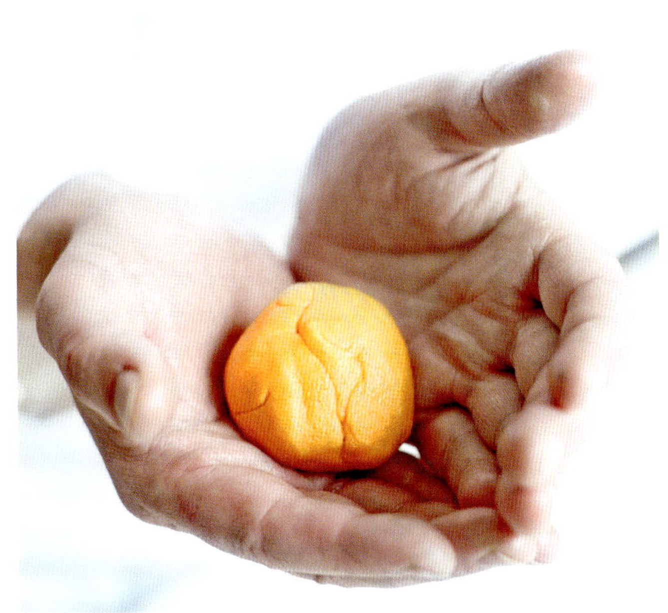

3 Façonnez chaque pâte en boule.

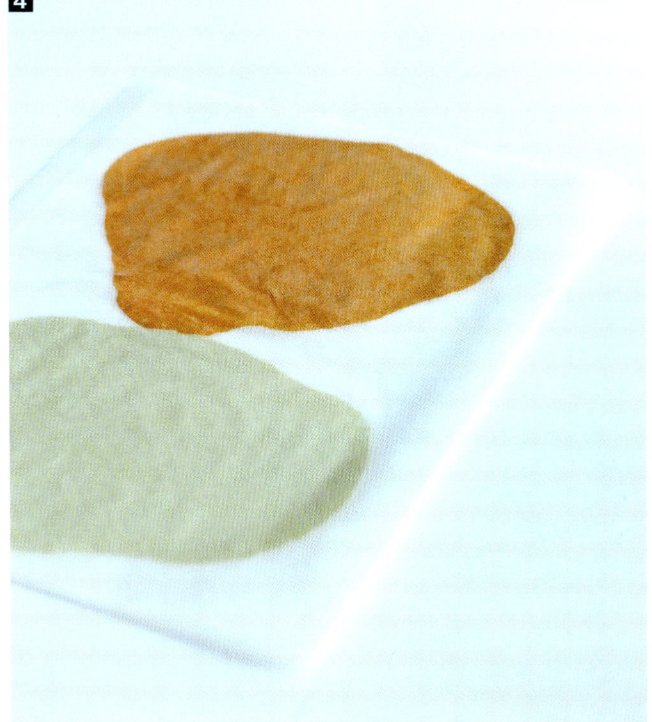

4 Étalez les pâtes sur 2 à 3 mm d'épaisseur, entre deux feuilles de papier sulfurisé, et mettez-les au congélateur.

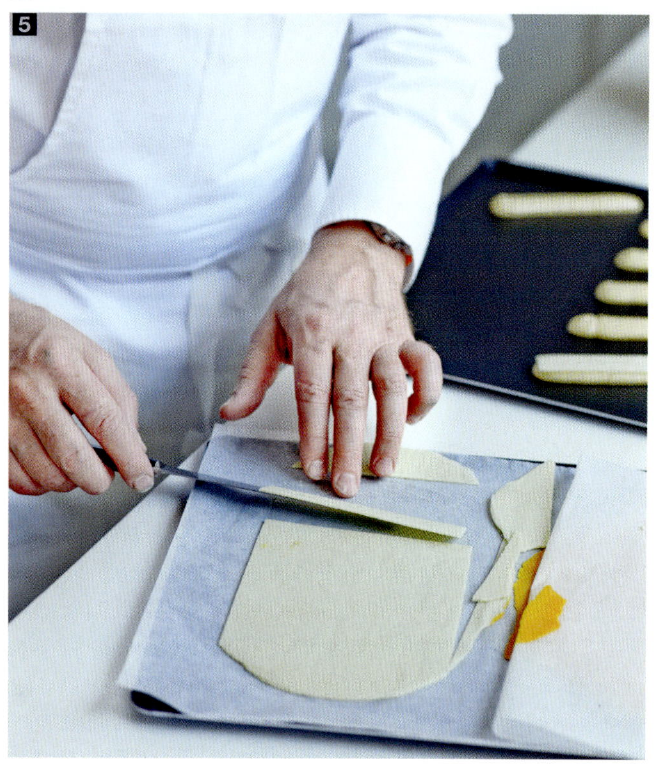

5 Découpez les formes souhaitées de crumble nature.

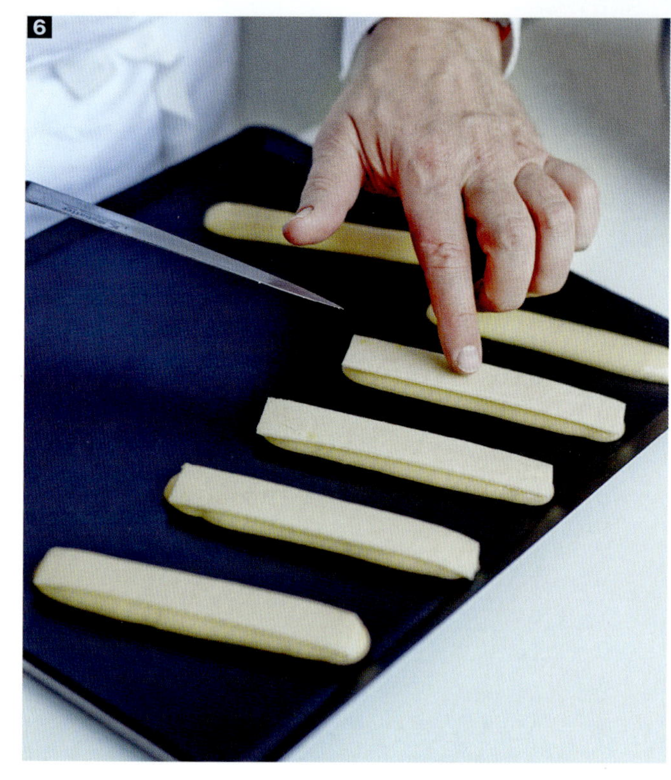

6 En rectangle pour les éclairs caramel.

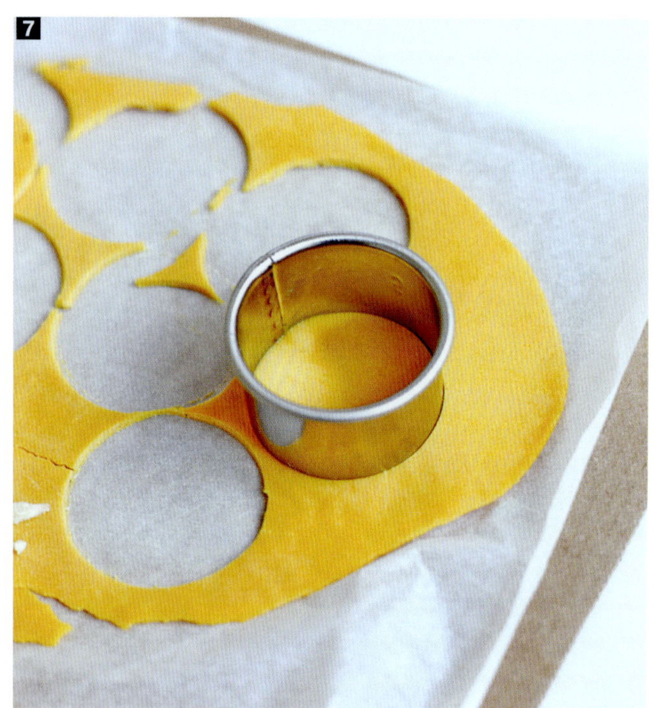

7 Détaillez des ronds de crumble orange pour les choux à l'orange.

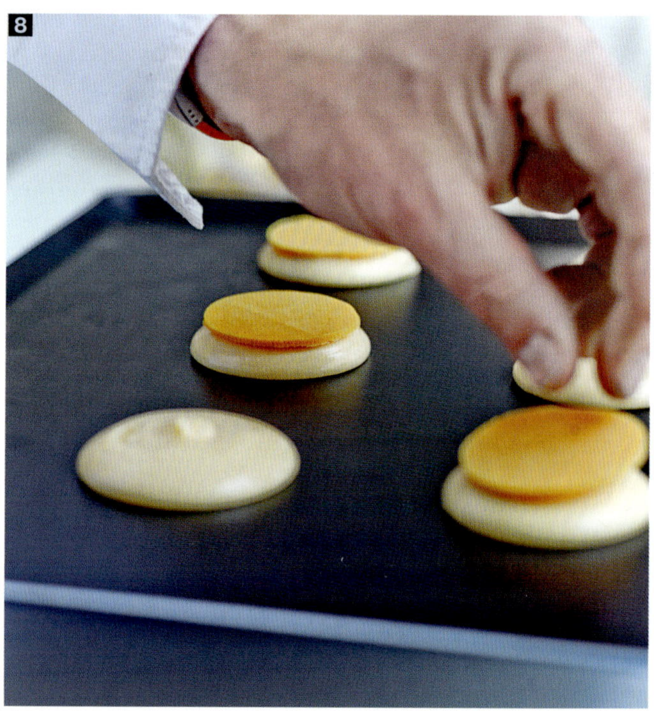

8 Déposez-les sur les choux.

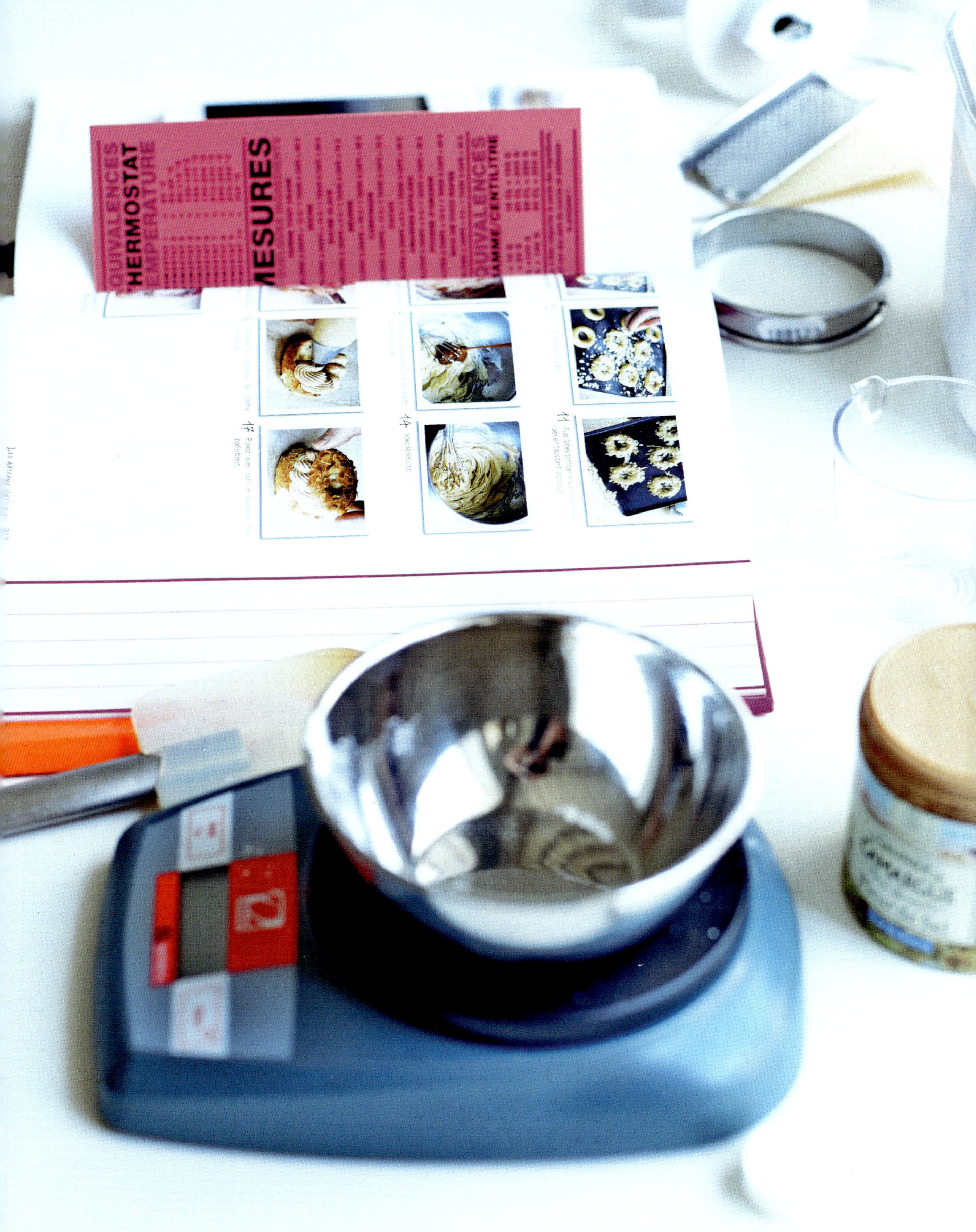

ÉQUIVALENCES
THERMOSTAT
TEMPÉRATURE
MESURES
ÉQUIVALENCES
GRAMME CENTILITRE

DACQUOISE

INGRÉDIENTS POUR 525 G DE DACQUOISE

200 G DE BLANCS D'ŒUFS
100 G DE SUCRE SEMOULE
120 G DE POUDRE D'AMANDES TORRÉFIÉE
65 G DE SUCRE GLACE
40 G DE FARINE T45

1 EMPORTE-PIÈCE

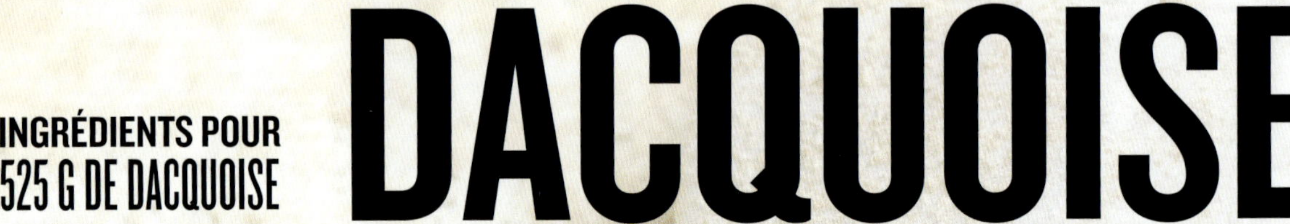

TEMPS DE PRÉPARATION
15 À 20 MINUTES

TEMPS DE CUISSON
15 À 20 MINUTES

Vous pouvez remplacer la poudre d'amandes par de la poudre de noisettes que vous laisserez plus longtemps torréfier au four (environ 15 minutes).
La dacquoise se congèle 3 à 4 semaines ; elle se conserve 1 semaine au réfrigérateur enveloppée de film alimentaire.

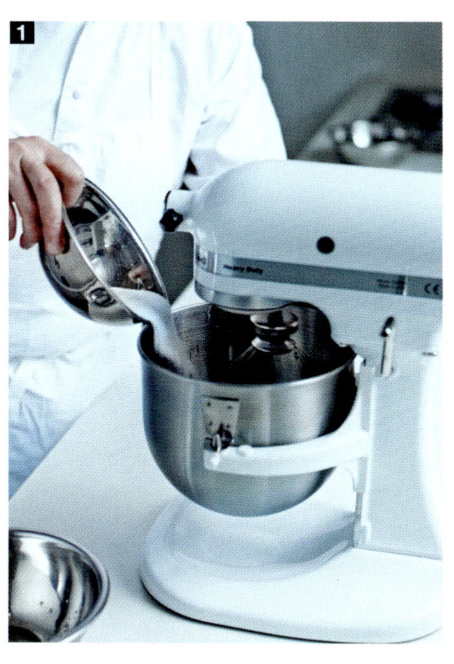

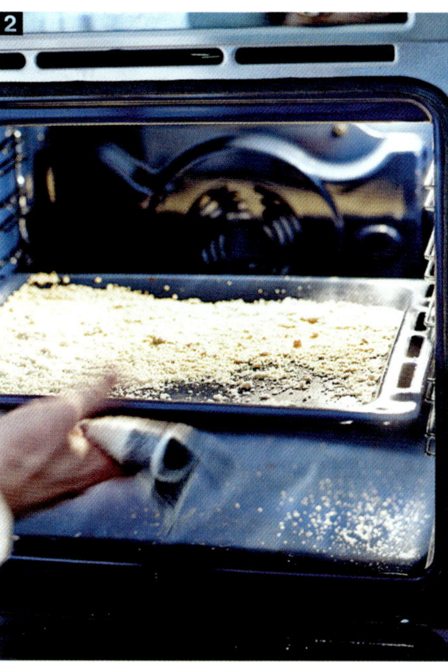

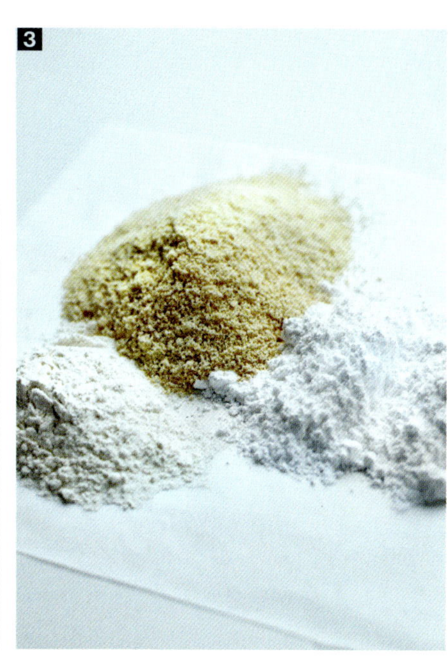

1 Montez les blancs d'œufs en neige avec un peu de sucre semoule, puis ajoutez le reste de sucre semoule petit à petit.

2 Torréfiez la poudre d'amandes dans le four à 160 °C, pendant 10 minutes, afin qu'elle blondisse.

3 Préparez les ingrédients : la poudre d'amandes refroidie, le sucre glace et la farine.

4 Mélangez délicatement les ingrédients secs à l'aide d'un fouet.

5 Versez-les dans les blancs montés. Mélangez avec une Maryse.

6 Déposez le biscuit sur une plaque recouverte d'une feuille de papier sulfurisé.

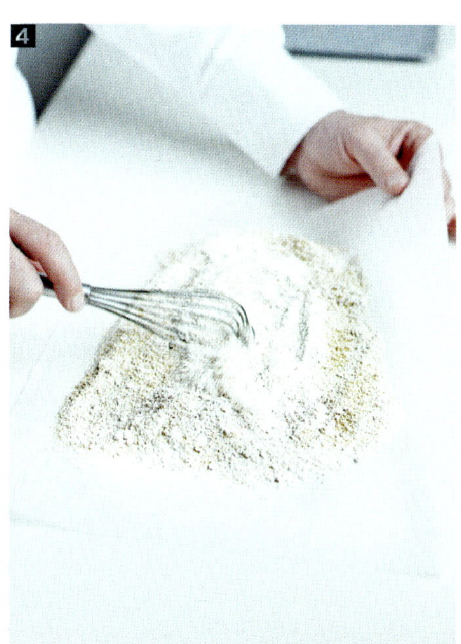

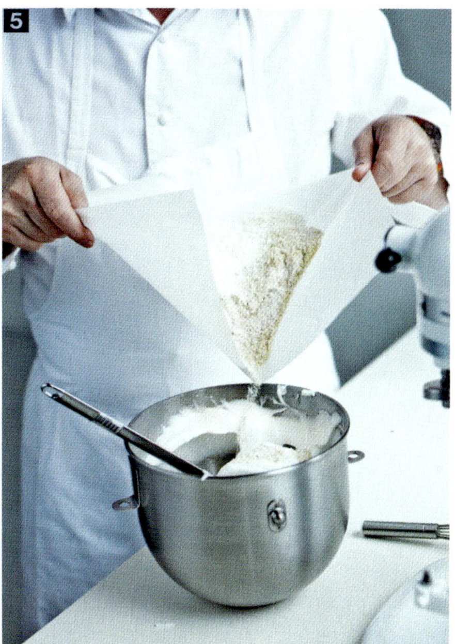

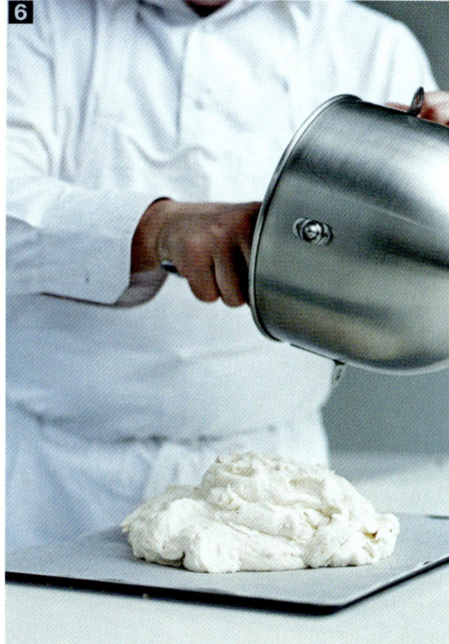

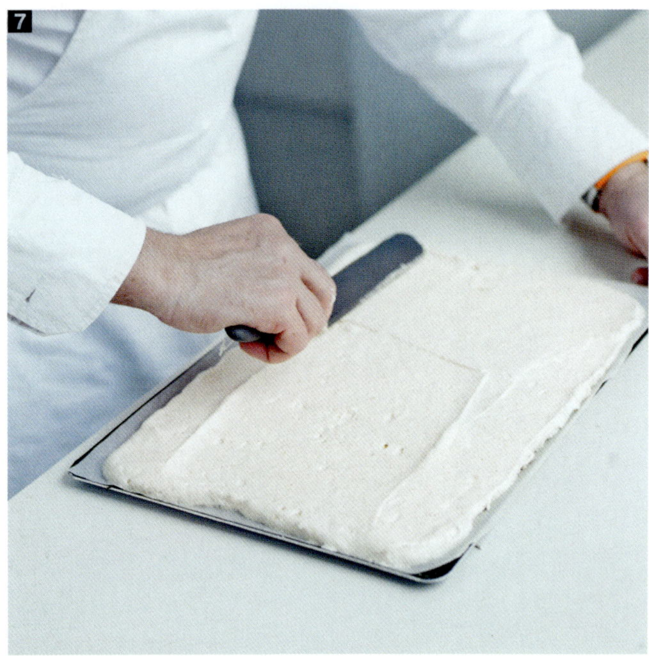

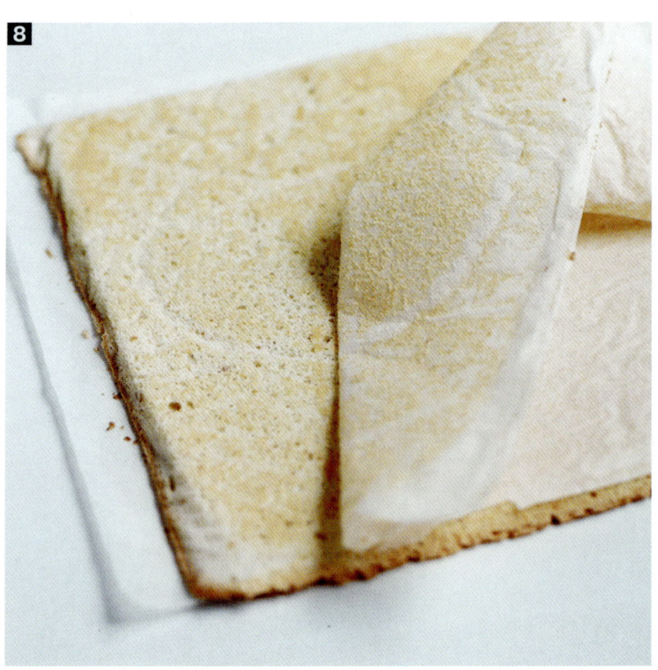

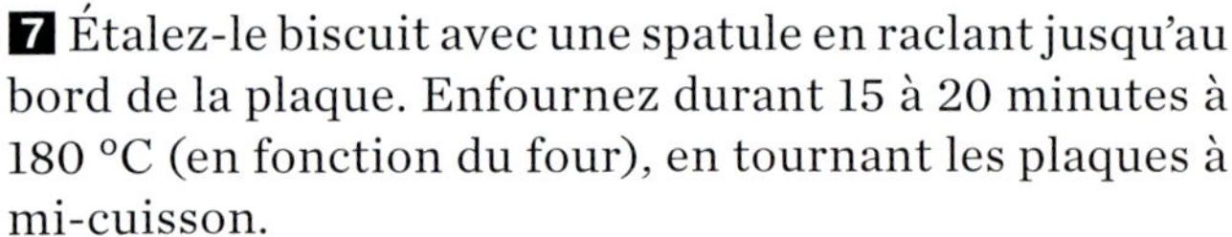

7 Étalez-le biscuit avec une spatule en raclant jusqu'au bord de la plaque. Enfournez durant 15 à 20 minutes à 180 °C (en fonction du four), en tournant les plaques à mi-cuisson.

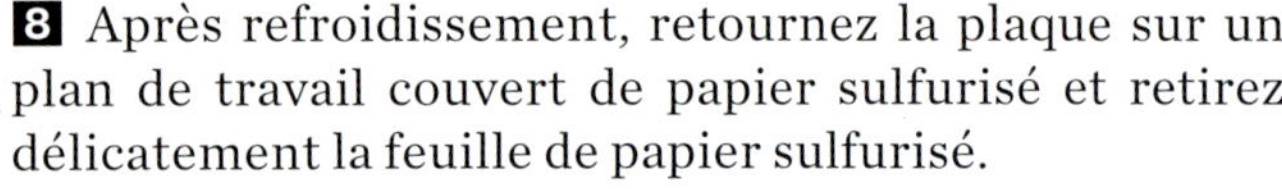

8 Après refroidissement, retournez la plaque sur un plan de travail couvert de papier sulfurisé et retirez délicatement la feuille de papier sulfurisé.

9 **10** Retournez de nouveau le biscuit. Détaillez des ronds avec un emporte-pièce.

11 Placez les biscuits détaillés dans le fond de chaque cercle.

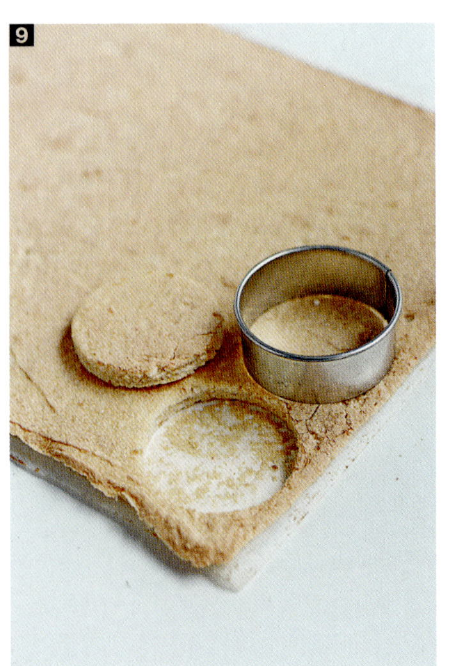

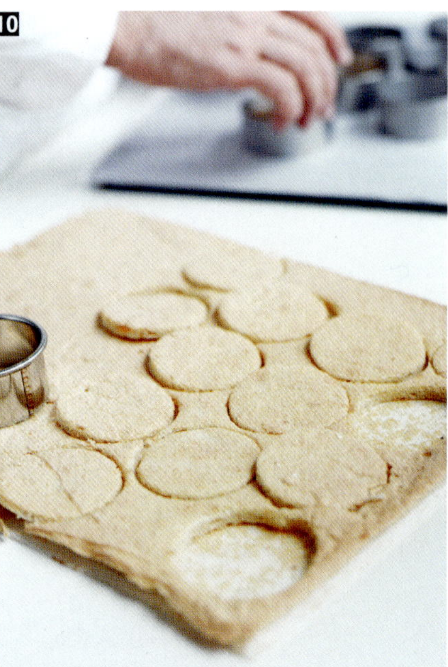

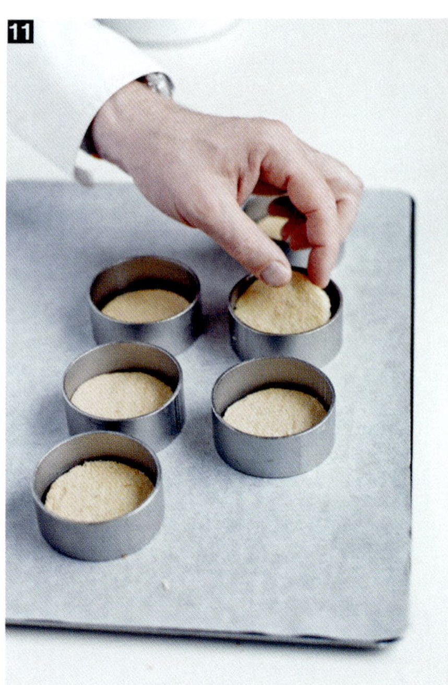

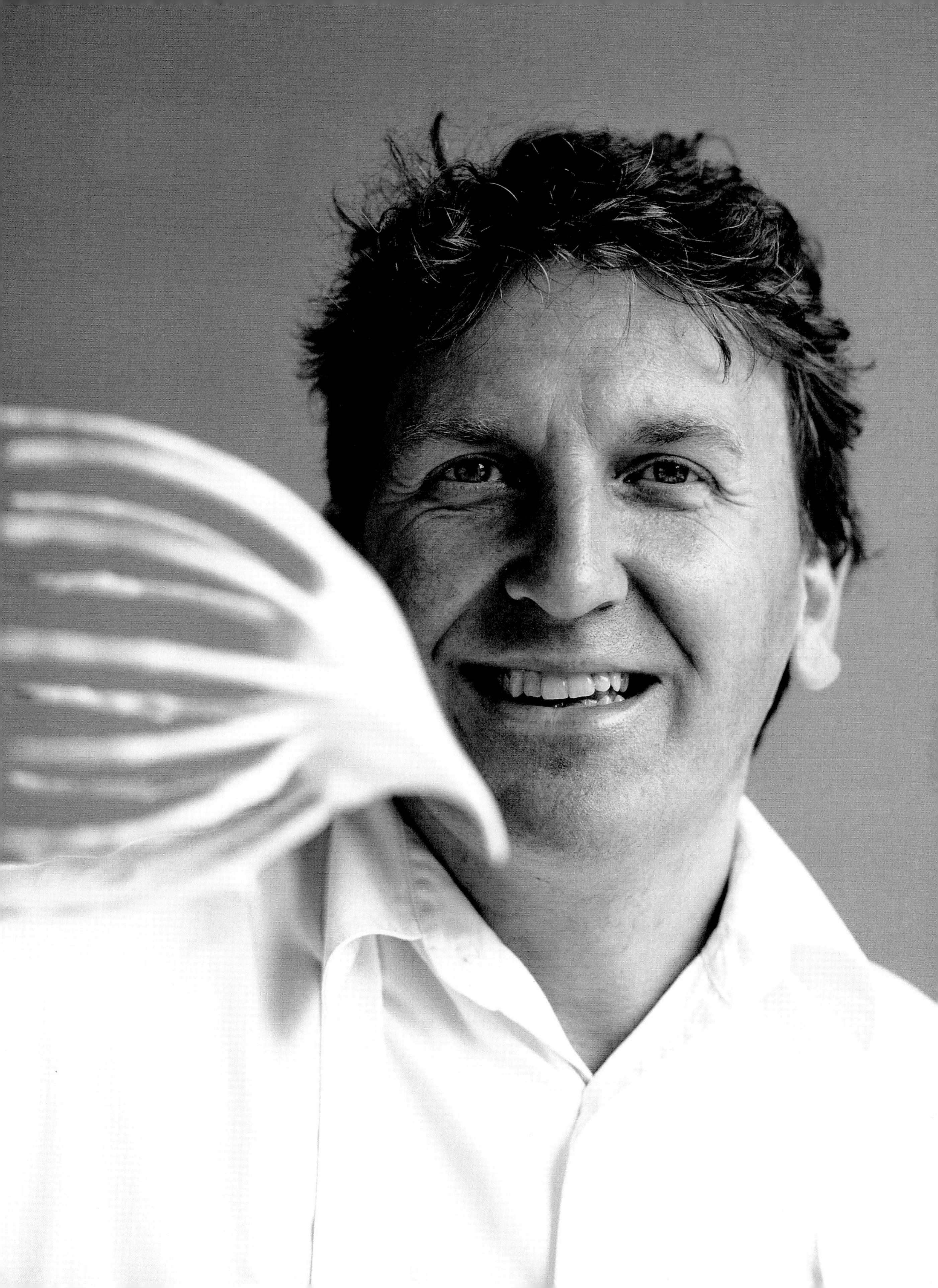

GÉNOISE

INGRÉDIENTS POUR 500 G DE GÉNOISE

4 ŒUFS

120 G DE SUCRE SEMOULE

100 G DE FARINE T45

40 G DE POUDRE D'AMANDES

30 G DE BEURRE FONDU

1 SPATULE COUDÉE

1 EMPORTE-PIÈCE OU CERCLE DE 6 CM DE DIAMÈTRE

TEMPS DE PRÉPARATION 15 MINUTES

TEMPS DE CUISSON 10 MINUTES

Le principe d'une génoise est de monter les œufs ensemble. Pour un biscuit, on sépare les jaunes des blancs et on monte séparément. Le biscuit s'utilise surtout dans les cercles hauts.

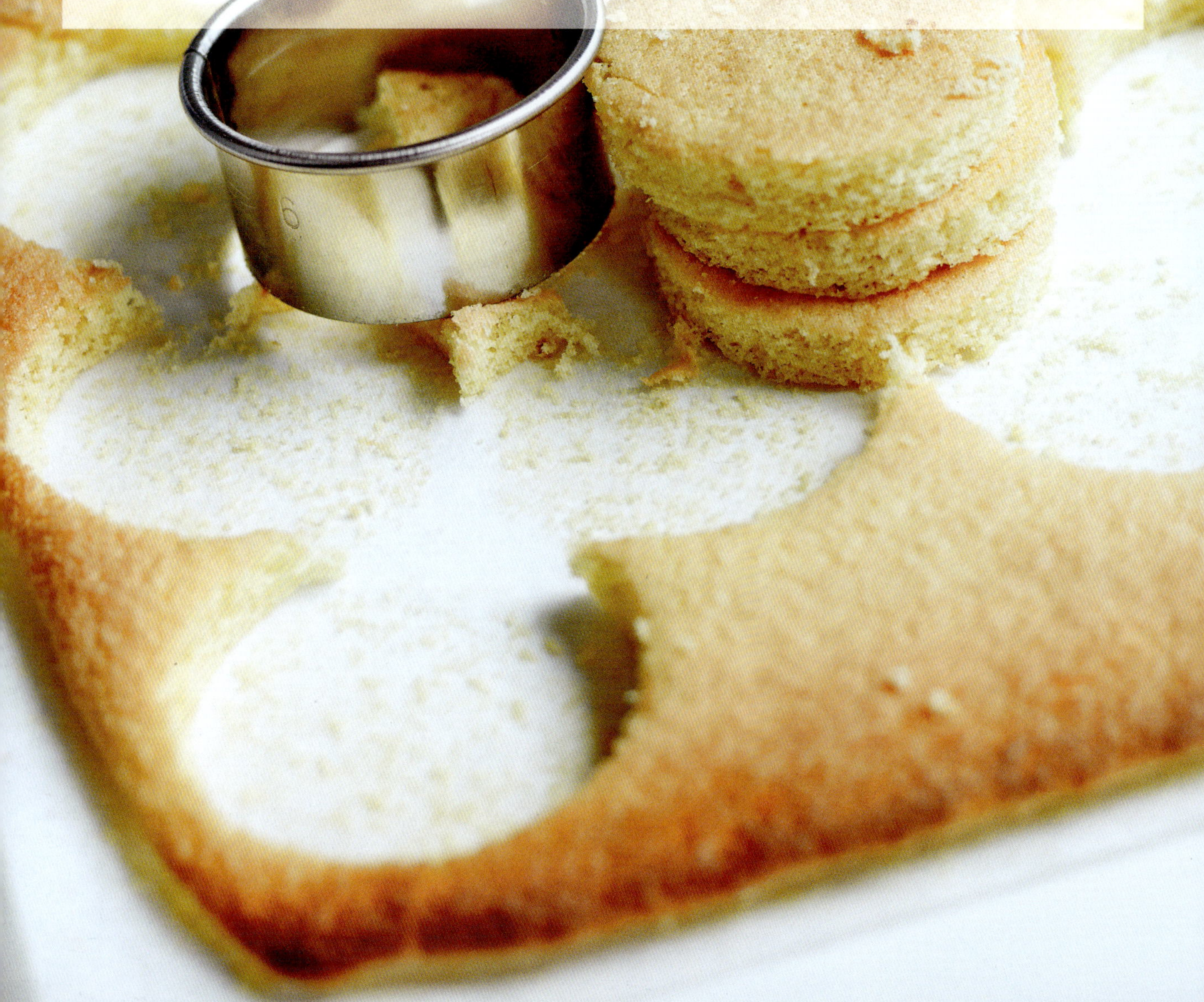

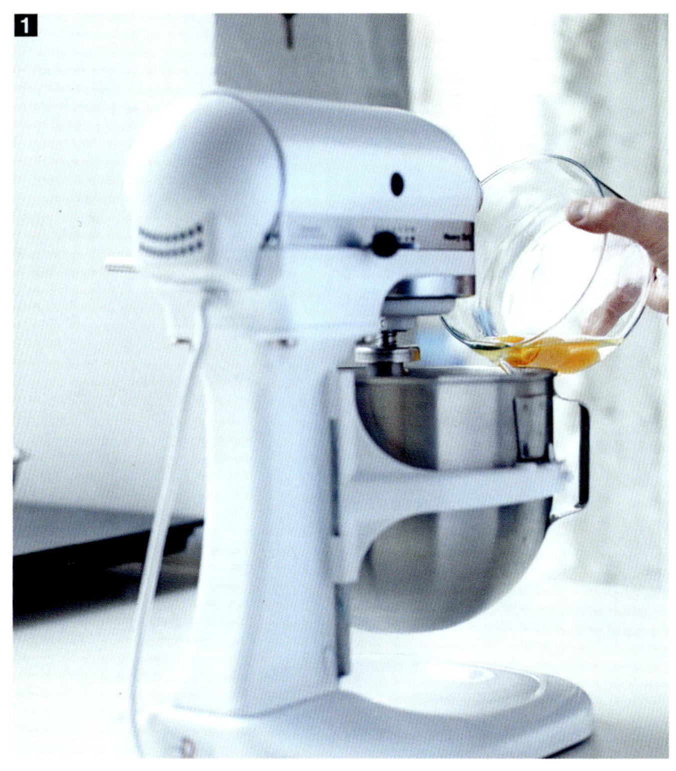

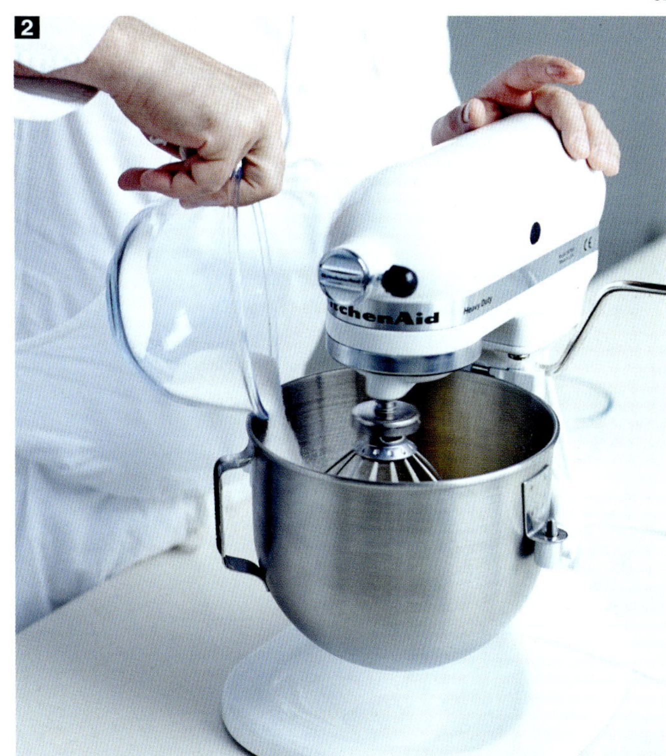

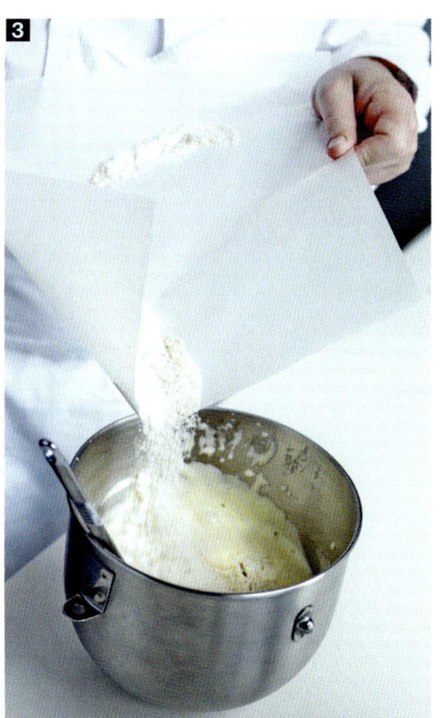

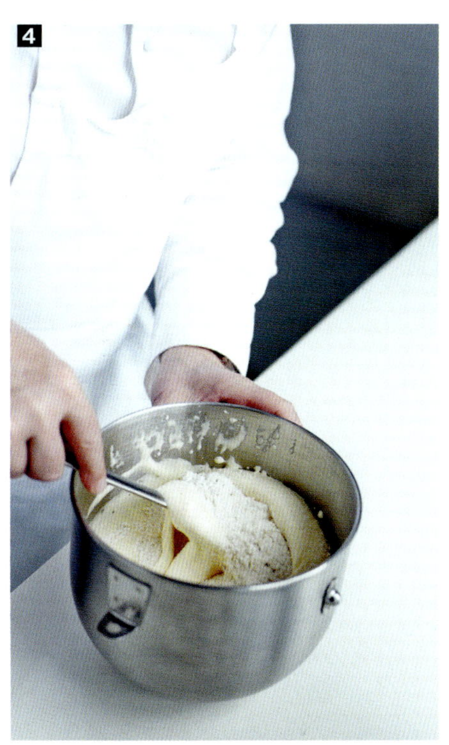

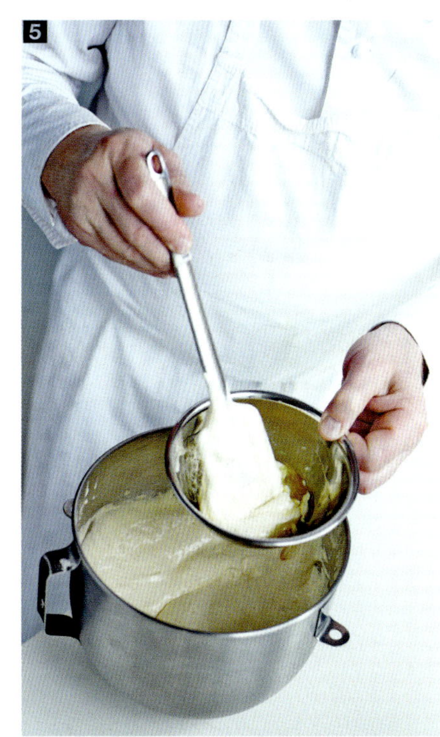

Préchauffez votre four à 180 °C.

1 Versez les œufs dans la cuve du robot. Faites tourner le robot à grande vitesse pendant 10 à 15 minutes.

2 Ajoutez le sucre semoule.

3 Arrêtez le robot. Ajoutez la farine et la poudre d'amandes tamisées.

4 Mélangez en soulevant la pâte par le milieu à l'aide d'une Maryse et en tournant la cuve sur elle-même.

5 Mélangez un peu de pâte dans le beurre fondu.

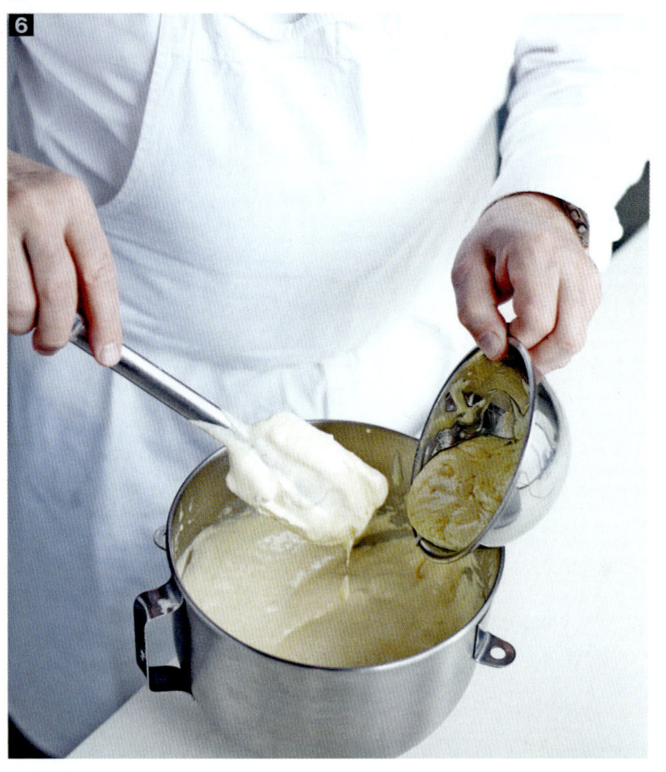

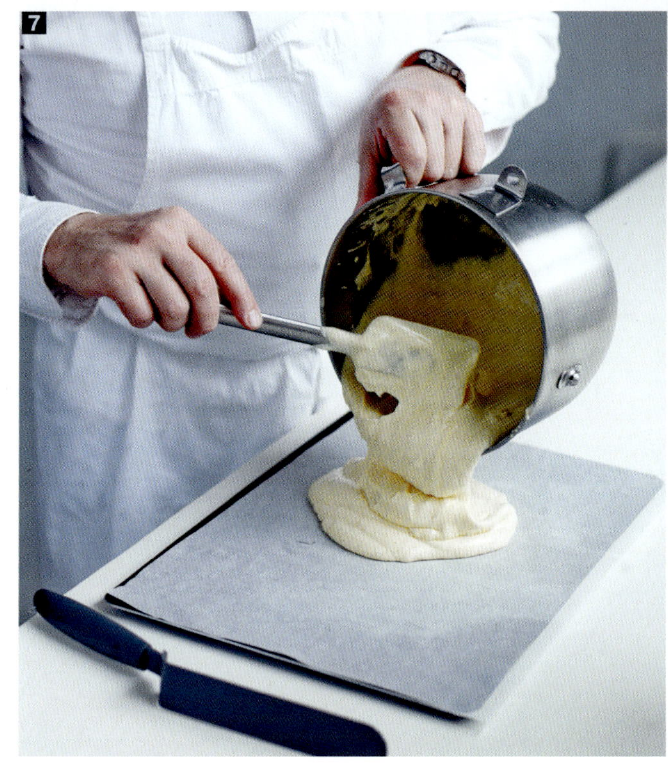

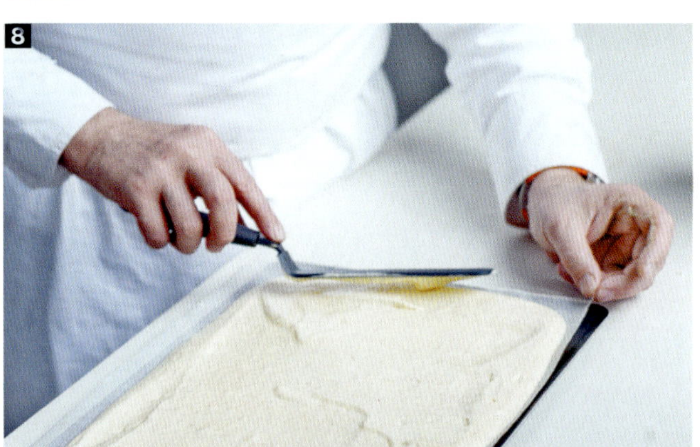

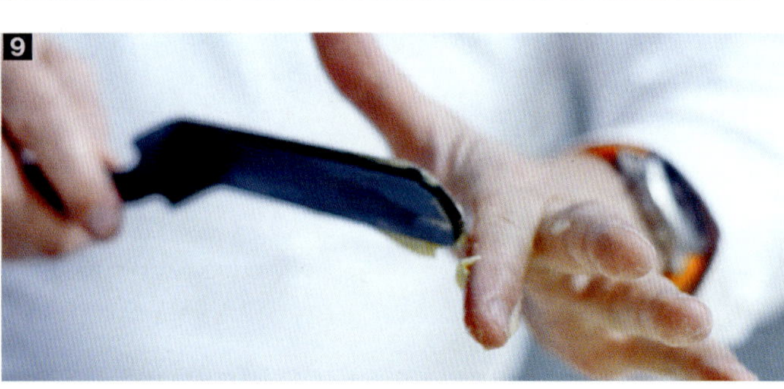

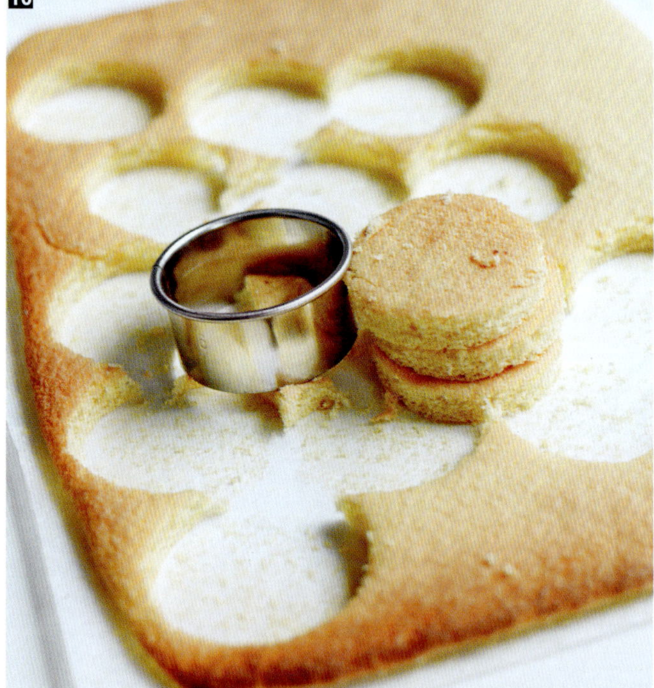

6 Reversez le tout dans la préparation. Mélangez légèrement.

7 Versez la génoise sur une plaque de 40 x 30 cm, recouverte de papier sulfurisé.

8 Étalez-la à l'aide d'une spatule coudée...

9 en allant jusqu'aux bords de la plaque. Enfournez pendant une bonne dizaine de minutes.

10 Lorsque la génoise est cuite, laissez-la refroidir. Retournez-la ensuite sur une nouvelle feuille de papier sulfurisé et retournez-la de nouveau pour la remettre dans le bon sens. Détaillez des cercles selon la taille souhaitée.

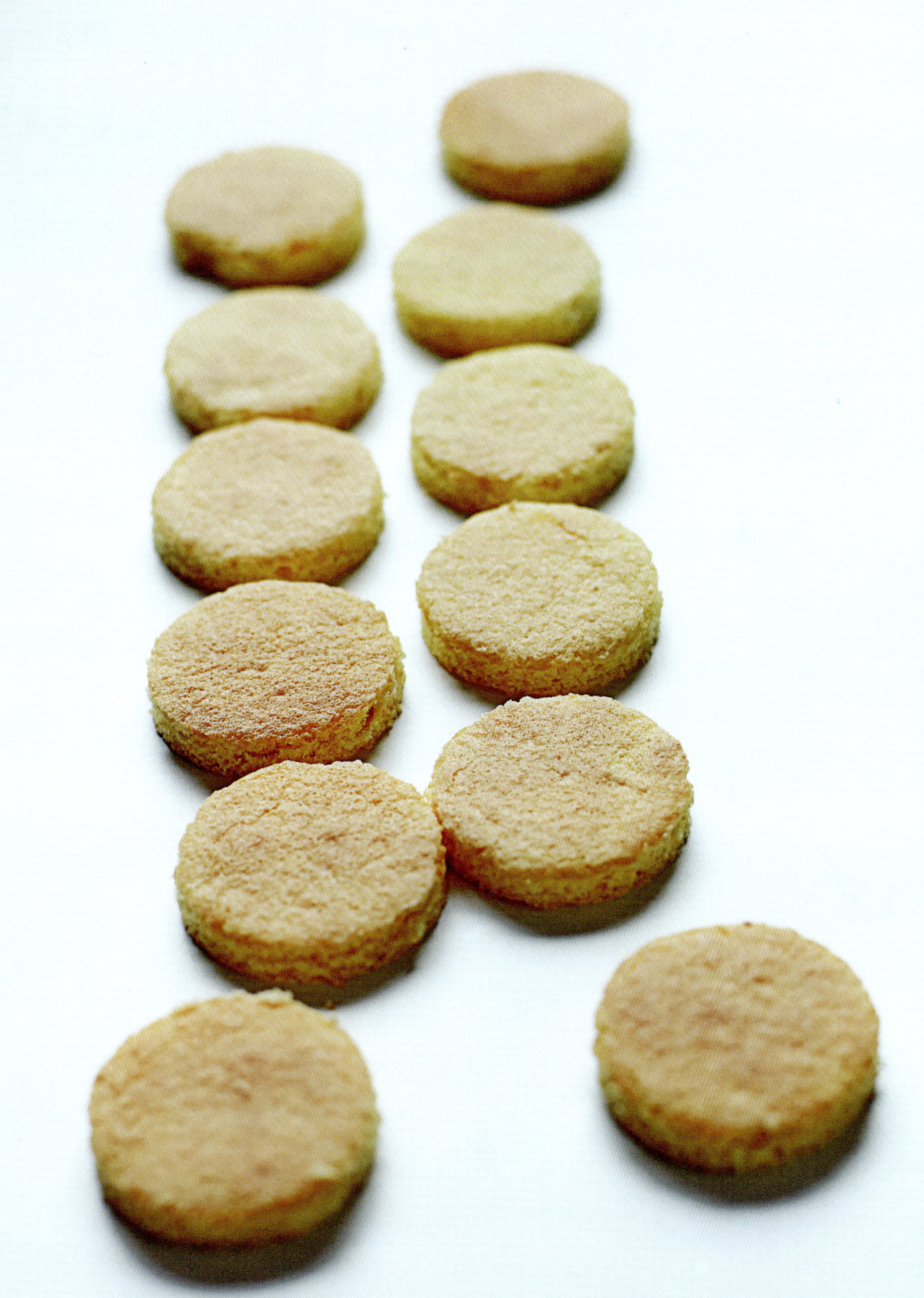

GLAÇAGE COULEUR

INGRÉDIENTS POUR 530 G DE GLAÇAGE

150 G DE GLUCOSE

150 G DE SUCRE SEMOULE

7,5 CL D'EAU

150 G DE CHOCOLAT IVOIRE VALRHONA®

100 G DE LAIT CONCENTRÉ SUCRÉ

8 G DE GÉLATINE EN FEUILLE

QUELQUES GOUTTES DE COLORANT ROUGE OU JAUNE

1 THERMOMÈTRE

TEMPS DE PRÉPARATION : 15 MINUTES

CONSEIL : les glaçages se conservent trois à quatre semaines au réfrigérateur, ou se congèlent.
Vous pouvez, dans ce glaçage, ajouter 1 à 2 g de colorant blanc (voir carnet d'adresses page 242). Cela vous permettra d'opacifier le glaçage pour un beau résultat.

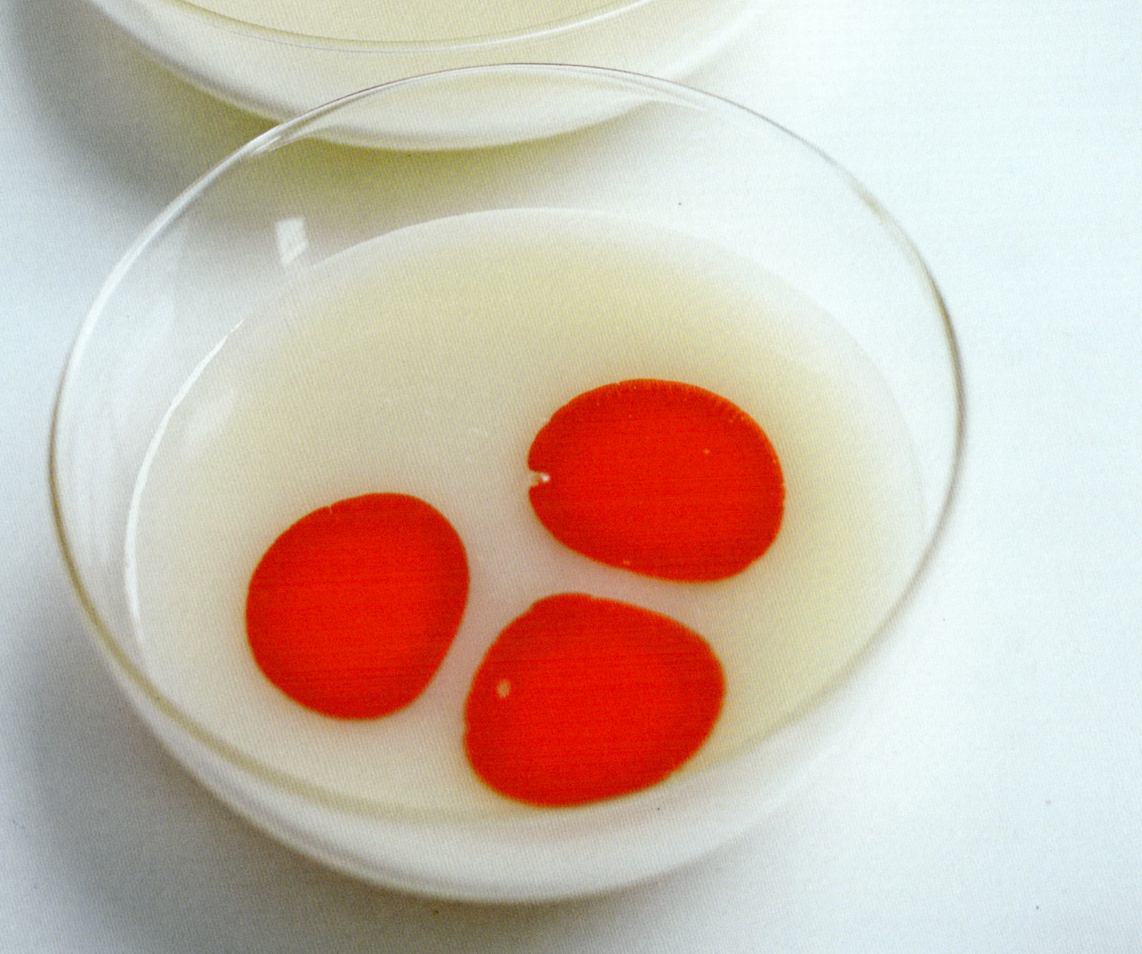

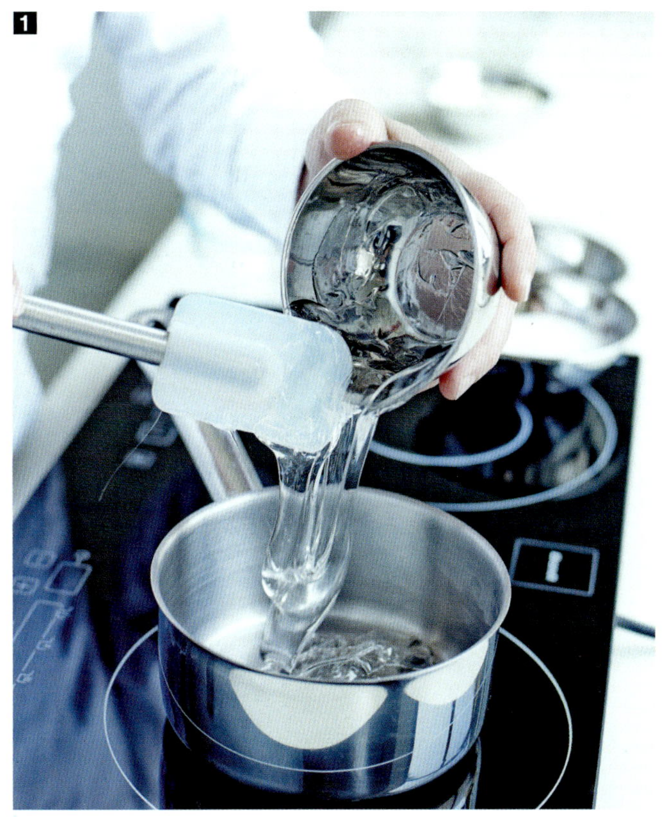

1 Versez le glucose dans une casserole.

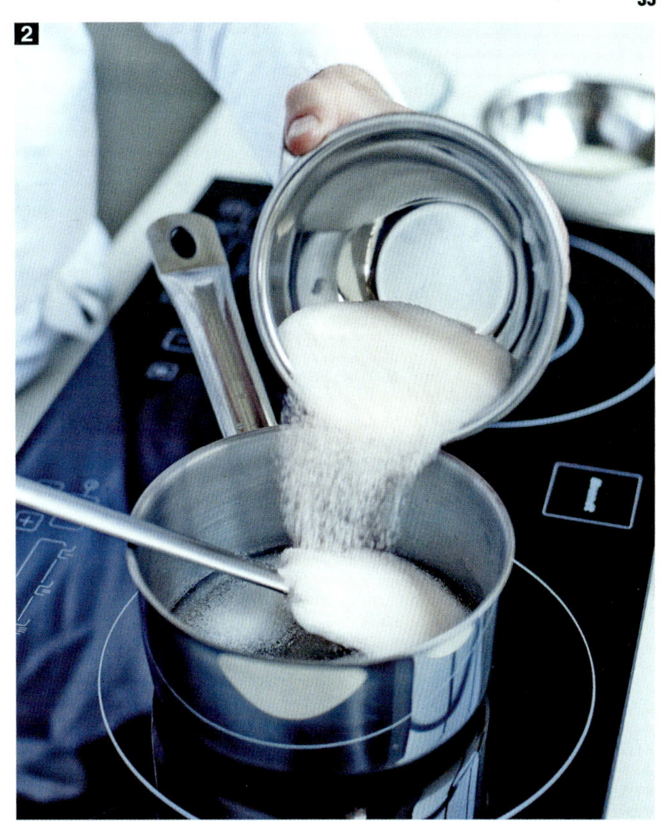

2 Ajoutez le sucre…

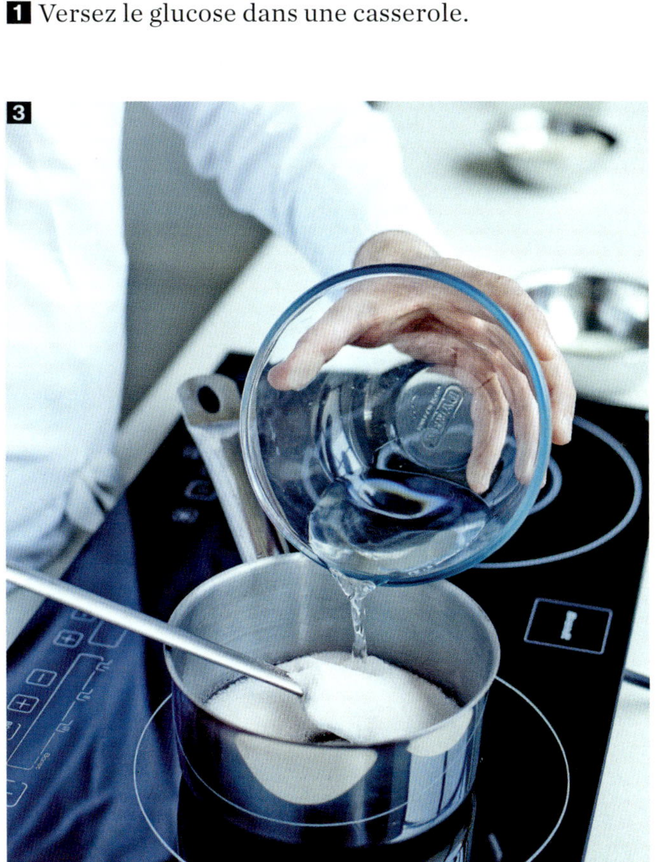

3 puis l'eau.

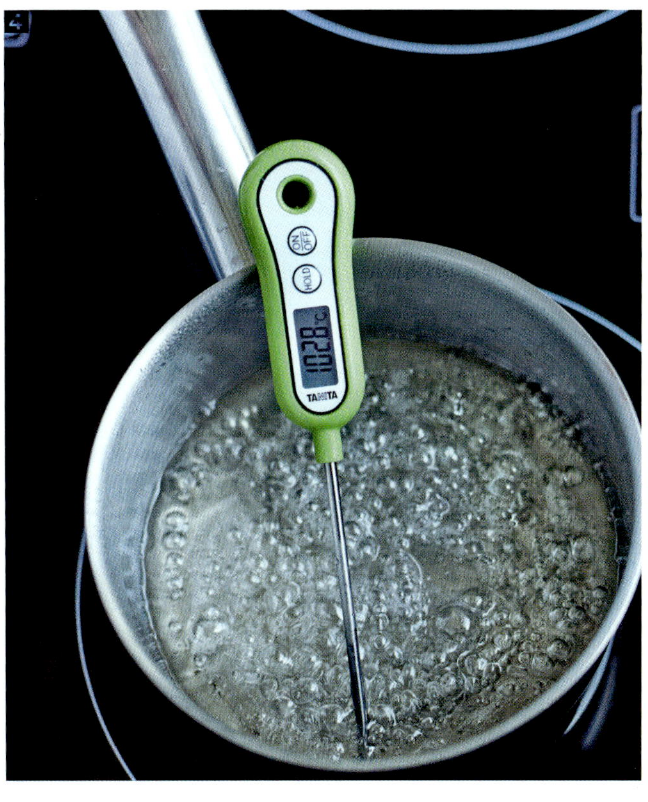

4 Portez à ébullition sur feu moyen jusqu'à 103-104 °C.

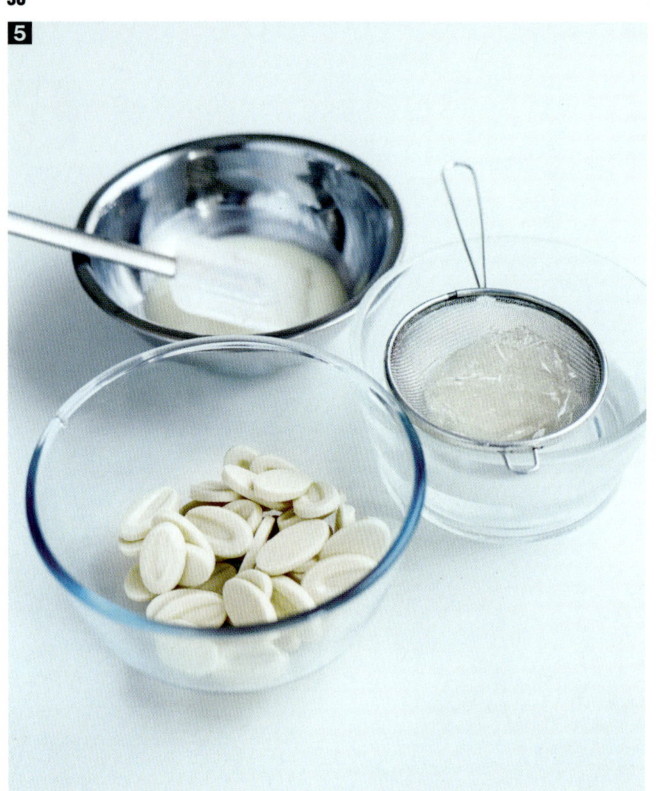

5 Préparez le chocolat blanc, le lait concentré et la gélatine préalablement trempée dans un récipient d'eau très froide.

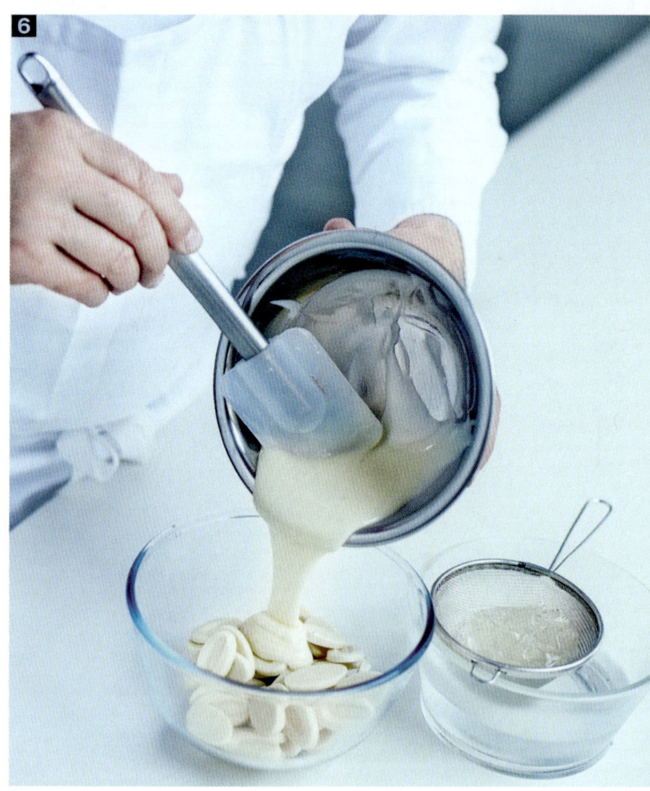

6 Versez le lait concentré sur le chocolat blanc.

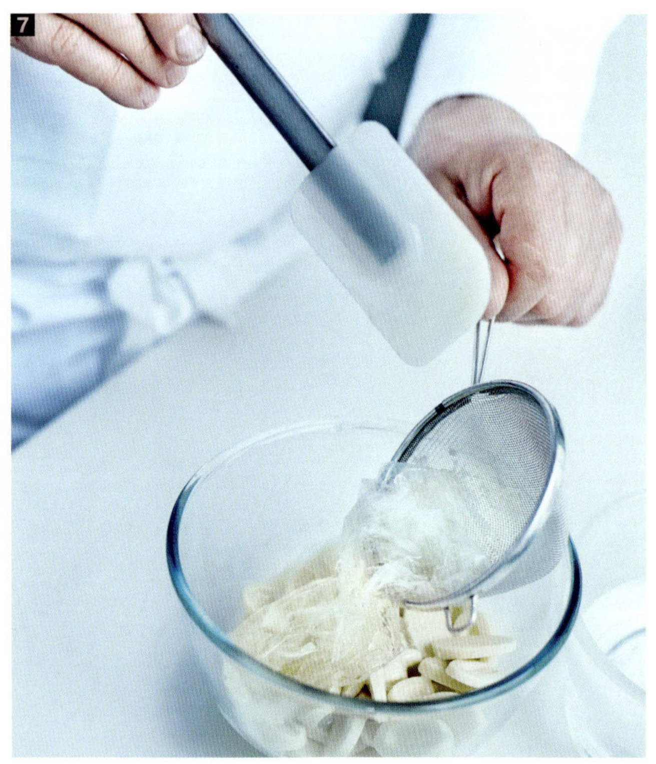

7 Incorporez la gélatine essorée.

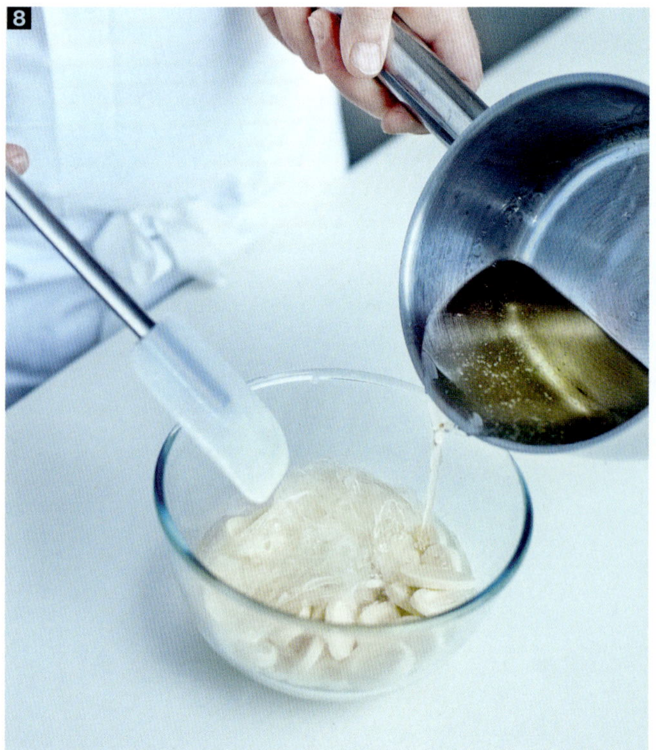

8 Versez un peu de sirop chaud.

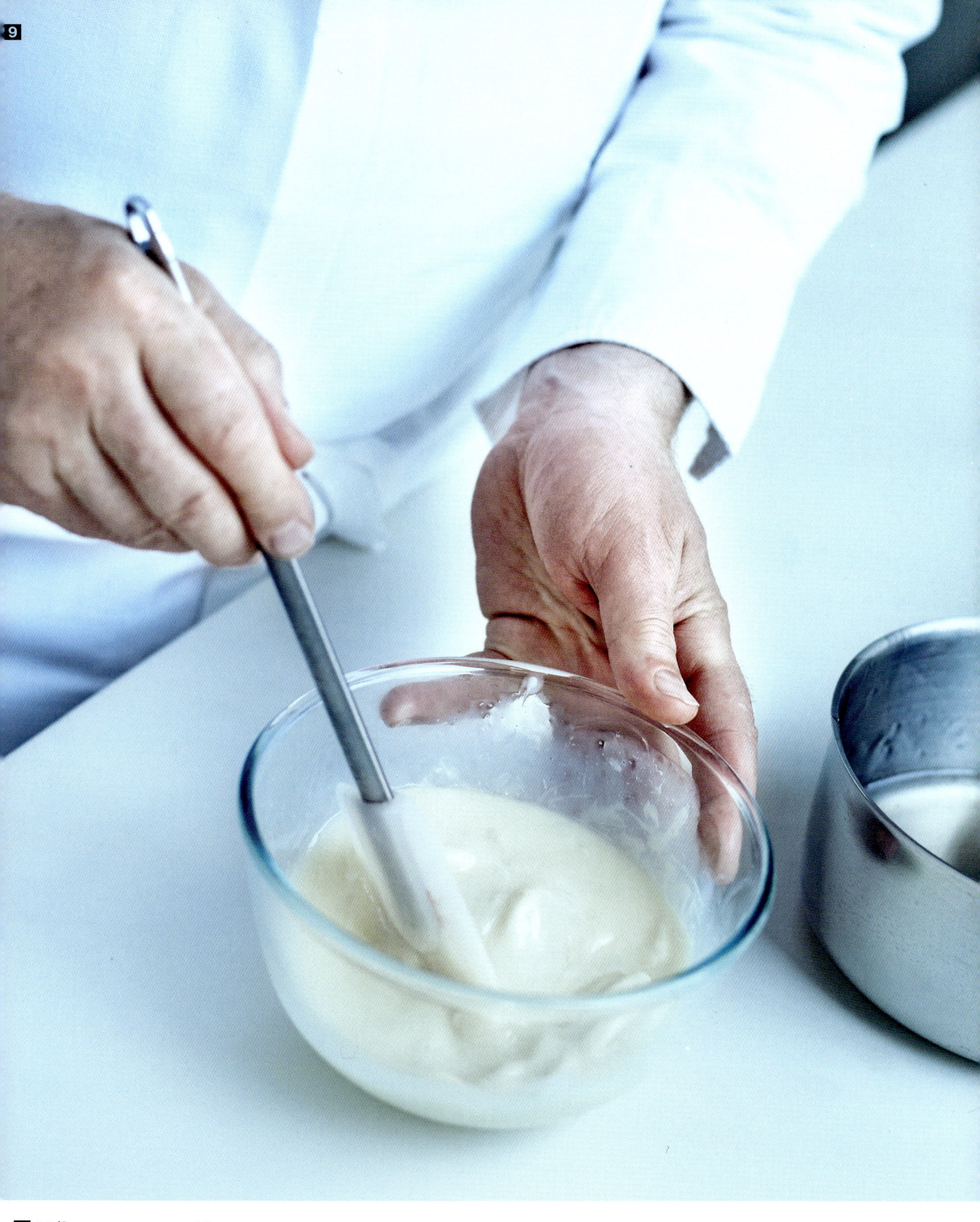

9 Mélangez avec une Maryse.

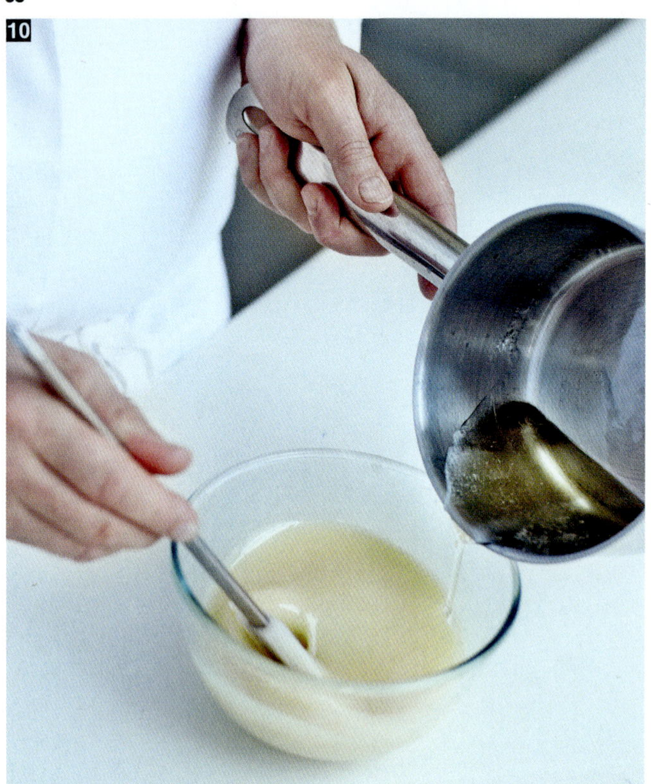

10 Ajoutez le restant de sirop.

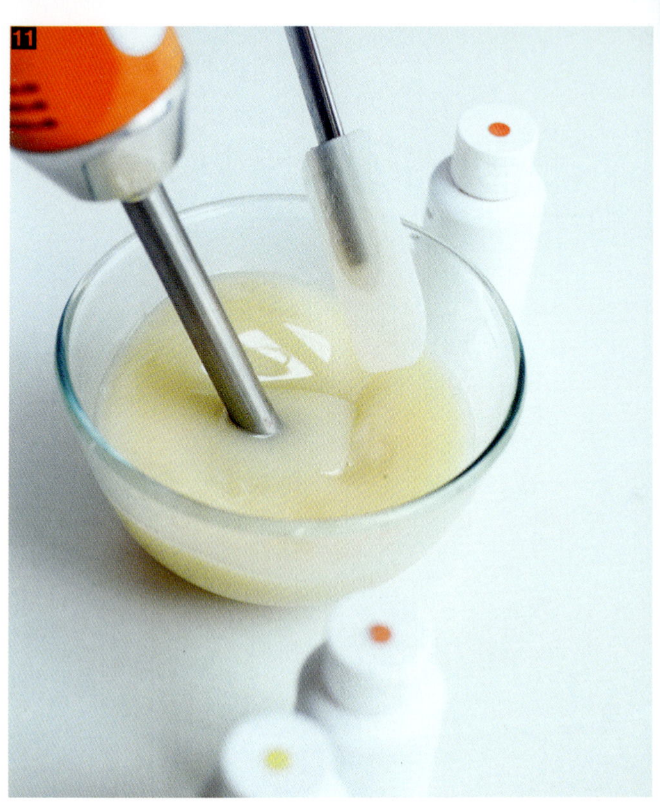

11 Mélangez à l'aide d'un mixeur plongeant (sans faire de remous pour éviter les bulles d'air) : vous devez obtenir un glaçage parfaitement lisse.

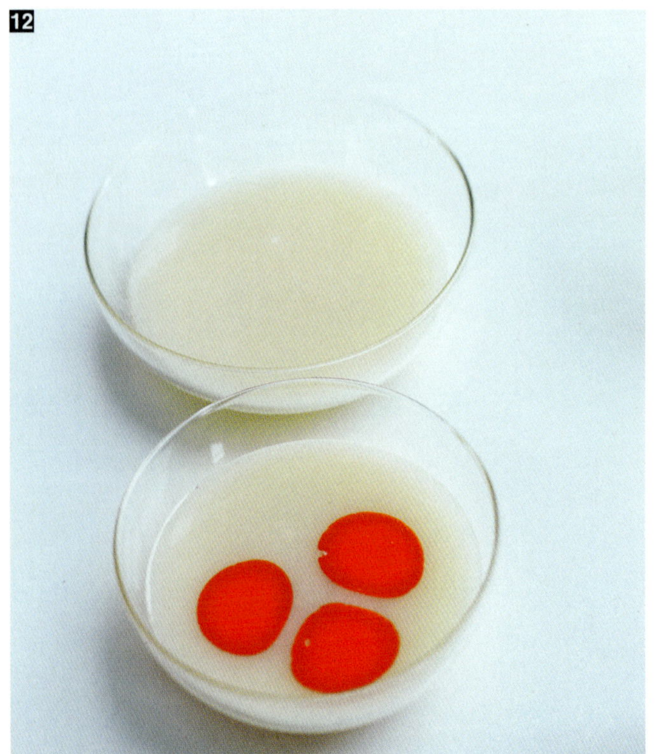

12 Séparez le glaçage dans des bols pour réaliser les glaçages couleur. Ajoutez dans l'un des récipients le colorant rouge.

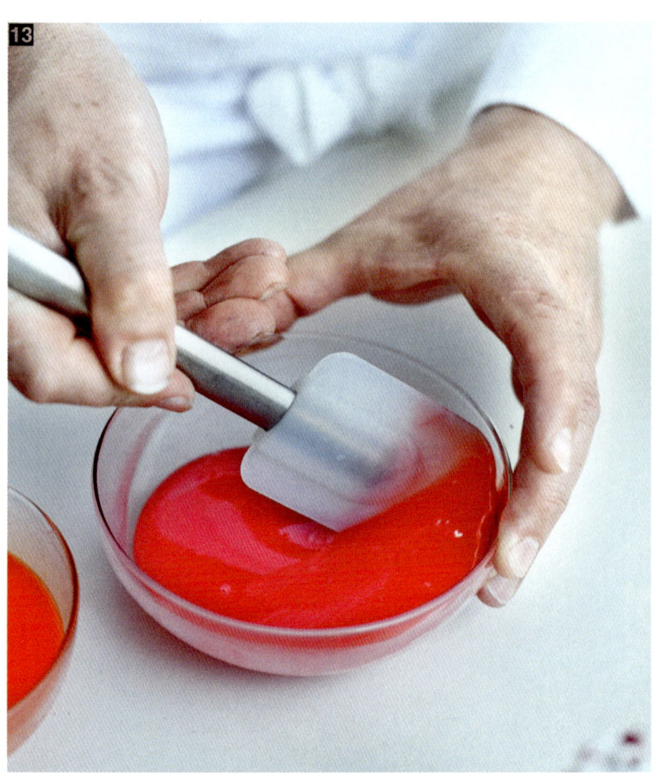

13 Mélangez à l'aide d'une Maryse.

14 Voici différents glaçages couleur.

14

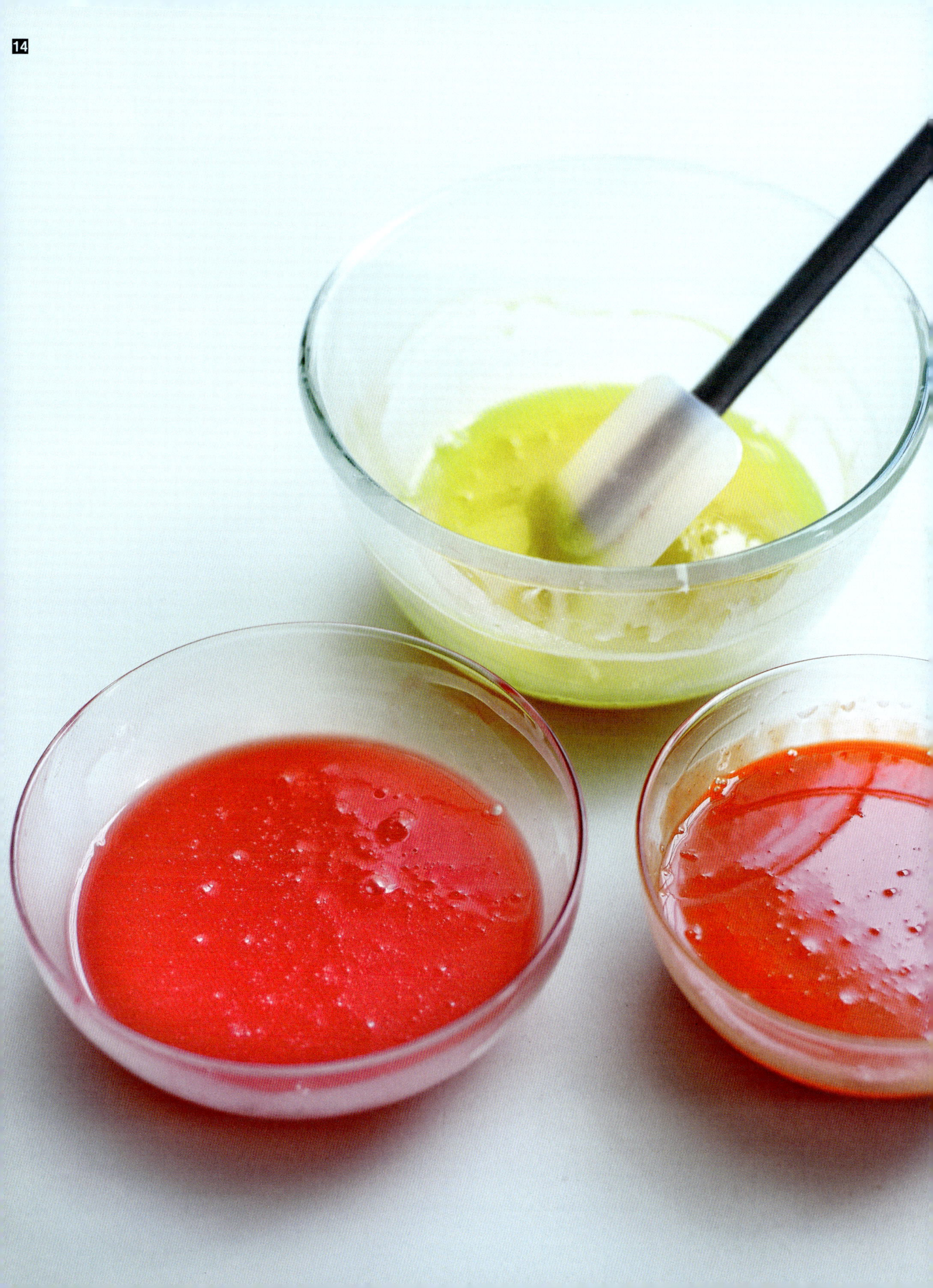

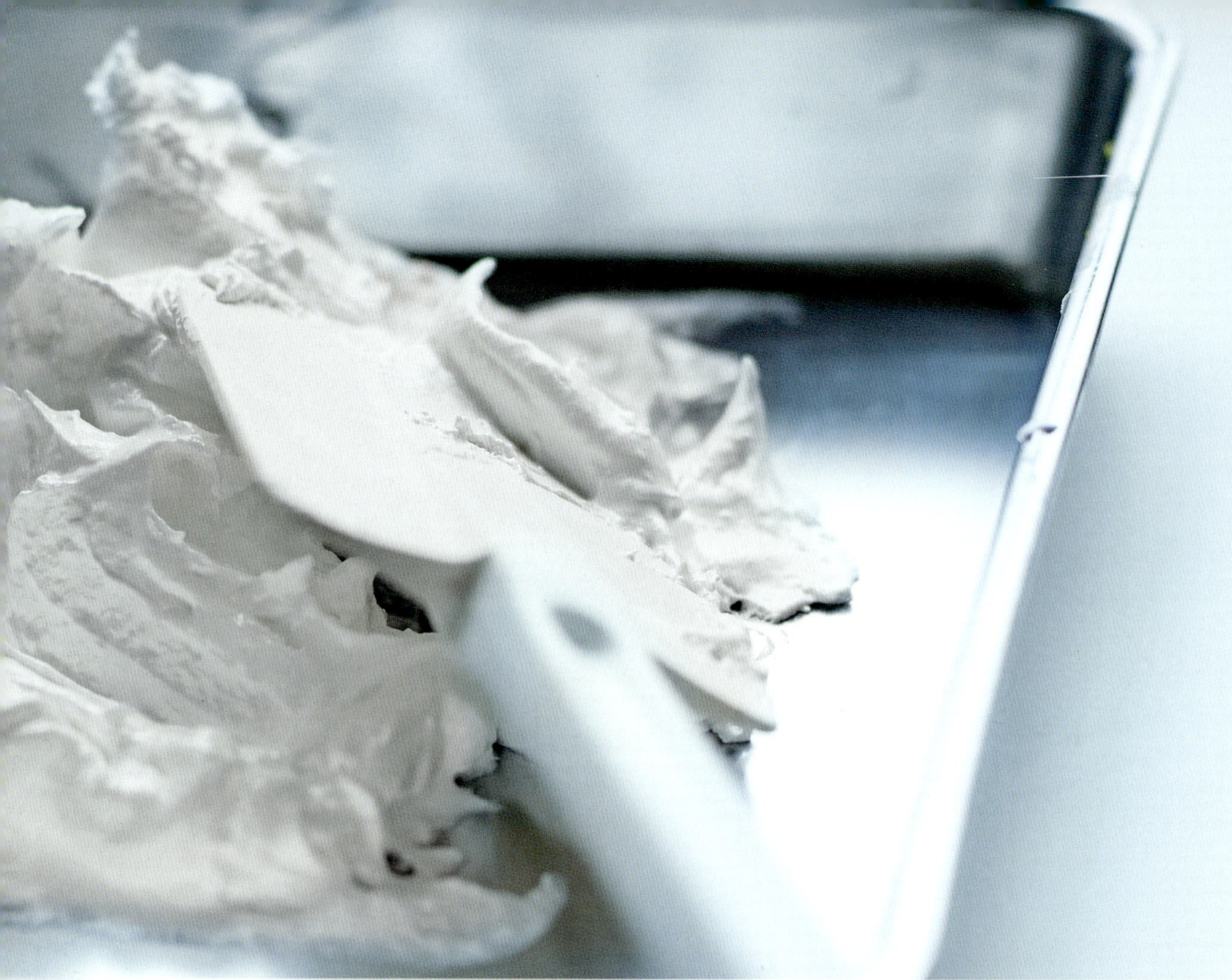

INGRÉDIENTS POUR
1,250 KG
DE PÂTE À MACARON
OU 24 MACARONS
Le poids d'un macaron individuel (les 2 coques) est de 35 à 40 g.

- 15 CL D'EAU
- 315 G DE SUCRE SEMOULE
- 345 G DE SUCRE GLACE
- 315 G DE POUDRE D'AMANDES
- 240 G DE BLANCS D'ŒUFS (6 BLANCS D'ŒUFS ENVIRON)
- QUELQUES GOUTTES DE COLORANT ALIMENTAIRE EN FONCTION DE VOS MACARONS

- 1 THERMOMÈTRE
- 1 POCHE À DOUILLE
- 1 DOUILLE LISSE DE 8 MM

MACARON

TEMPS DE PRÉPARATION
30 MINUTES

TEMPS DE CUISSON
15 À 20 MINUTES

La quantité de pâte à macaron est plus importante que d'habitude. Cela vous permettra de varier les couleurs dans les différentes recettes proposées dans ce workshop. Vous pouvez également les stocker au congélateur.
Pour avoir une couleur plus profonde, utilisez du colorant en poudre pigmenté et pour une couleur pastel, privilégiez le colorant liquide.

1

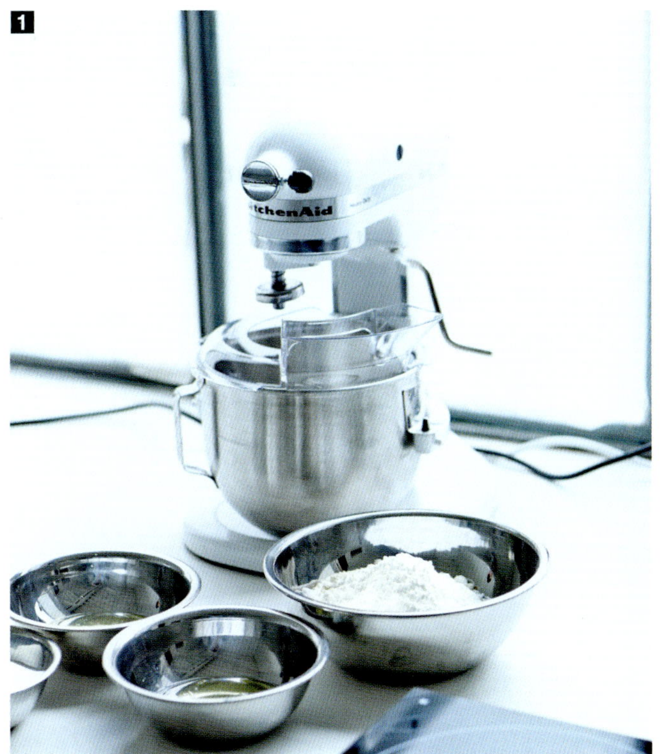

Préchauffez votre four à 165 °C.

1 Commencez par peser tous vos ingrédients.

2

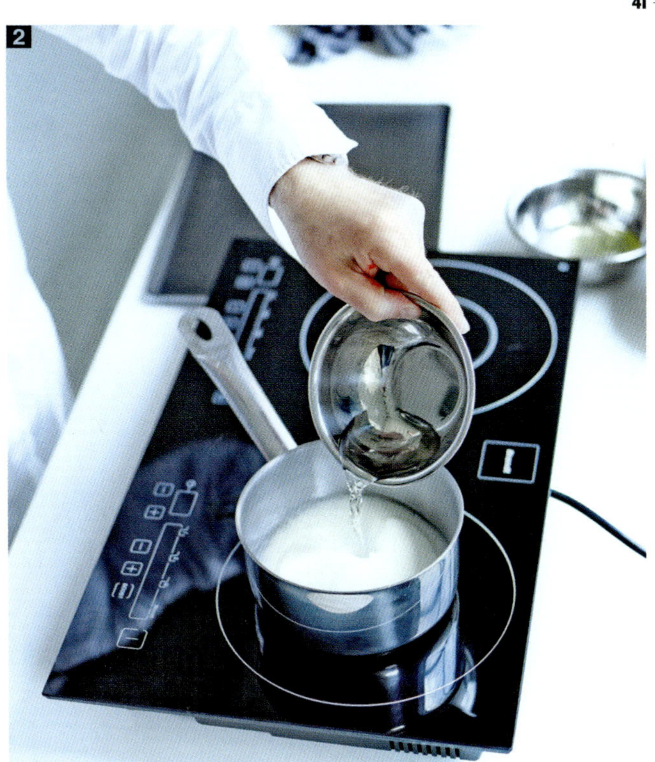

2 Dans une casserole à fond épais, mélangez avec une spatule l'eau et le sucre semoule, et faites chauffer sur feu moyen.

3

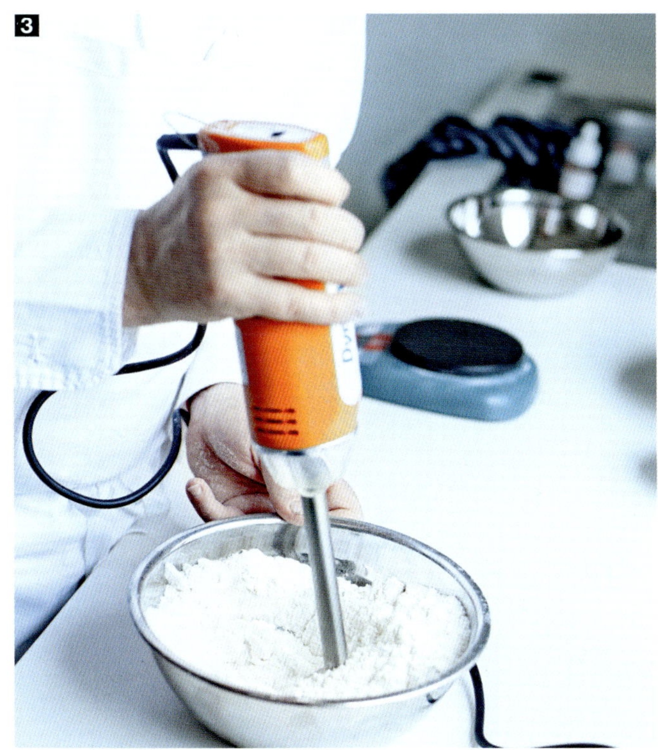

3 Mixez légèrement le sucre glace et la poudre d'amandes. Tamisez-les ensuite dans un récipient à l'aide d'un tamis assez fin.

4

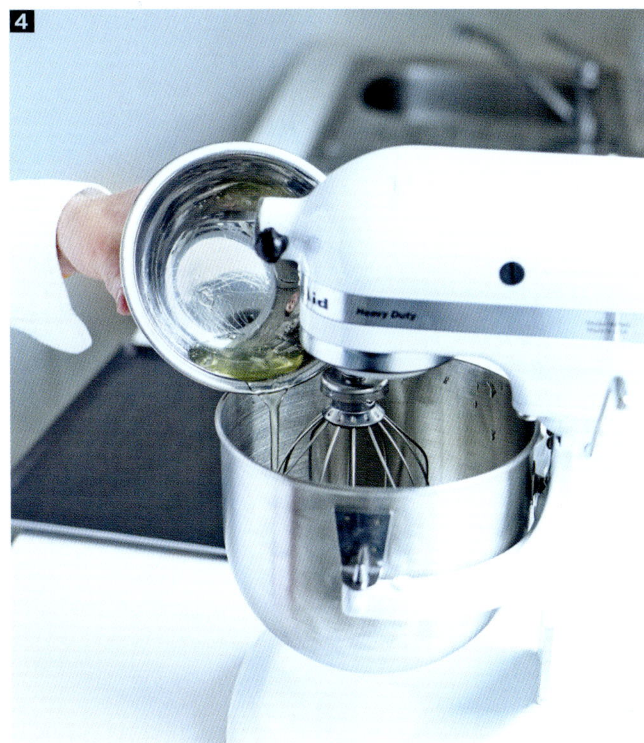

4 Versez 120 g de blancs d'œufs dans le bol du robot.

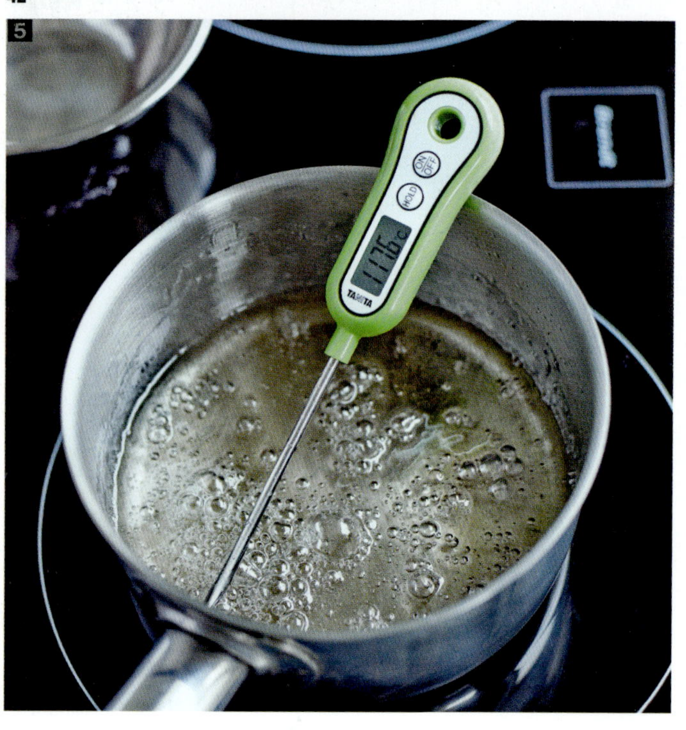

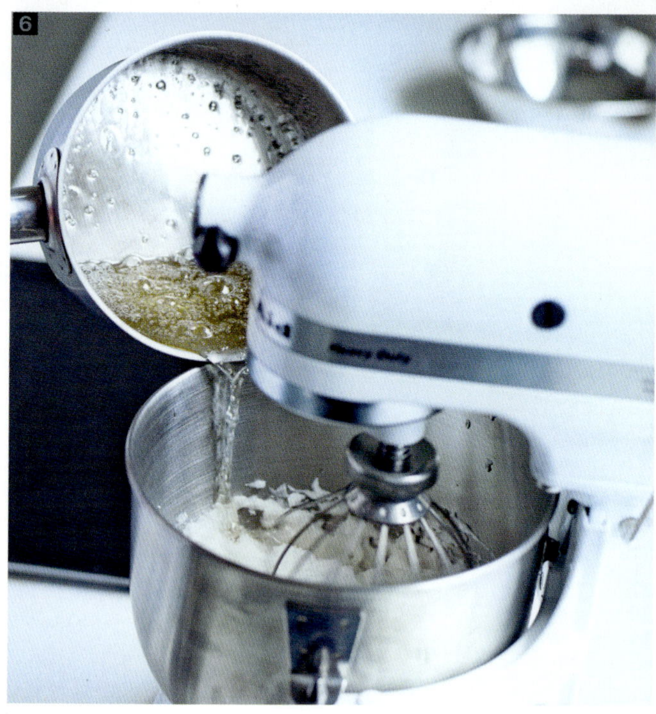

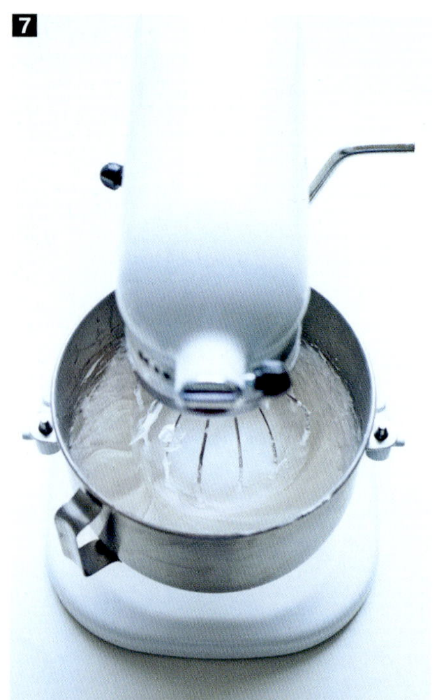

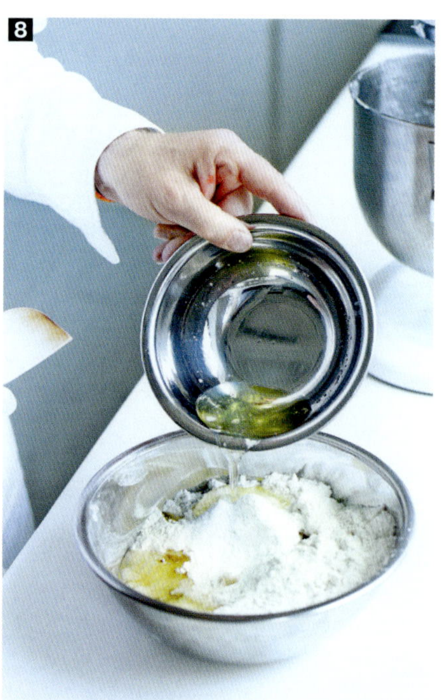

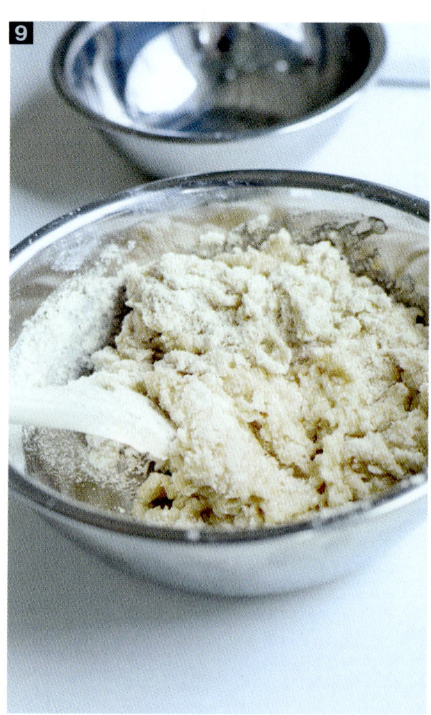

5 Plongez votre thermomètre dans le sirop afin de contrôler sa température. Elle doit atteindre 118-119 °C. (Lorsqu'il atteint 112-114 °C, mettez en route le robot à vitesse maximale.)

6 Versez le sucre cuit (à 118 °C) sur les blancs montés en prenant soin de le faire couler sur les bords de la cuve afin d'éviter toute projection de sucre.

7 Laissez tourner 7 à 8 minutes pour que la meringue refroidisse.

8 Pendant ce temps, versez les 120 g de blancs d'œufs restants sur le mélange amandes-sucre glace.

9 Et mélangez à l'aide d'une spatule rigide.

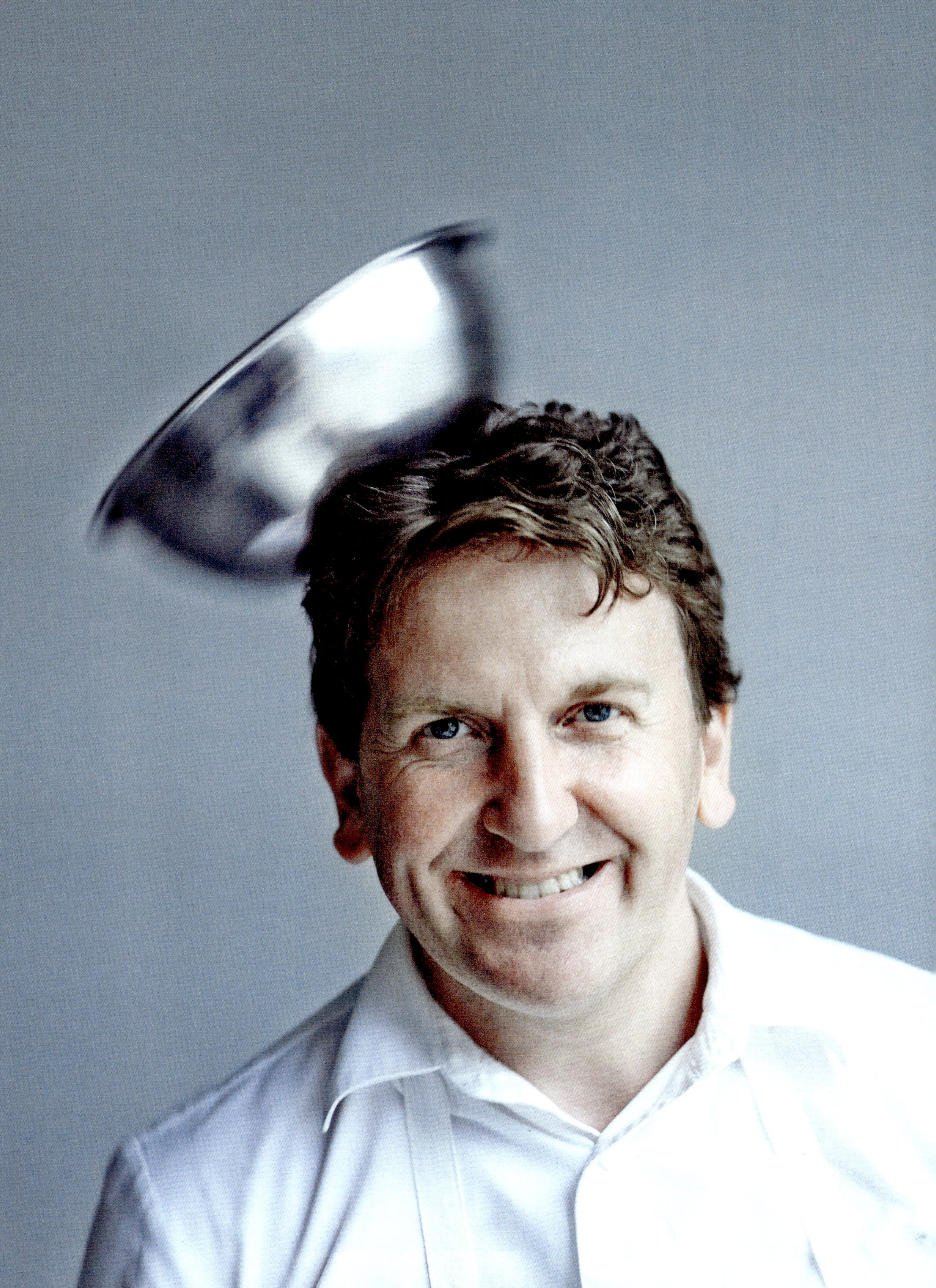

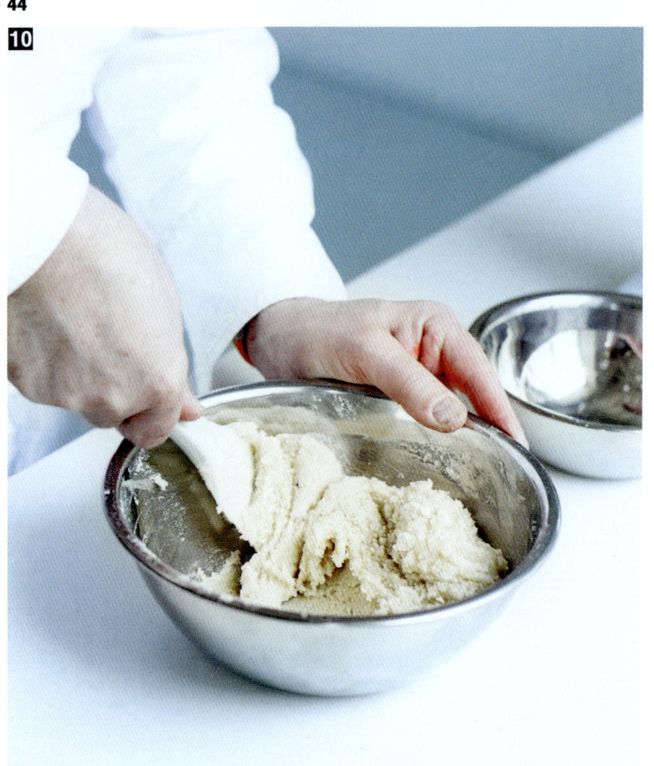

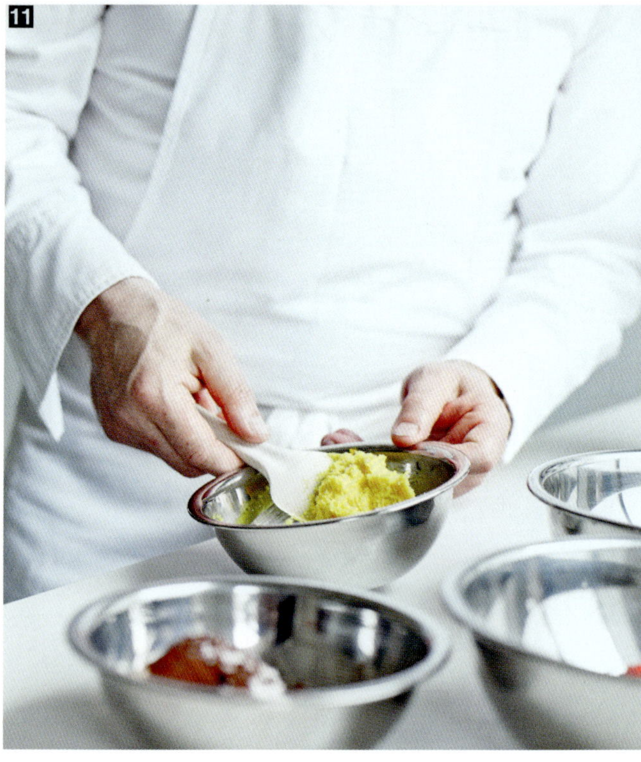

10 Voici la consistance finale.

11 Séparez la pâte dans 4 récipients (environs 194 g pour chaque récipient) en ajoutant du colorant alimentaire dans chaque récipient (rose et jaune, cacao/colorant rouge, colorant jaune, colorant rouge).

12 Voici un exemple de mélange.

13 Voici la texture avec le colorant rouge pour le macaron à la rose.

14 Déposez la meringue dans un plat et pesez-la (en enlevant le poids du plat). Divisez-la en 4 parts. Ajoutez-la dans chaque mélange coloré.

Le pochage des macarons s'effectue lors de la réalisation de chaque recette.

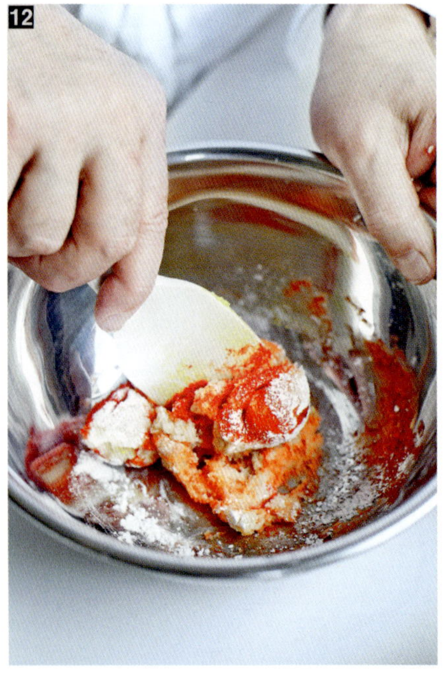

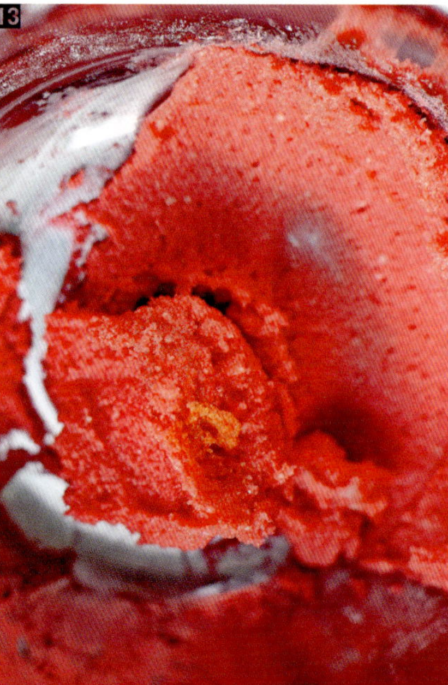

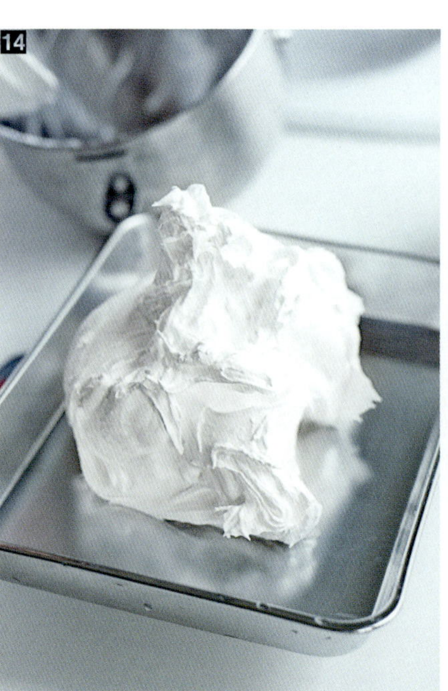

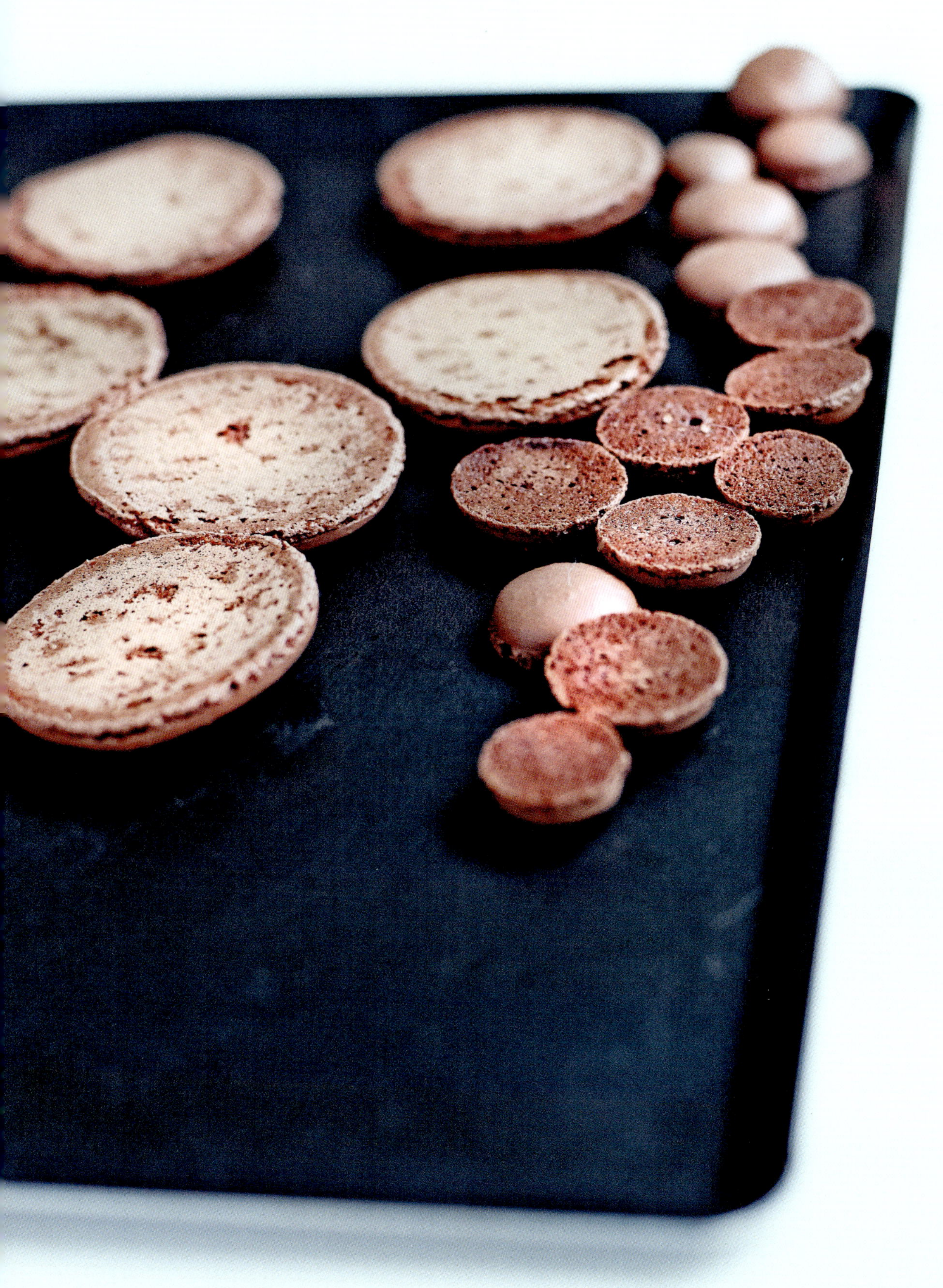

MERINGUE FRANÇAISE

INGRÉDIENTS POUR
300 G
DE MERINGUE FRANÇAISE

100 G DE BLANCS D'ŒUFS

200 G DE SUCRE SEMOULE

1 POCHE À DOUILLE

1 DOUILLE LISSE DE 8 MM

1 MOULE EN SILICONE DEMI-SPHÈRE

TEMPS DE PRÉPARATION
10 MINUTES

TEMPS DE CUISSON
2 HEURES 15

Les meringues sont cuites lorsqu'elles sont bien sèches à l'intérieur. Laissez-les complètement refroidir avant de les garnir.

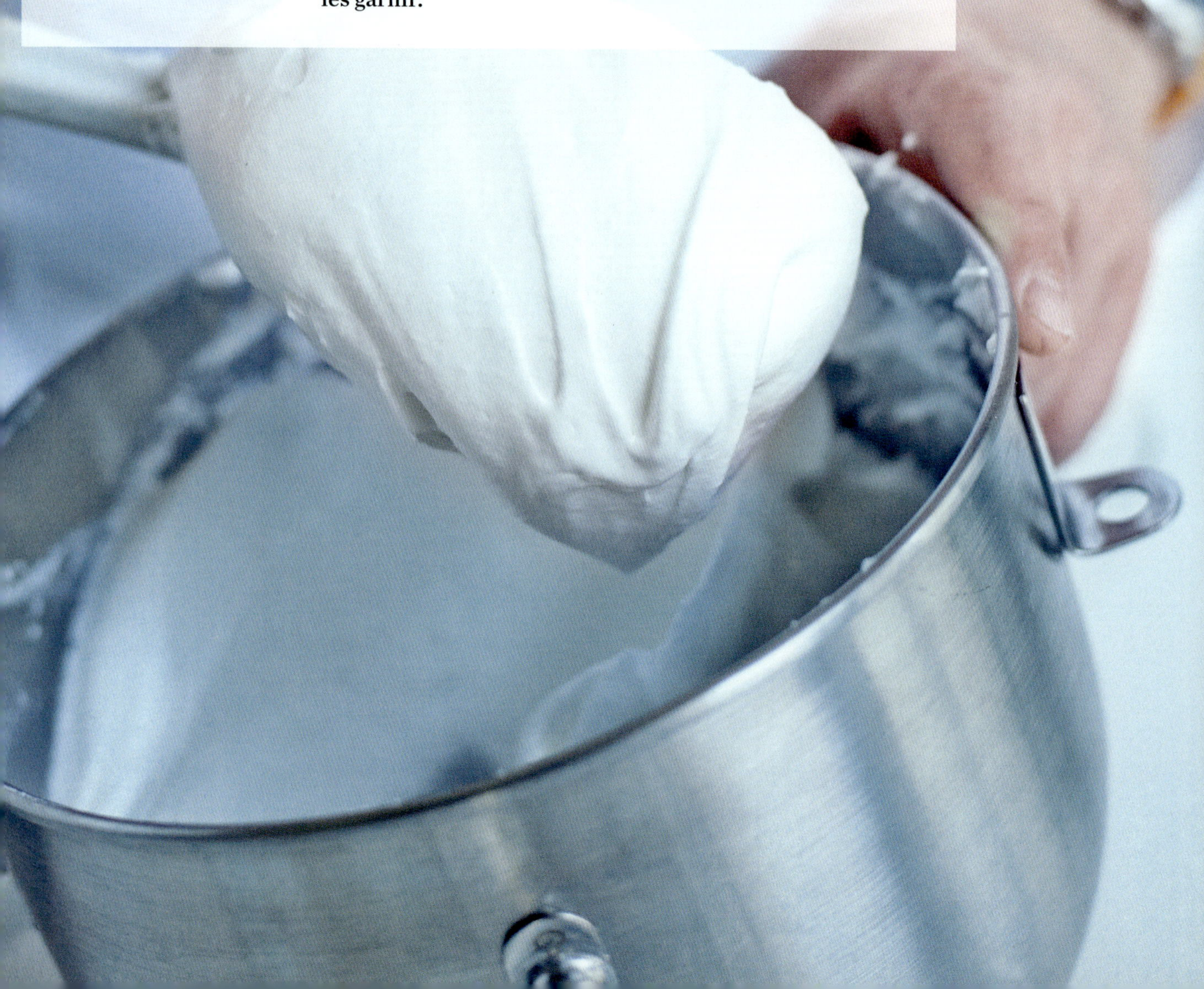

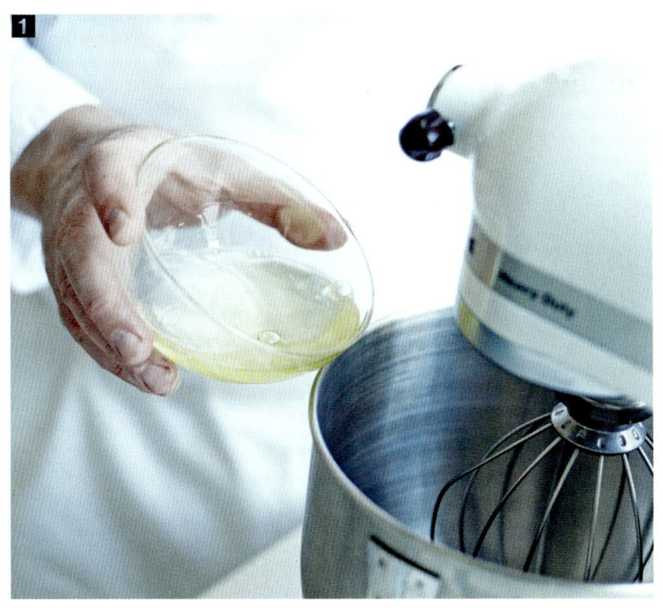

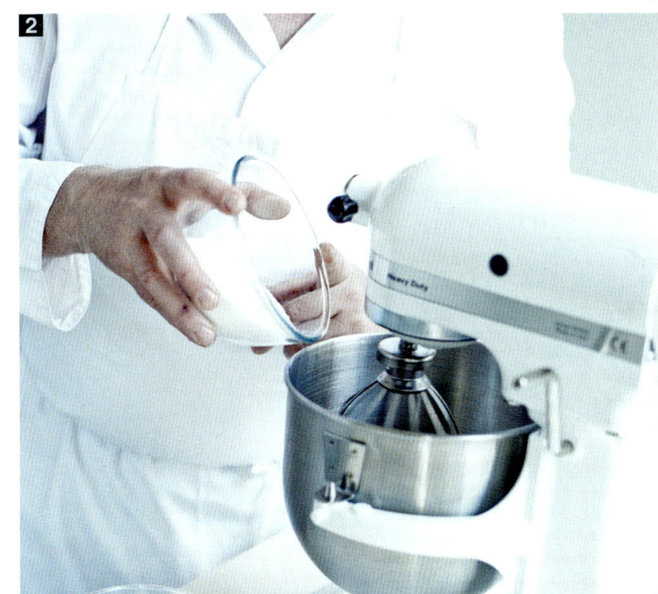

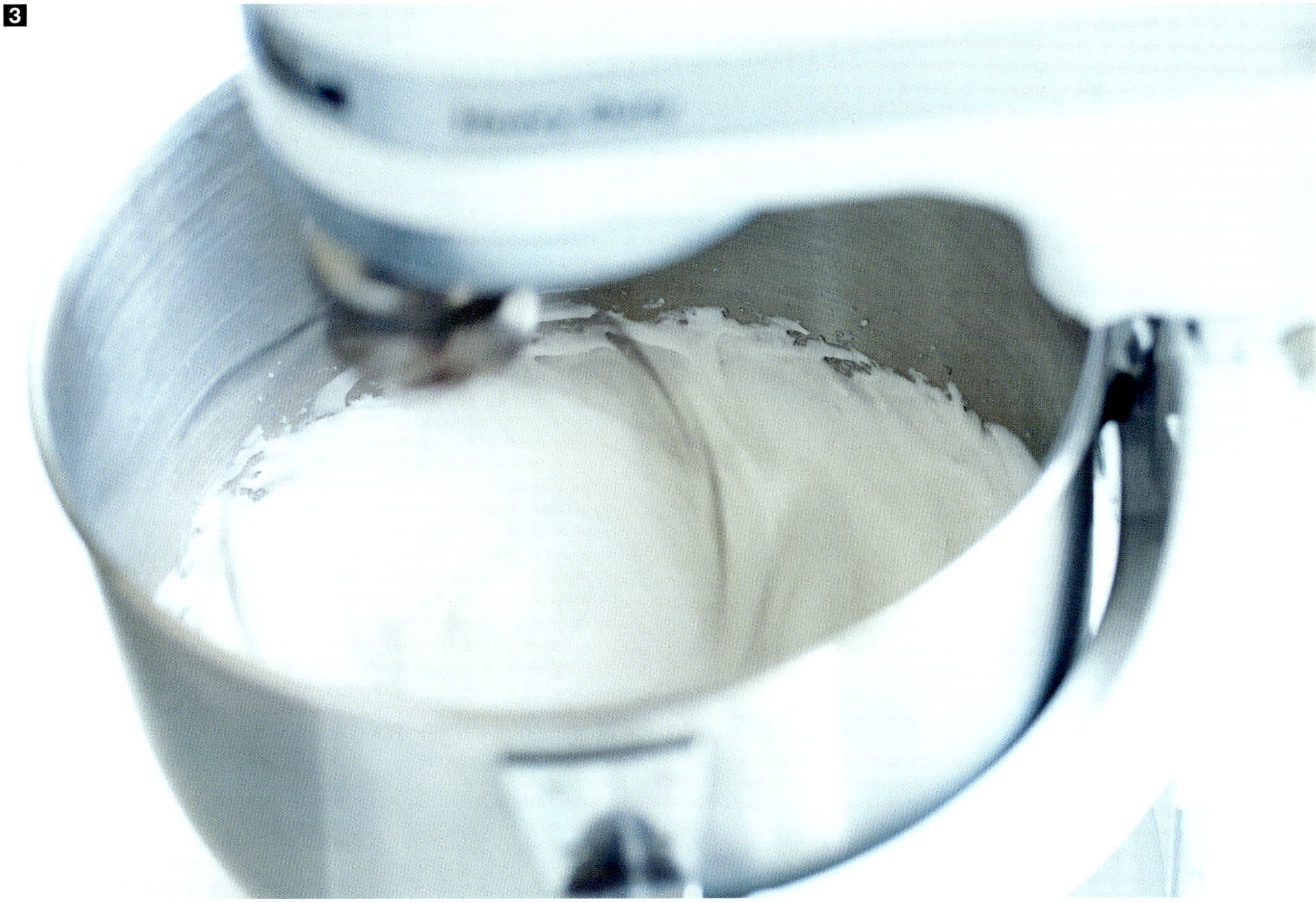

Préchauffez votre four à 130 °C.

1 Versez les blancs d'œufs dans la cuve de votre robot.

2 Fouettez-les avec 25 g de sucre semoule à pleine vitesse.

3 Continuez de monter les blancs au robot pendant 5 minutes, tout en versant encore 75 g de sucre semoule. Vous devez obtenir une meringue bien blanche qui tient entre les branches de votre fouet.

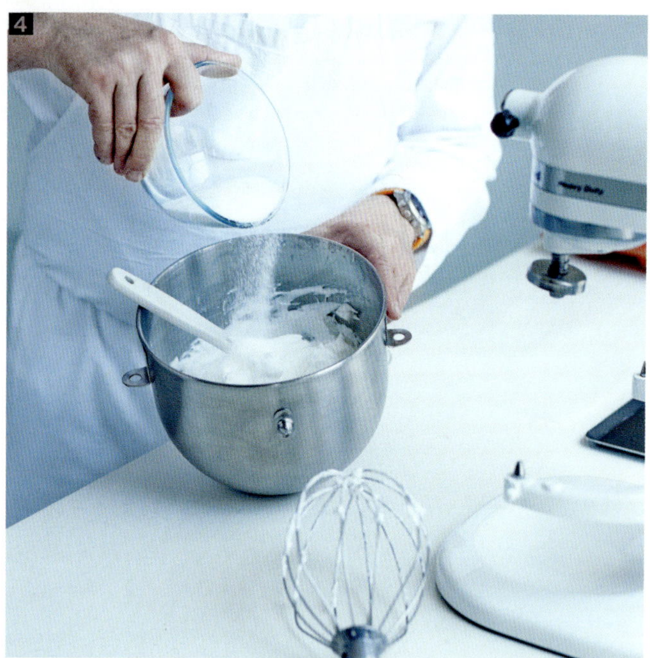

4 Versez 100 g de sucre semoule sur la meringue et mélangez pendant quelques secondes à l'aide d'une Maryse.

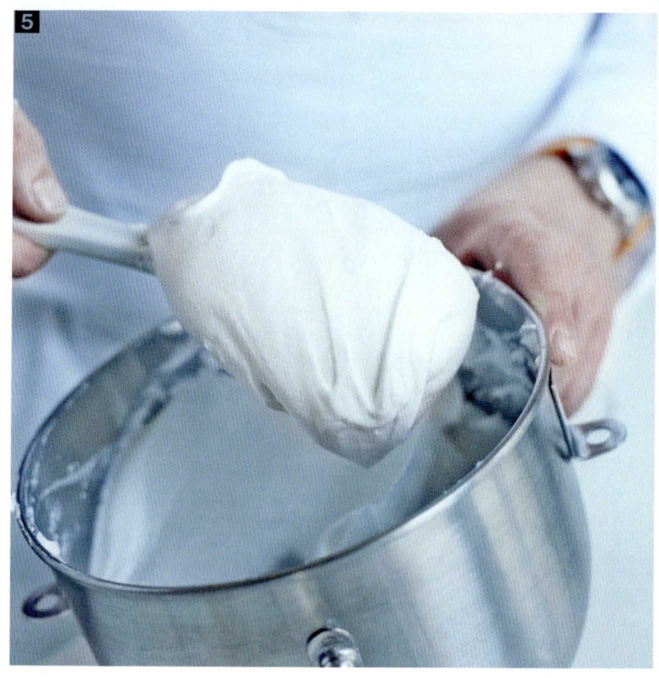

5 Voici la texture souhaitée.

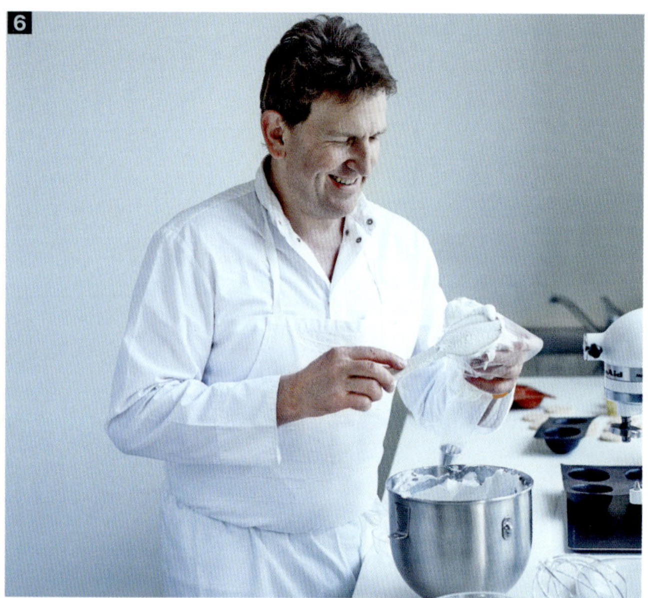

6 Remplissez une poche à douille munie d'une douille lisse de cette préparation.

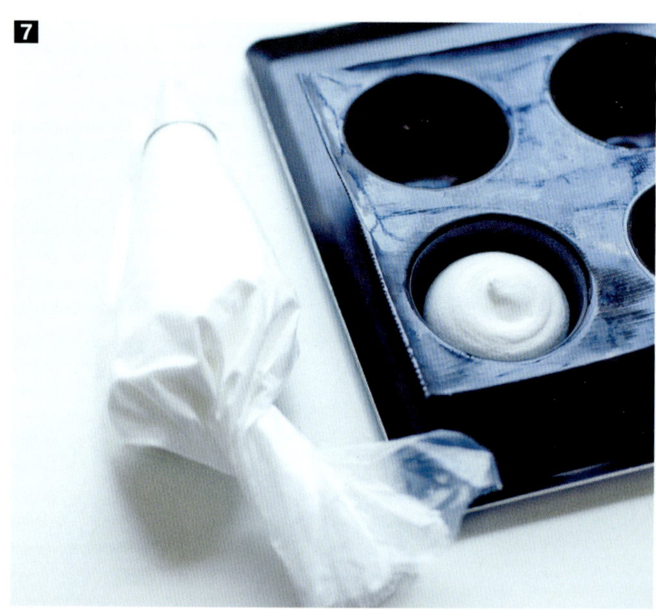

7 Réalisez des boules de meringue dans un moule en silicone demi-sphère posé sur une plaque.

Enfournez à 130 °C durant 8 minutes, puis baissez votre four à 90 °C. Laissez cuire pendant 2 heures.

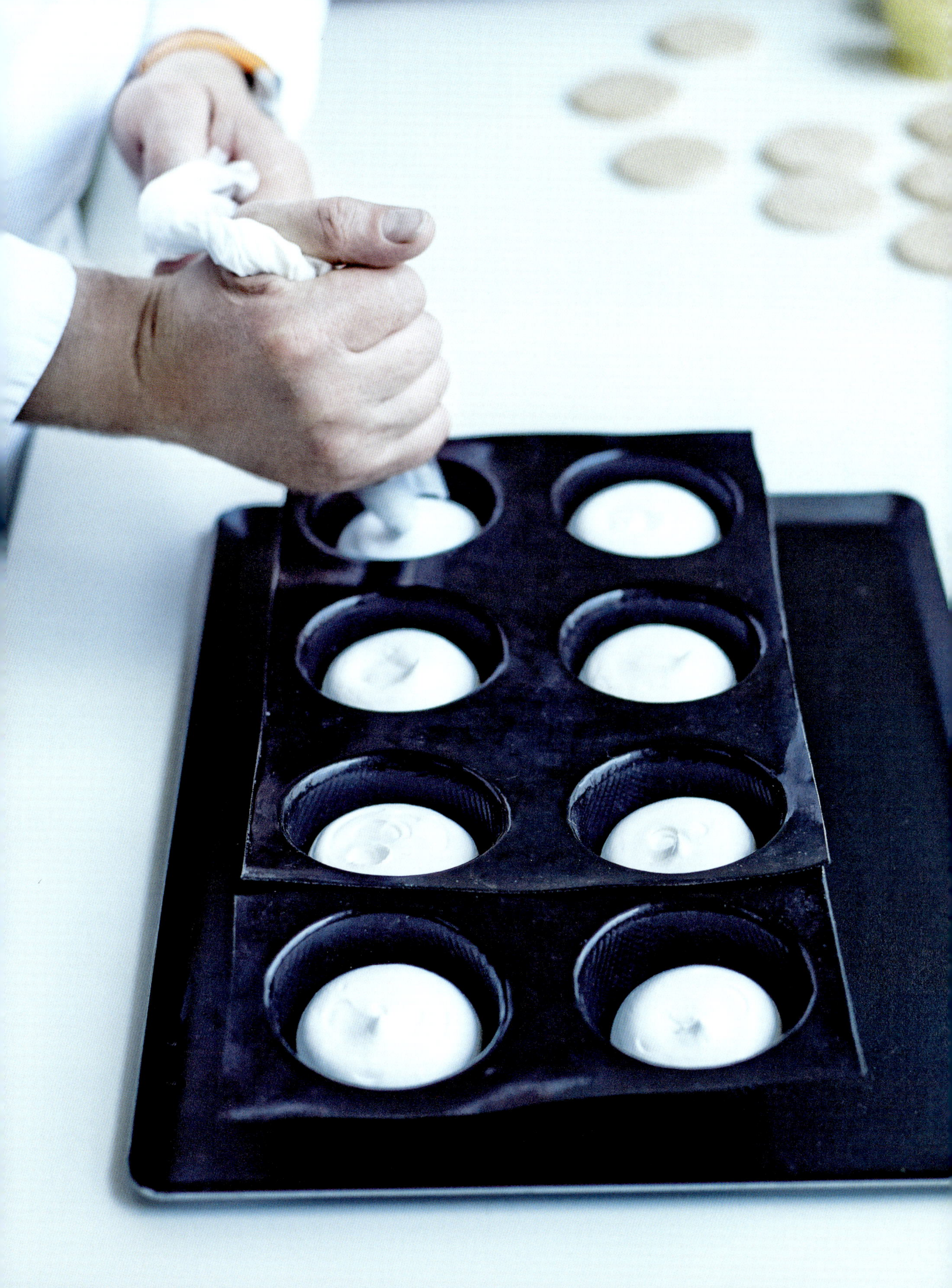

NOISETTES TORRÉFIÉES

INGRÉDIENTS POUR
230 G
DE NOISETTES TORRÉFIÉES

- 150 G DE NOISETTES ENTIÈRES
- 80 G DE SUCRE SEMOULE
- 5 CL D'EAU
- ¼ DE GOUSSE DE VANILLE

- 1 THERMOMÈTRE

TEMPS DE PRÉPARATION
10 MINUTES

TEMPS DE CUISSON
15 MINUTES

CONSEIL : conservez ces noisettes dans des bocaux fermés hermétiquement afin qu'elles restent bien croustillantes pendant 1 mois.

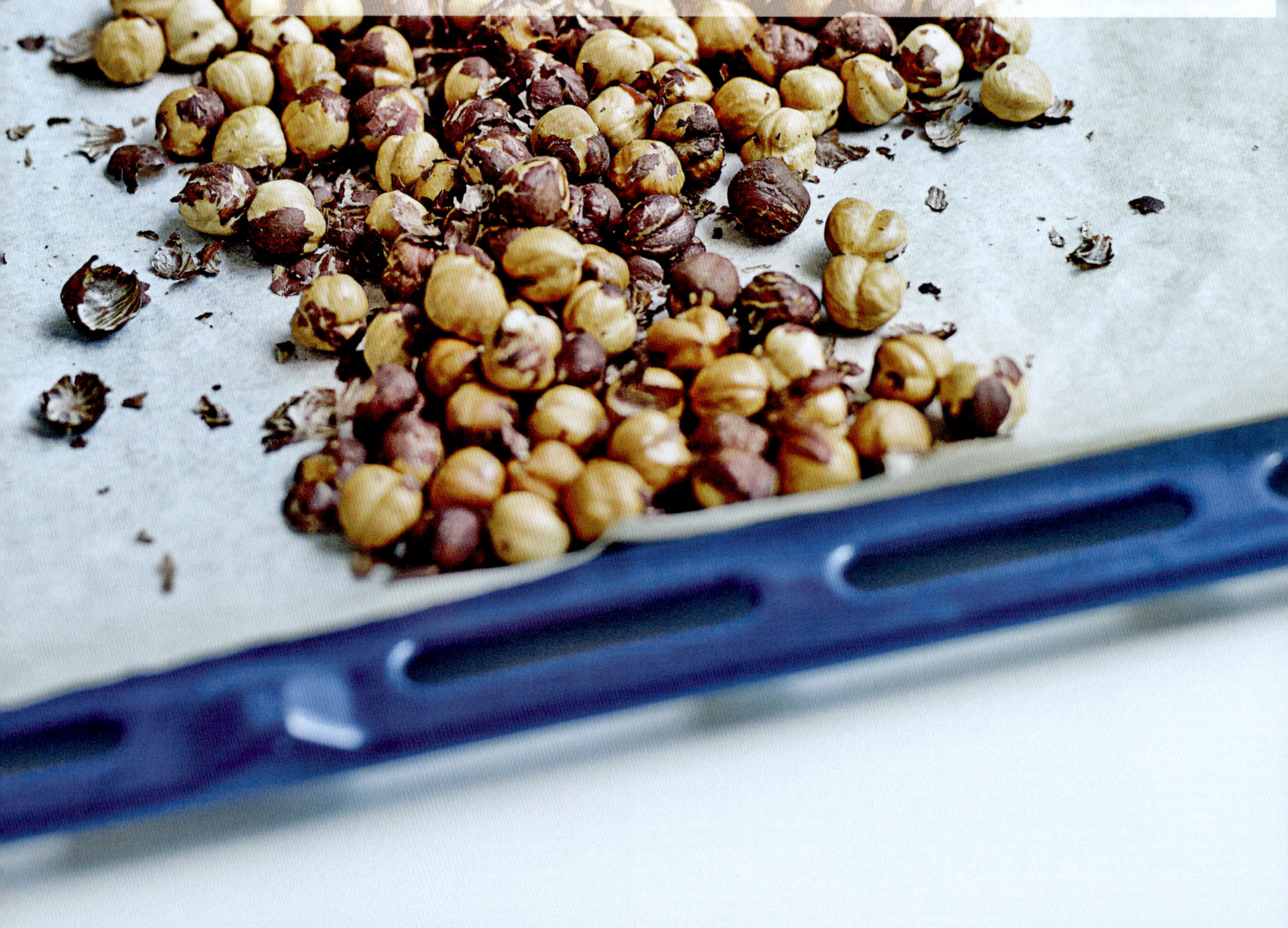

1 Faites cuire les noisettes au four à 180 °C pendant 15 minutes, afin de les torréfier.

2 Sortez-les du four. Frottez-les entre vos mains pour enlever la peau après léger refroidissement. Et passez-les au tamis.

3 Hachez grossièrement les noisettes avec un grand couteau.

4 Versez le sucre semoule et l'eau dans une casserole, ajoutez la vanille, faites cuire à feu vif afin que le sirop atteigne 120 °C.

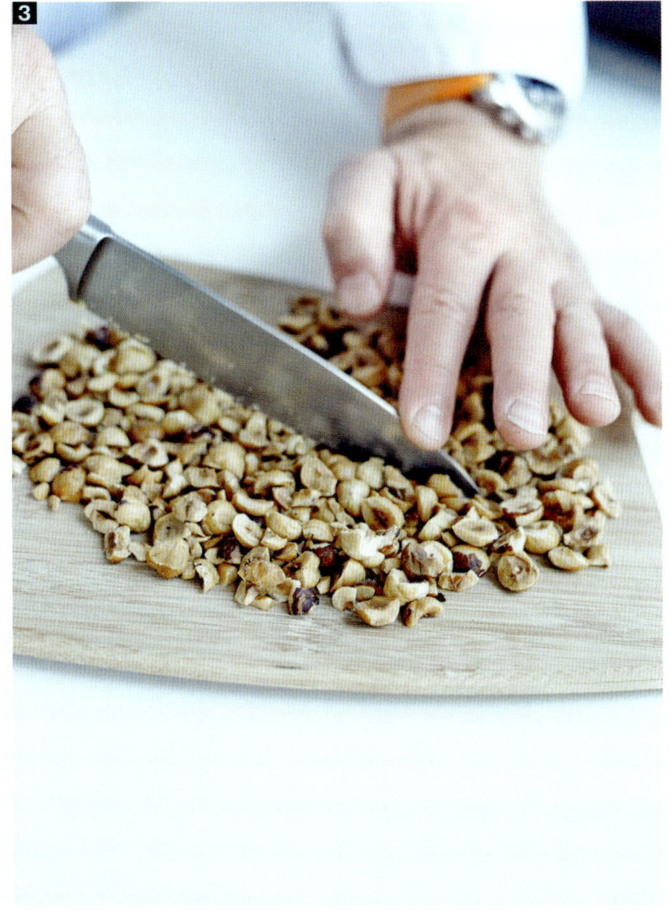

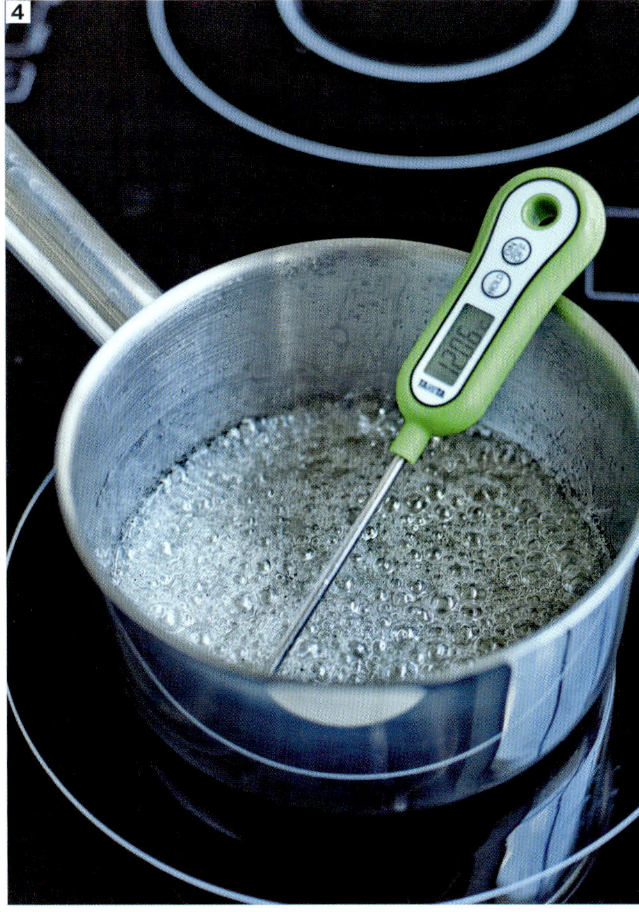

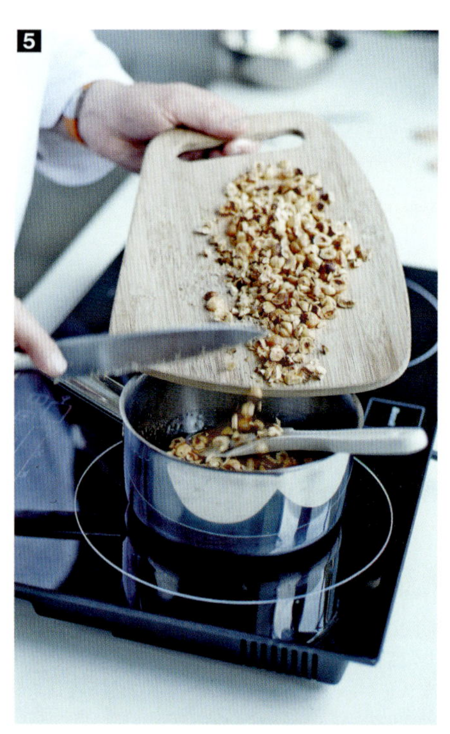

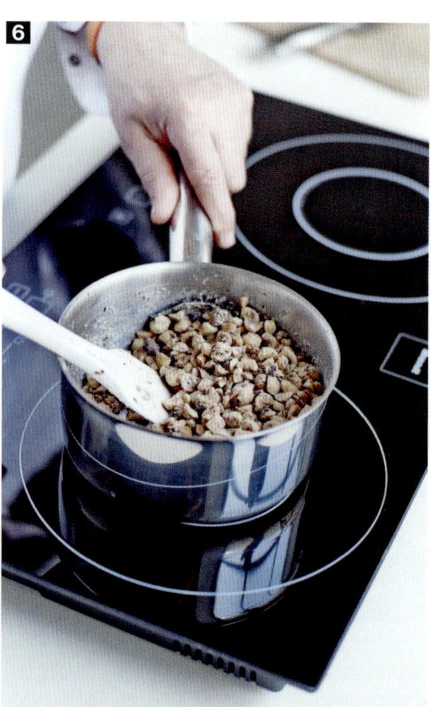

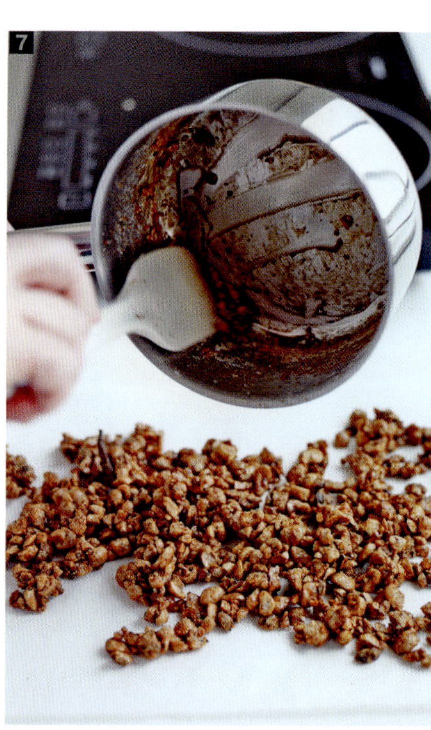

5 Versez les noisettes dans le sirop bouillant, remuez très rapidement avec une spatule en bois ou en silicone.

6 Les noisettes vont se séparer et cristalliser. Continuez la cuisson pendant 2 à 3 minutes afin de les caraméliser légèrement.

7 Versez-les sur une plaque. Réservez.

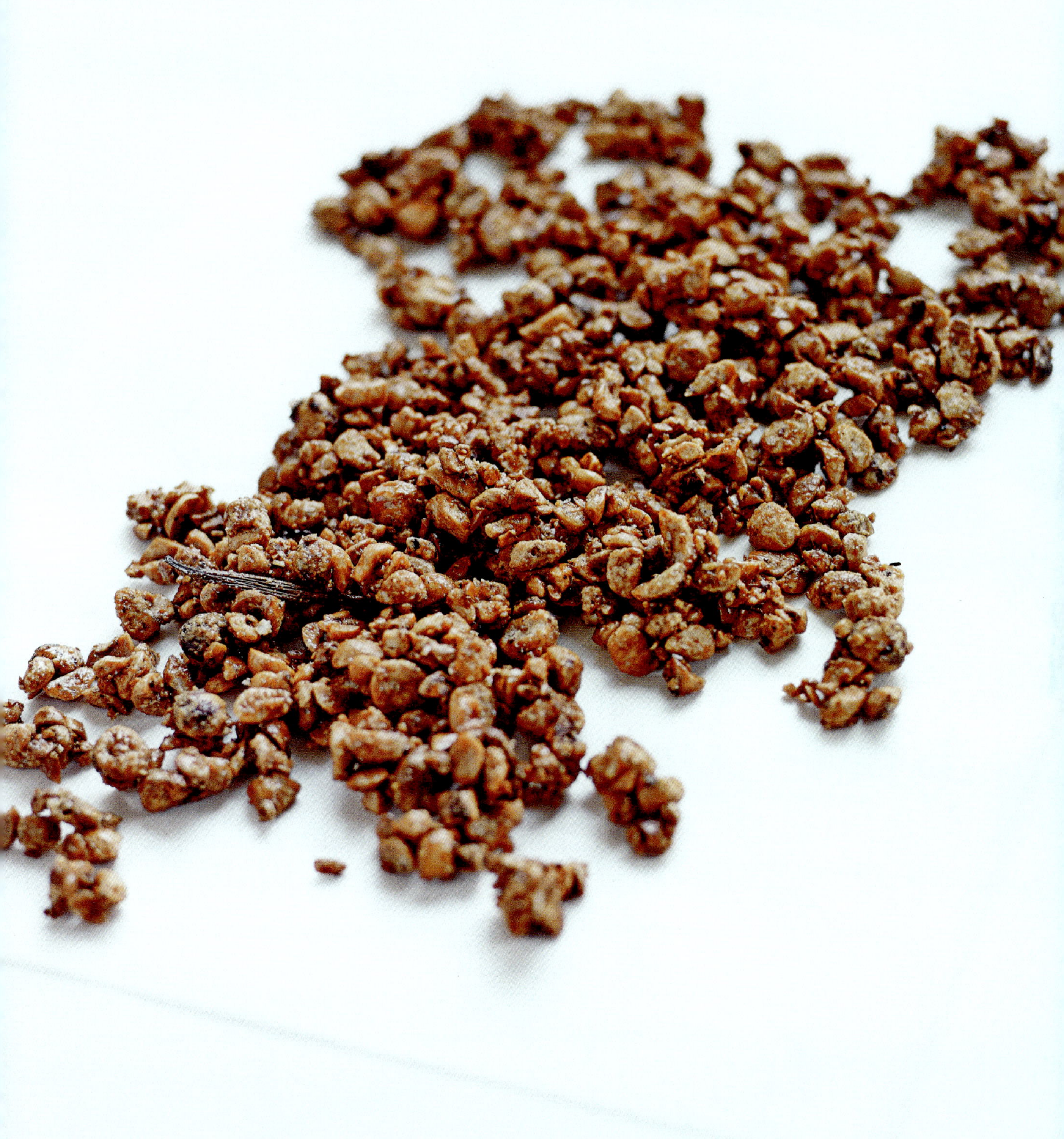

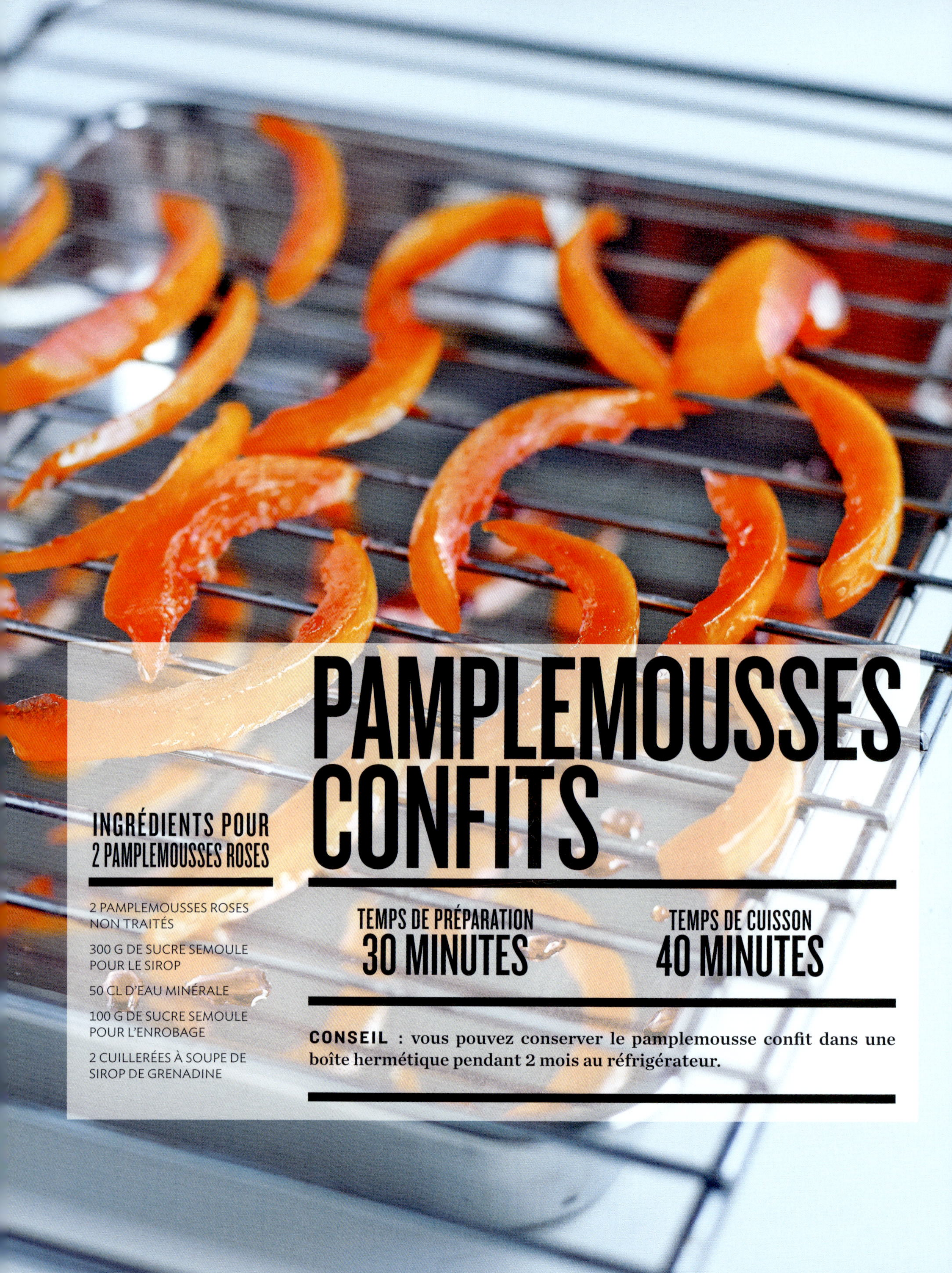

PAMPLEMOUSSES CONFITS

INGRÉDIENTS POUR 2 PAMPLEMOUSSES ROSES

2 PAMPLEMOUSSES ROSES NON TRAITÉS

300 G DE SUCRE SEMOULE POUR LE SIROP

50 CL D'EAU MINÉRALE

100 G DE SUCRE SEMOULE POUR L'ENROBAGE

2 CUILLERÉES À SOUPE DE SIROP DE GRENADINE

TEMPS DE PRÉPARATION
30 MINUTES

TEMPS DE CUISSON
40 MINUTES

CONSEIL : vous pouvez conserver le pamplemousse confit dans une boîte hermétique pendant 2 mois au réfrigérateur.

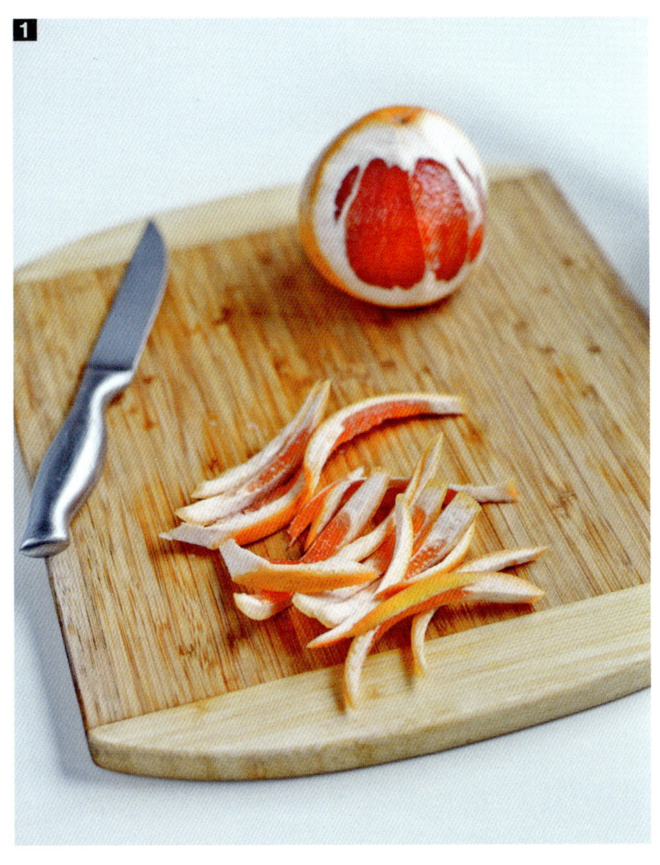

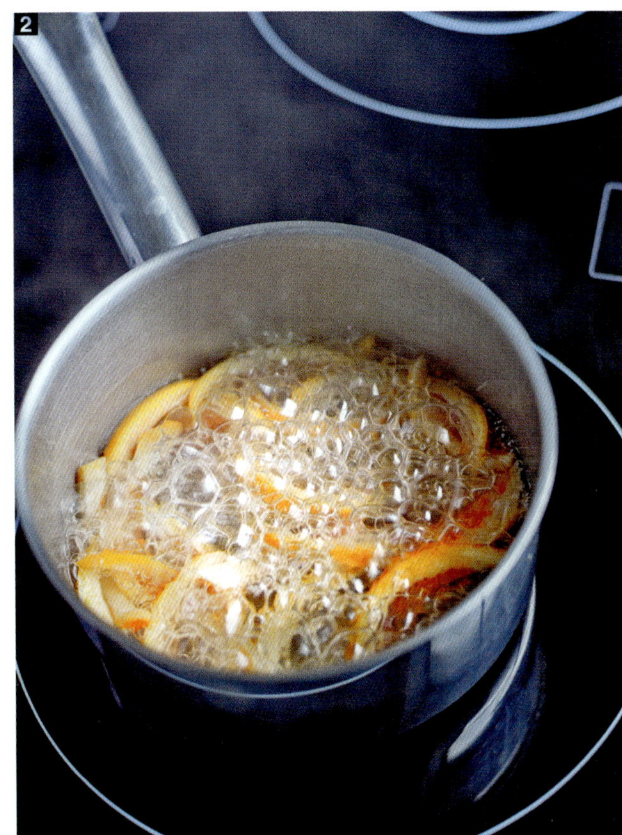

1 À l'aide d'un petit couteau bien affûté, pelez les pamplemousses en prenant soin de prendre un peu de pulpe. Et découpez-les en lamelles de 5 mm.

2 Portez à ébullition sur feu moyen de l'eau ; plongez-y les segments de pamplemousse. Ils doivent être recouverts d'eau. Laissez bouillir durant 1 minute. Recommencez cette opération 8 fois, ce qui permettra d'atténuer l'amertume de la peau du pamplemousse (on appelle cette opération « blanchir » les zestes).

3 Puis égouttez-les.

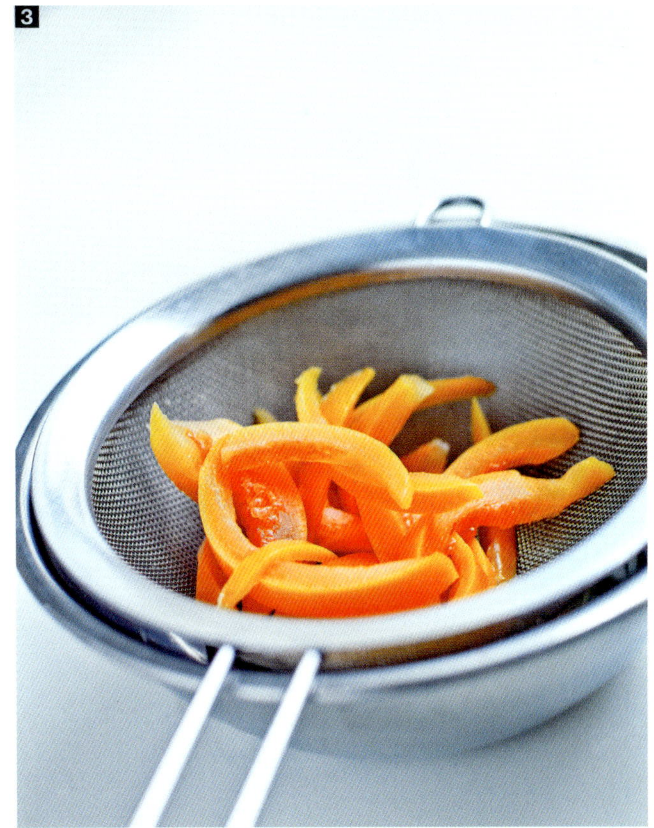

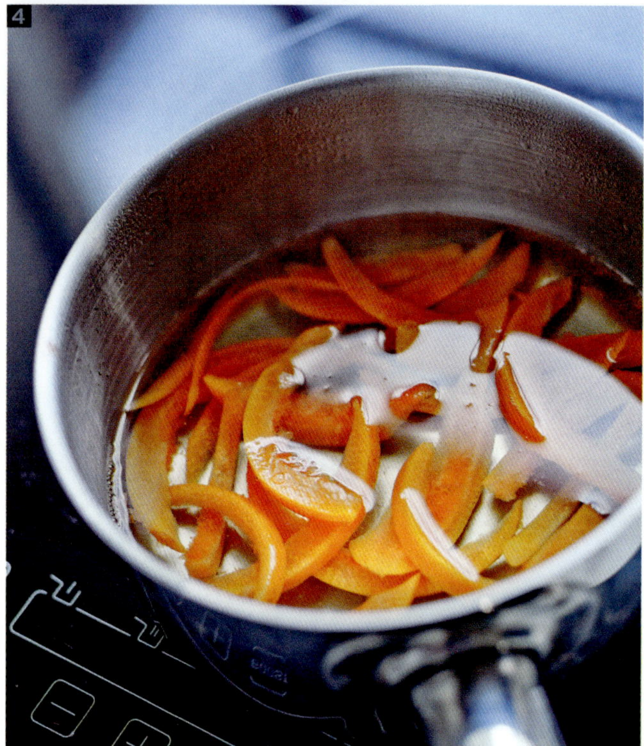

4 Lorsque les segments sont suffisamment blanchis, réalisez un sirop avec le sucre et l'eau minérale que vous portez à ébullition. Plongez-y les lamelles de pamplemousse et faites-les cuire durant 20 minutes. Égouttez-les.

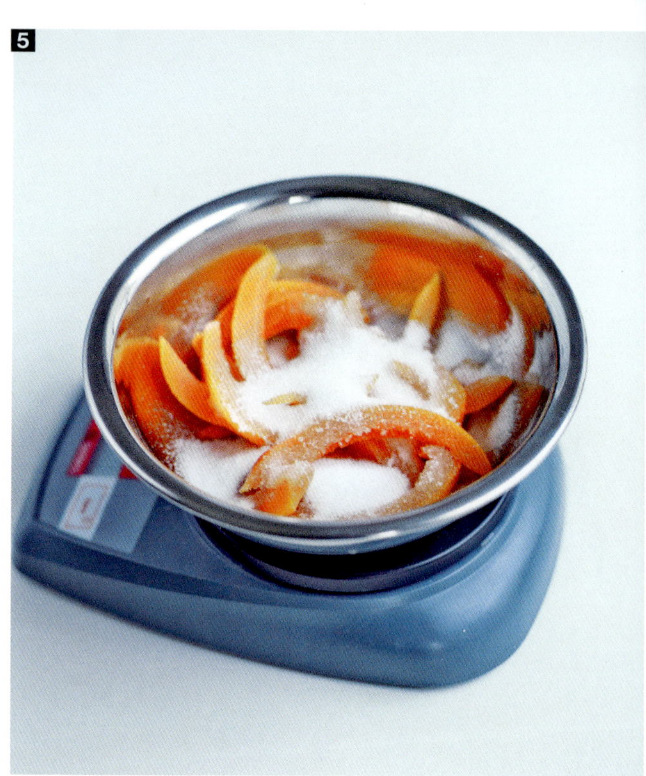

5 Passez les segments dans le sucre semoule pour les enrober.

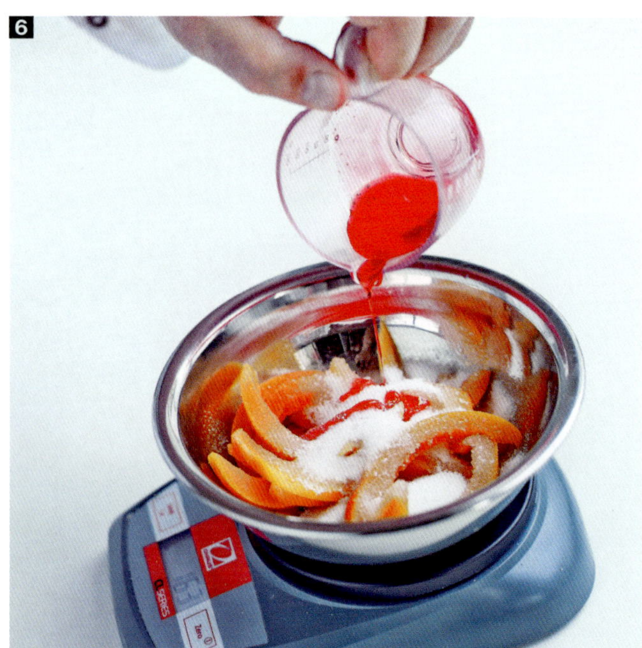

6 Ajoutez le sirop de grenadine. Mélangez à l'aide d'une cuillère.

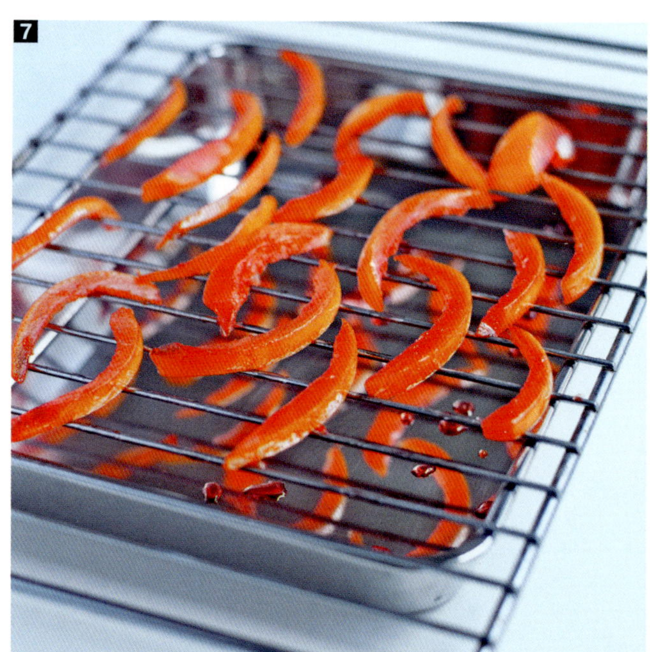

7 Déposez sur une grille et laissez sécher à température ambiante pendant 1 nuit.

Repassez les segments dans le sucre semoule avant de décorer.

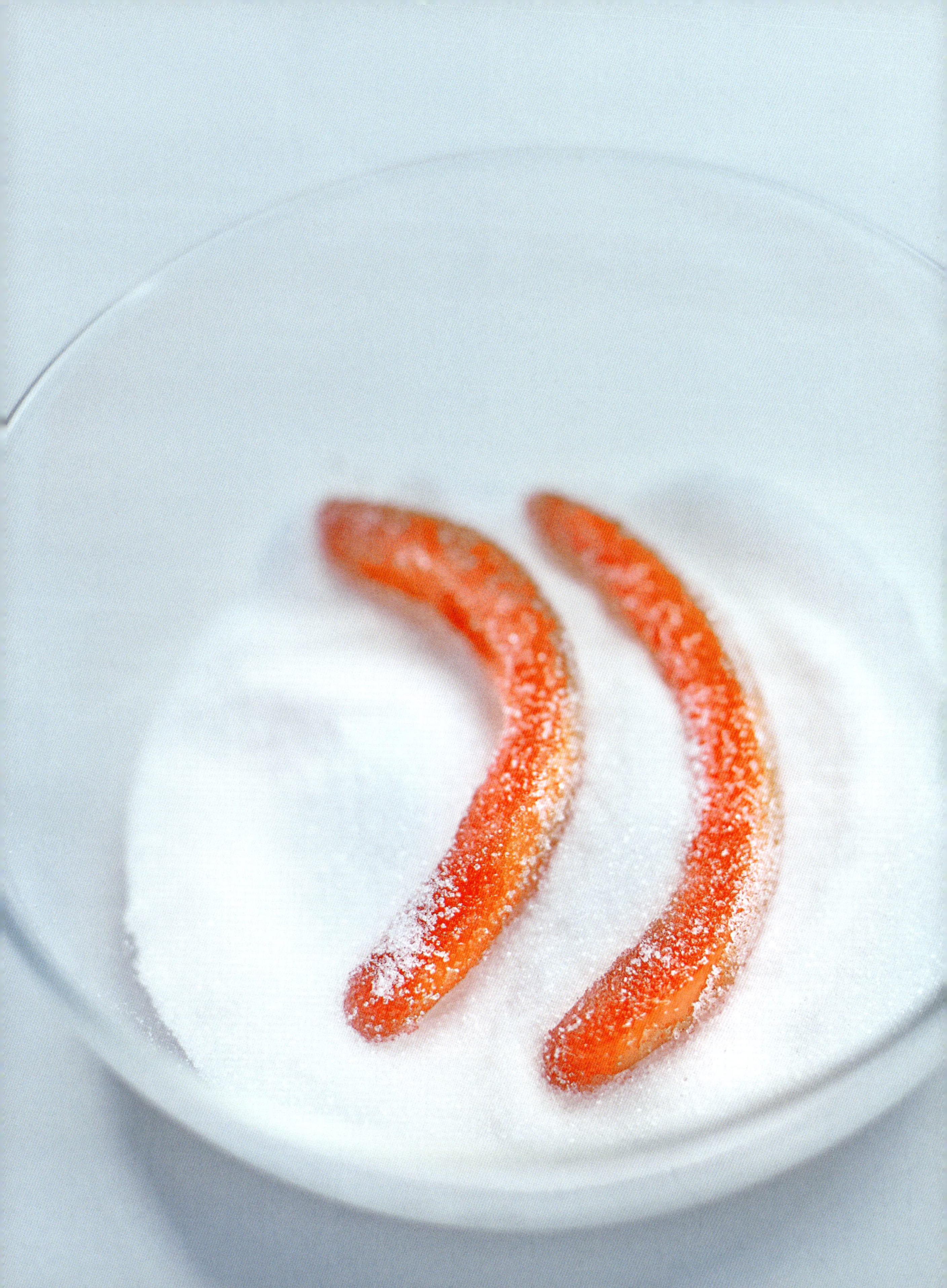

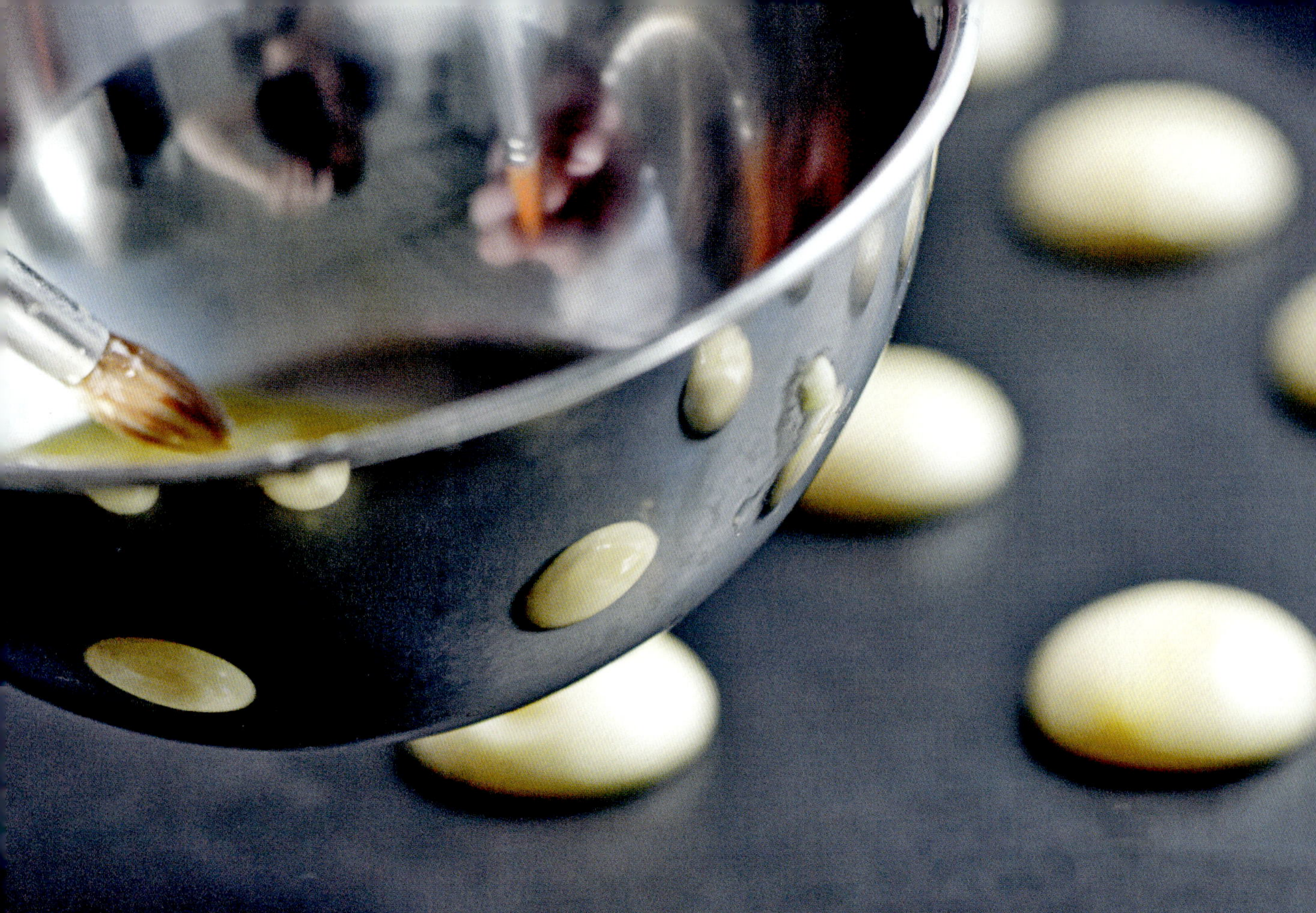

PÂTE À CHOUX

INGRÉDIENTS POUR 800 G DE PÂTE À CHOUX

15 CL D'EAU

10 CL DE LAIT

5 G DE SUCRE SEMOULE

5 G DE SEL

110 G DE BEURRE

140 G DE FARINE T45

250 G À 300 G D'ŒUFS

1 ŒUF POUR LA DORURE

1 POCHE À DOUILLE

1 DOUILLE LISSE DE 8 MM

1 DOUILLE FINE CANNELÉE DE 10 MM

TEMPS DE PRÉPARATION
30 MINUTES

TEMPS DE CUISSON
25 À 35 MINUTES
(SELON LA TAILLE DES CHOUX ET DES ÉCLAIRS)

Si la pâte est trop ferme, vous pouvez ajouter un peu d'œuf même si la pâte est déjà froide. Avec le restant de pâte à choux, pochez des choux sur une feuille de papier sulfurisé. Placez le tout au congélateur. Une fois congelés, gardez les petits choux dans une boîte hermétique au congélateur.

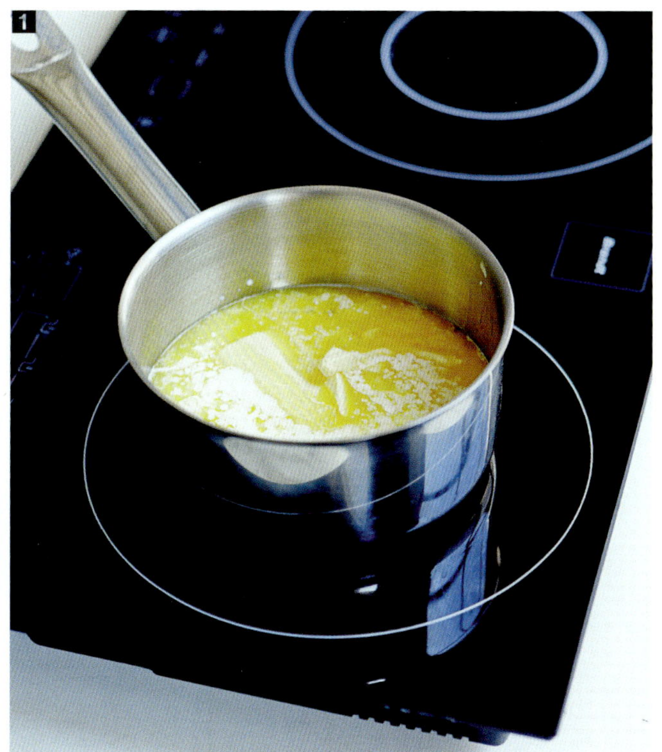

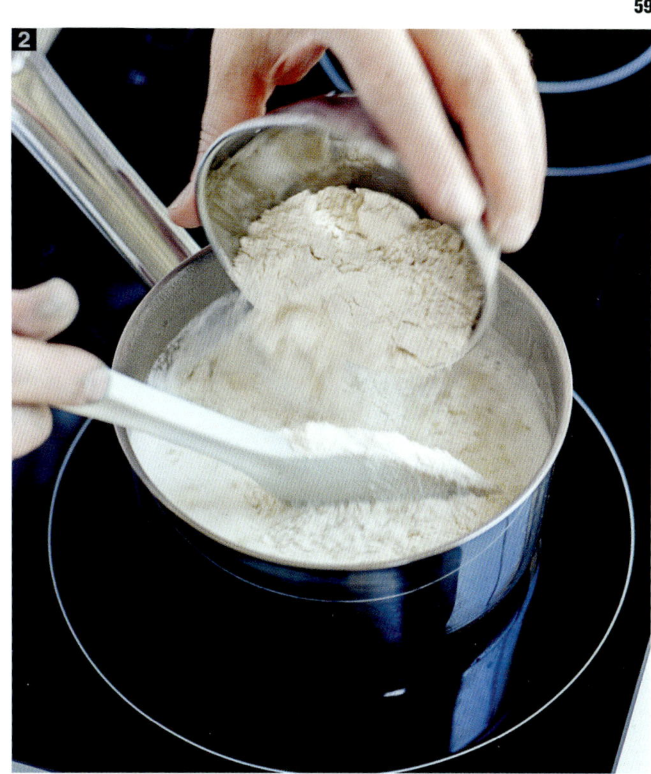

Préchauffez votre four à 180 °C.

1 Dans une casserole, versez l'eau, le lait, le sucre semoule, le sel et le beurre coupé en morceaux, et faites chauffer ce mélange sur feu moyen.

2 Lorsque le beurre est complètement fondu et le mélange bien chaud, éteignez la plaque. Versez alors la farine en pluie tout en remuant à l'aide d'une spatule.

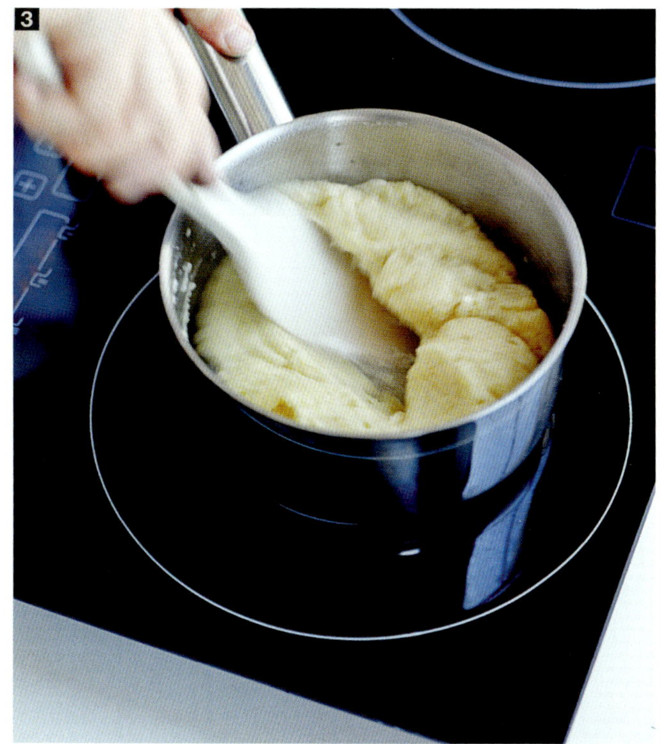

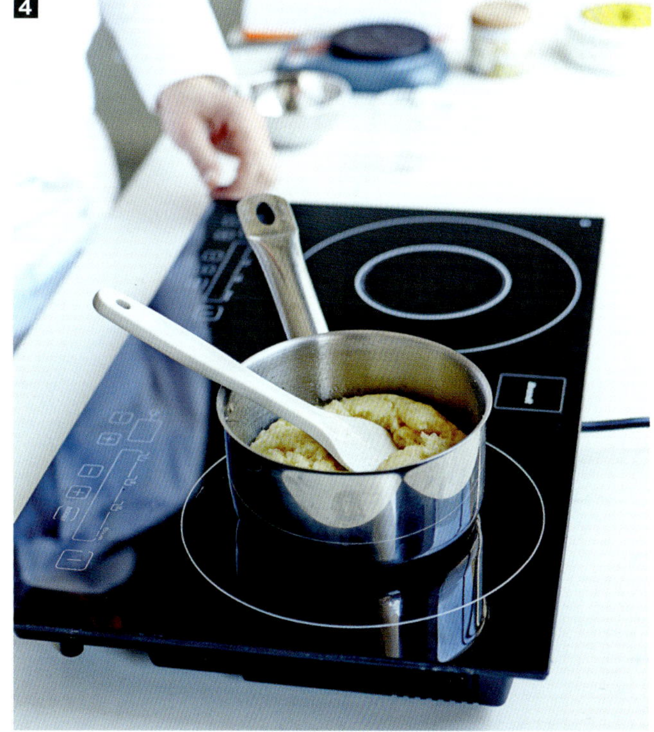

3 Mélangez jusqu'à ce que la farine soit totalement absorbée.

4 Remettez la casserole sur la plaque à feu moyen ; mélangez durant 1 minute afin de dessécher la pâte.

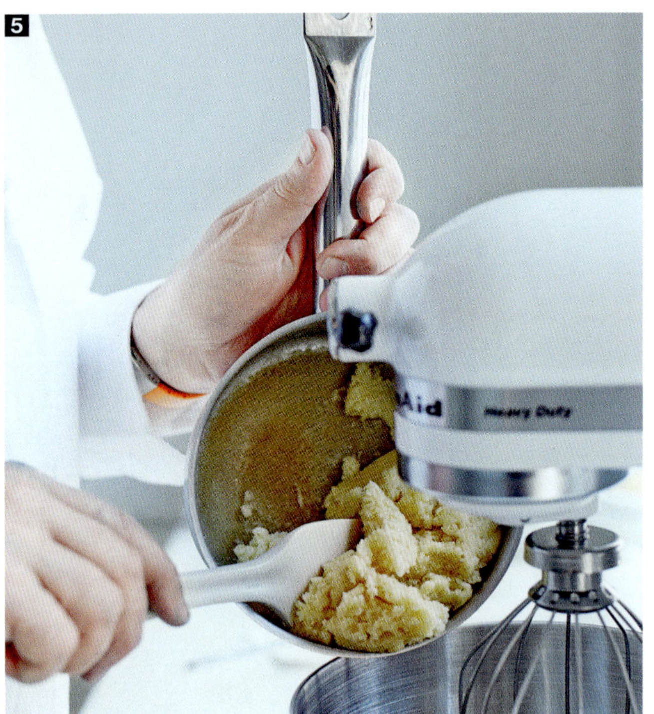

5 Lorsque la pâte est suffisamment desséchée, déposez-la dans la cuve du robot.

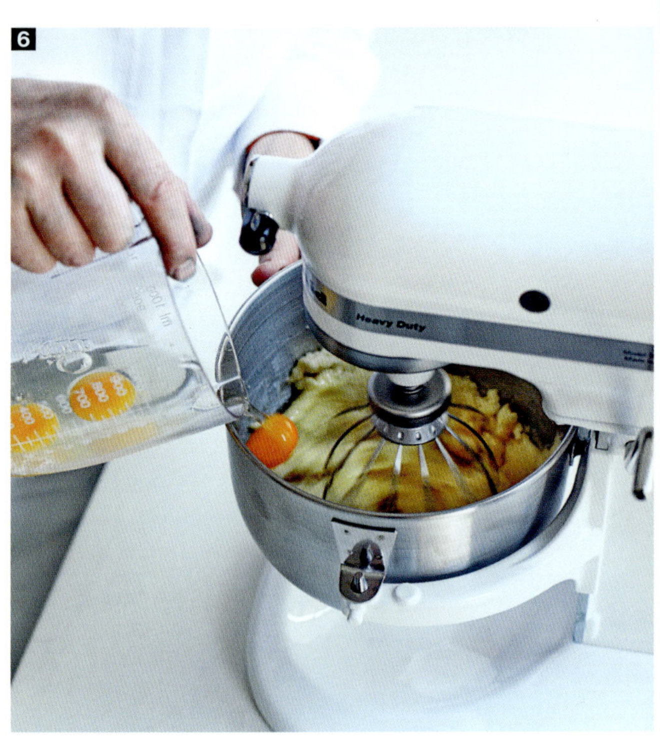

6 Incorporez les œufs les uns après les autres, tout en mélangeant à vitesse moyenne. La pâte ne doit être ni trop molle ni trop dure.

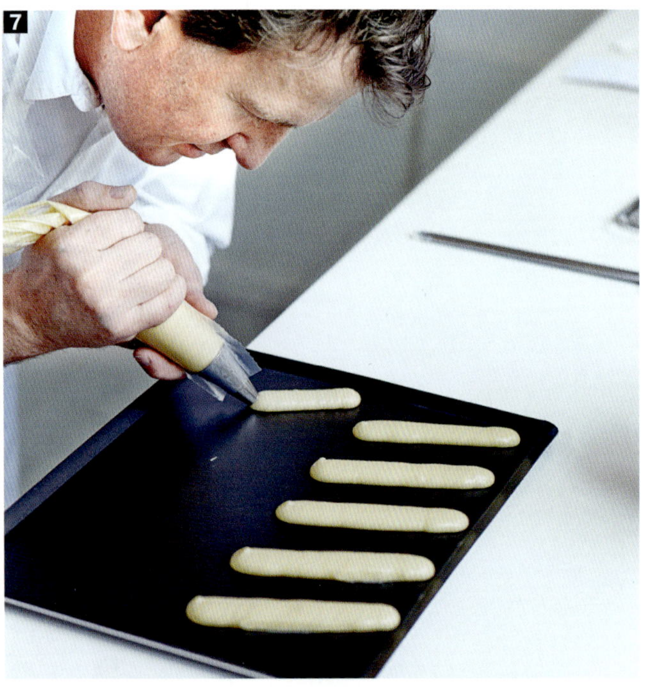

7 Remplissez une poche à douille munie d'une douille lisse de cette préparation. Réalisez les formes souhaitées. Ici, des éclairs de 14 cm de long, sur une plaque de cuisson antiadhésive.

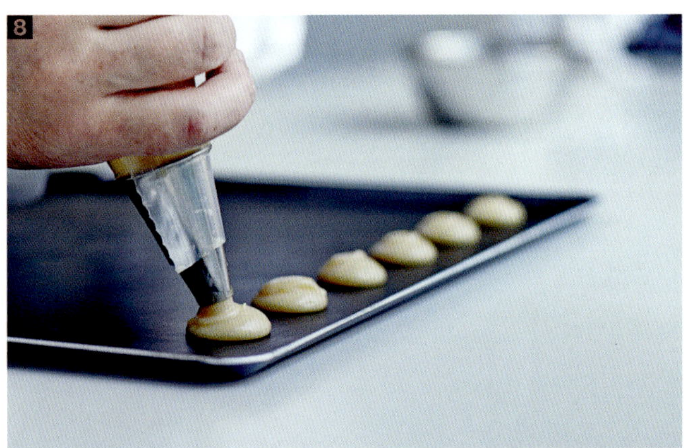

8 Réalisez des petites boules de pâte sur une plaque de cuisson antiadhésive en les espaçant de quelques centimètres (2,5 cm de diamètre pour le Saint-O page 196 et 5 cm de diamètre pour les choux séduction page 100).

9 Badigeonnez-les d'œuf battu (seulement pour le Saint-O page 196) et appuyez légèrement avec une fourchette.

Enfournez durant 25 à 35 minutes selon la taille de vos produits, à 180 °C dans le four non ventilé (il est important de ne pas ouvrir la porte du four durant la cuisson, sinon la pâte s'affaisserait).

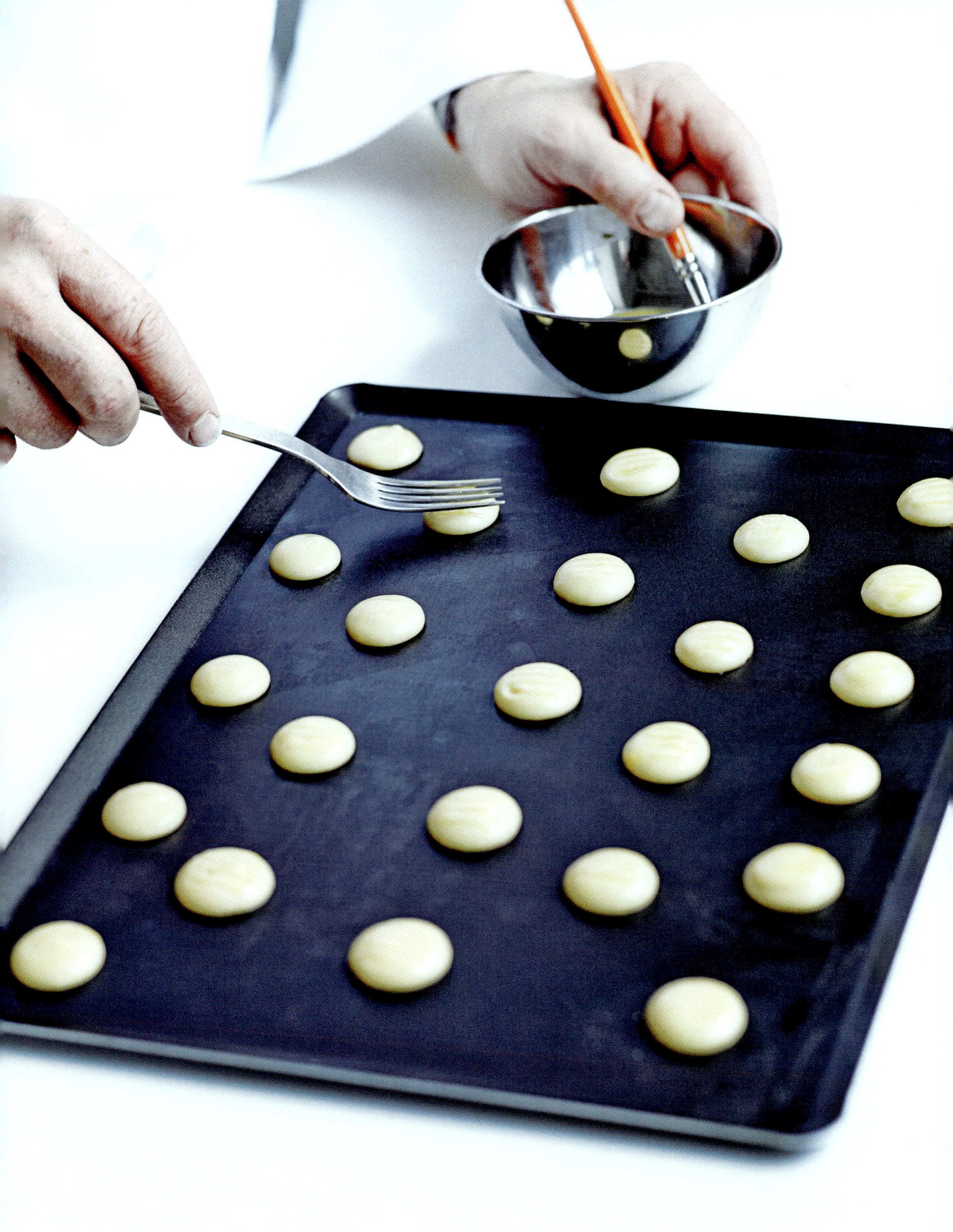

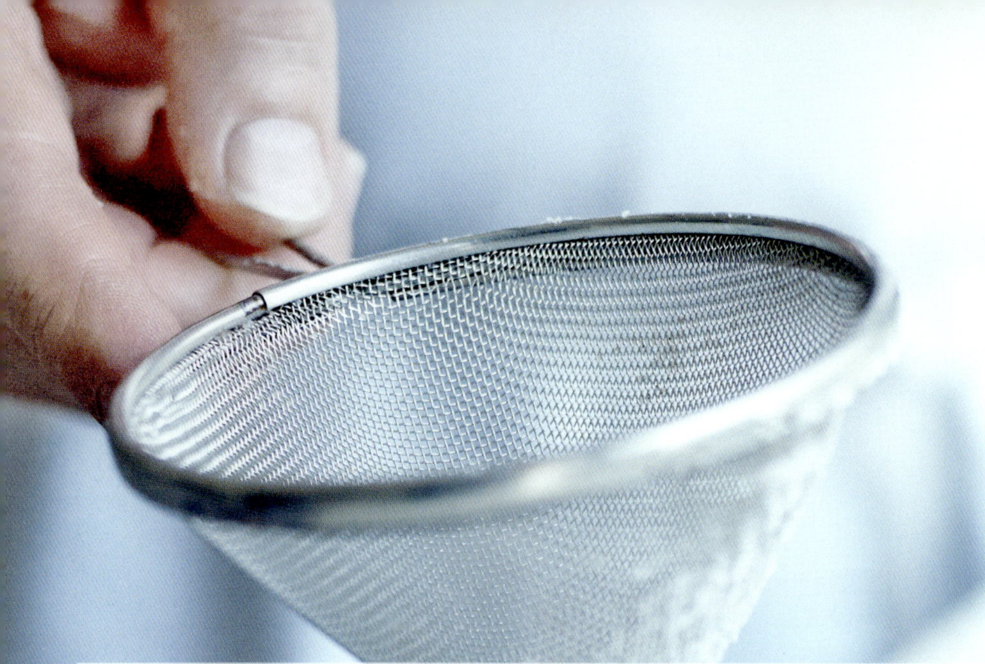

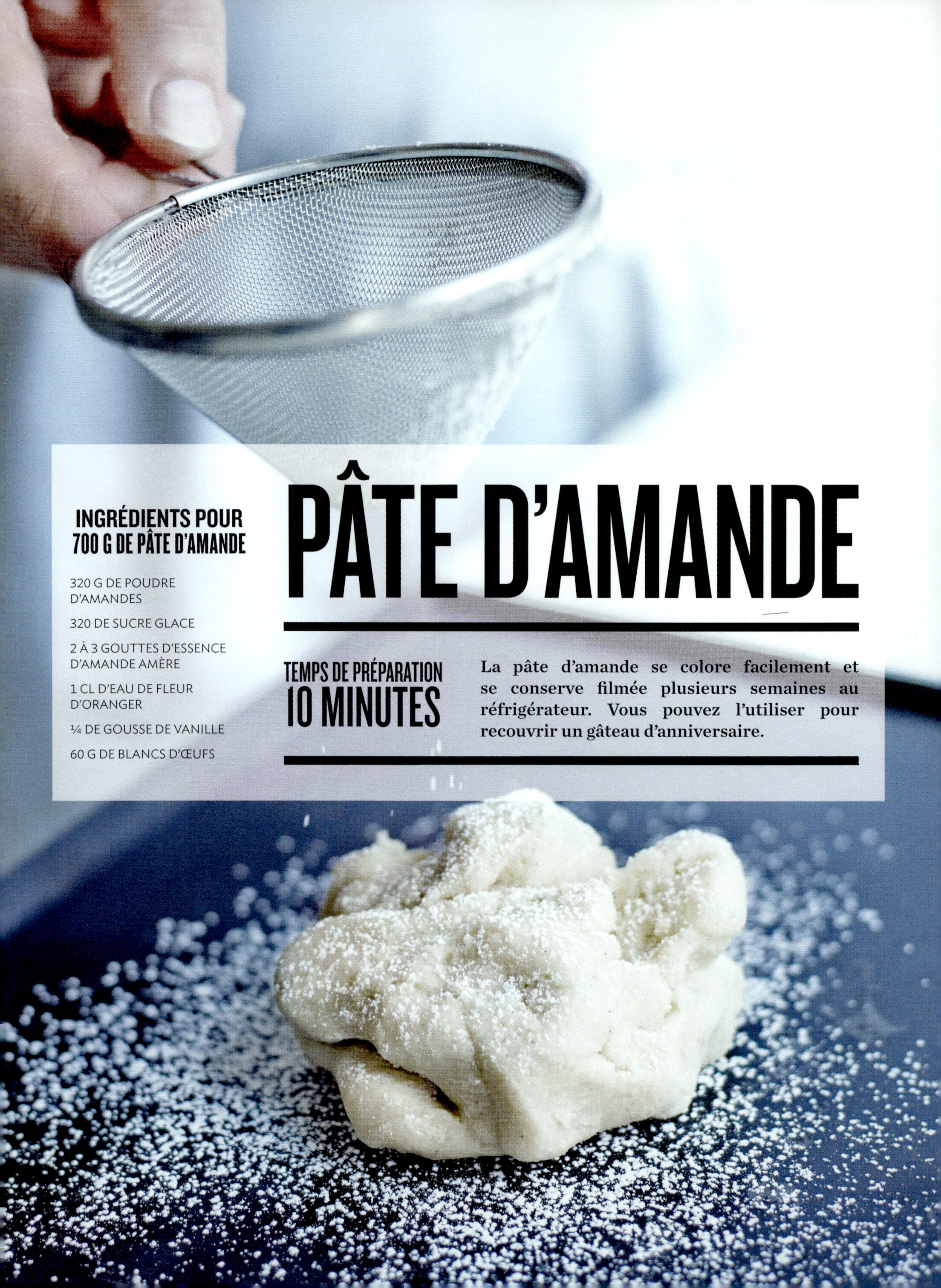

PÂTE D'AMANDE

INGRÉDIENTS POUR 700 G DE PÂTE D'AMANDE

320 G DE POUDRE D'AMANDES

320 DE SUCRE GLACE

2 À 3 GOUTTES D'ESSENCE D'AMANDE AMÈRE

1 CL D'EAU DE FLEUR D'ORANGER

¼ DE GOUSSE DE VANILLE

60 G DE BLANCS D'ŒUFS

TEMPS DE PRÉPARATION 10 MINUTES

La pâte d'amande se colore facilement et se conserve filmée plusieurs semaines au réfrigérateur. Vous pouvez l'utiliser pour recouvrir un gâteau d'anniversaire.

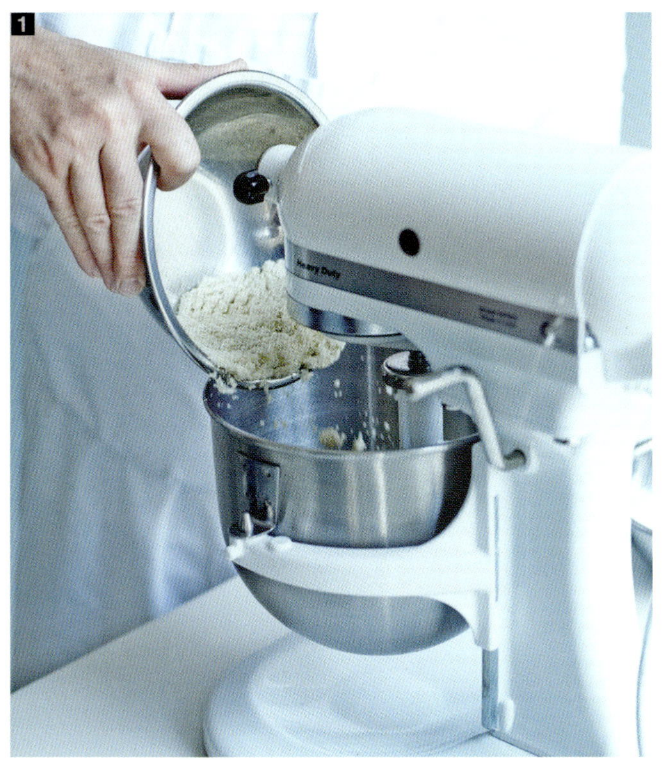

1 Versez la poudre d'amandes dans la cuve du robot.

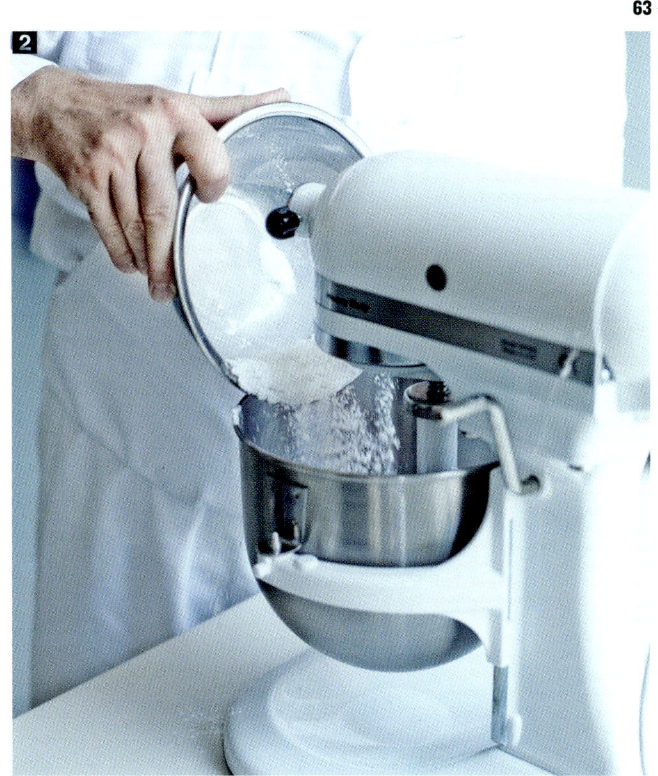

2 Ajoutez le sucre glace.

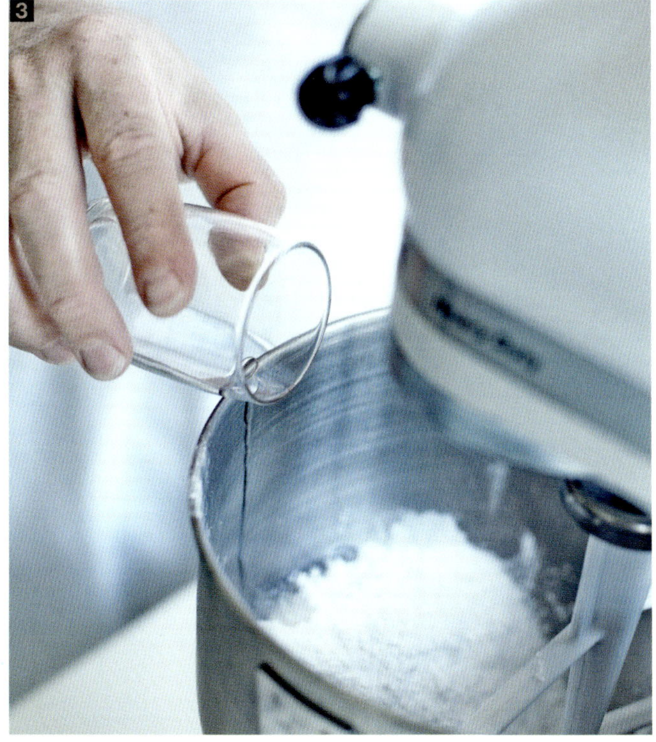

3 Versez l'essence d'amande amère et l'eau de fleur d'oranger,

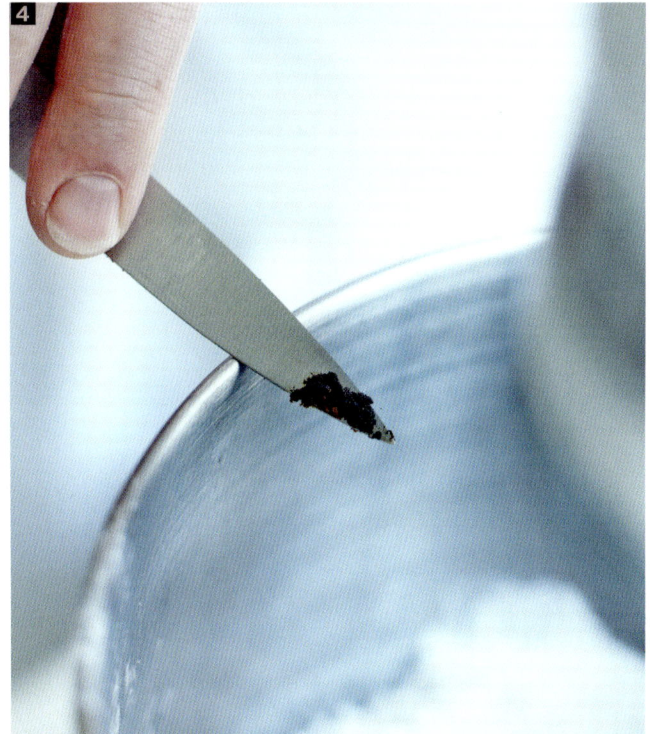

4 Et la gousse de vanille grattée.

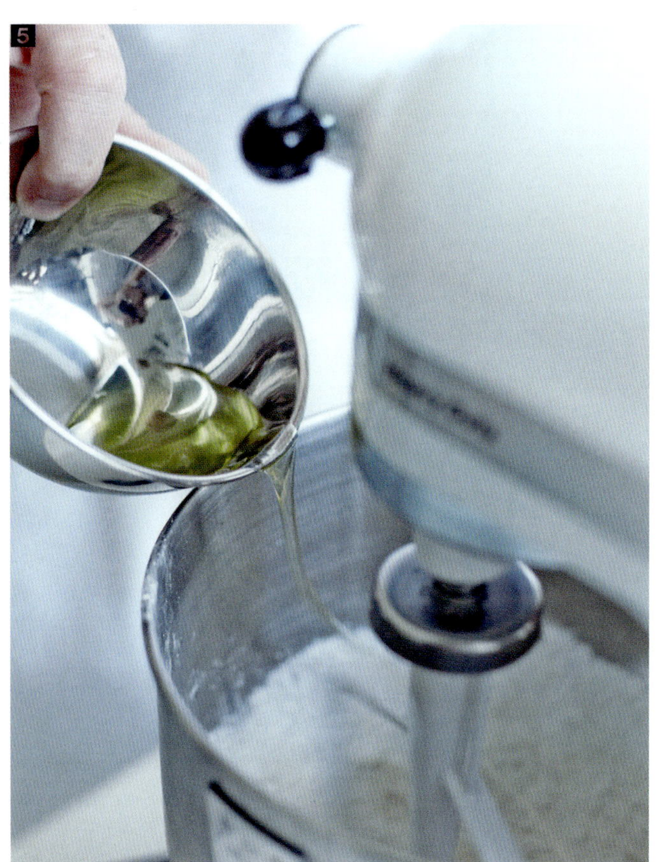

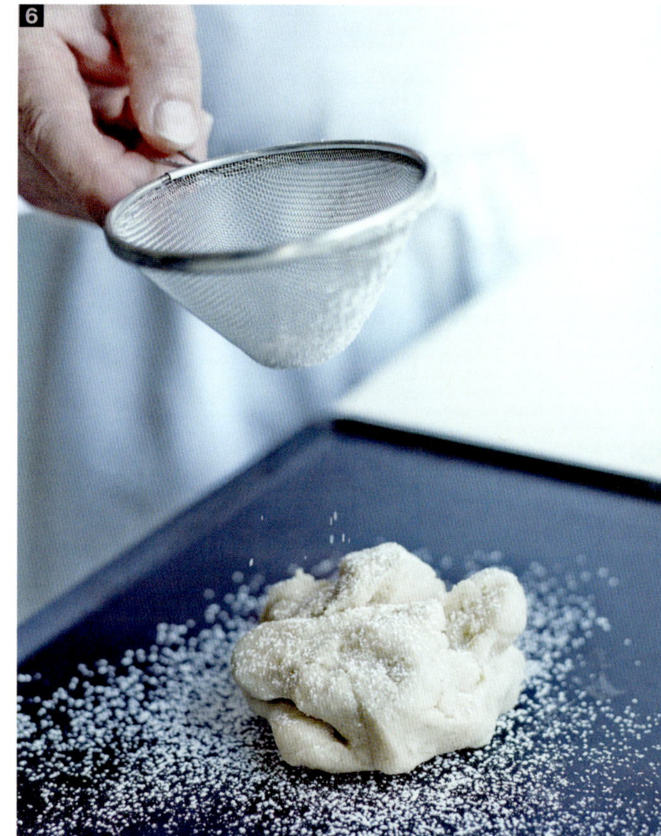

5 Ajoutez les blancs d'œufs petit à petit. Mettez en route le robot à petite vitesse pendant 3 à 4 minutes pour obtenir une pâte homogène et ferme.

6 Sortez la pâte d'amande du robot et vérifiez la consistance. Si la pâte est trop molle, saupoudrez-la de sucre glace.

7 Réalisez un pâton avec la pâte d'amande. Filmez-la et conservez-la au frais.

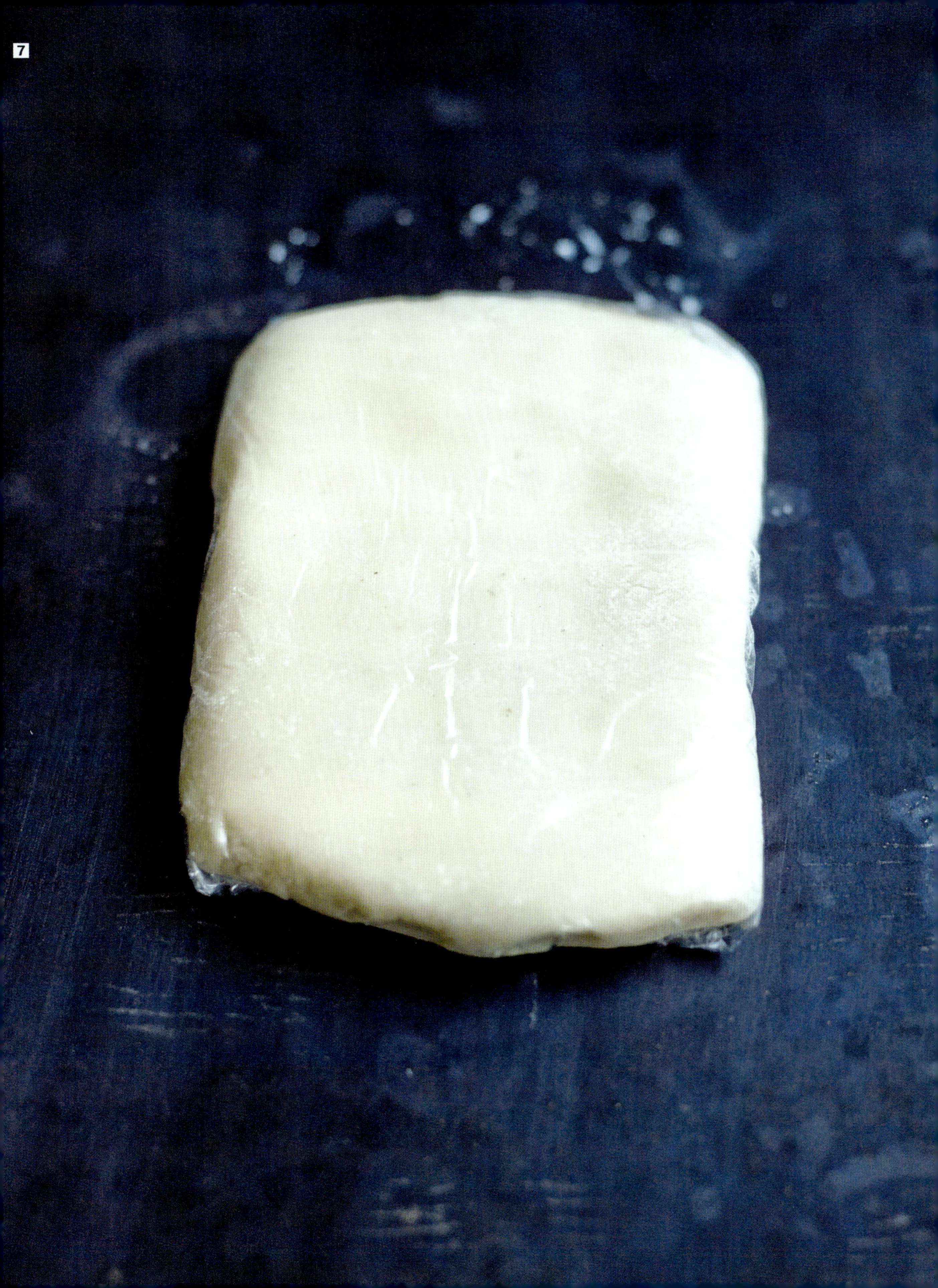
7

SABLÉ PETIT BEURRE

INGRÉDIENTS POUR 285 G DE PÂTE

TEMPS DE PRÉPARATION 10 MINUTES

TEMPS DE CUISSON 15 À 20 MINUTES

125 G DE BEURRE

45 G DE SUCRE GLACE

1 G DE SEL FIN

120 G DE FARINE T45

1 ROULEAU À PÂTISSERIE

CONSEIL : on peut cuire les sablés plusieurs jours à l'avance et les conserver dans une boîte hermétique dans un endroit sec.

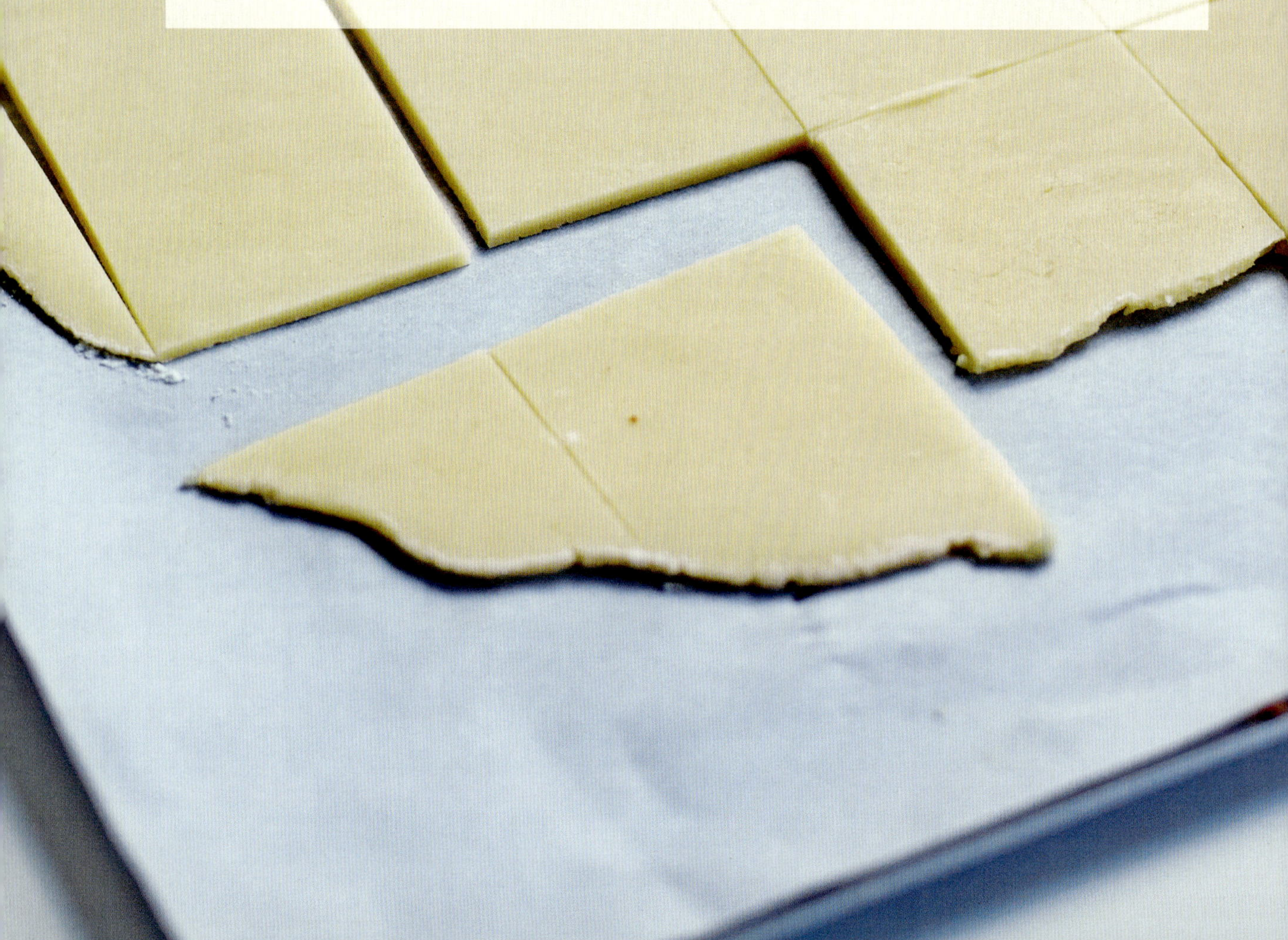

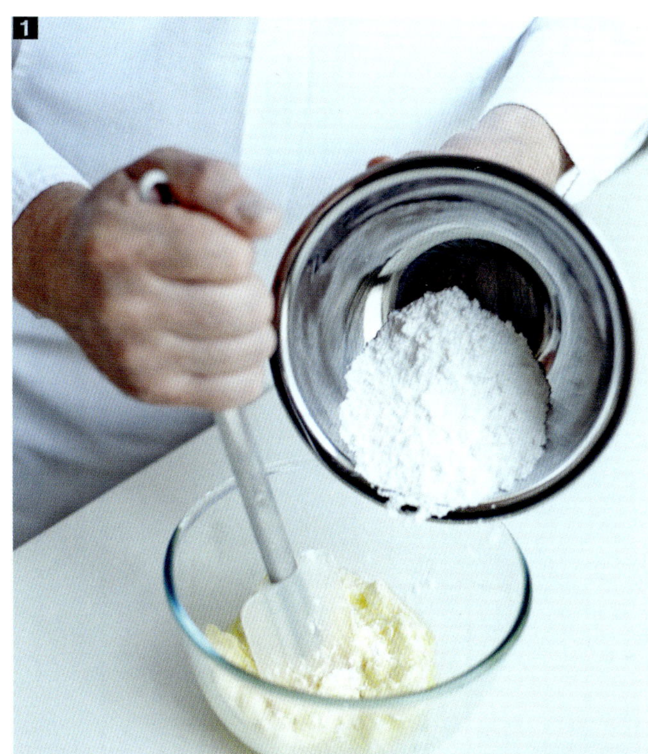

Préchauffez votre four à 180 °C.

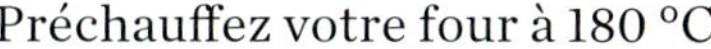

Mettez à ramollir le beurre dans un saladier au micro-ondes ou au bain-marie et travaillez-le avec une Maryse pour le rendre pommade.

1 Versez le sucre glace. Mélangez vivement le tout avec une Maryse.

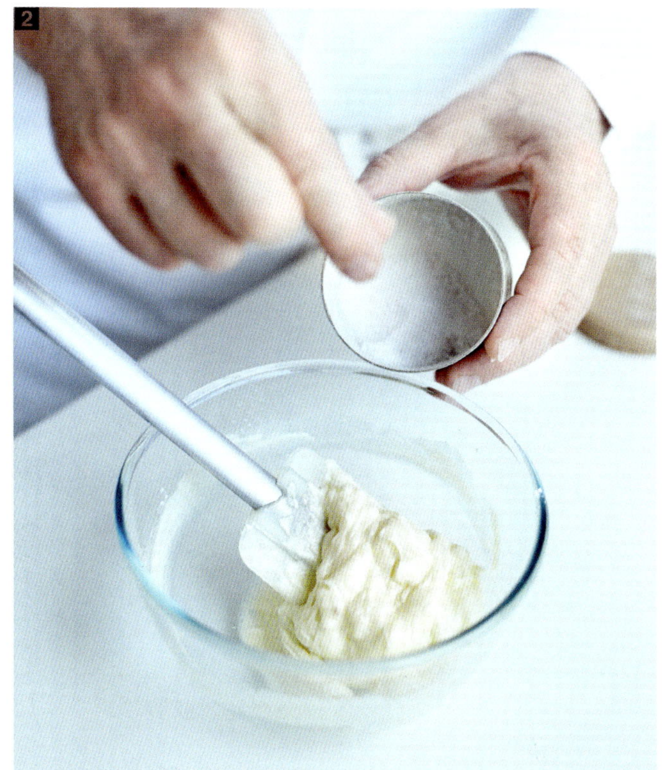

2 Ajoutez le sel.

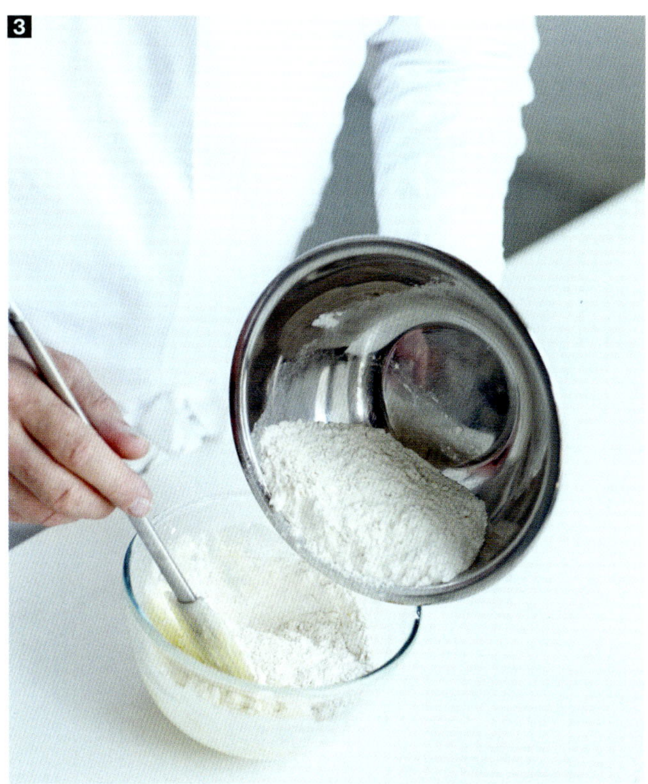

3 Incorporez la farine.

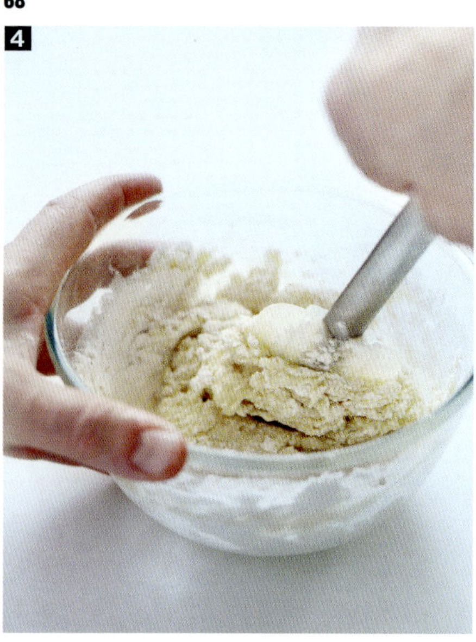
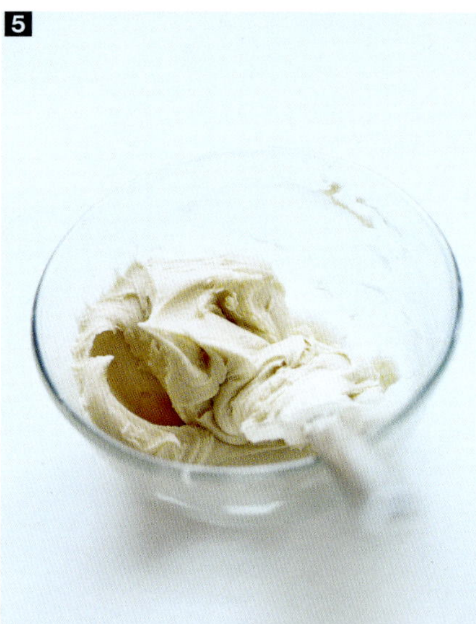
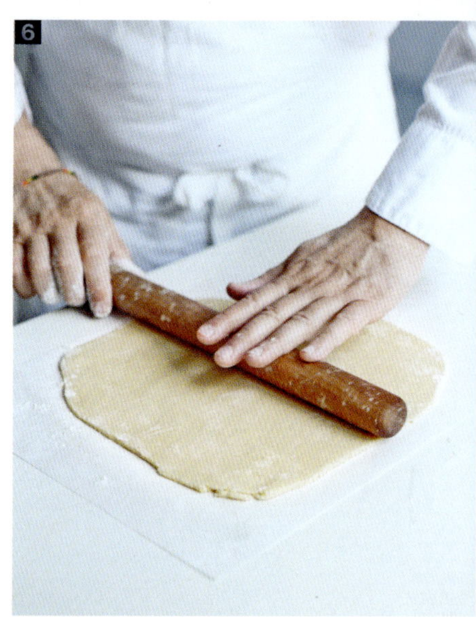

4 Mélangez pour obtenir une pâte bien lisse.

5 Voici la texture de la pâte.

6 Étalez la pâte au rouleau sur une feuille de papier sulfurisé.

7 Posez une deuxième feuille de papier sulfurisé sur la pâte étalée. Et repassez le rouleau à pâtisserie.
Mettez la feuille sur la plaque au congélateur pendant 15 minutes.

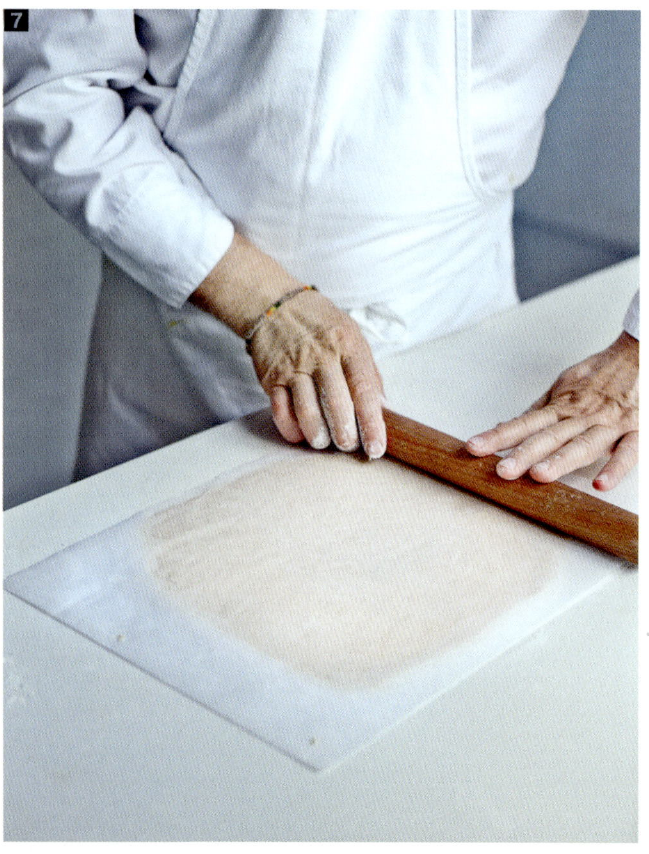

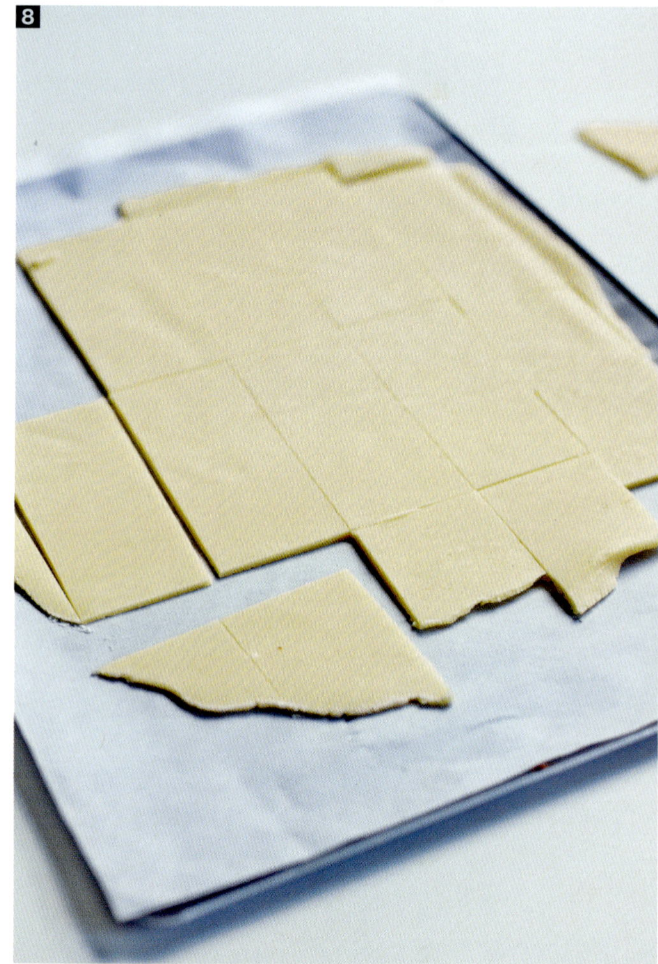

8 Sortez la plaque du congélateur, enlevez délicatement la feuille supérieure. Reposez-la, retournez la pâte pour enlever la deuxième feuille. Et découpez en rectangle de la taille des cercles de forme rectangulaire. Enfournez pendant 15 à 20 minutes.

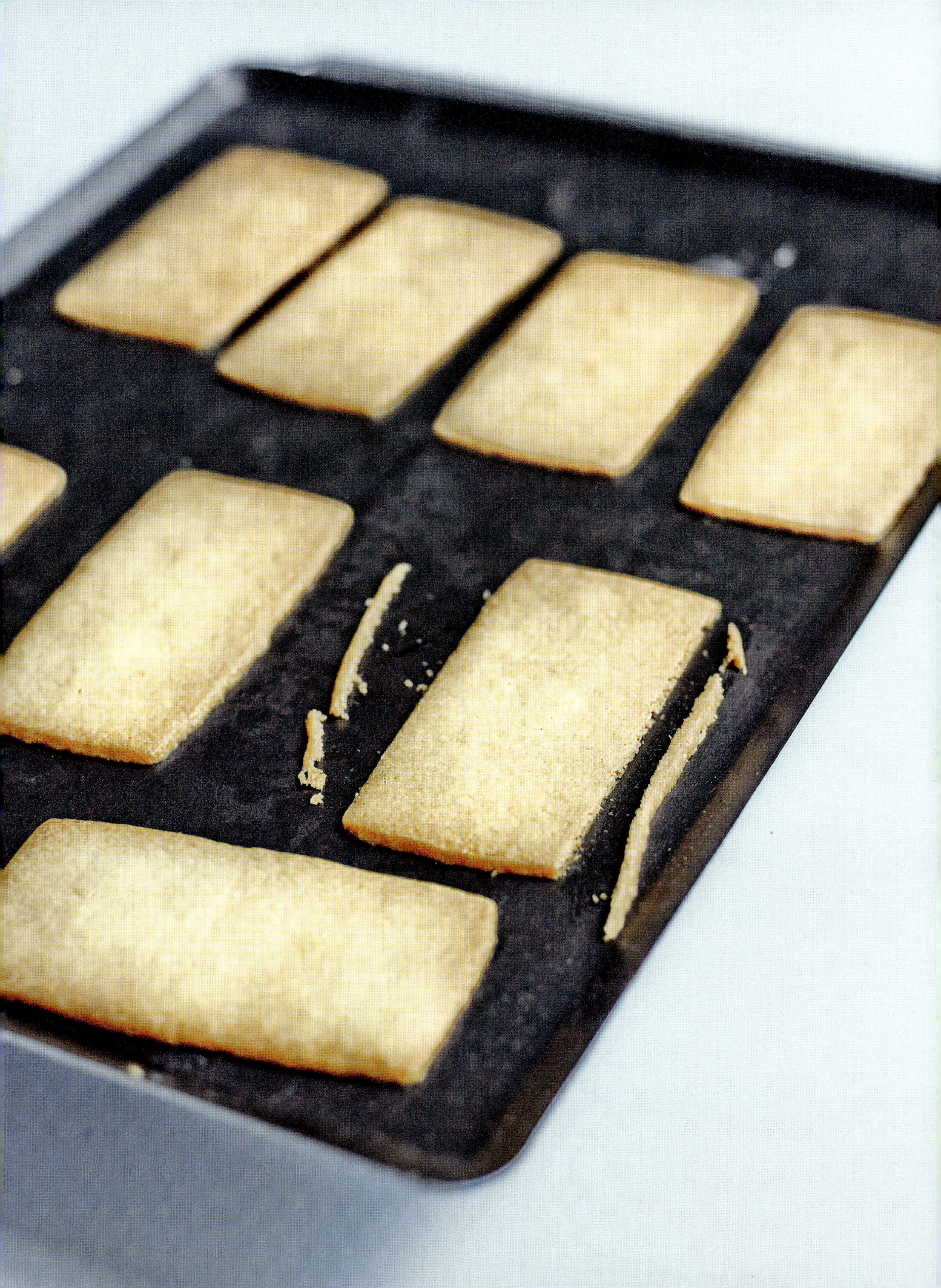

BISCUIT CROQUANT AUX AMANDES

TEMPS DE PRÉPARATION
15 À 20 MINUTES

TEMPS DE CUISSON
15 À 20 MINUTES

INGRÉDIENTS POUR
350 G
DE BISCUIT

- 100 G DE BLANCS D'ŒUFS
- 160 G DE SUCRE SEMOULE
- 1 CUILLERÉE À SOUPE DE CARAMEL LIQUIDE
- 60 G DE POUDRE D'AMANDES
- 20 G DE FARINE

Préchauffez le four à 160 °C en chaleur tournante.

Montez les blancs d'œufs en neige avec 30 g de sucre semoule, puis ajoutez 50 g de sucre semoule et le caramel liquide lorsque les blancs sont mousseux (l'opération prend 5 minutes environ).

Préparez le reste des ingrédients : 60 g de poudre d'amandes, 80 g de sucre semoule et 20 g de farine. Mélangez délicatement les ingrédients secs à l'aide d'un fouet. Versez-les dans les blancs montés. Mélangez avec une Maryse.

Versez la pâte sur une plaque recouverte d'une feuille de papier sulfurisé. Étalez le biscuit avec une spatule sur une épaisseur de 8 mm.

Enfournez durant 15 à 20 minutes (en fonction du four), en tournant la plaque à mi-cuisson.

Après refroidissement, retournez la plaque sur un plan de travail couvert de papier sulfurisé et retirez délicatement la feuille de papier sulfurisé. Retournez de nouveau le biscuit. Détaillez des ronds avec des emporte-pièces.

Le biscuit se congèle 3 semaines ; il se conserve 1 semaine au réfrigérateur enveloppé de film alimentaire.

CONFITURE AUX FRUITS DU SOLEIL

INGRÉDIENTS POUR
2 POTS DE CONFITURES

- 120 G D'ORANGES (OU CLÉMENTINES)
- 100 G DE JUS DE FRUIT DE LA PASSION
- 6 CL D'EAU
- 120 G DE MANGUE
- 340 G DE SUCRE SEMOULE
- 5 G DE PECTINE
- 10 G DE JUS DE CITRON

TEMPS DE PRÉPARATION
10 MINUTES

TEMPS DE CUISSON
10 MINUTES ENVIRON

Coupez les oranges en rondelles en gardant l'écorce, puis en petits morceaux à l'aide d'une paire de ciseaux. Mélangez-les dans le jus des fruits de la Passion et l'eau. Placez le tout dans une casserole.
Ajoutez la mangue, le sucre et la pectine.
Laissez cuire une dizaine de minutes sur feu moyen et ajoutez le jus de citron. Remettez à cuire quelques secondes. Vérifiez la consistance qui doit être légèrement figée. Mixez au robot et mettez en pots.

CRÈME CHANTILLY

INGRÉDIENTS POUR
250 G
DE CRÈME CHANTILLY

- 250 G DE CRÈME FRAÎCHE LIQUIDE ENTIÈRE
- ½ GOUSSE DE VANILLE FENDUE ET GRATTÉE
- 30 G DE SUCRE SEMOULE
- 1 CUILLERÉE À CAFÉ DE KIRSCH (FACULTATIF)

TEMPS DE PRÉPARATION
10 MINUTES

CONSEIL : prenez de la crème liquide fraîche entière si possible avec 30 à 32 % de matière grasse.

Mettez un récipient pendant 30 minutes au congélateur.
Versez la crème liquide dans le récipient froid.
Fendez la vanille et grattez-la afin de l'incorporer dans la chantilly.
Fouettez la crème. Lorsqu'elle commence à être montée, ajoutez le sucre semoule, le kirsch et la vanille grattée.
Cessez de battre lorsque la crème a une bonne tenue entre les branches de votre fouet. Déposez au réfrigérateur et utilisez-la dans la journée.

GLAÇAGE NEUTRE

INGRÉDIENTS POUR
400 G
DE GLAÇAGE

- 10 G DE GÉLATINE EN FEUILLE
- 15 CL D'EAU MINÉRALE
- 200 G DE SUCRE SEMOULE
- 50 G DE GLUCOSE OU MIEL D'ACACIA
- ¼ DE CITRON ZESTÉ
- ½ GOUSSE DE VANILLE

TEMPS DE PRÉPARATION
10 MINUTES

CONSEIL : le glaçage se conserve au réfrigérateur pendant 2 semaines.

Mettez les feuilles de gélatine à tremper dans un demi-litre d'eau très froide.
Dans une casserole, versez les 15 cl d'eau, le sucre semoule, le glucose et les zestes. Ajoutez la gousse de vanille coupée en deux et grattée, portez à ébullition, puis coupez le feu. Incorporez ensuite les feuilles de gélatine égouttées. Mélangez doucement au fouet. Filtrez le tout dans une passoire fine. Réservez au réfrigérateur jusqu'au moment de l'utilisation.
Pour napper, réchauffez le glaçage légèrement au bain-marie.

TEMPS DE PRÉPARATION
1 HEURE

PÂTE FEUILLETÉE RAPIDE

INGRÉDIENTS POUR
280 G
DE PÂTE FEUILLETÉE

200 G DE BEURRE
250 G DE FARINE T45
5 G DE SEL FIN
12,5 CL D'EAU FROIDE

Coupez le beurre froid en petits cubes de 1 cm de côté. Mélangez-les avec la farine, en préservant la forme des cubes.

Déposez ce mélange sur la table et creusez un puits au milieu.
Mettez le sel fin et l'eau froide au milieu. Malaxez le tout pour en faire une pâte homogène. Évitez de trop mélanger le beurre dans la pâte afin de ne pas abîmer complètement les morceaux.

Étalez ensuite la pâte en un rectangle de 40 cm de longueur sur 30 cm de largeur, et pliez-la comme un portefeuille. Recommencez cela encore 4 fois : vous aurez en tout 5 tours.

Enveloppez la pâte de film alimentaire. Laissez reposer au frais 30 minutes, puis utilisez-la comme une pâte normale. Étalez-la sur 3 à 4 mm d'épaisseur.

TEMPS DE PRÉPARATION
20 MINUTES

TEMPS DE CUISSON
25 MINUTES

PÂTE PRALINÉE

INGRÉDIENTS POUR
250 G
DE PÂTE PRALINÉE

150 G DE NOISETTES ENTIÈRES
1/4 DE GOUSSE DE VANILLE
100 G DE SUCRE SEMOULE

Préchauffez votre four à 160 °C.
Versez les noisettes sur une plaque couverte de papier sulfurisé et faites-les torréfier au four durant une quinzaine de minutes.
Épluchez les noisettes en les frottant entre vos doigts. Soufflez (au-dessus d'un évier) sur les noisettes pour enlever les petites peaux.
Fendez et grattez la gousse de vanille.
Dans une casserole, mettez le sucre avec la vanille ; faites fondre le sucre à feu moyen en remuant à l'aide d'une spatule.
Quand le sucre prend une couleur caramel assez prononcée, retirez la casserole du feu et extrayez la gousse de vanille.
Ajoutez les noisettes torréfiées et mélangez afin de bien les enrober de caramel.
Débarrassez-les sur une plaque. Laissez refroidir.
Lorsque le caramel aux noisettes est froid, cassez-le en gros morceaux et mettez le tout dans un gros mixeur jusqu'à obtention d'une pâte fluide.
Cela prend 5 à 6 minutes : à un moment donné vous avez de la poudre, puis en continuant de mixer vous obtenez une pâte.

La pâte se conserve dans un verre hermétique 3 semaines, si vous voulez la garder plus longtemps, stockez-la dans des petites boîtes au congélateur.

TEMPS DE PRÉPARATION
20 MINUTES

TEMPS DE CUISSON
10 MINUTES

INGRÉDIENTS POUR
145 G
DE PÂTE DE PISTACHE

80 G DE PISTACHES VERTES (POSSIBLE AVEC PEAU)

65 G DE SIROP D'ORGEAT

COLORANT JAUNE ET VERT

PÂTE DE PISTACHE

Torréfiez les pistaches dans votre four à 160 °C pendant 10 minutes.
Laissez refroidir.
Broyez dans la cuve de votre mixeur les pistaches afin d'obtenir une poudre fine.
Ajoutez le sirop d'orgeat et les colorants.
Laissez tourner durant 30 secondes afin d'obtenir la consistance d'une pâte.

Variante : pâte de pistache naturelle

Préparez 80 g de pralinettes pistaches (voir la recette page 50).
Broyez dans la cuve de votre mixeur les pistaches afin d'obtenir une poudre fine.
Ajoutez 1 cuillerée et demie à soupe d'huile neutre.

Conservez cette pâte au congélateur dans des petites boîtes.
Vous pouvez également faire de la pâte de noisettes ; dans ce cas, torréfiez les noisettes plus longuement, et mixez-les noisettes sans sucre. Ajoutez 1 cuillerée et demie à soupe d'huile de noisette.

TEMPÉRAGE DU CHOCOLAT

Cassez votre chocolat en morceaux dans un récipient. Faites-le fondre au bain-marie. Mélangez jusqu'à obtention d'une texture lisse.
Vérifiez la température avec un thermomètre de cuisson : 45 °C à 50 °C pour le chocolat noir, 45 °C pour le chocolat au lait, et 45 °C pour le chocolat blanc.
Travaillez-le ensuite à la spatule, jusqu'à ce qu'il revienne à 28-29 °C dans un bain-marie d'eau froide additionnée de quelques glaçons.
Réchauffez le chocolat doucement dans le premier bain-marie.
Remuez en surveillant la température qui doit être de 31 à 32 °C pour le chocolat noir, et de 29 à 30 °C maximum pour le lait et le blanc.
Lorsque cette température est atteinte, maintenez-la impérativement en vérifiant avec le thermomètre.

Il est toujours plus aisé de tempérer une grande quantité de chocolat, C'est plus facile pour l'utilisation et il durcira moins vite.

Le chocolat tempéré s'utilise rapidement. Vous pouvez le chauffer légèrement en le passant dans un four à 50 ° C pour le maintenir à température. Et avant de l'utiliser, il faut bien le mélanger avec une Maryse.

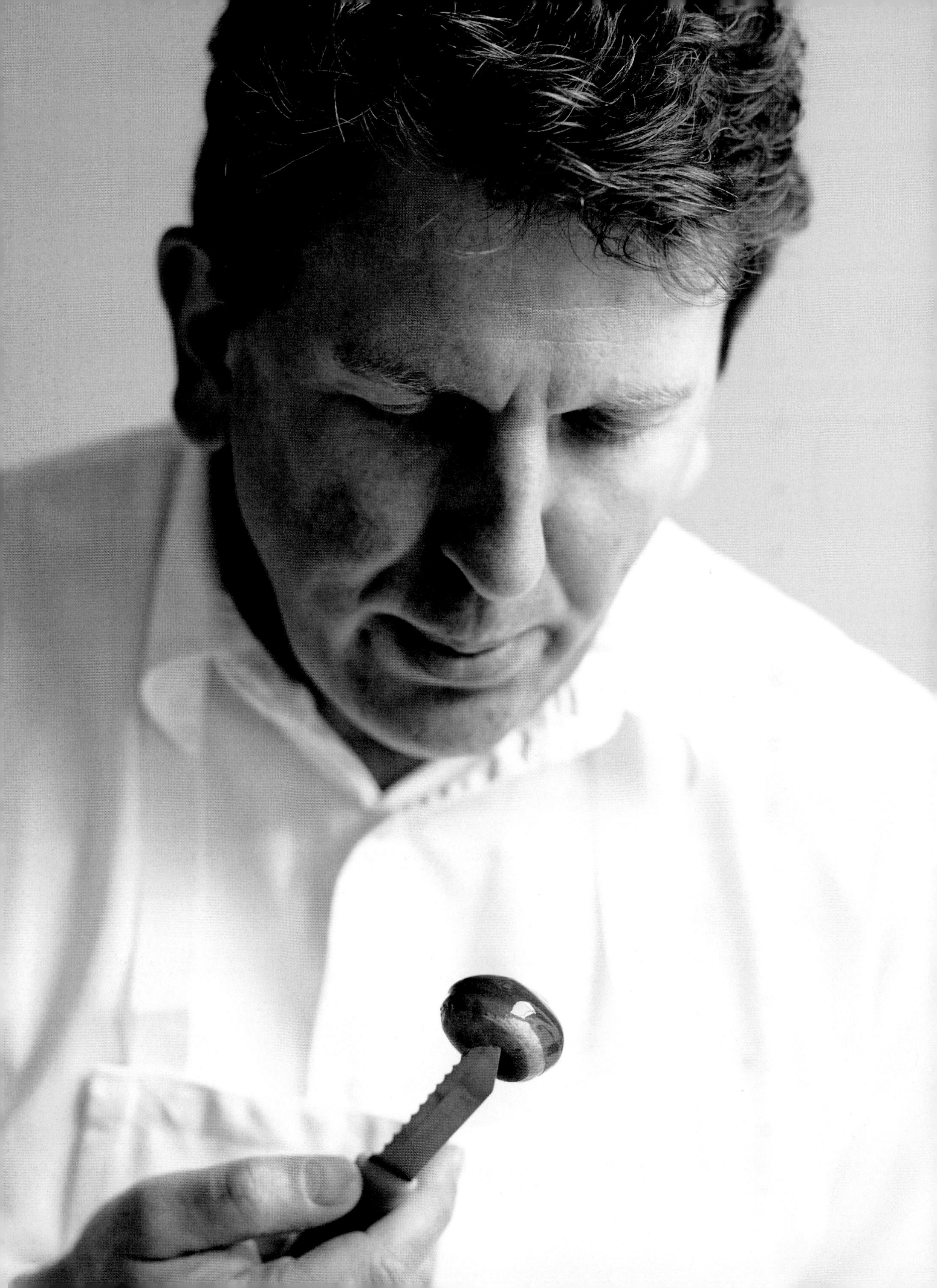

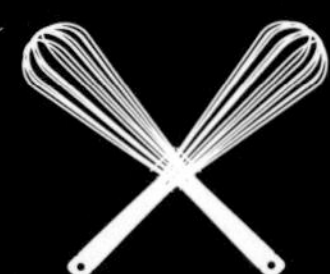

LES RECETTES

BULLES PAMPLEMOUSSE

INGRÉDIENTS POUR 1 DOUZAINE DE GÂTEAUX

① LE BISCUIT JOCONDE

1 ŒUF

45 G DE POUDRE D'AMANDES

45 G DE SUCRE GLACE

90 G DE BLANCS D'ŒUFS

60 G DE SUCRE SEMOULE

ZESTES DE PAMPLEMOUSSE

40 G DE FARINE T45

② LA MERINGUE ITALIENNE

5 CL D'EAU

100 G DE SUCRE SEMOULE

60 G DE BLANCS D'ŒUFS

③ LES PAMPLEMOUSSES MACÉRÉS

2 PAMPLEMOUSSES ROSES

40 G DE SUCRE SEMOULE

2 CL DE COINTREAU®

30 G DE JUS DE PAMPLEMOUSSE

④ LA CRÈME PAMPLEMOUSSE

200 G DE CRÈME LIQUIDE ENTIÈRE

6 G DE GÉLATINE EN FEUILLE

120 G DE JUS DE PAMPLEMOUSSE

25 G DE COINTREAU®

150 G DE MERINGUE ITALIENNE (VOIR ÉTAPE ②)

⑤ LE MONTAGE

75 G DE SUCRE SEMOULE

75 G DE JUS DE PAMPLEMOUSSE

1 GOUSSE DE VANILLE

⑥ LE GLAÇAGE FRAISE ET FINITION

8 G DE GÉLATINE EN FEUILLE

250 G DE COULIS DE FRAISES

125 G DE SUCRE SEMOULE

1 DOUZAINE DE SEGMENTS DE PAMPLEMOUSSE CONFITS (VOIR LA RECETTE PAGE 54)

FEUILLE D'ARGENT (VOIR CARNET D'ADRESSES PAGE 242)

1 FEUILLE DE CUISSON TEFLON®

1 SPATULE EN INOX

1 THERMOMÈTRE

2 MOULES EN SILICONE DEMI-SPHÈRE

1 POCHE À DOUILLE AVEC OU SANS DOUILLE

1 EMPORTE-PIÈCE DE 7 CM DE DIAMÈTRE

1 EMPORTE-PIÈCE DE 5 CM DE DIAMÈTRE

TEMPS DE PRÉPARATION
3 HEURES

TEMPS DE CUISSON
15 MINUTES

① LE BISCUIT JOCONDE

② LA MERINGUE ITALIENNE

③ LES PAMPLEMOUSSES MACÉRÉS

④ LA CRÈME PAMPLEMOUSSE

⑤ LE MONTAGE

⑥ LE GLAÇAGE FRAISE ET FINITION

CONSEIL : vous pouvez déposer ce gâteau sur un fond de sablé petit beurre (voir page 66) recouvert de confiture de fraise de la même taille que le gâteau pour avoir un côté croustillant.

① LE BISCUIT JOCONDE

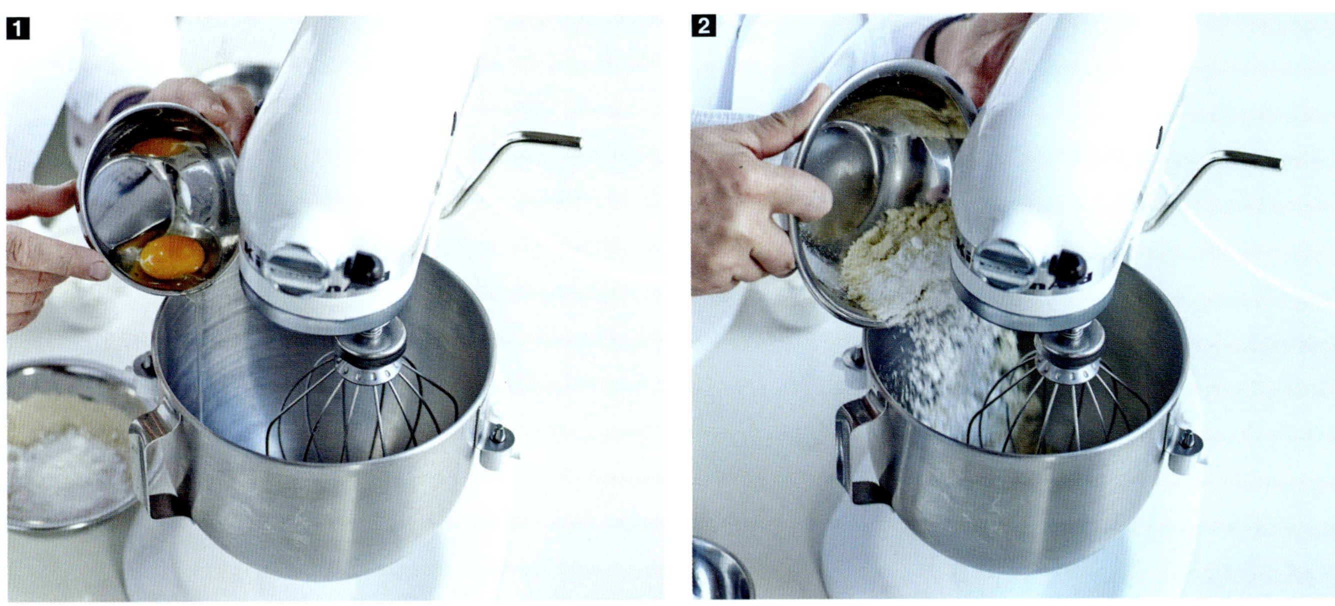

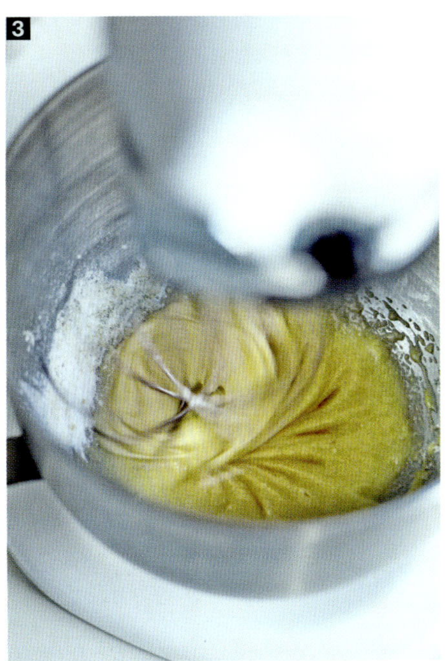

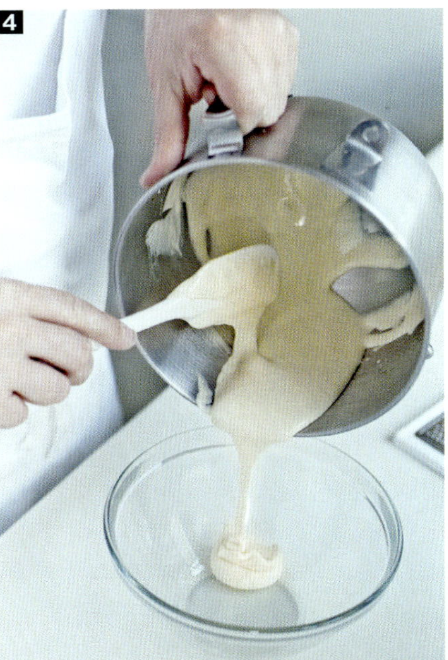

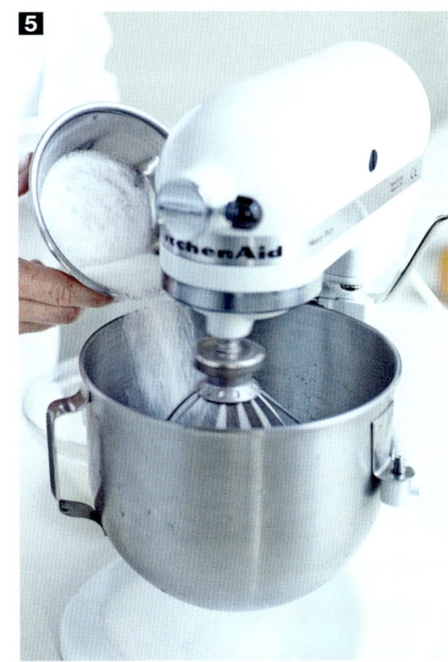

Préchauffez le four à 200 °C.

1 Fouettez l'œuf dans la cuve du batteur à vitesse rapide.

2 Ajoutez la poudre d'amandes et le sucre glace. Faites tourner environ 10 minutes à pleine vitesse.

3 Voici le mélange en cours.

4 La préparation doit être mousseuse et blanchâtre. Versez-la dans un récipient. Réservez à température ambiante.

5 Dans la cuve du batteur, versez les blancs d'œufs. Faites tourner à vitesse rapide et ajoutez au fur et à mesure le sucre semoule. La meringue va monter en 5 minutes.

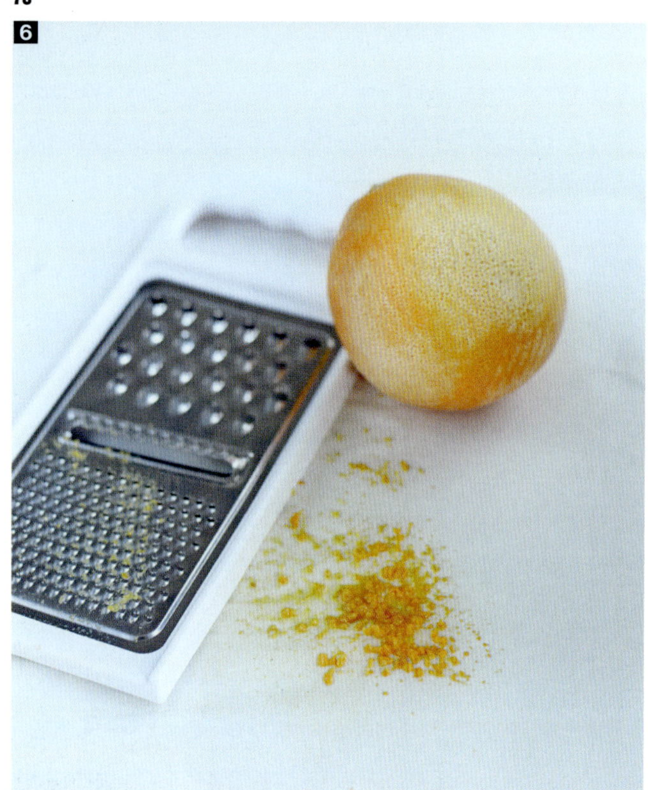

6 Zestez le pamplemousse.

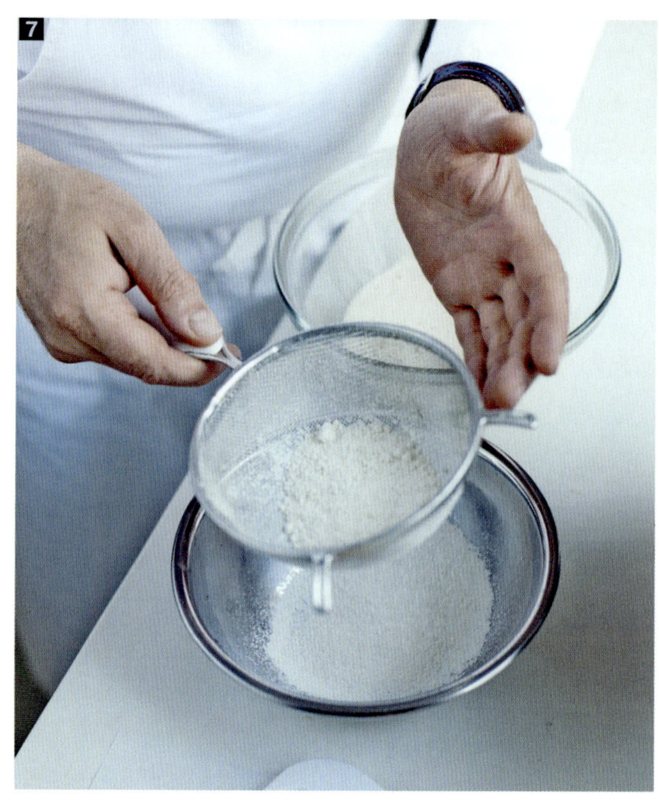

7 Tamisez la farine.

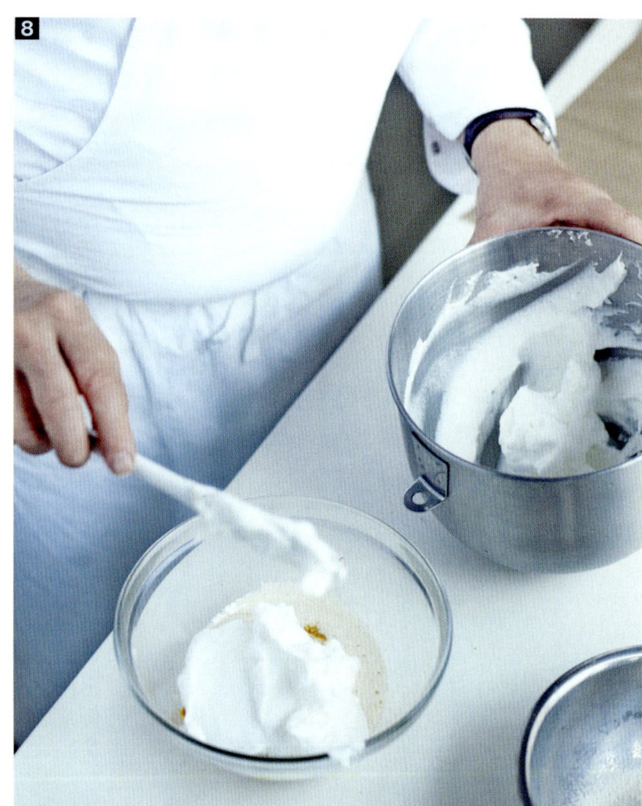

8 Incorporez la meringue au mélange précédent. Puis, ajoutez le zeste de pamplemousse.

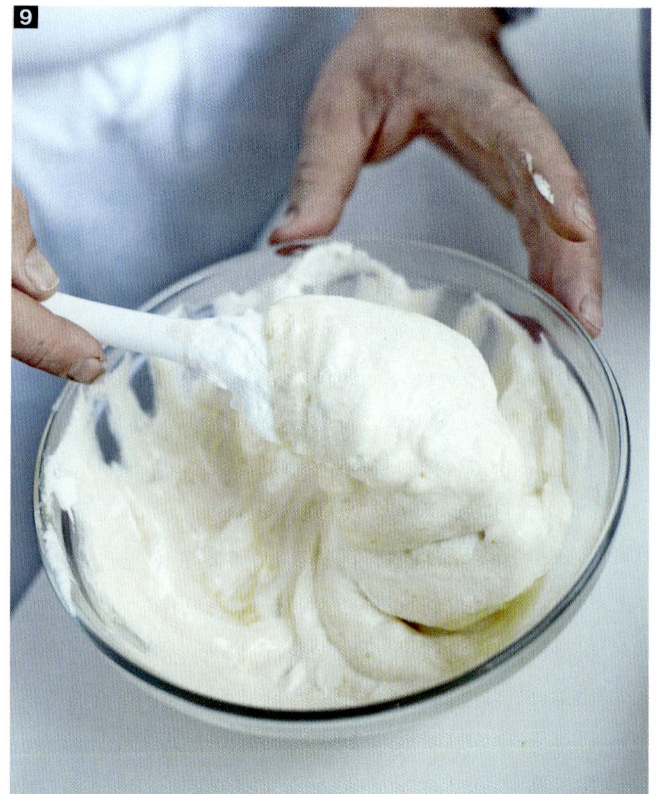

9 Mélangez à l'aide d'une Maryse en soulevant la pâte et tournant votre récipient.

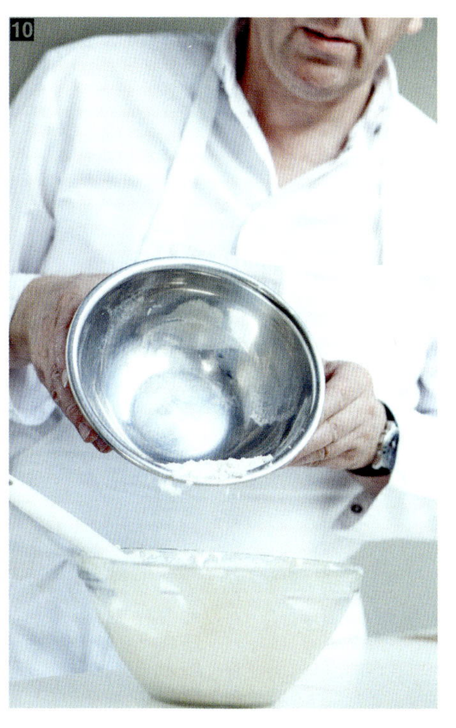

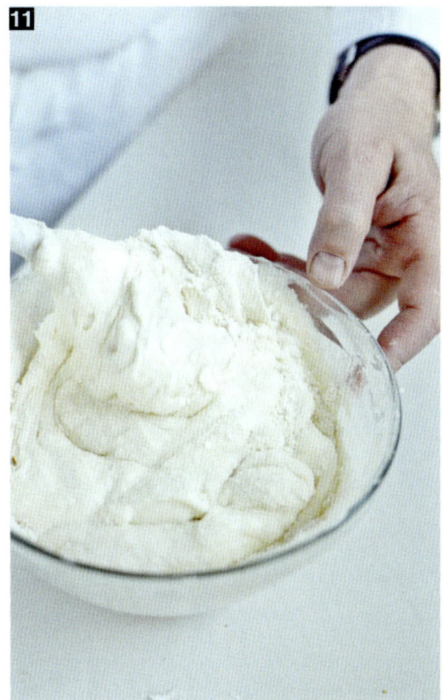

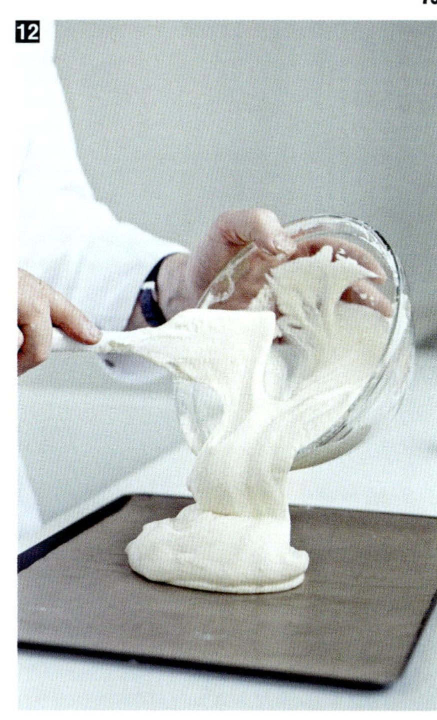

10 Ajoutez la farine tamisée.

11 Mélangez bien pour bien l'incorporer.

12 Versez sur une feuille Teflon® posée sur une plaque de pâtisserie.

13 Étalez le biscuit avec une spatule en Inox. Enfournez 10 à 12 minutes (en fonction du four). Laissez refroidir à température ambiante.

14 Voici le résultat. Réservez.

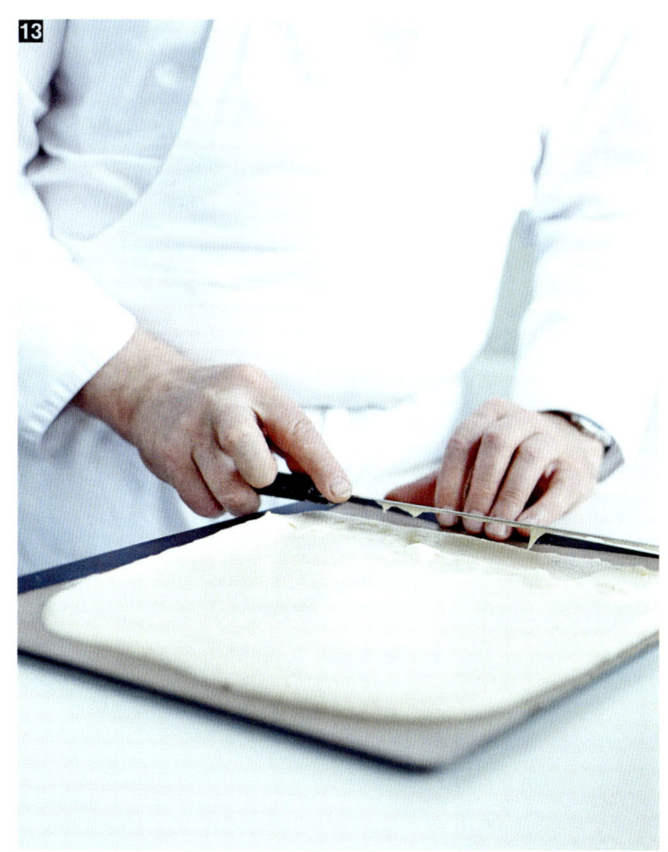

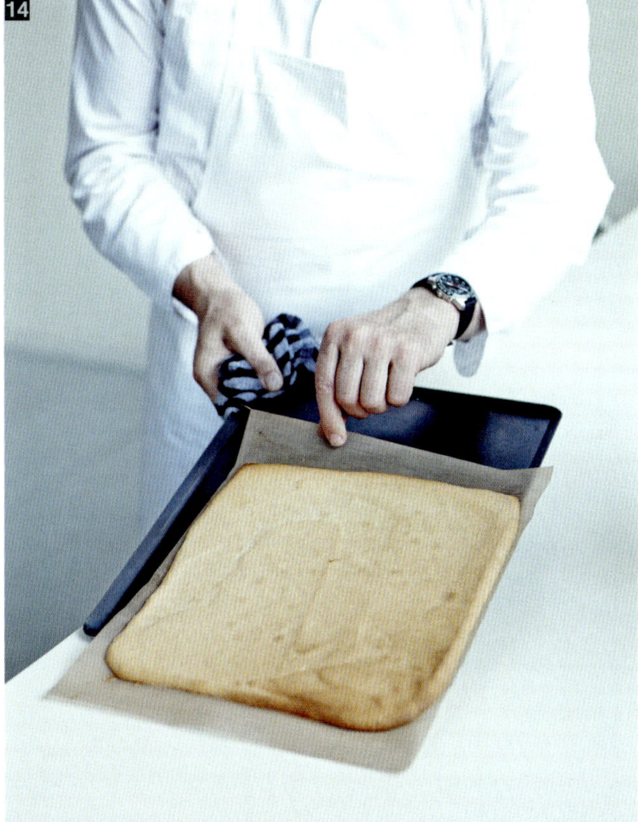

② LA MERINGUE ITALIENNE

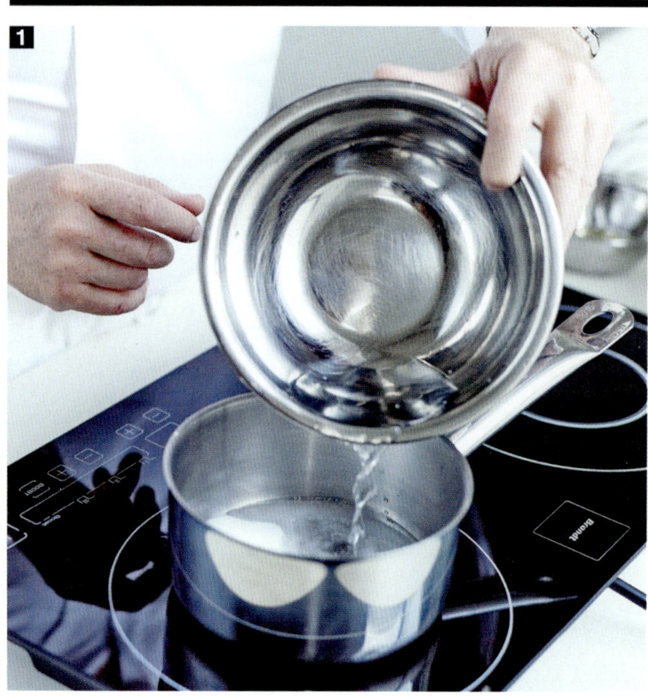

1 Dans une casserole à fond épais, mélangez avec une spatule l'eau et le sucre semoule, et faites chauffer sur feu moyen.

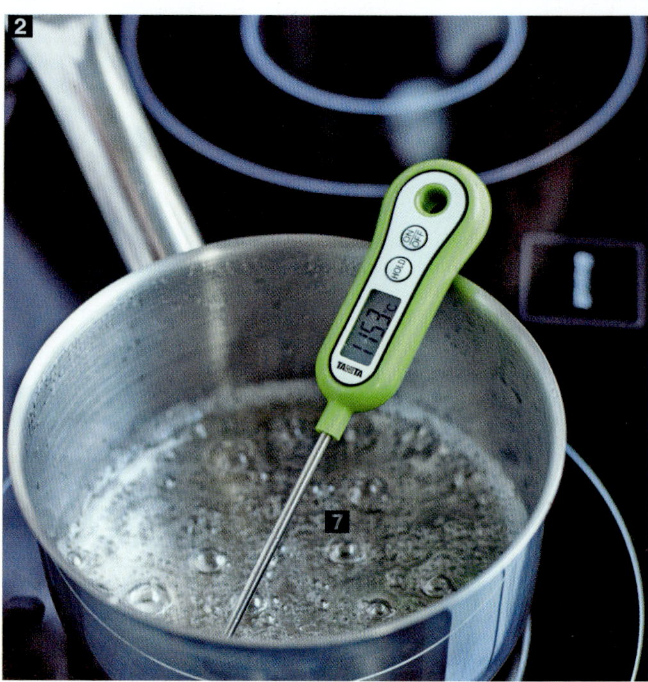

2 Plongez votre thermomètre dans le sirop afin de contrôler sa température. Elle doit atteindre 120 °C.

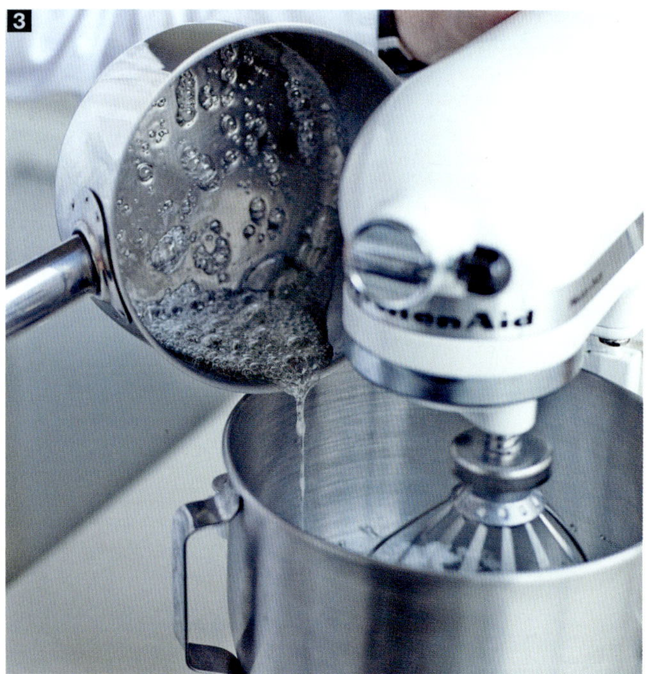

3 Versez le sucre cuit sur les blancs montés en prenant soin de le faire couler sur les bords de la cuve afin d'éviter toute projection de sucre. Mélangez jusqu'à léger refroidissement.

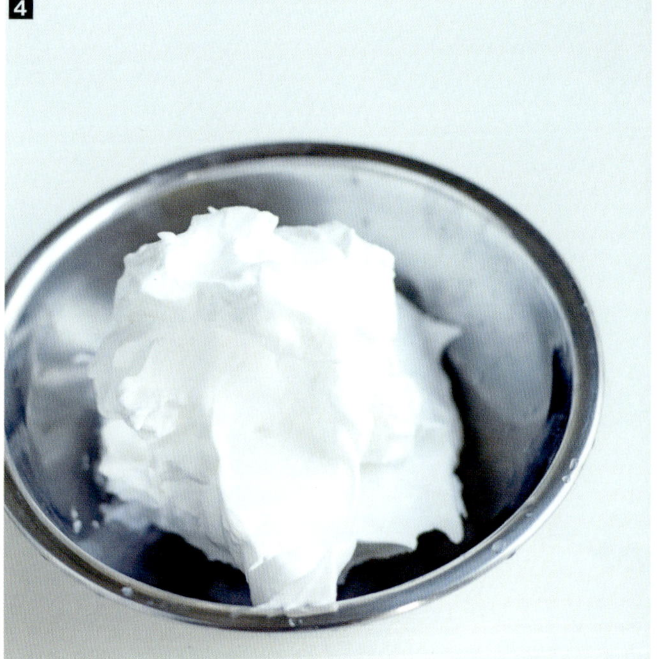

4 Voici la meringue italienne.

③ LES PAMPLEMOUSSES MACÉRÉS

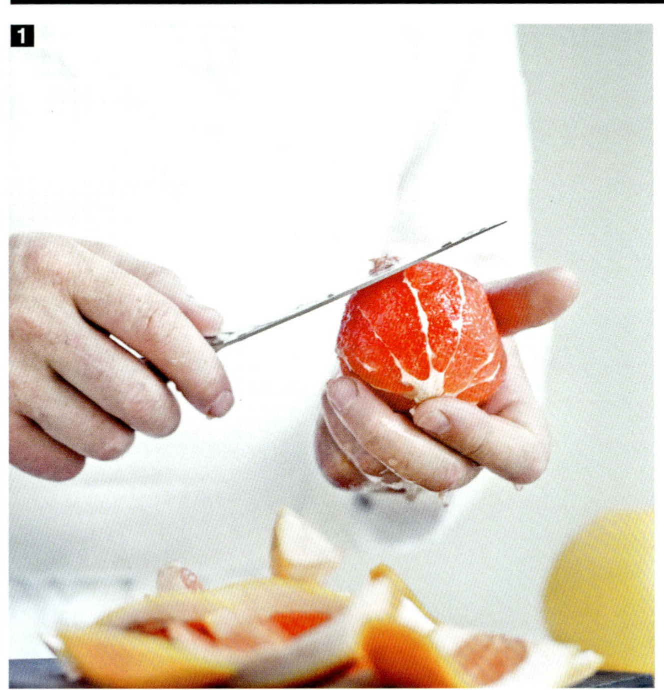

1 Pelez les pamplemousses en les coupant à vif.

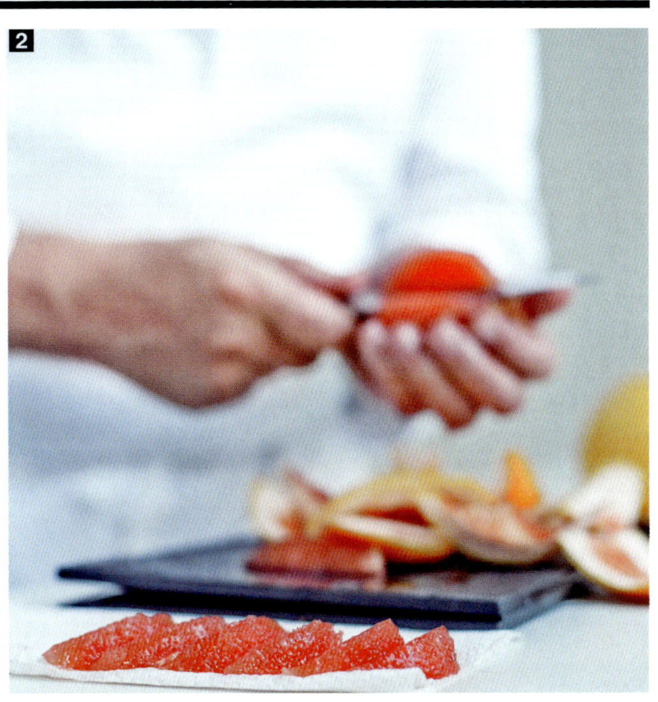

2 Préparez les segments et déposez-les sur du papier absorbant.

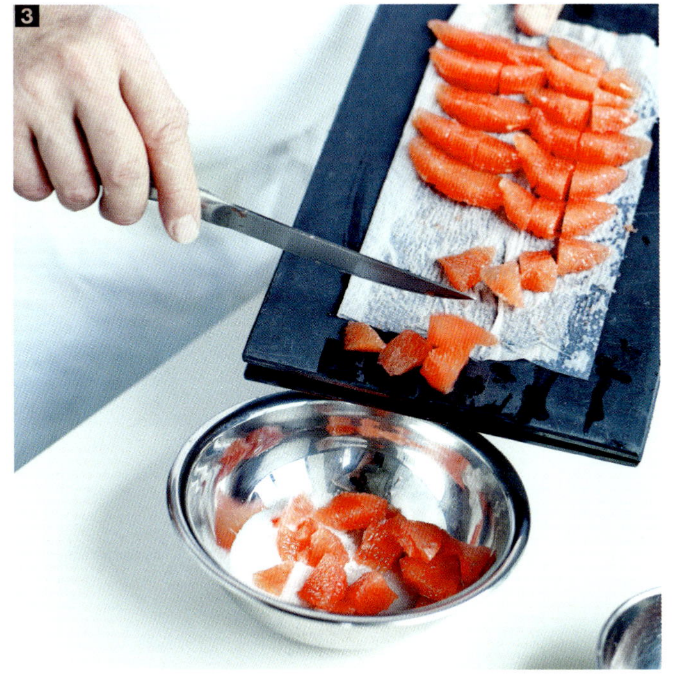

3 Coupez chaque segment en trois et mettez-les dans un récipient avec le sucre.

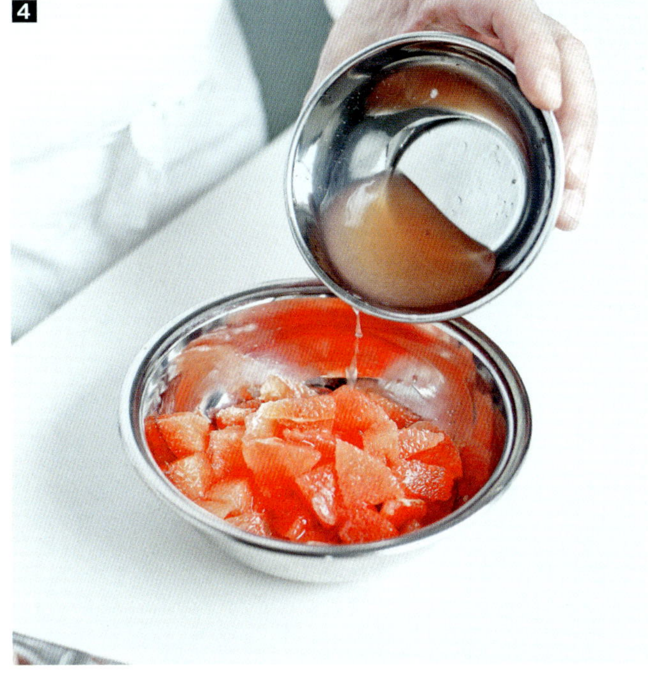

4 Ajoutez le Cointreau® et le jus de pamplemousse.

④ LA CRÈME PAMPLEMOUSSE

Versez la crème liquide dans un récipient assez large fouettez-la de façon à obtenir une belle crème fouettée.

1 Mettez la gélatine dans de l'eau très froide.

2 Essorez la gélatine et faites-la fondre dans un récipient aux micro-ondes ou au bain-marie.

3 Ajoutez le jus de pamplemousse et le Cointreau®. Laissez refroidir à température ambiante sans que la gélatine ne fige.

4 Incorporez la meringue italienne dans le mélange précédent froid, mais pas encore gélifié (si c'est le cas, réchauffez très légèrement).

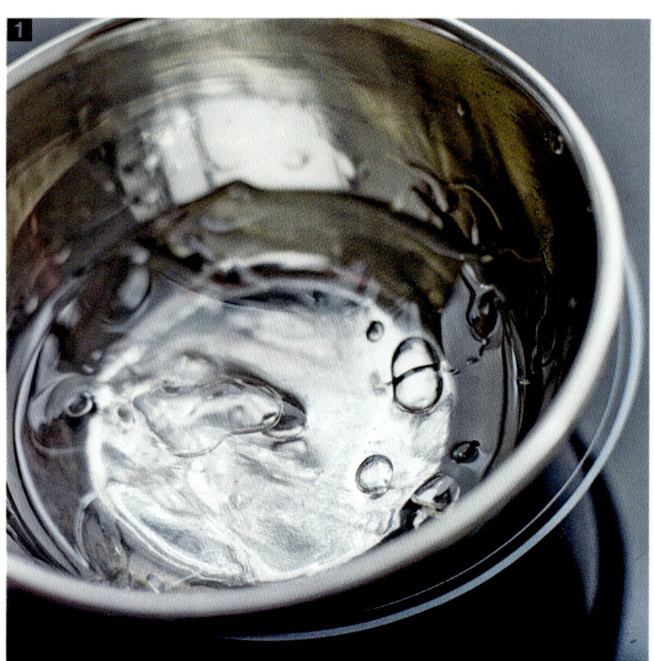

1

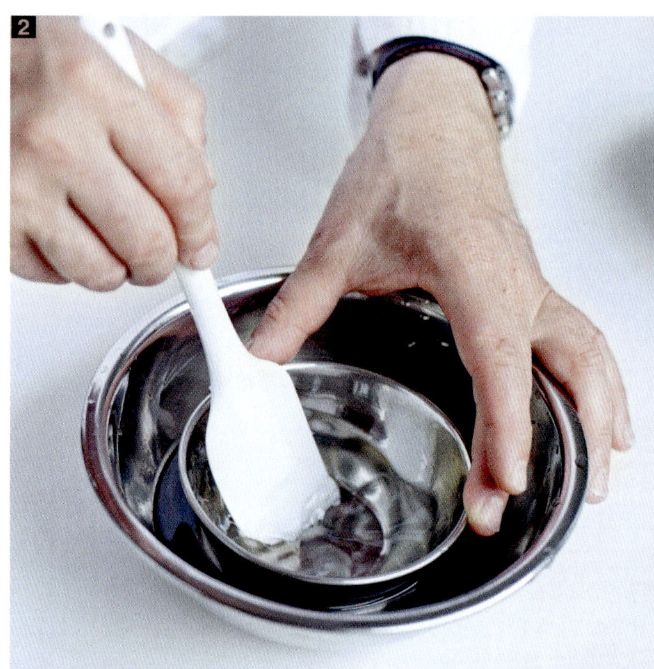

2

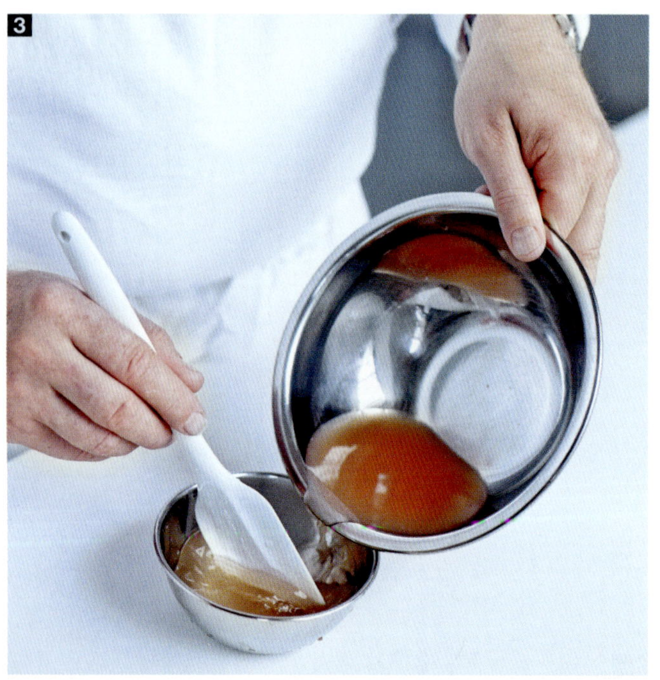

3

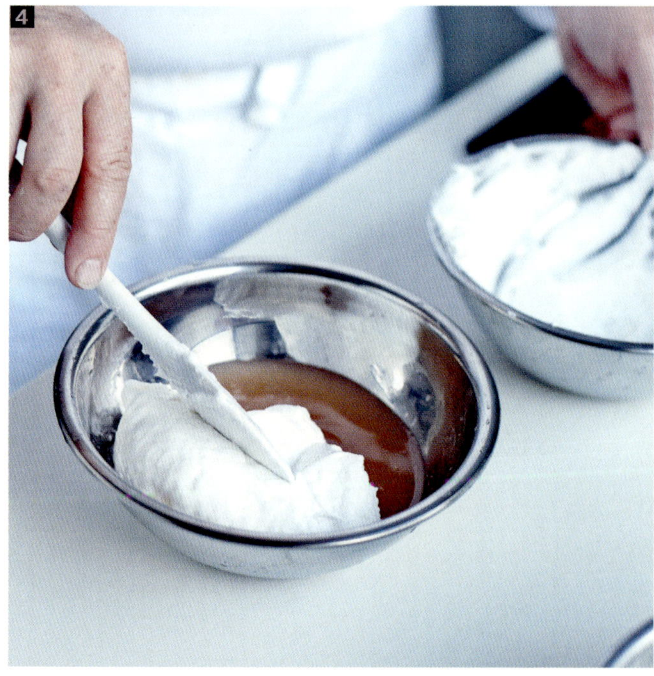

4

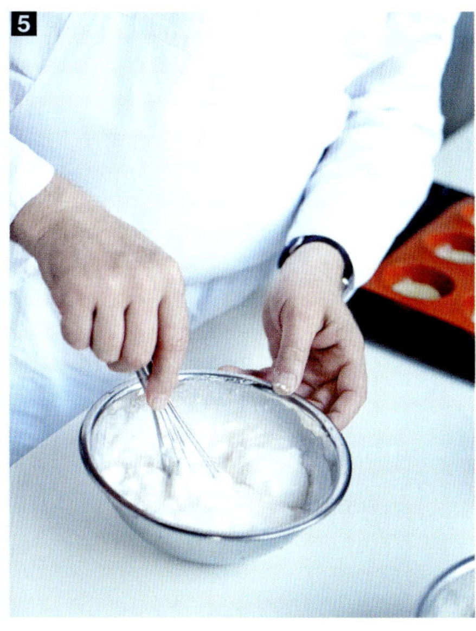

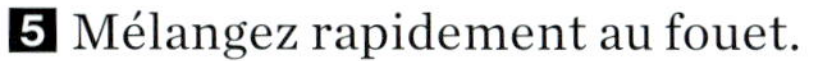

5 Mélangez rapidement au fouet.

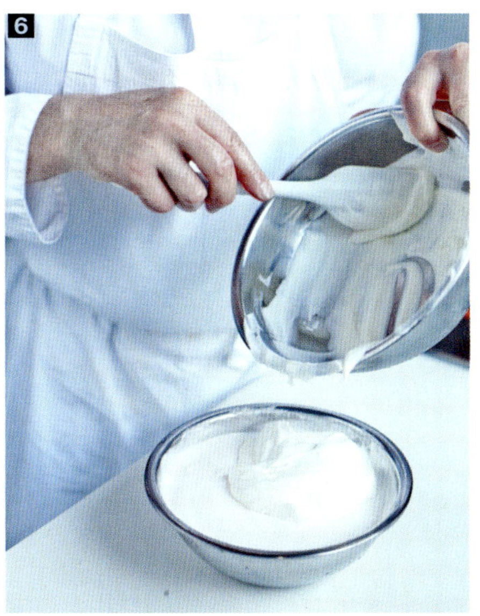

6 Ajoutez la crème fouettée.

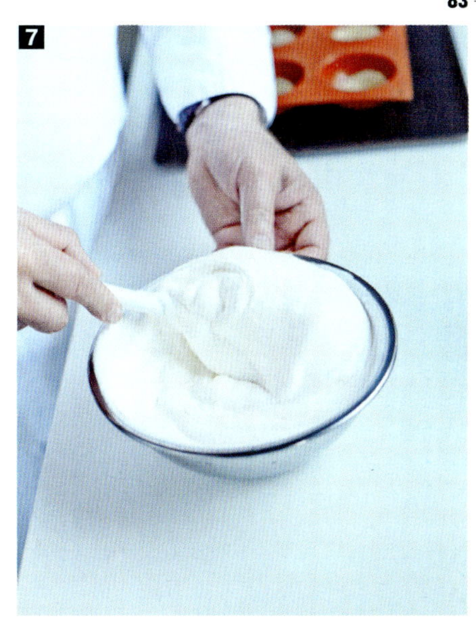

7 Mélangez délicatement avec une Maryse.

⑤ LE MONTAGE

Réalisez le punch vanille en mélangeant le sucre, le jus de pamplemousse et la vanille fendue en deux et grattée.

1 Détaillez 12 cercles de biscuits Joconde de 5 cm de diamètre et 12 cercles de 7 cm de diamètre.

2 Trempez légèrement, d'un seul côté, les biscuits de 5 cm de diamètre dans le punch vanille.

3 Déposez les biscuits de 5 cm de diamètre au fond des moules demi-sphère.

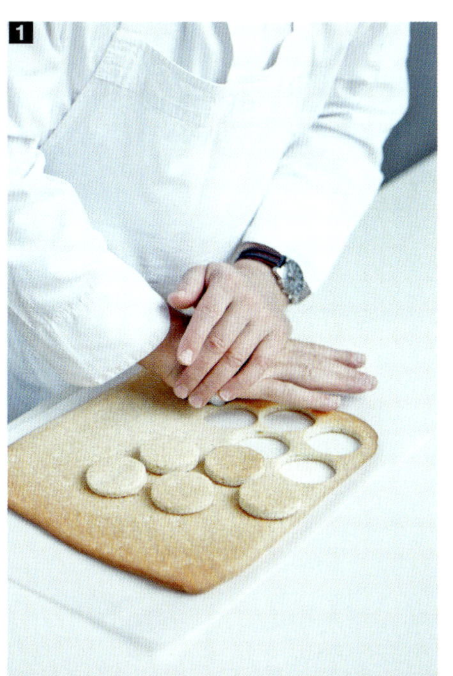

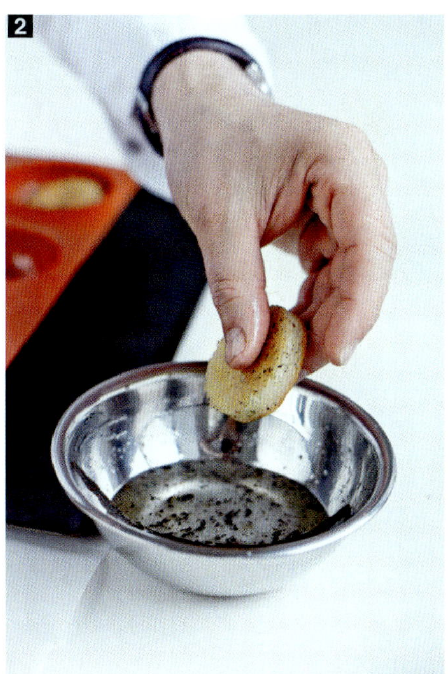

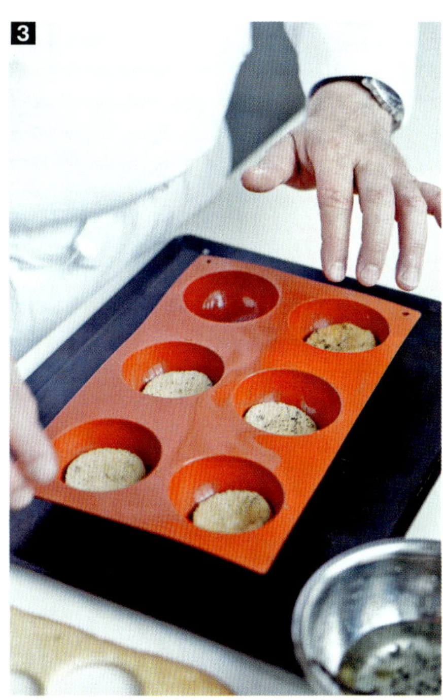

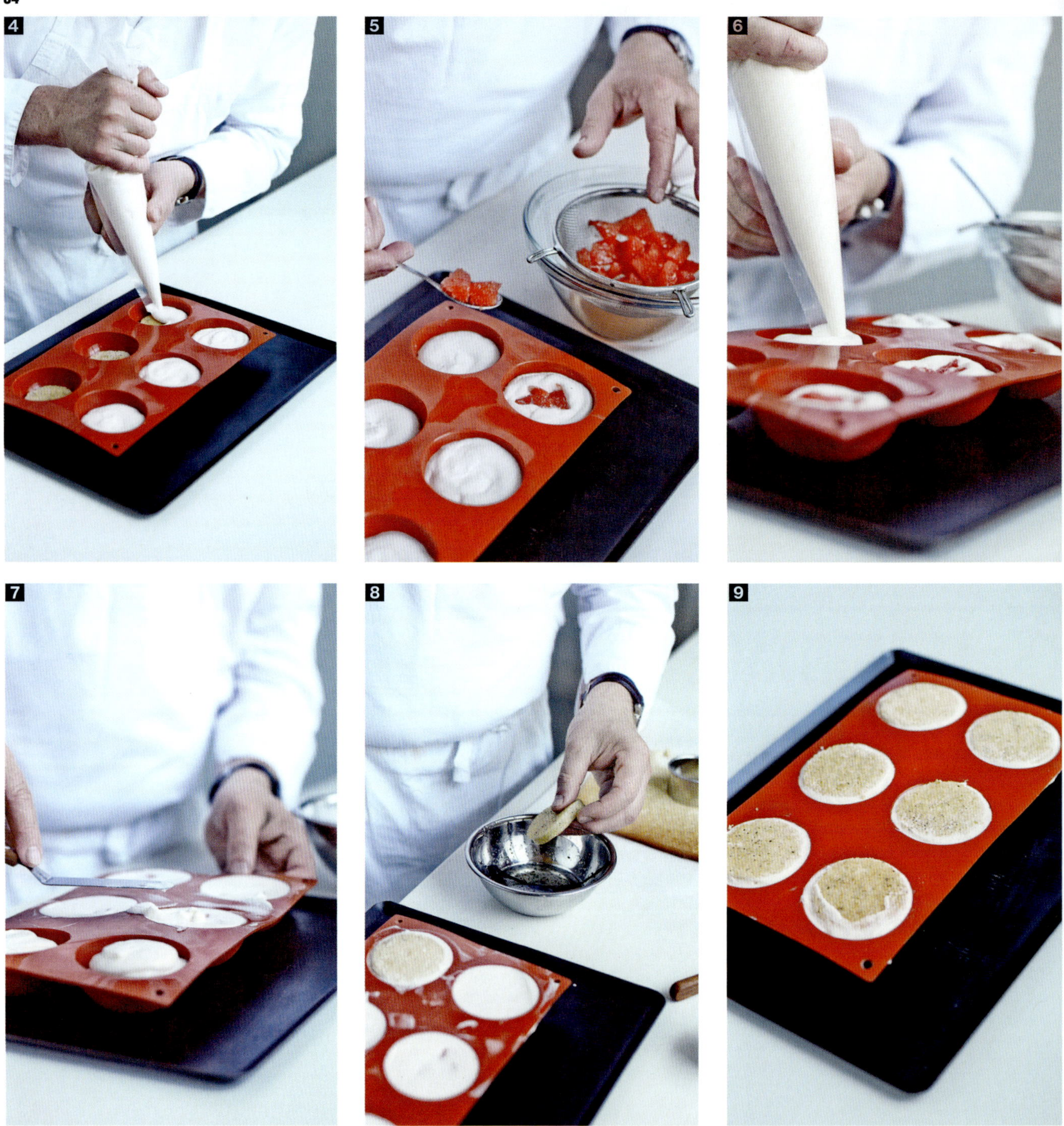

4 Pochez la crème pamplemousse sur les biscuits.

5 Déposez une cuillerée à café de petits segments de pamplemousse.

6 Pochez de nouveau de la crème pamplemousse dans chaque demi-sphère.

7 Lissez avec une spatule en Inox.

8 Trempez légèrement, d'un seul côté, les biscuits de 7 cm de diamètre dans le punch vanille.

9 Posez le côté imbibé sur chaque demi-sphère. Placez au congélateur pendant 2 heures minimum.

⑥ LE GLAÇAGE FRAISE ET FINITION

Réalisez les segments de pamplemousse confit selon la recette page 54.

Mettez la gélatine dans de l'eau très froide. Essorez-la gélatine et faites-la fondre dans un récipient au micro-ondes ou au bain-marie dans une casserole.

1 Versez le coulis de fraises (à travers un tamis) sur la gélatine tiède et mélangez rapidement.

2 Ajoutez le sucre à travers le tamis. Mélangez.

3 Sortez les dômes du congélateur et placez-les sur une grille.

4 Versez du glaçage fraise sur chaque dôme. Laissez figer au congélateur pendant 10 minutes.

5 Récupérez le glaçage sous la grille. Réchauffez très légèrement le glaçage si besoin et répétez l'opération en glaçant les dômes une deuxième fois.

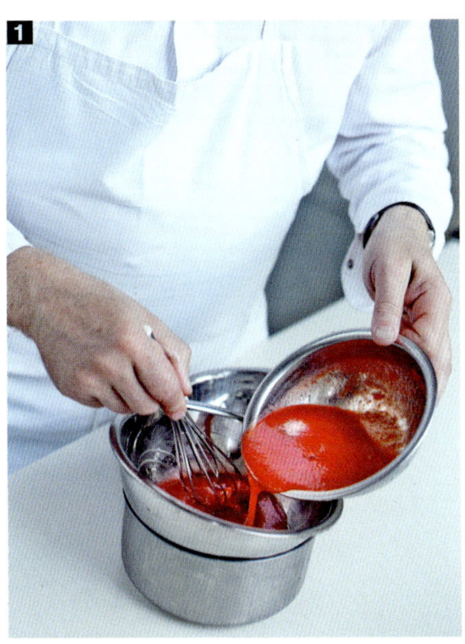

1

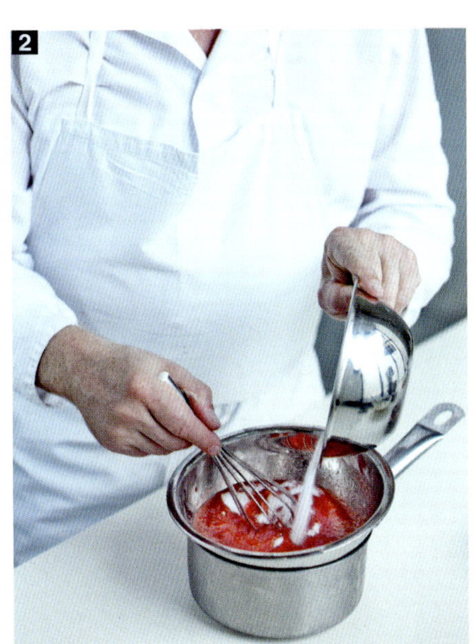

2

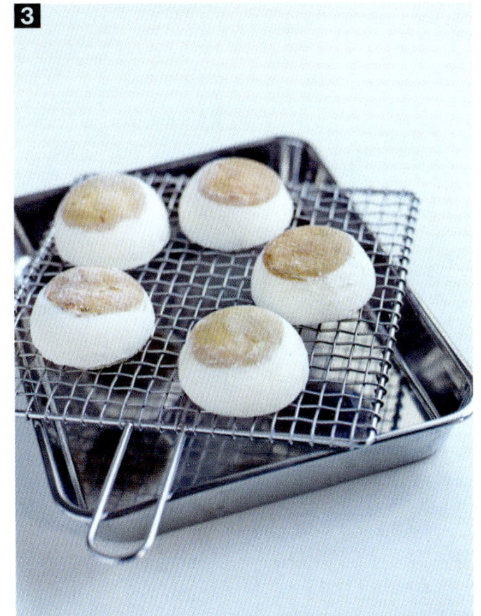

3

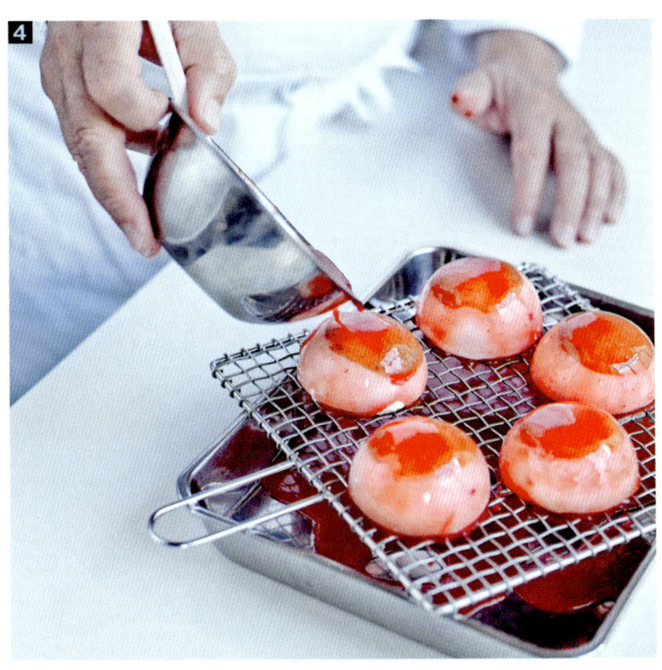

4

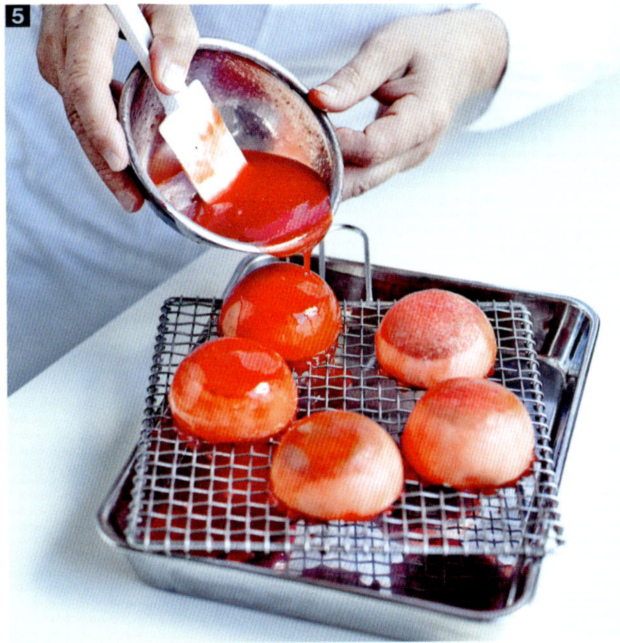

5

6

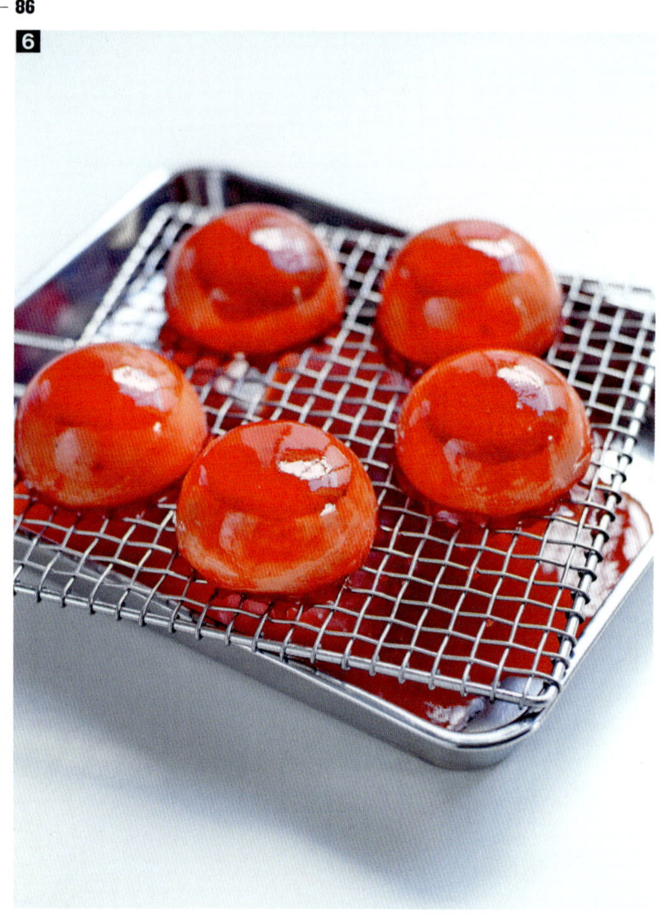

7

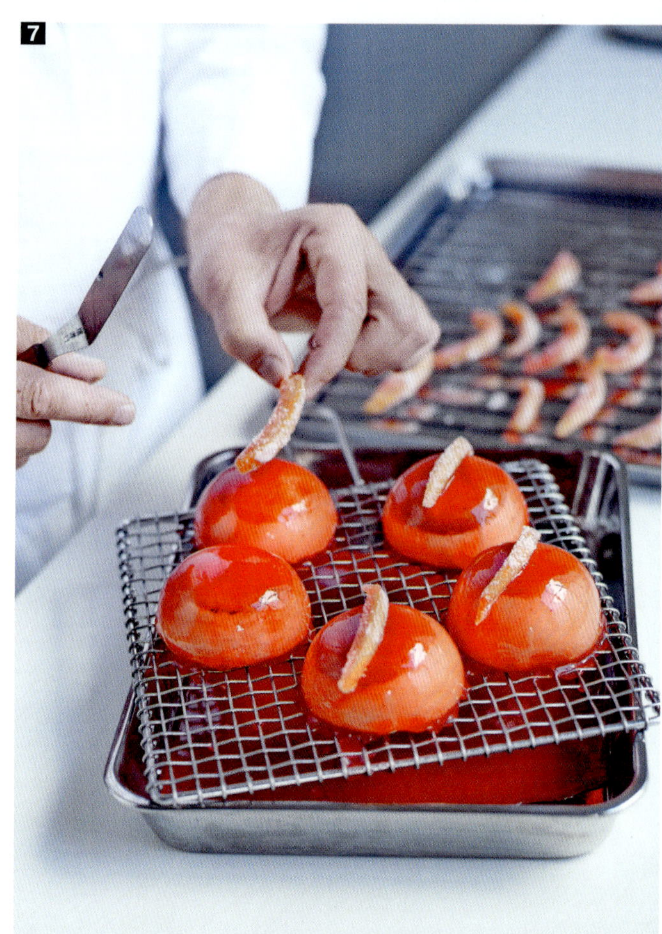

6 Voici le résultat. Laissez figer pendant 30 minutes au réfrigérateur.

7 Placez un segment de pamplemousse confit.

8 Déposez la feuille d'argent.

Déplacez les dômes sur une autre grille à l'aide d'une spatule. Cela va enlever l'excédent de glaçage sous chaque gâteau.
Dégustez tout de suite, ou conservez-les 2 jours au réfrigérateur, ou 3 semaines au congélateur dans une boîte hermétique.

8

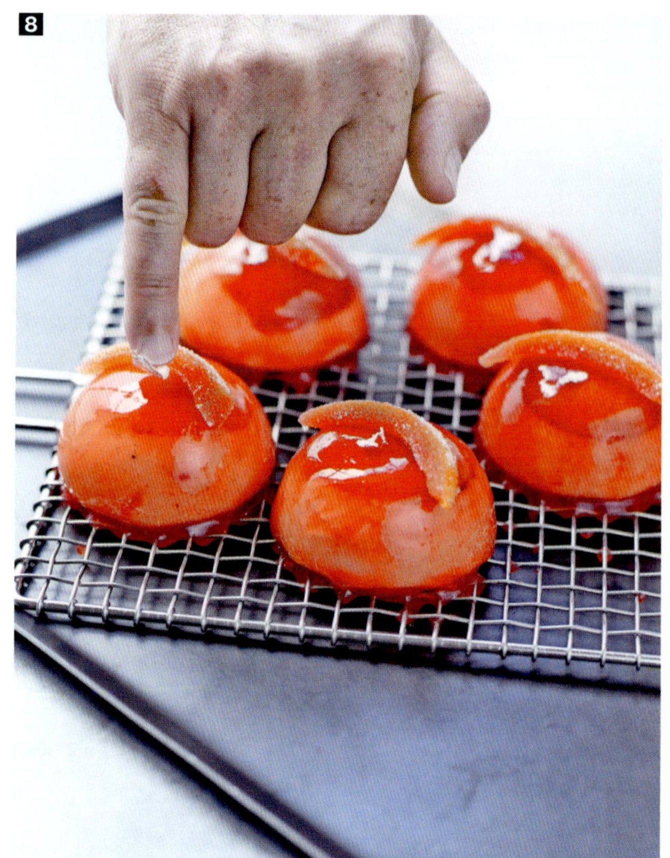

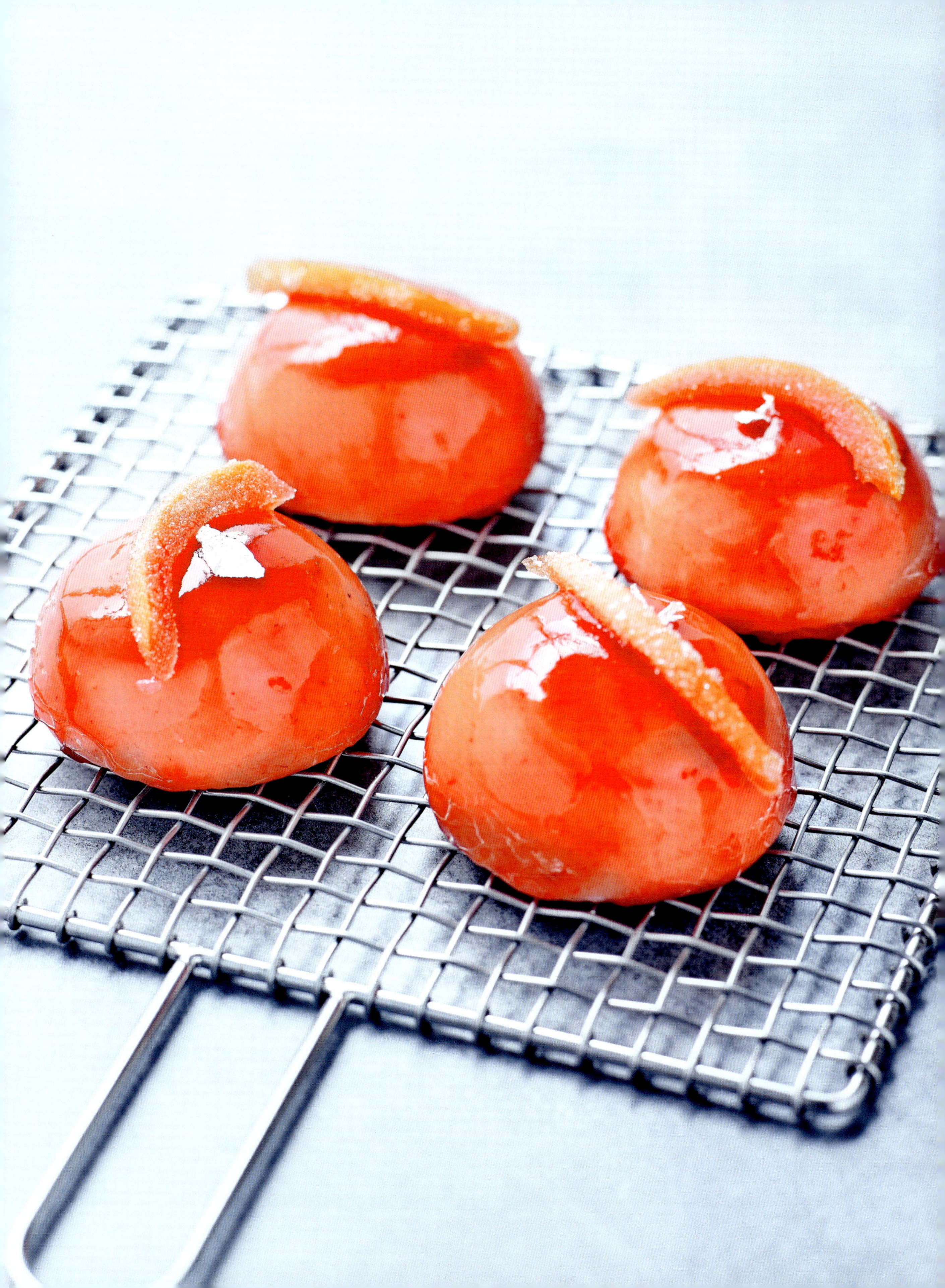

CHARLOTTINE

TEMPS DE PRÉPARATION
3 HEURES

TEMPS DE CUISSON
10 À 12 MINUTES

INGRÉDIENTS POUR 12 CHARLOTTINES

① LES PALETS COCKTAIL

3 G DE GÉLATINE EN FEUILLE

40 G DE PULPE DE MANGUE

50 G DE PULPE DE FRUIT DE LA PASSION

55 G DE BANANE EN RONDELLES

80 G DE FRAISES

30 G DE SUCRE SEMOULE

10 G DE JUS DE CITRON

② LA GÉNOISE ORANGE

4 ŒUFS

120 G DE SUCRE SEMOULE

100 G DE FARINE T45

40 G DE POUDRE D'AMANDES

30 G DE BEURRE FONDU

COLORANT ORANGE

③ LA CRÈME MASCARPONE

20 CL DE LAIT ENTIER

½ GOUSSE DE VANILLE

75 G DE SUCRE SEMOULE

25 G DE MAÏZENA®

150 G DE CRÈME LIQUIDE ENTIÈRE

100 G DE MASCARPONE

3 G DE GÉLATINE EN FEUILLE

④ LE CRAQUANT

50 G DE PÂTE PRALINÉE (VOIR LA RECETTE PAGE 72)

50 G DE CHOCOLAT BLANC

50 G DE GAVOTTES

⑤ LE MONTAGE

LES CHUTES DE GÉNOISE ORANGE

50 G DE SUCRE SPÉCIAL DÉCOR (VOIR CARNET D'ADRESSES PAGE 242) OU SUCRE GLACE

1 MOULE EN SILICONE NONNETTES

1 SPATULE COUDÉE

1 EMPORTE-PIÈCE OU CERCLE DE 4 CM DE DIAMÈTRE

1 ROULEAU À PÂTISSERIE

12 CERCLES HAUTS DE 5,5 CM DE DIAMÈTRE

1 FEUILLE EN TEFLON®

CONSEIL : vous pouvez changer la couleur du biscuit (couleur verte avec intérieur fraise, rhubarbe, crème pistache ; couleur rose avec intérieur framboise, lavande, mousse de citron page 229).

Les charlottines se conservent 2 jours au réfrigérateur, ou 3 semaines sous film au congélateur (réalisez la finition le jour de la dégustation).

① LES PALETS COCKTAIL

② LA GÉNOISE ORANGE

③ LA CRÈME MASCARPONE

④ LE CRAQUANT

⑤ LE MONTAGE

① LES PALETS COCKTAIL

Mettez la gélatine dans de l'eau froide.

1 Versez la pulpe de mangue dans une casserole.

2 Ajoutez la pulpe de fruit de la Passion.

3 Déposez les rondelles de banane.

4 Ajoutez les fraises entières et le sucre semoule.

5 Versez le jus de citron.

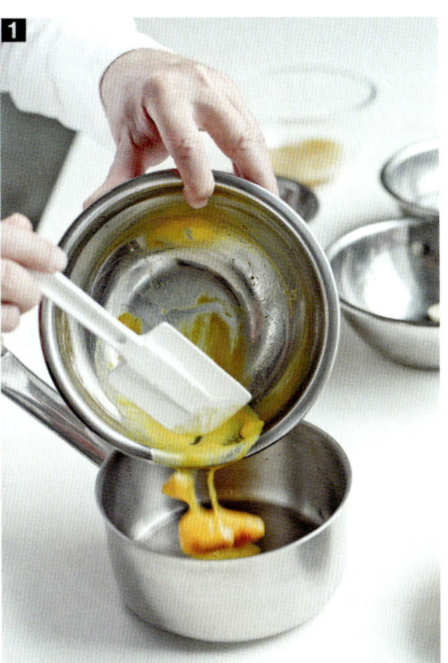
1

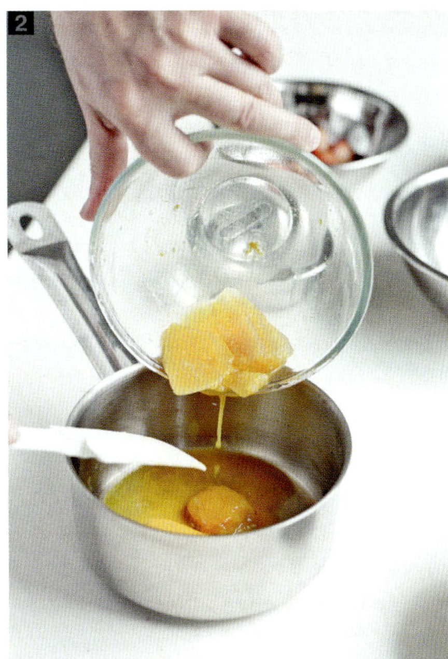
2

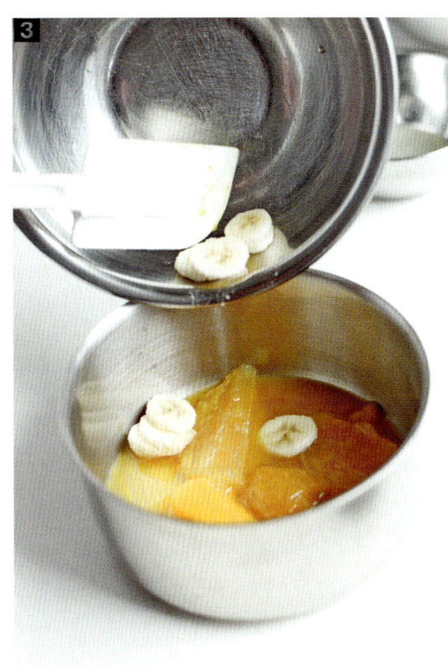
3

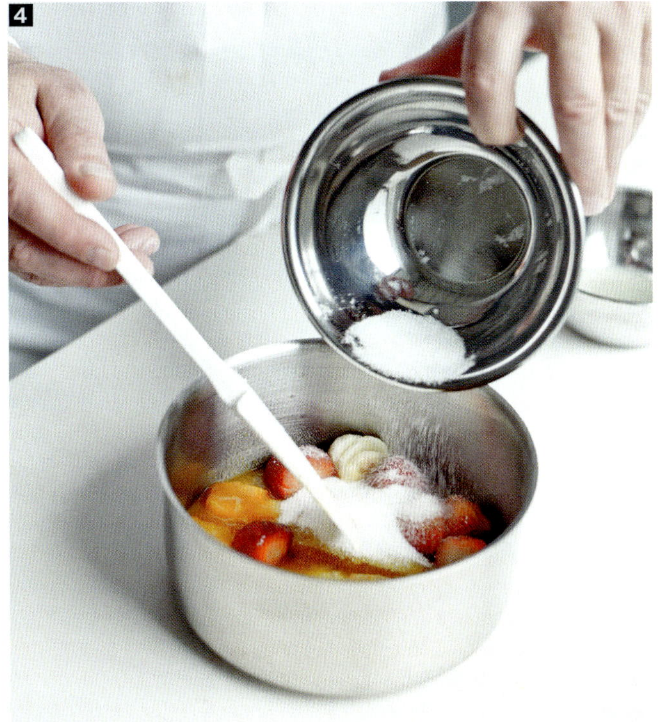
4

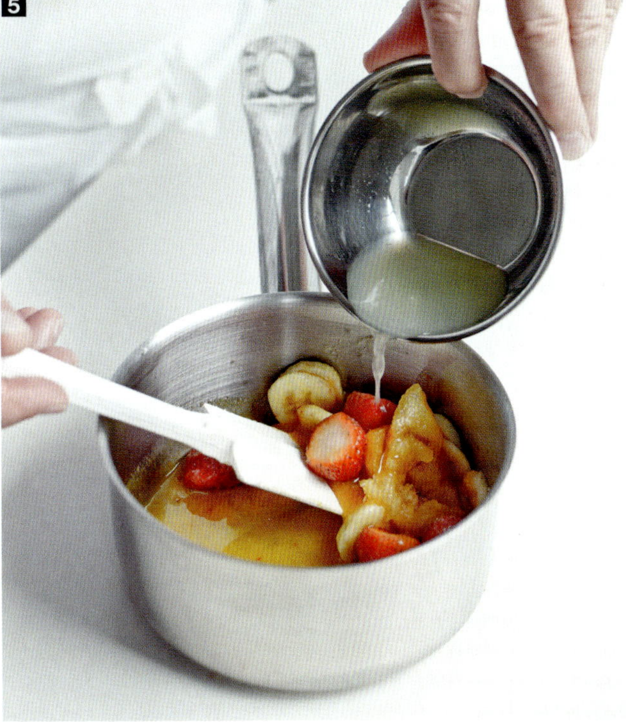
5

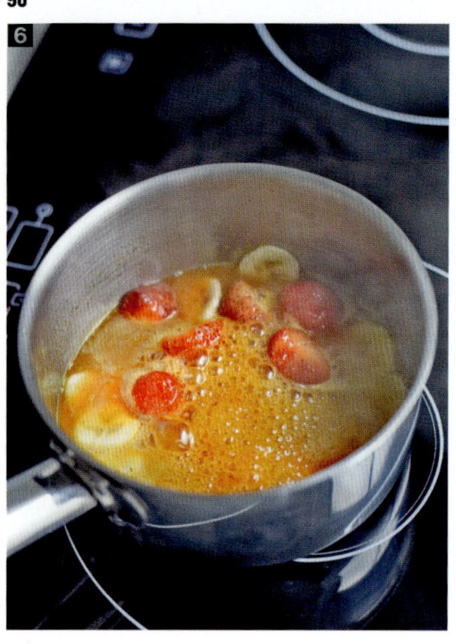

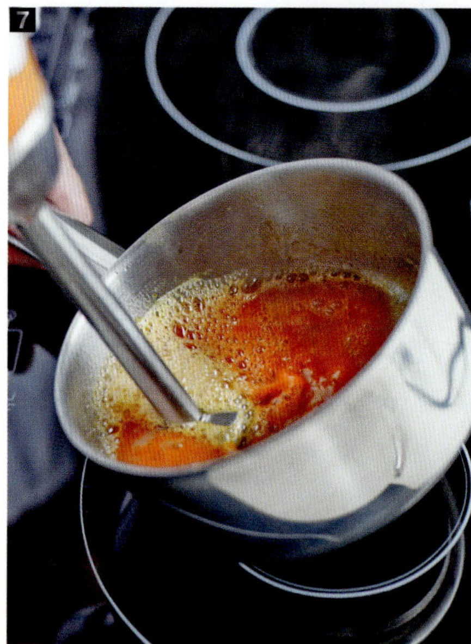

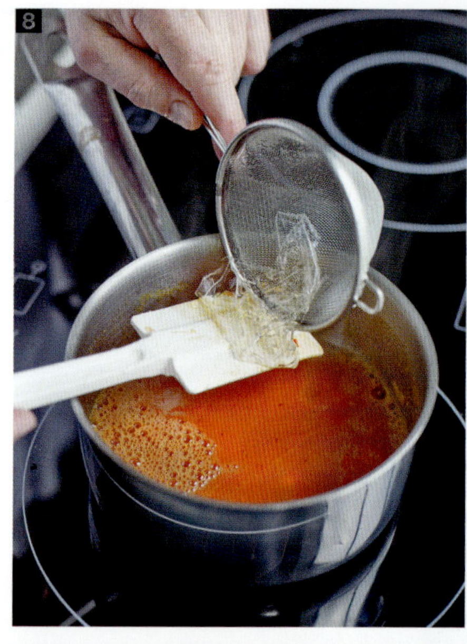

6 Faites chauffer sur feu doux jusqu'à petite ébullition.

7 Hors du feu, mixez le tout.

8 Incorporez la gélatine essorée.

9 Tamisez le coulis dans un récipient.

10 Passez le maximum de coulis à travers le tamis en vous aidant d'une cuillère.

11 Versez le coulis dans un moule en silicone nonnettes. Mettez au congélateur.

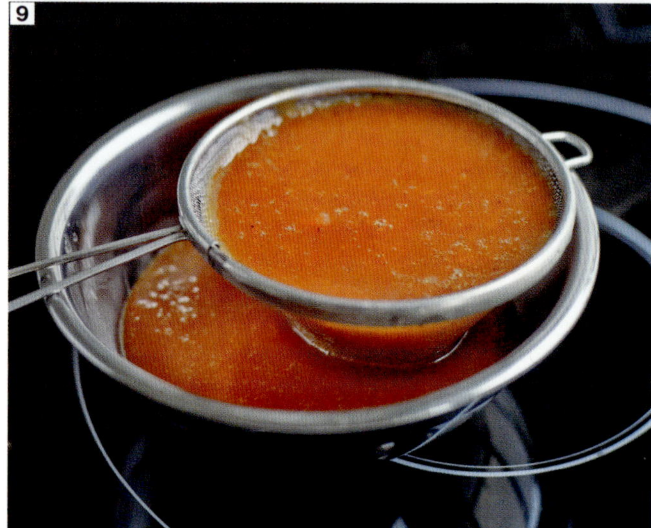

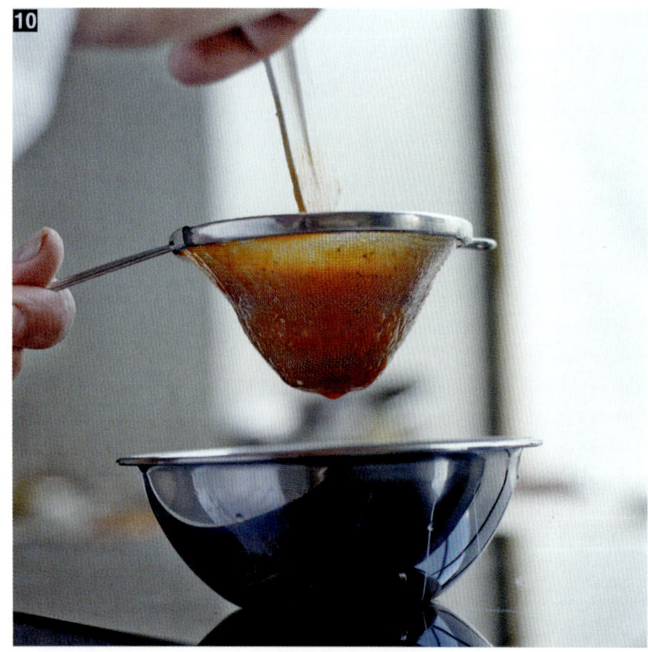

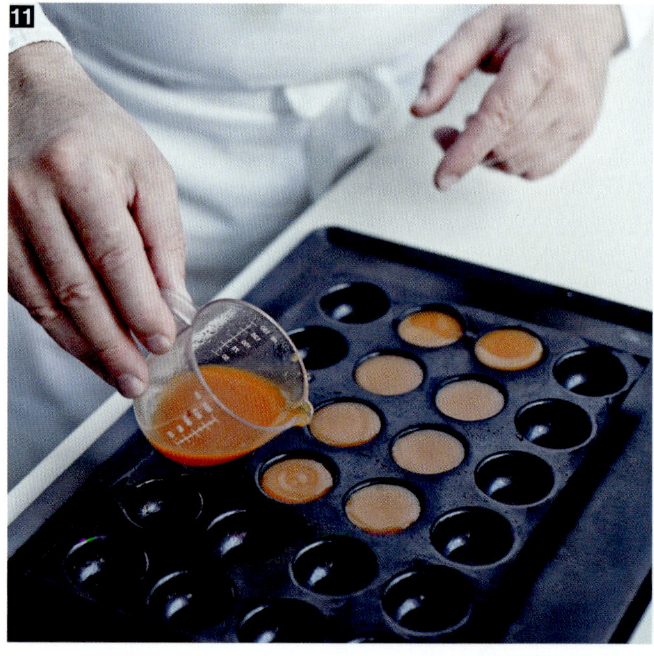

② LA GÉNOISE ORANGE

Préchauffez votre four à 180 °C.

1 Versez les œufs dans la cuve du robot. Ajoutez le sucre semoule. Faites tourner le robot à grande vitesse pendant 10 minutes.

2 Arrêtez le robot. Ajoutez le colorant.

3 Ajoutez la farine et la poudre d'amandes tamisées.

4 Mélangez en soulevant la pâte par le milieu à l'aide d'une Maryse et en tournant la cuve sur elle-même.

1

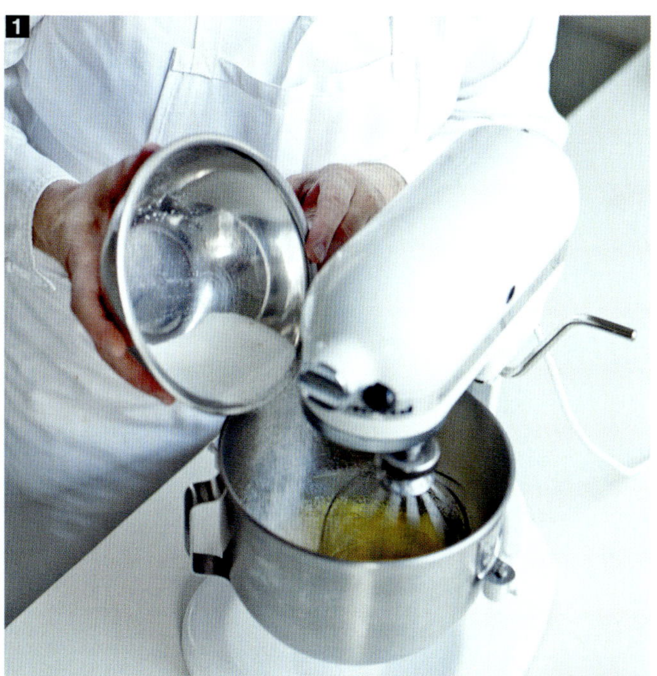

2

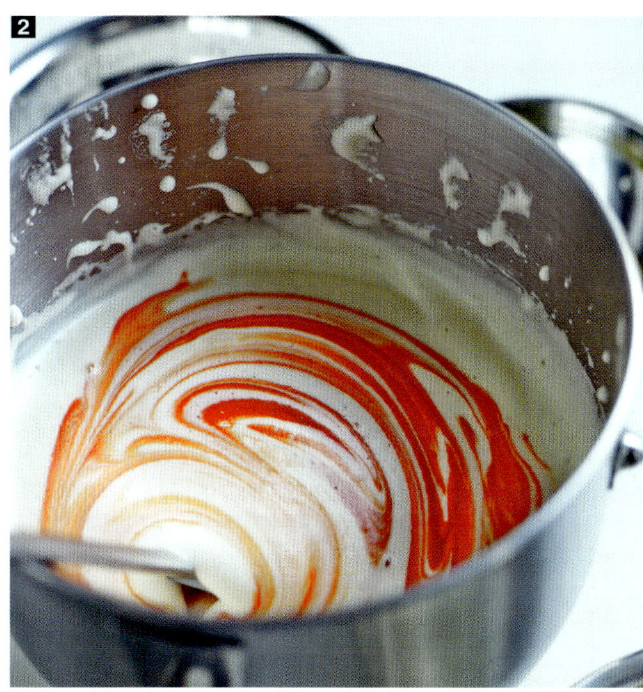

3

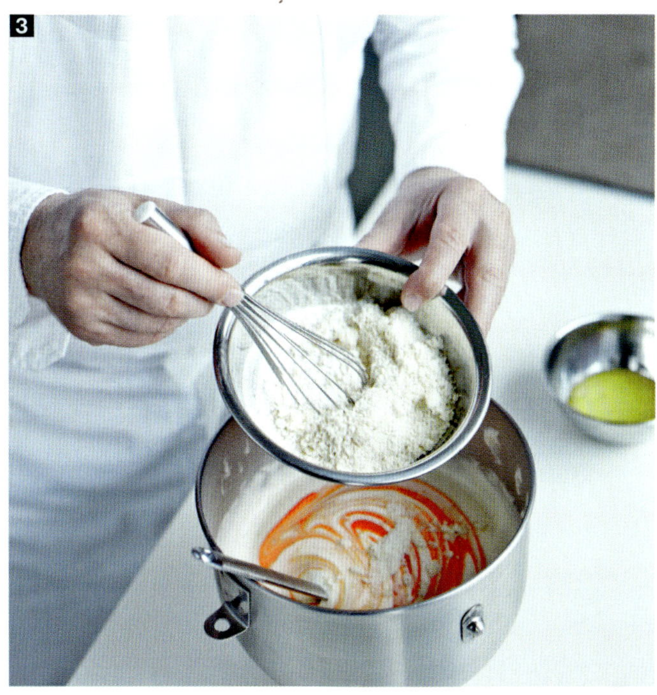

4

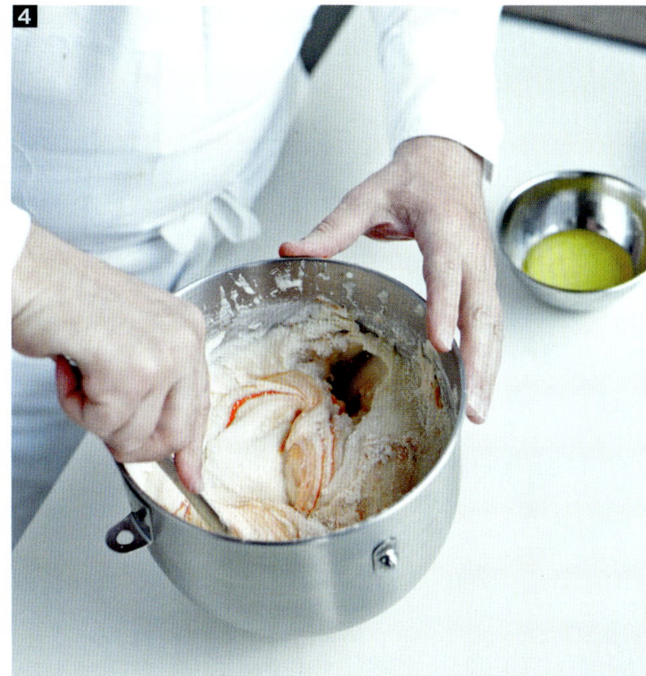

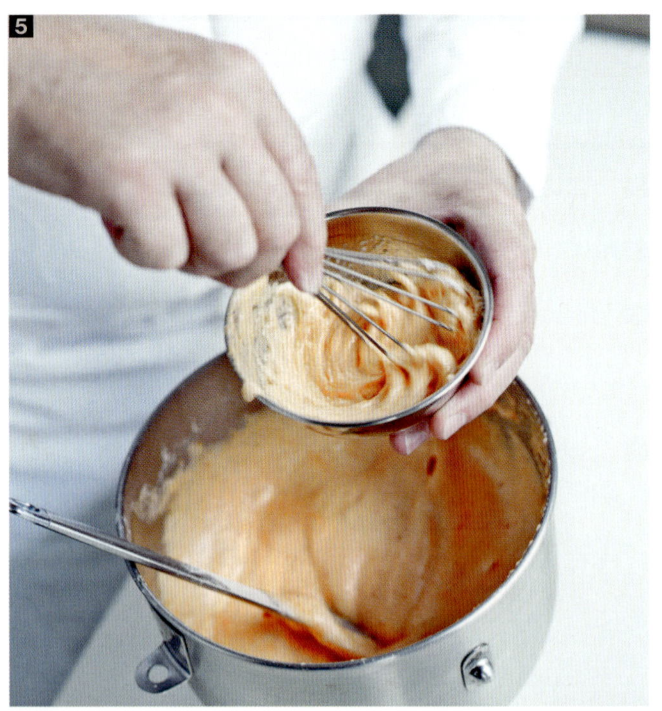

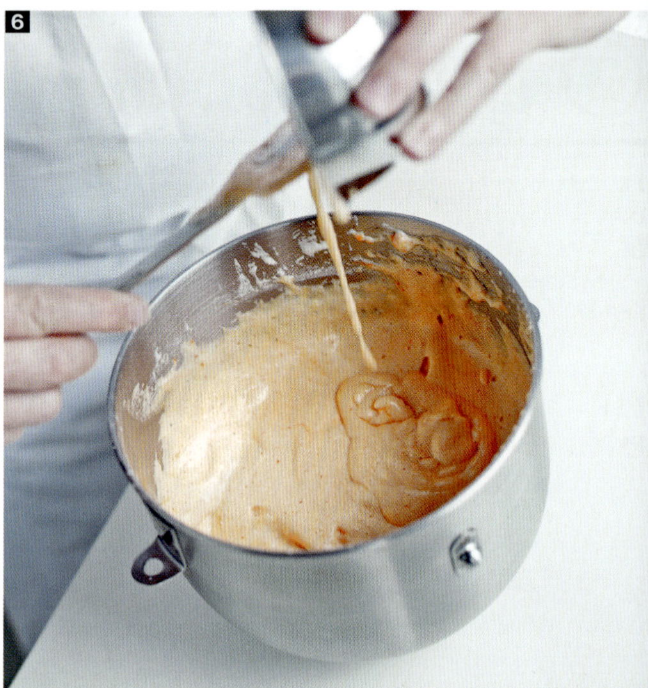

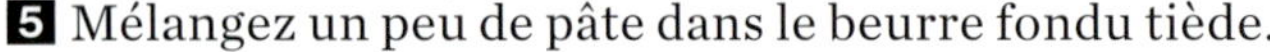

5 Mélangez un peu de pâte dans le beurre fondu tiède.

6 Reversez le tout dans la préparation. Mélangez légèrement.

7 Versez la génoise sur une plaque de 40 x 30 cm, recouverte de feuille Téflon® (le biscuit restera plus lisse).

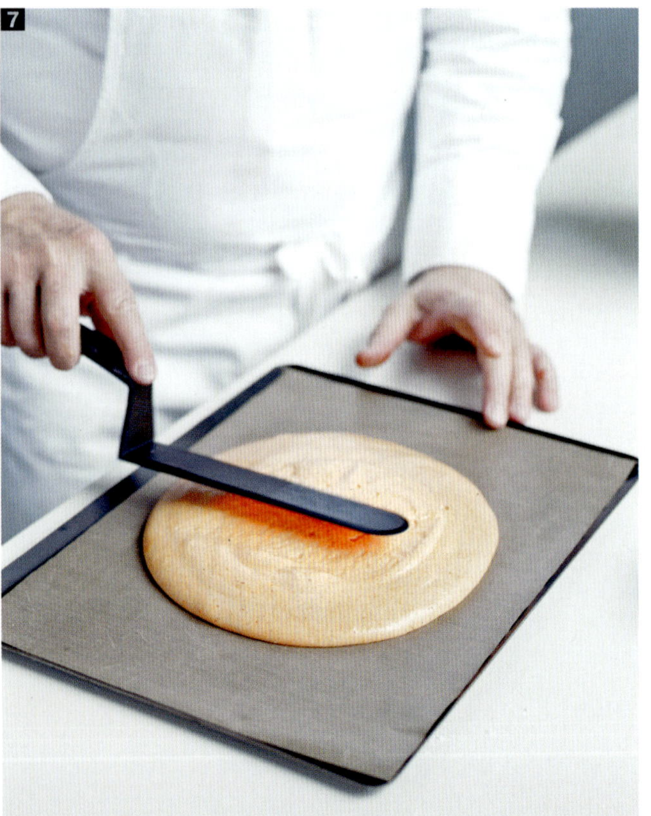

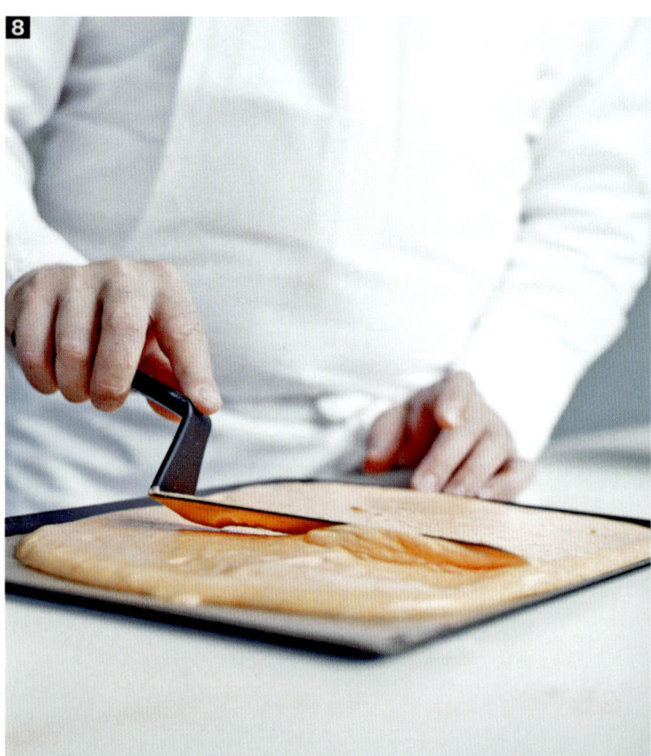

8 Étalez-la à l'aide d'une spatule coudée en allant jusqu'aux bords de la plaque. Enfournez pendant 10 à 15 minutes. Le biscuit ne doit pas perdre sa couleur orange.

Lorsque la génoise est cuite, laissez-la refroidir.
Retournez-la ensuite sur une feuille de papier sulfurisé. Saupoudrez légèrement de sucre semoule pour éviter que cela colle. Retournez-la de nouveau pour la remettre dans le bon sens.

③ LA CRÈME MASCARPONE

Faites infuser la gousse de vanille fendue et grattée dans le lait bouilli pendant 10 minutes. L'idéal est de laisser infuser pendant 1 heure.

1 Mettez la gélatine dans de l'eau très froide pendant 10 minutes Egouttez-la.

2 Faites-la fondre dans un bain-marie d'eau bouillante pendant 1 minute. Si la gélatine fige au moment de l'utilisation, réchauffez-la légèrement au bain-marie.

3 Enlevez la gousse de vanille. Versez le lait infusé tiède sur le sucre semoule et la Maizena® mélangés au fur et à mesure

4 Mélangez bien au fouet.

5 Reversez le tout dans une casserole.

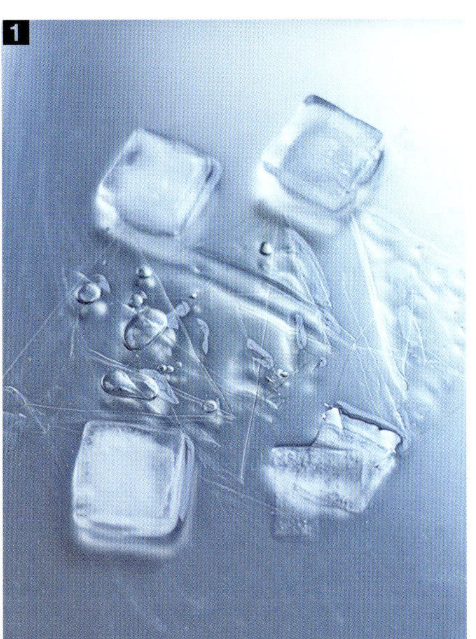

1

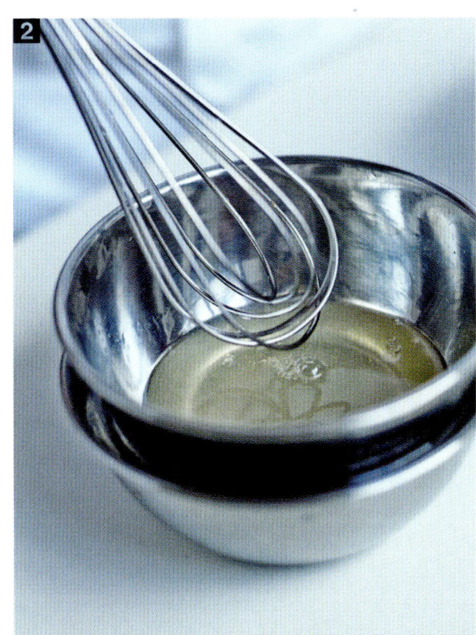

2

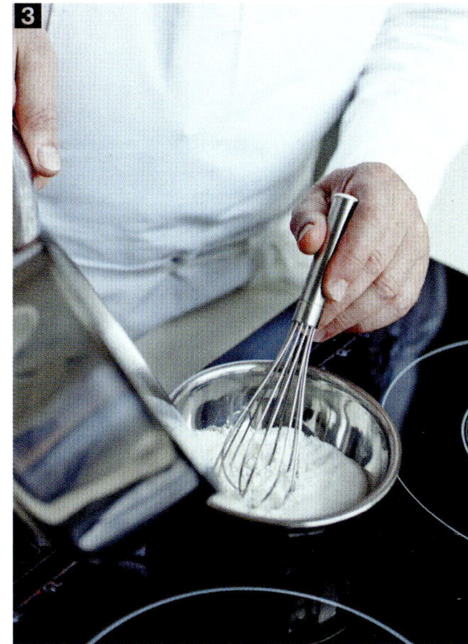

3

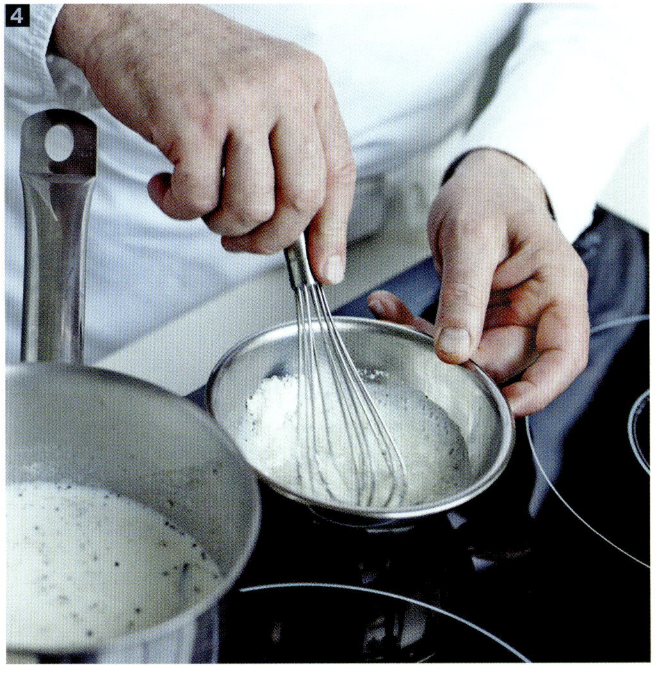

4

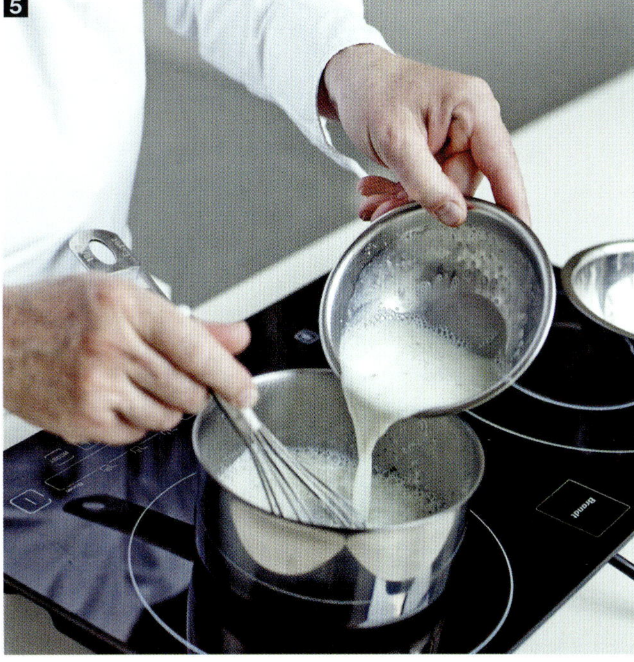

5

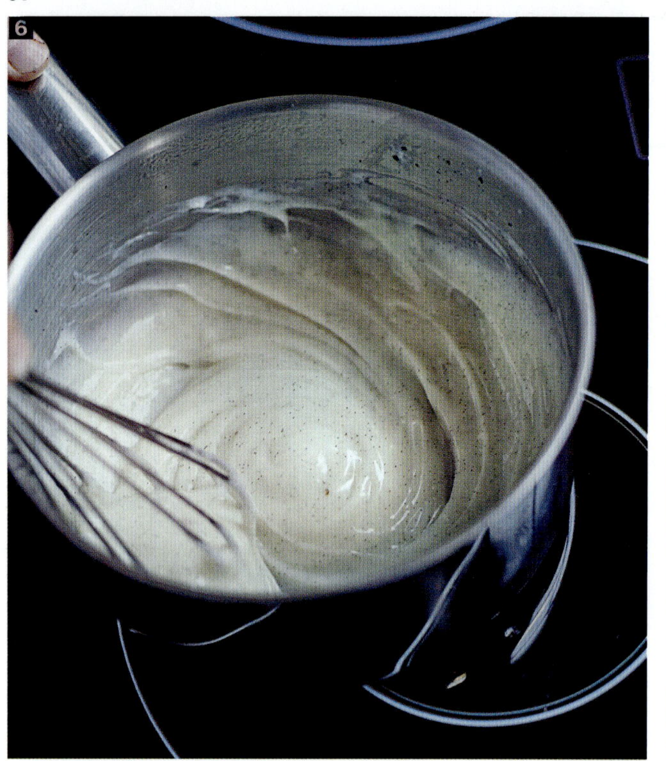

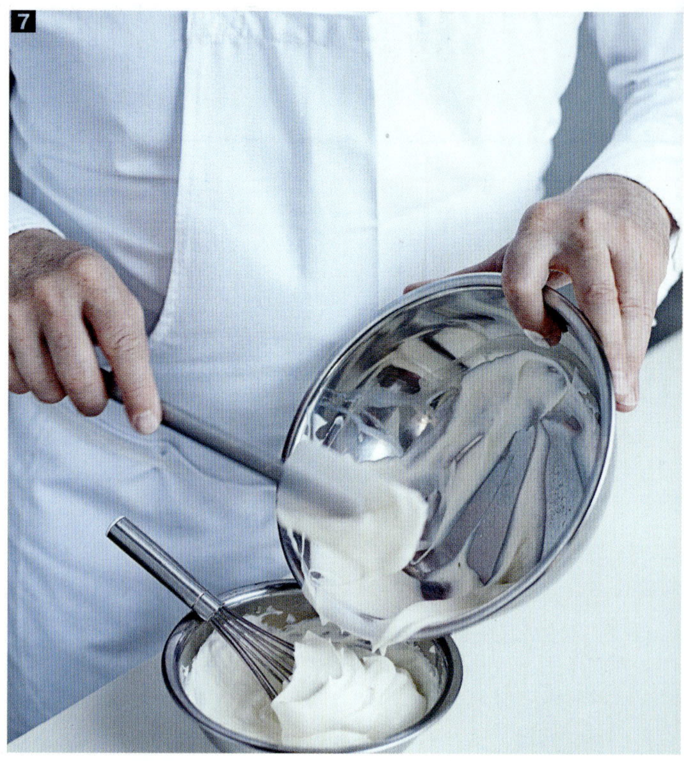

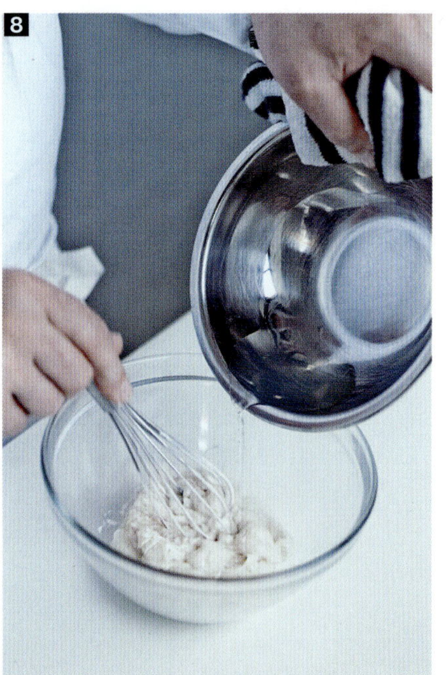

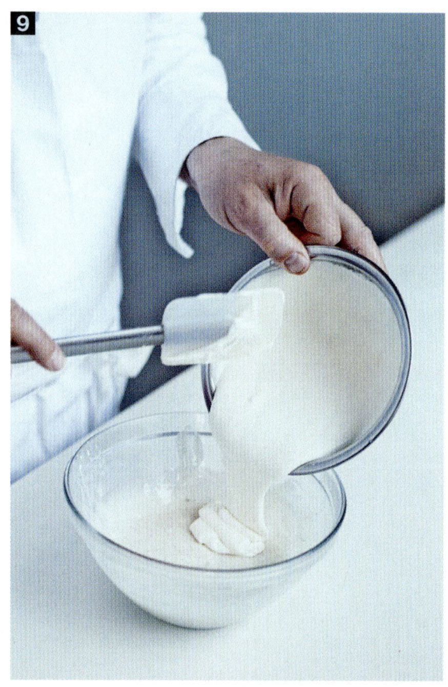

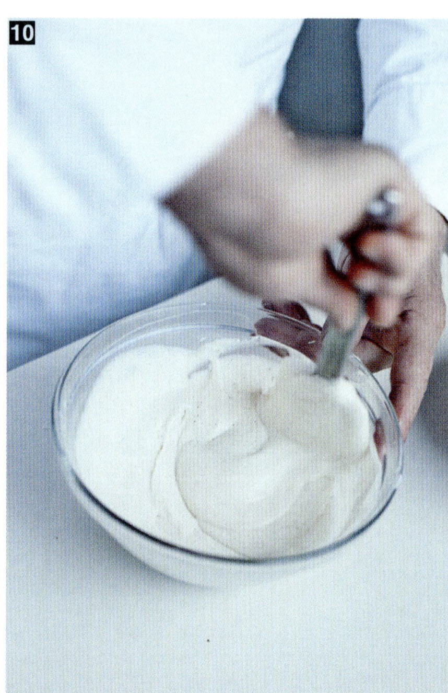

6 Faites cuire comme une crème pâtissière en donnant un bouillon tout en fouettant. Réservez et fouettez de temps en temps jusqu'à ce que la crème liée soit tiède.

7 Montez légèrement au fouet la crème liquide entière. Ensuite, ajoutez-la au mascarpone.

8 Ajoutez la gélatine essorée à la crème liée tiède.

9 Ajoutez une partie des crèmes battues à la crème liée tempérée. Mélangez puis ajoutez le reste.

10 Mélangez afin d'avoir une texture extrêmement lisse. Réservez à température ambiante.

④ LE CRAQUANT

1 Mélangez la pâte pralinée, réalisée selon la recette page 72 et le chocolat blanc fondu.

2 Ajoutez les gavottes broyées.

3 Mélangez à l'aide d'une Maryse. Déposez le craquant sur une feuille de papier sulfurisé.

4 Posez sur le craquant une deuxième feuille de papier sulfurisé. Étalez-le au rouleau sur 4 mm d'épaisseur. Mettez au congélateur pendant 30 minutes.

5 Sortez le craquant du congélateur. Enlevez la première feuille de papier sulfurisé, retournez le craquant et enlevez la deuxième feuille. Détaillez des cercles de 4 cm de diamètre à l'aide d'un emporte-pièce.

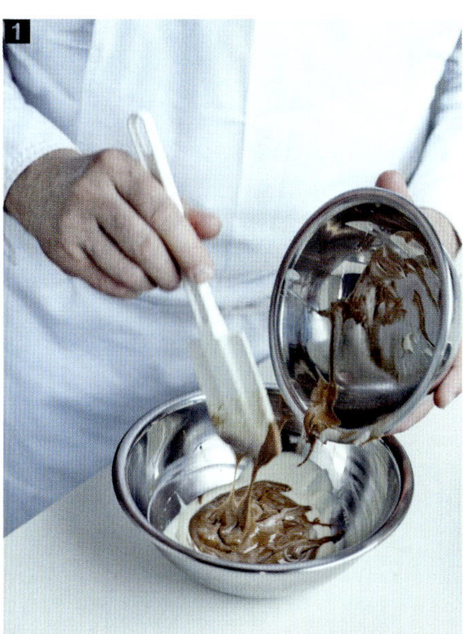
1

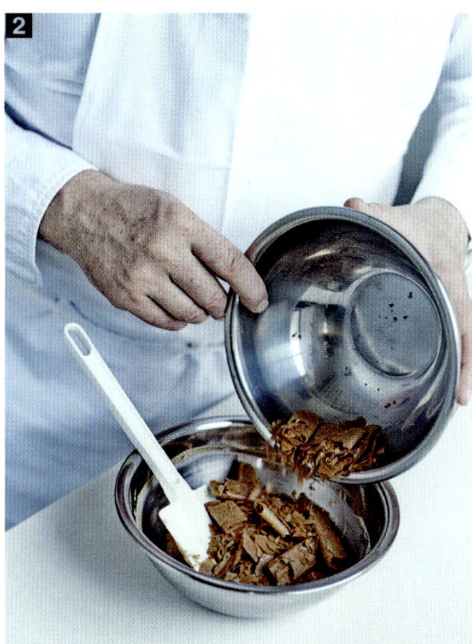
2

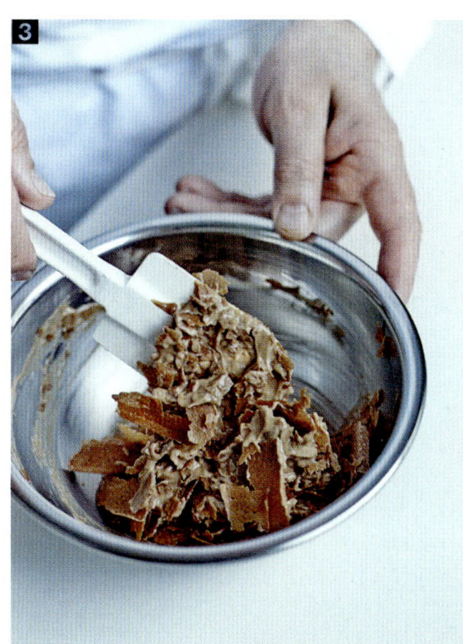
3

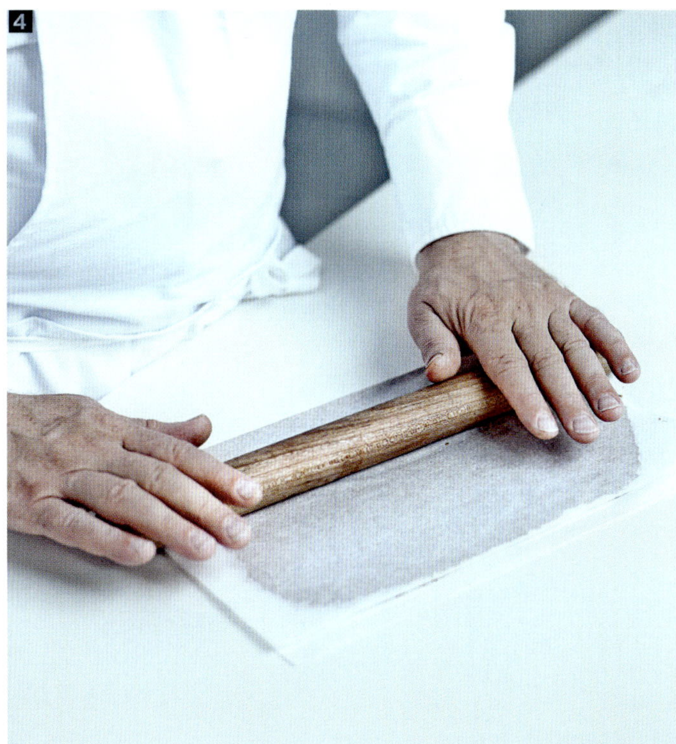
4

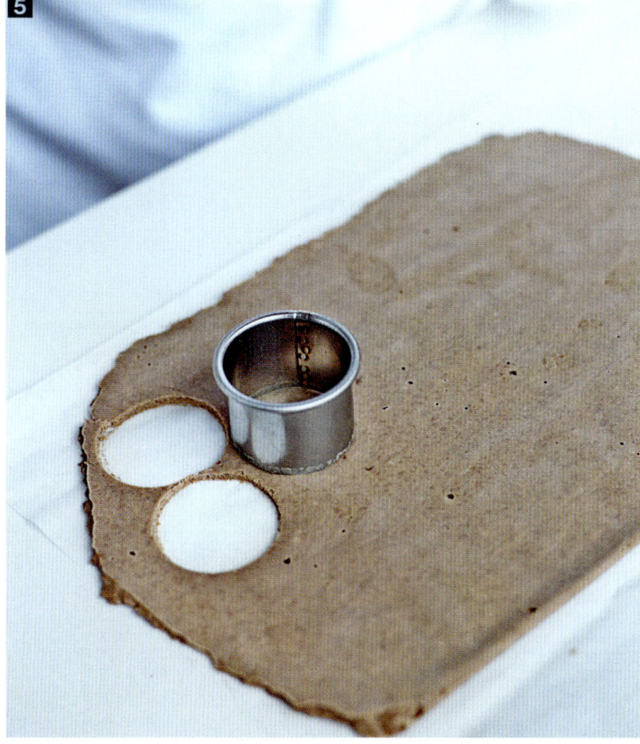
5

⑤ LE MONTAGE

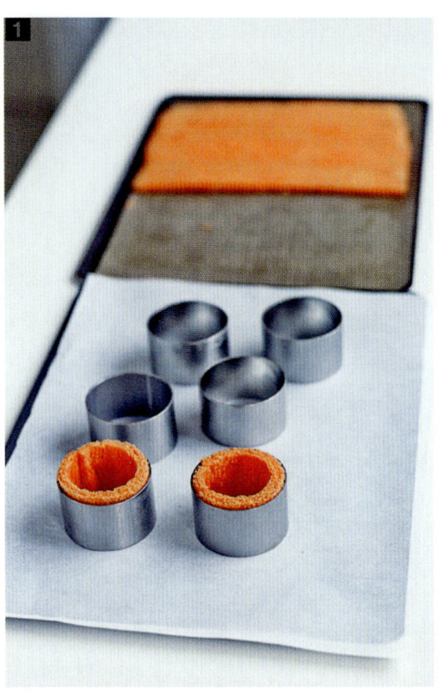
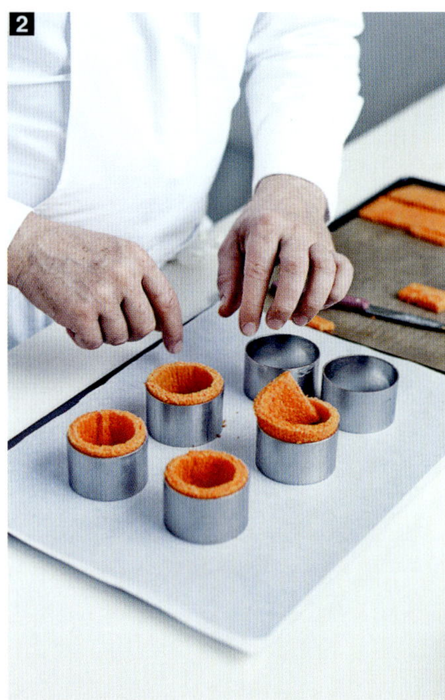
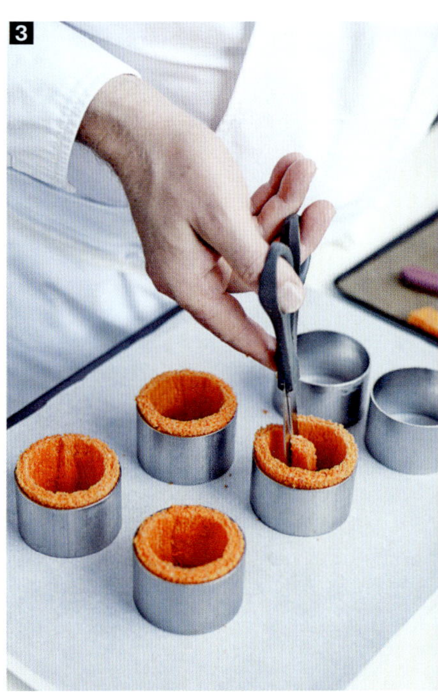

1 Détaillez des bandes de génoise orange de 4 cm de hauteur et du périmètre du cercle. Placez-les dans les cercles déposés sur une plaque recouverte de papier sulfurisé. Réservez les chutes pour la finition.

2 Voici comment installer les bandes de génoise.

3 Vous pouvez ajuster la découpe avec une paire de ciseaux.

4 Voici le résultat.

5 Sortez les palets du congélateur.

6 Mettez-les dans un plat.

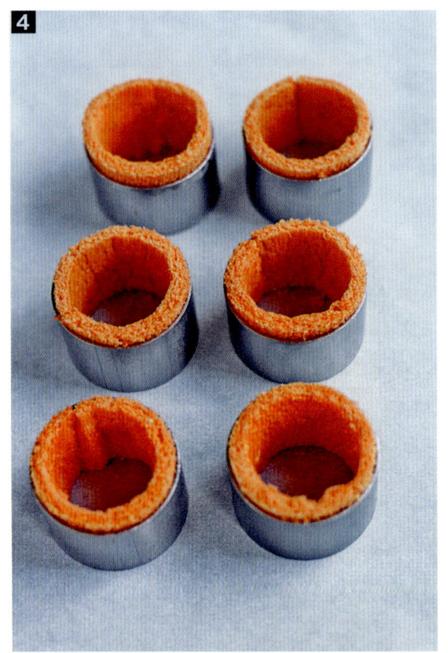
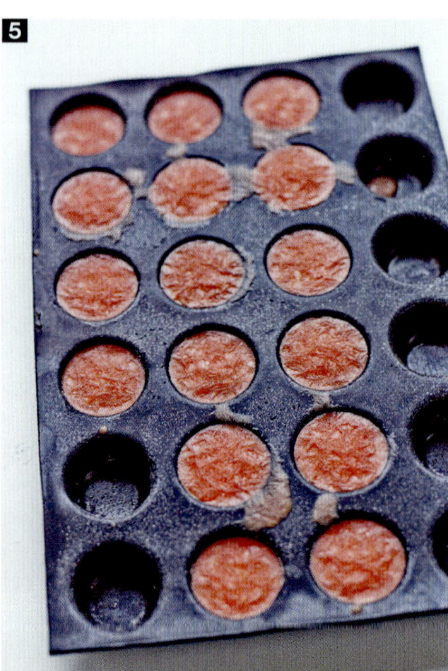
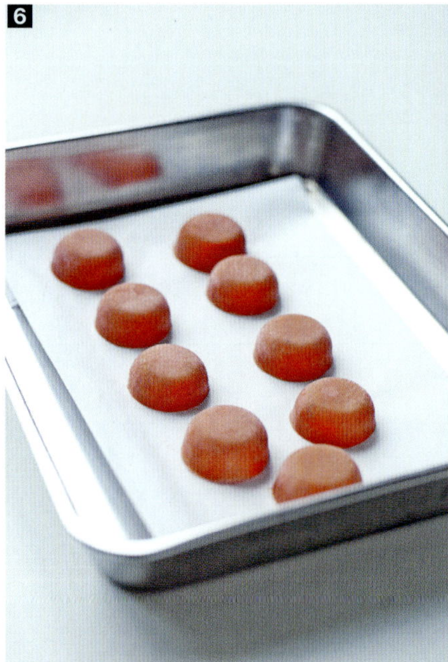

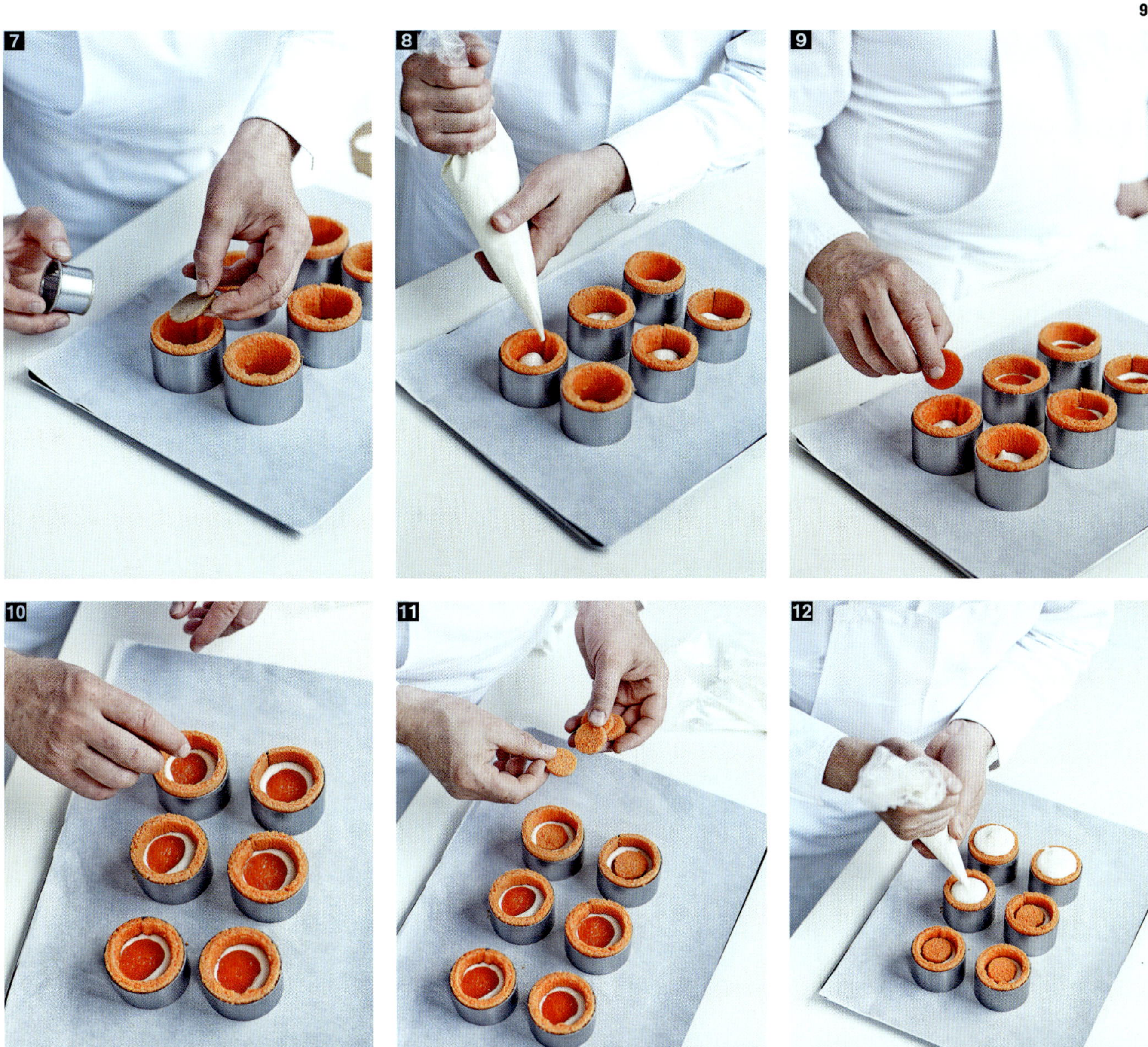

7 Posez un disque de craquant au fond de chaque cercle.

8 Pochez la crème mascarpone dans les cercles.

9 Posez les palets.

10 Appuyez légèrement.

11 Ajoutez un disque de génoise de la même taille que les palets.

12 Pochez de nouveau un peu de crème mascarpone. Placez-les 1 heure minimum au congélateur.

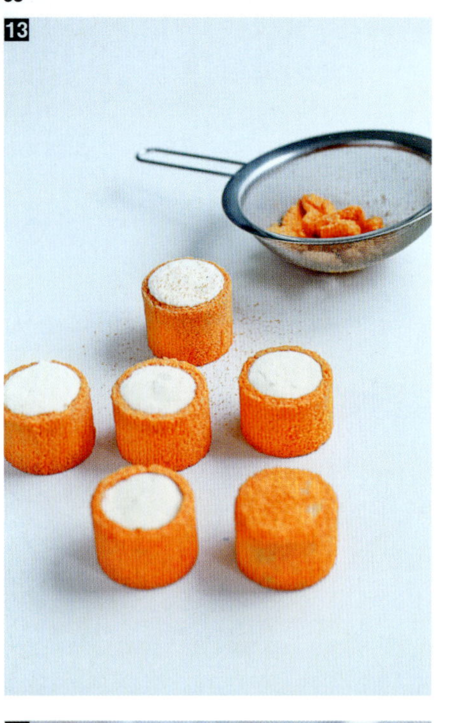

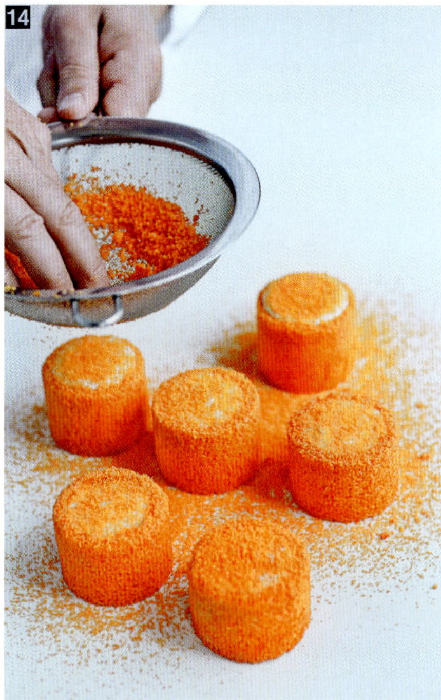

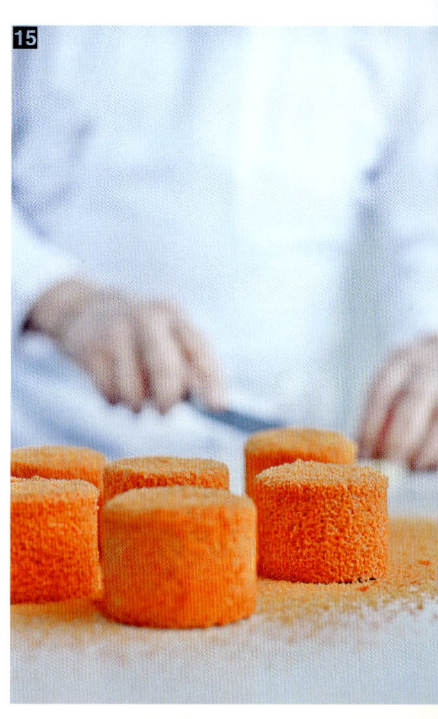

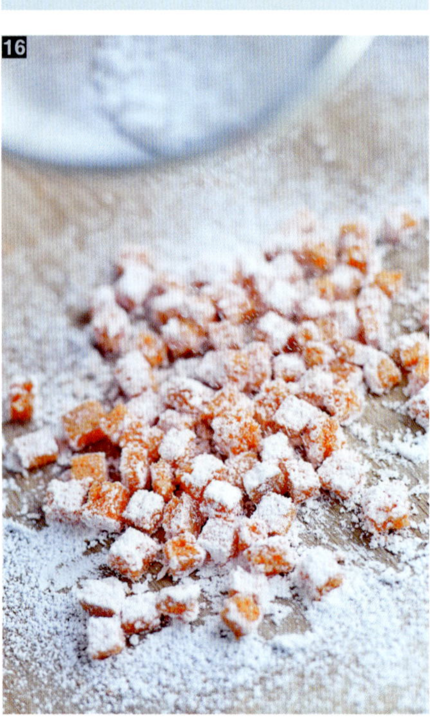

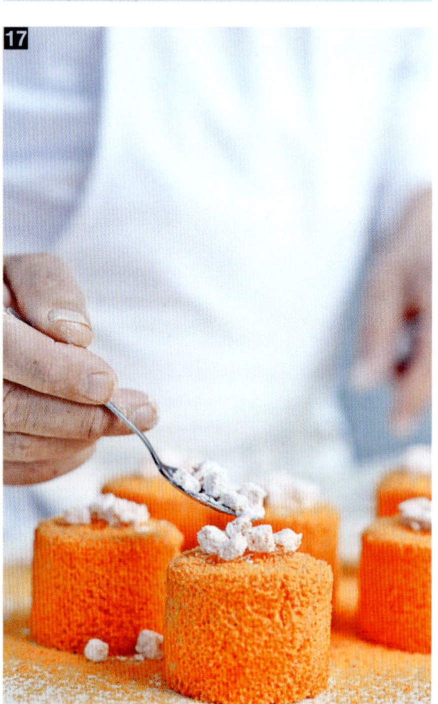

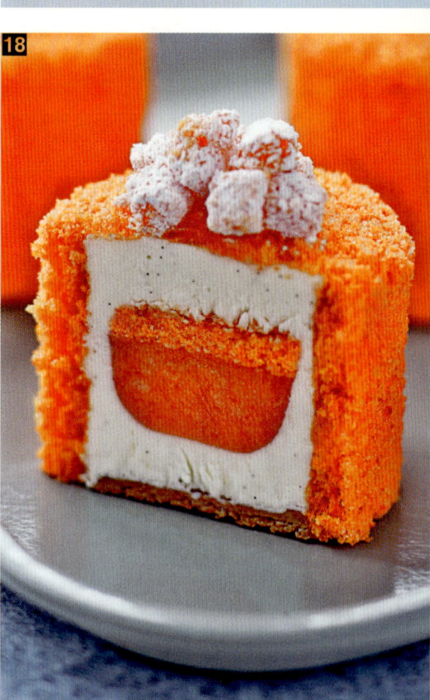

13 Sortez les gâteaux du congélateur. Pour les démouler, roulez-les entre vos mains ou chauffez-les à l'aide d'un petit chalumeau. Laissez au réfrigérateur pour éviter la condensation pendant 30 minutes.

14 Frottez les chutes de génoise orange à travers un tamis pour obtenir une poudre bien fine. Réservez un carré de génoise pour réaliser les cubes. Et saupoudrez directement la poudre sur les charlottes.

15 Voici le résultat.

16 Découpez de petits cubes de génoise orange. Tamisez dessus du sucre spécial décor.

17 Déposez une petite cuillerée à café de cubes de génoise enrobés de sucre sur chaque gâteau.

18 Voici l'intérieur du gâteau.

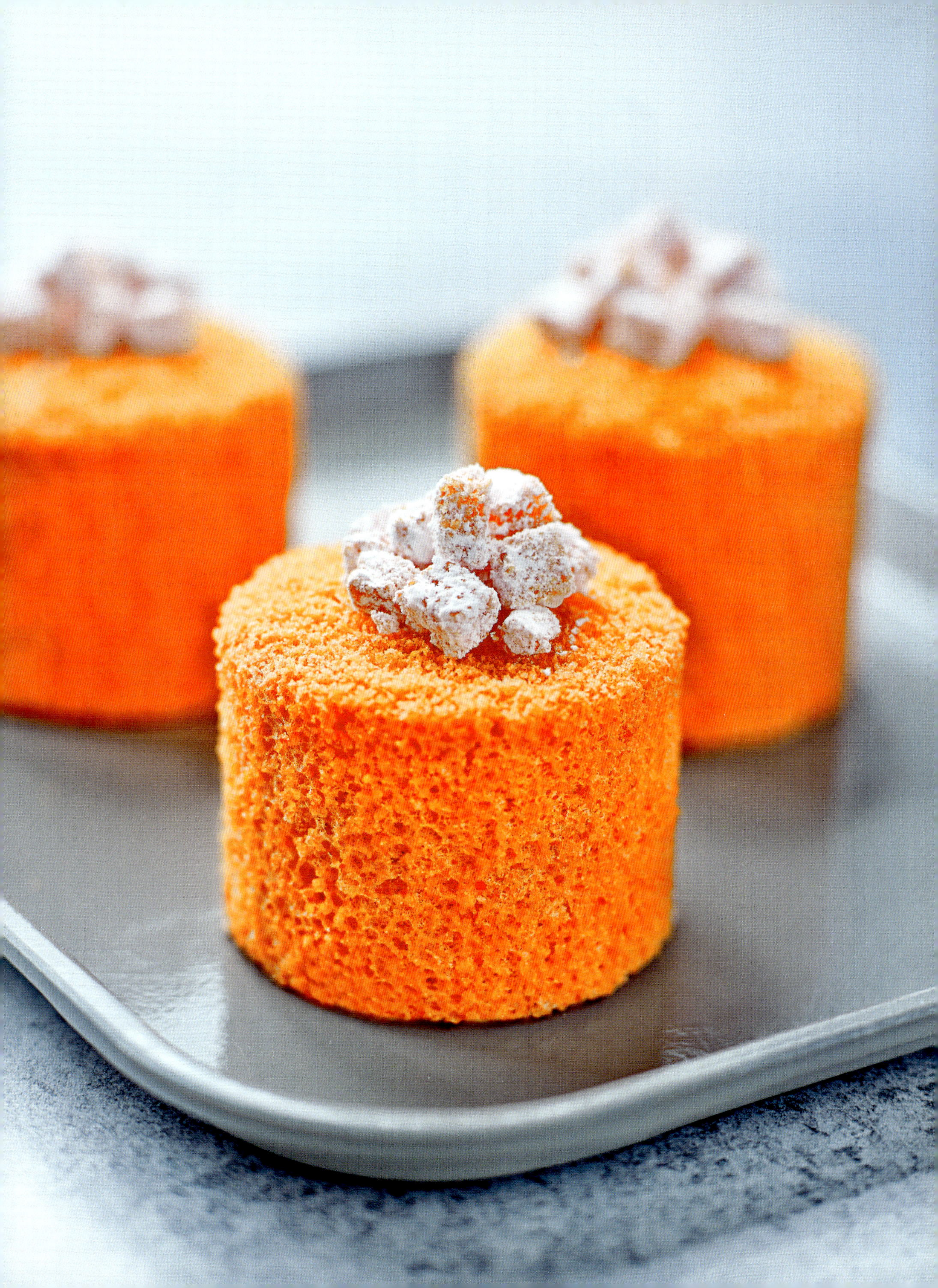

CHOUX SÉDUCTION

TEMPS DE PRÉPARATION
1 HEURE

TEMPS DE CUISSON
30 MINUTES

CONSEIL : vous pouvez ajouter dans la crème pâtissière à l'orange 1 goutte d'huile essentielle à l'orange. Utilisez de préférence des oranges navelate, excellentes en goût.

① LE CRUMBLE CHOU

② LES CHOUX

③ LA CRÈME PÂTISSIÈRE À L'ORANGE

④ LE GLAÇAGE FONDANT

⑤ LE MONTAGE

INGRÉDIENTS POUR UNE DOUZAINE DE CHOUX

① LE CRUMBLE CHOU
(VOIR LA RECETTE PAGE 22)

50 G DE BEURRE

60 G DE CASSONADE BLONDE

60 G DE FARINE T45

QUELQUES GOUTTES DE COLORANTS JAUNE ET ROUGE

② LES CHOUX

400 G DE PÂTE À CHOUX (VOIR LA RECETTE PAGE 58)

③ LA CRÈME PÂTISSIÈRE À L'ORANGE

2 G DE GÉLATINE EN FEUILLE

ZESTES D'UNE ORANGE

4 JAUNES D'ŒUFS

80 G DE SUCRE SEMOULE

30 G DE MAÏZENA®

40 CL DE LAIT ENTIER

20 G DE BEURRE

QUELQUES GOUTTES D'HUILE ESSENTIELLE D'ORANGE (FACULTATIF)

④ LE GLAÇAGE FONDANT

250 G DE FONDANT BLANC PÂTISSIER

30 À 50 G D'EAU (SELON LE FONDANT)

QUELQUES GOUTTES DE COLORANTS JAUNE ET ROUGE

⑤ LE MONTAGE

QUELQUES FEUILLES D'OR (VOIR CARNET D'ADRESSES PAGE 242)

1 EMPORTE-PIÈCE DE 5 CM DE DIAMÈTRE

1 POCHE À DOUILLE

1 DOUILLE LISSE DE 5 MM

1 DOUILLE LISSE DE 3 MM POUR LE GLAÇAGE OU 1 PETIT CORNET EN PAPIER

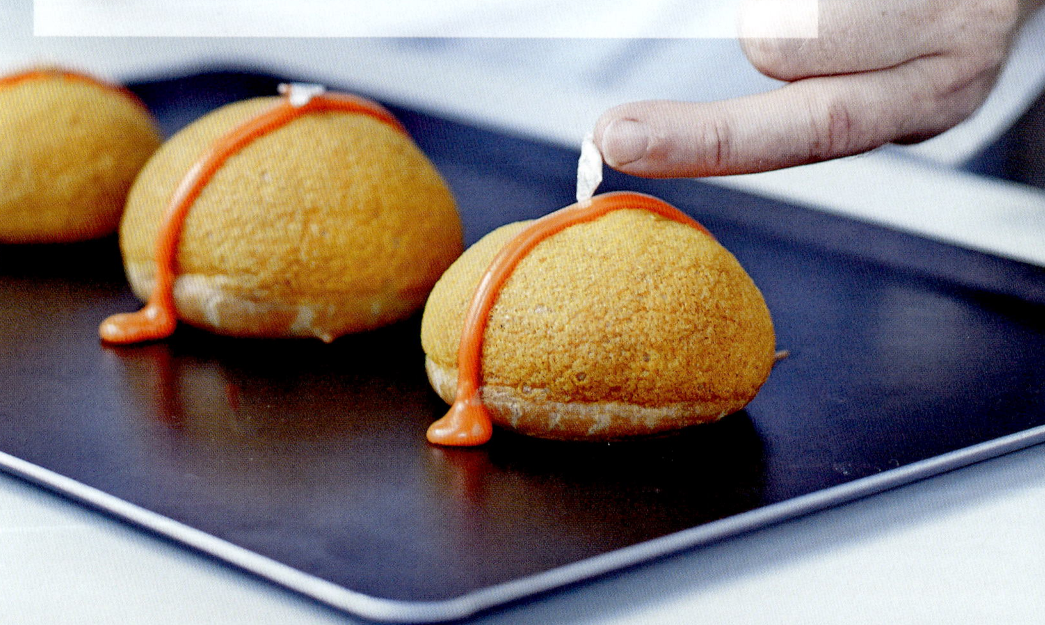

① LE CRUMBLE CHOU

PRÉPAREZ LE CRUMBLE CHOU SELON LA RECETTE **PAGE 22**

② LES CHOUX

RÉALISEZ LA RECETTE DE LA PÂTE À CHOUX SELON LA RECETTE **PAGE 58**

Pochez des choux de 5 à 6 cm de diamètre.

1 Détaillez des ronds de 5 cm de crumble chou.

2 Déposez les ronds de crumble chou sur les choux pochés.

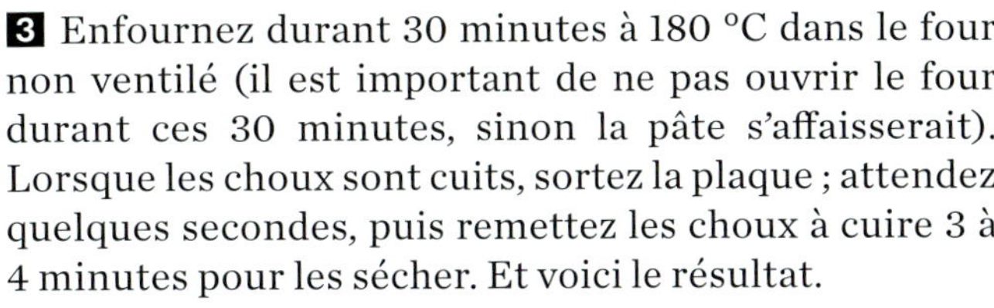

3 Enfournez durant 30 minutes à 180 °C dans le four non ventilé (il est important de ne pas ouvrir le four durant ces 30 minutes, sinon la pâte s'affaisserait). Lorsque les choux sont cuits, sortez la plaque ; attendez quelques secondes, puis remettez les choux à cuire 3 à 4 minutes pour les sécher. Et voici le résultat.

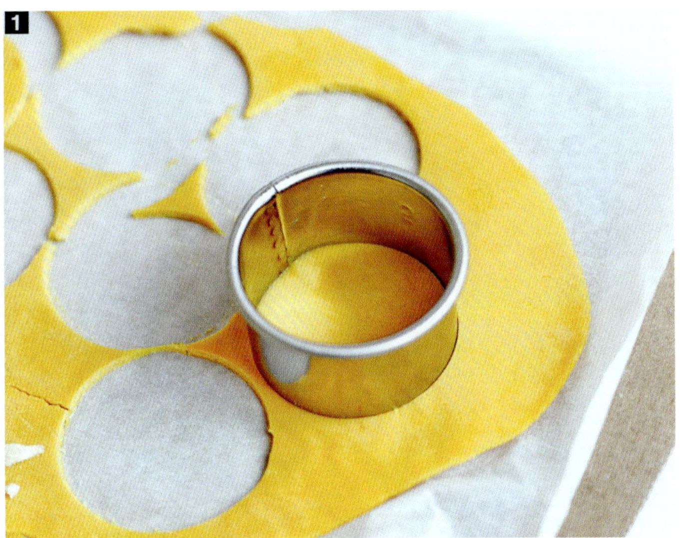

1

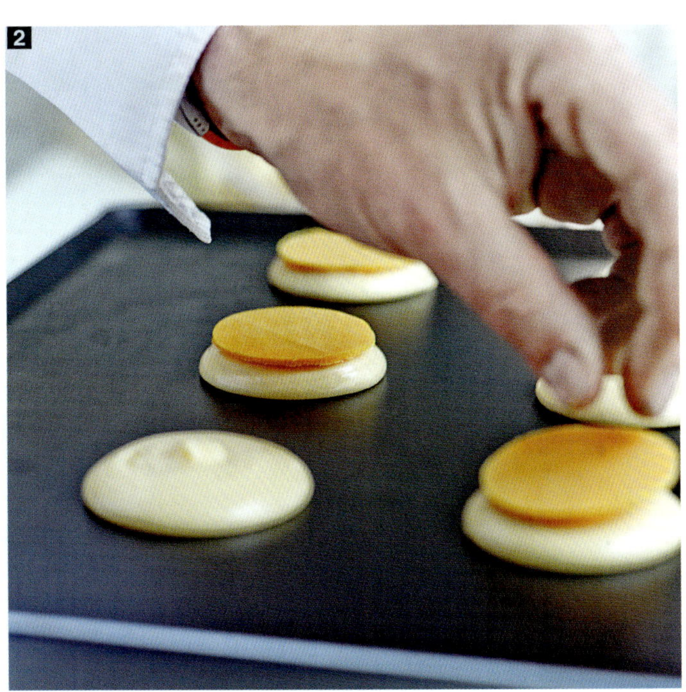

2

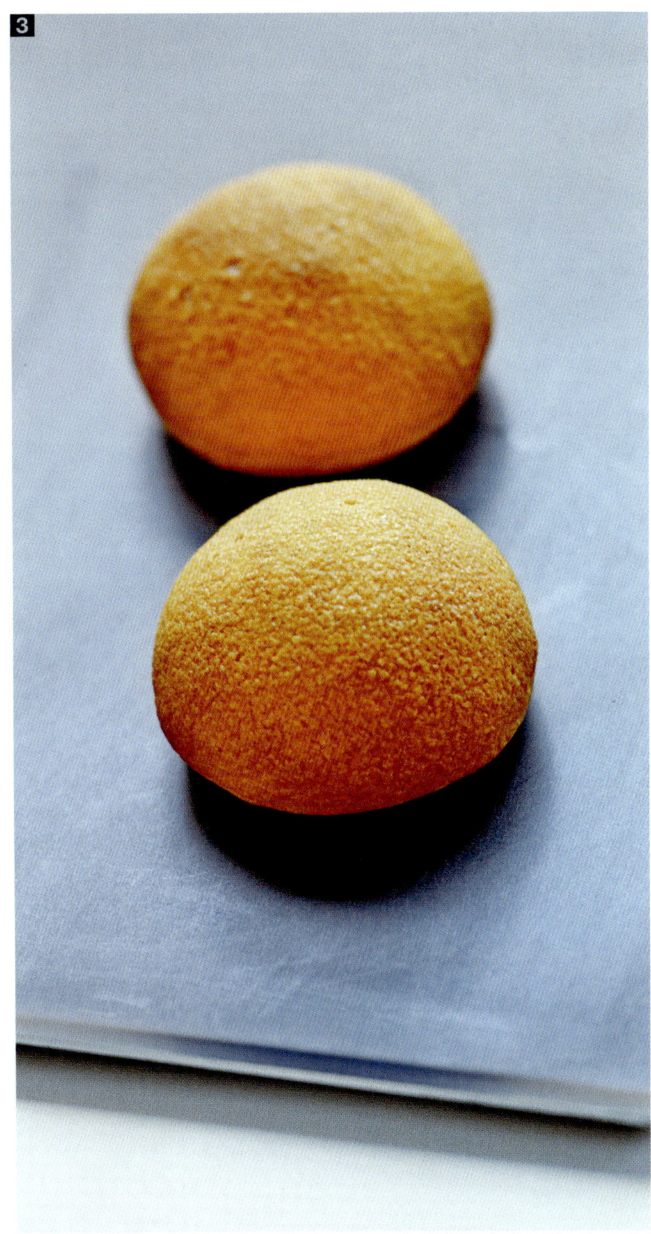

3

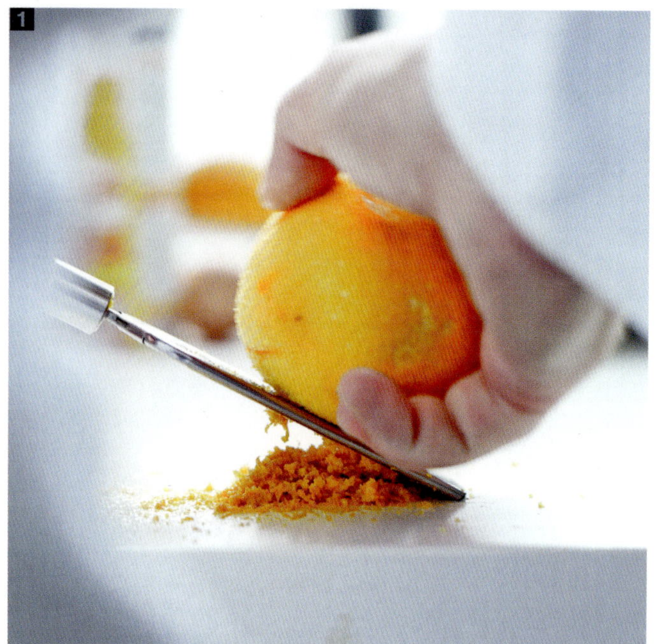

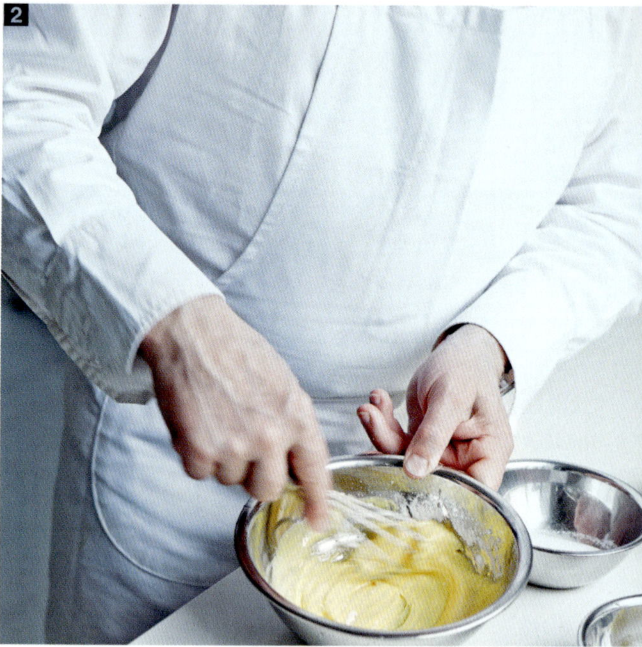

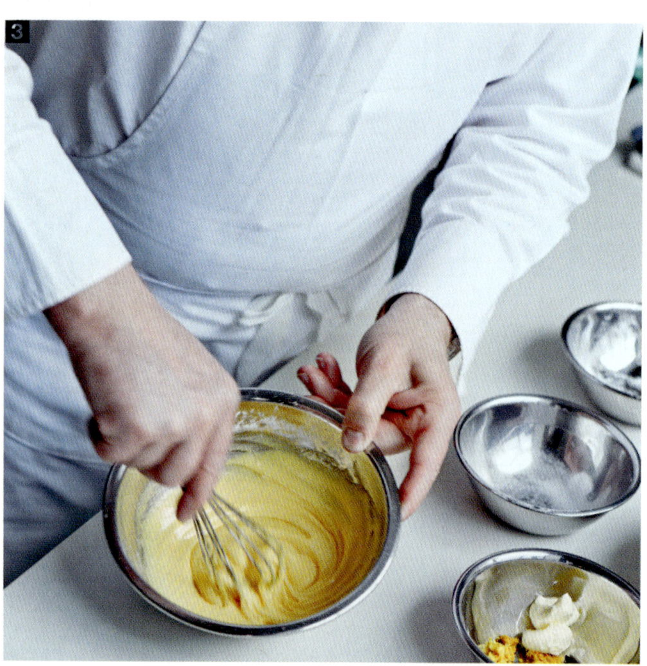

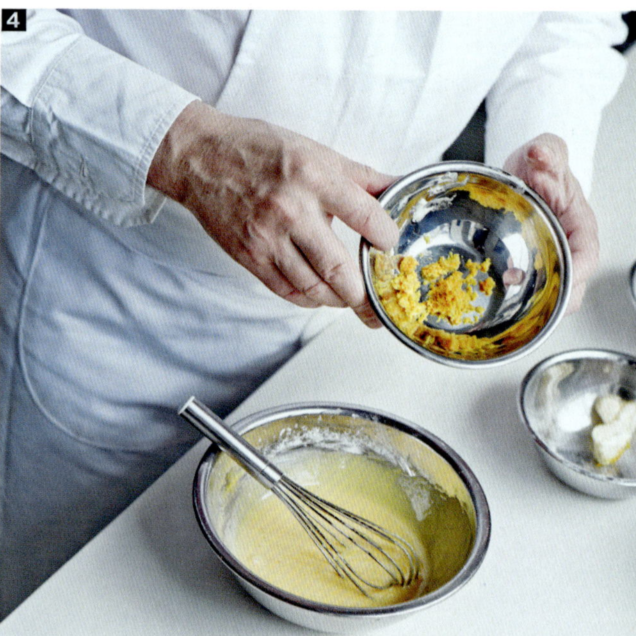

③ LA CRÈME PÂTISSIÈRE À L'ORANGE

Mettez la gélatine dans de l'eau froide.

1 Zestez l'orange.

2 Versez les jaunes d'œufs dans un récipient avec le sucre et la Maïzena®.

3 Fouettez vivement, mais sans faire blanchir. Mettez à chauffer sur feu moyen le lait.

4 Ajoutez les zestes râpés finement dans le mélange œufs, sucre et Maïzena®.

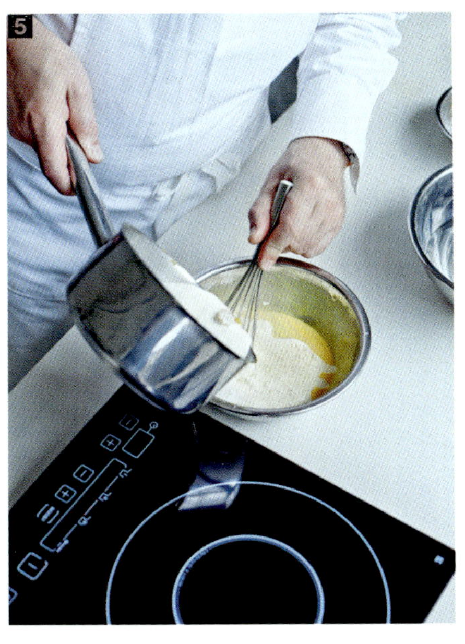

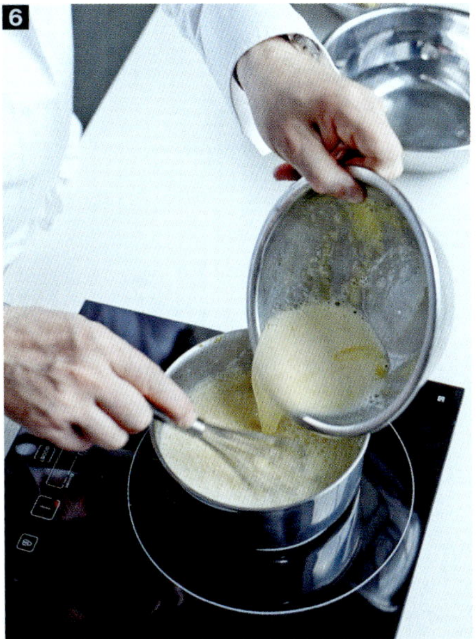

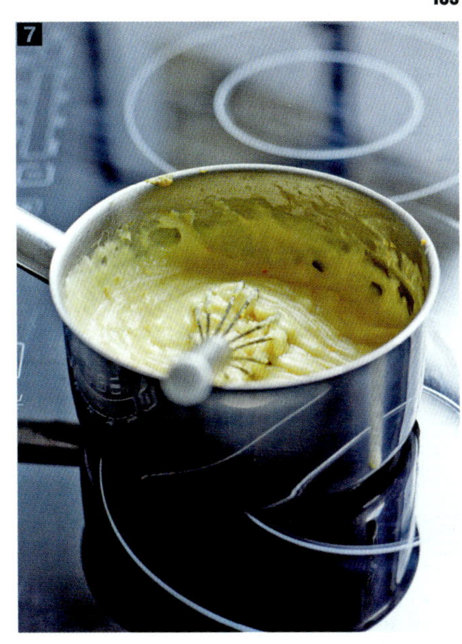

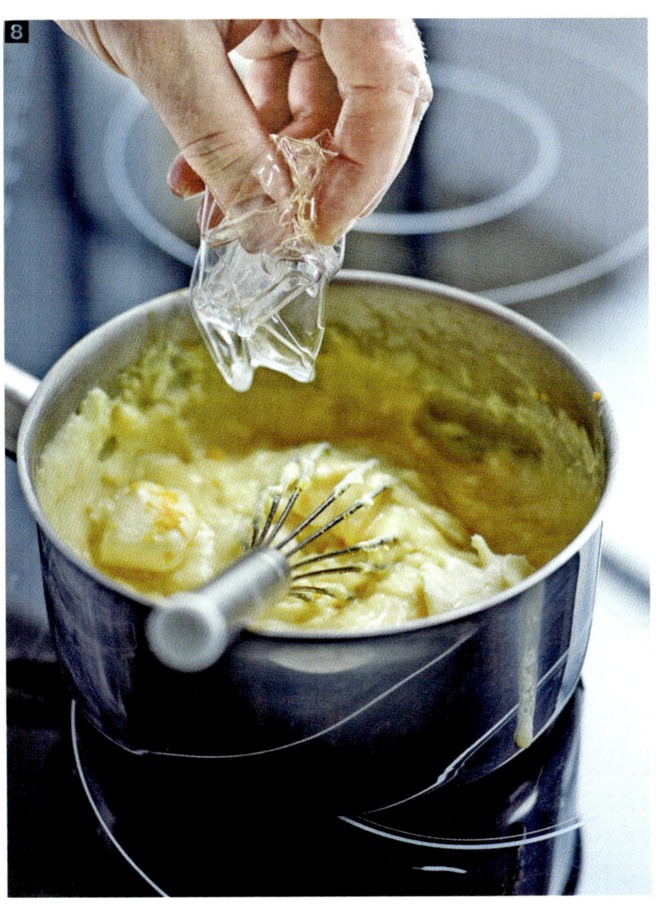

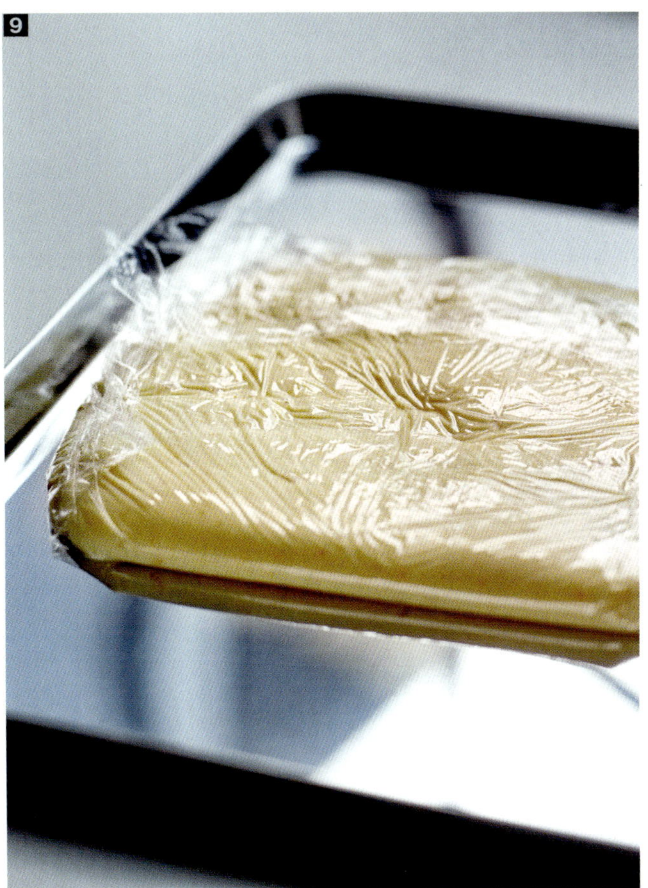

5 Incorporez-y un tiers du lait chaud et fouettez bien.

6 Reversez le tout dans la casserole et faites cuire à puissance minimale tout en fouettant vivement.

7 Dès que la crème épaissit, retirez la casserole du feu.

8 Ajoutez le beurre, la gélatine essorée et fouettez vivement.

9 Versez la crème pâtissière sur un film alimentaire, enveloppez-la complètement afin qu'elle ne sèche pas. Mettez-la à refroidir durant 1 heure au réfrigérateur.

④ LE GLAÇAGE FONDANT

Faites chauffer le fondant blanc pâtissier avec la moitié d'eau sur feu moyen à 30 à 35 °C. Si le fondant est trop épais, ajoutez un peu d'eau.

1 Incorporez les colorants alimentaires. Mélangez.

2 Voici le résultat.

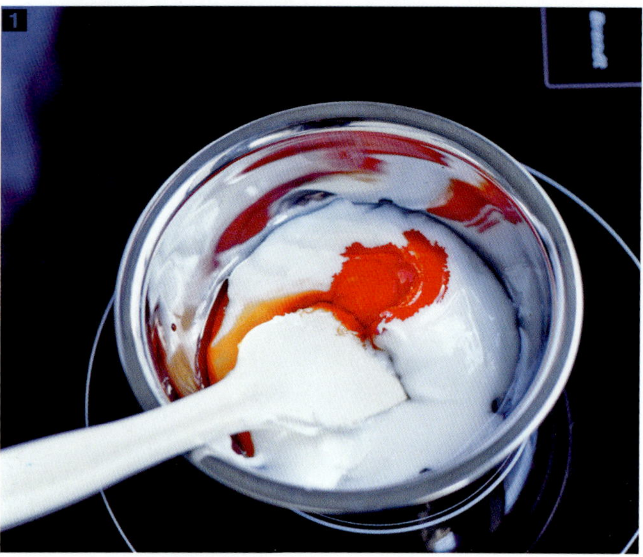

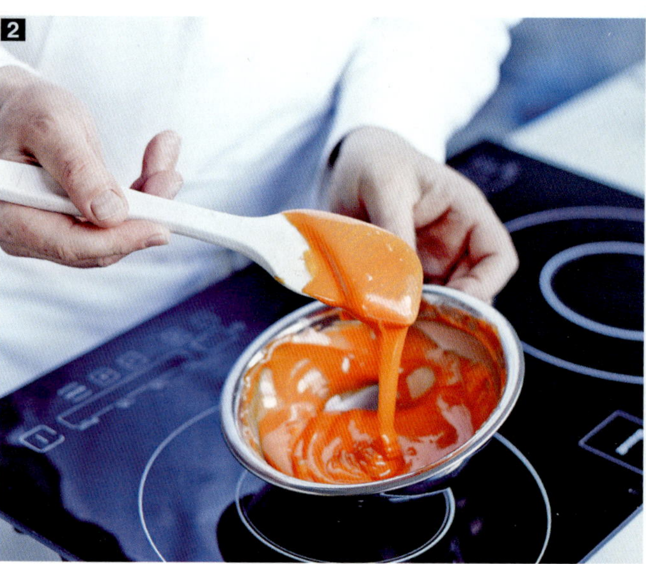

⑤ LE MONTAGE

Enlevez le film qui enveloppe la crème pâtissière. Versez-la dans un récipient, et fouettez-la vivement afin de la ramollir.

1 Percez les choux en dessous avec une poche à douille munie d'une douille lisse et fine et pochez la crème pâtissière à l'intérieur.

2 Puis remplissez une poche avec une petite douille et recouvrez le milieu de chaque chou d'une fine bande de glaçage fondant. Ajoutez un peu de feuille d'or.

Laissez figer avant de déguster !

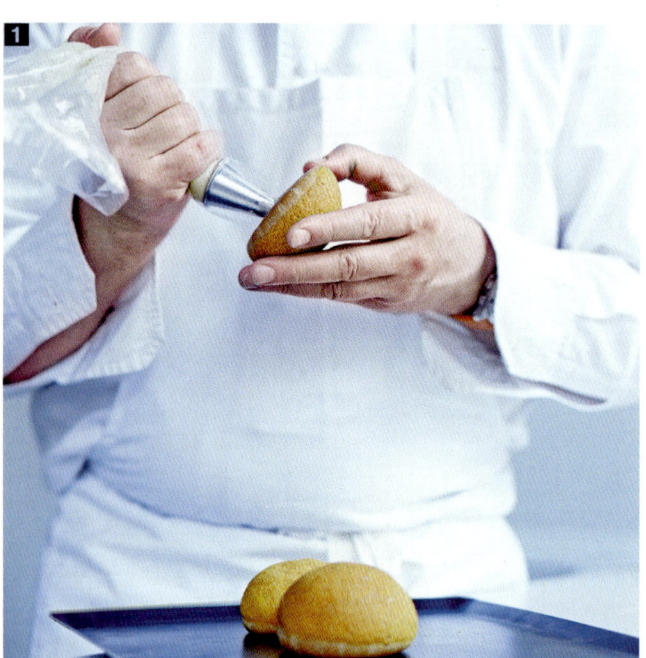

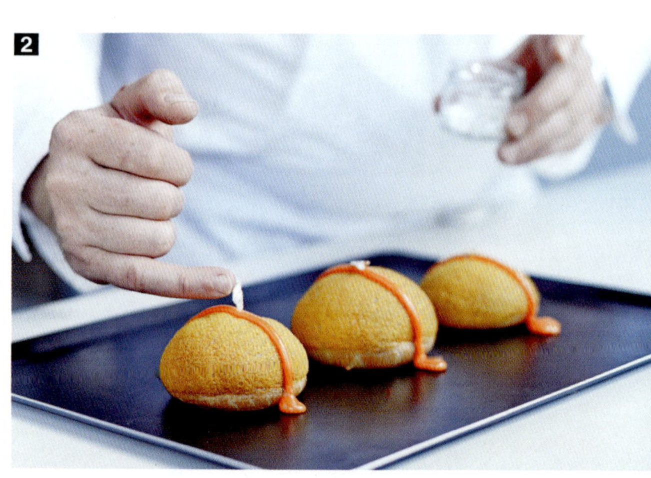

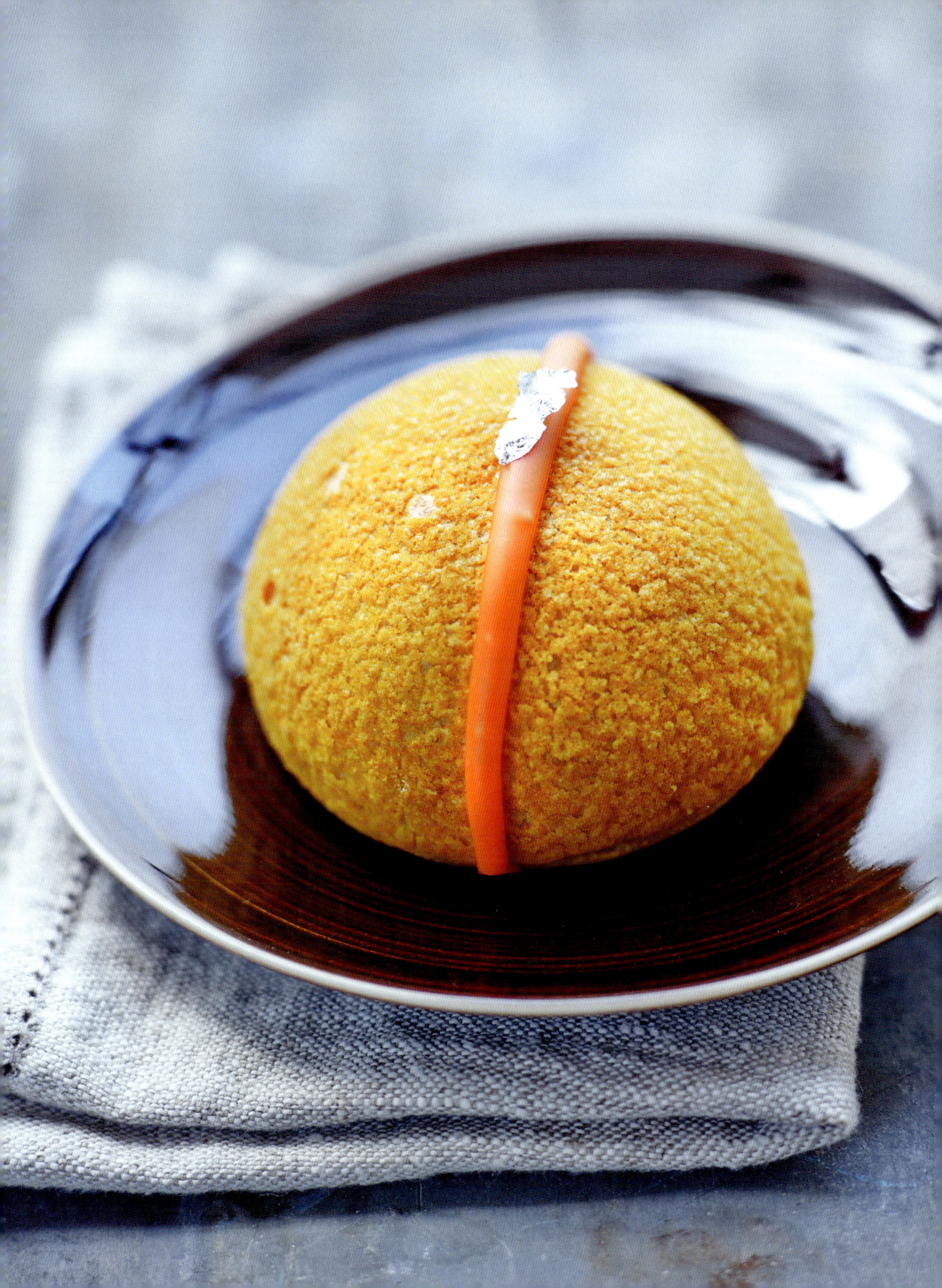

ÉCLAIR CARAMEL

INGRÉDIENTS POUR
10 ÉCLAIRS
DE 14 CM DE LONGUEUR

① LE CRUMBLE ÉCLAIR

VOIR LA RECETTE DU CRUMBLE CHOU PAGE 22

② LES ÉCLAIRS

500 G DE PÂTE À CHOUX (VOIR LA RECETTE PAGE 58)

③ LE CARAMEL ÉCLAIR

200 G DE SUCRE SEMOULE

100 G DE CRÈME LIQUIDE ENTIÈRE

④ LA CRÈME PÂTISSIÈRE CARAMEL

3 JAUNES D'ŒUFS

30 G DE SUCRE SEMOULE

40 G DE MAÏZENA®

45 CL DE LAIT ENTIER

1 GOUSSE DE VANILLE

225 G DE CARAMEL ÉCLAIR RÉALISÉ CI-DESSUS

⑤ LE MONTAGE

200 G DE SUCRE SEMOULE

1 GOUTTE DE JUS DE CITRON

1 PINCÉE DE FLEUR DE SEL

1 POCHE À DOUILLE

1 DOUILLE LISSE DE 4 MM

TEMPS DE PRÉPARATION
1 HEURE

TEMPS DE CUISSON
25 À 30 MINUTES

Si vous préparez vos éclairs à l'avance, le décor avec les gouttes de caramel devra se faire au dernier moment, juste avant la dégustation.

① LE CRUMBLE ÉCLAIR

② LES ÉCLAIRS

③ LE CARAMEL ÉCLAIR

④ LA CRÈME PÂTISSIÈRE CARAMEL

⑤ LE MONTAGE

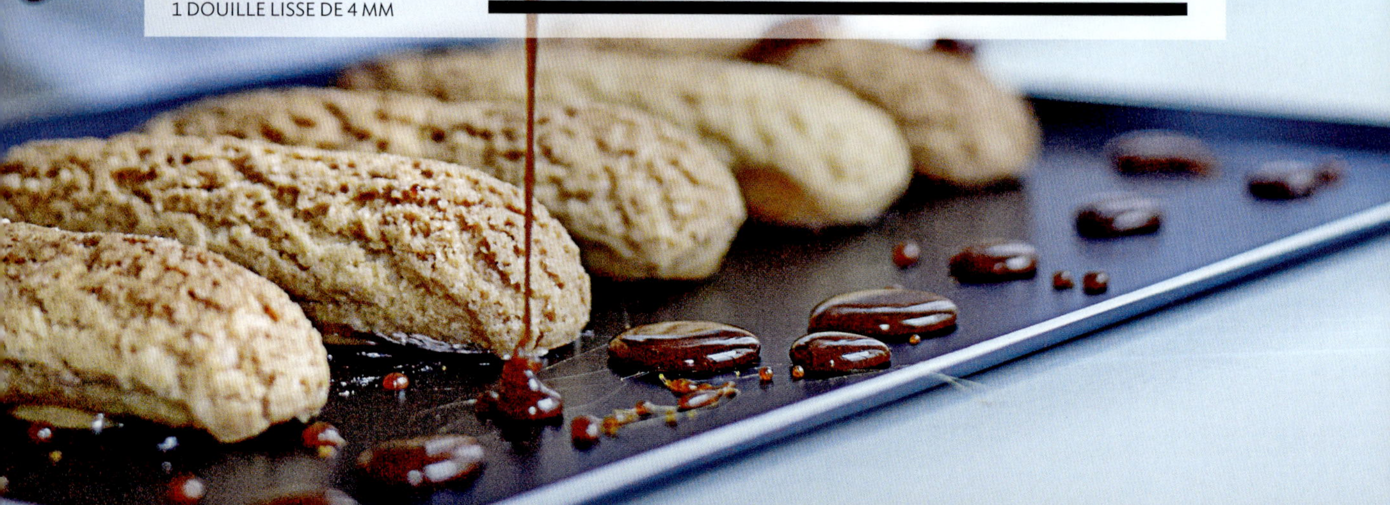

① LE CRUMBLE ÉCLAIR

PRÉPAREZ SELON LA RECETTE PAGE 22

② LES ÉCLAIRS

PRÉPAREZ SELON LA RECETTE PAGE 58

1 Dressez des éclairs de 14 cm de longueur sur la plaque.

2 Ajoutez le crumble chou sur la pâte à choux pochée sur plaque avant la cuisson.

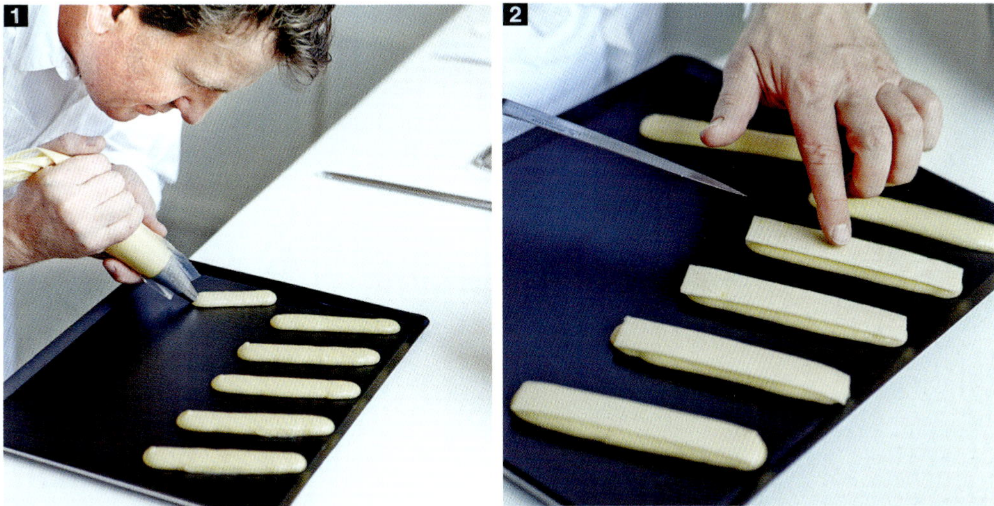

③ LE CARAMEL ÉCLAIR

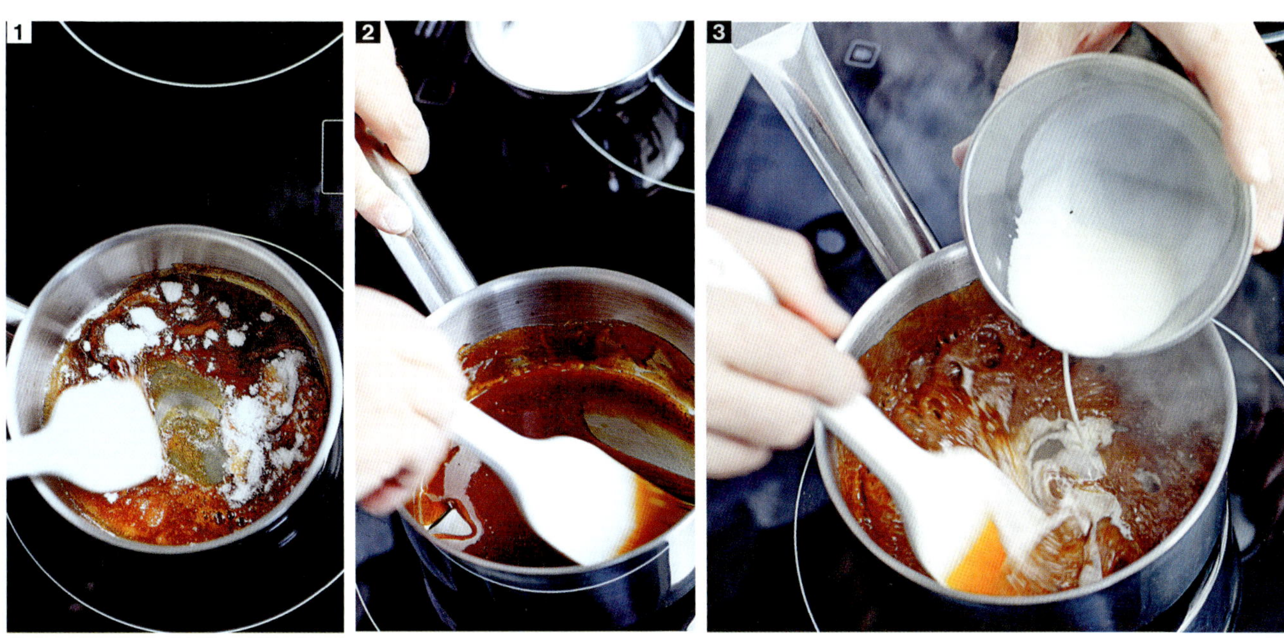

1 Dans une casserole à fond épais, faites fondre le sucre à sec à puissance moyenne jusqu'à bonne coloration.

2 Voici la couleur du sucre fondu.

3 Mettez à tiédir la crème liquide quelques secondes au four à micro-ondes ou dans une petite casserole. Versez la crème tiède dans le caramel en trois fois en mélangeant avec une cuillère en silicone, puis remettez à cuire sur feu moyen une dizaine de secondes, afin que le caramel soit onctueux. Réservez.

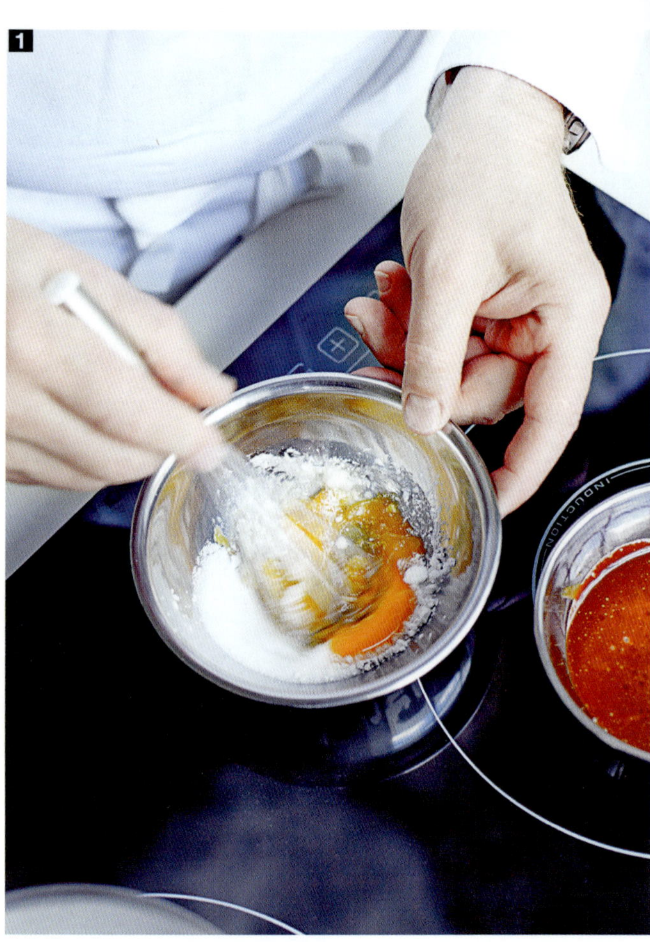

④ LA CRÈME PÂTISSIÈRE CARAMEL

1 Versez les jaunes d'œufs dans un récipient avec le sucre et la Maïzena®. Fouettez vivement, mais sans faire blanchir.

2 Mettez à chauffer sur feu moyen le lait et la vanille fendue en deux et grattée. Portez à ébullition.

3 Incorporez un tiers du lait dans le mélange jaunes d'œufs, sucre et Maïzena®, et fouettez bien. Reversez le tout dans la casserole.

4 Ajoutez le caramel éclair et faites cuire à puissance moyenne en fouettant vivement...

5 sans discontinuer jusqu'à ce que la crème épaississe. Déposez un film dans un plat rectangulaire. Versez la crème pâtissière caramel sur le film sur une épaisseur de 2 cm, enveloppez-la afin qu'elle ne sèche pas. Réservez-la au frais pendant 1 heure.

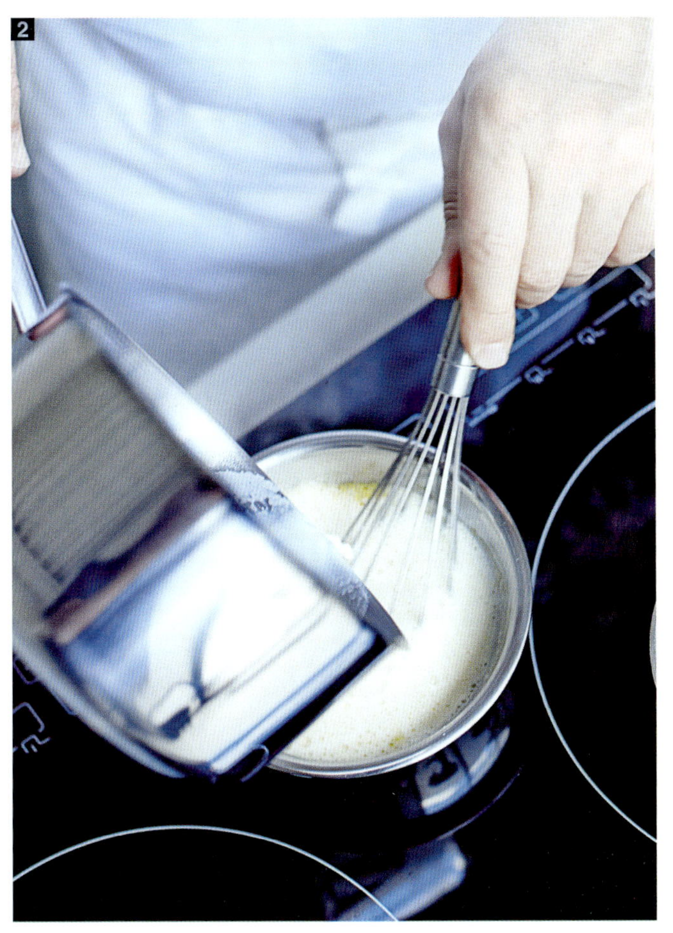
2

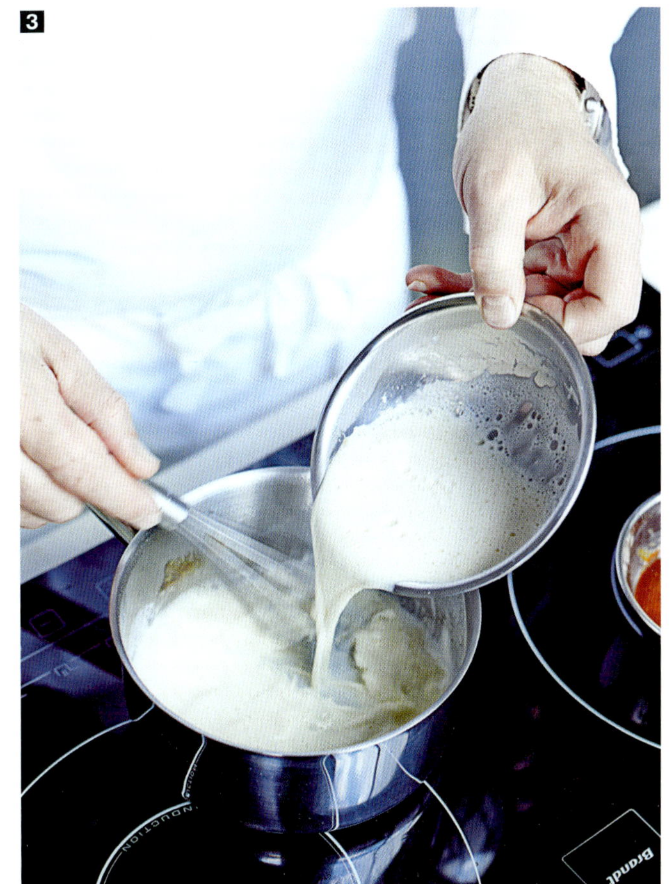
3

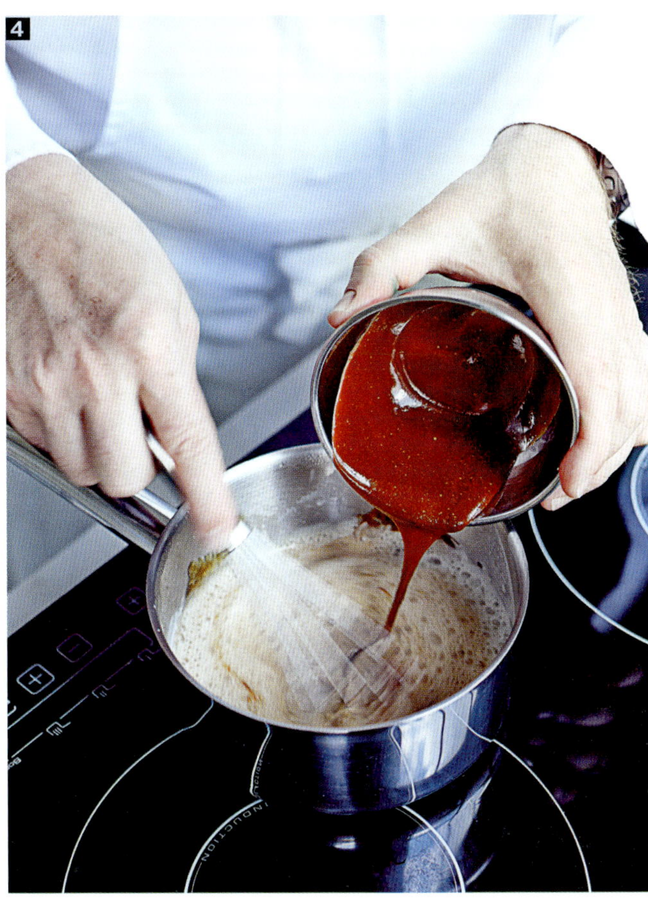
4

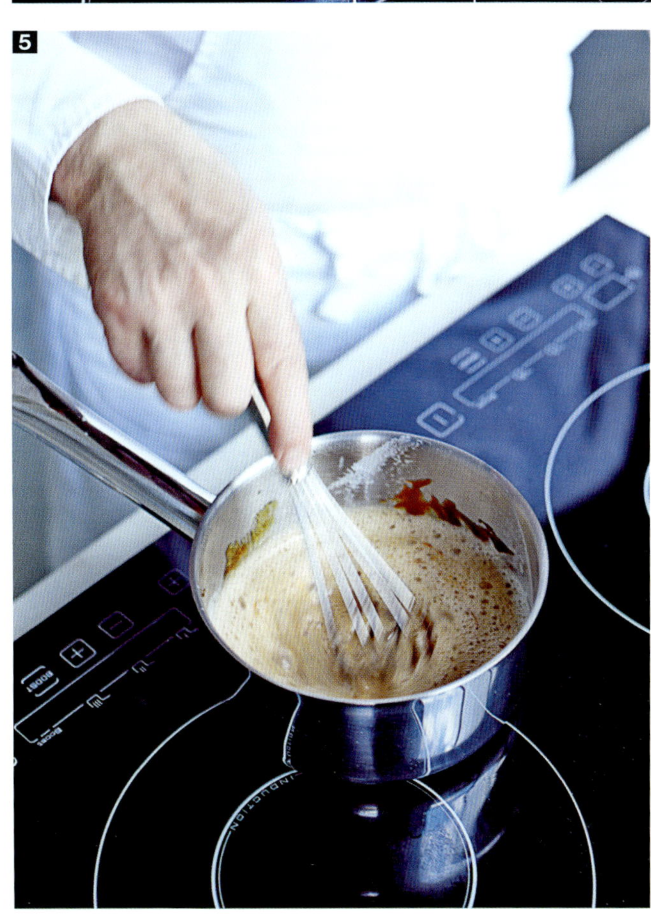
5

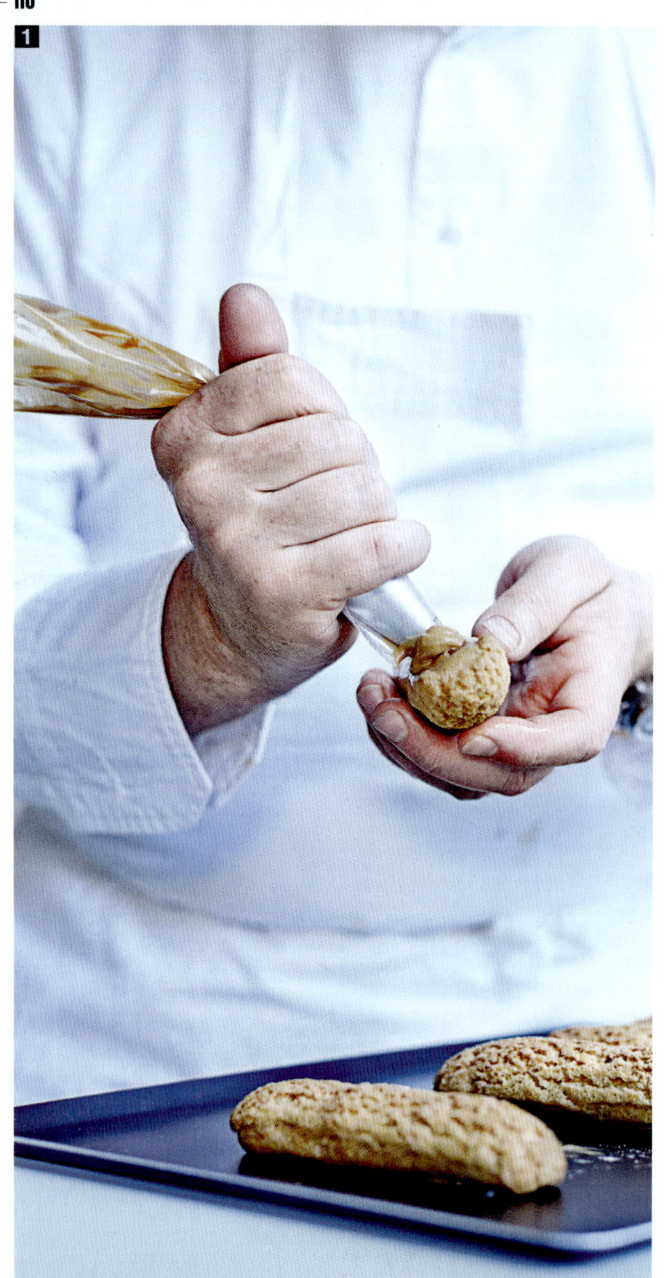

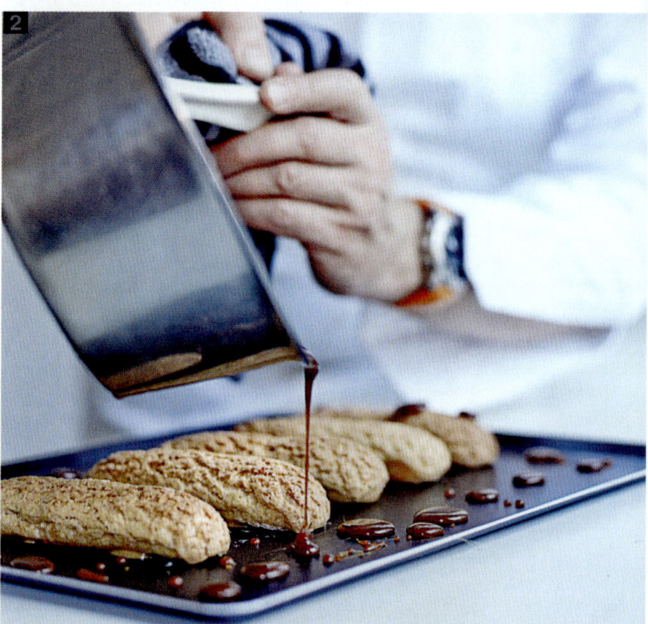

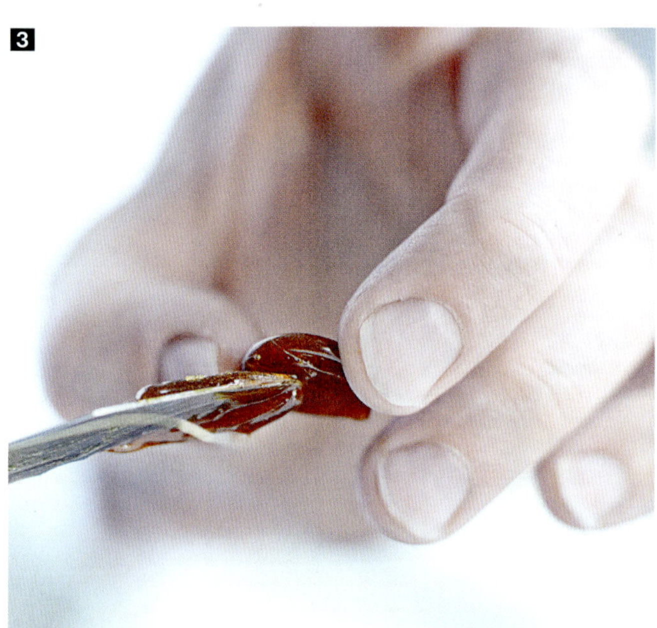

⑤ LE MONTAGE

1 Percez à l'aide d'une douille lisse 2 trous sous chaque éclair. Garnissez une poche à douille munie d'une douille lisse de crème pâtissière caramel et remplissez copieusement chaque éclair.

2 Dans une casserole à fond épais, faites fondre le sucre à sec, à puissance moyenne, avec le citron jusqu'à bonne coloration. Ajoutez le sel. Versez de petites gouttes de caramel sur une plaque antiadhésive.

3 Décollez les gouttes de caramel au couteau. Déposez une pointe de caramel sur les éclairs pour coller les gouttes de caramel. Collez 4 gouttes de caramel par éclair.

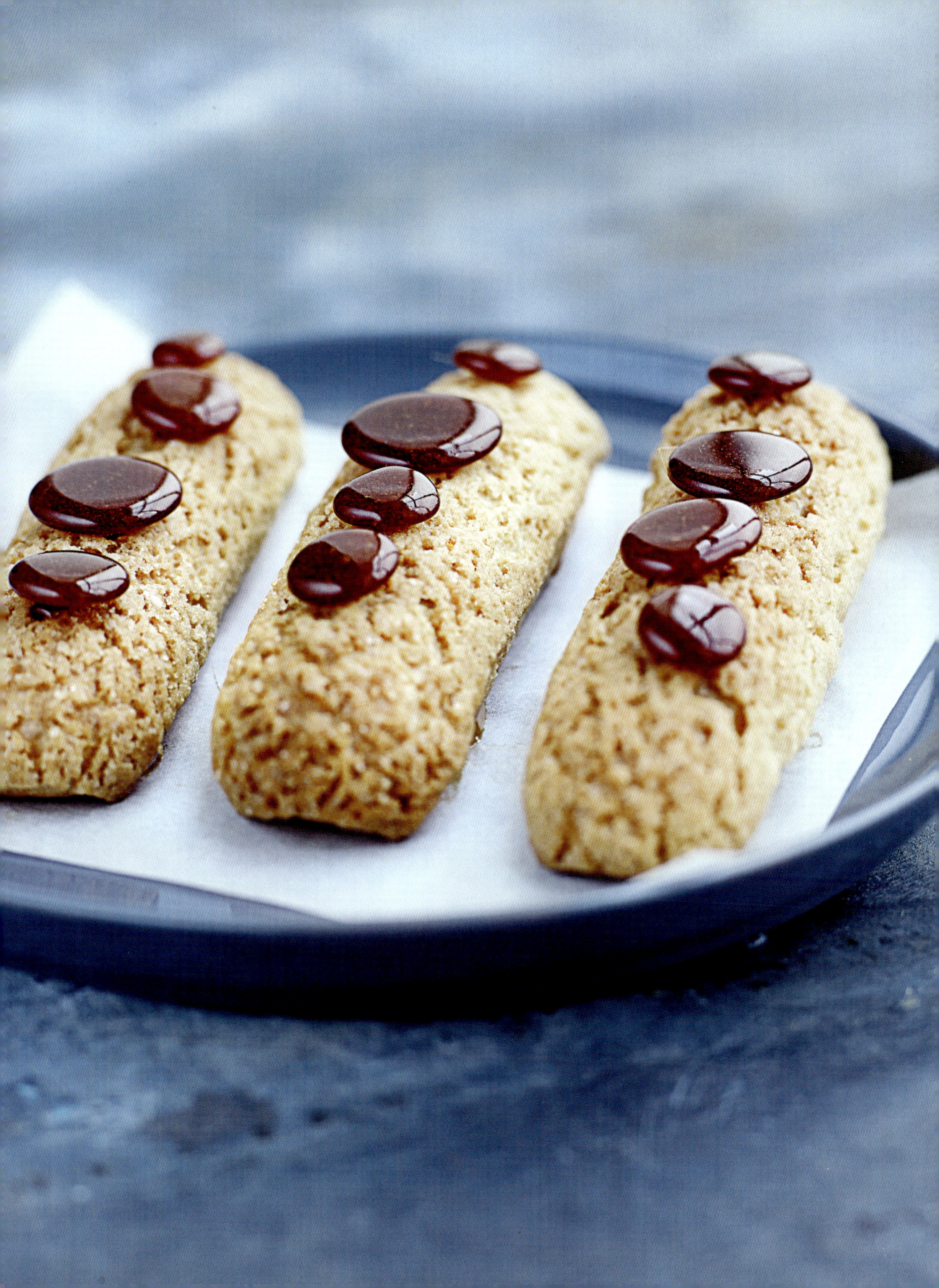

ÉCLAIR FRAISE

INGRÉDIENTS POUR 10 ÉCLAIRS DE 14 CM DE LONGUEUR

① LA CRÈME PASSION

5 G DE GÉLATINE EN FEUILLE

225 G DE PULPE DE FRUIT DE LA PASSION CONGELÉE

3 ŒUFS (155 G)

175 G DE SUCRE SEMOULE

225 G DE BEURRE EN MORCEAUX

② LES ÉCLAIRS

500 G DE PÂTE À CHOUX (VOIR LA RECETTE PAGE 58)

100 G D'AMANDES ENTIÈRES

250 G DE FRAISES

SUCRE GLACE

③ LA CRÈME CHANTILLY

400 G DE CHANTILLY (VOIR LA RECETTE PAGE 71)

④ LE MONTAGE

150 G DE CONFITURE AUX FRUITS DU SOLEIL (VOIR LA RECETTE PAGE 70)

1 POCHE À DOUILLE

1 DOUILLE LISSE DE 8 MM

1 DOUILLE CANNELÉE DE 8 MM

1 EMPORTE-PIÈCE DE 3 CM DE DIAMÈTRE

TEMPS DE PRÉPARATION **1 HEURE**

TEMPS DE CUISSON **25 À 30 MINUTES**

Vous pouvez remplacer la crème Passion par une crème pâtissière à la pistache (avec de la pâte de pistache page 73) ou tout simplement une crème citron vert. Dans ce cas, remplacez la pulpe de fruit de la Passion par le même poids de jus de citron vert.

① LA CRÈME PASSION
② LES ÉCLAIRS
③ LA CRÈME CHANTILLY
④ LE MONTAGE

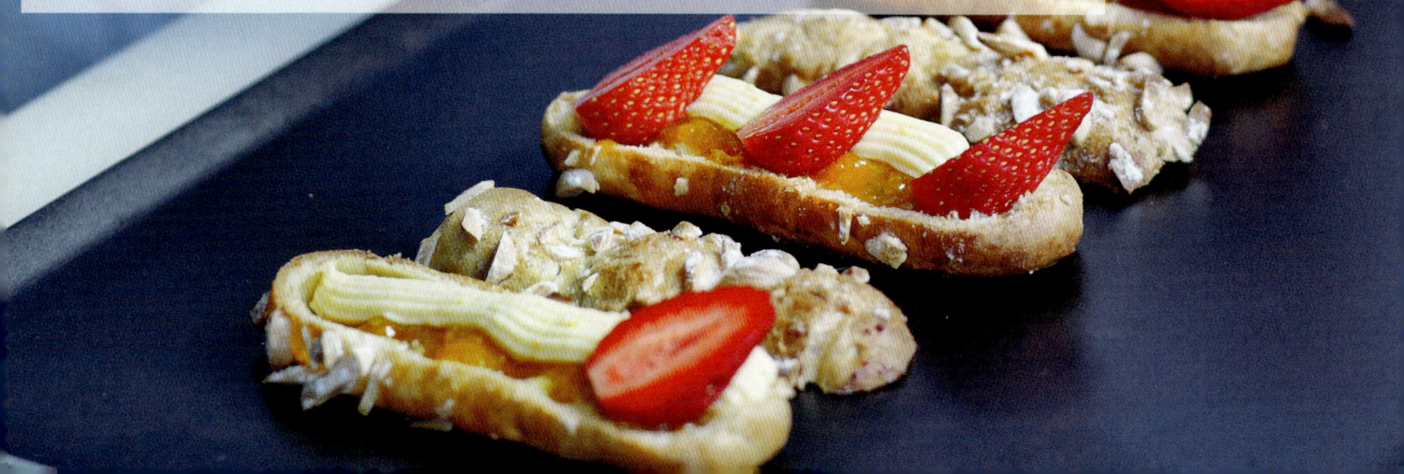

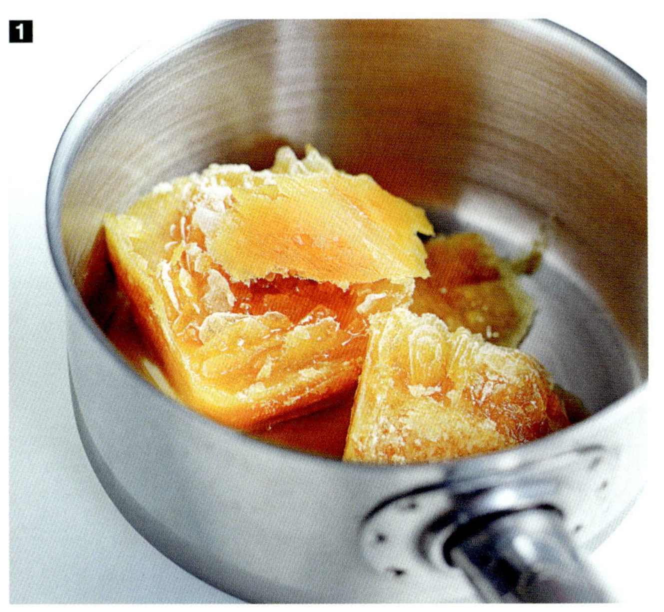

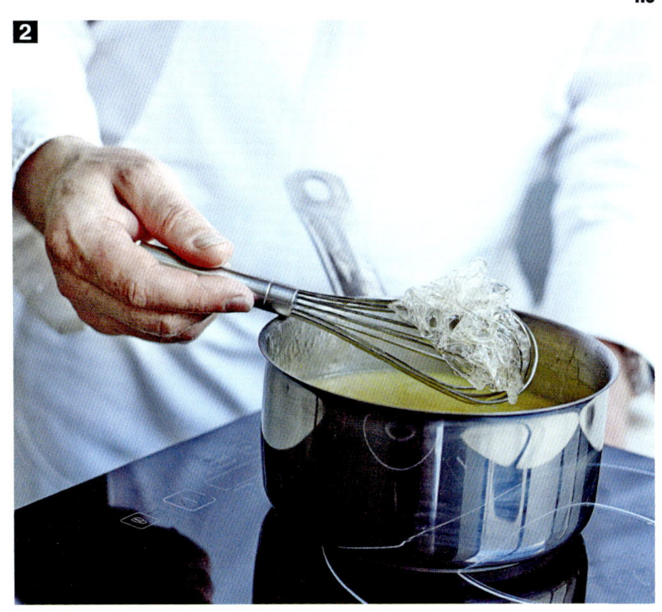

① LA CRÈME PASSION

Mettez la gélatine dans de l'eau très froide.

1 Déposez la pulpe de fruit de la Passion dans une casserole.

2 Ajoutez les œufs et le sucre. Faites chauffer sur puissance moyenne, tout en remuant à l'aide d'un fouet, jusqu'à 85 °C (presqu'à ébullition). Hors du feu, incorporez la gélatine essorée, puis le beurre. Mélangez.

3 Versez la crème dans un récipient haut.

4 À l'aide d'un petit mixeur, mixez la crème durant 1 minute sans remous afin de la rendre lisse.

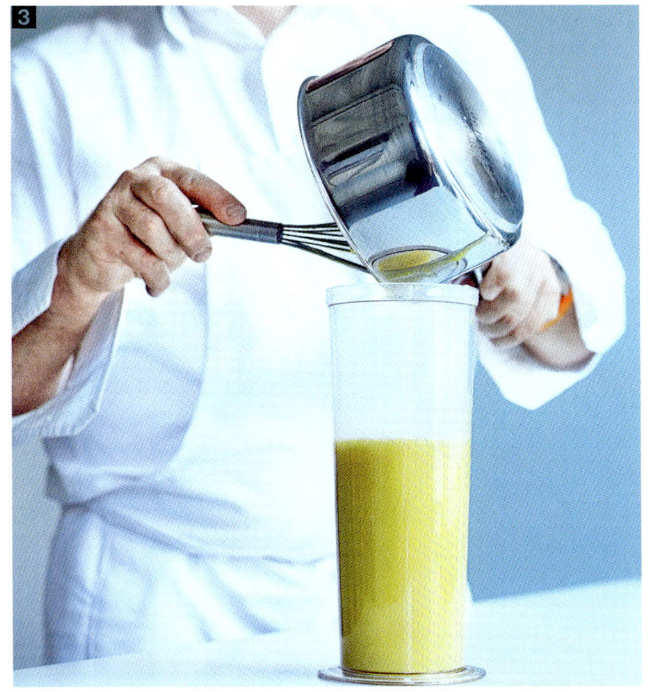

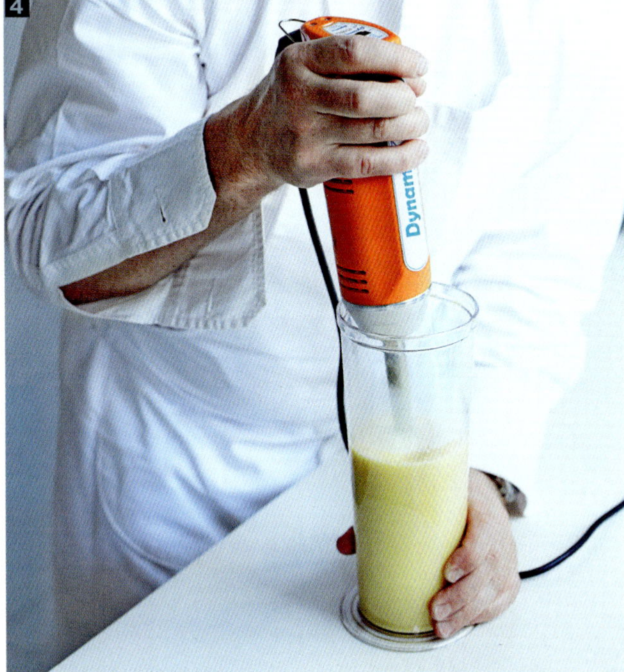

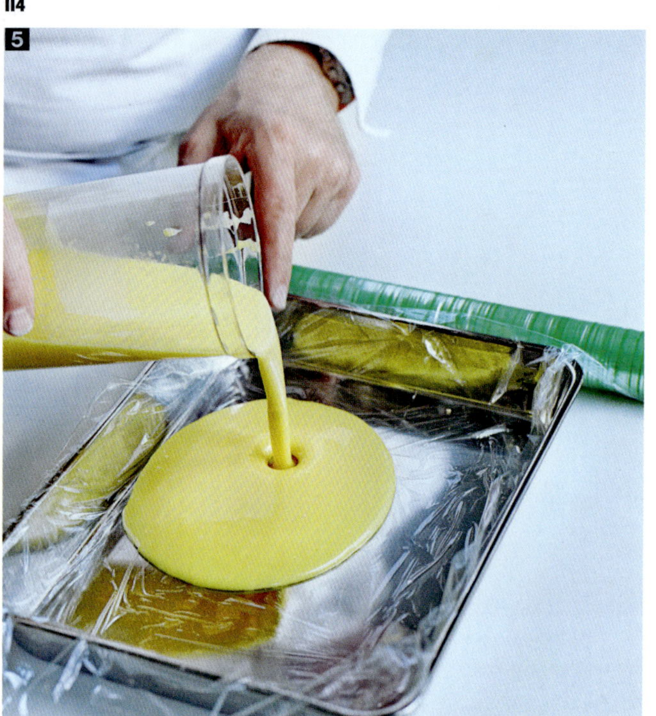

5 Déposez un film dans un plat rectangulaire. Versez la crème sur le film sur une épaisseur de 2 cm et enveloppez-la afin qu'elle ne sèche pas.
Laissez refroidir la crème Passion pendant 1 heure au réfrigérateur.

② LES ÉCLAIRS

RÉALISEZ LA PÂTE À CHOUX SELON LA RECETTE PAGE 58.

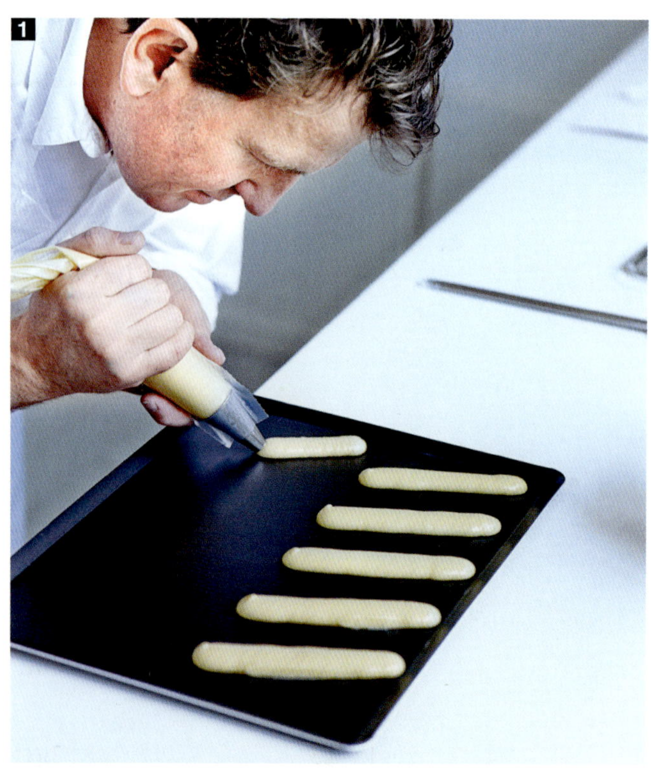

1 Dressez des éclairs de 14 cm de longueur sur la plaque.

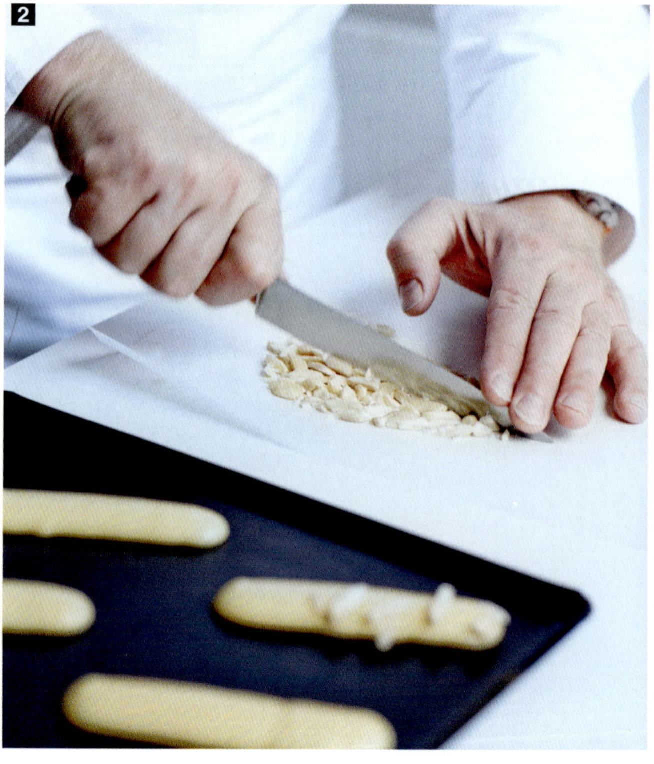

2 Coupez des amandes blanches en bâtonnets à l'aide d'un couteau fin.

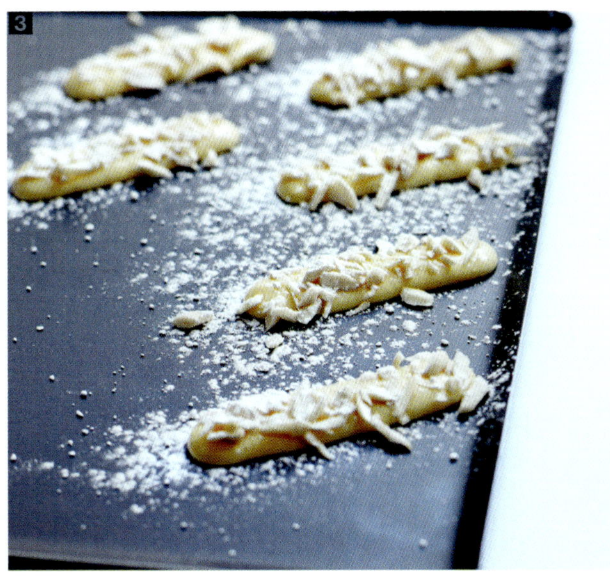

3 Parsemez les éclairs d'amandes. Saupoudrez légèrement de sucre glace. Enfournez pendant 25 à 30 minutes.

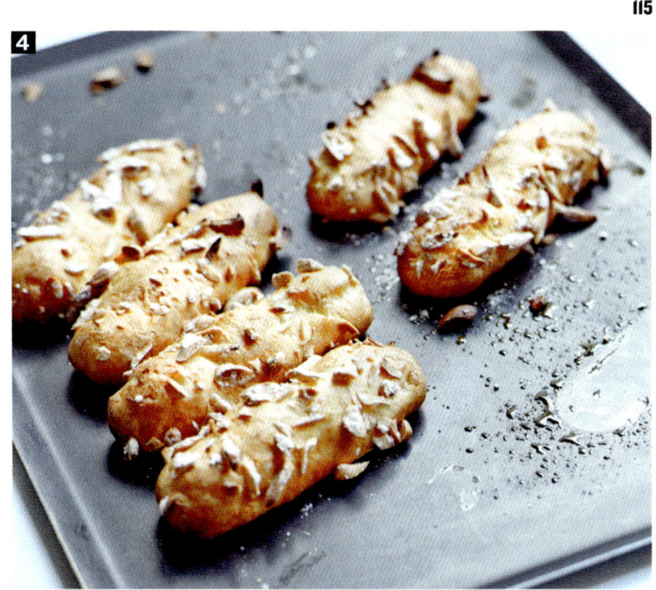

4 Laissez refroidir.

③ LA CRÈME CHANTILLY

PRÉPAREZ SELON LA RECETTE PAGE 71

④ LE MONTAGE

Sortez la crème du réfrigérateur et travaillez-la un peu à la spatule. Remplissez la poche de crème Passion.

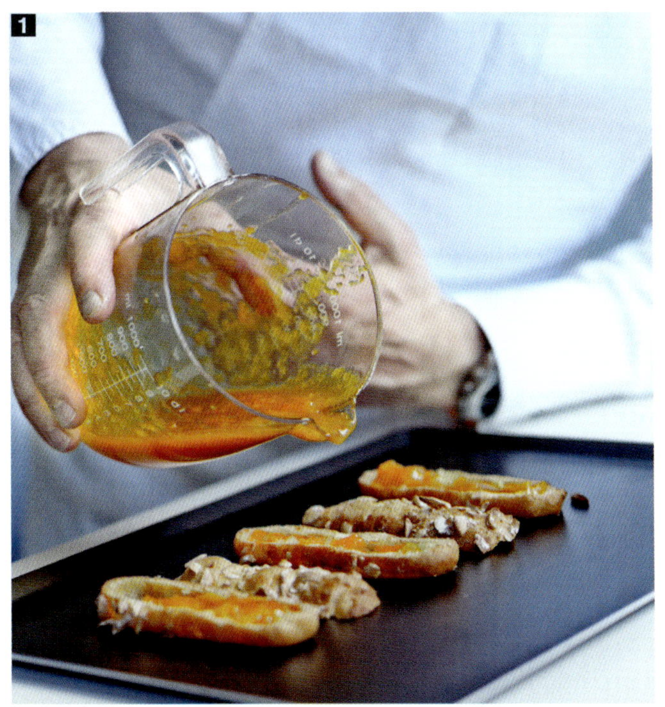

1 Coupez les éclairs dans l'épaisseur aux deux tiers avec un couteau-scie, versez un peu de confiture aux fruits du soleil.

2 Pochez un peu de crème Passion avec une poche à douille munie d'une douille cannelée.

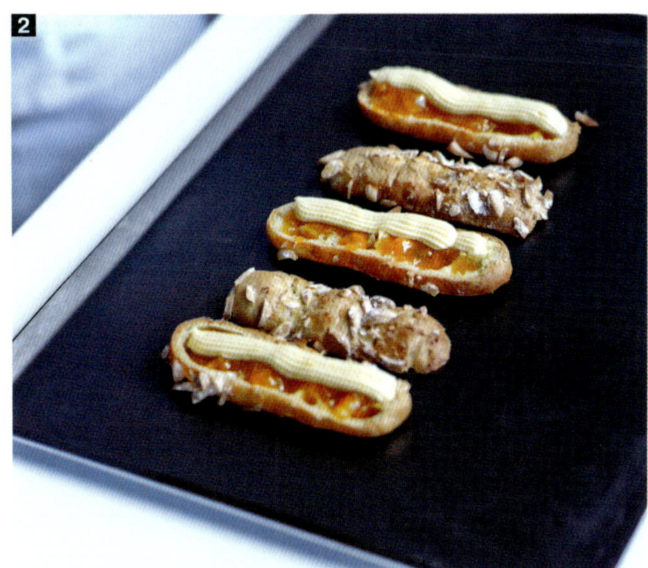

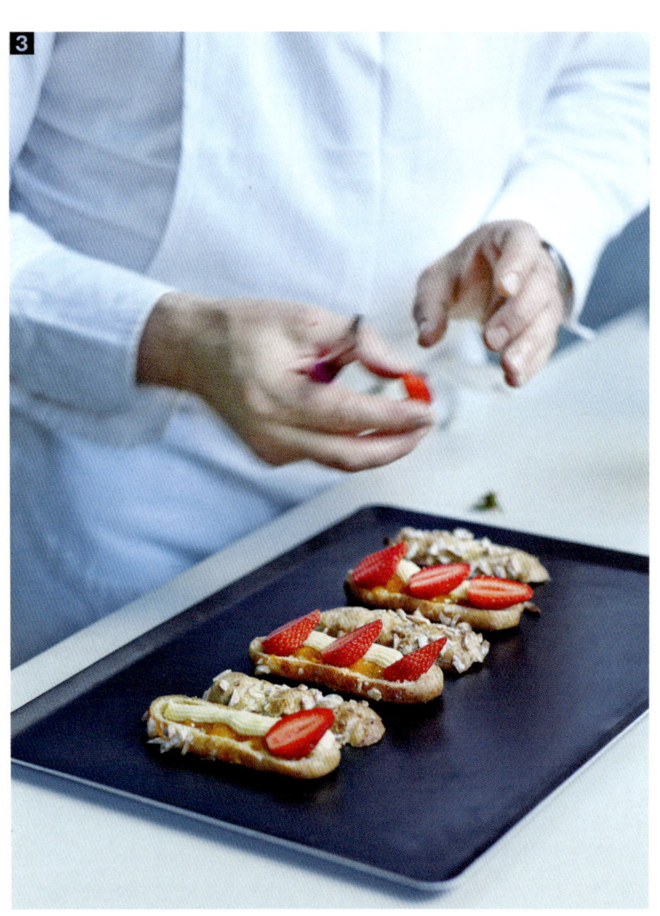

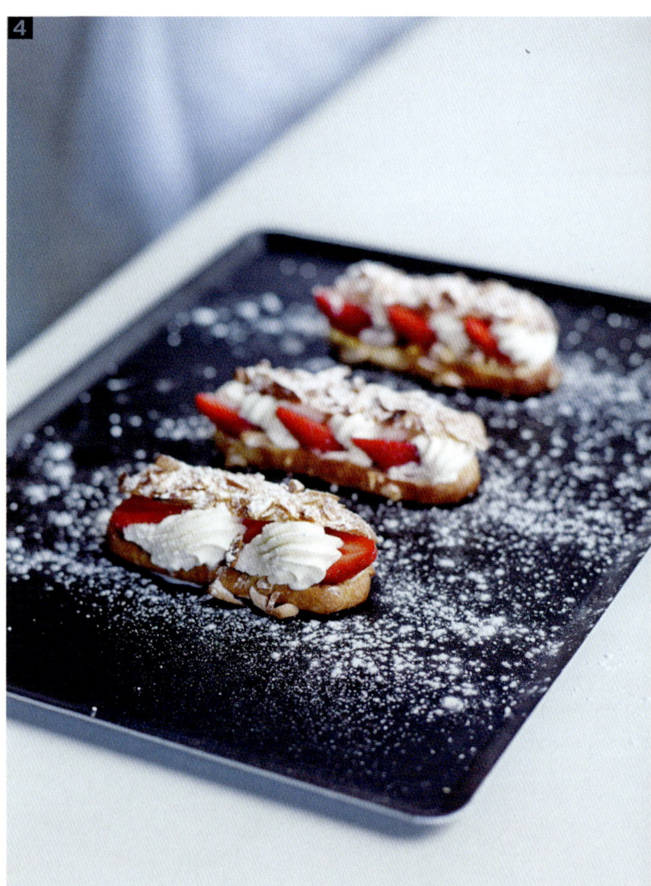

3 Posez les fraises coupées en deux.

4 Puis, garnissez de crème Chantilly à l'aide d'une poche à douille munie d'une douille cannelée. Saupoudrez de sucre glace.

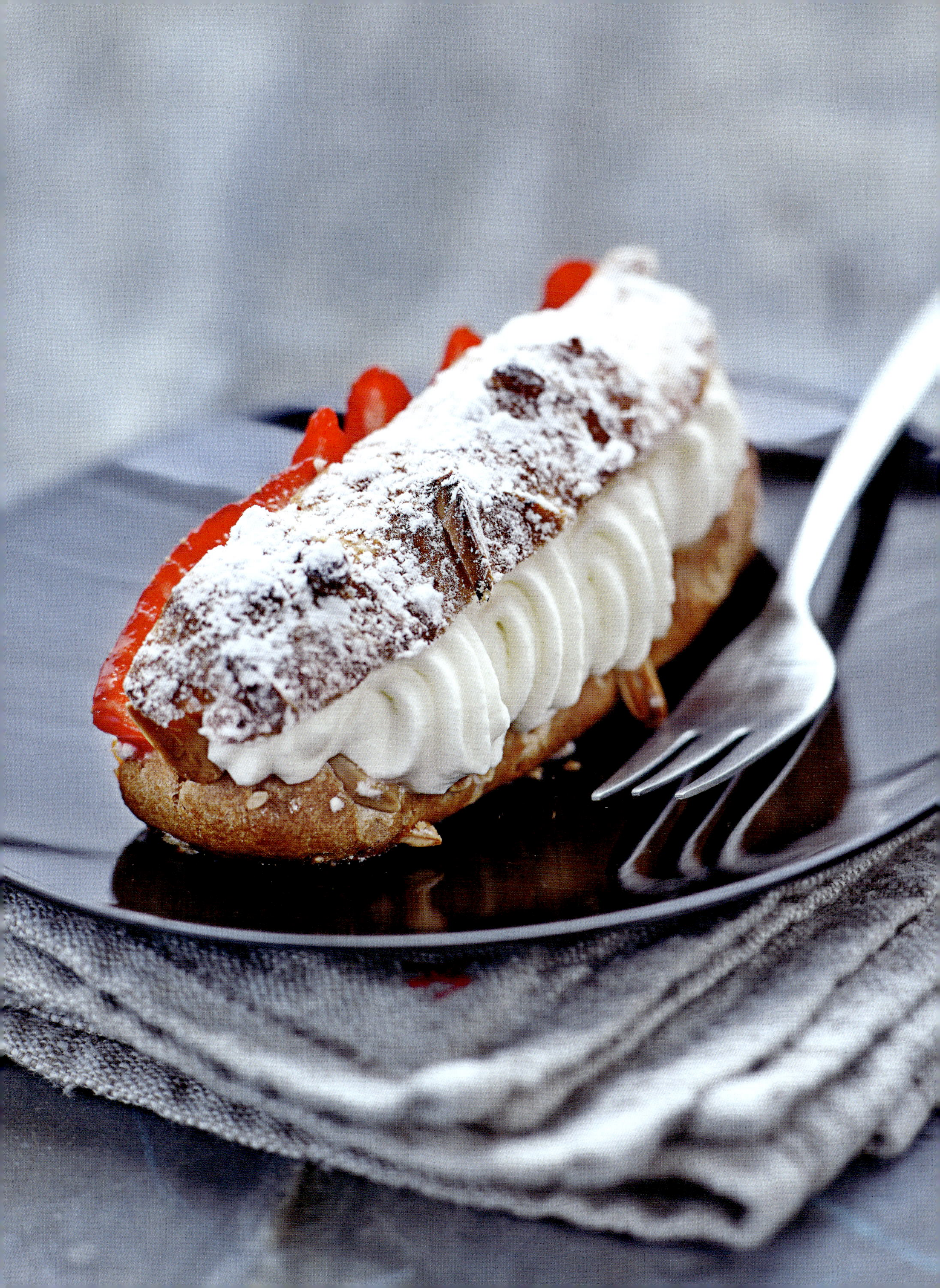

FLEUR DE SEL

INGRÉDIENTS POUR 15 GÂTEAUX ENVIRON

① LE PALET À LA CRÈME CARAMEL

2 G DE GÉLATINE EN FEUILLE

180 G DE CRÈME LIQUIDE ENTIÈRE

1/4 DE GOUSSE DE VANILLE

45 G DE SUCRE SEMOULE CUIT AU CARAMEL FONCÉ

45 G DE JAUNES D'ŒUFS

② LE BISCUIT CROQUANT AUX AMANDES
(VOIR LA RECETTE PAGE 70)

③ LA PÂTE DE CARAMEL MOU

60 G DE SUCRE SEMOULE

1/8 DE GOUSSE DE VANILLE

25 G DE CRÈME LIQUIDE ENTIÈRE

1 G DE FLEUR DE SEL

40 G DE BEURRE DOUX

④ LA MOUSSE AU CHOCOLAT

110 G DE CHOCOLAT À 70 %

225 G DE CRÈME LIQUIDE ENTIÈRE

4,5 CL DE LAIT

45 G DE CRÈME LIQUIDE ENTIÈRE

45 G DE JAUNES D'ŒUFS

45 G DE SUCRE SEMOULE

⑤ LE STREUSEL

50 G DE BEURRE

50 G DE SUCRE SEMOULE

50 G DE POUDRE D'AMANDES

50 G DE FARINE T45

1 PINCÉE DE SEL

UN PEU DE FÈVE TONKA RÂPÉE

UN PEU DE CANNELLE

⑥ LE MONTAGE

100 G DE CHOCOLAT AU LAIT VALRHONA®

QUELQUES FEUILLES DE CHOCOLAT AU LAIT

1 THERMOMÈTRE

1 MOULE EN SILICONE NONNETTE

1 MOULE EN SILICONE DEMI-SPHÈRE DE 3 CM

1 FEUILLE PLASTIQUE

1 SPATULE COUDÉE EN INOX

1 POCHE À DOUILLE

1 DOUILLE LISSE DE 8 MM

TEMPS DE PRÉPARATION
2 HEURES

TEMPS DE CUISSON
1 HEURE 15

① LE PALET À LA CRÈME CARAMEL

② LE BISCUIT CROQUANT AUX AMANDES

③ LA PÂTE DE CARAMEL MOU

④ LA MOUSSE AU CHOCOLAT

⑤ LE STREUSEL

⑥ LE MONTAGE

CONSEIL : dans notre pâtisserie Oppé, j'ai découvert l'originalité d'ajouter de la fève tonka dans le streusel. Vous pouvez conserver 2 ou 3 jours ces fleurs de sel au réfrigérateur ou 3 ou 4 semaines au congélateur dans une boîte hermétique (vous ferez la finition le jour de la dégustation). La fleur de sel est une spécialité de la pâtisserie Oppé, qui existe depuis 1912.

① LE PALET À LA CRÈME CARAMEL

Mettez la gélatine dans de l'eau froide et faites bouillir la crème avec la gousse de vanille pour infusion.

1 Versez le sucre semoule dans une casserole à fond épais et faites chauffer à puissance moyenne.

2 Lorsque le sucre a fondu et qu'il a une couleur caramel, ajoutez la crème infusée.

3 Battez les jaunes d'œufs.

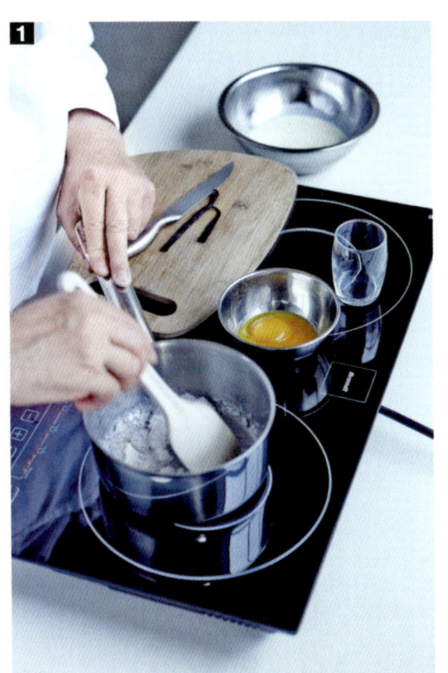
1

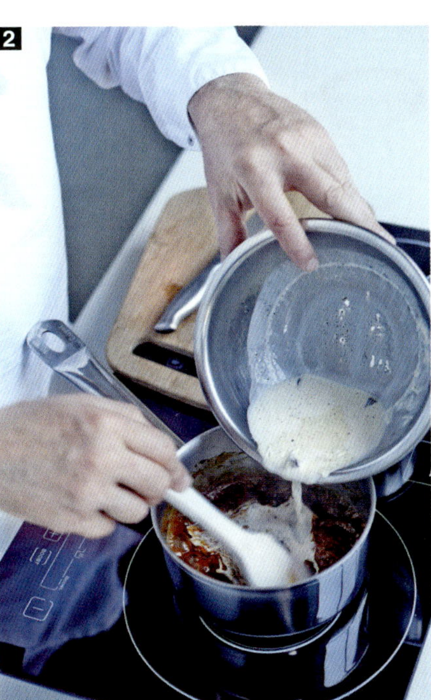
2

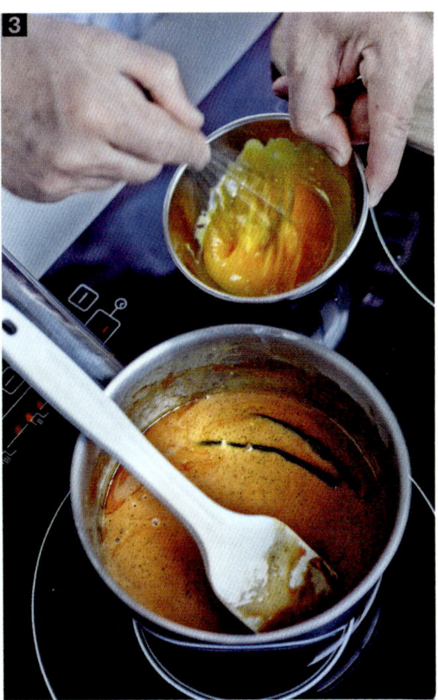
3

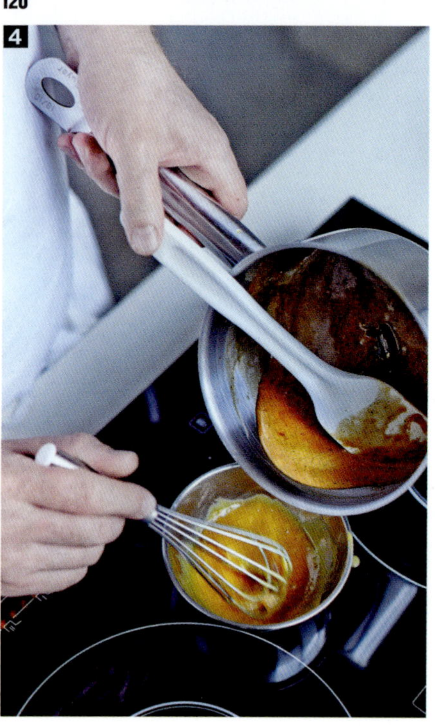

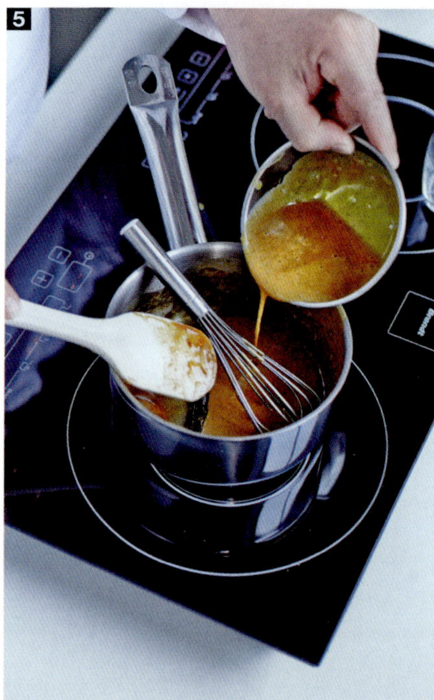

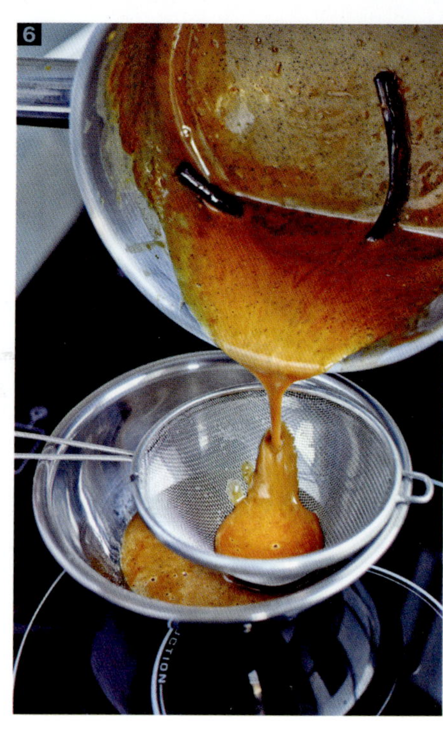

4 Versez un peu de crème au caramel sur les jaunes. Mélangez bien.

5 Reversez le tout dans la casserole. Faites cuire à 80 °C comme une crème anglaise.

6 Filtrez le tout.

7 Incorporez la gélatine essorée et mélangez.

8 Versez la crème caramel dans des moules en silicone nonnette posés sur une plaque. Placez l'ensemble au congélateur.

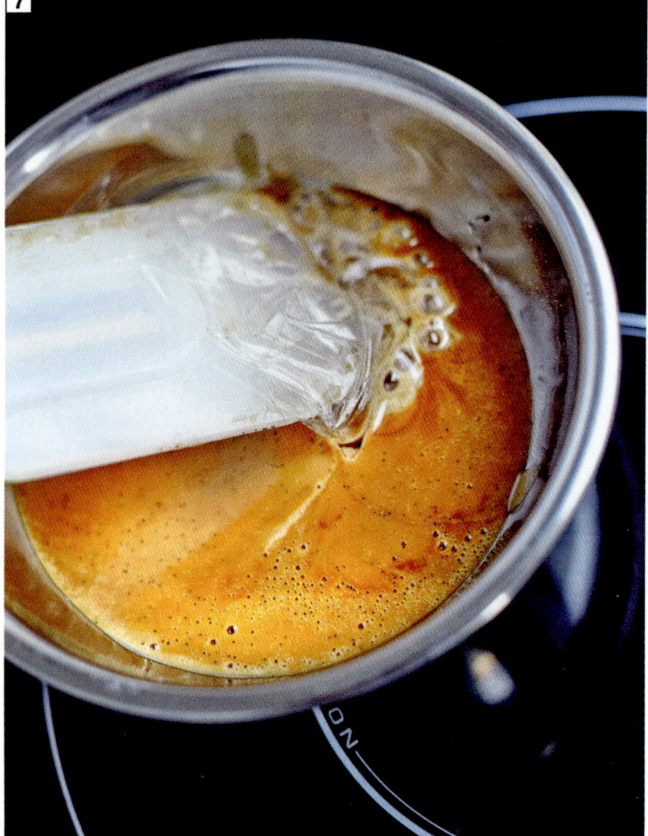

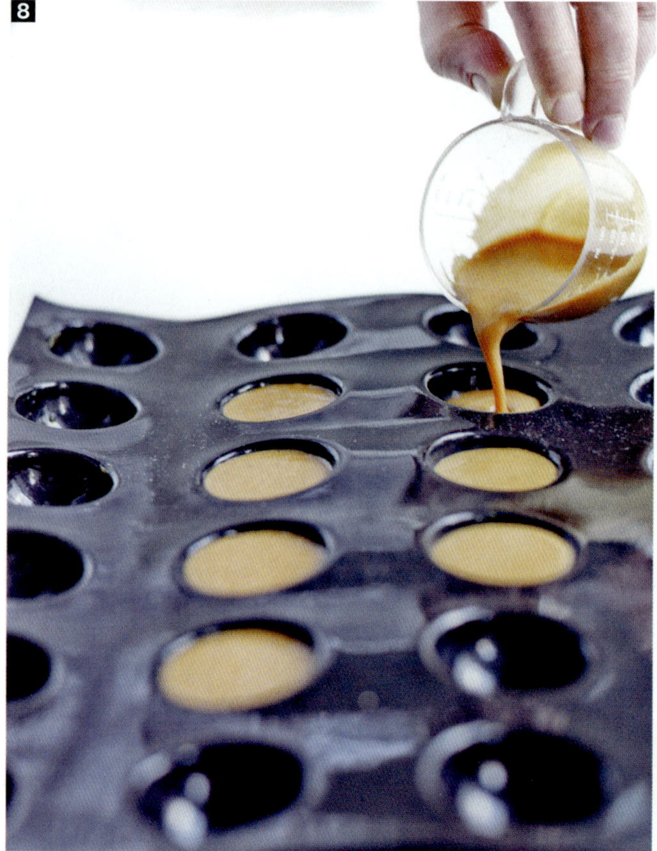

② LE BISCUIT CROQUANT AUX AMANDES

PRÉPAREZ SELON LA RECETTE PAGE 70

③ LA PÂTE DE CARAMEL MOU

1 Versez le sucre semoule dans une casserole à fond épais.

2 Laissez cuire sur feu moyen jusqu'à ce que le sucre ait une belle teinte caramel. Ajoutez la gousse de vanille fendue et grattée.

3 Versez ensuite la crème liquide tout en remuant délicatement avec une Maryse afin de décuire le caramel sur feu moyen. Lorsque la crème est complètement incorporée, plongez votre thermomètre dans le caramel pour contrôler la cuisson. Il doit indiquer 106 °C. Ajoutez la fleur de sel.

1

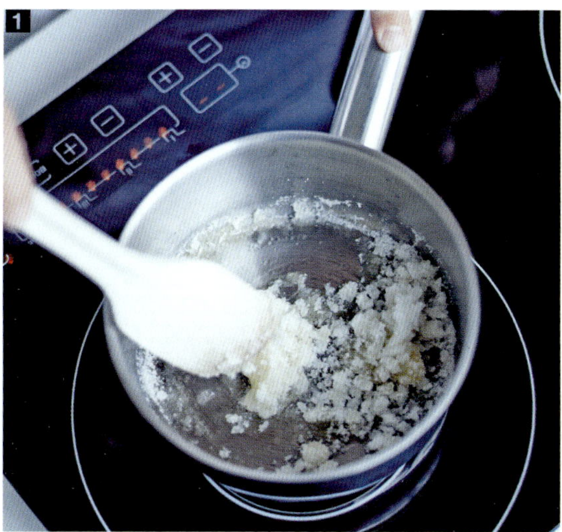

2

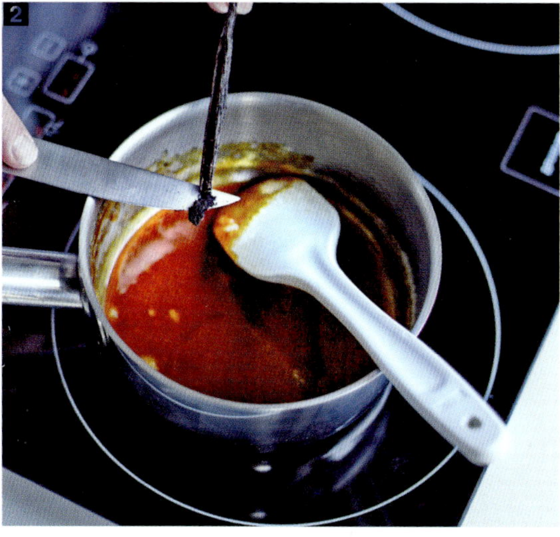

3

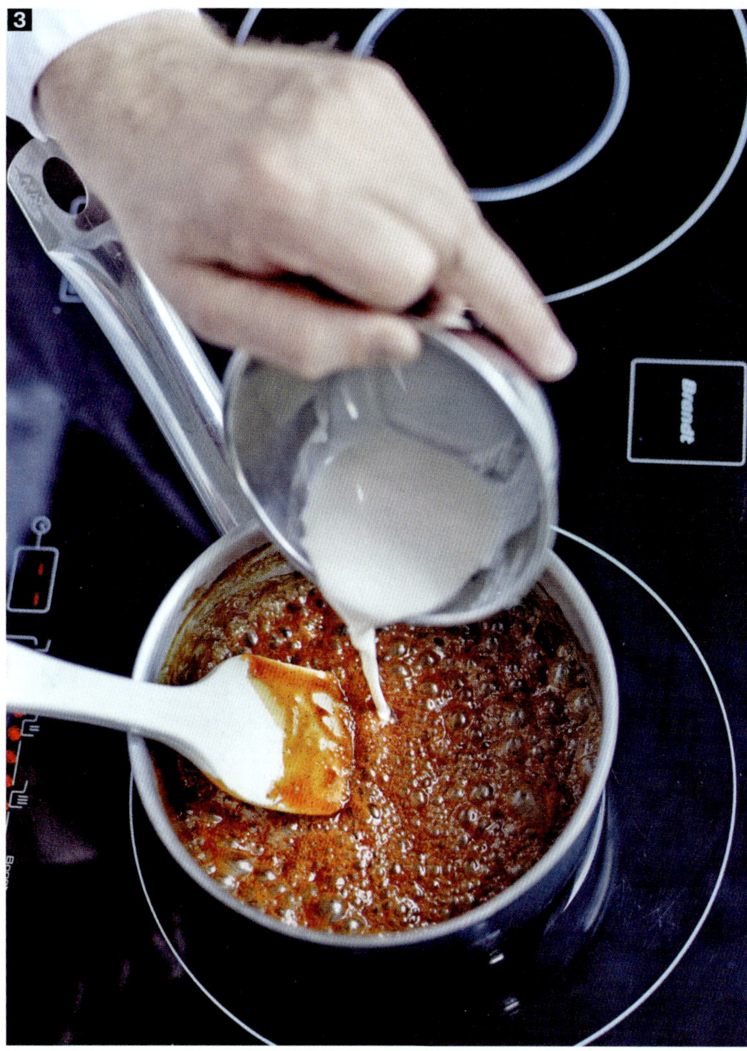

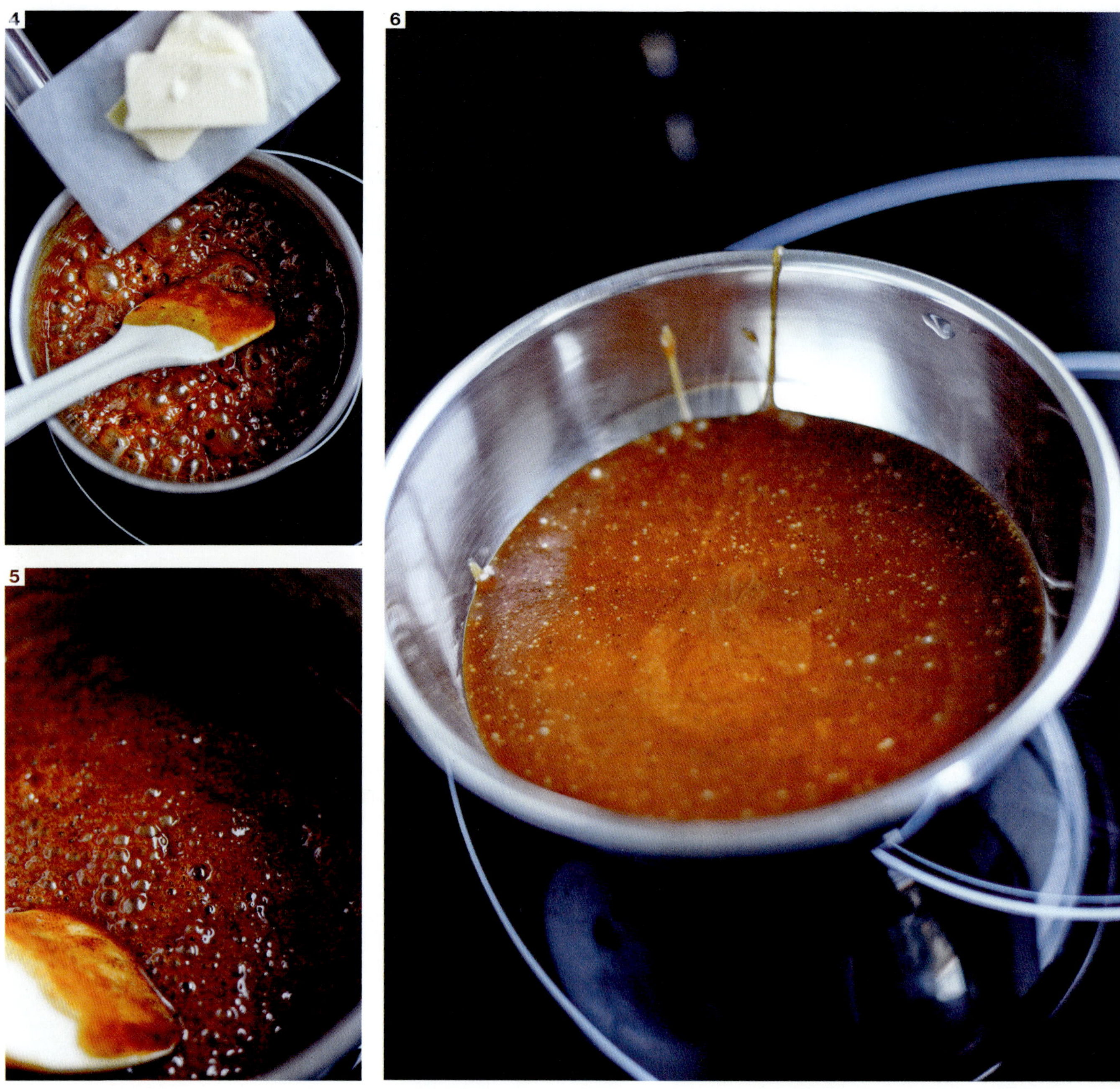

4 Une fois ce degré atteint, hors du feu, ajoutez le beurre coupé en morceaux afin d'arrêter la cuisson.

5 Voici la texture recherchée.

6 Versez le caramel dans un récipient bien propre que vous placez au réfrigérateur pour que le caramel épaississe (environ 30 minutes).

④ LA MOUSSE AU CHOCOLAT

Hachez le chocolat finement et placez-le dans un récipient pour le faire fondre en partie au bain-marie. Le restant va fondre avec la crème chaude.
Battez les 225 g de crème liquide pour réaliser une belle crème fouettée.

1 Versez le lait et la crème dans une casserole et faites-les chauffer à puissance moyenne.

2 Mélangez les jaunes d'œufs avec le sucre à l'aide d'un fouet, sans faire blanchir. Versez les jaunes sucrés dans le liquide chaud, mélangez vivement au fouet.

3 Faites cuire « à la nappe » comme une crème anglaise à 80 °C. Retirez la casserole de feu.

4 Versez la crème cuite dans le récipient contenant le chocolat noir légèrement fondu.

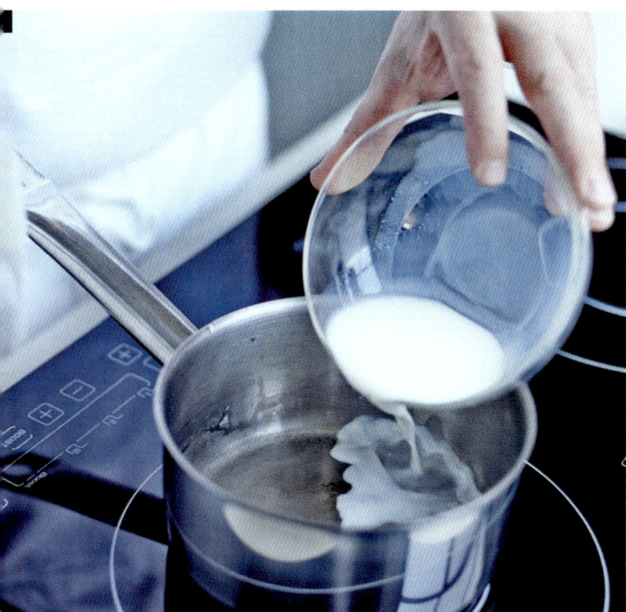

1

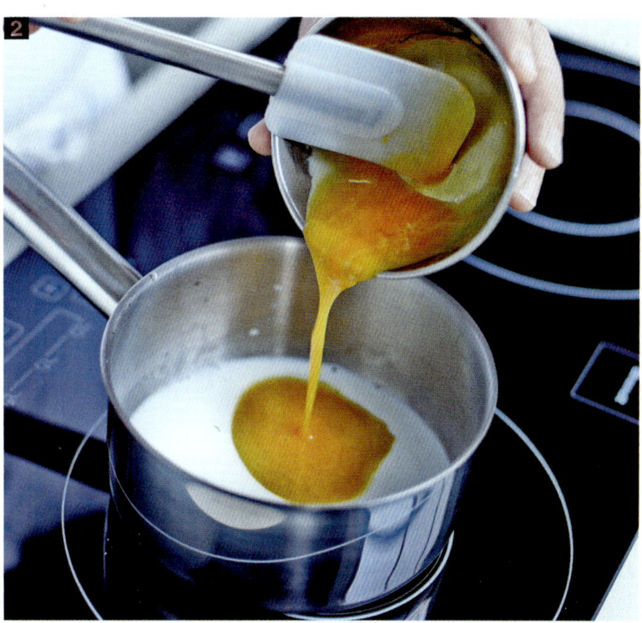

2

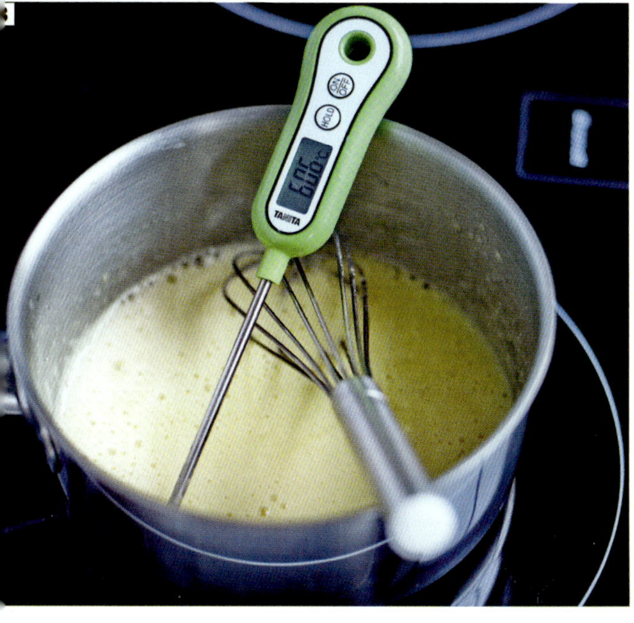

3

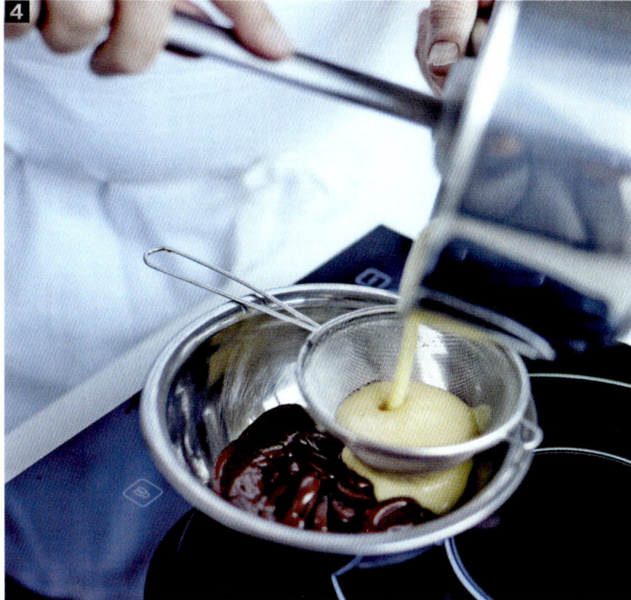

4

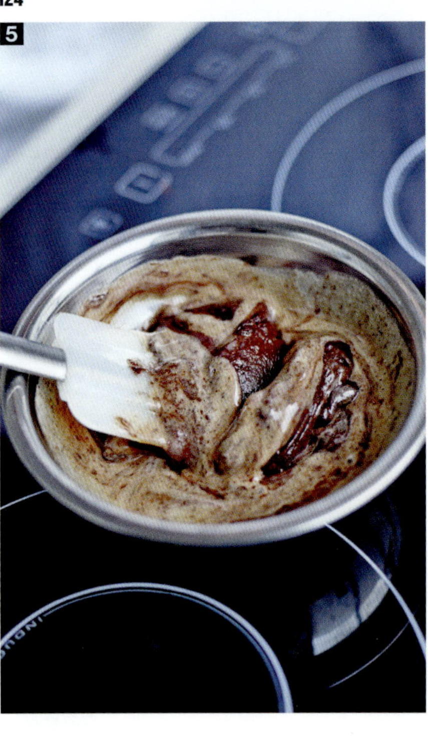

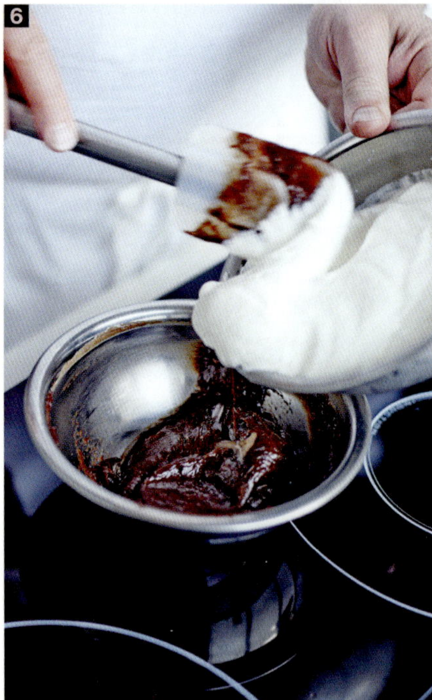

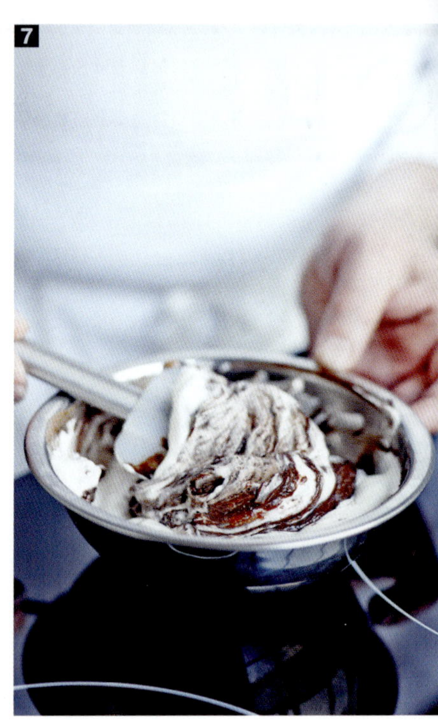

5 Ensuite, avec une Maryse, mélangez rapidement la crème pour avoir une préparation bien homogène. Cela s'appelle une émulsion.

6 Versez un peu de crème fouettée dans la crème au chocolat (elle doit être à 35 °C).

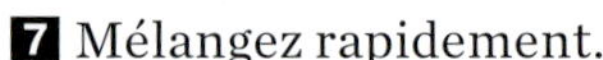

7 Mélangez rapidement.

8 Ajoutez le reste de crème fouettée. Mélangez délicatement.

9 Voici la mousse au chocolat. Réservez à température ambiante.

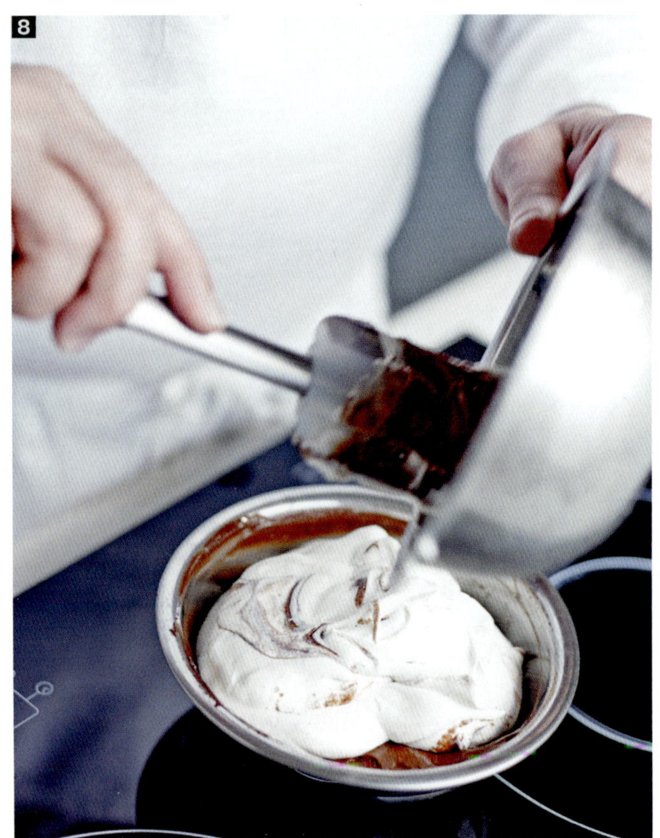

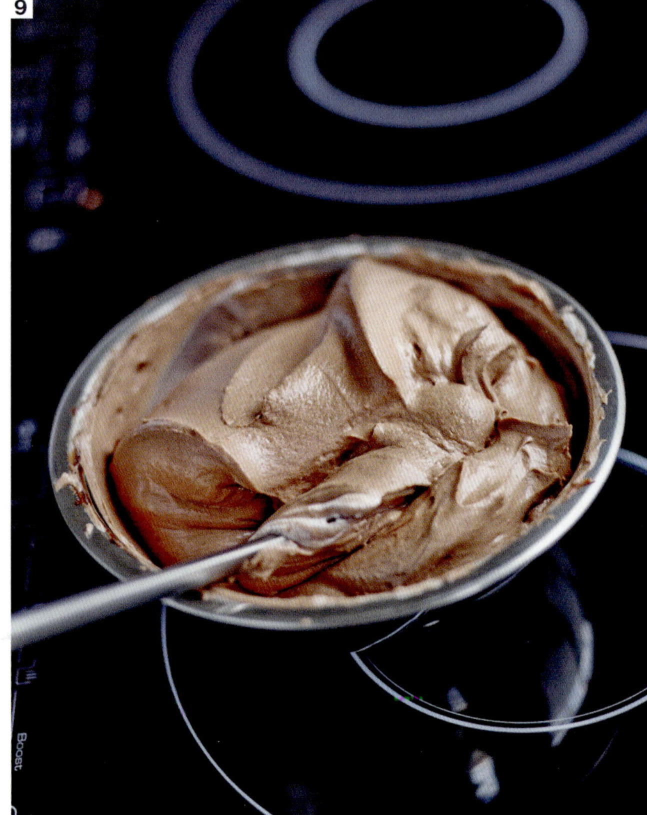

⑤ LE STREUSEL

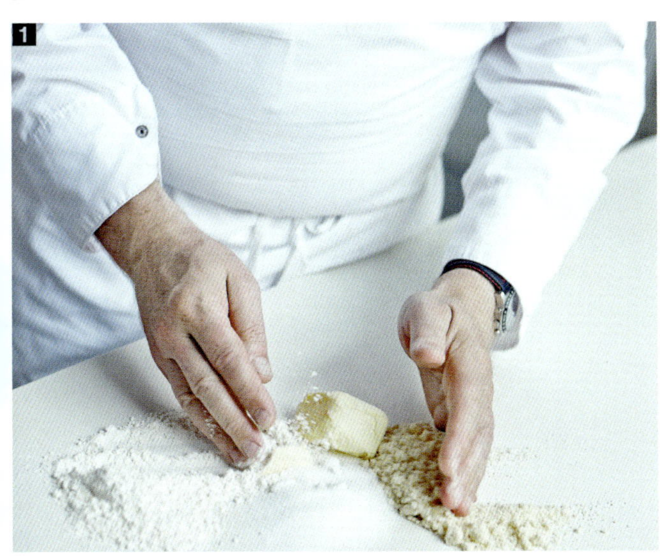

1 Préparez le beurre, le sucre, la poudre d'amandes, la farine et le sel.

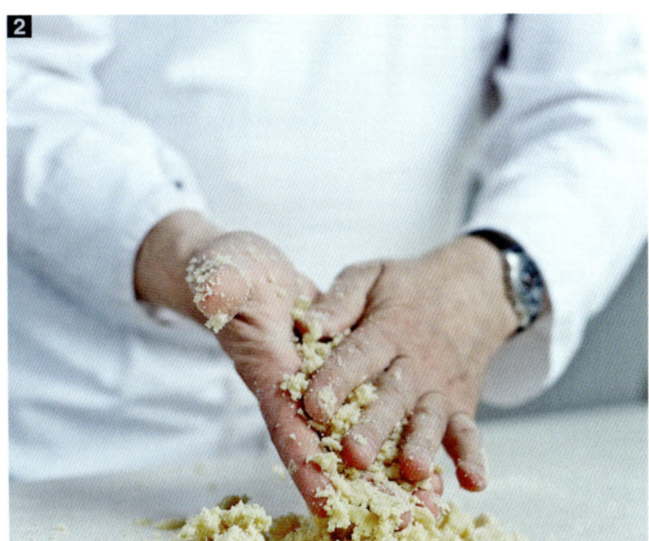

2 Mélangez du bout des doigts pour créer des amalgames de pâte.

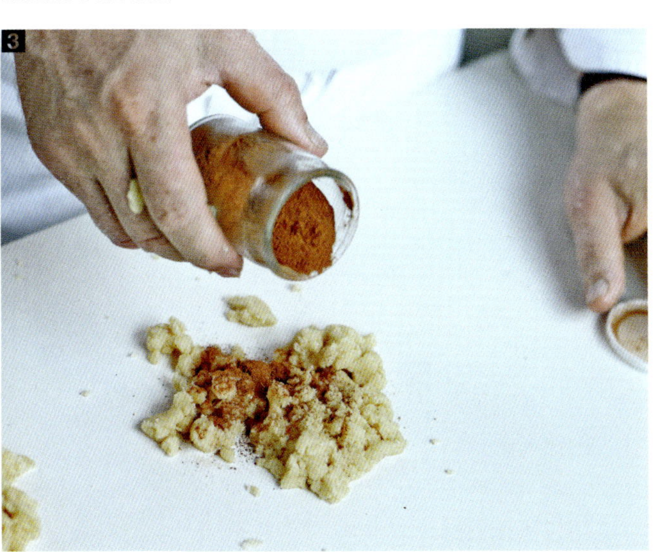

3 Saupoudrez les épices sur le streusel. Continuez de bien incorporer les ingrédients.

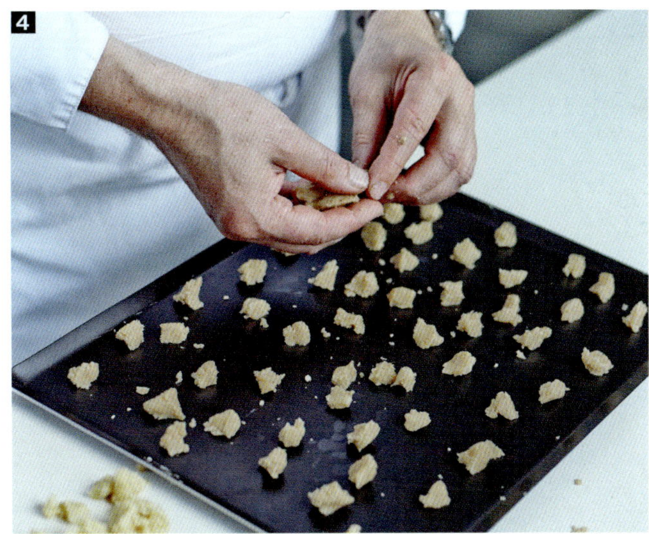

4 Enfournez les petits rochers de streusel une quinzaine de minutes à 180 °C.

⑥ LE MONTAGE

Tempérez le chocolat au lait selon la recette de base page 73. Posez la feuille plastique sur une plaque très propre à température ambiante. Étalez le chocolat tempéré avec une spatule coudée en Inox sur la feuille plastique. Secouez la feuille afin de lisser le chocolat (éventuellement au réfrigérateur en cas de température élevée dans la pièce). Vous pouvez regarder les étapes 11 et 12 du montage du Saint-Barth', page 194.

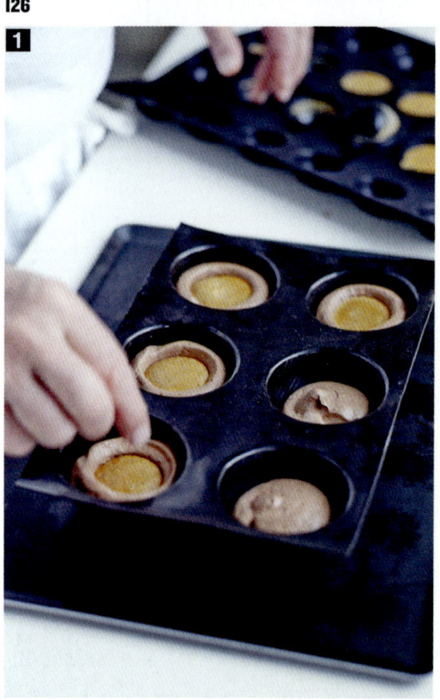

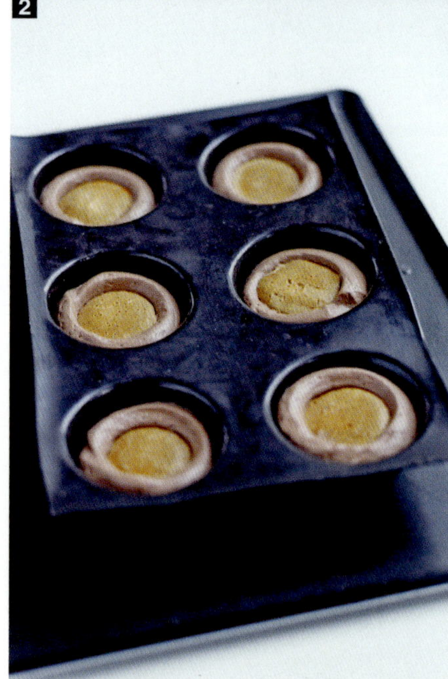

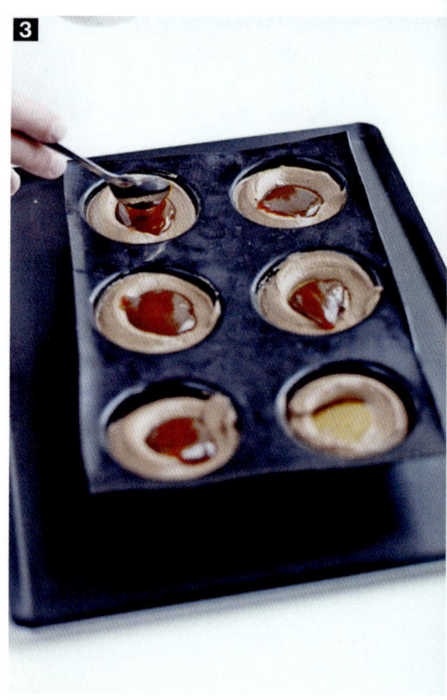

1 Déposez la mousse dans un moule en silicone demi-sphère à l'aide d'une poche avec une douille lisse de 8 mm.

2 Posez un palet de crème caramel congelé.

3 Puis ajoutez une cuillerée de caramel mou. À ce stade, vous pouvez saupoudrer une pincée de fleur de sel.

4 Déposez ensuite le biscuit croquant détaillé au diamètre du moule en silicone.

Une fois le montage terminé, placez le tout au congélateur pendant 2 heures au moins (vous pouvez préparer ces gâteaux quelques jours à l'avance, sortez-les le jour de la dégustation et vous procéderez au montage et à la finition).

5 Démoulez les fleurs de sel et laissez-les revenir quelques minutes à température. Déposez les morceaux de streusel sur chaque gâteau.

6 Cassez des petits morceaux de chocolat au lait et déposez-les sur chaque fleur de sel.

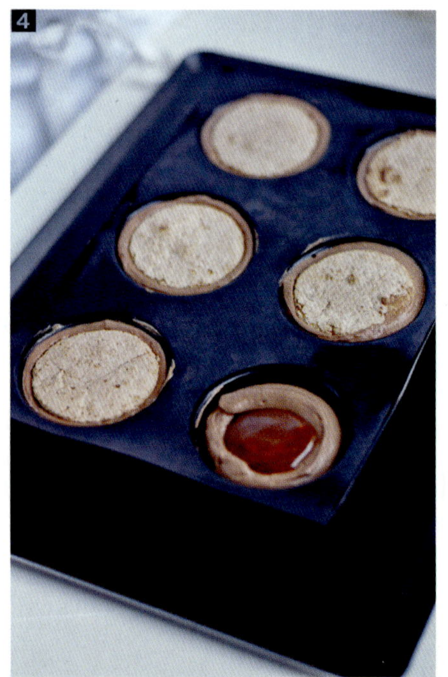

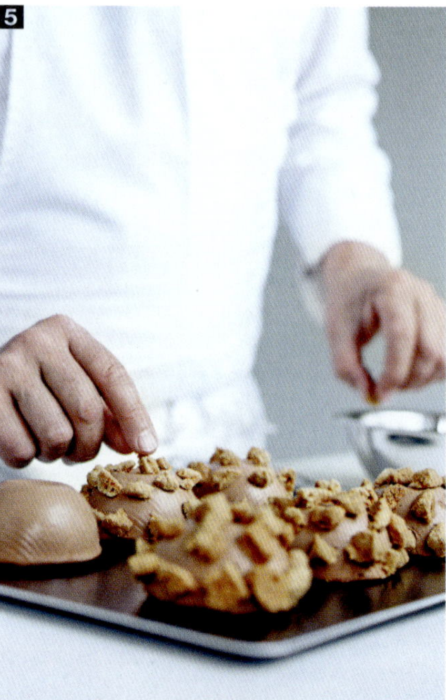

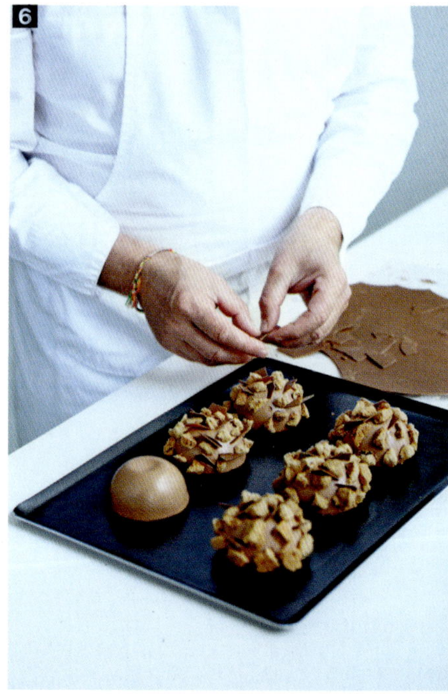

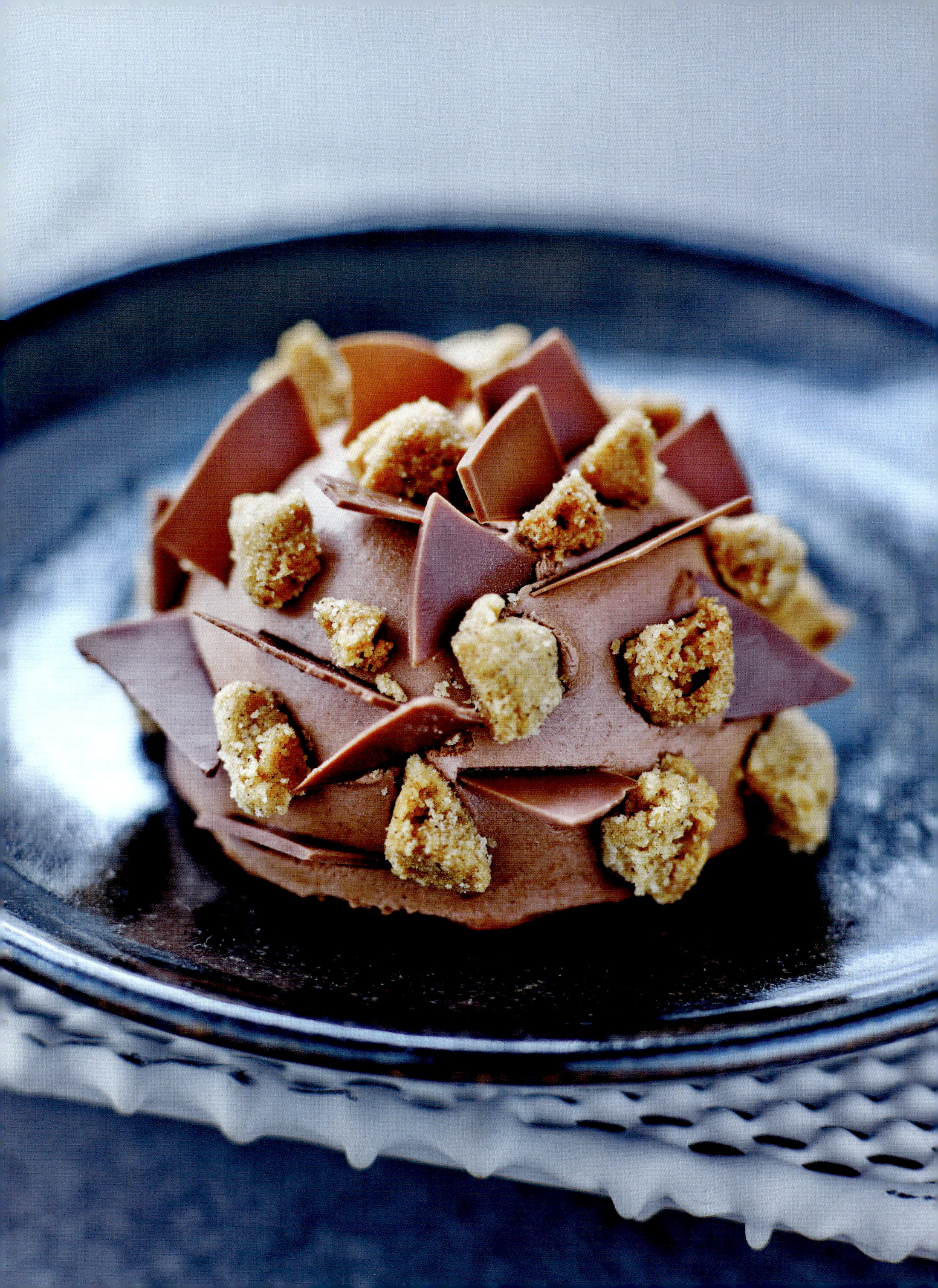

LA FONDANTE

TEMPS DE CUISSON
30 MINUTES

TEMPS DE PRÉPARATION
2 HEURES

INGRÉDIENTS POUR 1 DIZAINE DE FONDANTES

① LA GÉNOISE

500 G DE GÉNOISE (VOIR LA RECETTE PAGE 30)

IL VOUS RESTERA UN PEU DE GÉNOISE, VOUS POUVEZ LA CONGELER POUR UNE AUTRE UTILISATION.

② LE SIROP AU KIRSCH

4,5 CL DE KIRSCH

4,5 CL D'EAU CHAUDE

60 G DE SUCRE SEMOULE

③ LA CRÈME MOUSSELINE AU KIRSCH

3,5 CL DE KIRSCH

250 G DE CRÈME PÂTISSIÈRE (VOIR LA RECETTE PAGE 18)

400 G DE CRÈME AU BEURRE (VOIR LA RECETTE PAGE 14)

1 GOUTTE DE COLORANT ROUGE

④ LE MONTAGE ET LA FINITION

350 G DE PÂTE D'AMANDE (VOIR LA RECETTE PAGE 62)

QUELQUES GOUTTES DE COLORANT ROUGE (QUE VOUS INCORPOREZ À L'ÉTAPE 6 DE LA FABRICATION DE LA PÂTE D'AMANDE)

UN PEU DE SUCRE GLACE POUR ÉVITER QUE LA PÂTE NE COLLE SUR LA TABLE

UN PEU DE CRÈME MOUSSELINE AU KIRSCH QUE VOUS AVEZ RÉSERVÉ

1 THERMOMÈTRE

1 EMPORTE-PIÈCE OU CERCLE DE 6,5 CM

1 DIZAINE DE CERCLES DE 6,5 CM DE DIAMÈTRE ET 3 CM DE HAUTEUR

1 POCHE À DOUILLE

1 DOUILLE LISSE DE 8 MM

1 SPATULE

1 EMPORTE-PIÈCE DE 8 CM

1 DOUILLE CANNELÉE DE 6 OU 7 MM DE DIAMÈTRE

CONSEIL : ces gâteaux se conservent 3 ou 4 jours au réfrigérateur ou 3 à 4 semaines sous film (réalisez la finition le jour de la dégustation).
Vous pouvez déposer un petit cercle de chocolat blanc sur la rosace ou faire réaliser de petits logos en chocolat par la société PCB en Alsace (voir carnet d'adresses page 242).

La fondante est une spécialité de la pâtisserie Oppé, relookée dernièrement par Camille Lesecq. Ce gâteau est une merveille, seul reste le parfum du kirsch sans l'alcool.

① LA GÉNOISE

② LE SIROP AU KIRSCH

③ LA CRÈME MOUSSELINE AU KIRSCH

④ LE MONTAGE ET LA FINITION

① LA GÉNOISE

PRÉPAREZ SELON LA RECETTE **PAGE 30**

Détaillez une vingtaine de disques de génoise avec un emporte-pièce ou un cercle de 7 cm de diamètre.

② LE SIROP AU KIRSCH

1 Mélangez au fouet le kirsch, l'eau chaude et le sucre. Laissez fondre en mélangeant de temps en temps. Réservez à température ambiante.

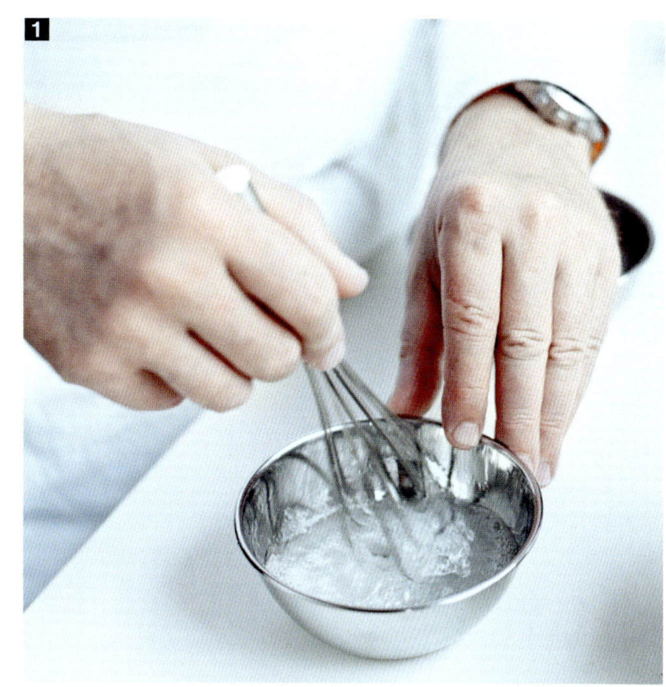

③ LA CRÈME MOUSSELINE AU KIRSCH

Tempérez le kirsch à 30 °C au bain-marie.
Travaillez la crème pâtissière froide, réalisée selon la recette page 18, à l'aide d'une Maryse. Réchauffez-la légèrement au bain-marie pour la tempérer.

1 Versez le kirsch dans la crème pâtissière.

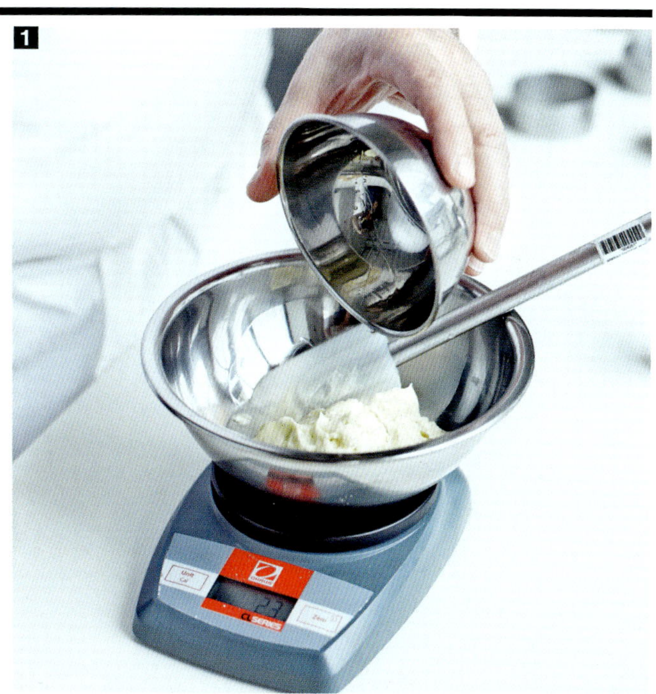

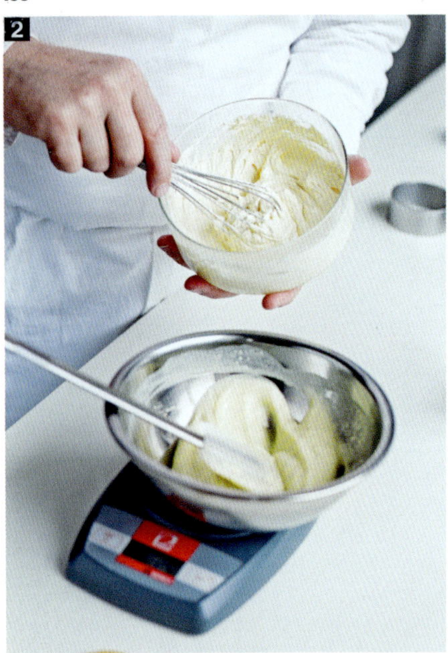

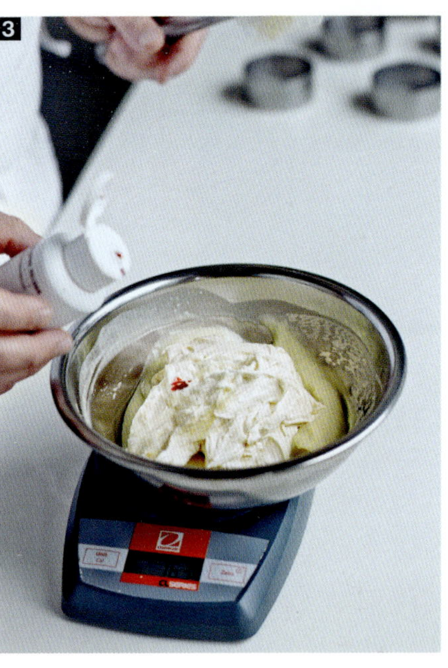

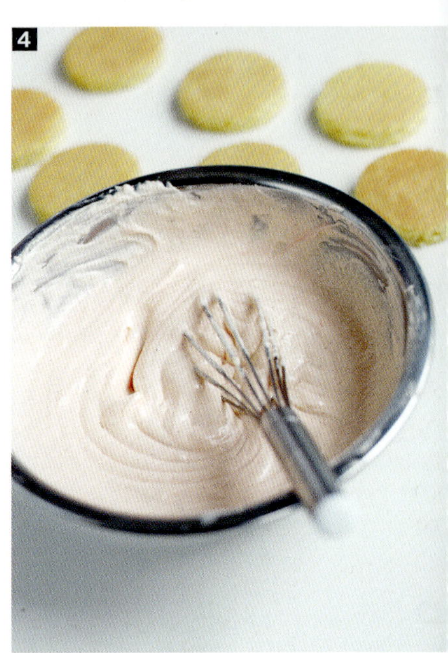

2 Incorporez la crème au beurre, réalisée selon la recette page 14, à température ambiante.

3 Ajoutez une goutte de colorant rouge. Si la crème est trop ferme, réchauffez-la légèrement au bain-marie.

4 Voici le résultat. Réservez à température ambiante.

④ LE MONTAGE ET LA FINITION

1 Imbibez chaque disque de génoise avec le sirop au kirsch.

2 Posez les cercles sur une plaque recouverte de papier sulfurisé. Placez dans chaque cercle un disque de génoise.

3 Mettez la crème mousseline au kirsch dans une poche à douille munie d'une douille lisse de 8 mm de diamètre. Pochez la crème dans chaque cercle (environ 40 à 45 g de crème).

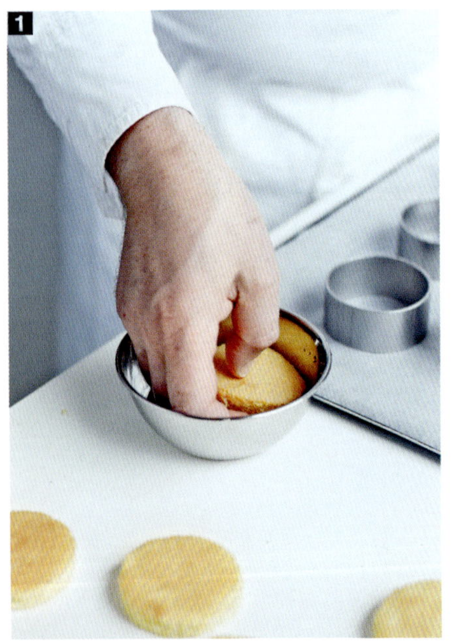

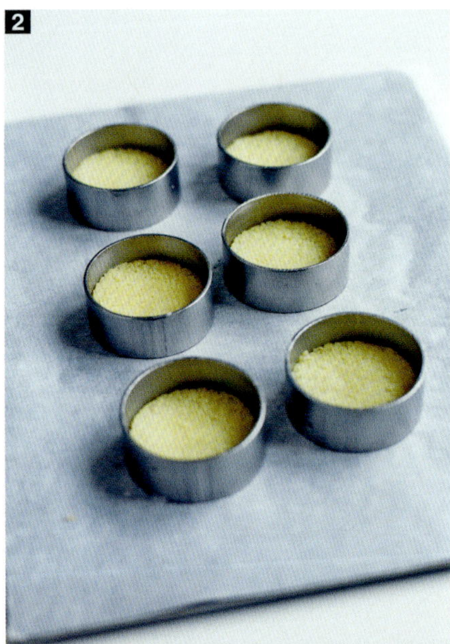

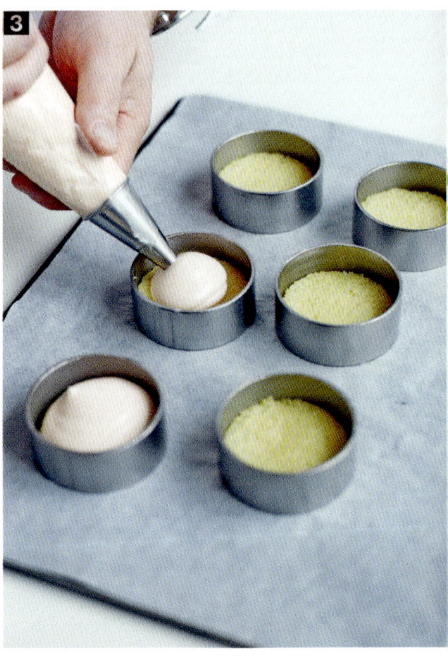

4 Posez le second disque de génoise imbibé dans chaque cercle.

5 Ajoutez un peu de crème mousseline au kirsch sur chaque gâteau et lissez à l'aide d'une spatule.

6 Voici le résultat. Déposez au congélateur pendant 1 heure.

Sortez les gâteaux du congélateur. Pour les démouler, roulez-les entre vos mains ou chauffez-les à l'aide d'un petit chalumeau. Laissez au réfrigérateur pour éviter la condensation pendant 30 minutes, le temps de préparer la pâte d'amande selon la recette page 62.

7 Étalez la pâte d'amande au rouleau à pâtisserie sur une épaisseur de 2 mm en saupoudrant de sucre glace.

8 Coupez des bandes de la hauteur du cercle (environ 3 cm) et du périmètre du cercle (environ 22 cm de longueur).

9 Sortez vos gâteaux. Entourez-les d'une bande de pâte d'amande. Ajustez la taille. Et coupez l'excédent avec une paire de petits ciseaux.

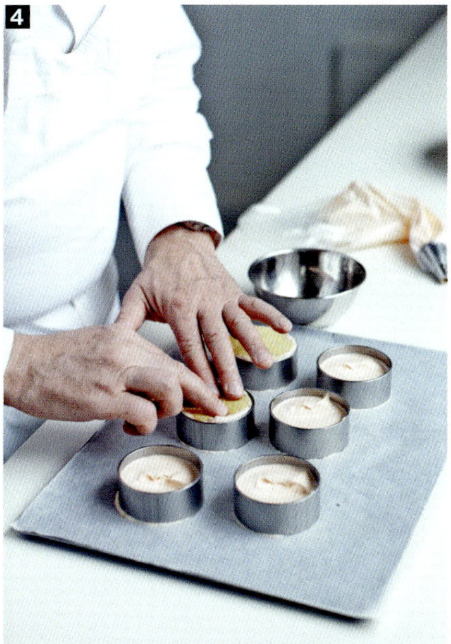

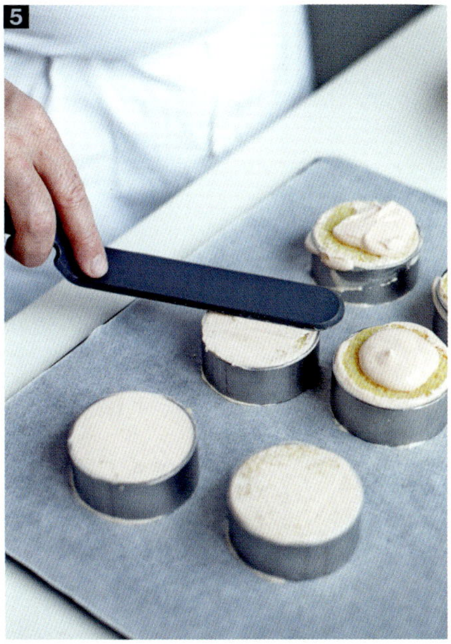

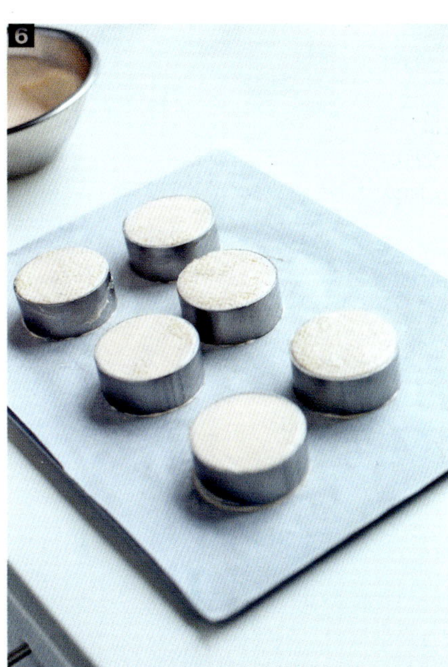

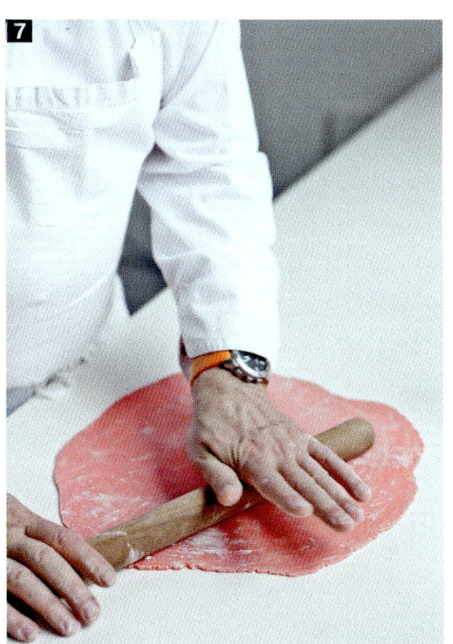

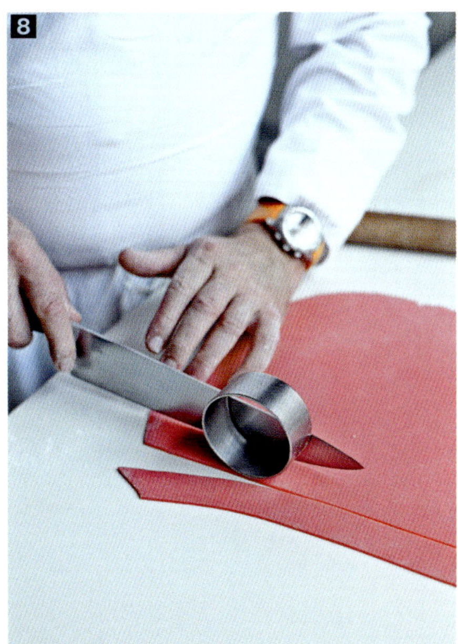

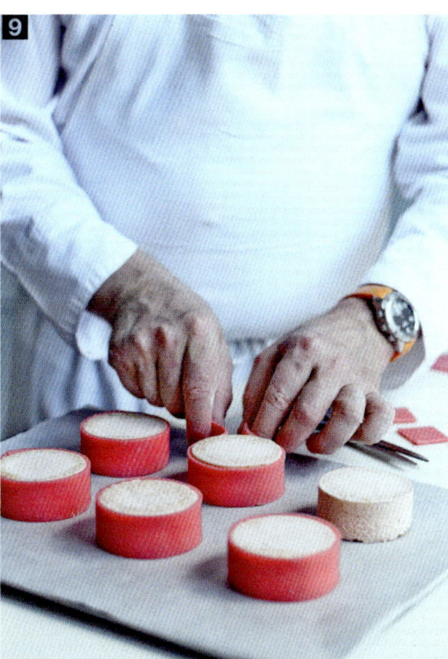

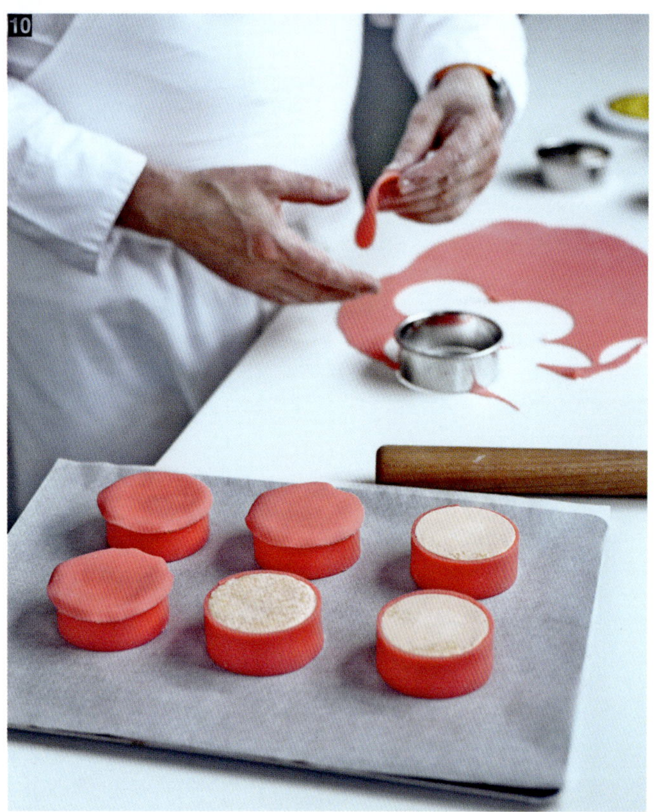

10 Détaillez à l'emporte-pièce des disques de 8 cm de diamètre de pâte d'amande et déposez-les sur le dessus de chaque gâteau.

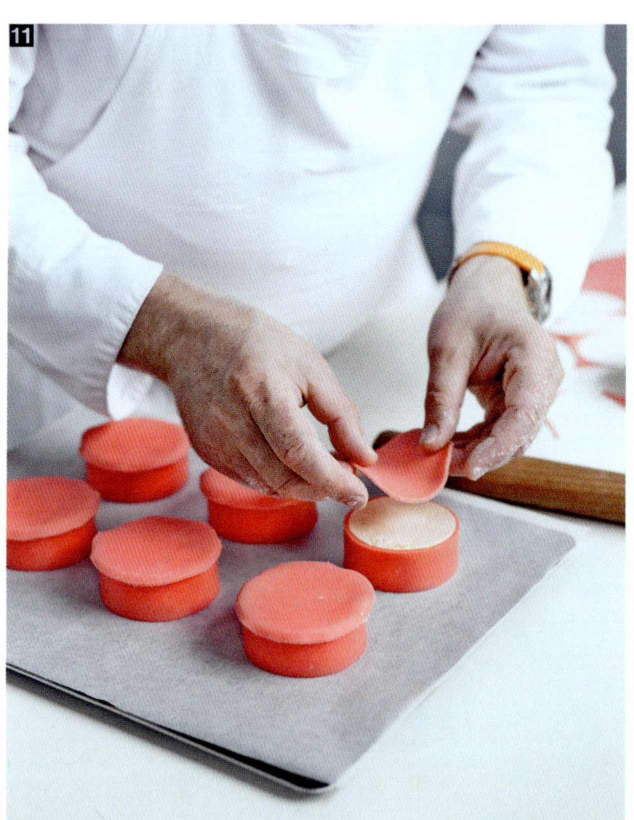

11 Voici le résultat. Il faut que le disque de pâte déborde légèrement comme un chapeau.

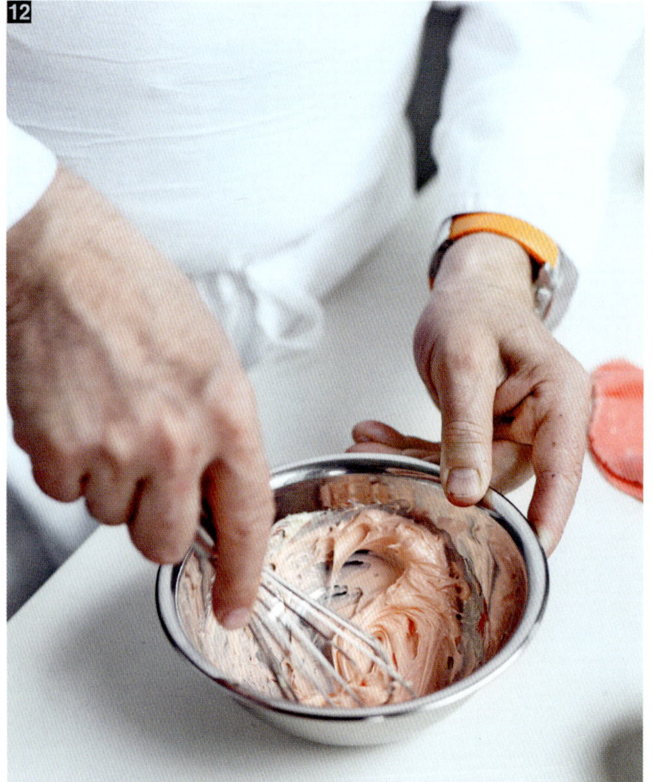

12 Fouettez la crème mousseline au kirsch restante.

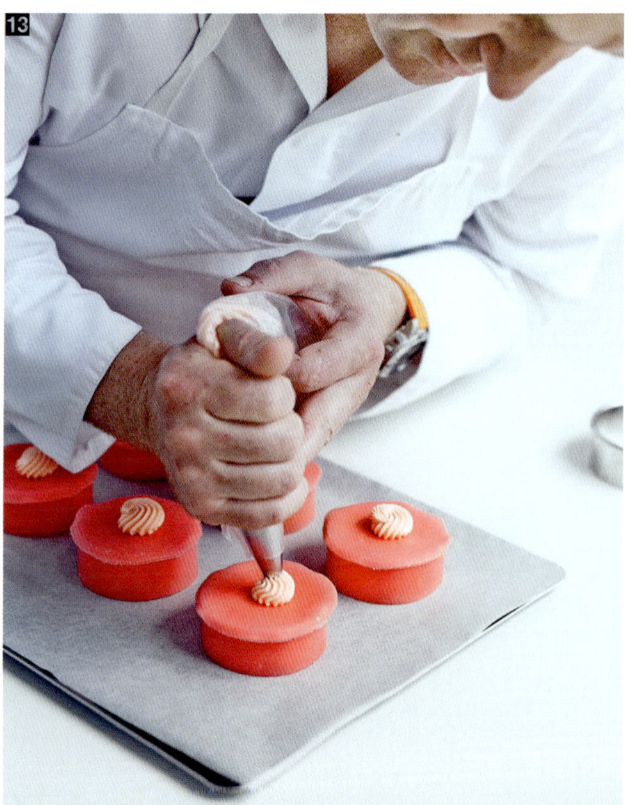

13 Pochez la crème à l'aide d'une poche munie d'une douille lisse cannelée sur chaque gâteau en formant une petite rosace.

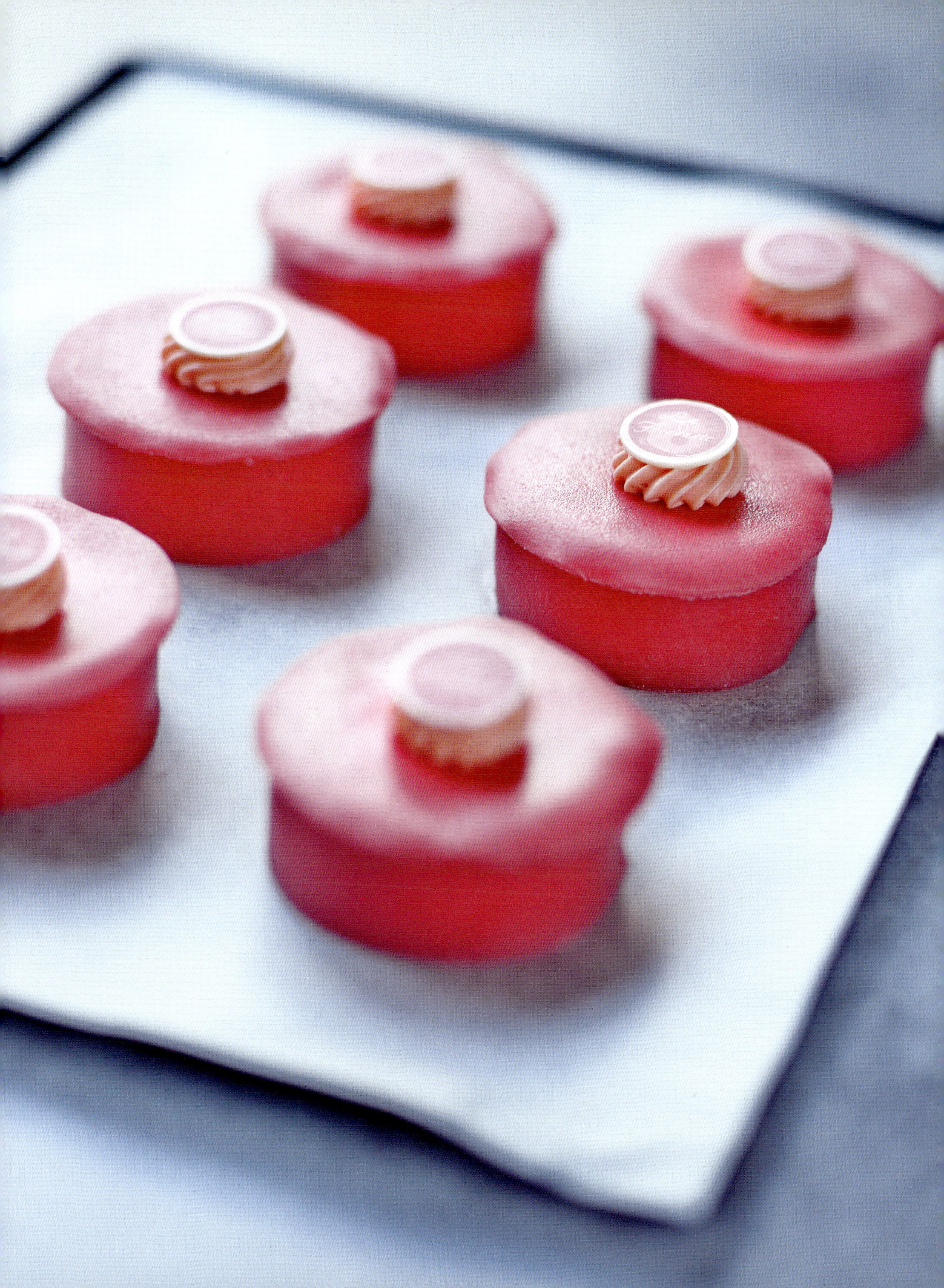

FRAGILITÉ PISTACHE

INGRÉDIENTS POUR 8 GÂTEAUX

① LA DACQUOISE

200 G DE BLANCS D'ŒUFS

100 G DE SUCRE SEMOULE

120 G DE POUDRE D'AMANDES TORRÉFIÉE

65 G DE SUCRE GLACE

40 G DE FARINE T45

② LA CRÈME MOUSSELINE PISTACHE

150 G DE CRÈME PÂTISSIÈRE (VOIR LA RECETTE PAGE 18)

250 G DE CRÈME AU BEURRE (VOIR LA RECETTE PAGE 14)

45 G DE PÂTE PISTACHE

③ LES PISTACHES PRALINETTES (VOIR LA RECETTE DES NOISETTES TORRÉFIÉES PAGE 50, REMPLACEZ LES NOISETTES PAR DES PISTACHES)

④ LE MONTAGE

SUCRE GLACE SPÉCIAL DÉCOR (VOIR CARNET D'ADRESSES PAGE 242)

1 EMPORTE-PIÈCE DE 6,5 CM DE DIAMÈTRE

8 CERCLES DE 6,5 CM DE DIAMÈTRE (ET 3 CM DE HAUTEUR)

1 POCHE À DOUILLE

1 DOUILLE LISSE DE 8 MM

TEMPS DE PRÉPARATION 2 HEURES

TEMPS DE CUISSON 40 MINUTES

CONSEIL : le fragilité pistache se conserve 3 ou 4 jours au réfrigérateur. Ce gâteau est une spécialité parisienne que j'avais découvert chez Angelina.
Vous pouvez remplacer 1/3 de poudre d'amandes torréfiée par 1/3 de poudre de pistaches torréfiée dans la dacquoise.
Il vous restera de la dacquoise, congelez-la après cuisson pour une autre utilisation.

① LA DACQUOISE

② LA CRÈME MOUSSELINE PISTACHE

③ LES PISTACHES PRALINETTES

④ LE MONTAGE

① LA DACQUOISE

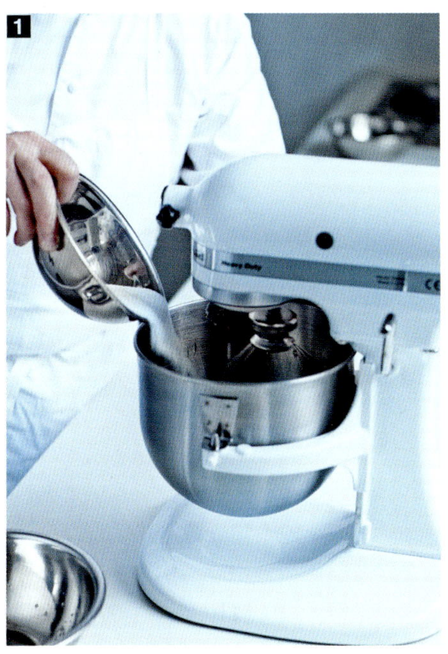

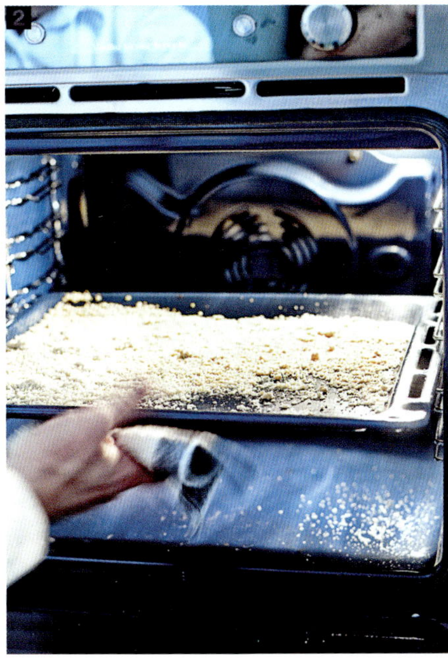

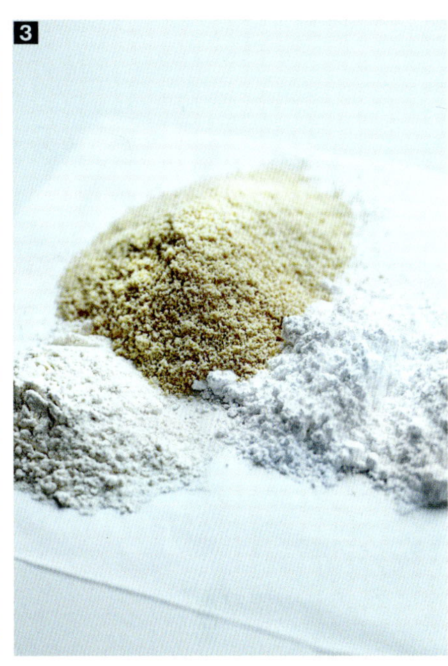

Préchauffez votre four à 160 °C en chaleur tournante.

1 Montez les blancs d'œufs en neige avec un peu de sucre semoule, puis ajoutez le reste de sucre semoule petit à petit.

2 Torréfiez la poudre d'amandes dans le four à 160 °C, pendant 10 minutes, afin qu'elle blondisse.

3 Préparez les ingrédients : la poudre d'amandes refroidie, le sucre glace et la farine.

4 Mélangez délicatement les ingrédients secs à l'aide d'un fouet.

5 Versez-les dans les blancs montés. Mélangez avec une Maryse.

6 Déposez le biscuit sur une plaque recouverte d'une feuille de papier sulfurisé.

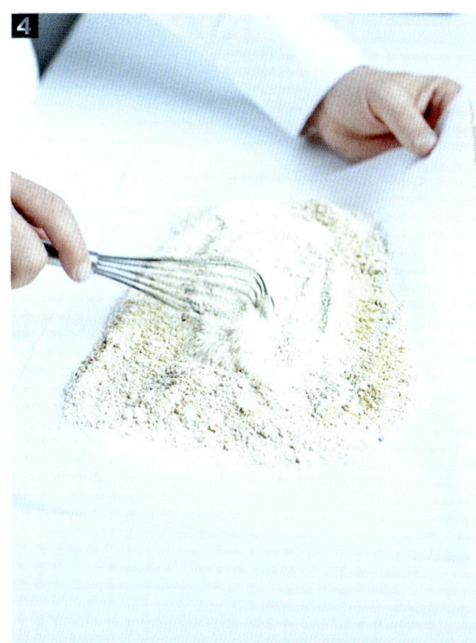

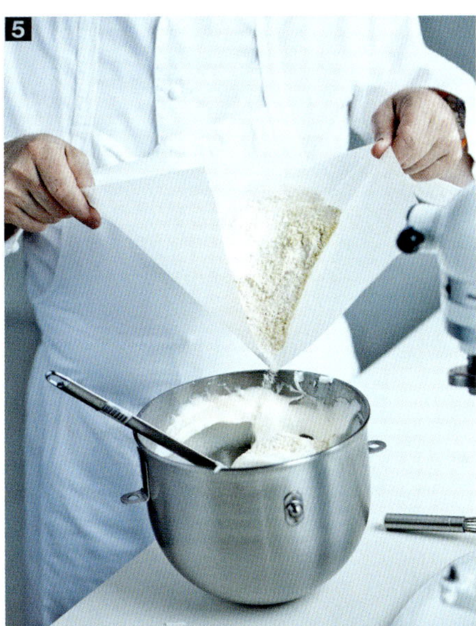

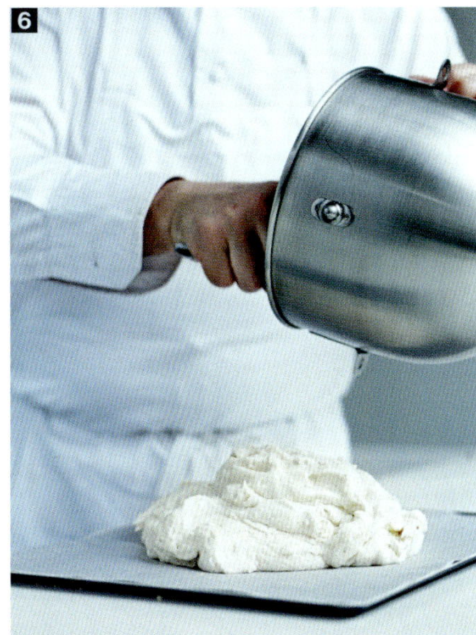

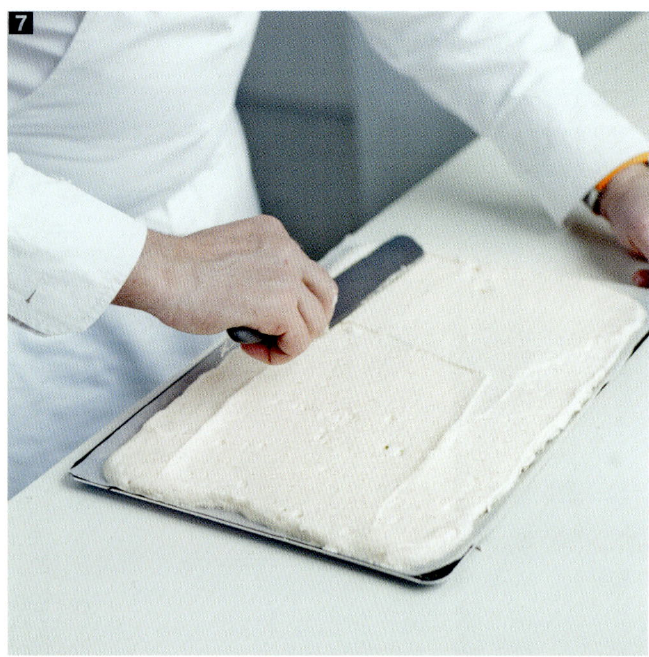

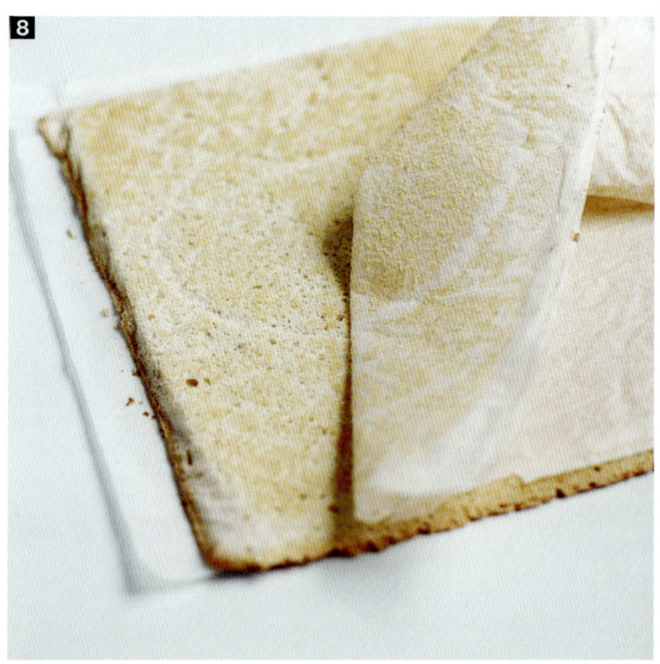

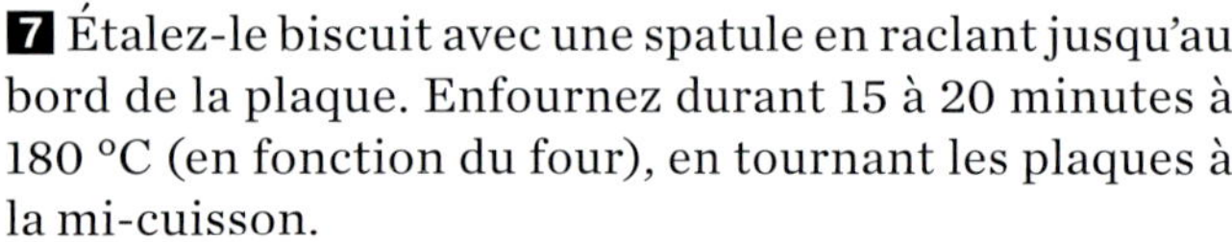

7 Étalez-le biscuit avec une spatule en raclant jusqu'au bord de la plaque. Enfournez durant 15 à 20 minutes à 180 °C (en fonction du four), en tournant les plaques à la mi-cuisson.

8 Après refroidissement, retournez la plaque sur un plan de travail couvert de papier sulfurisé et retirez délicatement la feuille de papier sulfurisé.

9 **10** Retournez de nouveau le biscuit. Détaillez des ronds avec des emporte-pièce.

11 Placez les biscuits détaillés dans le fond de chaque cercle.

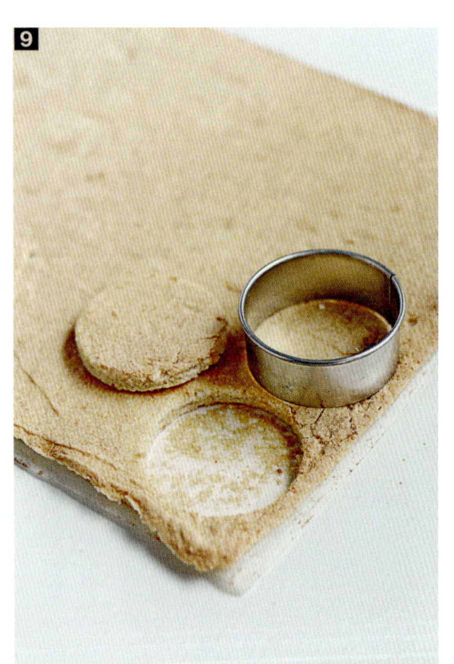

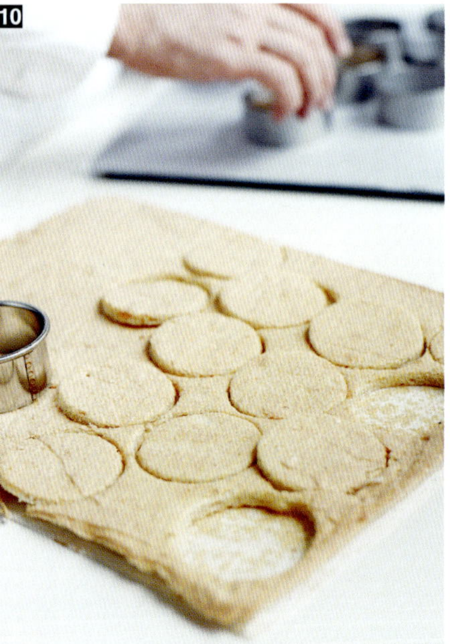

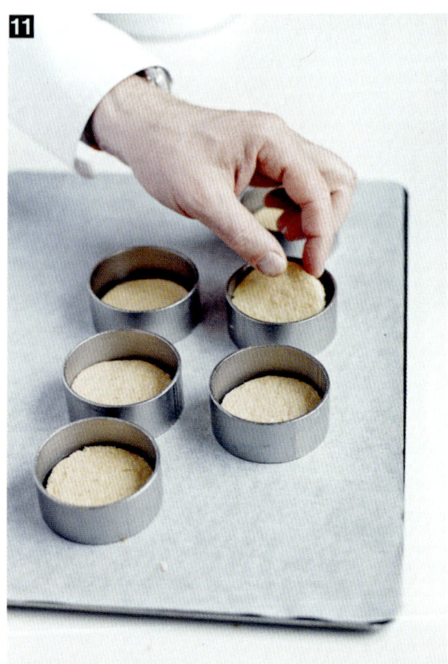

② LA CRÈME MOUSSELINE PISTACHE

Réalisez la crème pâtissière et la crème au beurre selon les recettes pages 18 et 14.

Fouettez la crème pâtissière au batteur à vitesse rapide afin de la lisser.

1 Versez la pâte de pistache sur la crème pâtissière.

2 Mélangez à l'aide d'une Maryse.

3 Ajoutez la crème au beurre.

4 Mélangez afin d'obtenir une texture lisse. Réservez à température ambiante.

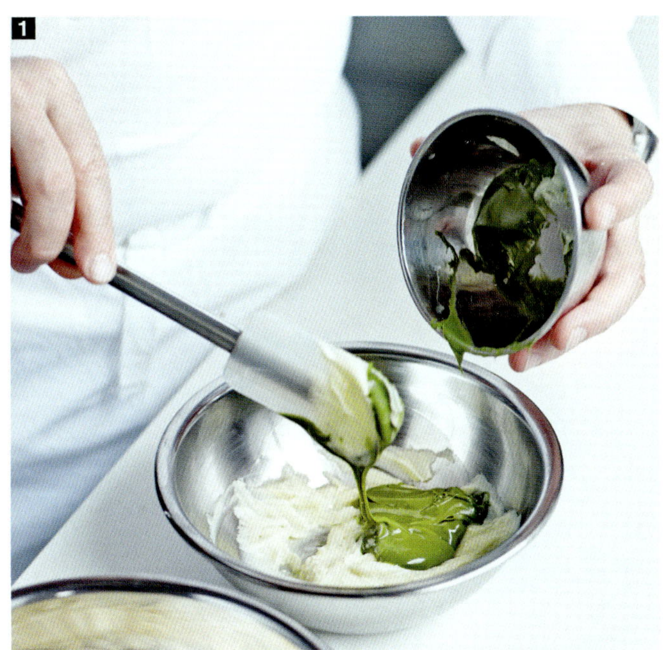

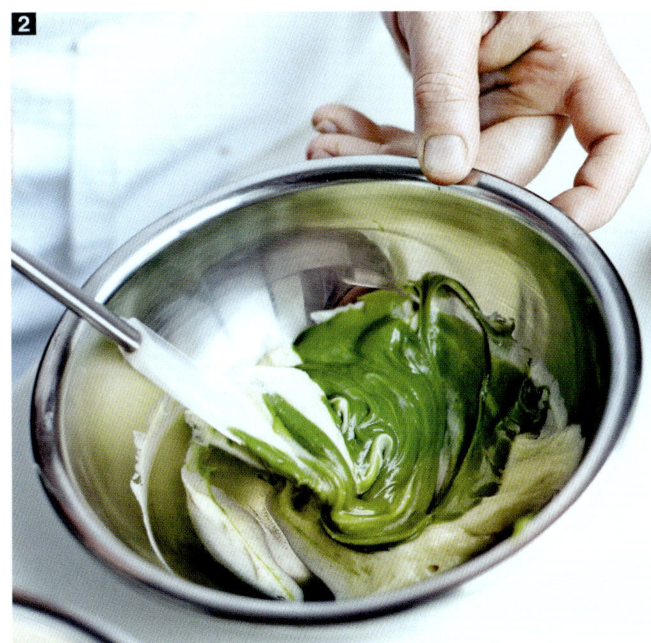

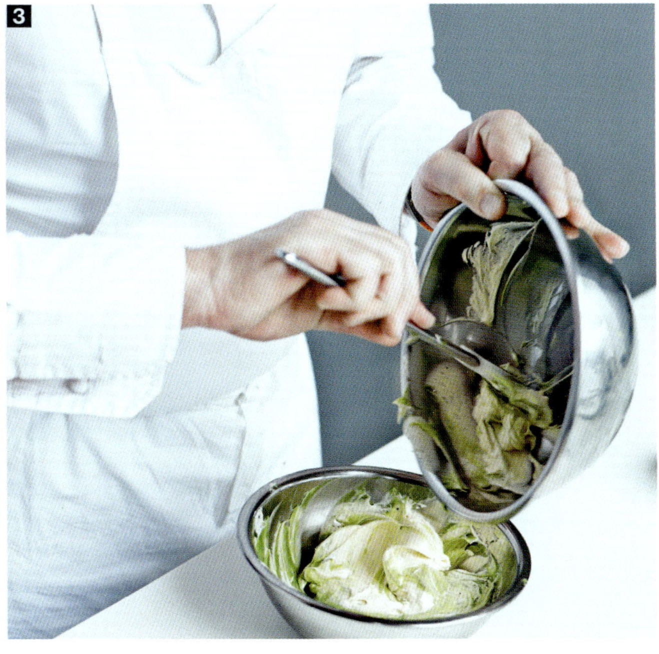

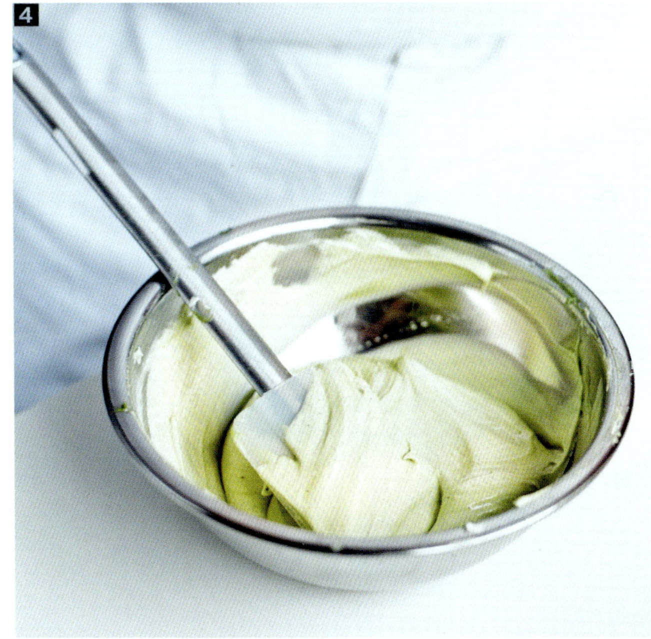

③ LES PISTACHES PRALINETTES

PRÉPAREZ SELON LA RECETTE PAGE 50

Réalisez la recette en reprenant les étapes de la recette des noisettes torréfiées.

④ LE MONTAGE

Déposez les cercles (avec la dacquoise au fond) sur une plaque recouverte de papier sulfurisé.

1 Remplissez une poche à douille munie d'une douille lisse de crème mousseline pistache aux trois quarts de chaque cercle. Gardez un tout petit peu de crème mousseline pistache.

2 Déposez un deuxième cercle de dacquoise.

3 Voici le résultat souhaité. Ensuite, mettez-les au congélateur pendant 1 heure. Démoulez-les à l'aide d'un petit chalumeau en le passant sur chaque cercle. Déposez un peu de crème mousseline pistache autour de chaque gâteau à l'aide d'une spatule.

4 Prenez un gâteau dans votre main et déposez des pistaches pralinettes tout autour du gâteau à l'aide d'une spatule.

5 Tamisez un peu de sucre glace spécial décor sur le dessus de chaque pièce.

1
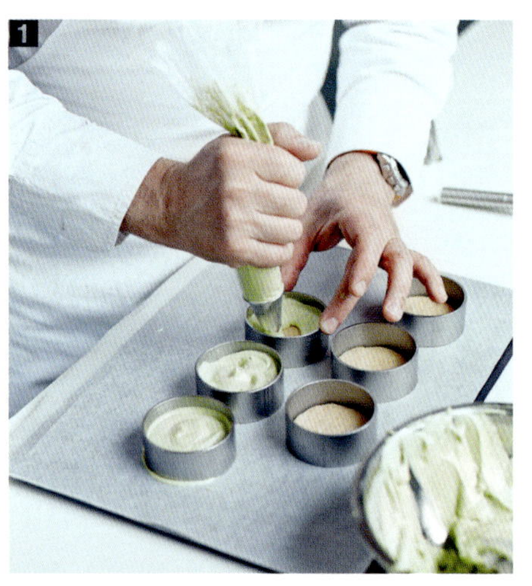

2
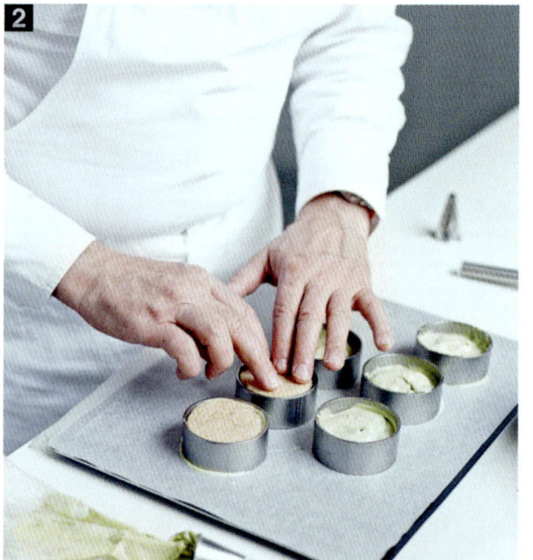

3
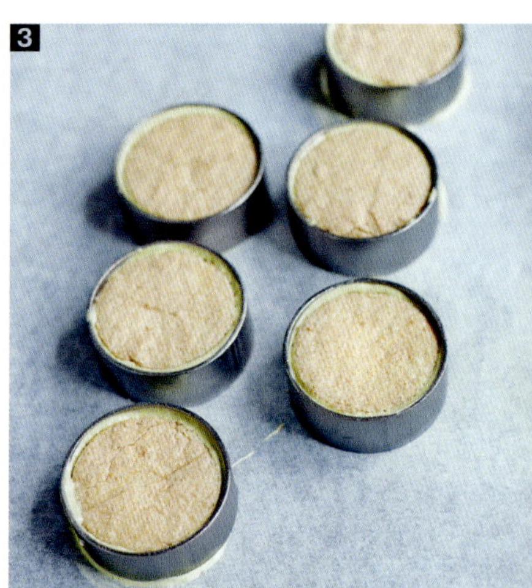

4
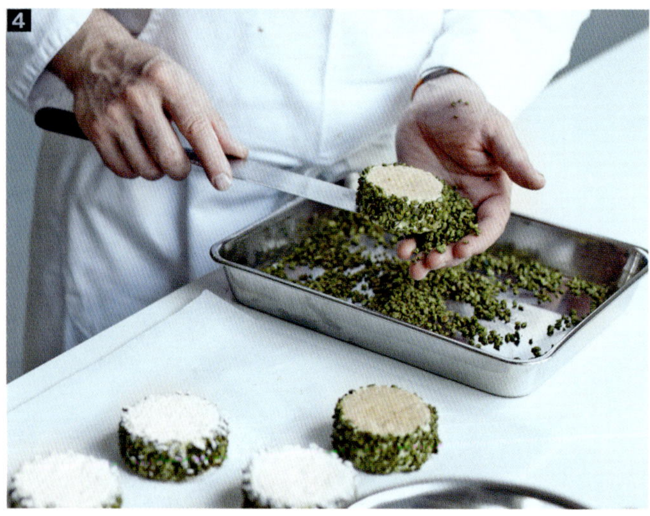

5
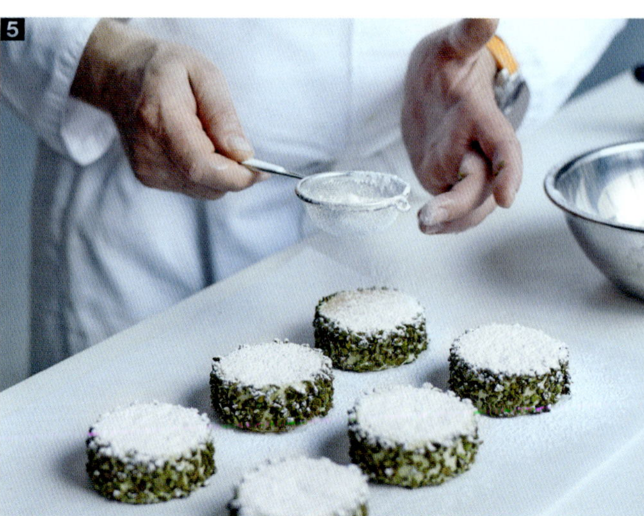

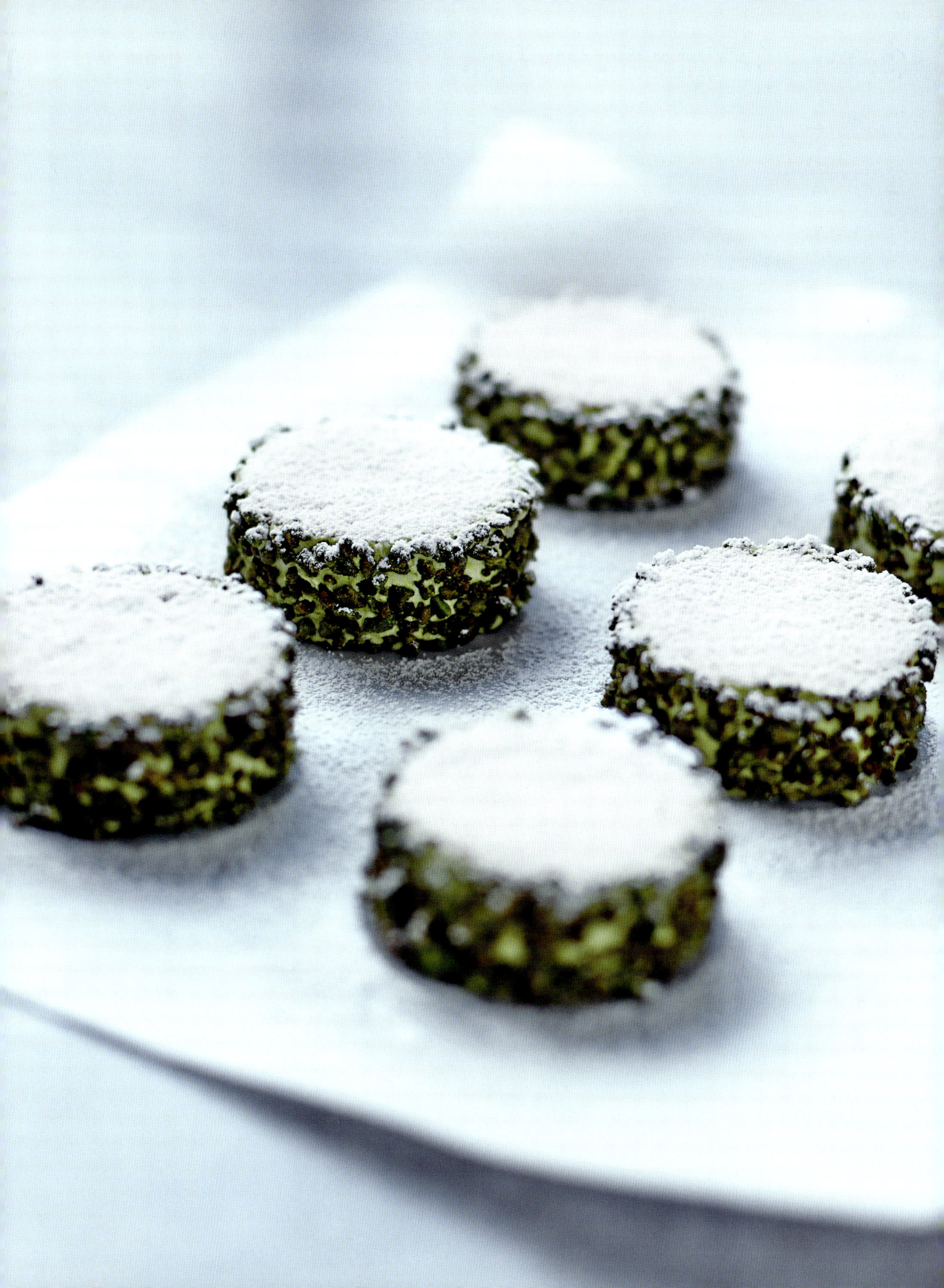

MACARON BISOUS BISOUS

INGRÉDIENTS POUR 8 GRANDS MACARONS À LA ROSE

① LES MACARONS (320 G DE PÂTE À MACARON)

VOIR LA RECETTE PAGE 40

② LES PAMPLEMOUSSES

2 PAMPLEMOUSSES ROSES

③ LA CRÈME LÉGÈRE COQUELICOT

400 G DE CRÈME PÂTISSIÈRE (VOIR LA RECETTE PAGE 18)

1 G D'ARÔME DE COQUELICOT (VOIR CARNET D'ADRESSES PAGE 242)

100 G DE CRÈME LIQUIDE ENTIÈRE

④ LES PÉTALES CRISTALLISÉS

1 ROSE NON TRAITÉE ROSE CLAIR OU ORANGE

100 G DE SUCRE SEMOULE

1 GOUTTE DE COLORANT ORANGE

1 BLANC D'ŒUF

⑤ LE MONTAGE

50 G DE CHOCOLAT BLANC

50 G DE POUDRE D'AMANDES

10 FRAISES

SUCRE GLACE SPÉCIAL DÉCOR (VOIR CARNET D'ADRESSES PAGE 242)

FEUILLE D'OR (VOIR CARNET D'ADRESSES PAGE 242)

1 THERMOMÈTRE

1 POCHE À DOUILLE

1 DOUILLE LISSE DE 8 MM

TEMPS DE PRÉPARATION
2 HEURES

TEMPS DE CUISSON
15 À 20 MINUTES

Vous pouvez préparer ces macarons le matin pour les déguster le soir même en les laissant au réfrigérateur. Sortez-les 30 minutes avant la dégustation. Vous pouvez également préparer des pétales de coquelicot, mais les coquelicots se font rares.

① LES MACARONS

② LES PAMPLEMOUSSES

③ LA CRÈME LÉGÈRE COQUELICOT

④ LES PÉTALES CRISTALLISÉS

⑤ LE MONTAGE

① LES MACARONS

Préparez les macarons selon la recette page 40 avec du colorant rouge.
Préchauffez votre four ventilé à 165 °C.

1 Mettez la pâte à macaron dans une poche à douille munie d'une douille lisse. Réalisez 8 macarons en forme de cœur plein de 7 cm de diamètre sur des plaques de cuisson recouvertes de papier sulfurisé. Tapotez légèrement les plaques.

2 Réalisez 8 macarons en forme de cœur évidé de 7 cm de diamètre sur des plaques de cuisson recouvertes de papier sulfurisé. Tapotez légèrement les plaques.

3 Enfournez les macarons. Pour les cœurs évidés, comptez 8 à 10 minutes de cuisson, et pour les cœurs pleins 15 à 20 minutes.

Avec le restant de pâte, réalisez d'autres macarons que vous pourrez congeler.
Prenez soin de bien tourner les plaques à mi-cuisson.
Laissez refroidir complètement les macarons avant de les garnir.
Retournez les macarons sur une plaque propre.
Réservez.

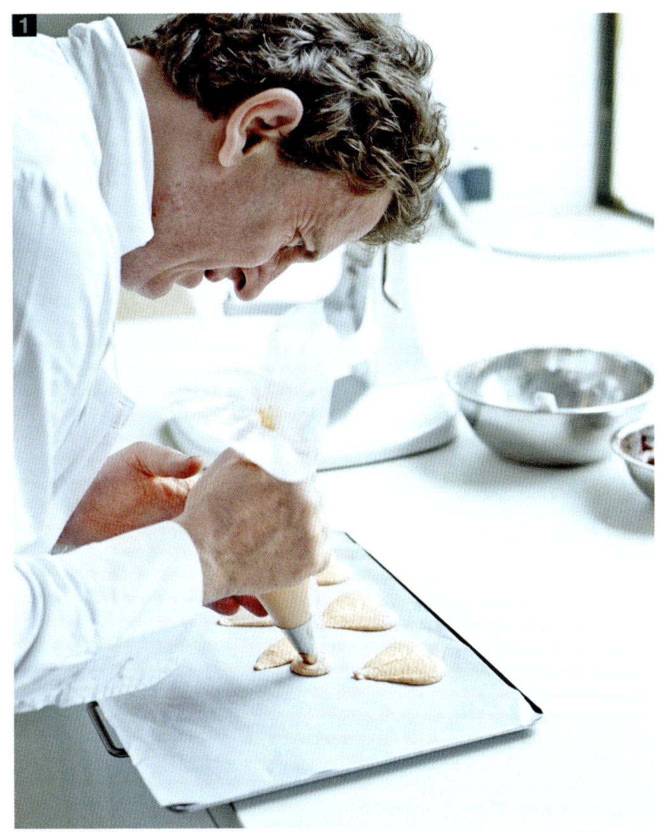
1

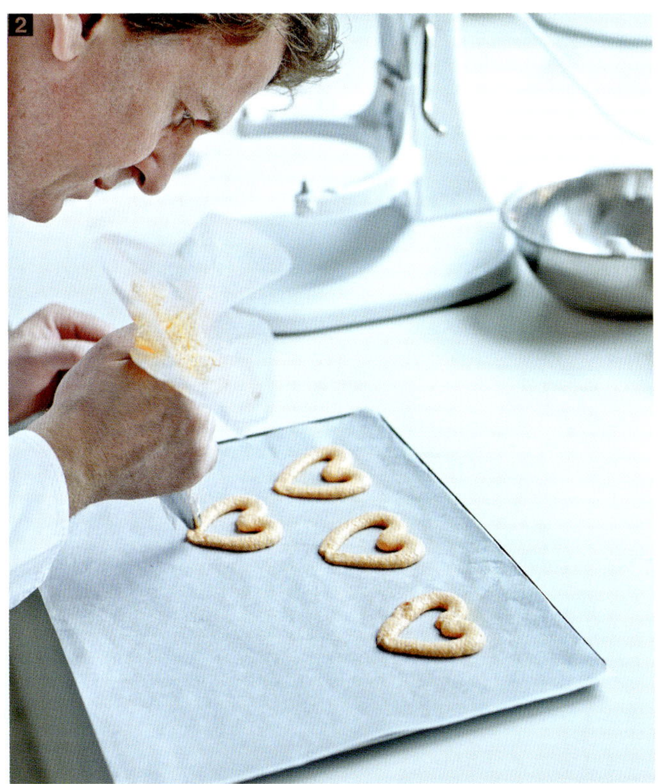
2

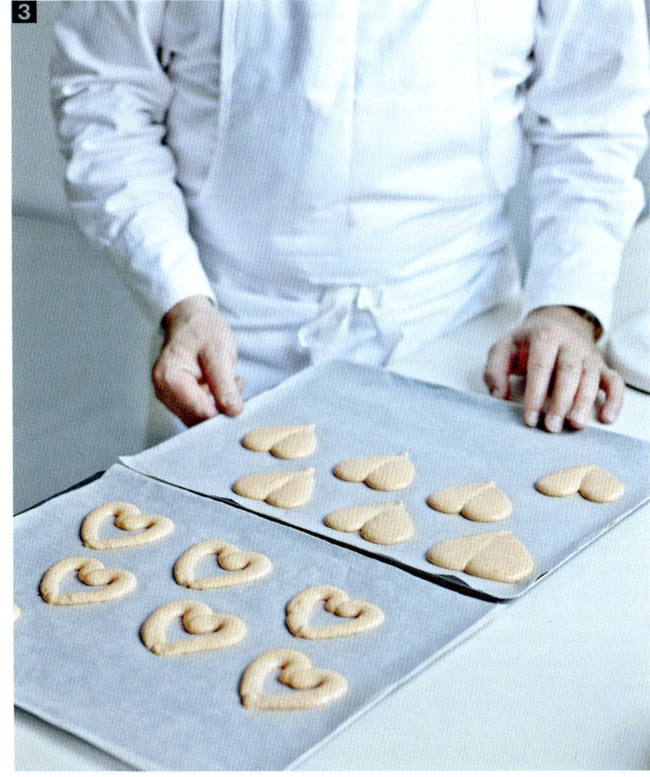
3

② LES PAMPLEMOUSSES

1 Avec un couteau dentelé bien aiguisé, épluchez les pamplemousses à vif.

2 Prélevez-en les segments en essayant de conserver une épaisseur identique.

3 Égouttez-les sur du papier absorbant. Retournez-les afin de bien les égoutter. Réservez au frais.

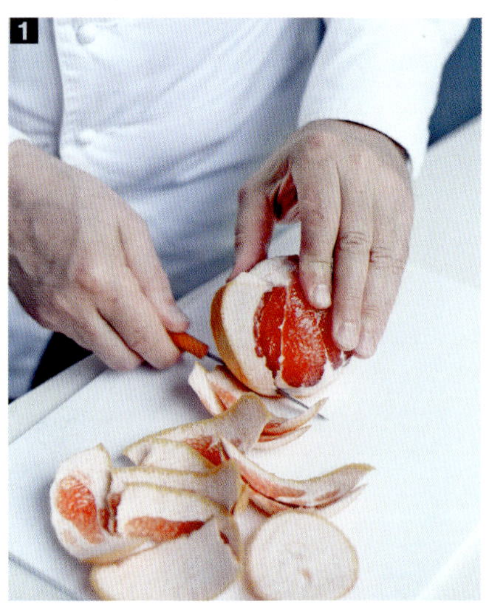

1

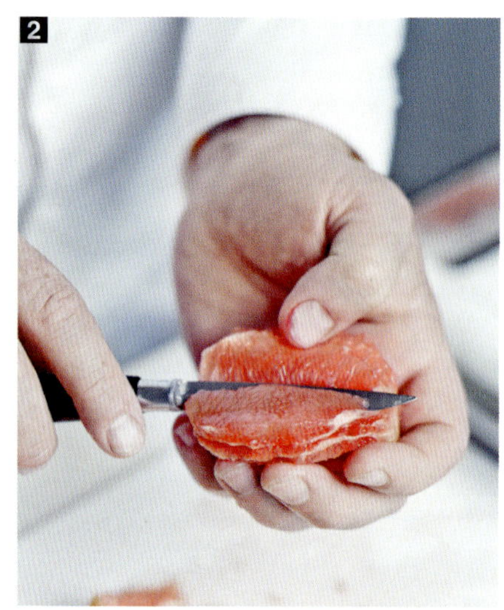

2

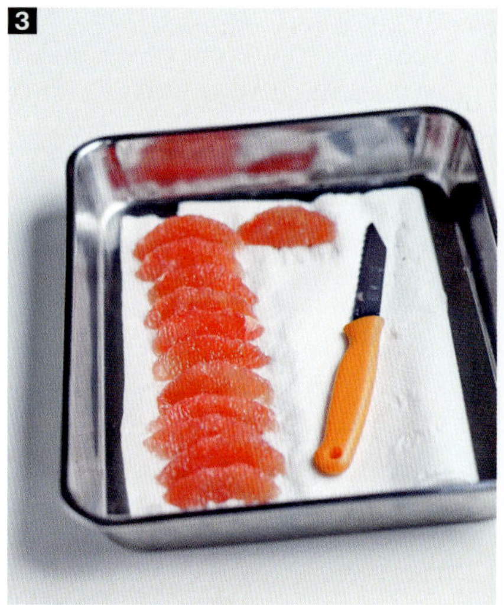

3

③ LA CRÈME LÉGÈRE COQUELICOT

RÉALISEZ LA CRÈME PÂTISSIÈRE SELON LA RECETTE PAGE 18.

1 Fouettez vivement la crème pâtissière et ajoutez l'arôme coquelicot.

2 Versez la crème liquide très froide dans un récipient sorti du congélateur assez large et fouettez-la de façon à obtenir une belle crème fouettée. Incorporez-la à la crème pâtissière.

3 Mélangez délicatement.

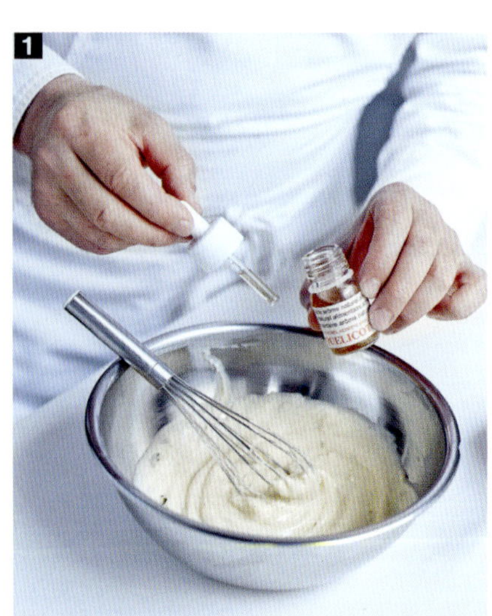

1

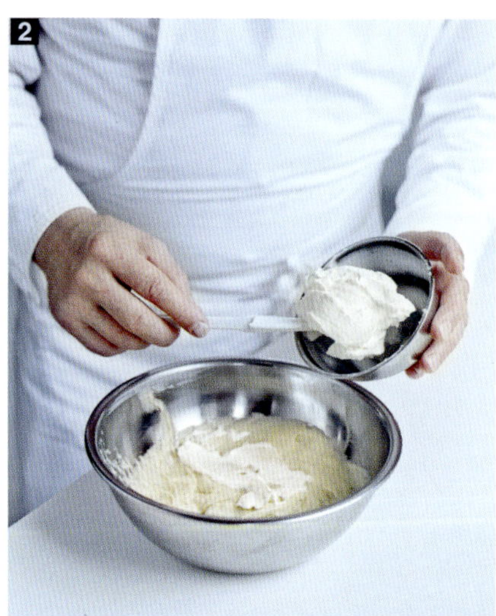

2

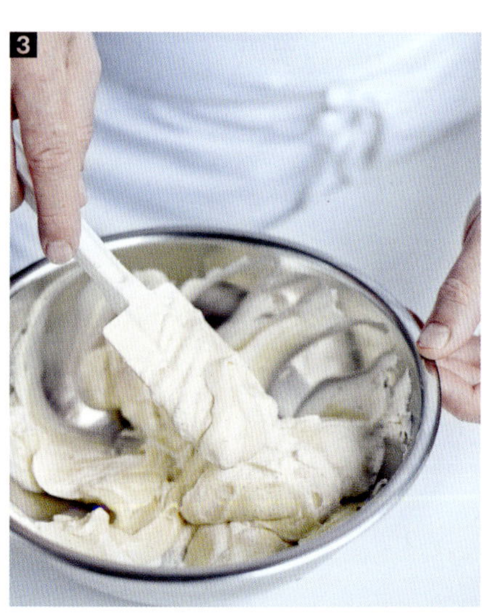

3

④ LES PÉTALES CRISTALLISÉS

1 Choisissez une rose non traitée de couleur rose clair.

2 Mélangez le sucre semoule avec le colorant.

3 Séparez les pétales de la fleur. Versez le blanc d'œuf dans un petit récipient et plongez-y le pinceau. Retirez l'excédent de blanc sur le bord du bol et badigeonnez délicatement chaque pétale sur les deux faces. La couche de blanc d'œuf doit être fine pour que le sucre ne fonde pas.

4 Déposez les pétales sur le sucre semoule. Saupoudrez-les afin de les enrober parfaitement, puis tapotez-les afin de faire tomber l'excédent. Laissez-les sécher sur une plaque à l'air libre pendant une nuit. Les pétales doivent être bien cassants. Rangez-les dans une boîte.

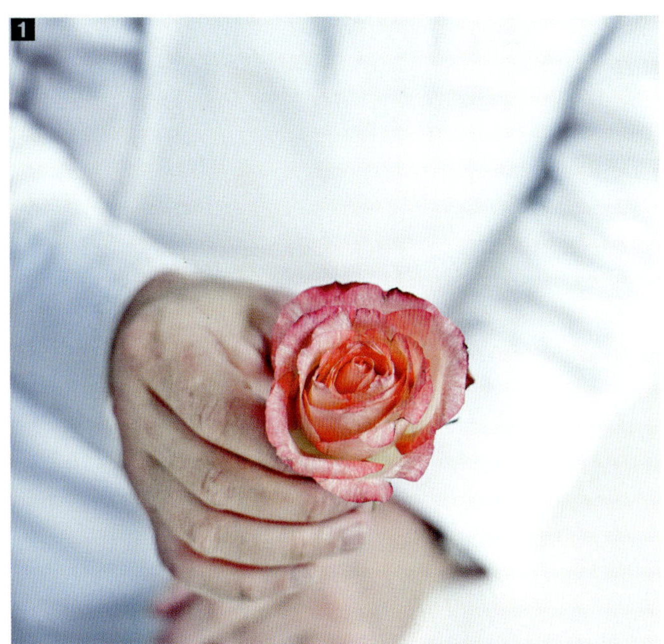

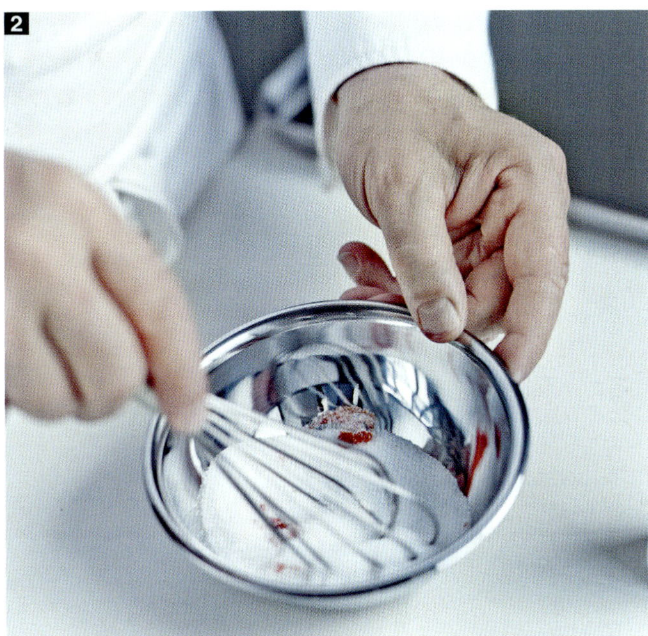

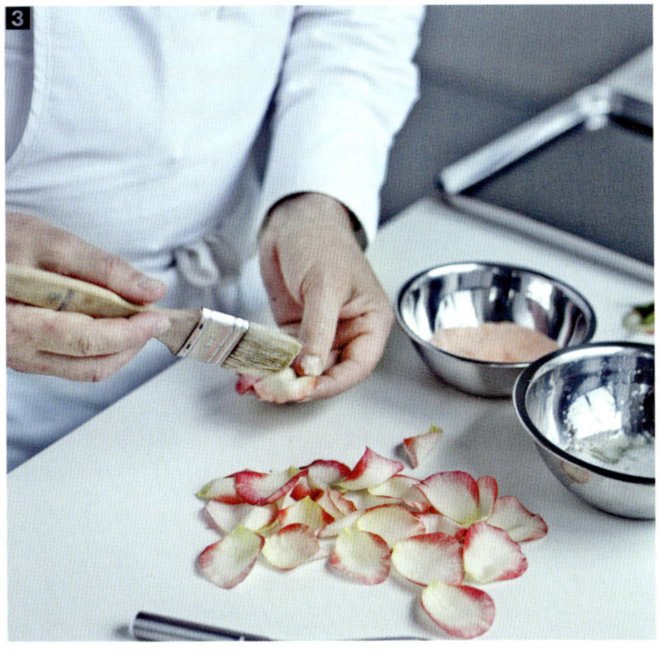

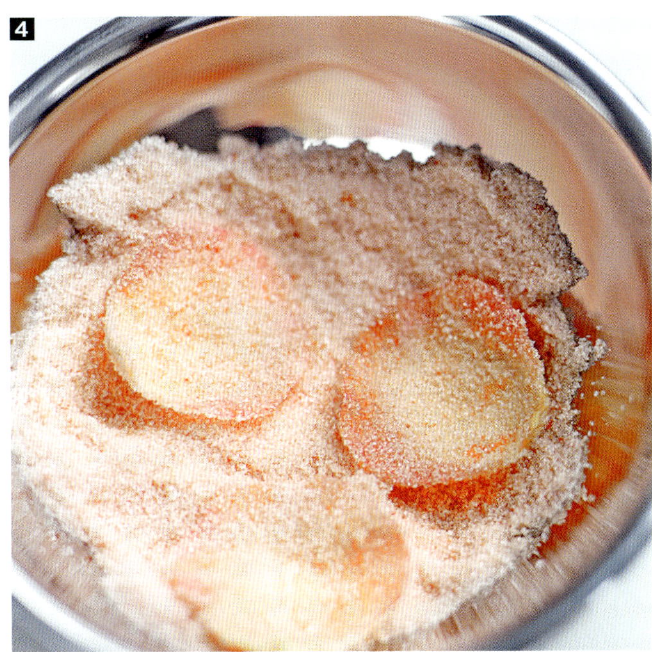

⑤ LE MONTAGE

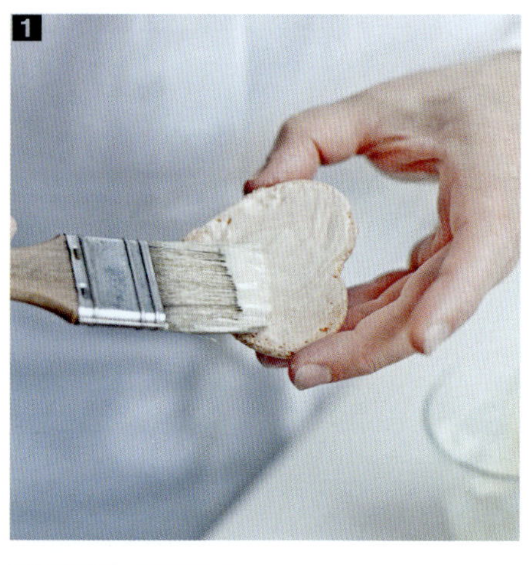

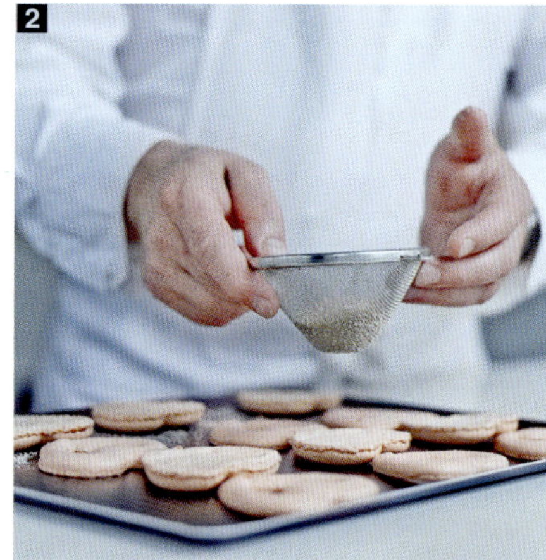

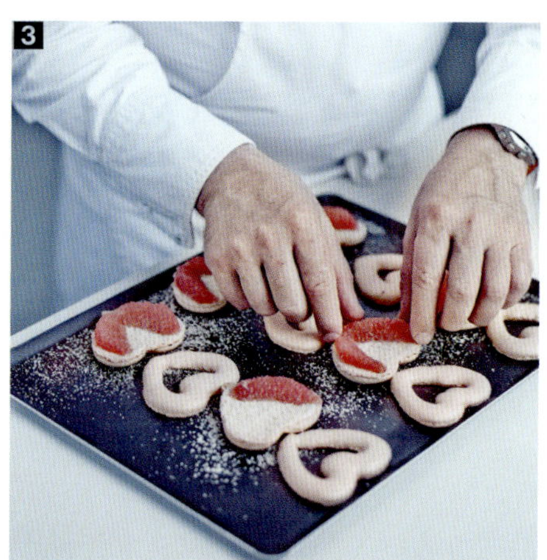

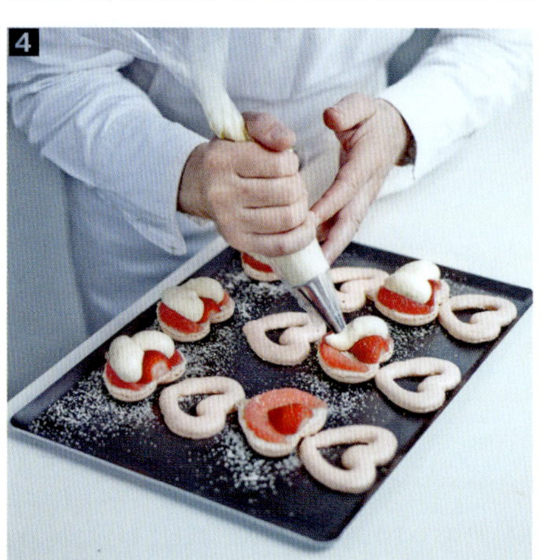

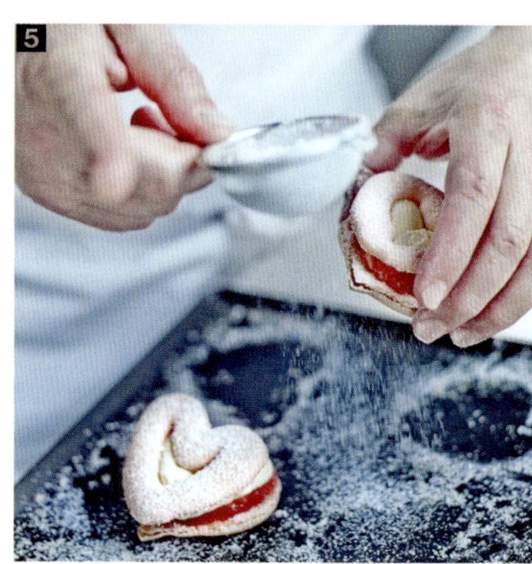

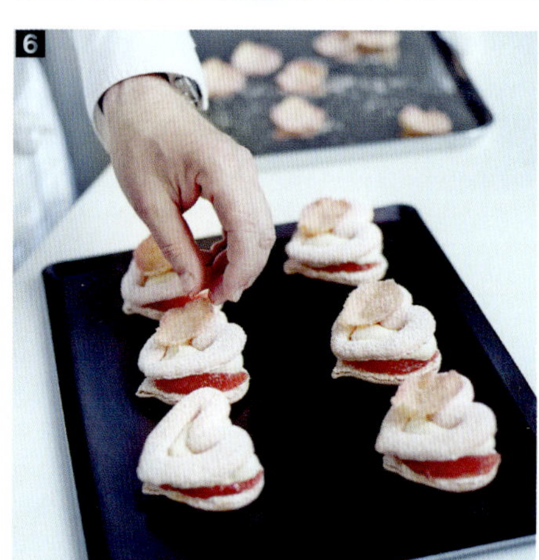

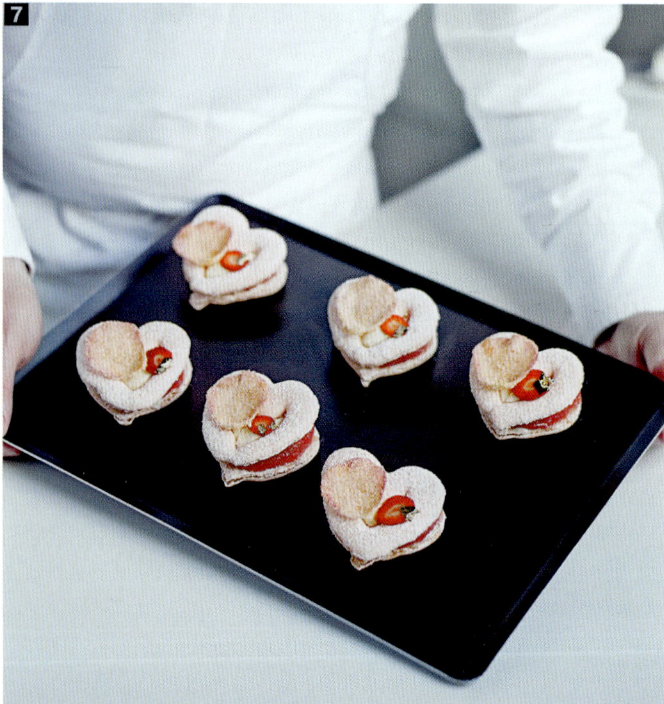

1 Peignez les dessous des macarons en forme de cœur plein avec le chocolat blanc fondu.

2 Saupoudrez de poudre d'amandes.

3 Posez les segments de pamplemousse au bord du macaron, ajoutez une demi-fraise.

4 Pochez la crème coquelicot sur les coques, bien au milieu.

5 Posez le deuxième macaron en forme de cœur évidé sur le montage, légèrement en biais. Saupoudrez de sucre glace spécial décor.

6 Décorez avec le pétale de rose.

7 Déposez un morceau de fraise et un peu de feuille d'or.

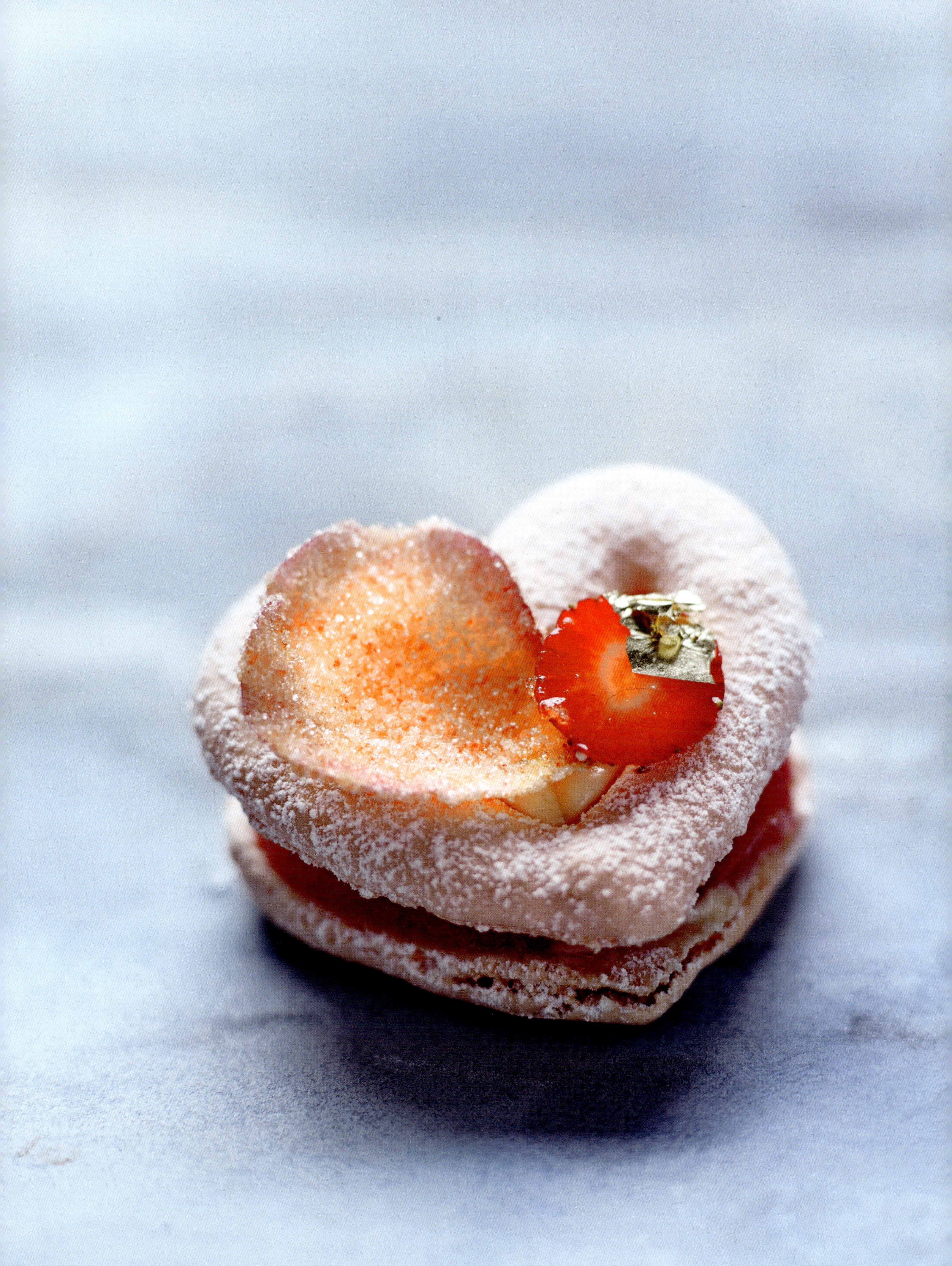

MACARON MAYA

TEMPS DE PRÉPARATION 50 MINUTES

TEMPS DE CUISSON 15 À 20 MINUTES

TEMPS DE PRISE 1 HEURE

Ce macaron se conserve 2 jours au réfrigérateur. Vous pouvez remplacer le chocolat noir par du chocolat au lait.

① LES MACARONS

② LA MOUSSE CHOCOLAT PÂTISSIÈRE

③ LA CRÈME PASSION

④ LE MONTAGE

INGRÉDIENTS POUR 7 GRANDS MACARONS ET 7 PETITS MACARONS

① LES MACARONS (320 G DE PÂTE À MACARON)

VOIR LA RECETTE PAGE 40

② LA MOUSSE CHOCOLAT PÂTISSIÈRE

100 G DE CHOCOLAT NOIR À 60 % DE CACAO

50 G DE CRÈME PÂTISSIÈRE (VOIR LA RECETTE PAGE 18)

250 G DE CRÈME LIQUIDE ENTIÈRE

③ LA CRÈME PASSION

5 G DE GÉLATINE EN FEUILLE

225 G DE PULPE DE FRUIT DE LA PASSION CONGELÉE

3 ŒUFS (155 G)

175 G DE SUCRE SEMOULE

225 G DE BEURRE EN MORCEAUX

④ LE MONTAGE

35 G DE CONFITURE AUX FRUITS DU SOLEIL (VOIR LA RECETTE PAGE 70)

50 G DE CHOCOLAT NOIR FONDU ET TEMPÉRÉ À 60 % DE CACAO

1 POCHE À DOUILLE

1 DOUILLE LISSE DE 8 MM

1 THERMOMÈTRE

1 EMPORTE-PIÈCE DE 3 CM DE DIAMÈTRE

1 FEUILLE EN PLASTIQUE

1 CORNET EN PAPIER

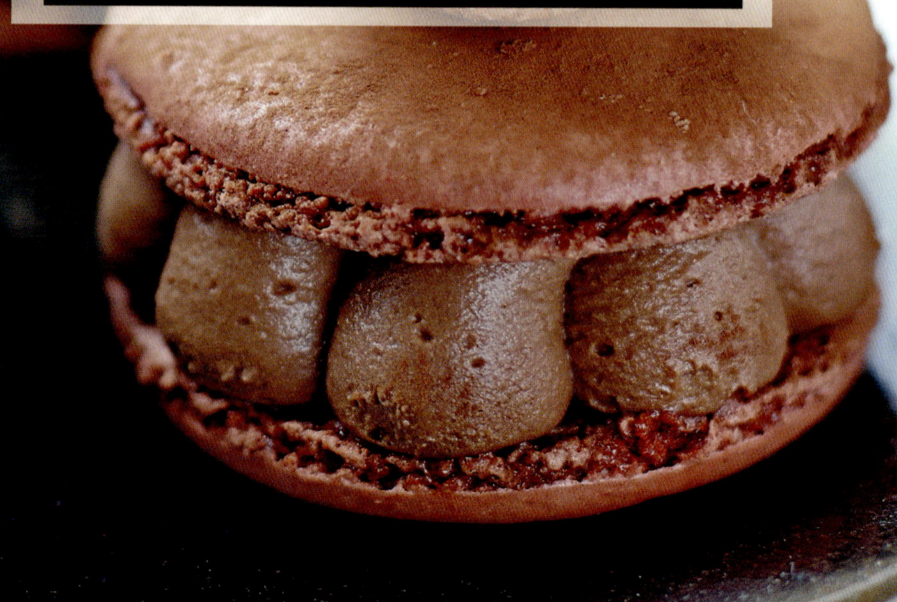

① LES MACARONS

Préparez les macarons selon la recette page 40 avec du colorant rouge et 20 g de cacao en poudre.
Préchauffez votre four en chaleur tournante à 165 °C.

1 Mettez la pâte à macaron dans une poche à douille munie d'une douille lisse. Dessinez des cercles de 7 cm. Réalisez 14 macarons sur des plaques de cuisson recouvertes de papier sulfurisé. Et réalisez 7 petites coques qui serviront pour le décor.

2 Tapotez légèrement les plaques.

3 Enfournez les macarons pendant 15 à 20 minutes.

Avec le restant de pâte, réalisez d'autres macarons que vous pourrez congeler.

Prenez soin de bien tourner les plaques à mi-cuisson. Laissez refroidir complètement les macarons avant de les garnir. Retournez les macarons sur une plaque propre. Réservez.

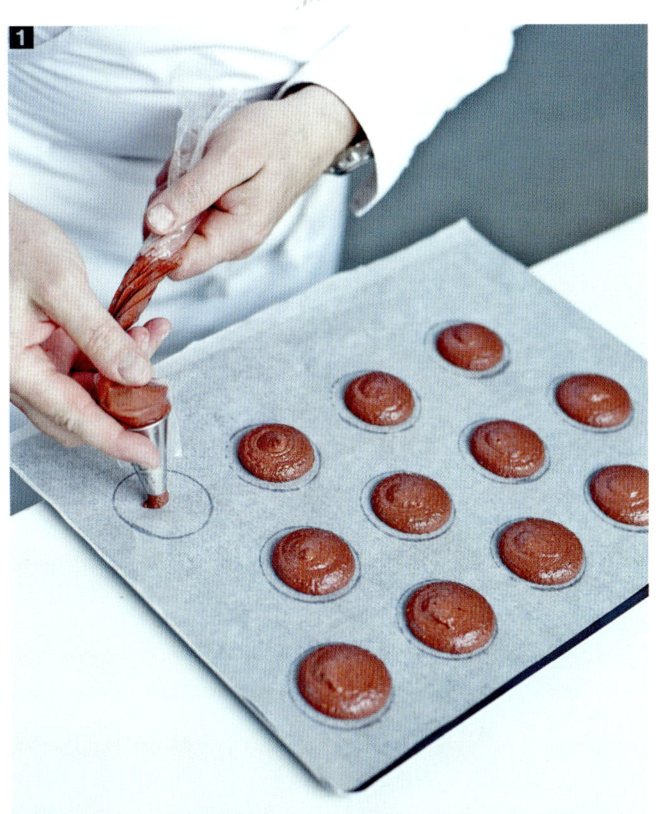
1

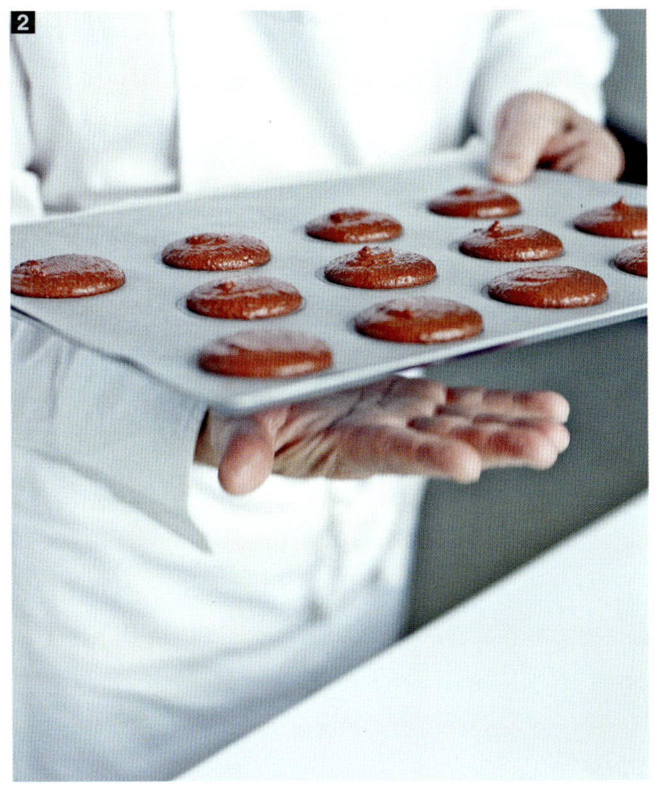
2

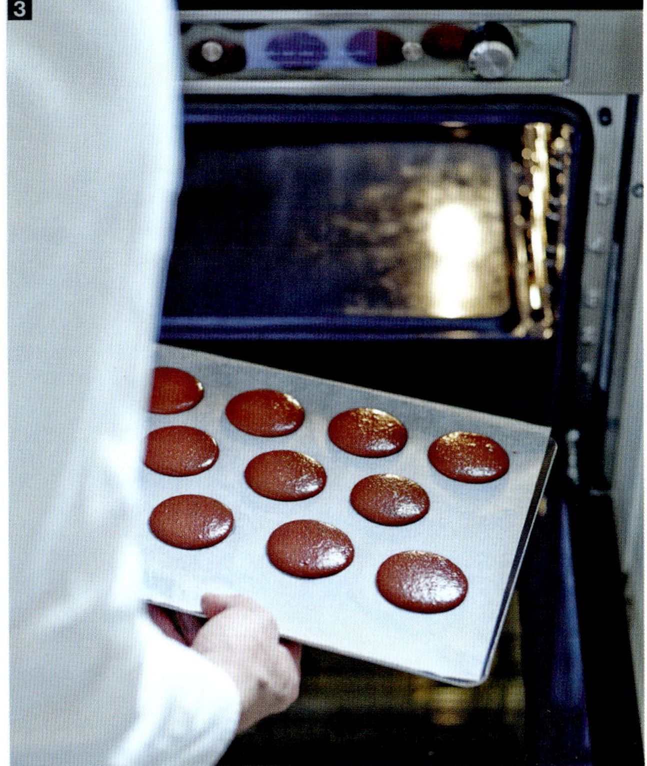
3

② LA MOUSSE CHOCOLAT PÂTISSIÈRE

1 Faites fondre le chocolat à 35 °C dans un bain-marie. Incorporez la crème pâtissière tempérée à 30 °C.

2 Montez la crème liquide pour obtenir une crème fouettée. Ajoutez-la à la préparation précédente.

3 Mélangez rapidement à l'aide d'une Maryse. Réservez à température ambiante.

1
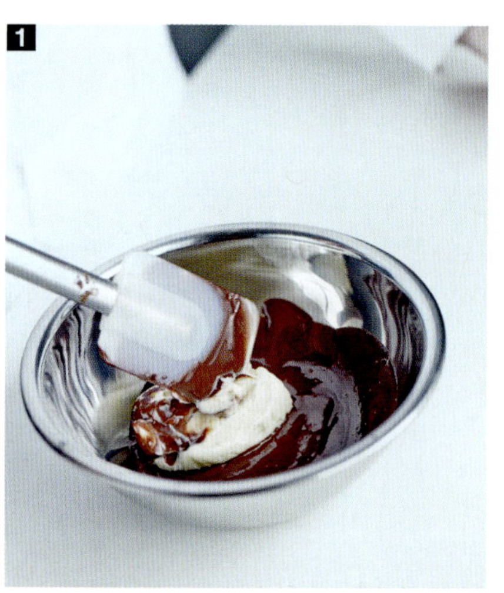

2
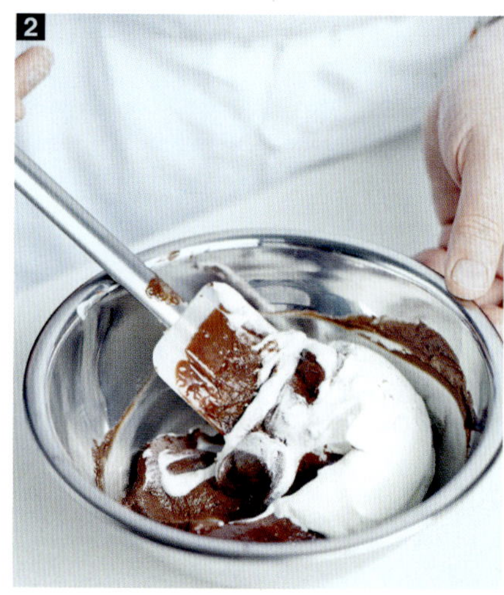

3
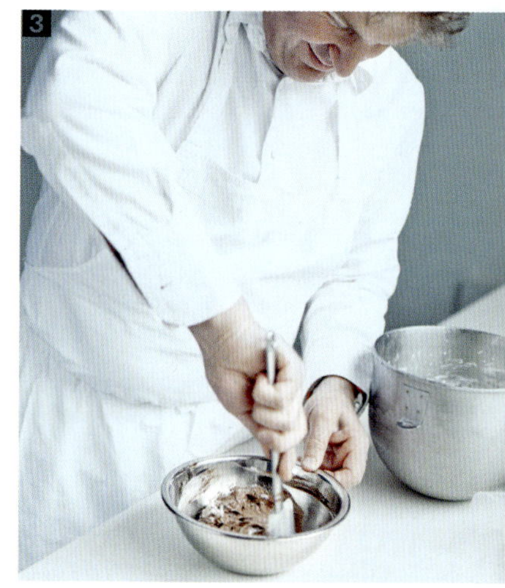

③ LA CRÈME PASSION

Mettez la gélatine dans de l'eau très froide.

1 Déposez la pulpe de fruit de la Passion dans une casserole.

2 Ajoutez les œufs et le sucre. Faites chauffer sur puissance moyenne, tout en remuant à l'aide d'un fouet, jusqu'à 85 °C (presqu'à ébullition). Hors du feu, incorporez la gélatine essorée, puis le beurre. Mélangez.

3 Versez la crème dans un récipient haut.

1
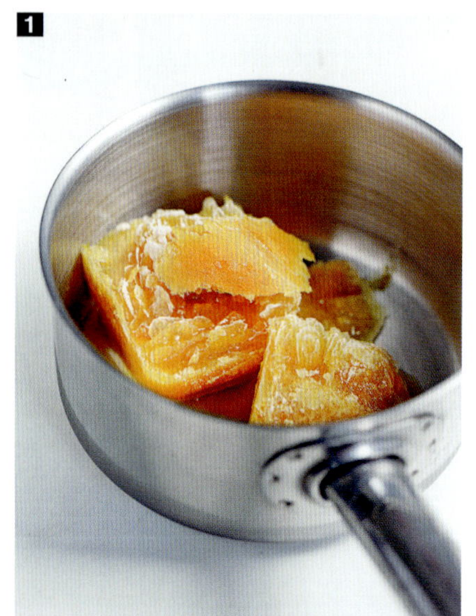

2
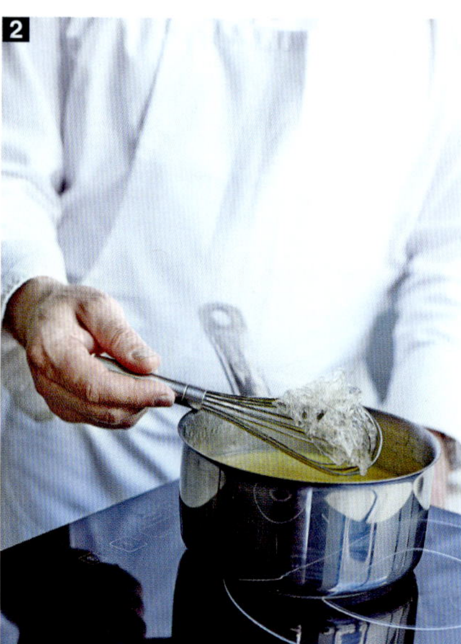

3
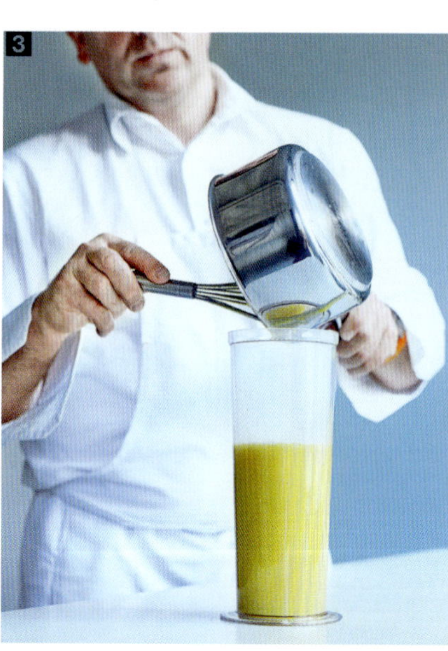

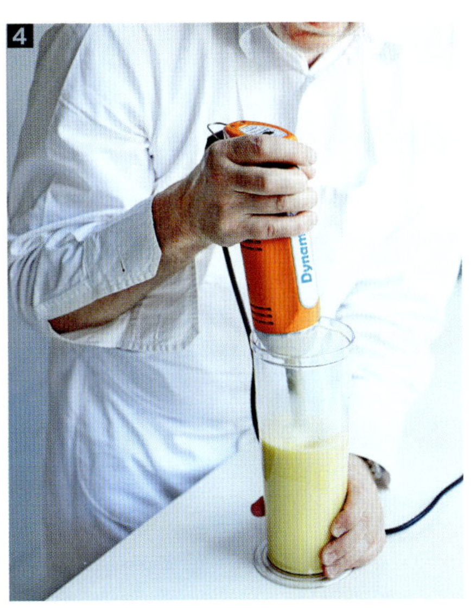

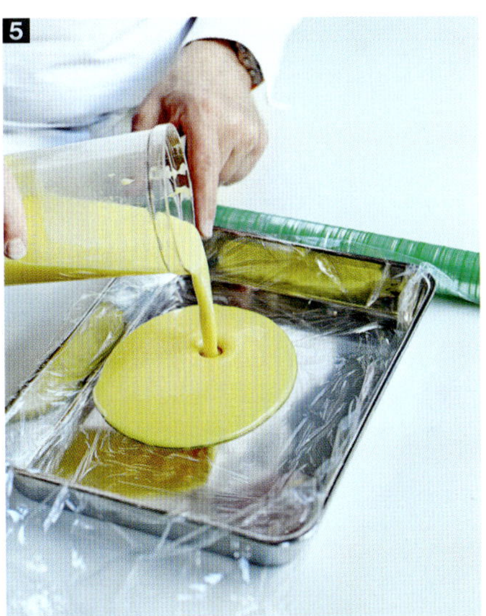

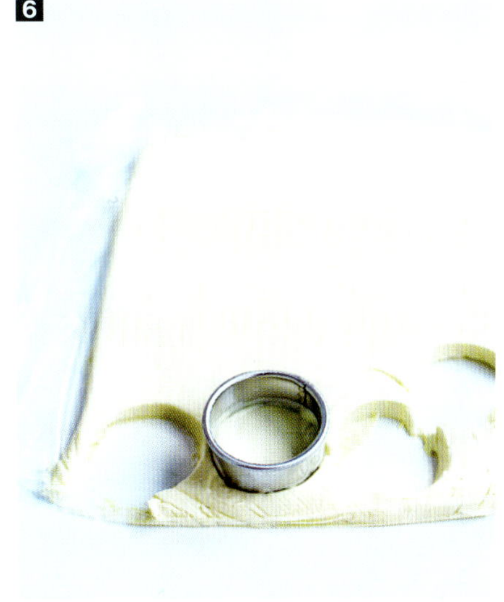

4 À l'aide d'un petit mixeur, mixez la crème durant 1 minute sans remous afin de la rendre lisse.

5 Déposez un film dans un plat rectangulaire. Versez la crème sur le film sur une épaisseur de 2 cm afin qu'elle ne sèche pas.

6 Laissez refroidir la crème 1 heure au congélateur. Détaillez de petits cercles à l'aide d'un emporte-pièce de 3 cm de diamètre.

④ LE MONTAGE

1 Déposez un petit cercle de crème Passion sur les 7 coques des macarons.

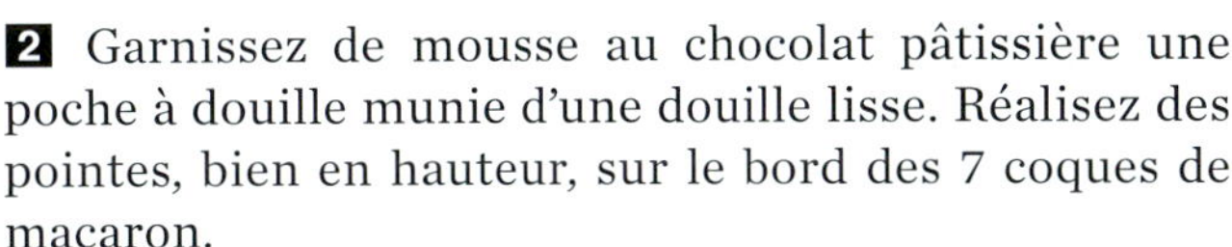

2 Garnissez de mousse au chocolat pâtissière une poche à douille munie d'une douille lisse. Réalisez des pointes, bien en hauteur, sur le bord des 7 coques de macaron.

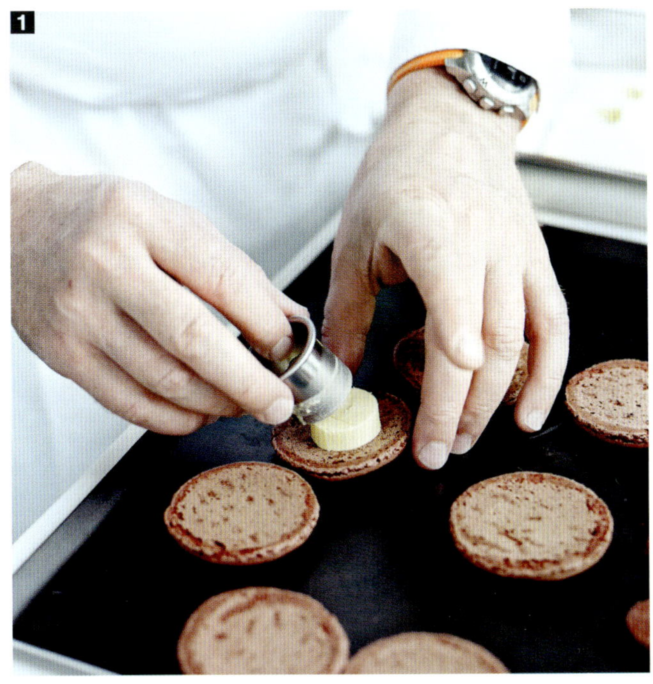

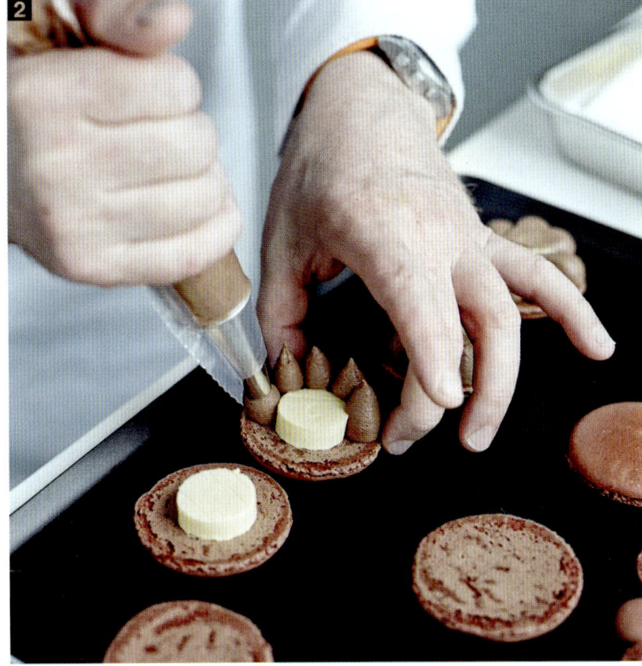

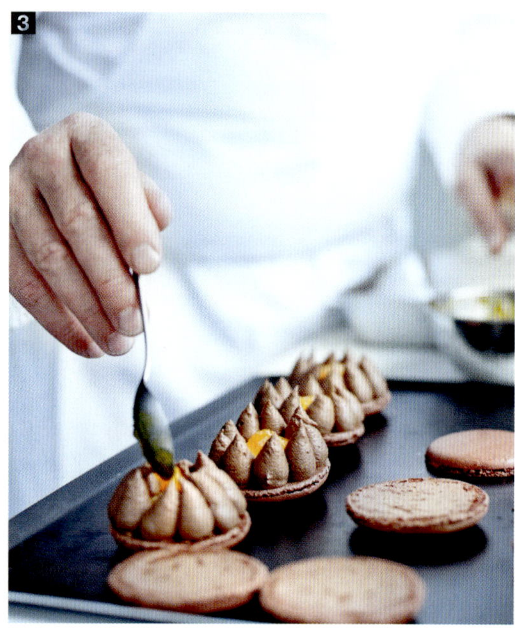

3 Déposez un peu de confiture aux fruits du soleil sur la crème Passion.

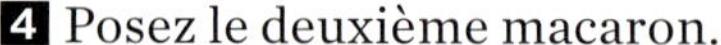

4 Posez le deuxième macaron.

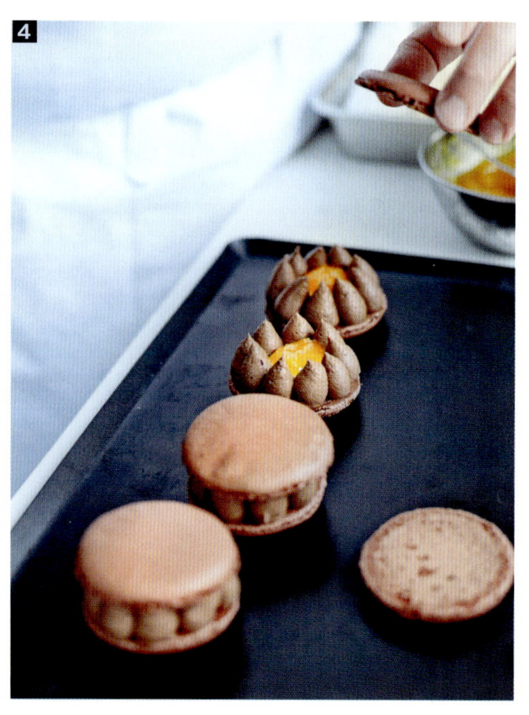

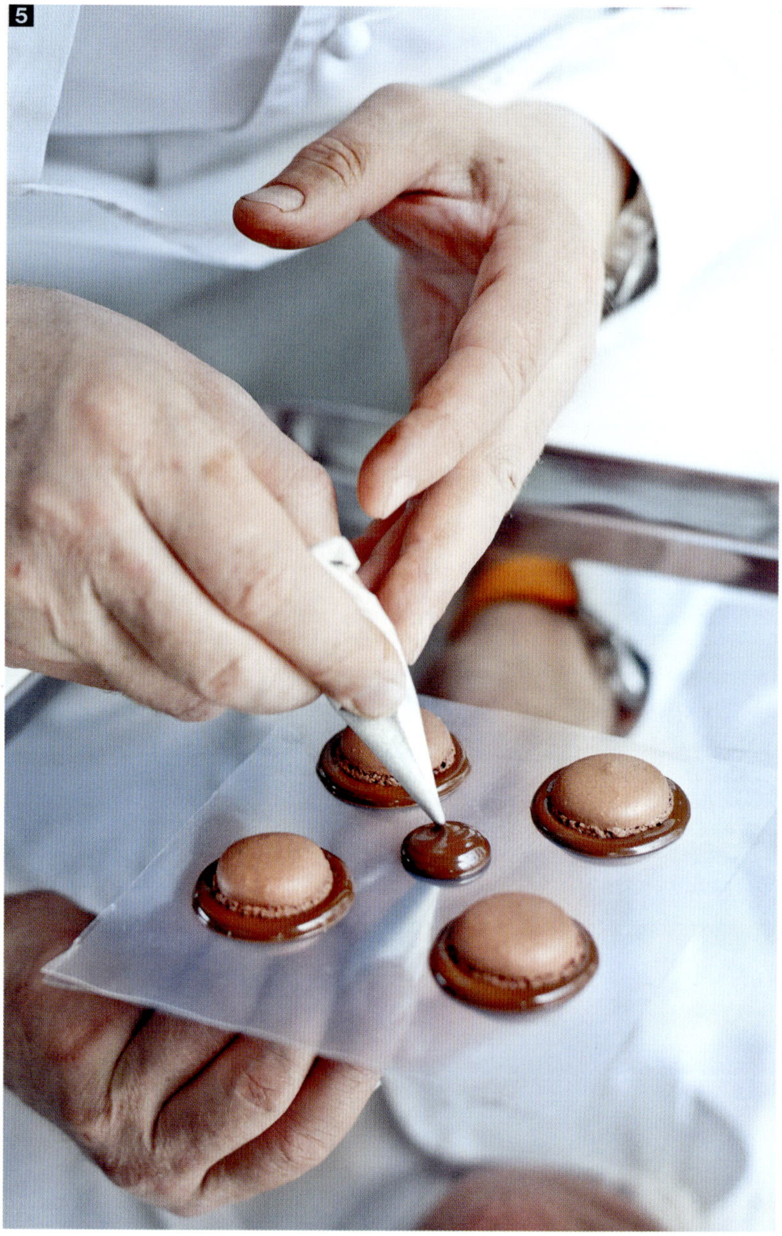

5 Pour le décor, pochez des ronds de chocolat fondu sur une feuille en plastique et posez les petits macarons dessus. Laissez refroidir à température ambiante pendant 20 minutes et placez au réfrigérateur.

Déposez chaque décor sur les macarons mousse chocolat pâtissière comme sur la photographie.

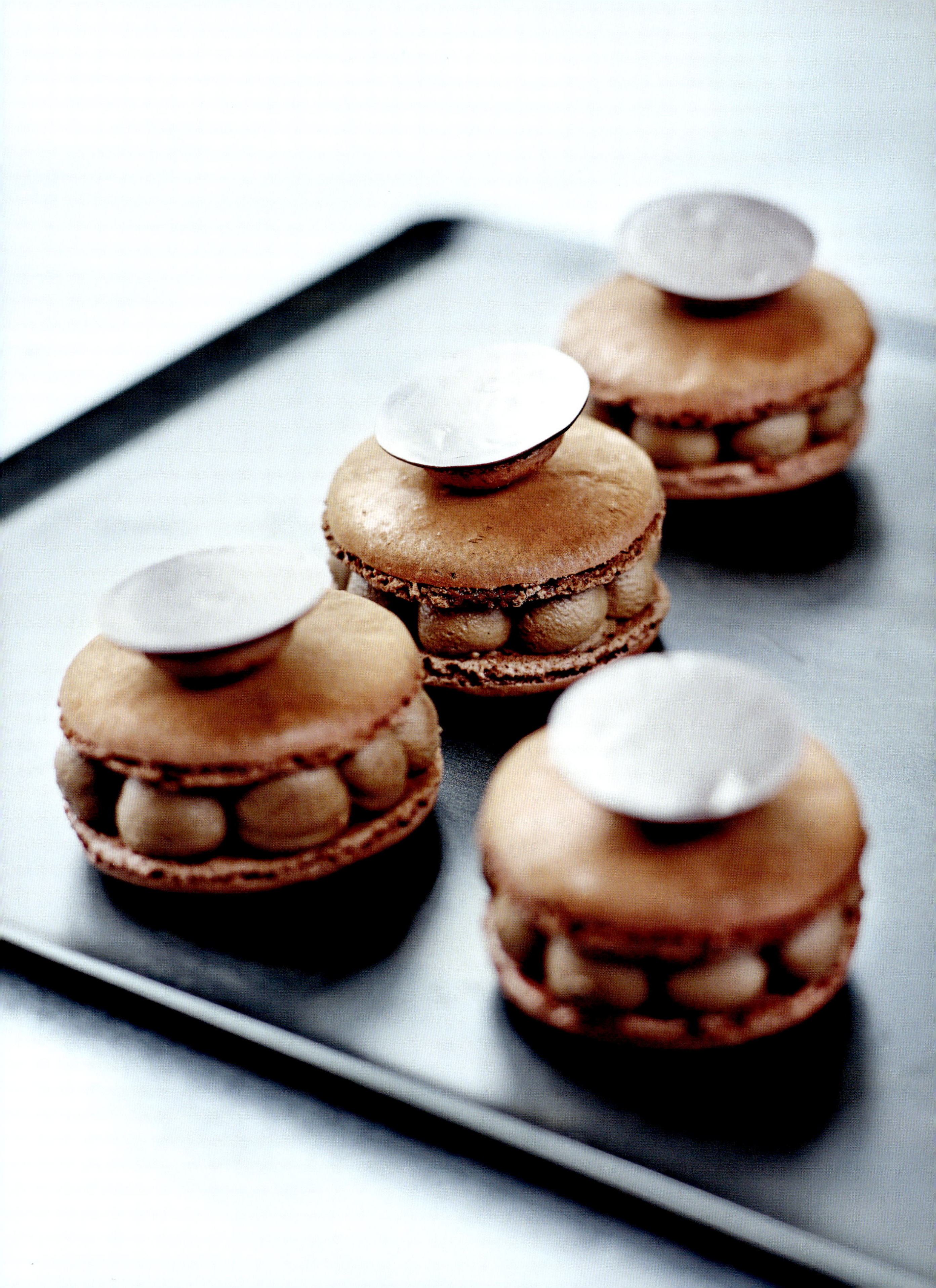

MACARON PEPITE

INGRÉDIENTS POUR 8 GRANDS MACARONS

① LES MACARONS (320 G DE PÂTE À MACARON)

VOIR LA RECETTE PAGE 40

② LA CRÈME MOUSSELINE ANANAS

5 CL DE LAIT

1/2 DE GOUSSE DE VANILLE

80 G DE SUCRE

200 G PULPE D'ANANAS

3 JAUNES D'ŒUFS

20 G DE MAÏZENA®

120 G DE BEURRE

120 G DE CRÈME LIQUIDE ENTIÈRE

③ L'ANANAS

1/2 ANANAS

40 G DE CASSONADE BLONDE

½ CITRON VERT

1 JUS DE FRUIT DE LA PASSION

④ LE MONTAGE

SUCRE COLORÉ (VOIR CARNET D'ADRESSES PAGE 242)

1 THERMOMÈTRE

1 POCHE À DOUILLE

1 DOUILLE LISSE DE 8 MM

TEMPS DE PRÉPARATION	TEMPS DE CUISSON	TEMPS DE PRISE
2 HEURES	15 À 20 MINUTES	30 MINUTES

CONSEIL : pour aromatiser les dés d'ananas, vous pouvez ajouter de la pulpe de banane avec le jus de fruit de la Passion et un peu de zeste d'orange.
Pour coller le sucre coloré sur les macarons, vous pouvez passer une fine couche de gelée d'abricot.

① LES MACARONS

② LA CRÈME MOUSSELINE ANANAS

③ L'ANANAS

④ LE MONTAGE

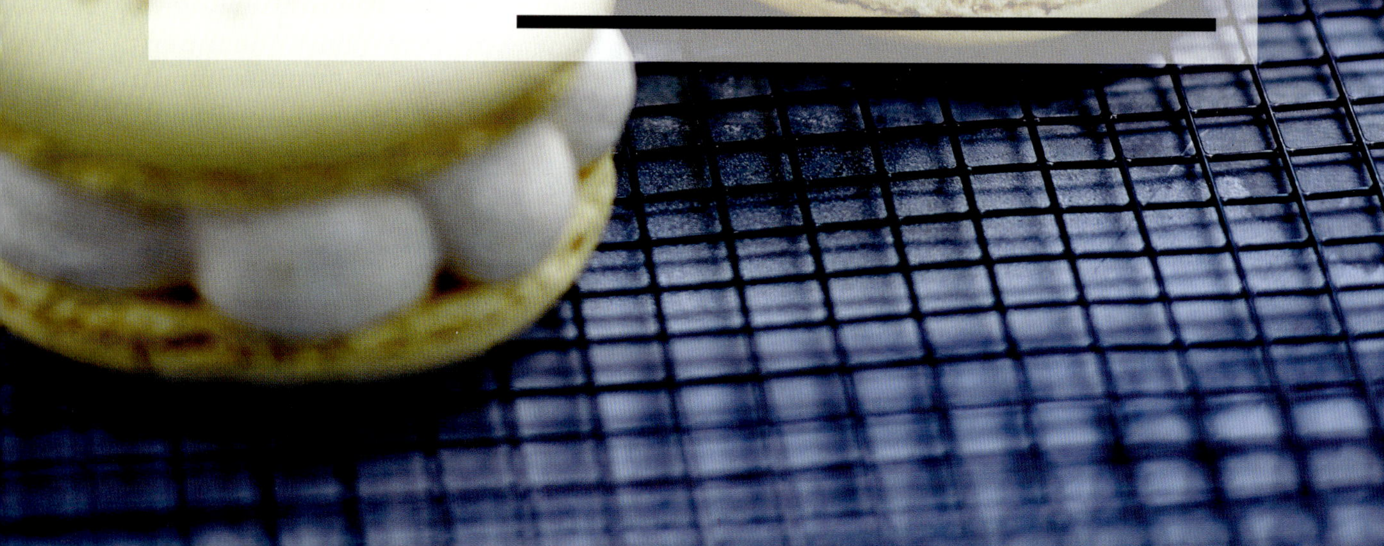

① LES MACARONS

Préparez les macarons selon la recette page 40 avec du colorant jaune et une pointe de rouge.
Préchauffez votre four ventilé à 165 °C.

1 Mettez la pâte à macaron dans une poche à douille munie d'une douille lisse. Dessinez des cercles de 7 cm.

2 Réalisez 16 macarons sur des plaques de cuisson recouvertes de papier sulfurisé.

3 Tapotez légèrement les plaques.

Avec le restant, réalisez d'autres macarons que vous pourrez congeler.

Enfournez pendant 15 à 20 minutes en prenant soin de bien tourner les plaques à mi-cuisson. Laissez refroidir complètement les macarons avant de les garnir.

Retournez les macarons sur une plaque propre. Réservez.

1

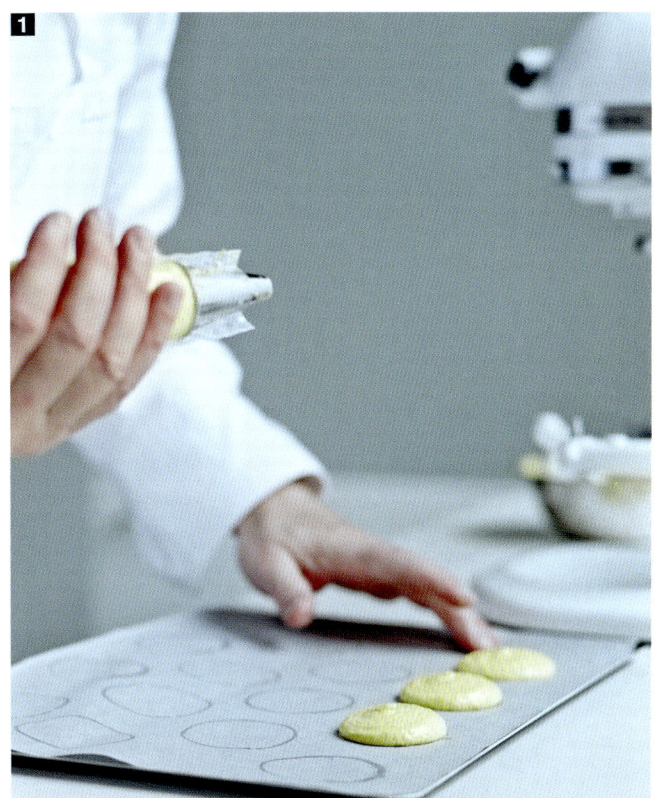

2

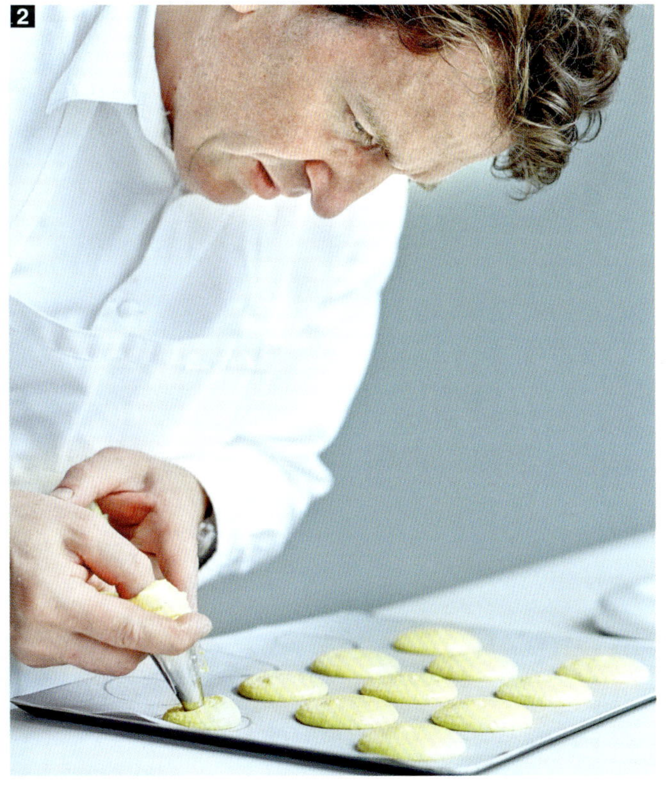

3

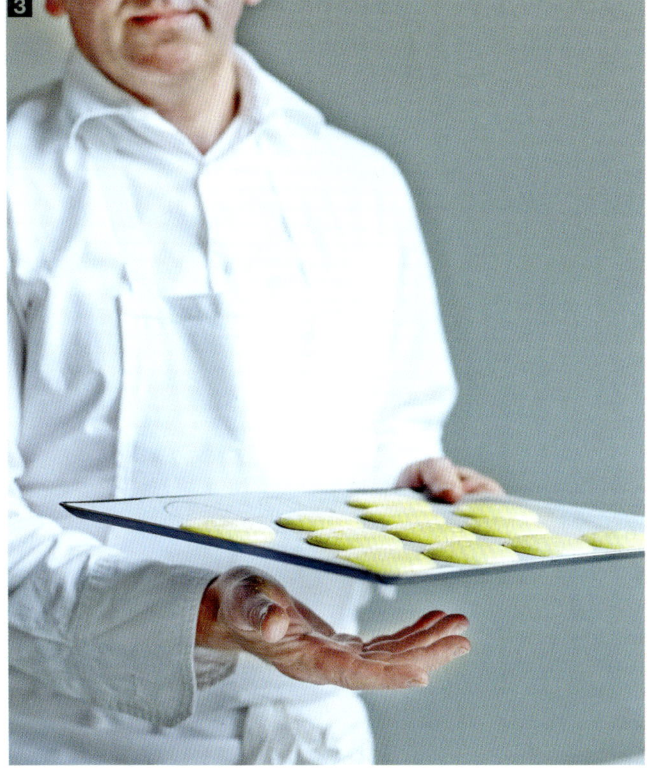

② LA CRÈME MOUSSELINE ANANAS

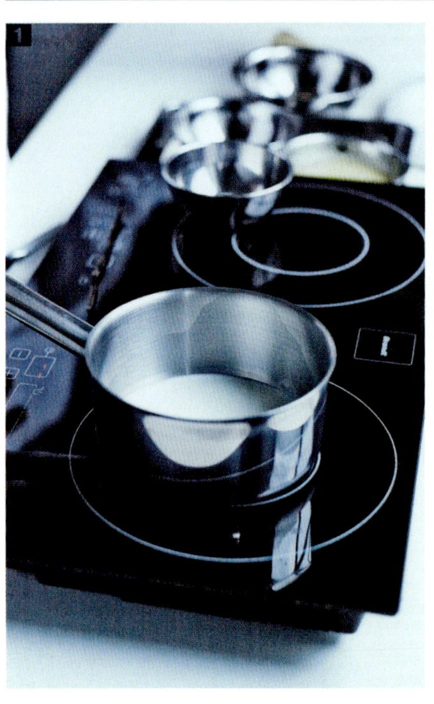

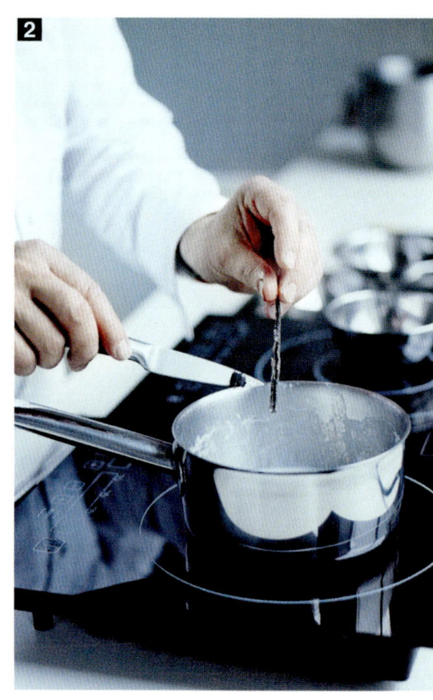

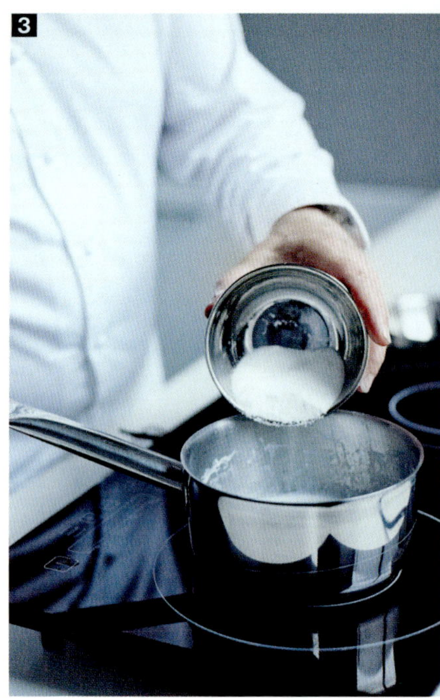

1 Dans une casserole, faites chauffer le lait sur feu moyen.

2 Mettez la vanille fendue en deux et grattée dans le lait.

3 Versez la moitié du sucre...

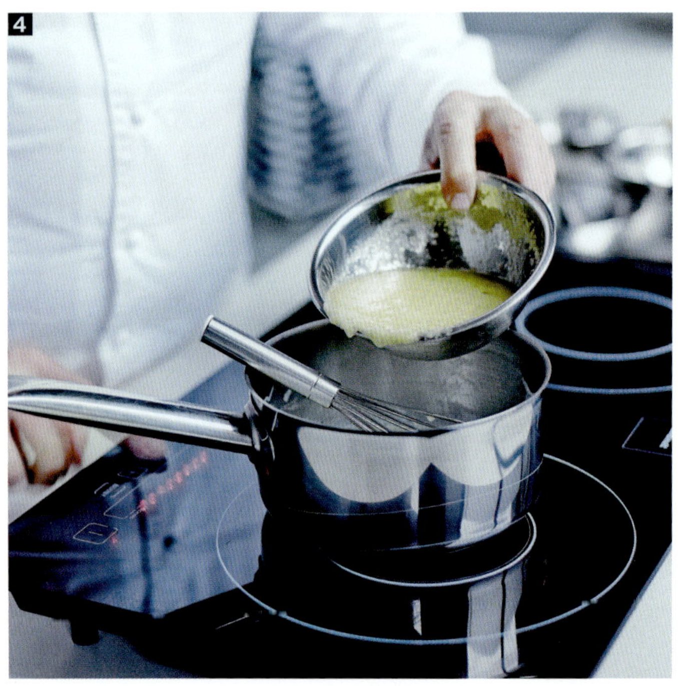

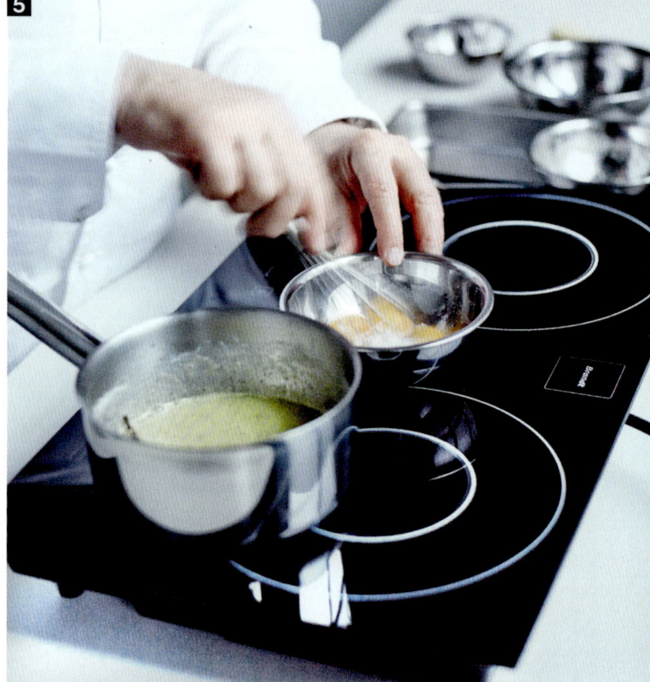

4 et la pulpe d'ananas.

5 Mettez les jaunes d'œufs et la Maïzena® dans un récipient, fouettez bien.

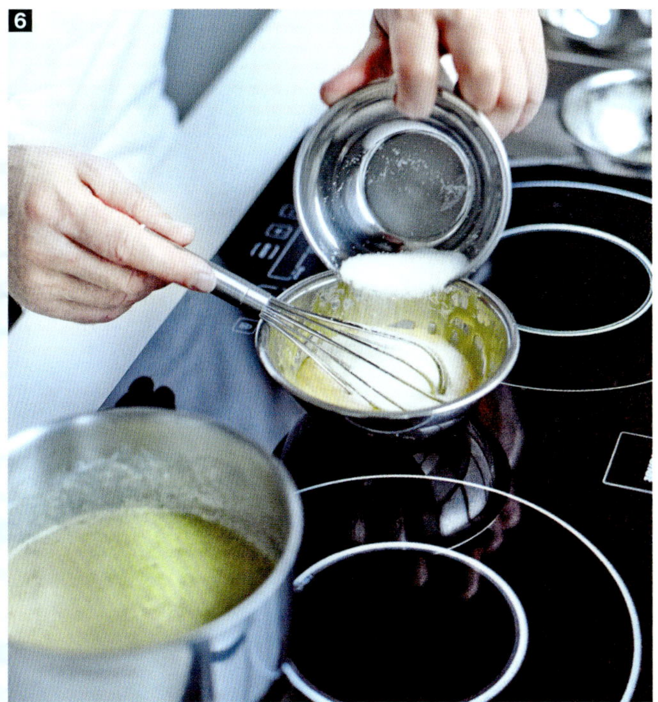

6 Ajoutez le reste de sucre semoule. Mélangez bien.

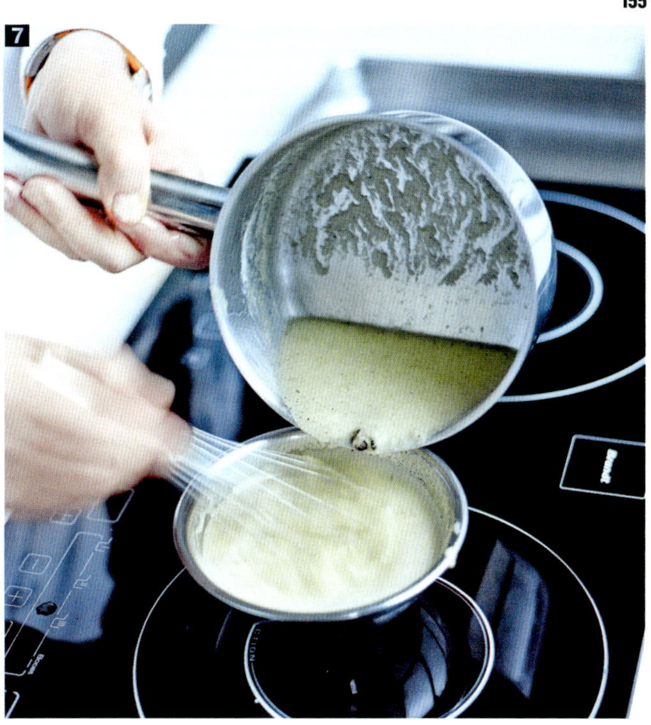

7 Lorsque le lait arrive à ébullition, versez-le dans le mélange précédent tout en fouettant puis reversez l'ensemble dans la casserole.

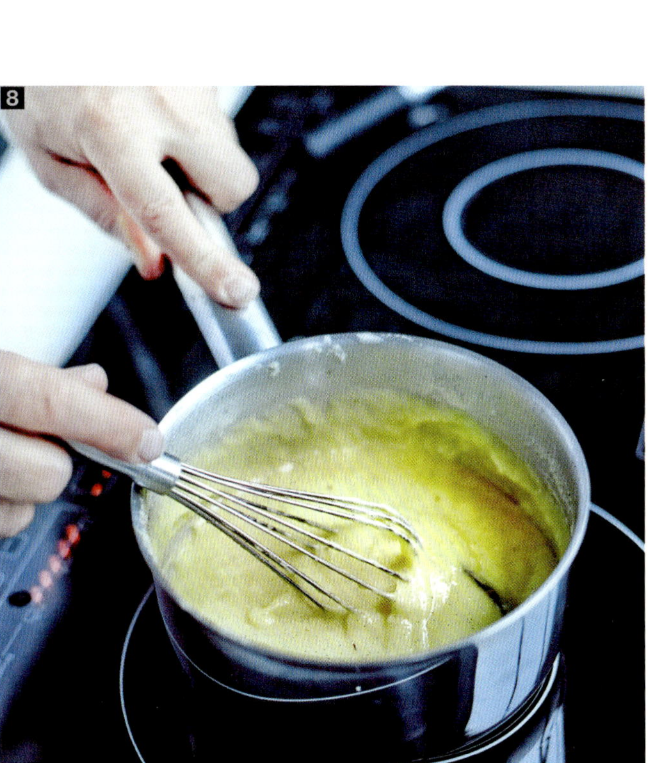

8 Faites cuire cette préparation à puissance moyenne tout en fouettant sans cesse. Laissez bouillir cette crème durant 5 secondes, elle va épaissir.

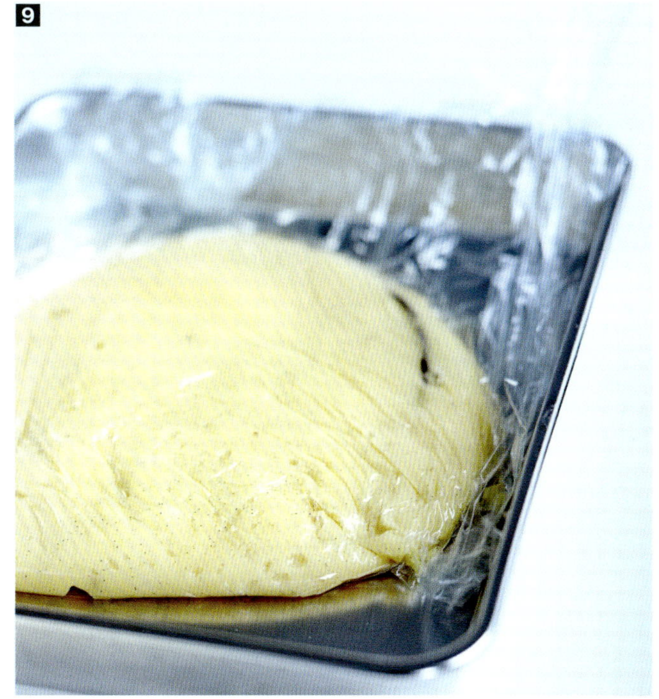

9 Retirez la casserole du feu, puis incorporez 50 g de beurre coupé en morceaux et mélangez toujours au fouet. Versez cette crème dans un récipient, recouvrez-la de film alimentaire, une fois refroidie.

Placez la crème ananas au frais pendant 30 minutes.

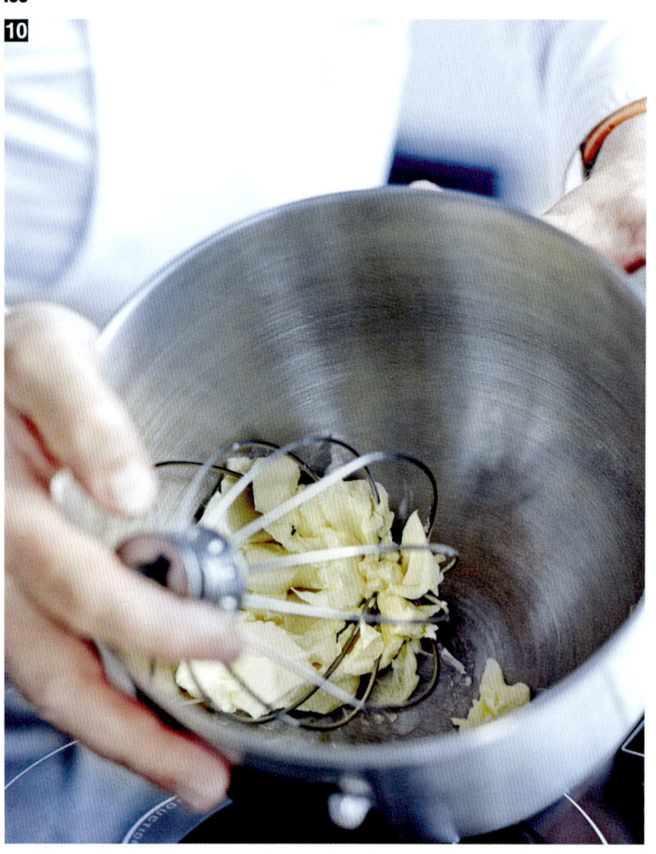

10 Faites ramollir le reste de beurre au bain-marie et placez-le dans la cuve du batteur.

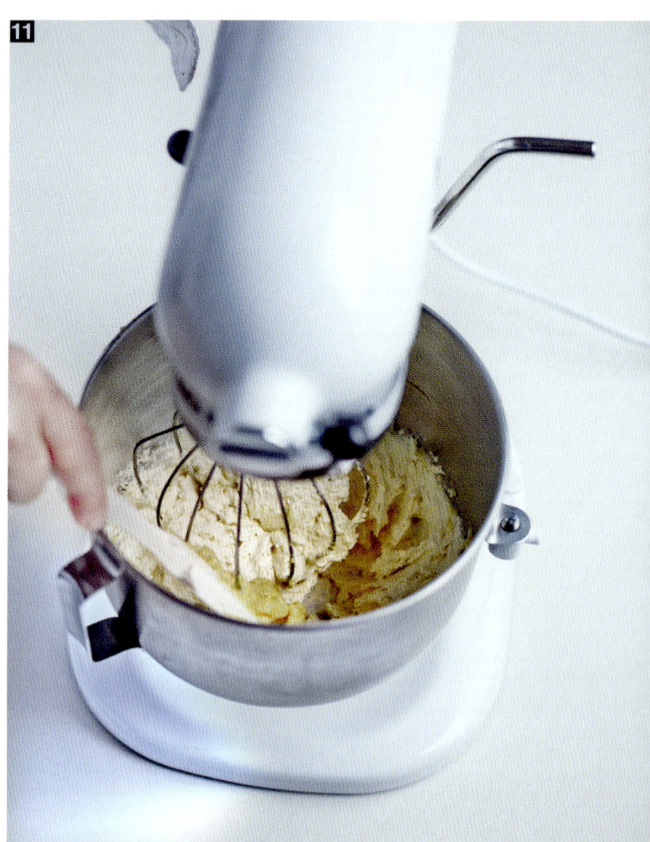

11 Montez-le à vitesse rapide et incorporez la crème mousseline refroidie.

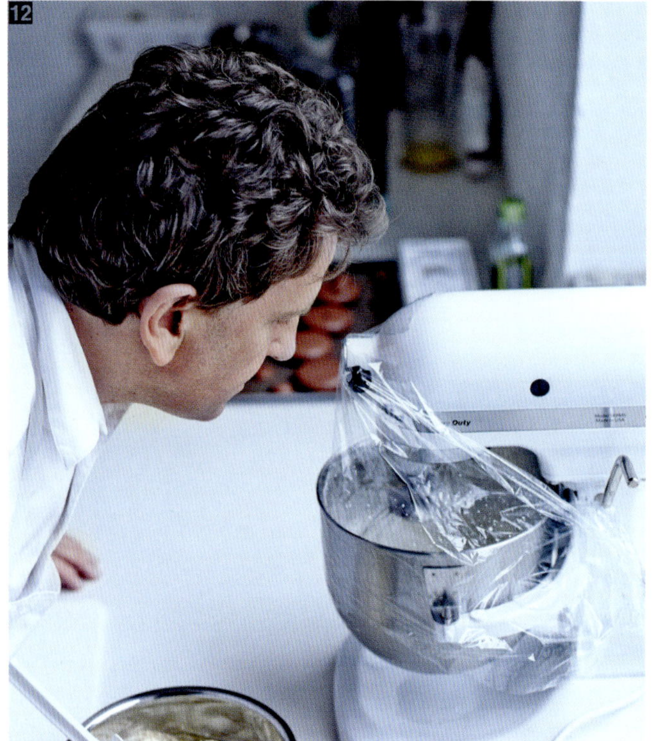

12 Pendant ce temps, battez la crème liquide à vitesse rapide en mettant un film pour éviter les éclaboussures.

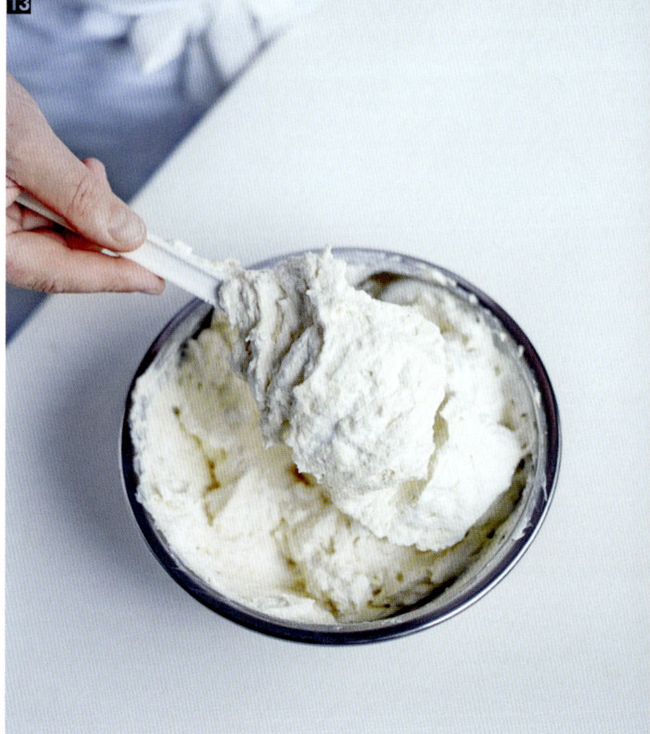

13 Ajoutez la crème fouettée dans la crème mousseline.

③ L'ANANAS

1 Épluchez l'ananas, découpez en tranches.

2 Détaillez-le en petits cubes (1 cm de côté).

3 Pendant ce temps, faites chauffer la cassonade dans une casserole sur feu moyen, afin qu'elle fonde.

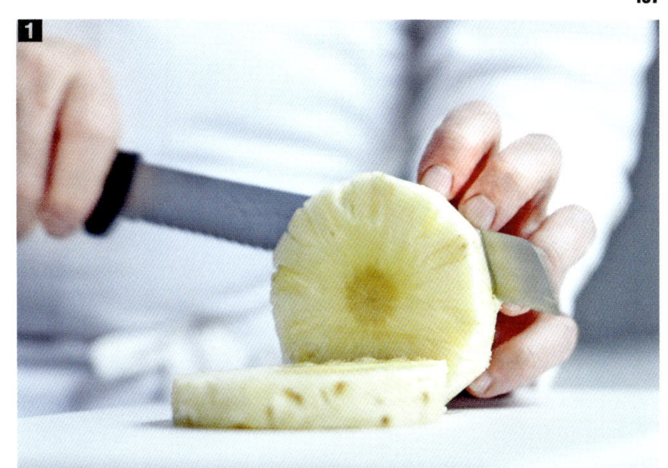

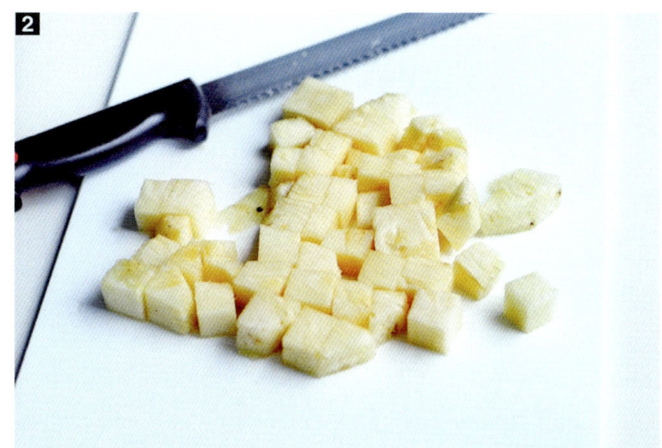

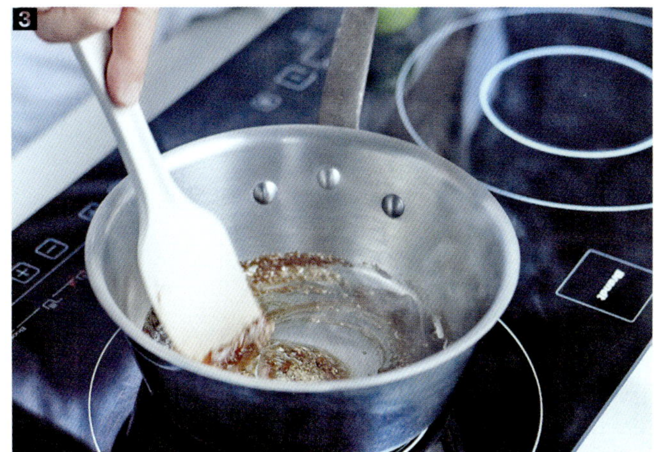

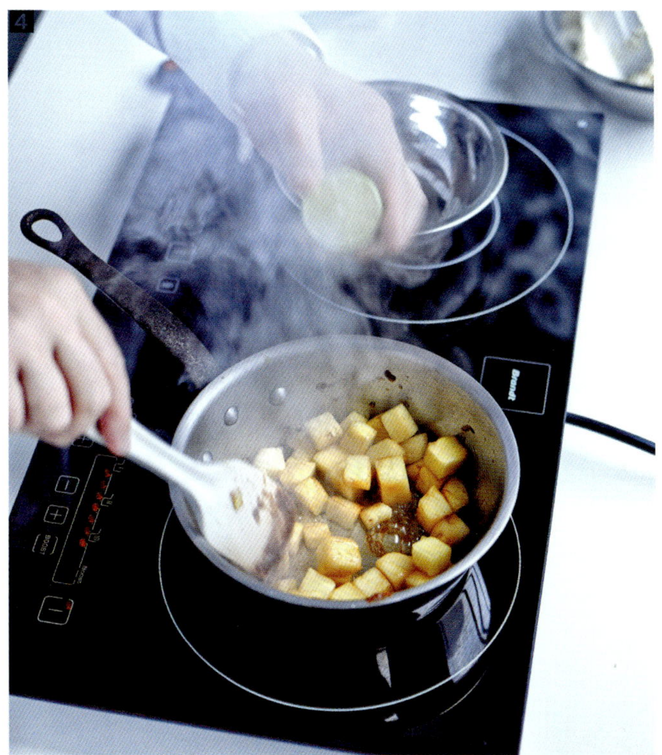

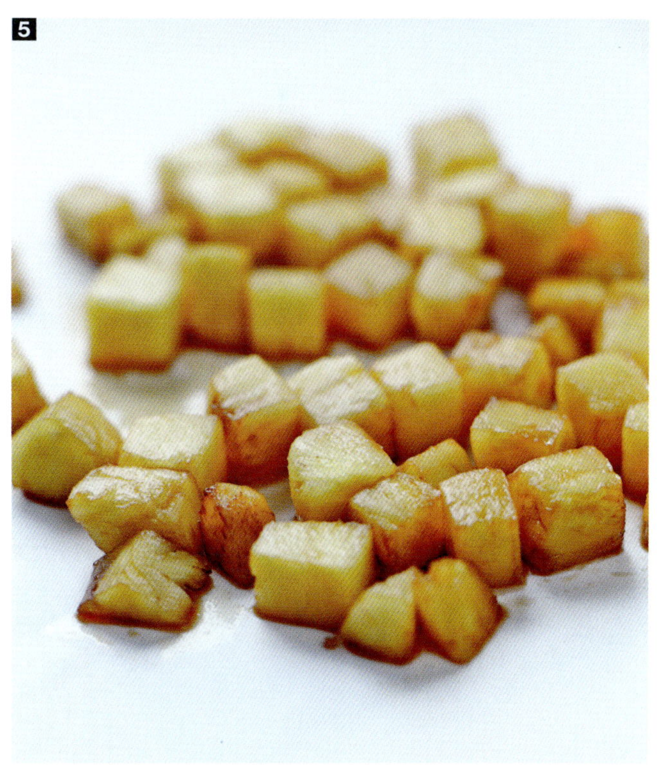

4 Ajoutez les cubes d'ananas, ainsi que les jus du citron vert et du fruit de la Passion. Faites revenir durant 2 minutes environ.

5 Versez les dés d'ananas dans un récipient que vous placez au réfrigérateur.

④ LE MONTAGE

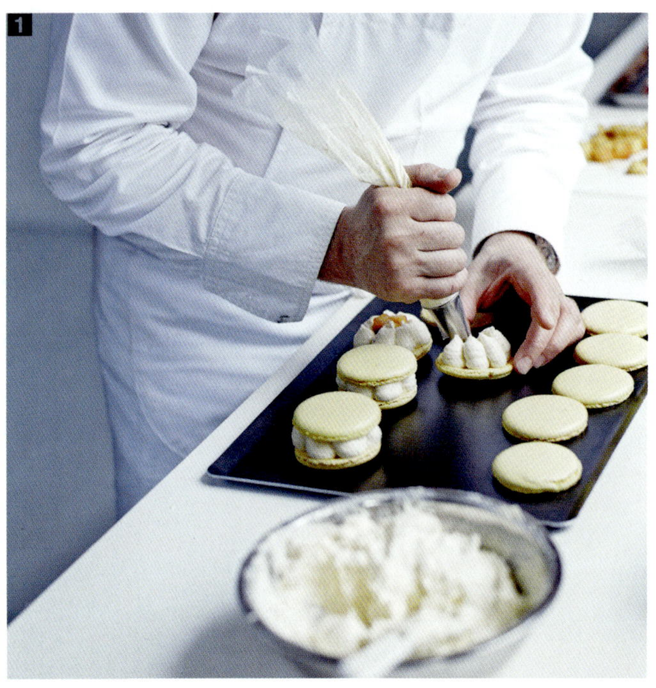

1 Garnissez de crème mousseline une poche à douille munie d'une douille lisse, et réalisez des pointes, bien en hauteur, sur le bord des 8 coques de macarons. Déposez 3 ou 4 cubes d'ananas au milieu des pointes.

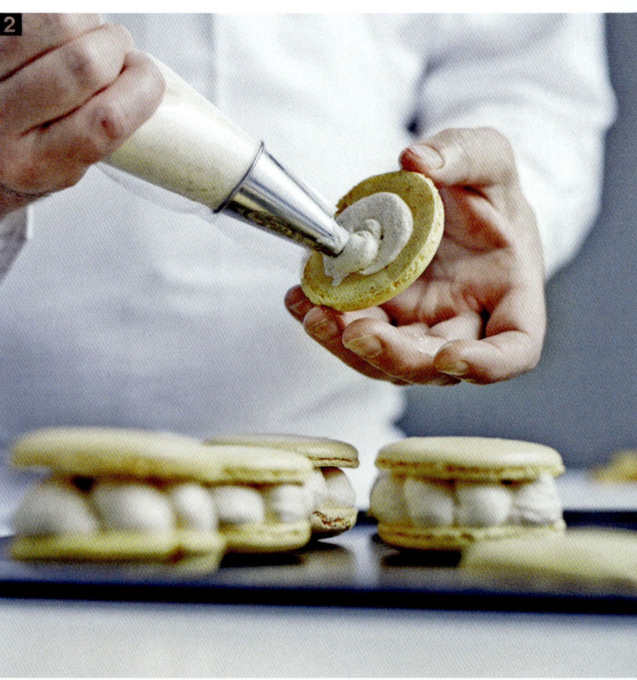

2 Pochez un peu de crème mousseline sur les 8 autres coques de macarons.

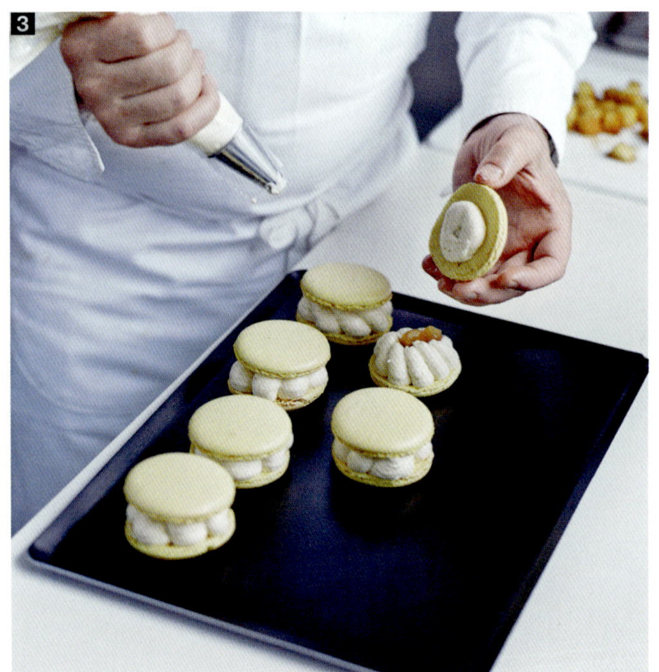

3 Posez le deuxième macaron.

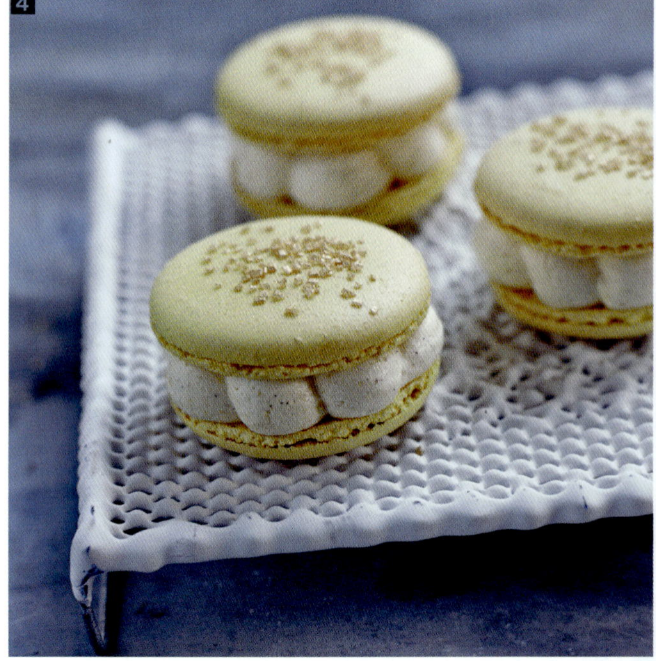

4 Décorez avec du sucre coloré.

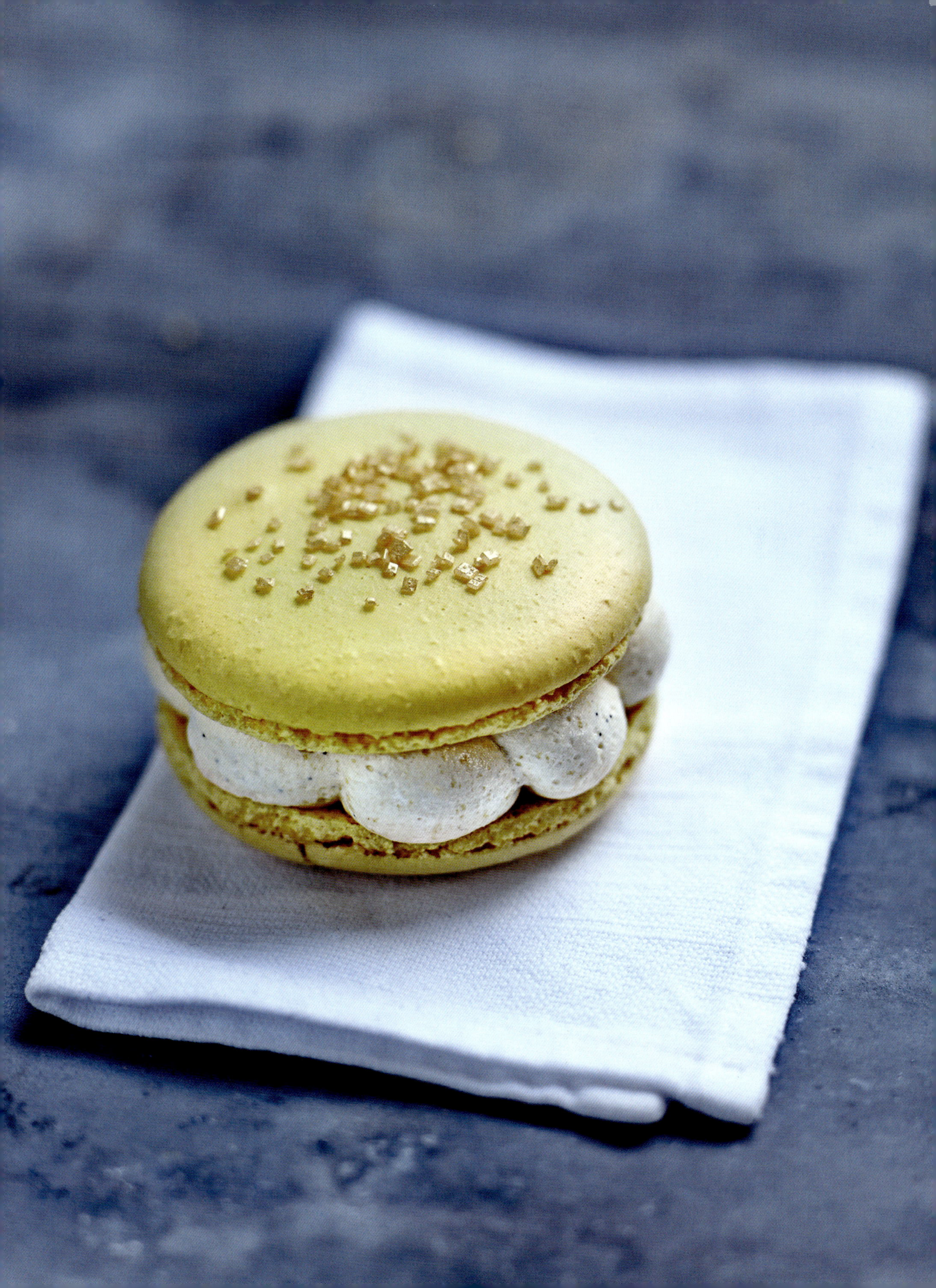

MACARON SOHO®

INGRÉDIENTS POUR 8 GRANDS MACARONS

① LES MACARONS (320 G DE PÂTE À MACARON)

VOIR LA RECETTE PAGE 40

② LA CRÈME PÂTISSIÈRE À LA LIQUEUR DE SOHO®

450 G DE CRÈME PÂTISSIÈRE (VOIR LA RECETTE PAGE 18)

15 G DE LIQUEUR DE LITCHI

1 CUILLERÉE À CAFÉ DE SIROP DE FRAMBOISE CONCENTRÉ

10 CL DE CRÈME FOUETTÉE

③ LE MONTAGE

500 G DE FRAMBOISES

8 BILLES ARGENTÉES (VOIR CARNET D'ADRESSES PAGE 242)

1 POCHE À DOUILLE

1 DOUILLE LISSE DE 8 MM

1 THERMOMÈTRE

TEMPS DE PRÉPARATION	TEMPS DE CUISSON	TEMPS DE PRISE
50 MINUTES	15 À 20 MINUTES	1 HEURE

Sur le même principe que cette recette, vous pouvez réaliser un macaron vert à la crème pâtissière citron vert et son zeste (15 g de jus de citron vert et le zeste finement râpé d'un citron vert). Au milieu, vous pourrez couper les segments de citron vert à vif, en petits dés, et les poser délicatement dans la crème. Pour la couleur verte lumineuse de la coque du macaron, utilisez des colorants bleu et jaune.
J'ai découvert que cette version simplifiée, à la crème pâtissière, du macaron Ispahan était une spécialité de la pâtisserie Oppé.

① LES MACARONS

② LA CRÈME PÂTISSIÈRE À LA LIQUEUR DE SOHO®

③ LE MONTAGE

① LES MACARONS

Préparez les macarons selon la recette page 40 avec du colorant rouge.
Préchauffez votre four en chaleur tournante à 165 °C.

1 Mettez la pâte à macaron dans une poche à douille munie d'une douille lisse. Dessinez des cercles de 7 cm. Réalisez 16 macarons sur des plaques de cuisson recouvertes de papier sulfurisé.

2 Tapotez légèrement les plaques.

3 Voici le résultat obtenu.

Avec le restant de pâte, réalisez d'autres macarons que vous pourrez congeler.

Enfournez pendant 15 à 20 minutes en prenant soin de bien tourner les plaques à la mi-cuisson. Laissez refroidir complètement les macarons avant de les garnir. Retournez les macarons sur une plaque propre. Réservez.

1

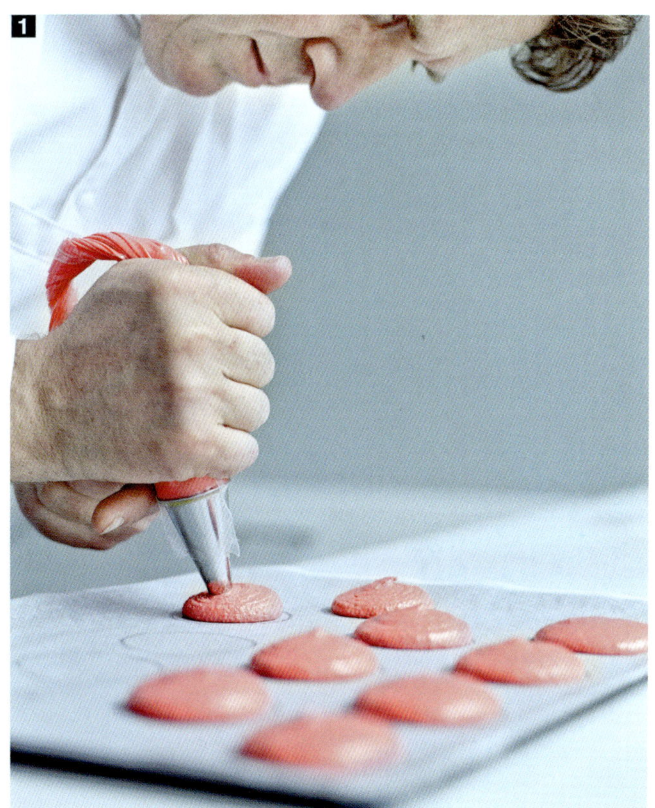

2

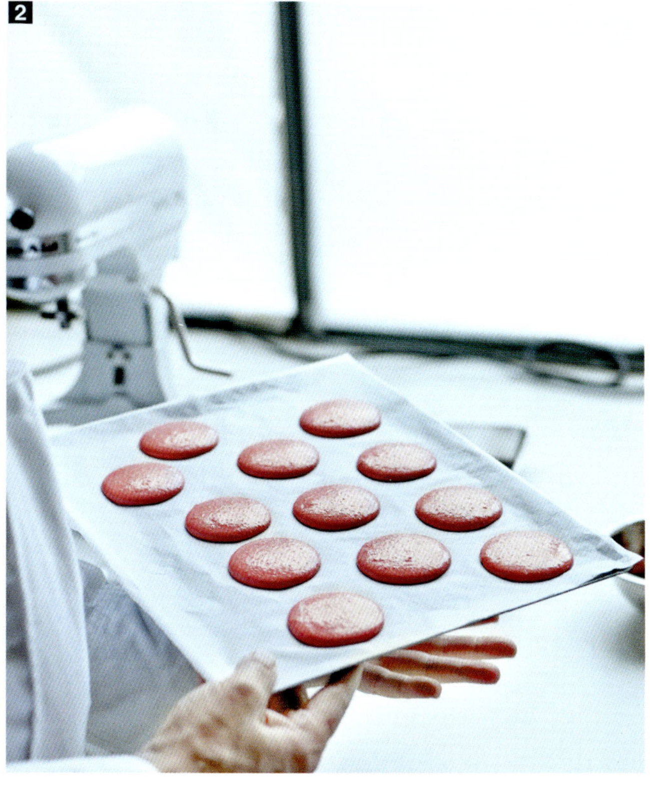

3

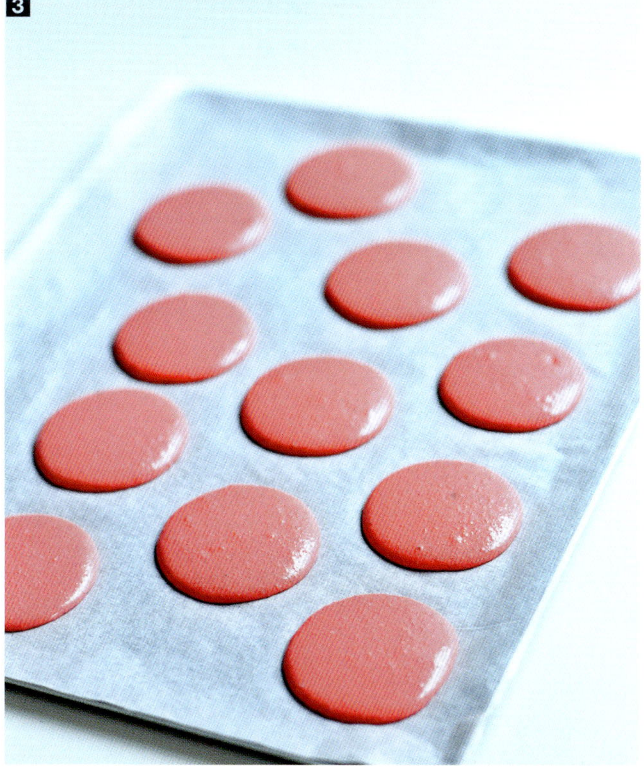

② LA CRÈME PÂTISSIÈRE À LA LIQUEUR DE SOHO

RÉALISEZ LA CRÈME PÂTISSIÈRE SELON LA RECETTE PAGE 18.

1 Fouettez la crème pâtissière dans un récipient dès la sortie du réfrigérateur. Versez la liqueur de litchi.

2 **3** Ajoutez le sirop de framboise. Fouettez vivement afin que la crème soit bien lisse. Puis incorporez 100 g de crème fouettée.

1

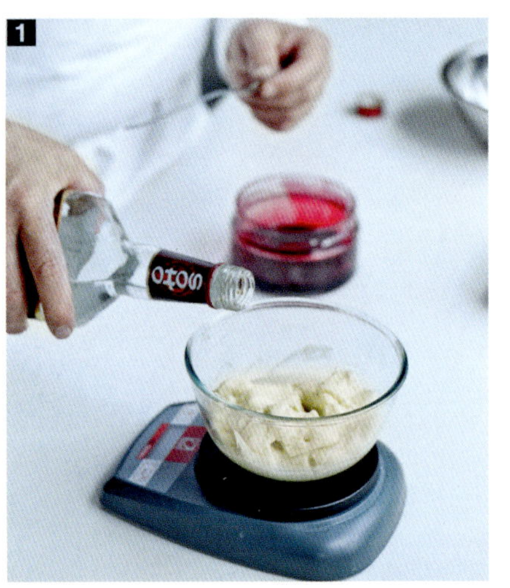

2

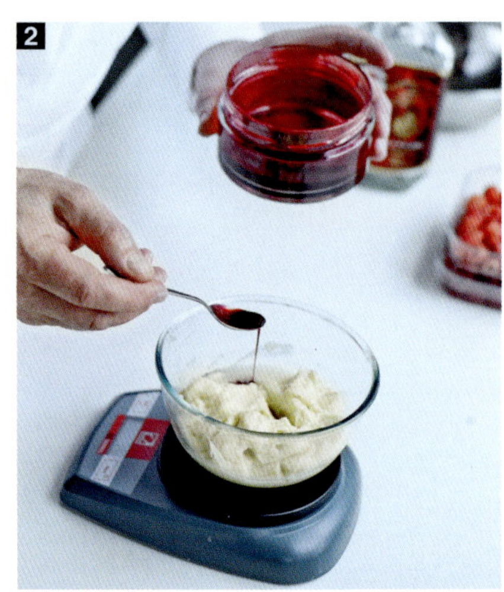

3

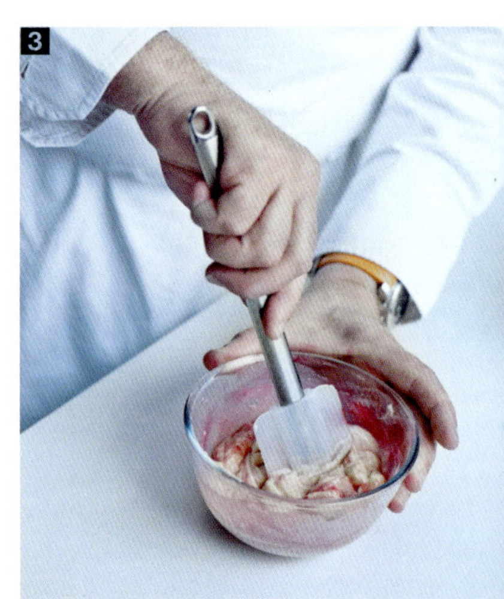

③ LE MONTAGE

Garnissez de crème pâtissière une poche à douille munie d'une douille lisse. Déposez un peu de crème au centre des 8 coques de macarons.

1 Déposez des framboises sur le pourtour du macaron et placez-en une au milieu sur la crème. Pochez un peu de crème mousseline sur les 8 autres coques de macarons. Posez le deuxième macaron.

Décorez chaque macaron avec 3 framboises et une bille argentée.

1

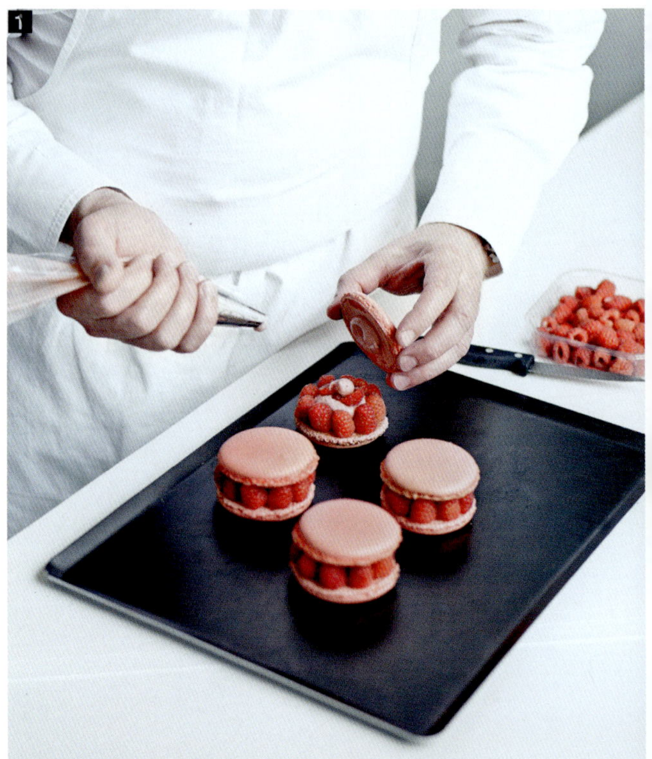

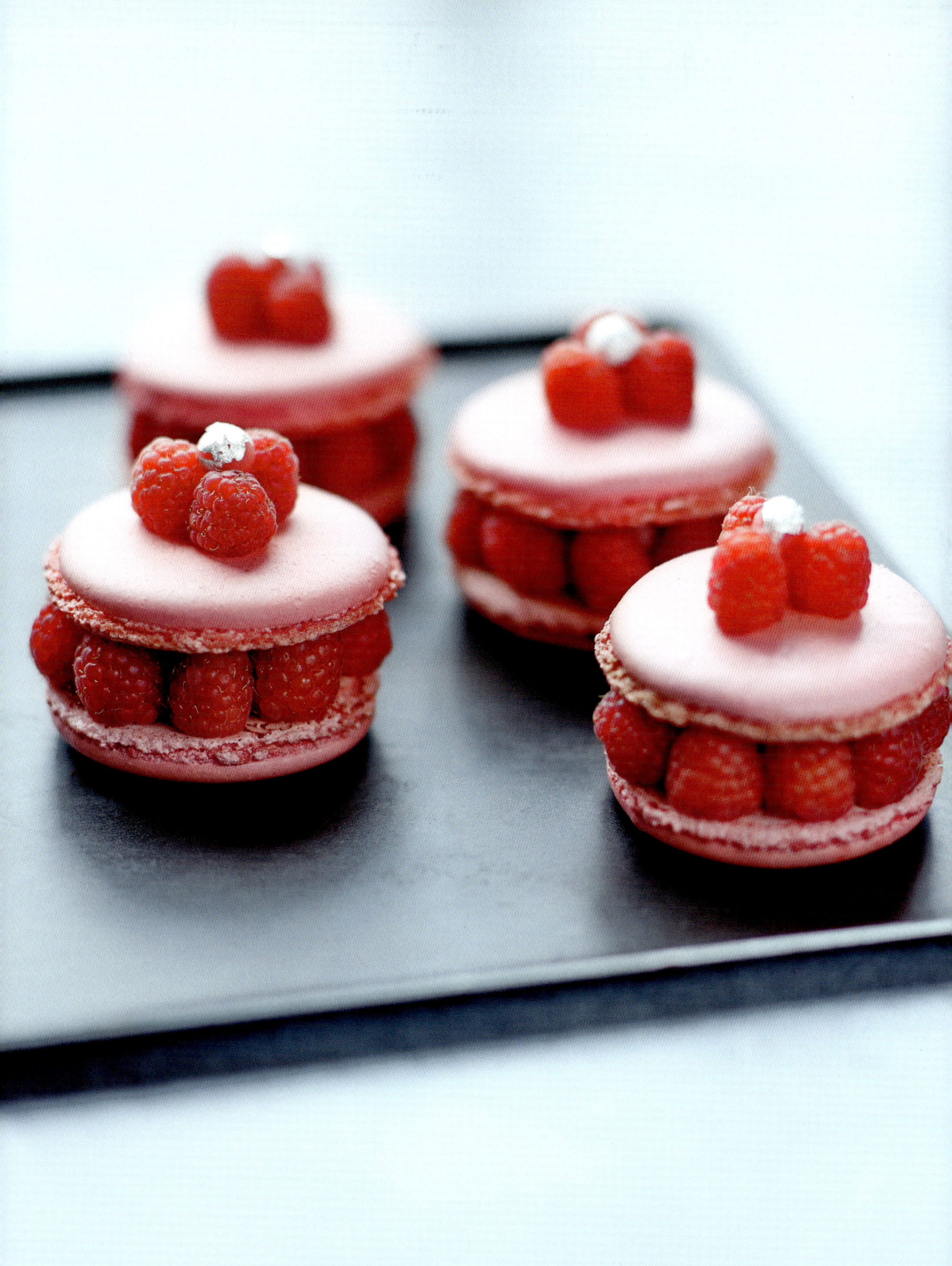

MONT D'OR

TEMPS DE PRÉPARATION
2 HEURES

TEMPS DE CUISSON
10 À 12 MINUTES

INGRÉDIENTS POUR 12 GÂTEAUX

① LES FRUITS NOIRS GÉLIFIÉES

120 G DE MYRTILLES FRAÎCHES OU SURGELÉES

120 G DE MÛRES FRAÎCHES OU SURGELÉES

50 G DE SUCRE SEMOULE

1 SACHET DE SUCRE VANILLÉ

2 G DE PECTINE

② LE BISCUIT JOCONDE

1 ŒUF

45 G DE POUDRE D'AMANDES

45 G DE SUCRE GLACE

90 G DE BLANCS D'ŒUFS

60 G DE SUCRE SEMOULE

40 G DE FARINE T45

③ LA CRÈME DE FROMAGE BLANC

100 G DE SUCRE SEMOULE

5 CL D'EAU

300 G DE CRÈME LIQUIDE ENTIÈRE

3 FEUILLES DE GÉLATINE

2 JAUNES D'ŒUFS

¼ DE ZESTE DE CITRON

250 G DE FROMAGE BLANC

1 CUILLERÉE À SOUPE DE JUS DE CITRON

④ LE MONTAGE

10 CL D'EAU

60 G DE SUCRE SEMOULE

1 CL DE KIRSCH

⑤ LA FINITION

400 G DE CRÈME CHANTILLY (VOIR LA RECETTE PAGE 71)

QUELQUES GROSEILLES

1 THERMOMÈTRE

1 FEUILLE DE CUISSON TEFLON®

1 SPATULE EN INOX

12 EMPORTE-PIÈCES SELON LA FORME SOUHAITÉE (DE 6 CM DE DIAMÈTRE ENVIRON)

1 POCHE À DOUILLE

1 DOUILLE LISSE DE 6 À 8 MM

CONSEIL : on peut saupoudrer de sucre glace spécial décor (voir carnet d'adresses page 242). Ce sucre glace a la particularité de ne pas fondre.

① LES FRUITS NOIRS GÉLIFIÉES

② LE BISCUIT JOCONDE

③ LA CRÈME DE FROMAGE BLANC

④ LE MONTAGE

⑤ LA FINITION

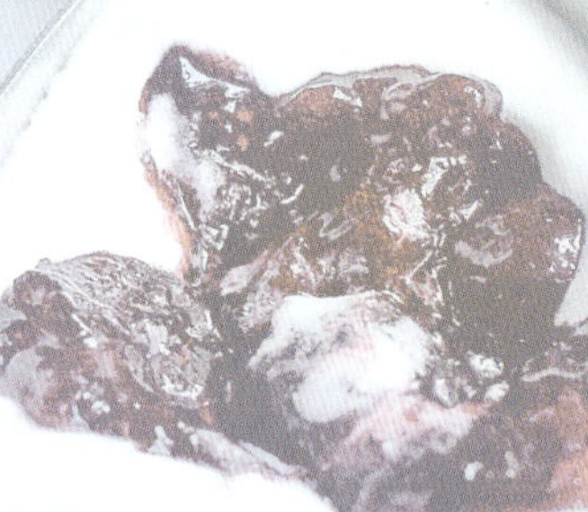

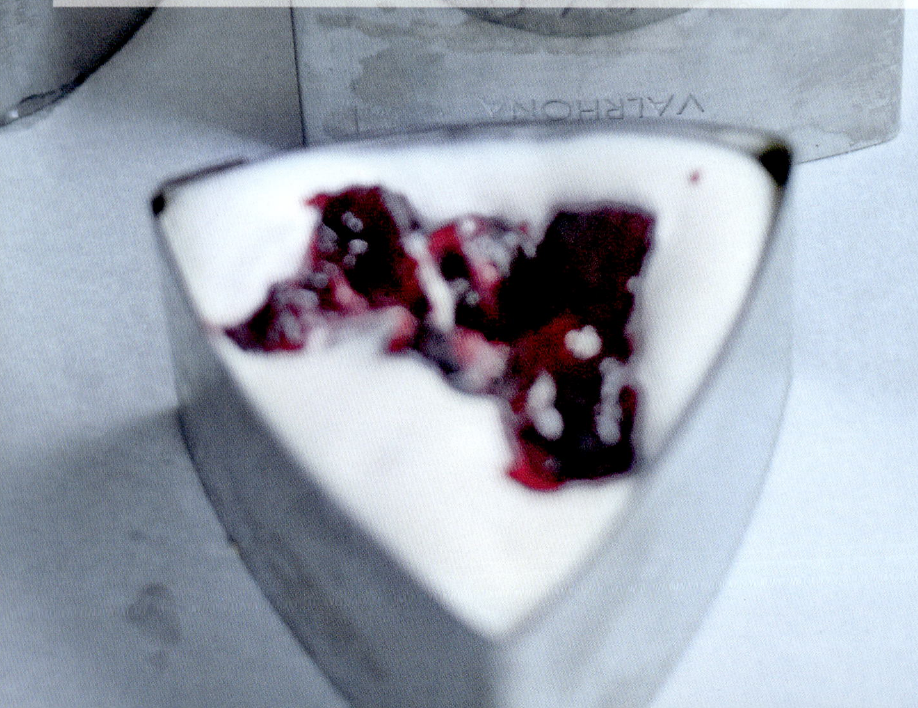

① LES FRUITS NOIRS GÉLIFIÉES

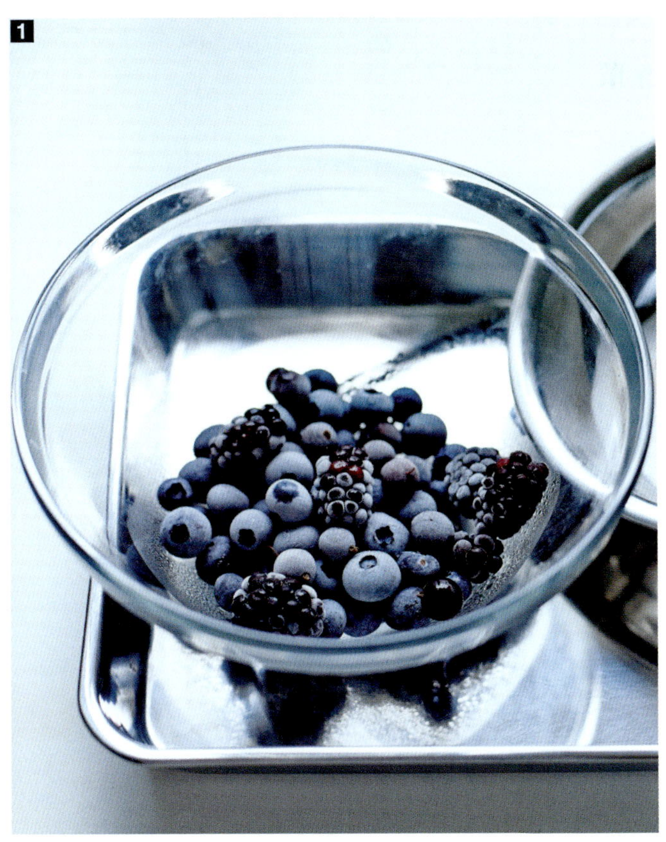

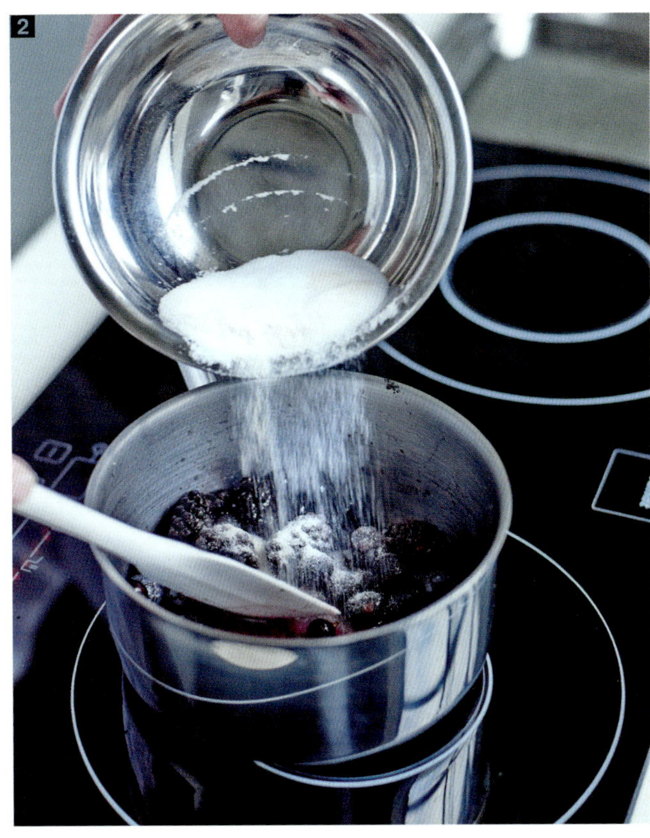

1 Préparez les mûres et les myrtilles et mettez-les dans un récipient.

2 Versez-les dans une casserole. Faites chauffer à feu doux jusqu'à 40-50 °C. Ajoutez les sucres et la pectine mélangés. Portez à ébullition.

3 Vérifiez la gélification (pour cela, déposez un peu de compote sur une assiette, et mettez-la au congélateur quelques minutes...).

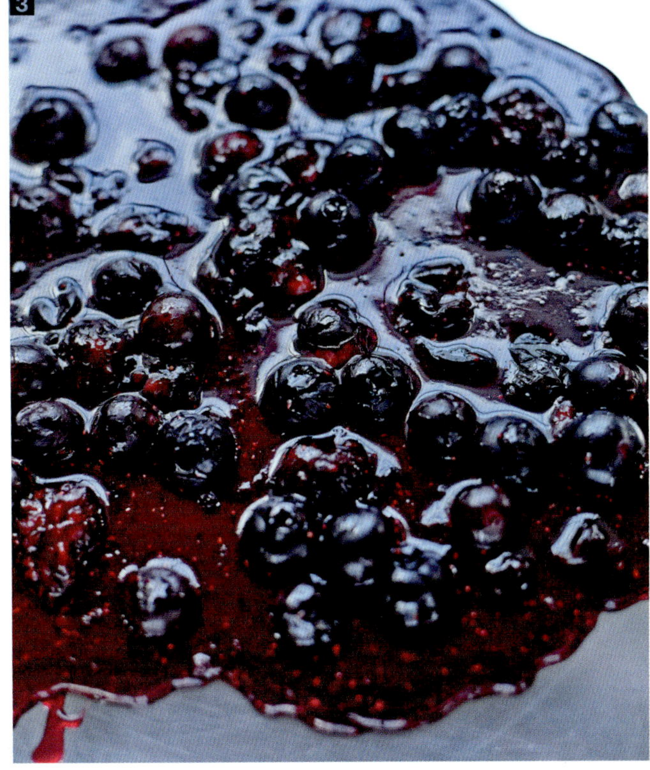

② LE BISCUIT JOCONDE

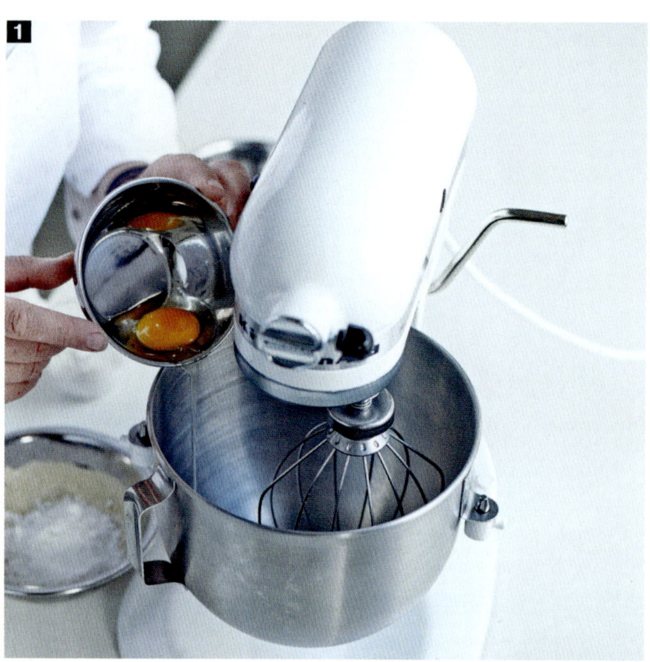

Préchauffez le four à 200 °C.

1 Fouettez l'œuf dans la cuve du batteur à vitesse rapide.

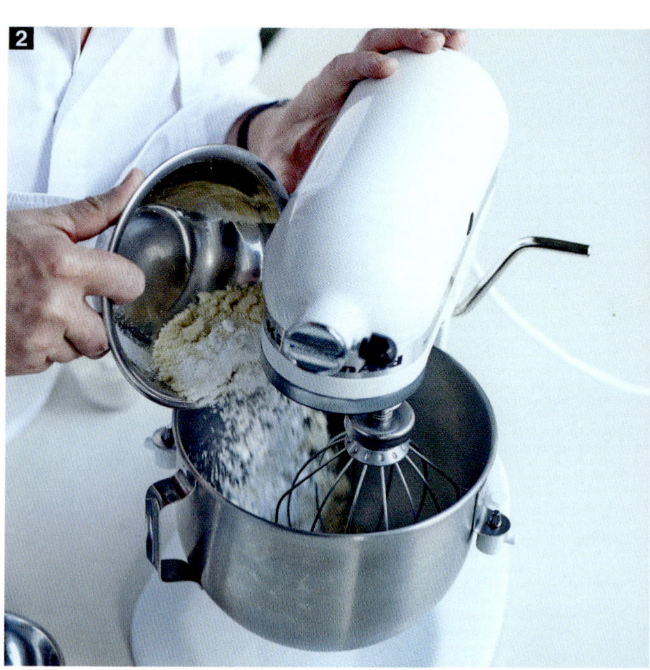

2 Ajoutez la poudre d'amandes et le sucre glace. Faites tourner environ 10 minutes à pleine vitesse.

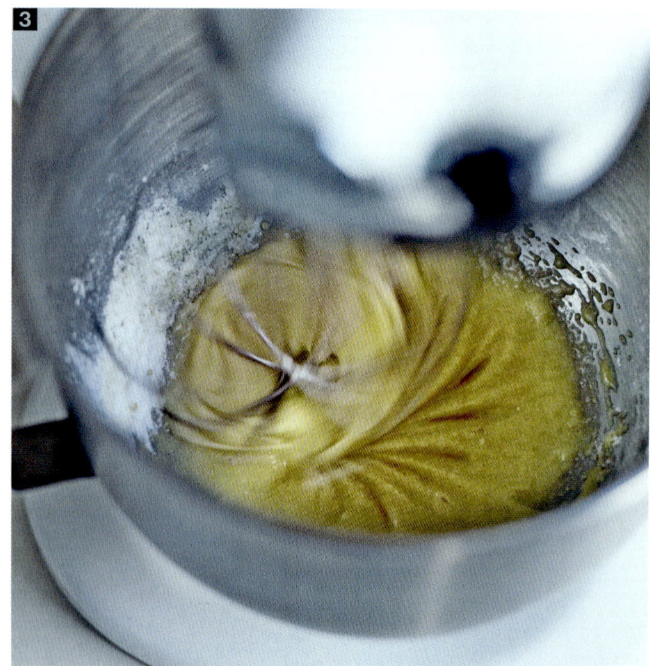

3 Voici le mélange en cours.

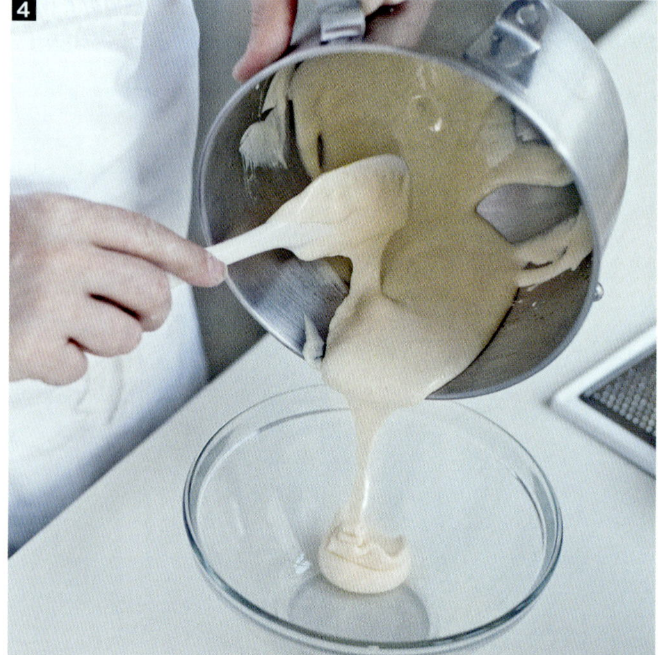

4 La préparation doit être mousseuse et blanchâtre. Versez-la dans un récipient. Réservez à température ambiante.

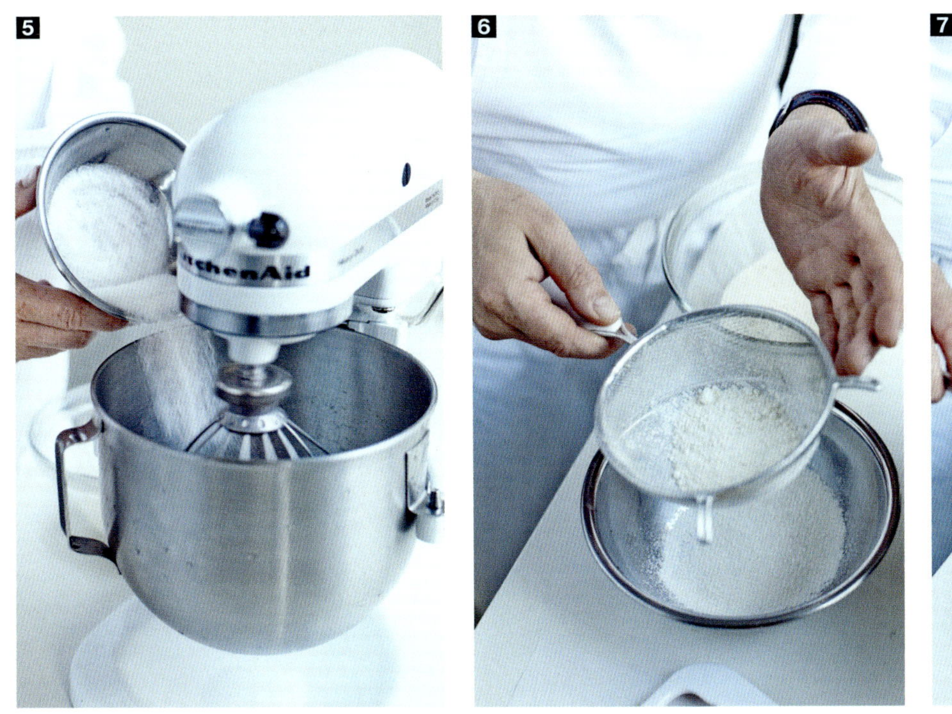

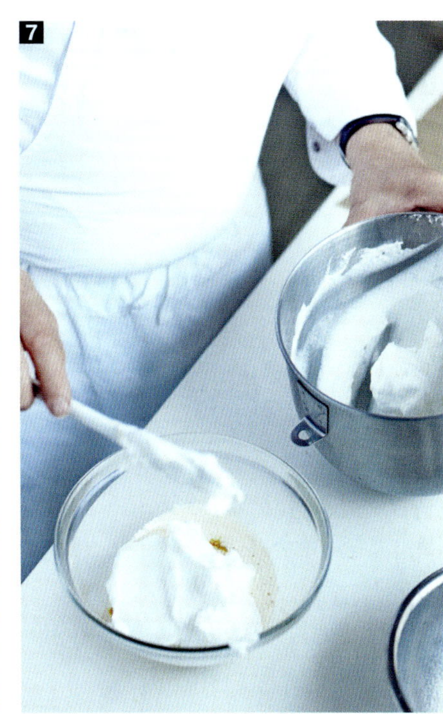

5 Dans la cuve du batteur, versez les blancs d'œufs. Faites tourner à vitesse rapide et ajoutez au fur et à mesure le sucre semoule. La meringue va monter en 5 minutes.

6 Tamisez la farine.

7 Incorporez la meringue à la préparation précédente.

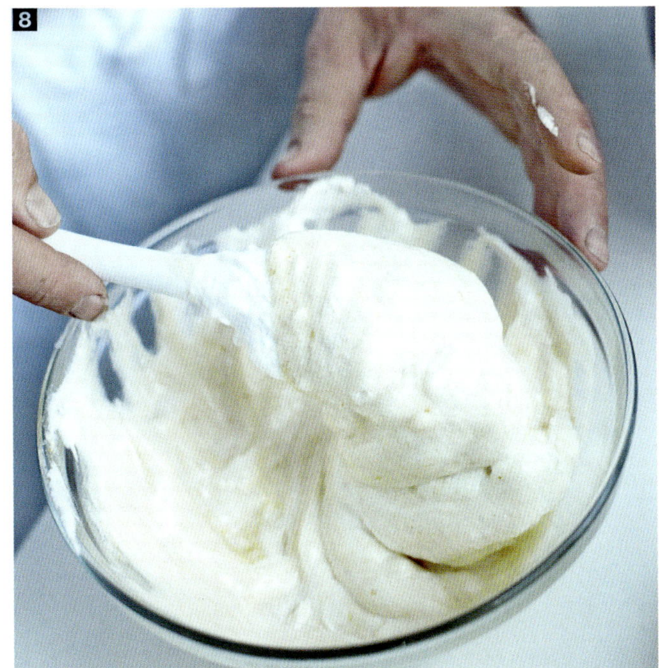

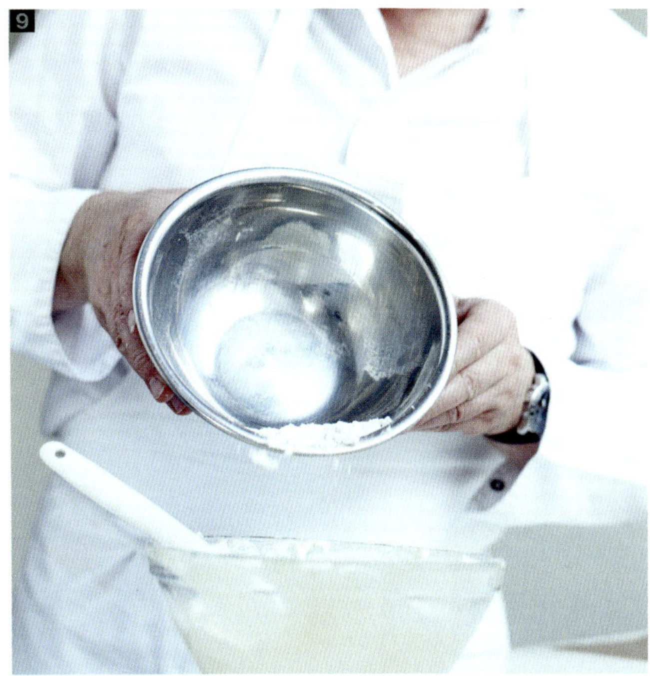

8 Mélangez à l'aide d'une Maryse en soulevant la pâte et en tournant votre récipient.

9 Ajoutez la farine tamisée.

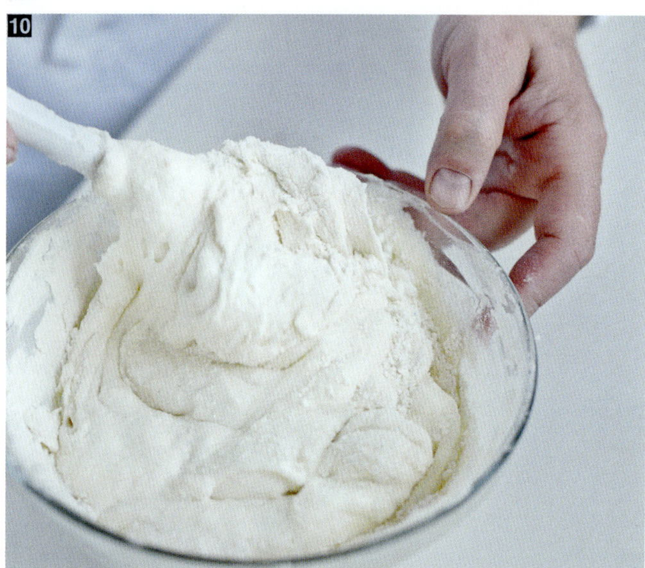

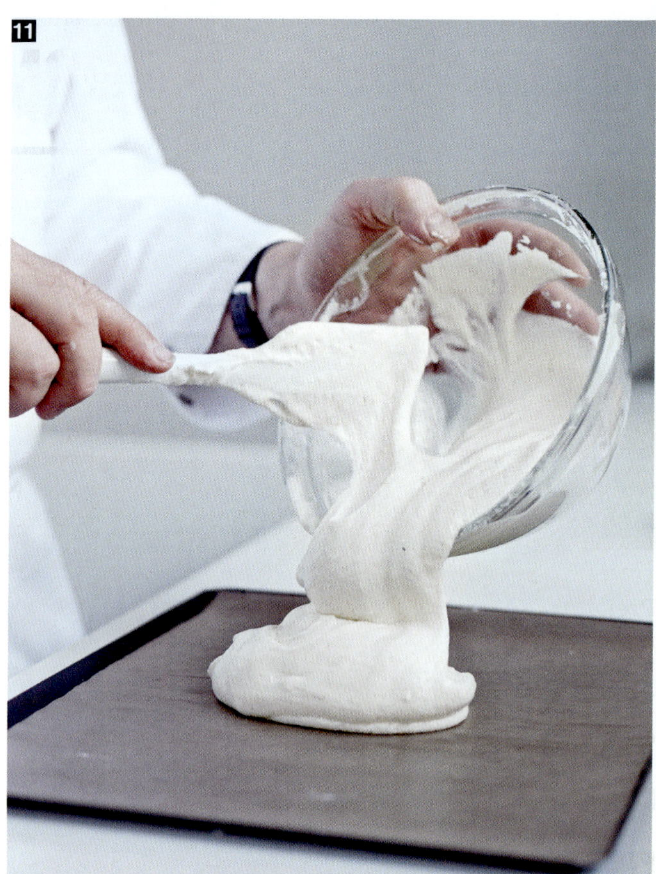

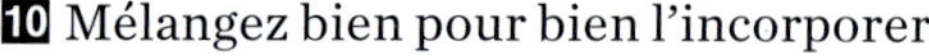

10 Mélangez bien pour bien l'incorporer.

11 Versez sur une feuille Teflon® posée sur une plaque de pâtisserie.

12 Étalez le biscuit avec une spatule en Inox. Enfournez 10 à 12 minutes (en fonction du four). Laissez refroidir à température ambiante.

13 Voici le résultat.

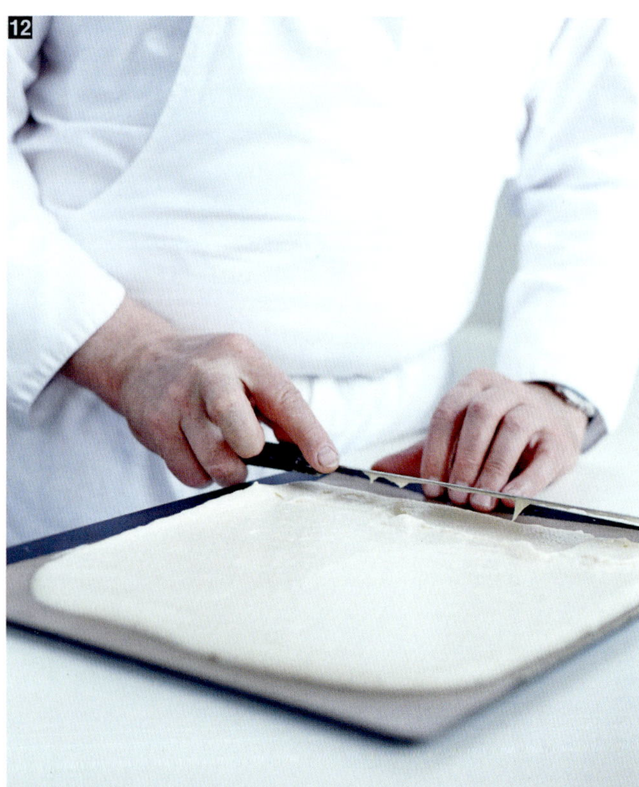

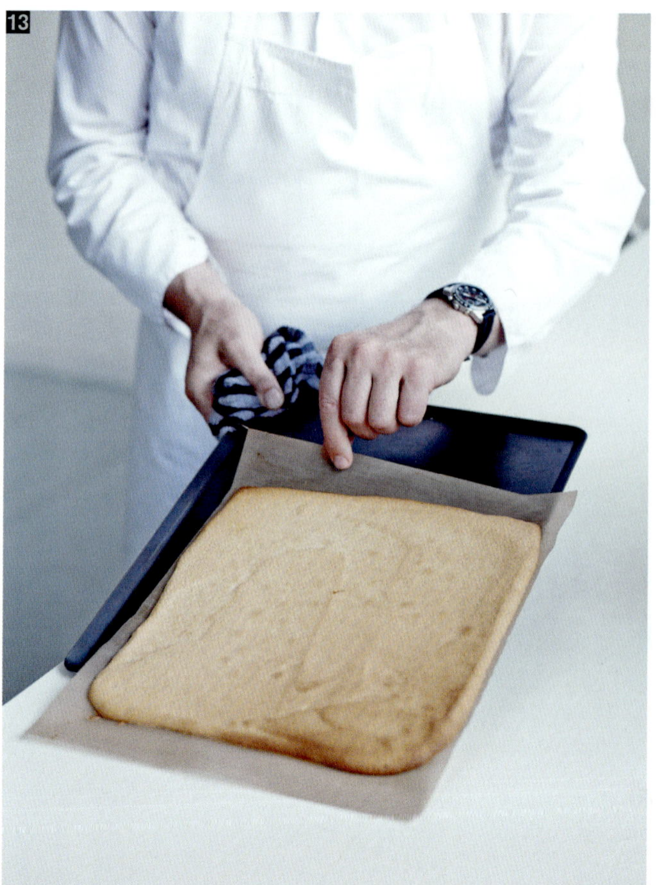

③ LA CRÈME DE FROMAGE BLANC

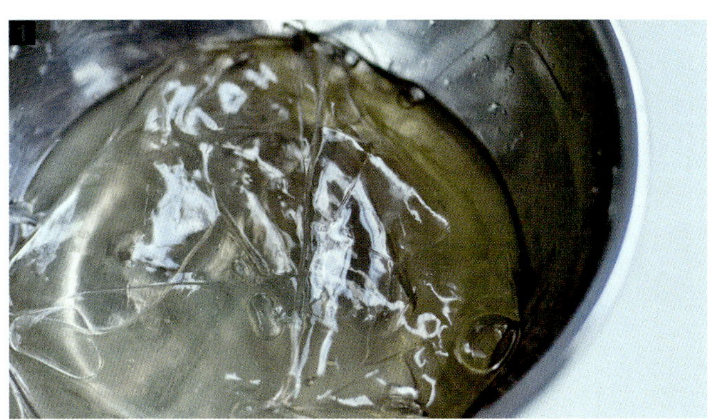

Préparez le sucre cuit en faisant chauffer le sucre semoule et l'eau sur feu moyen jusqu'à 120 °C pour obtenir une petite ébullition.
Battez la crème liquide froide pour en faire une belle crème fouettée.

1 Mettez la gélatine dans de l'eau très froide.

2 Placez les jaunes d'œufs dans la cuve du batteur, faites tourner à vitesse rapide. Ajoutez le sucre cuit. Faites tourner pendant 5 bonnes minutes.

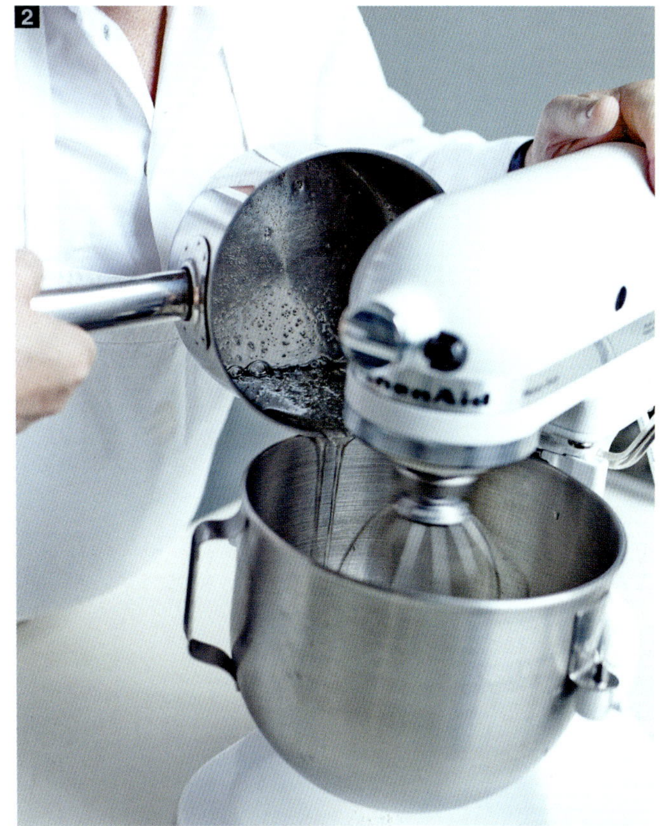

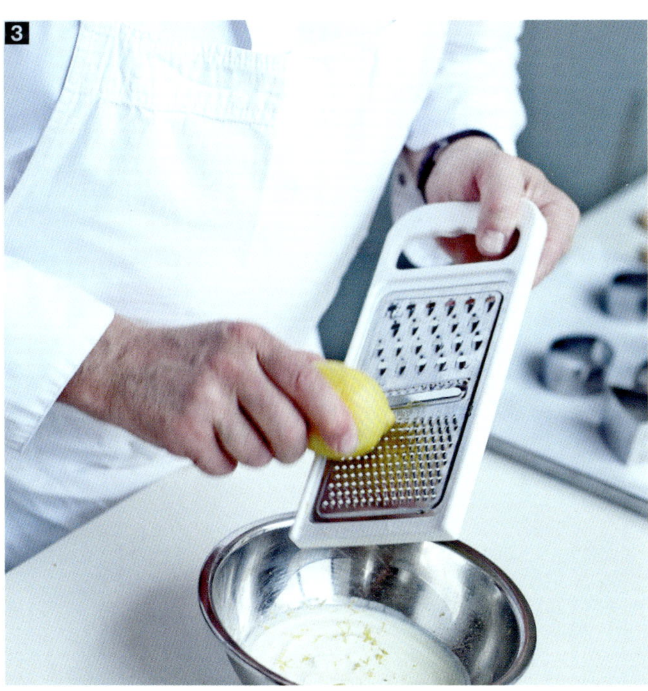

3 Pendant ce temps, zestez le citron dans le fromage blanc.

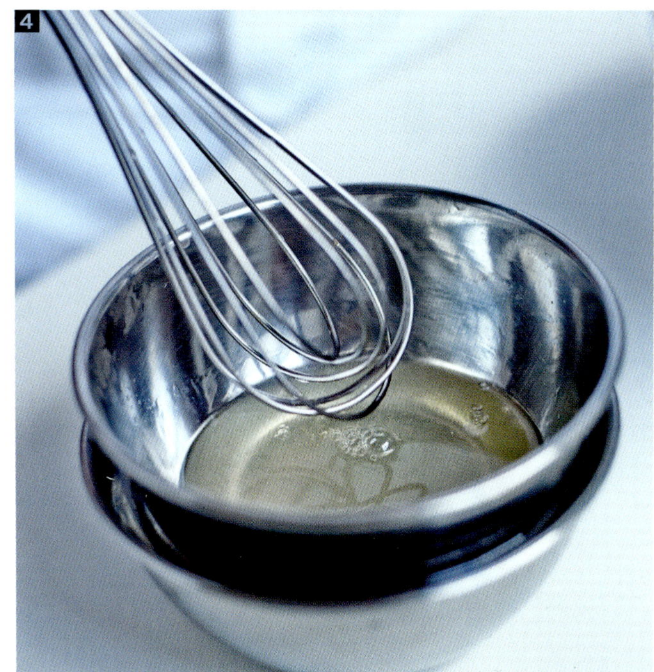

4 Essorez la gélatine et faites-la fondre dans un récipient aux micro-ondes ou au bain-marie, puis ajoutez la cuillerée à soupe de jus de citron.

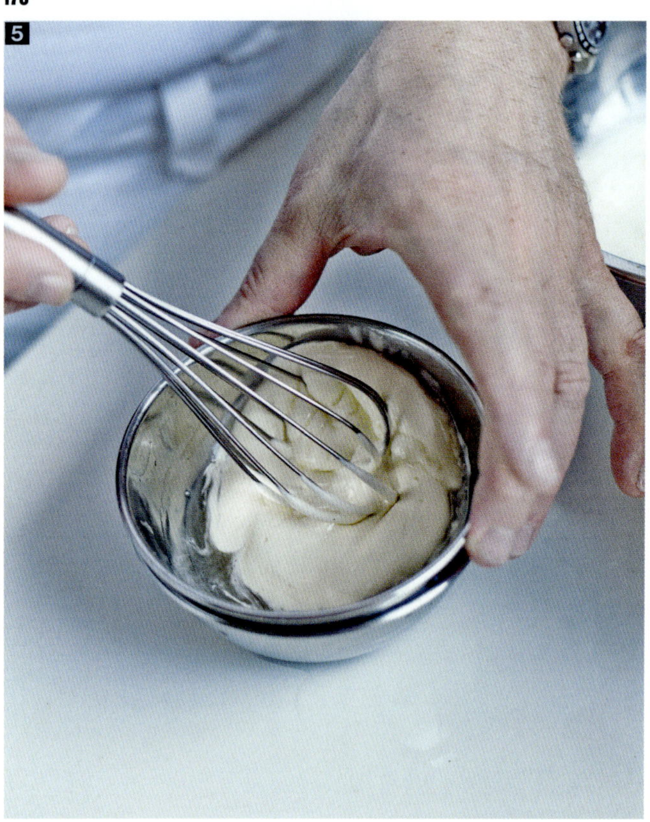

5 Versez la gélatine fondue dans les jaunes montés. Mélangez vivement à l'aide d'un fouet.

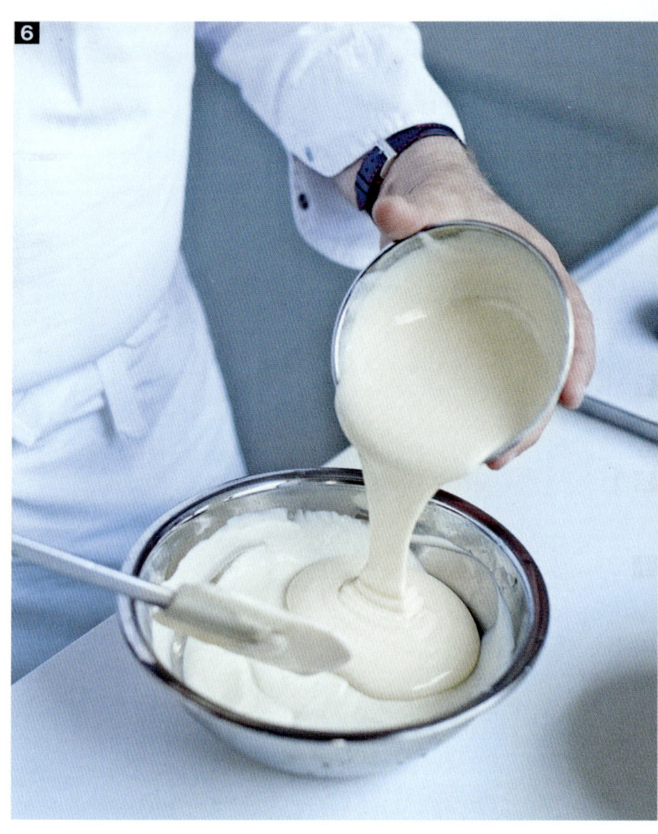

6 Incorporez le fromage blanc sans cesser de remuer.

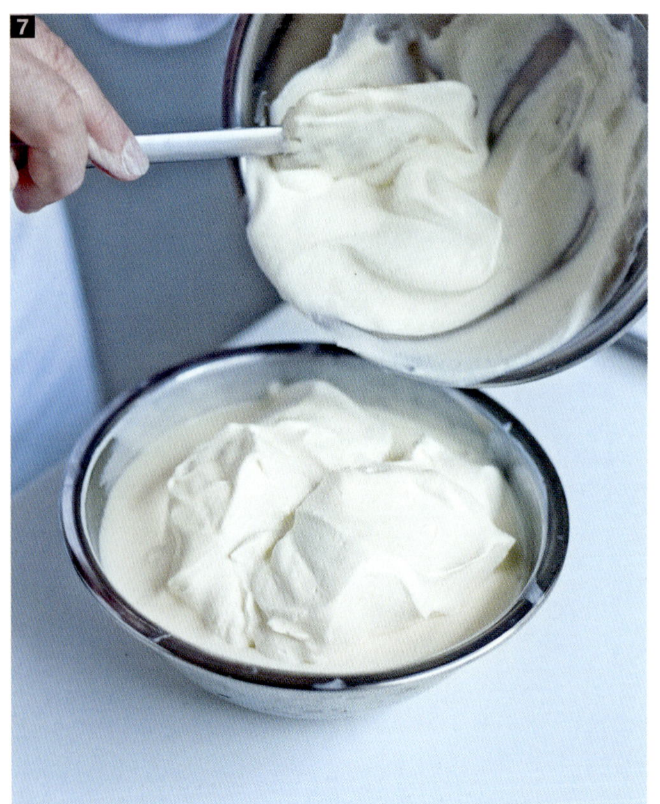

7 Ajoutez la crème fouettée au mélange précédent.

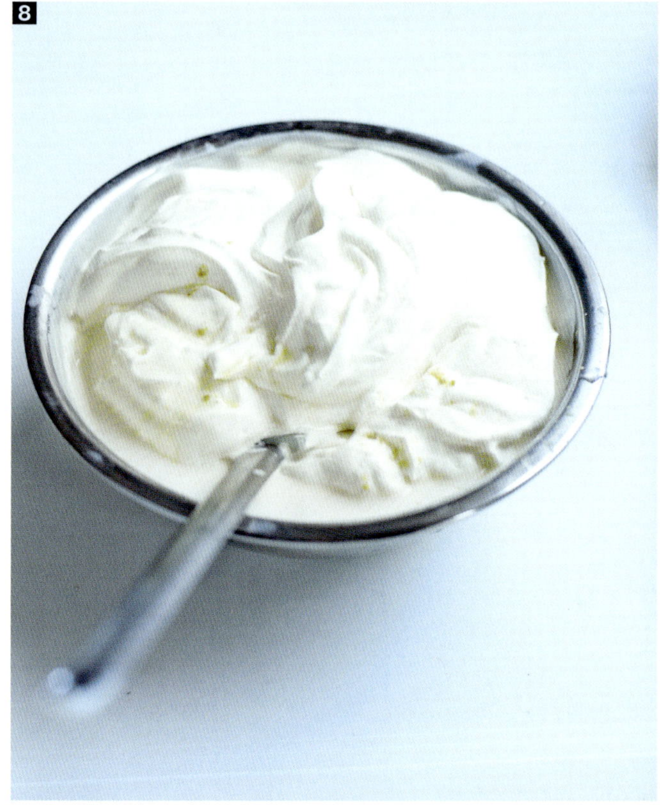

8 Mélangez-le tout délicatement à l'aide d'une Maryse.

④ LE MONTAGE

Réalisez le sirop au kirsch en faisant tiédir l'eau, le sucre et le kirsch sur feu moyen.
Réalisez la crème Chantilly selon la recette page 71. Réservez au frais

1 Découpez des formes de biscuit Joconde à l'aide d'un emporte-pièce (de la forme que vous souhaitez).

2 Trempez les biscuits dans le sirop au kirsch.

3 Déposez-les ensuite dans chaque emporte-pièce.

4 Pochez la crème de fromage blanc sur le biscuit, à l'aide d'une poche à douille munie d'une douille lisse. Et déposez une cuillerée à soupe de myrtilles gélifiées.

5 Placez un second biscuit sur chaque gâteau. Mettez-les au congélateur pendant 2 heures minimum.

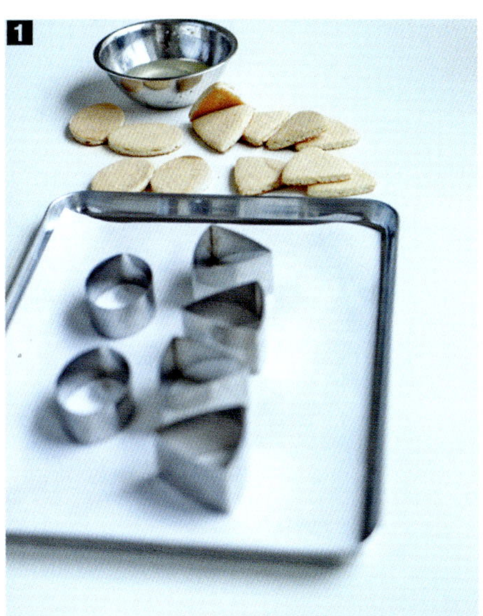
1

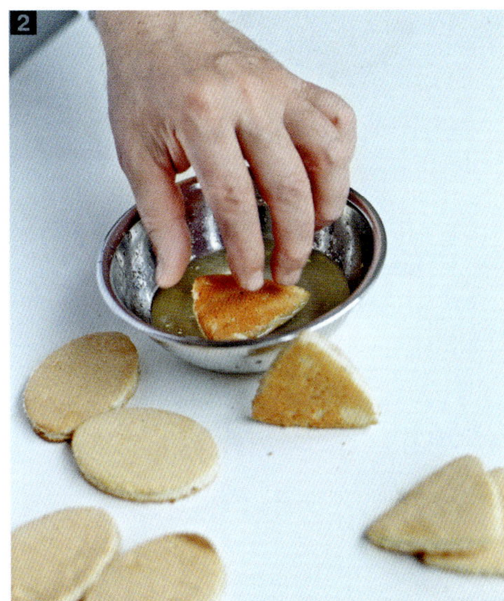
2

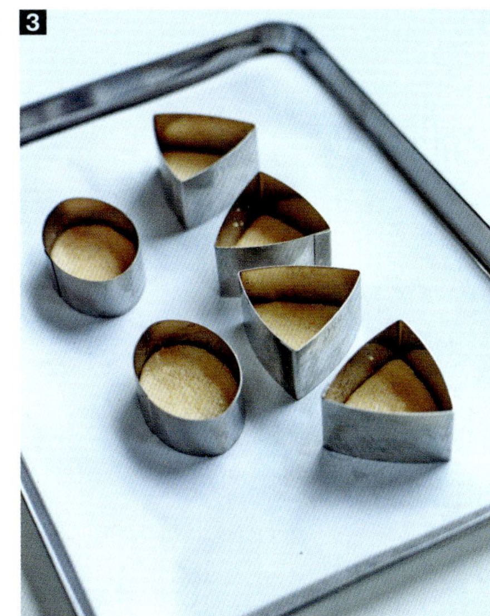
3

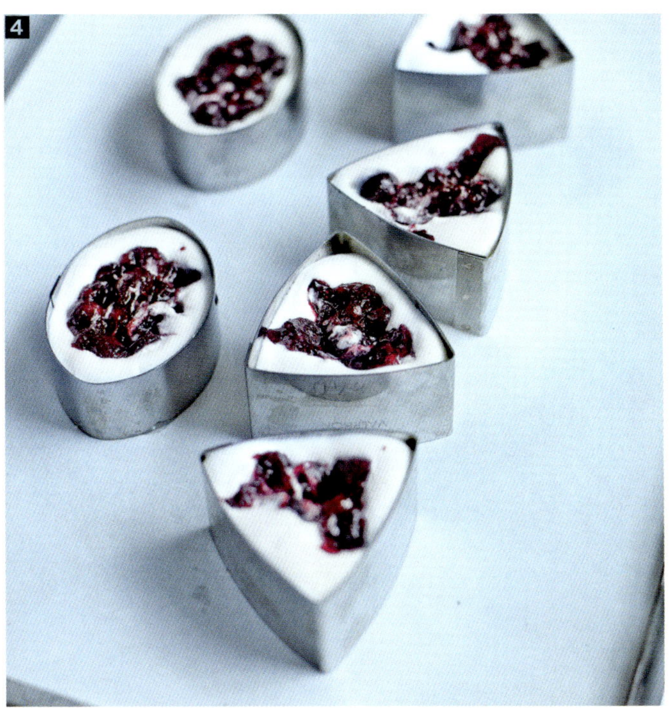
4

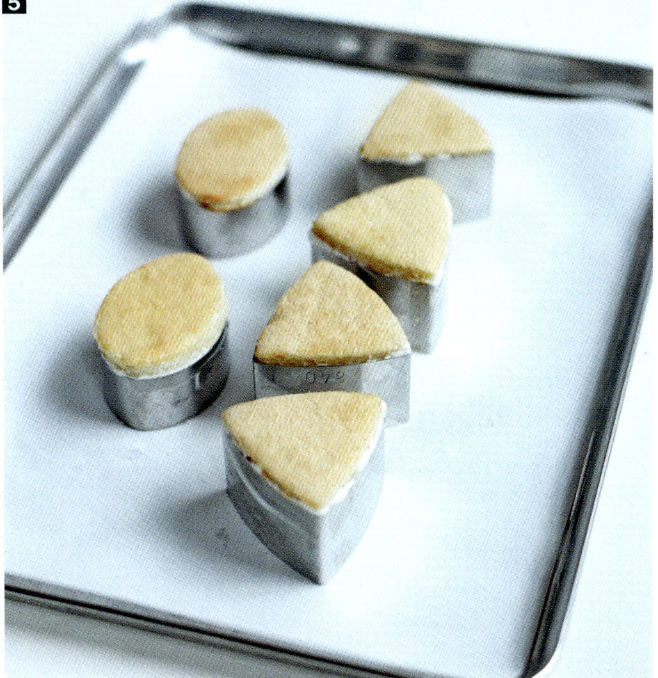
5

⑤ LA FINITION

Sortez les gâteaux du congélateur. Pour les démouler, roulez-les entre vos mains ou chauffez-les à l'aide d'un petit chalumeau. Remettez les gâteaux au congélateur.

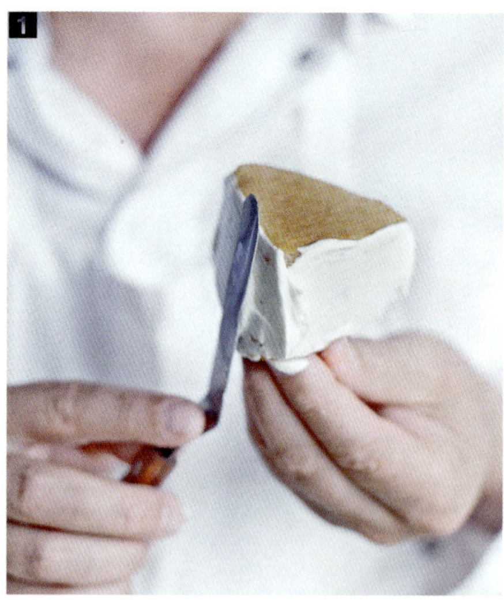

1 Masquez les contours de crème Chantilly à l'aide d'une petite spatule en Inox. Lissez en tournant la spatule autour du gâteau.

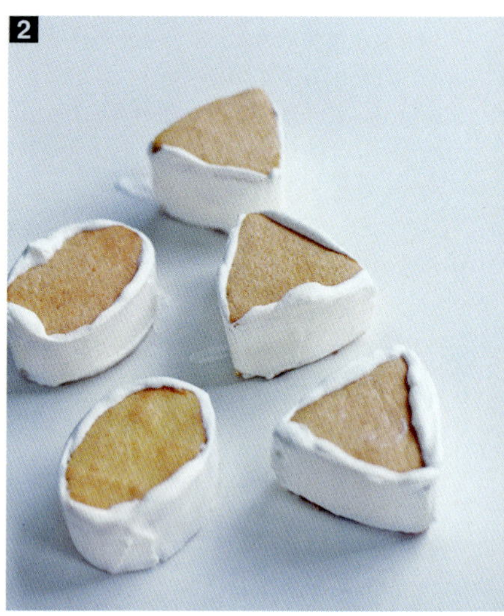

2 Voici le résultat.

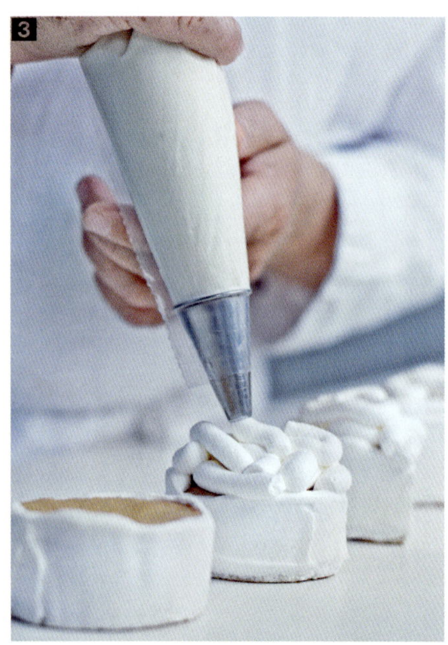

3 Pochez la crème Chantilly à l'aide d'une proche à douille munie d'une douille lisse en faisant des tortillons.

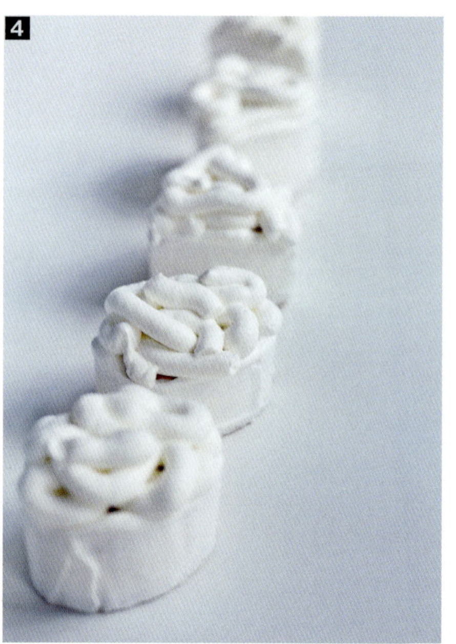

4 Voici le résultat souhaité.

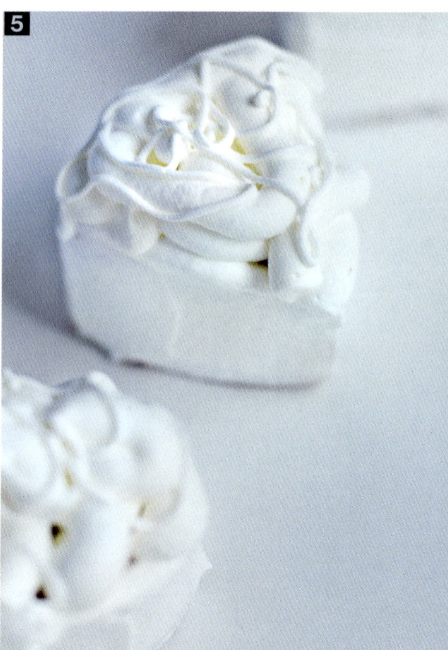

5 Réalisez un petit cornet en papier pour former des petits vermicelles sur le dessus de chaque gâteau. Décorez chaque gâteau d'une groseille fraîche. Dégustez dans la journée.

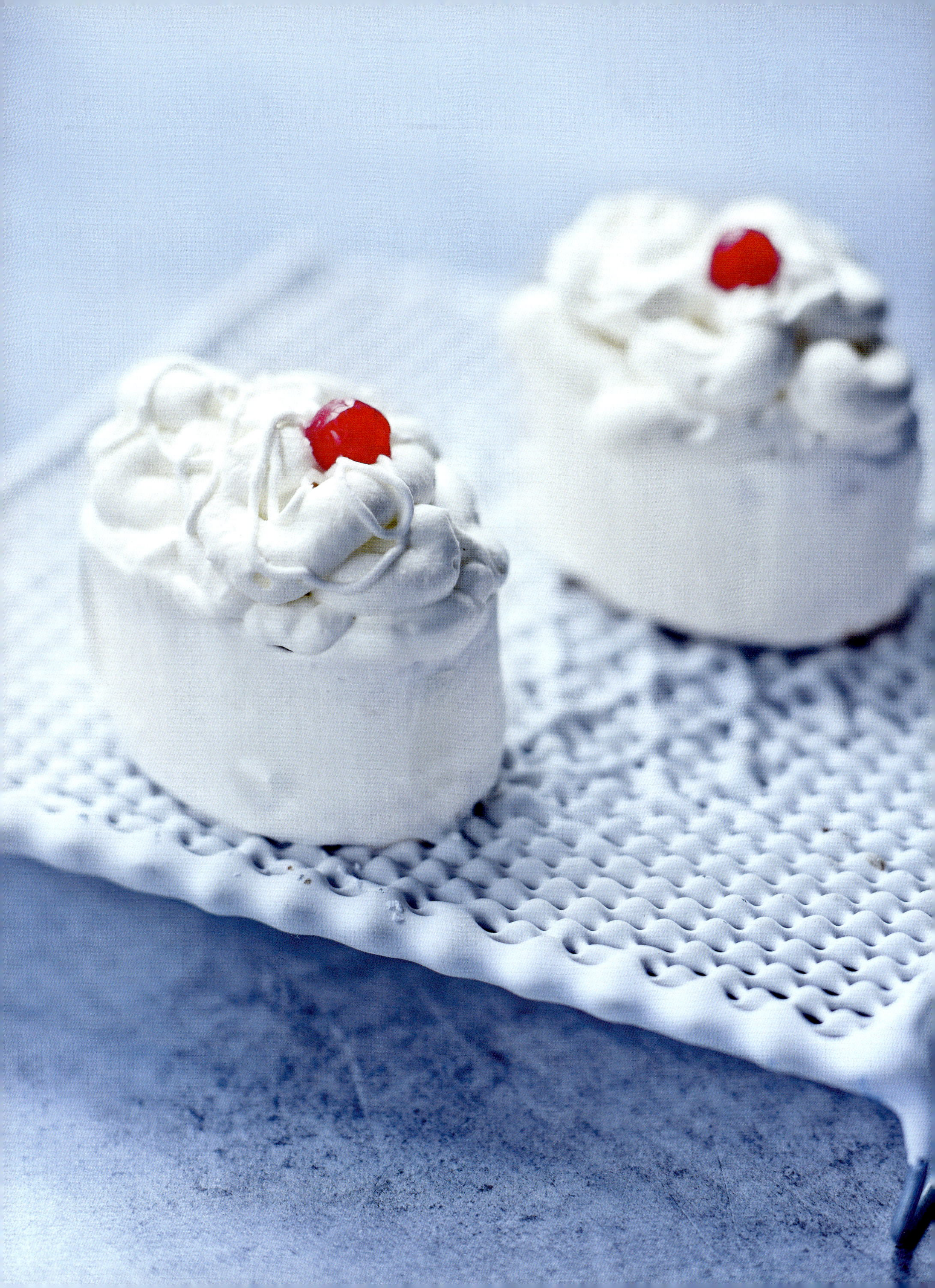

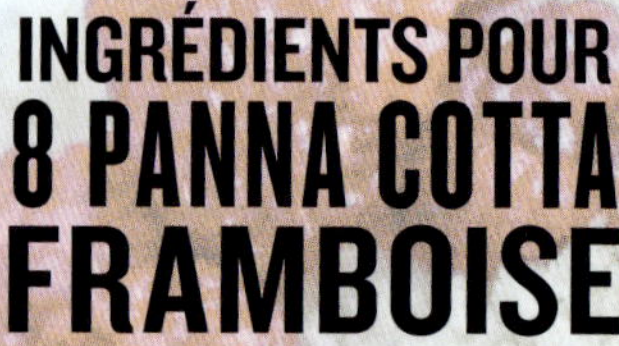

INGRÉDIENTS POUR 8 PANNA COTTA FRAMBOISE

① LES PALETS FRAMBOISE

300 G DE FRAMBOISES CONGELÉES

15 FEUILLES DE MENTHE FRAÎCHE

65 G DE SUCRE SEMOULE

6 G DE PECTINE

② LE CRÉMEUX PANNA COTTA

1 GOUSSE DE VANILLE

50 CL DE CRÈME LIQUIDE ENTIÈRE

8 G DE GÉLATINE EN FEUILLE

120 G DE SUCRE SEMOULE

130 G DE FROMAGE BLANC 0 %

③ LE SABLÉ PETIT BEURRE
(VOIR LA RECETTE PAGE 66)

④ LE CRUMBLE FRAMBOISE

50 G DE BEURRE

50 G DE FARINE

50 G DE SUCRE SEMOULE

50 G DE POUDRE D'AMANDES

20 G DE FRAMBOISES

⑤ LE MONTAGE ET LA FINITION

300 G DE GLAÇAGE COULEUR ROUGE (VOIR LA RECETTE PAGE 34)

10 FRAISES

10 FRAMBOISES

10 PETITES FEUILLES DE MENTHE

1 MOULE EN SILICONE PETITS CARRÉS

10 CERCLES DE FORME RECTANGLE DE 5 CM SUR 10 CM

PANNA COTTA FRAMBOISE

TEMPS DE PRÉPARATION
2 HEURES

TEMPS DE CUISSON
30 MINUTES

CONSEIL : on sert souvent la panna cotta en verrine. C'est une manière de la découvrir autrement. Vous pouvez également glacer le dessus des panna cotta en laissant le cercle avec le glaçage fraise des Bulles pamplemousse page 76.

① LES PALETS FRAMBOISE

② LE CRÉMEUX PANNA COTTA

③ LE SABLÉ PETIT BEURRE

④ LE CRUMBLE FRAMBOISE

⑤ LE MONTAGE ET LA FINITION

① LES PALETS FRAMBOISE

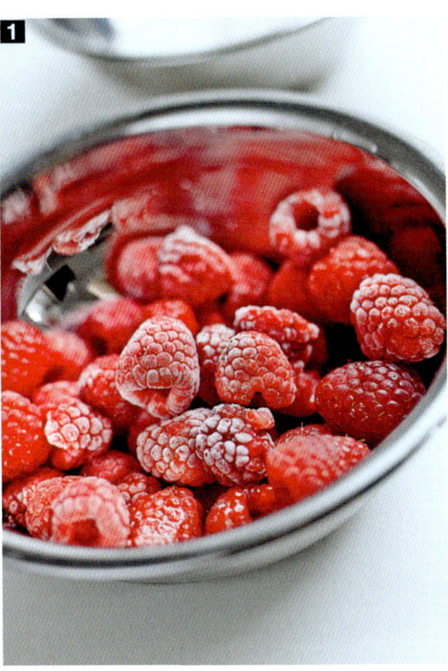

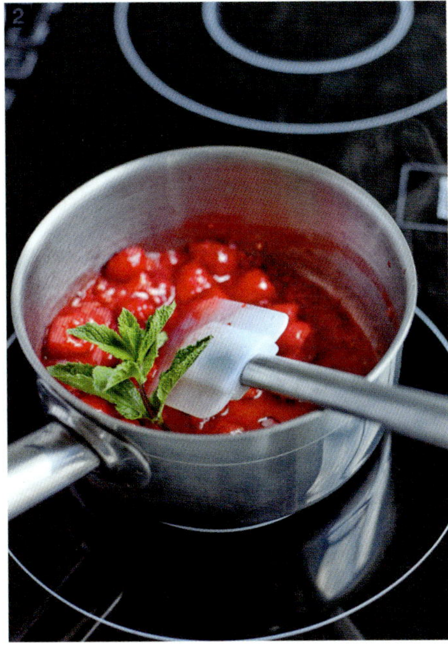

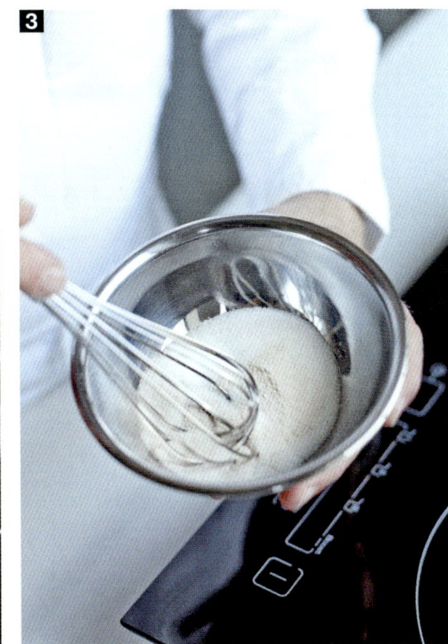

1 Préparez les framboises.

2 Chauffez-les avec la menthe à feu moyen pendant 2 à 3 minutes.

3 Mélangez le sucre avec la pectine.

4 Versez dans les framboises tiédies. Et portez à ébullition.

5 Tamisez la purée de framboises.

6 Versez la purée dans un récipient à bec verseur. Et remplissez les moules en silicone carré. Placez-les au congélateur.

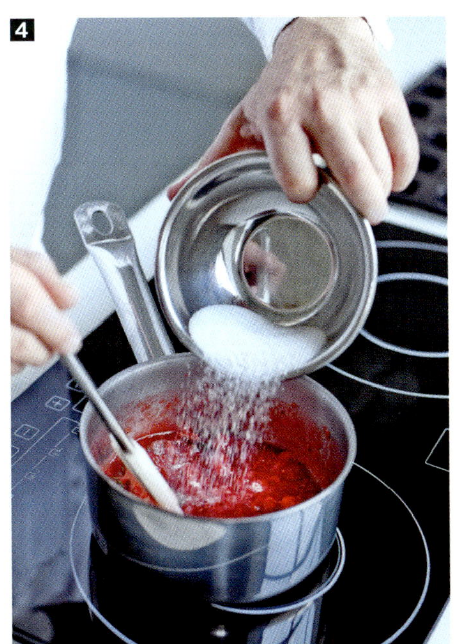

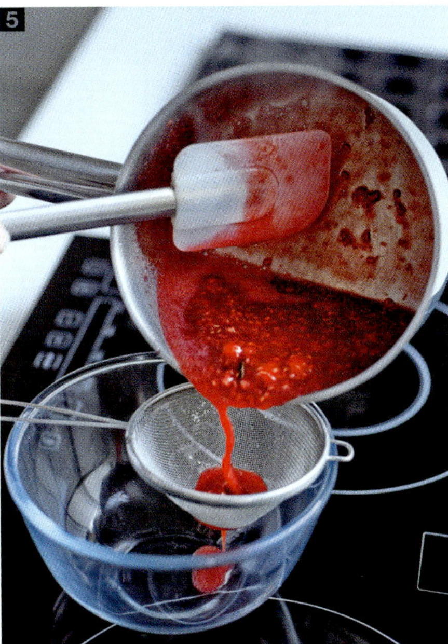

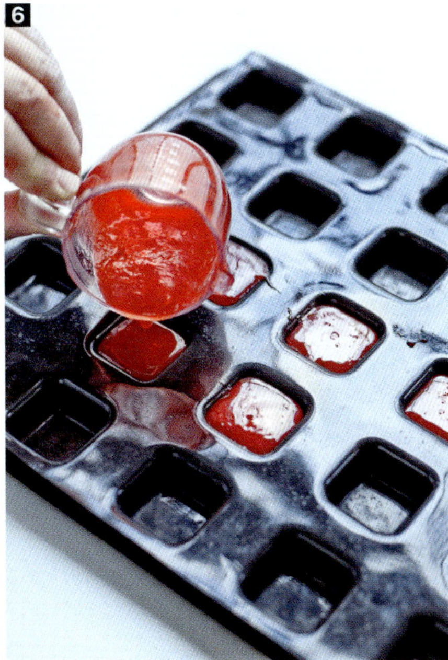

② LE CRÉMEUX PANNA COTTA

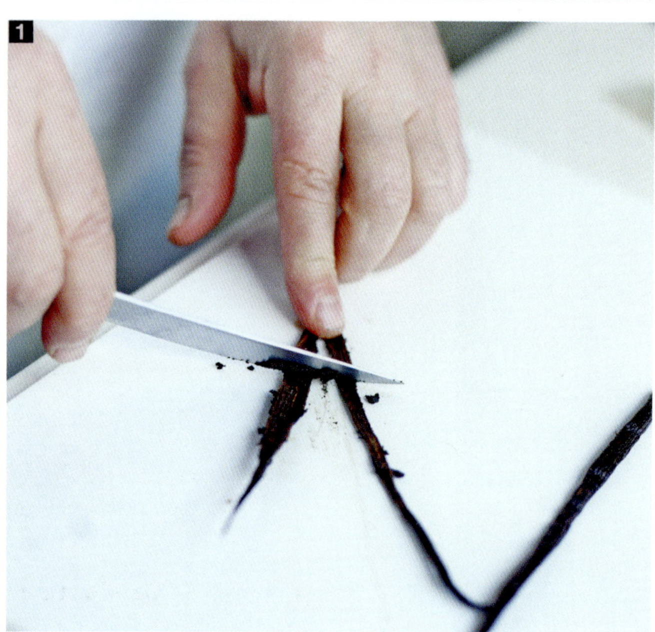

1 Fendez la gousse de vanille et grattez-la.

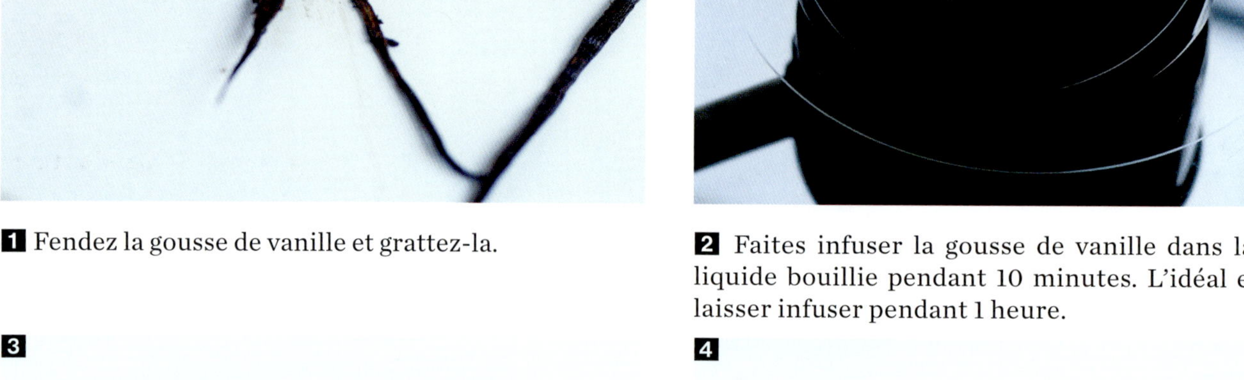

2 Faites infuser la gousse de vanille dans la crème liquide bouillie pendant 10 minutes. L'idéal est de la laisser infuser pendant 1 heure.

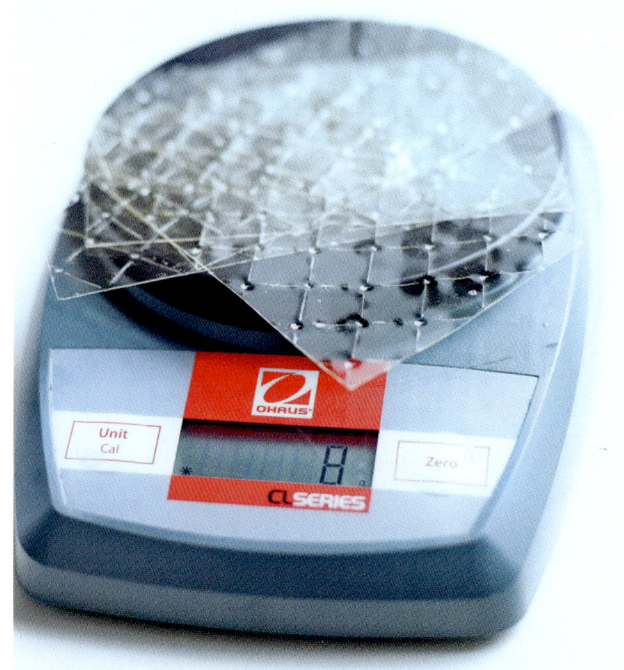

3 Pesez la gélatine.

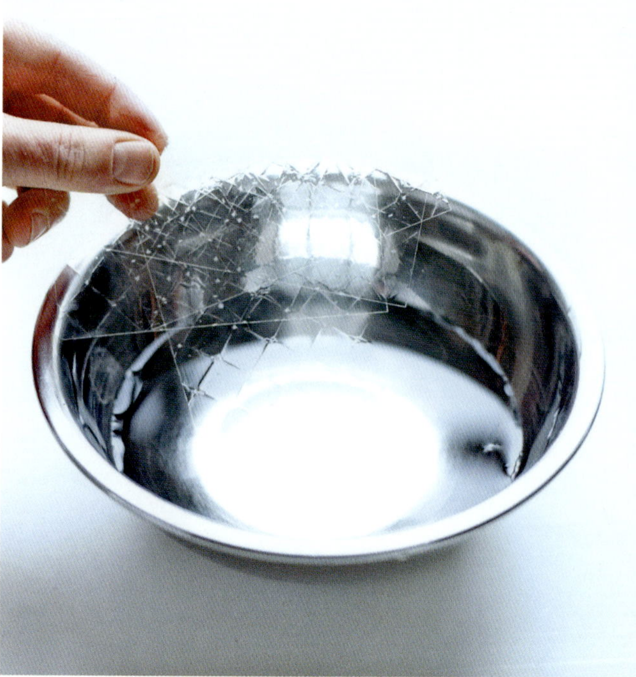

4 Déposez la gélatine dans un récipient d'eau très froide pendant 15 minutes.

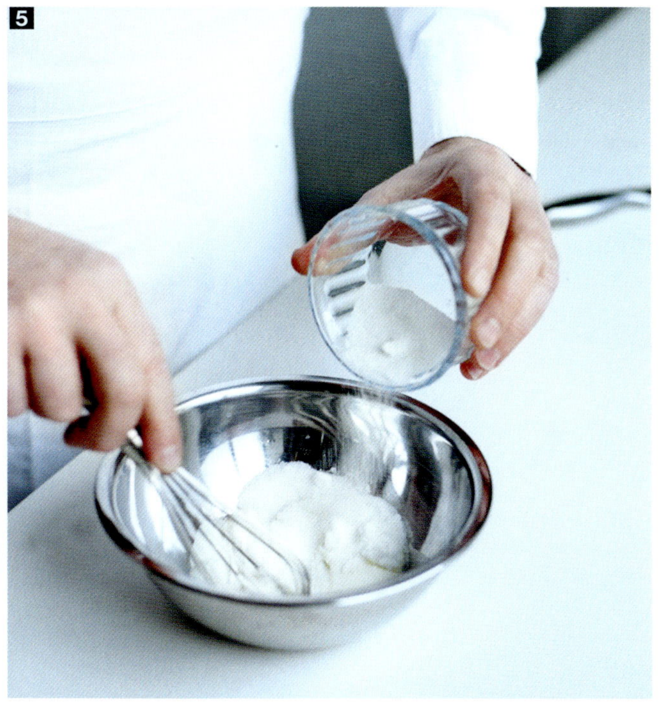

5 Mélangez le sucre semoule et le fromage blanc.

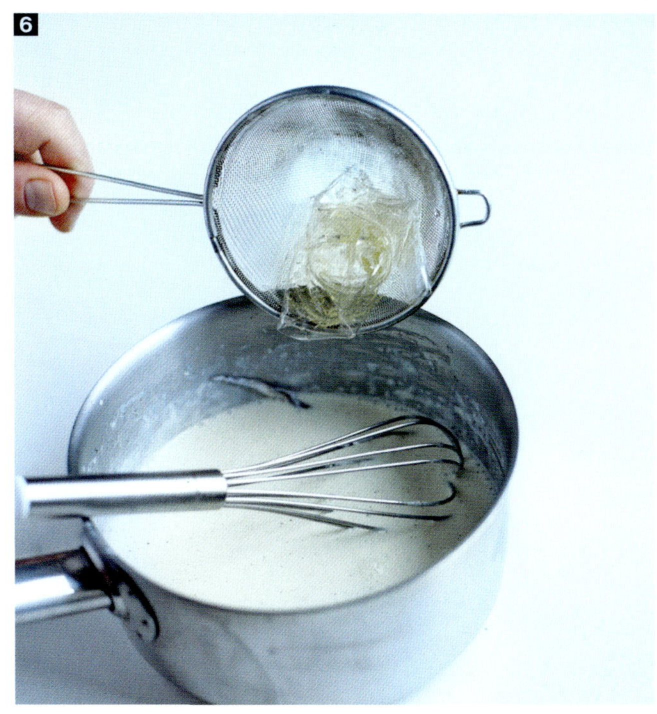

6 Ajoutez la gélatine ramollie et essorée dans la crème liquide chaude.

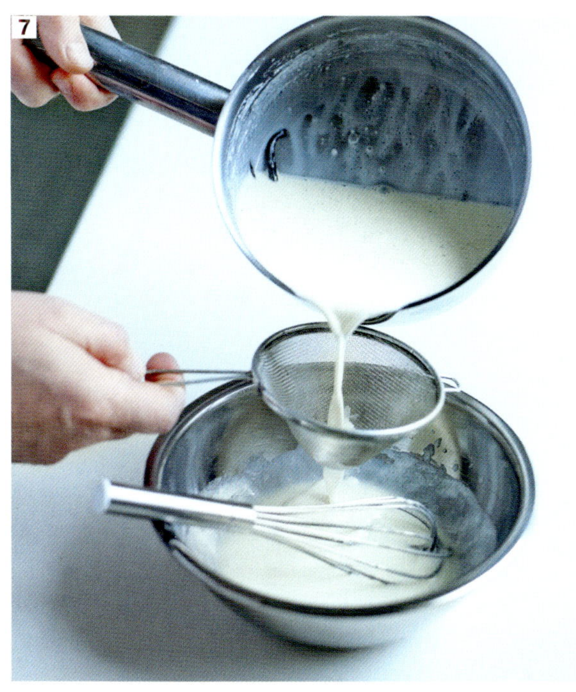

7 Versez le mélange sur le formage blanc sucré.

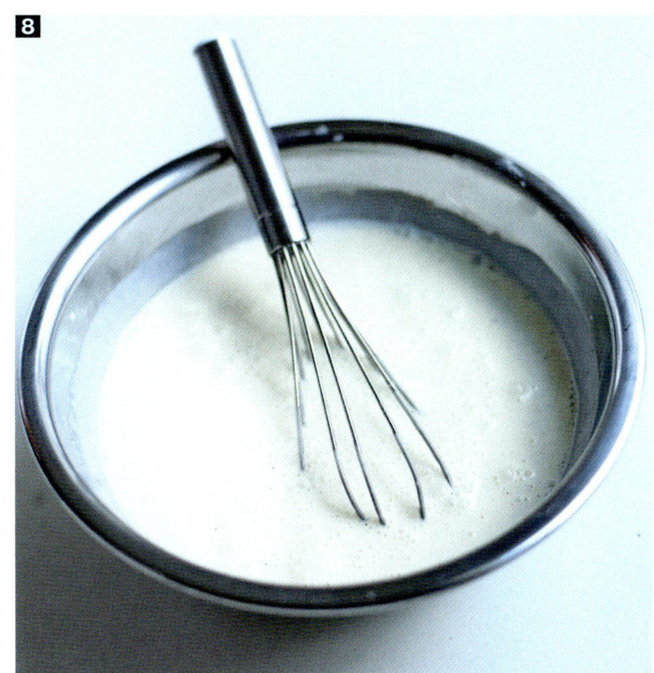

8 Voici le résultat.

③ LE SABLÉ PETIT BEURRE

PRÉPAREZ SELON LA RECETTE **PAGE 66**

④ LE CRUMBLE FRAMBOISE

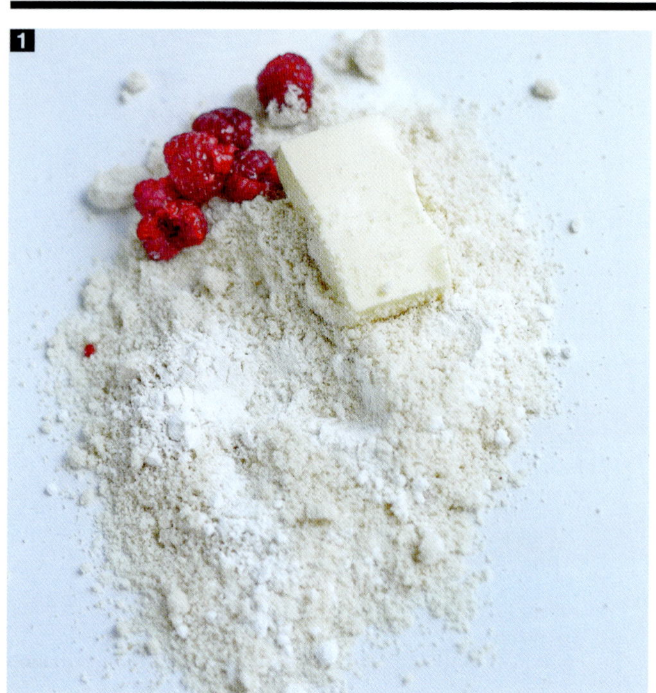

Préchauffez le four à 160 °C.

1 Préparez tous les ingrédients sur le plan de travail.

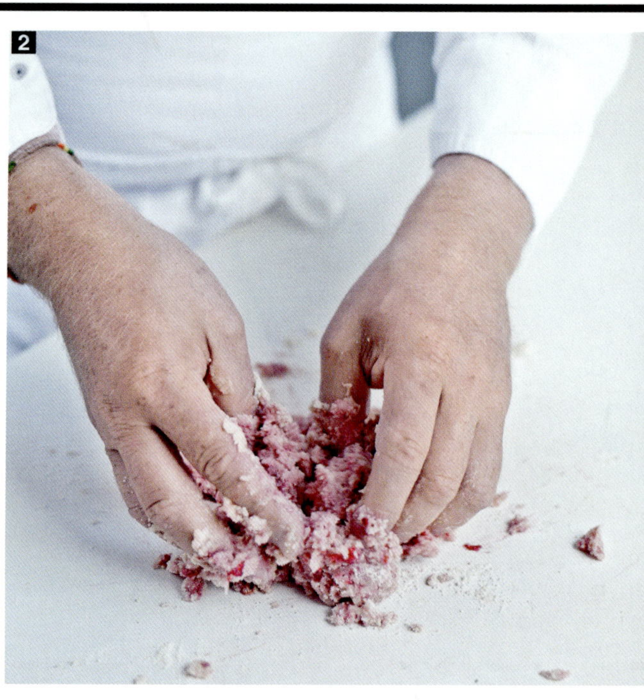

2 Sablez le tout entre vos paumes de main afin d'obtenir une pâte lisse.

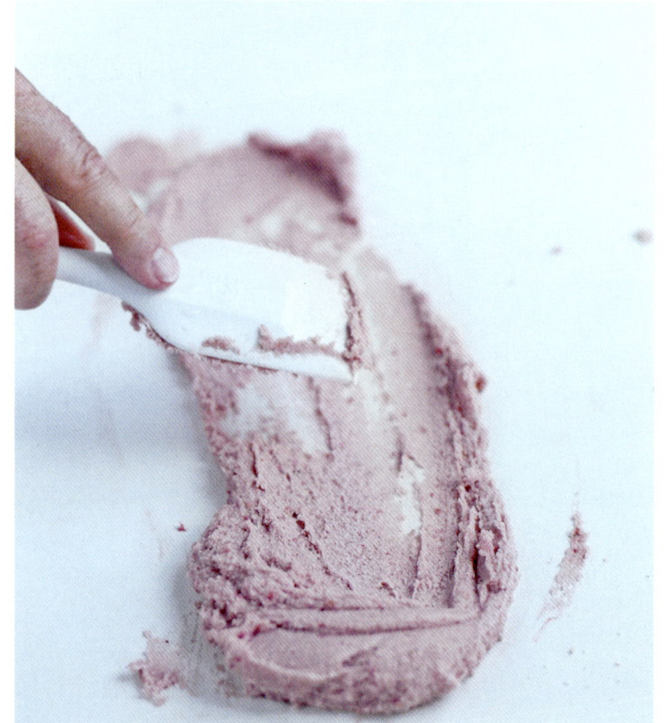

3 Voici le résultat souhaité.

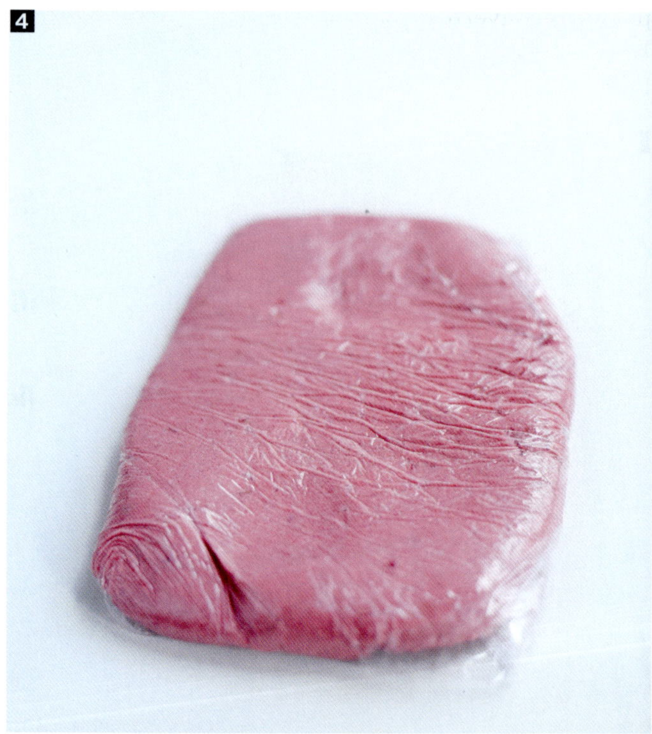

4 Enveloppez la pâte dans un film alimentaire et placez-la au congélateur pendant 1 heure.

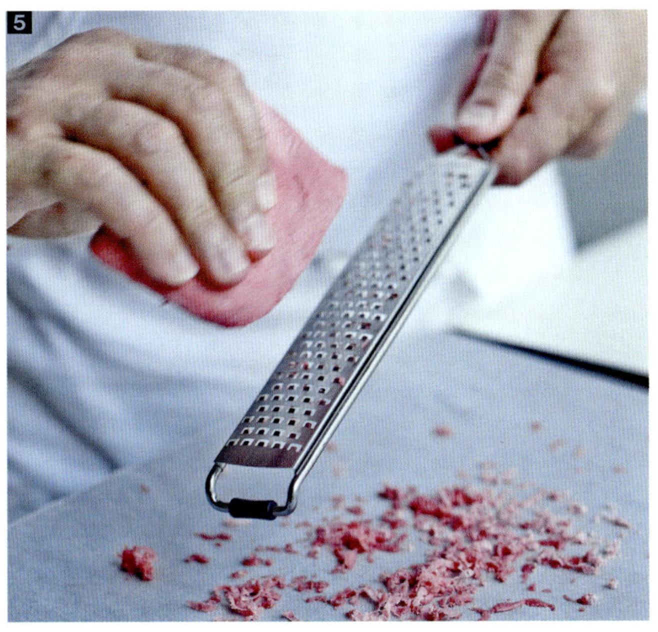

5 Râpez un morceau de pâte pour obtenir de petites miettes de crumble. Enfournez pendant une douzaine de minutes en mélangeant de temps en temps. Le crumble doit rester rose.

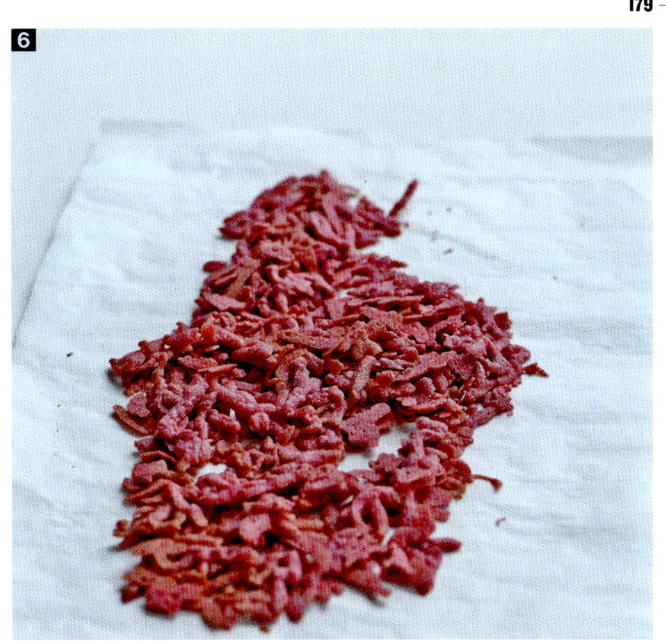

6 Voici le résultat. Réservez.

⑤ LE MONTAGE ET LA FINITION

Déposez les cercles de forme rectangulaire sur une plaque recouverte de papier sulfurisé.
Réalisez le glaçage couleur rouge selon la recette page 34.

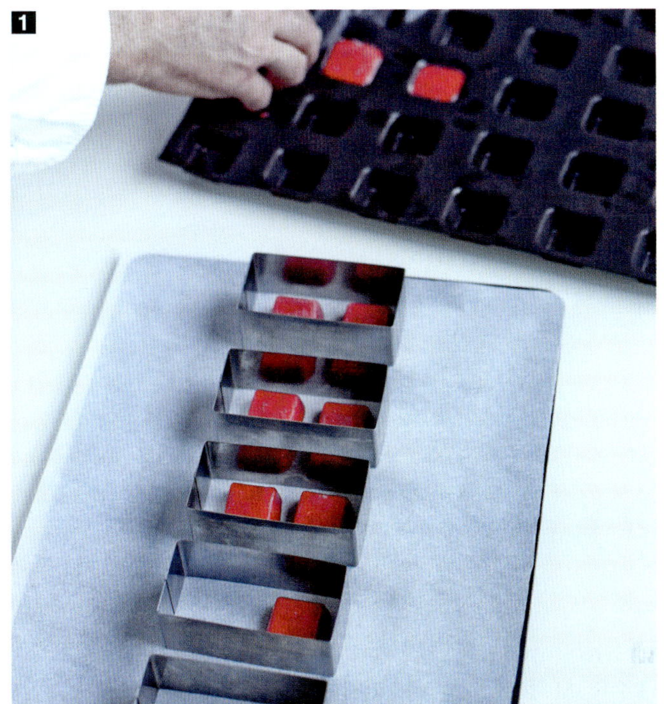

1 Placez 2 palets framboise dans chaque cercle de forme rectangulaire.

2 Déposez votre plaque sur une balance afin de verser la même quantité de crémeux panna cotta (environ 70 g par cercle).

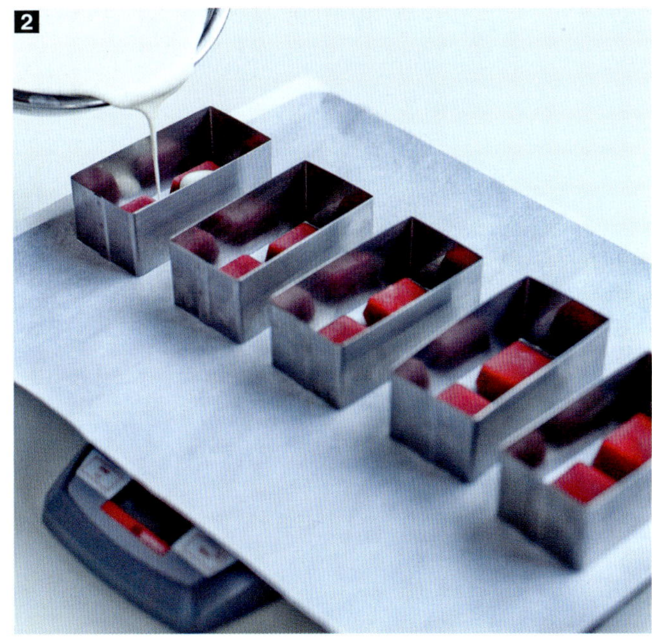

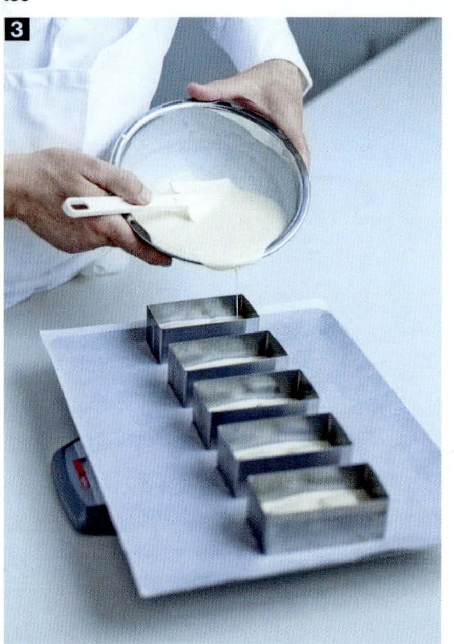

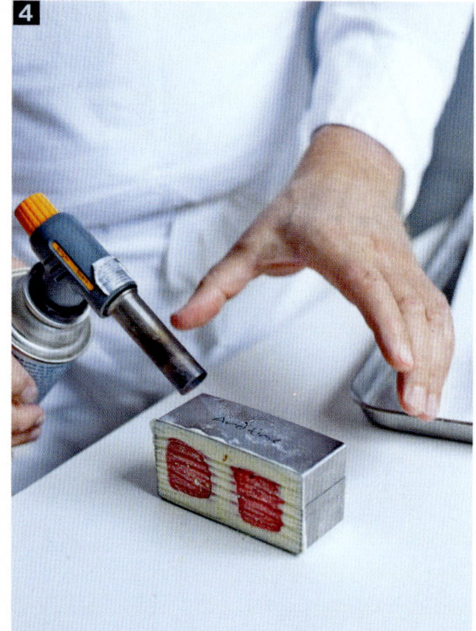

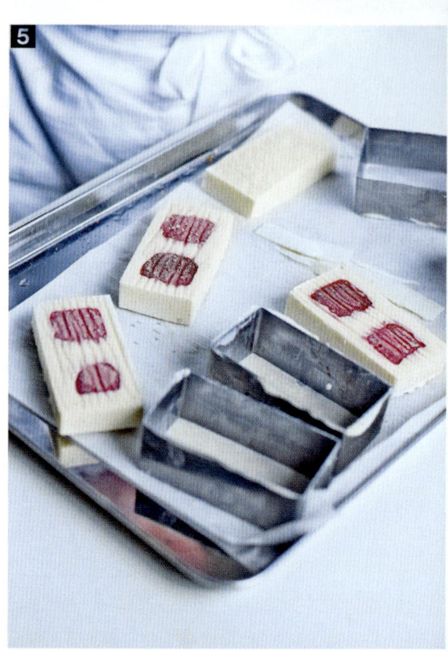

3 Voici le résultat. Il ne faut pas remplir le crémeux à ras bord. Mettez au congélateur pendant 2 heures.

4 Lorsque les gâteaux sont pris, démoulez-les à l'aide d'un petit chalumeau.

5 Voici les gâteaux démoulés. Mettez-les de nouveau 1 heure au congélateur.

6 Ensuite, déposez-les sur une grille avec une plaque à rebord en dessous qui recueillera l'excédent de glaçage. Lissez avec une spatule afin que la couche de glaçage ne soit pas trop épaisse.

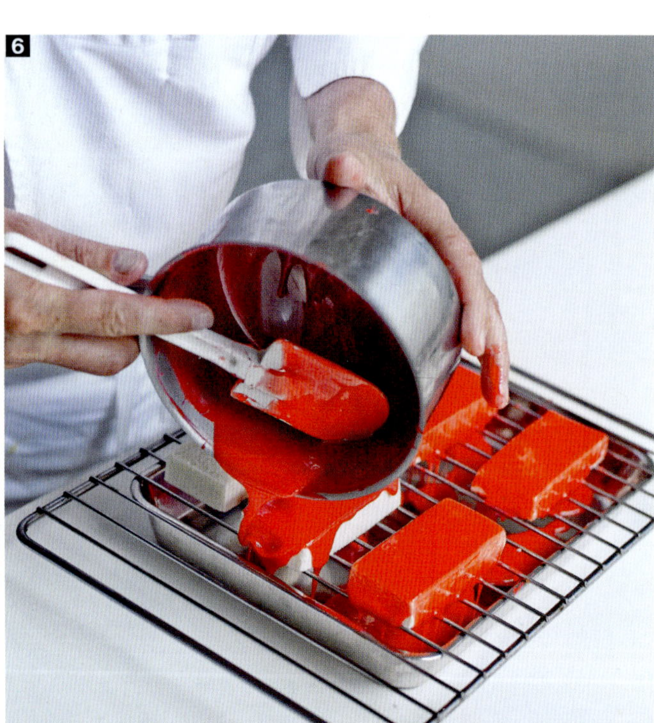

Déplacez les gâteaux sur une autre grille à l'aide d'une spatule. Cela va enlever l'excédent de glaçage sous chaque gâteau. Posez les gâteaux sur les sablés. Répartissez les miettes de crumble autour de chaque gâteau.

7 Déposez une fraise et une framboise sur chaque gâteau. Ajoutez une petite feuille de menthe.

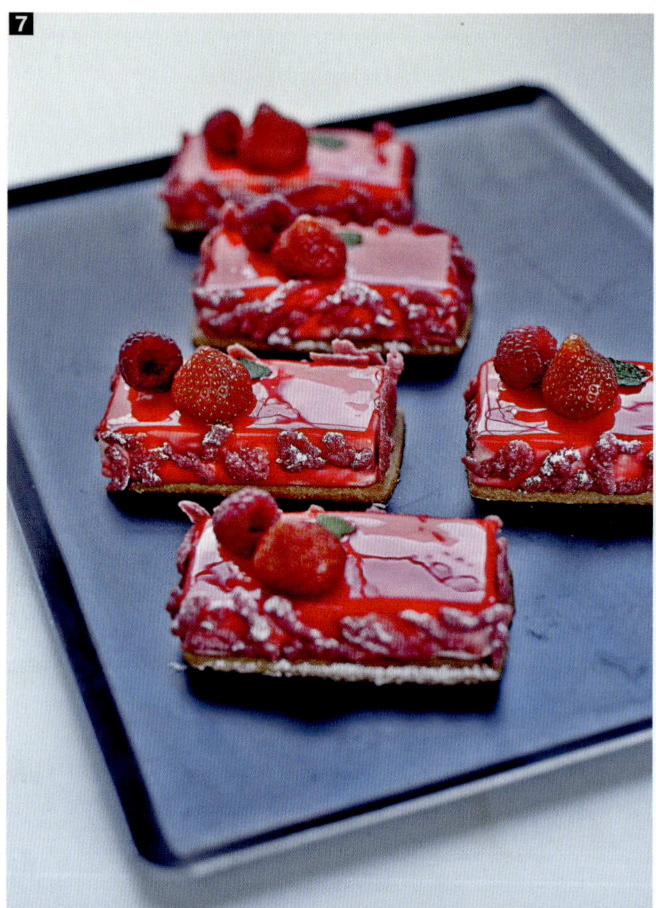

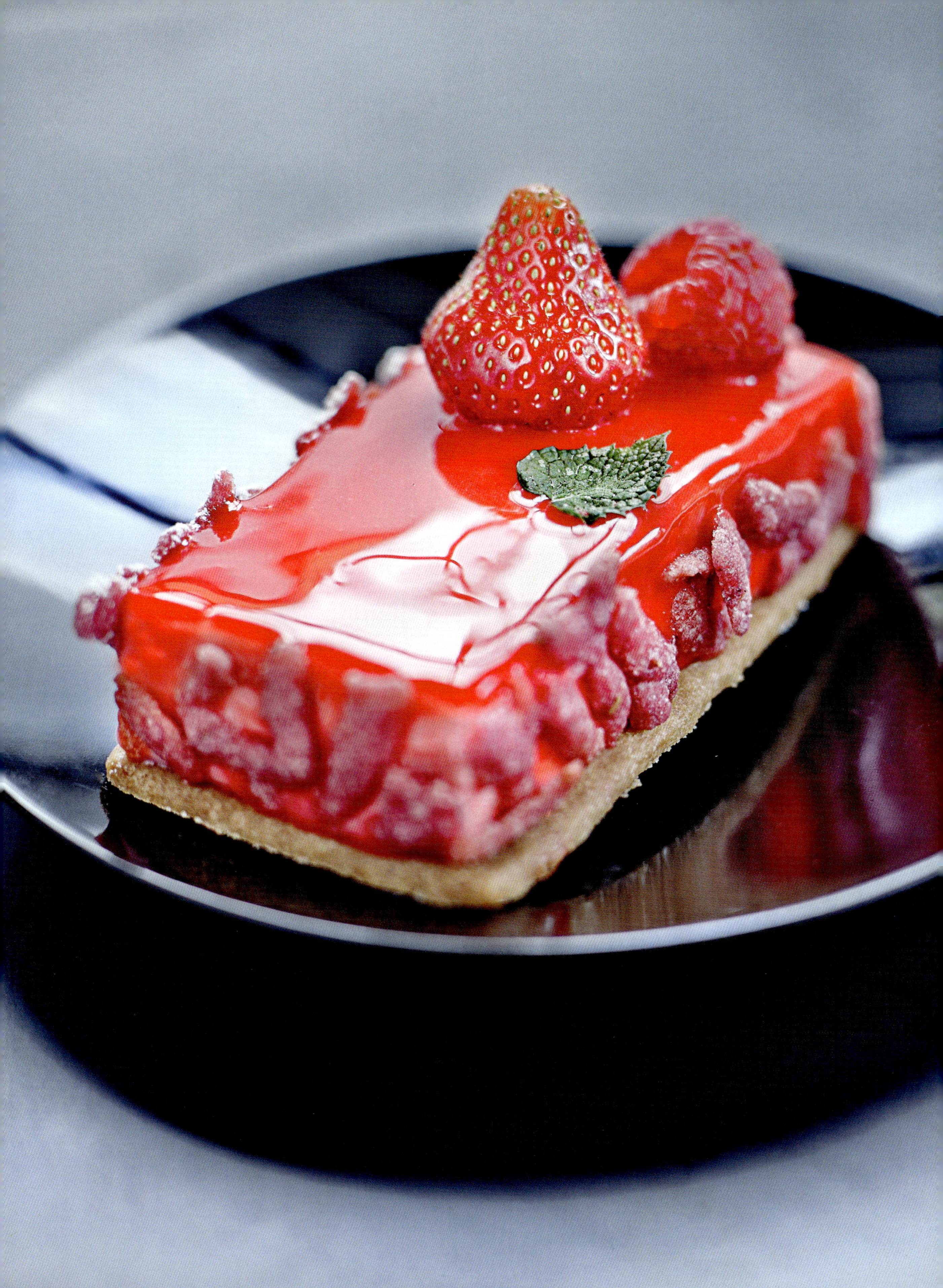

RUSSE À LA FLEUR D'ORANGER

INGRÉDIENTS POUR 10 RUSSES

① LA DACQUOISE

525 G DE DACQUOISE (VOIR LA RECETTE PAGE 26 ; SOIT LA MOITIÉ DE LA PÂTE)

IL VOUS RESTERA DE LA DACQUOISE QUE VOUS POURREZ CONGELER POUR UNE AUTRE UTILISATION.

② LA CRÈME MOUSSELINE À LA FLEUR D'ORANGER

2 CL D'EAU DE FLEUR D'ORANGER (DE SYRIE OU D'IRAN DANS LES BOUTIQUES ORIENTALES)

250 G DE CRÈME PÂTISSIÈRE (VOIR LA RECETTE PAGE 18)

300 G DE CRÈME AU BEURRE (VOIR LA RECETTE PAGE 14)

③ LE MONTAGE ET LA FINITION

LES CHUTES DE LA DACQUOISE RÉDUITES EN POUDRE

50 G DE SUCRE GLACE SPÉCIAL DÉCOR (VOIR CARNET D'ADRESSES PAGE 242)

1 THERMOMÈTRE

1 EMPORTE-PIÈCE OU CERCLE DE 5,5 CM DE DIAMÈTRE

1 DIZAINE DE CERCLES DE 5,5 CM DE DIAMÈTRE ET 4 CM DE HAUTEUR

1 POCHE À DOUILLE

1 DOUILLE LISSE DE 8 MM

1 TAMIS

TEMPS DE PRÉPARATION
2 HEURES

TEMPS DE CUISSON
30 MINUTES

CONSEIL : vous pouvez remplacer la crème mousseline à la fleur d'oranger par la mousse chocolat pâtissière du macaron Maya page 148. Les russes se conservent 3 ou 4 jours au réfrigérateur ou 3 semaines sous film alimentaire au congélateur. Vous pouvez ajouter des dés d'orange confite ou des framboises au moment du montage des russes.

① LA DACQUOISE

② LA CRÈME MOUSSELINE À LA FLEUR D'ORANGER

③ LE MONTAGE ET LA FINITION

① LA DACQUOISE

PRÉPAREZ SELON LA RECETTE PAGE 26

② LA CRÈME MOUSSELINE À LA FLEUR D'ORANGER

Tempérez l'eau de fleur d'oranger à 30 °C au bain-marie. Travaillez la crème pâtissière froide, réalisée selon la recette page 18, à l'aide d'une Maryse. Réchauffez-la légèrement au bain-marie pour la tempérer.

1 Incorporez l'eau de fleur d'oranger à la crème pâtissière.

2 Ajoutez la crème au beurre, réalisée selon la recette page 14 à température ambiante.

3 Mélangez à l'aide d'une Maryse pour obtenir une texture lisse. Réservez à température ambiante.

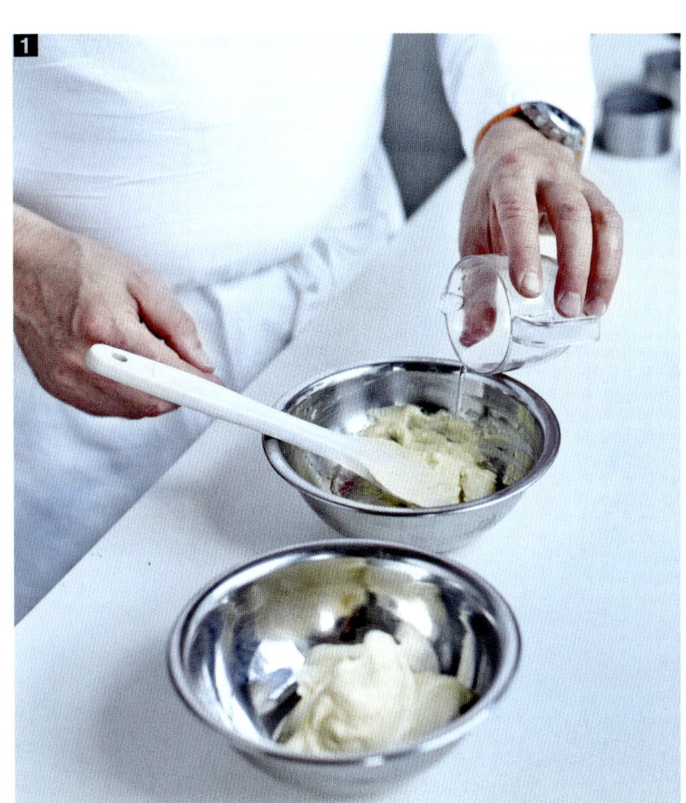
1

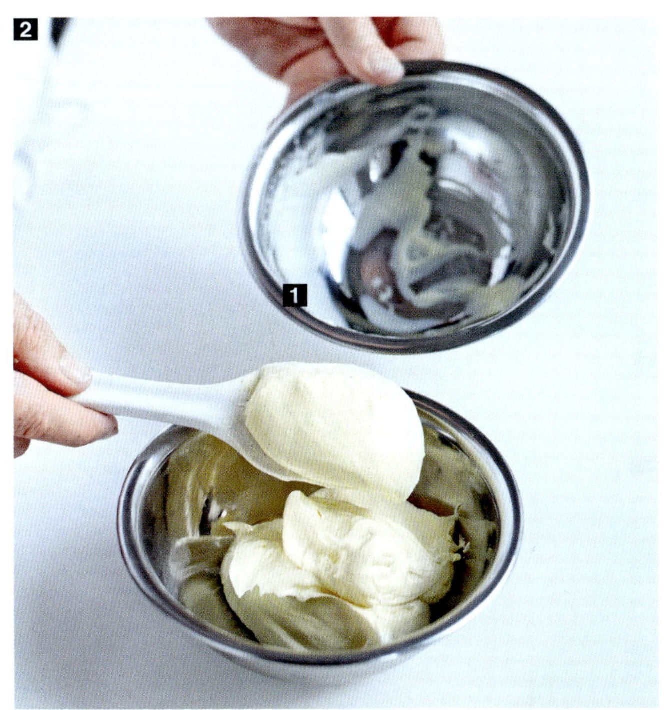
2

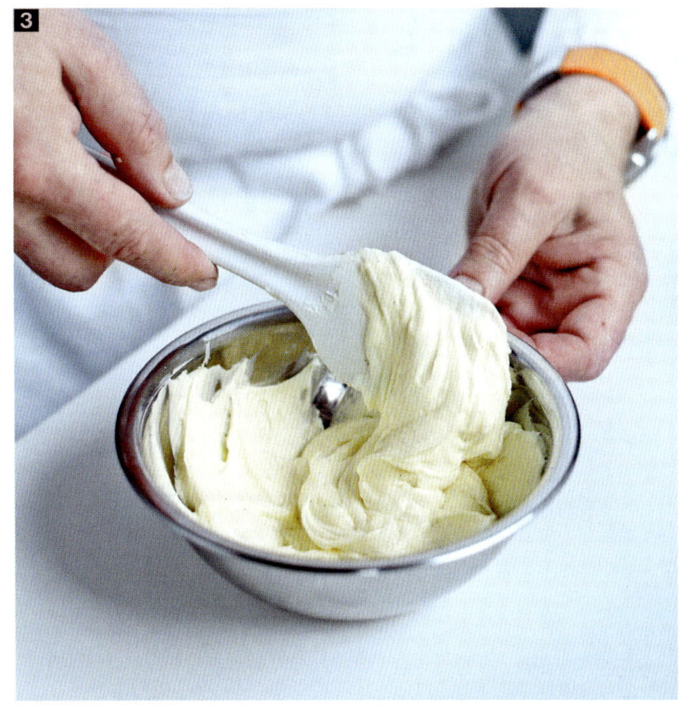
3

③ LE MONTAGE ET LA FINITION

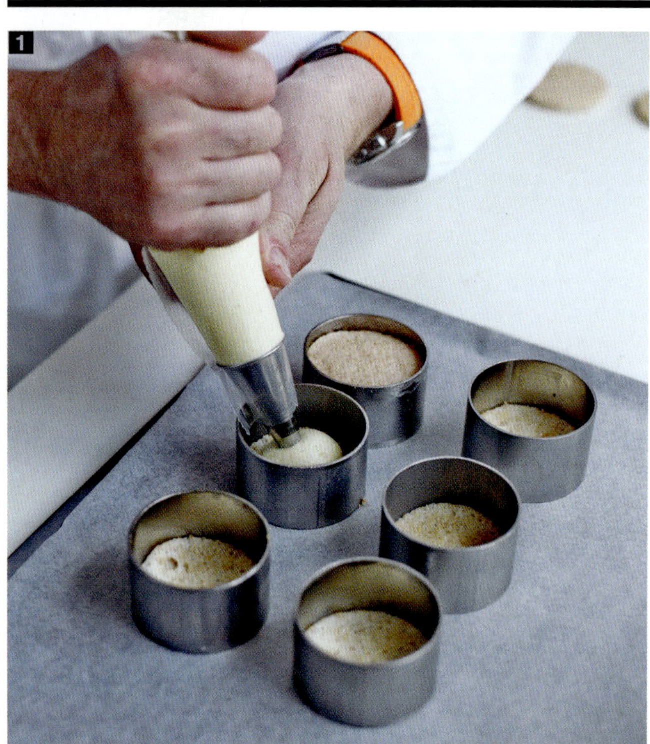

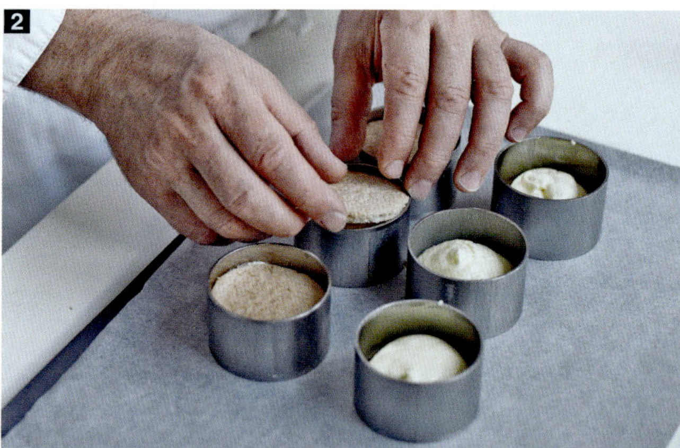

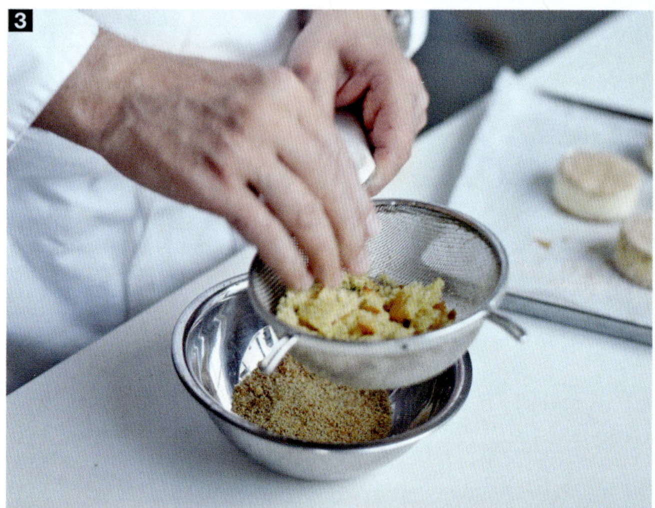

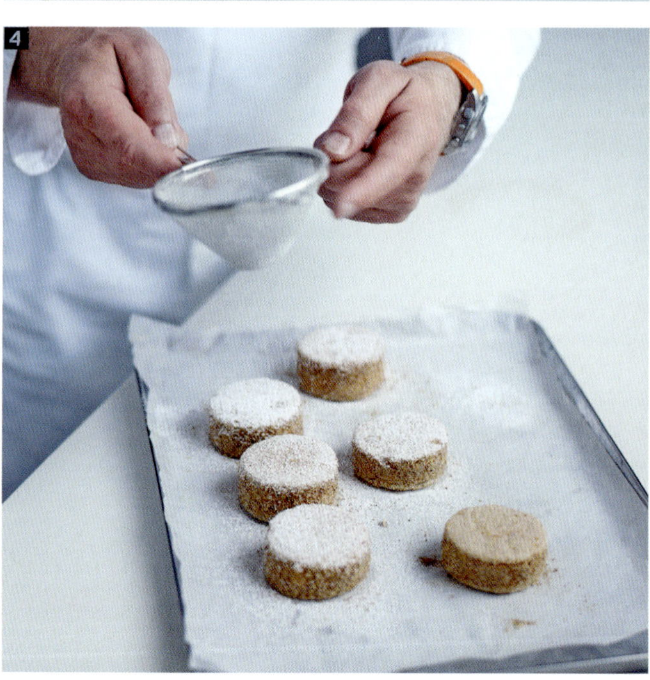

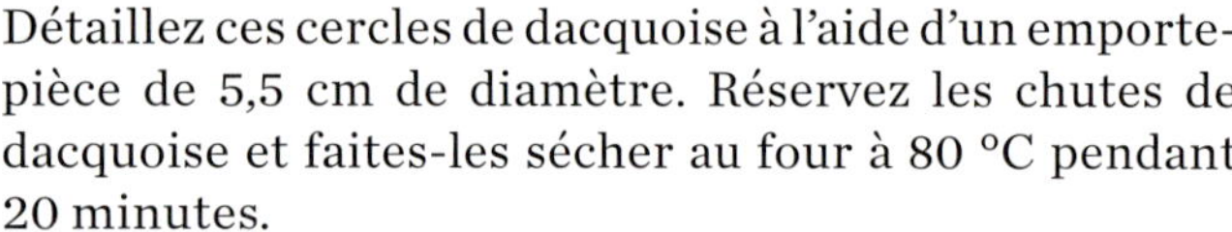

Détaillez ces cercles de dacquoise à l'aide d'un emporte-pièce de 5,5 cm de diamètre. Réservez les chutes de dacquoise et faites-les sécher au four à 80 °C pendant 20 minutes.
Posez les cercles sur une plaque recouverte de papier sulfurisé. Placez dans chaque cercle un disque de dacquoise.

1 Mettez la crème mousseline à la fleur d'oranger dans une poche à douille munie d'une douille lisse de 8 mm de diamètre. Pochez la crème dans chaque cercle.

2 Posez le second disque de dacquoise. Mettez-les au congélateur pendant 1 heure.

3 Frottez les chutes de dacquoise sèche et refroidie à travers un tamis pour obtenir une poudre bien fine.

Sortez les gâteaux du congélateur. Pour les démouler, roulez-les entre vos mains ou chauffez-les à l'aide d'un petit chalumeau. Laissez au réfrigérateur pour éviter la condensation pendant 30 minutes. Puis, roulez les russes (le contour doit être légèrement plus mou afin que la poudre adhère bien) dans la dacquoise en poudre.

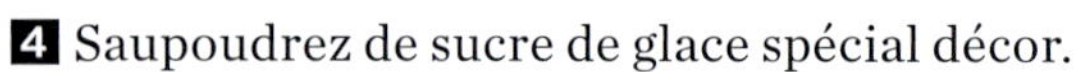

4 Saupoudrez de sucre de glace spécial décor.

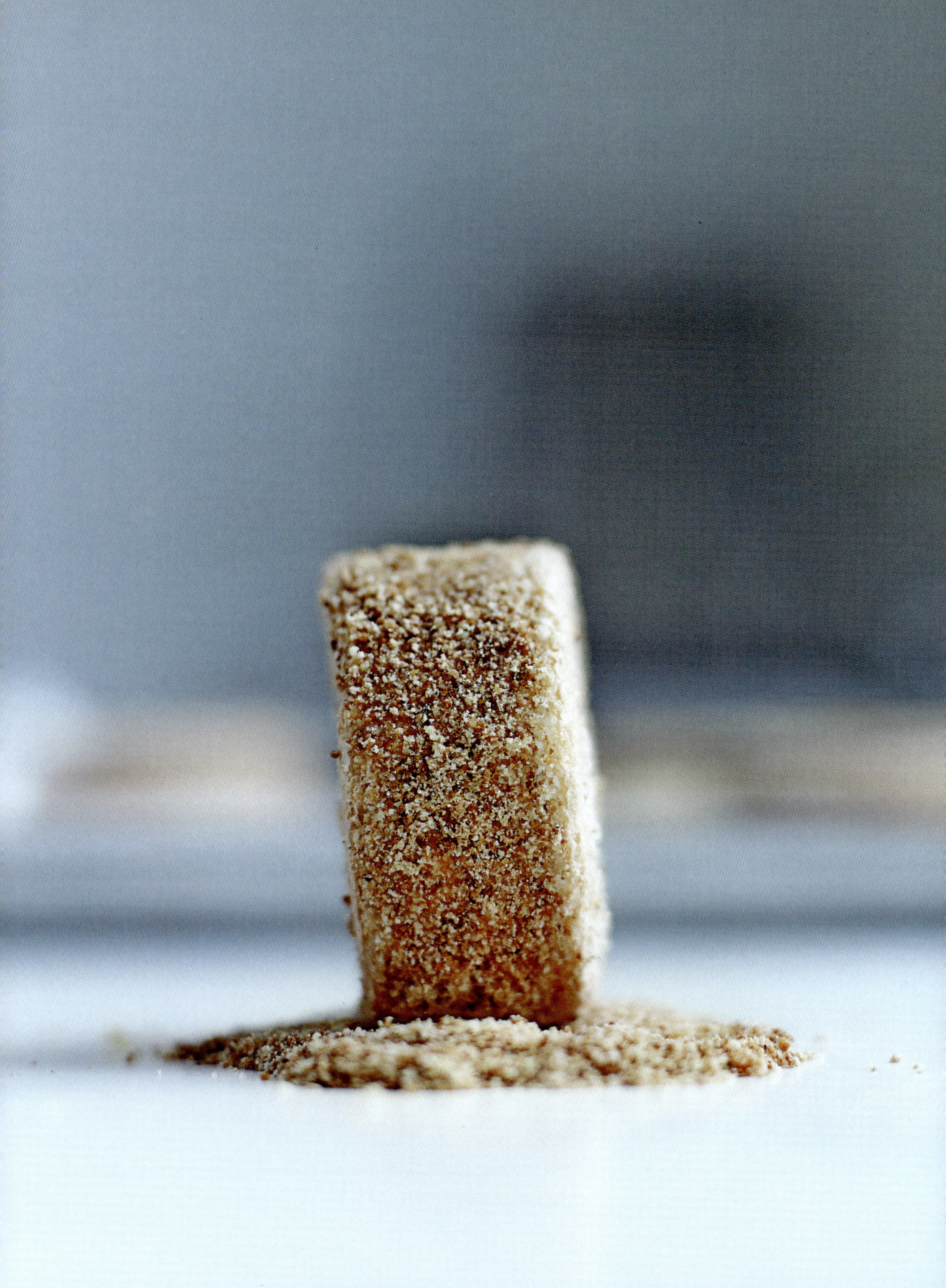

SAINT-BARTH'

INGRÉDIENTS POUR 1 QUINZAINE DE GÂTEAUX

① LA DACQUOISE COCO

35 G DE NOIX DE COCO RÂPÉE

120 G DE BLANCS D'ŒUFS

90 G DE SUCRE SEMOULE

35 G DE POUDRE D'AMANDES

80 G DE CASSONADE BLONDE

35 G DE FARINE T45

② LES PALETS MANGUE ANANAS

70 G D'ANANAS

20 G D'ORANGE CONFITE

5 G DE SUCRE SEMOULE

4 G DE PECTINE

70 G DE PULPE D'ANANAS

140 G DE PULPE DE MANGUE

③ LA BAVAROISE VANILLE

15 CL DE LAIT ENTIER

1 GOUSSE DE VANILLE

7,5 G DE GÉLATINE EN FEUILLE

4 JAUNES D'ŒUFS

60 G DE SUCRE SEMOULE

300 G DE CRÈME LIQUIDE ENTIÈRE

④ LE MONTAGE

300 G DE GLAÇAGE COULEUR (VOIR LA RECETTE PAGE 34)

100 G DE CHOCOLAT IVOIRE VALRHONA®

QUELQUES FILAMENTS DE NOIX DE COCO

QUELQUES FEUILLES D'OR (VOIR CARNET D'ADRESSES PAGE 242)

1 EMPORTE-PIÈCE DE 5 CM DE DIAMÈTRE

15 CERCLES DE 5,5 CM ET 4 CM DE HAUTEUR

1 POCHE À DOUILLE

1 DOUILLE LISSE DE 8 MM

1 MOULE EN SILICONE NONNETTE DE 4 CM

1 THERMOMÈTRE

1 SPATULE EN INOX

1 FEUILLE EN PLASTIQUE

CONSEIL : vous pouvez varier les couleurs du glaçage ou utiliser un glaçage uniforme. Évitez de décorer ces gâteaux avec des fruits, cela ne tient pas correctement.

TEMPS DE PRÉPARATION 3 HEURES

TEMPS DE CUISSON 30 MINUTES

TEMPS DE REFROIDISSEMENT 3 HEURES

① LA DACQUOISE COCO

② LES PALETS MANGUE ANANAS

③ LA BAVAROISE VANILLE

④ LE MONTAGE

① LA DACQUOISE COCO

Préchauffez votre four à 160 °C en chaleur ventilée. Torréfiez la noix de coco râpée au four à 160 °C pendant 10 à 15 minutes.

1 Montez les blancs d'œufs en neige à puissance rapide.

2 Ajoutez le sucre semoule petit à petit.

3 Voici les blancs montés.

4 Préparez les ingrédients : la noix de coco râpée torréfiée, la poudre d'amandes, la cassonade et la farine.

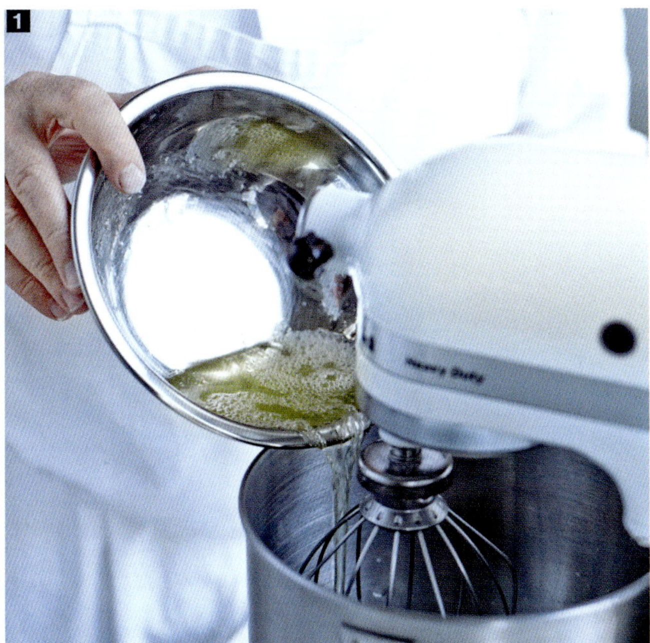

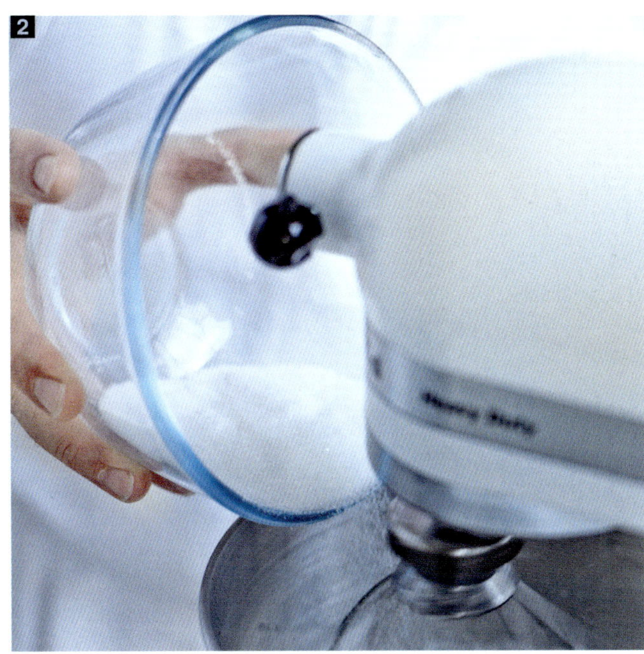

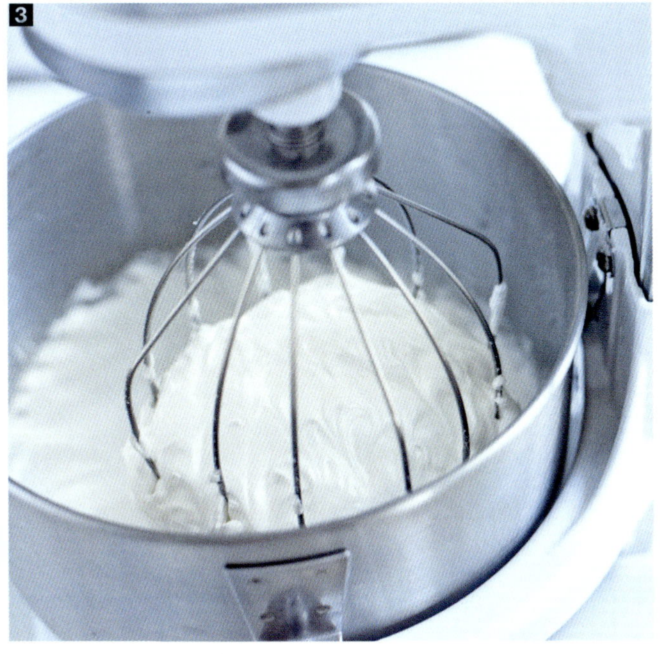

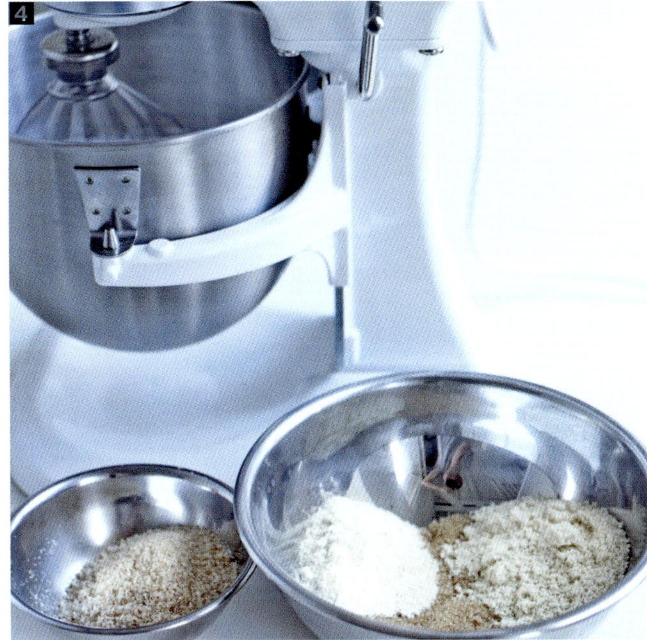

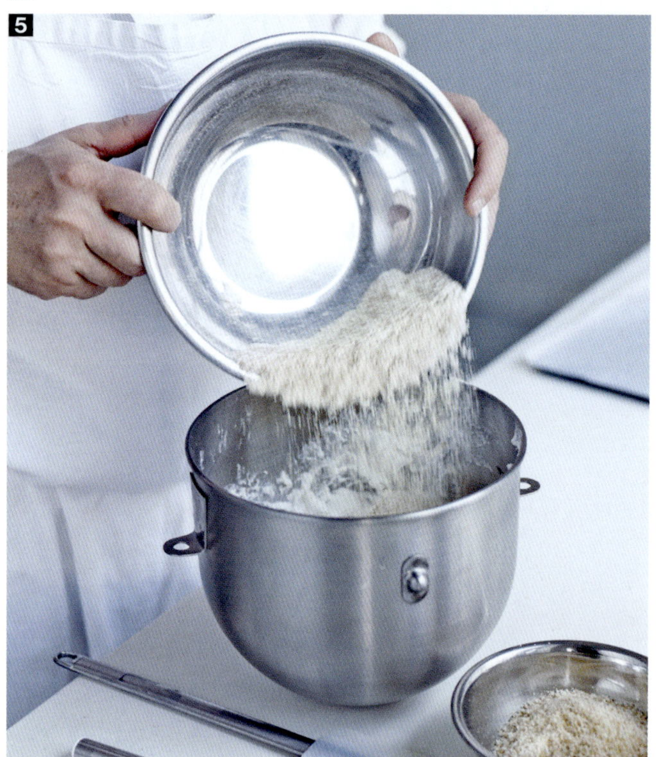

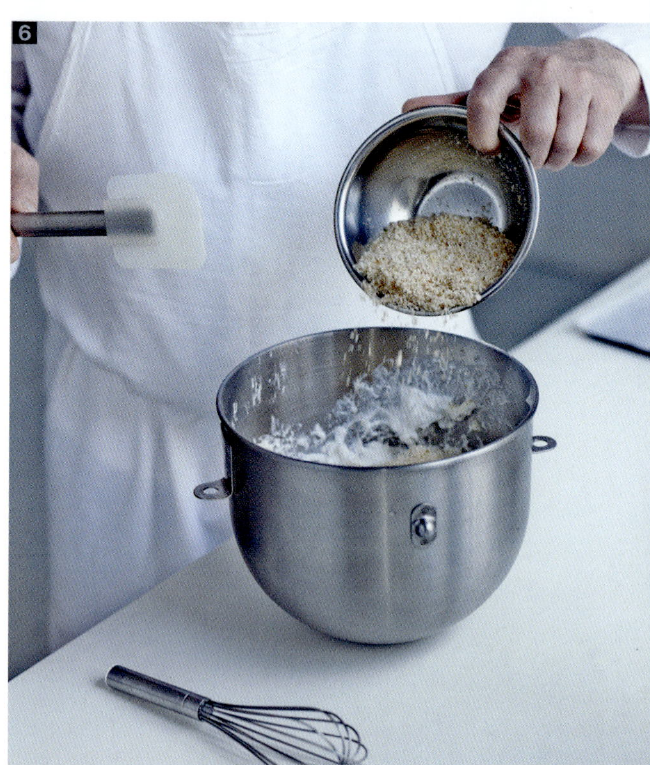

5 Versez le mélange poudre d'amandes, farine et cassonade dans la cuve des blancs montés. Mélangez avec une Maryse.

6 Ajoutez la noix de coco râpée. Mélangez avec une Maryse.

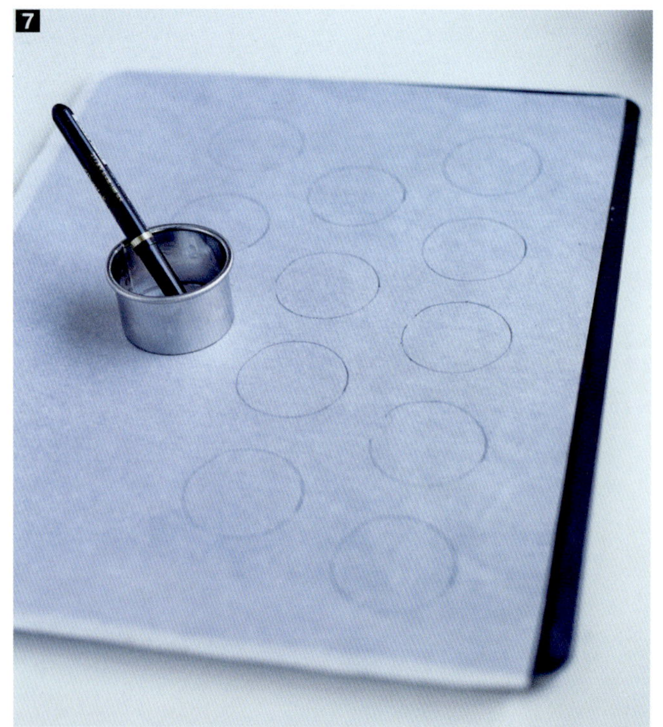

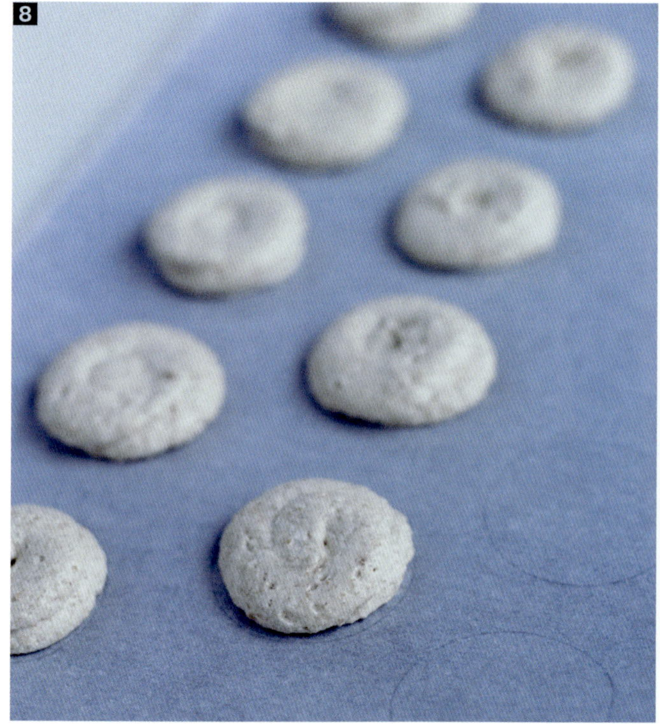

7 Marquez la feuille de papier sulfurisé déposée sur une plaque avec un cercle. Mettez la dacquoise dans une poche à douille munie d'une douille lisse. Pochez la dacquoise sur chaque cercle. Enfournez 15 à 20 minutes à 180 °C, en tournant les plaques à mi-cuisson.

8 Voici les fonds de dacquoise coco cuits.

② LES PALETS MANGUE ANANAS

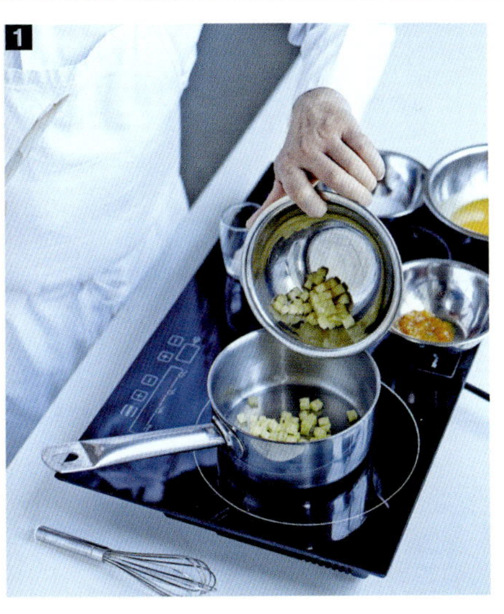

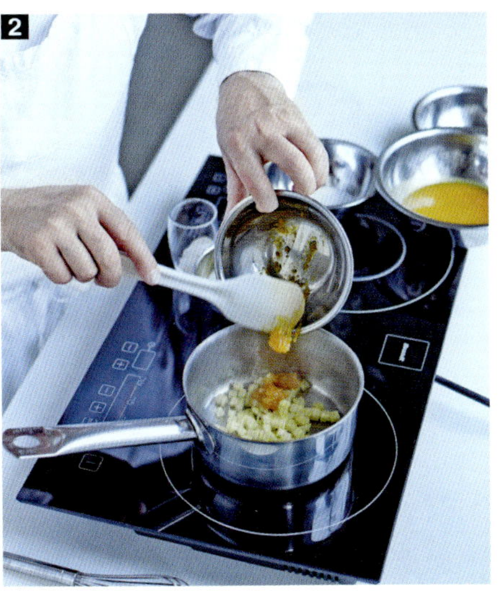

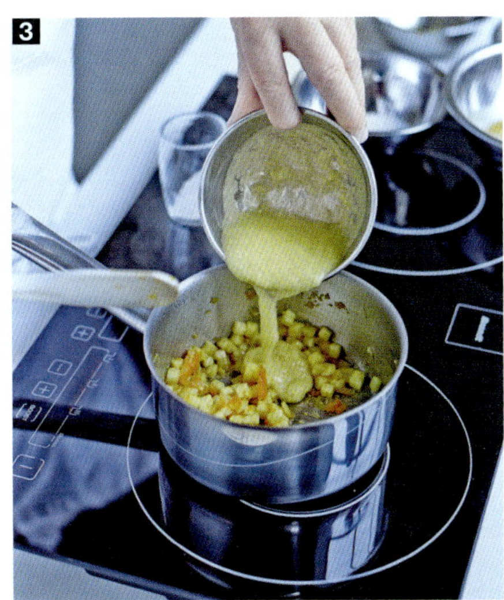

Coupez l'ananas en petits dés. Hachez finement l'orange confite.
Mélangez dans un récipient le sucre et la pectine.

1 Versez dans une casserole les dés d'ananas. Faites chauffer sur feu très doux pendant 5 minutes.

2 Ajoutez l'orange confite hachée aux dés d'ananas...

3 puis la pulpe d'ananas.

4 Et, pour finir, la pulpe de mangue. Faites chauffer à 50 °C. Ajoutez le sucre et la pectine. Chauffez jusqu'à petite ébullition.

5 Versez la préparation dans des moules en silicone nonnette. Placez au congélateur.

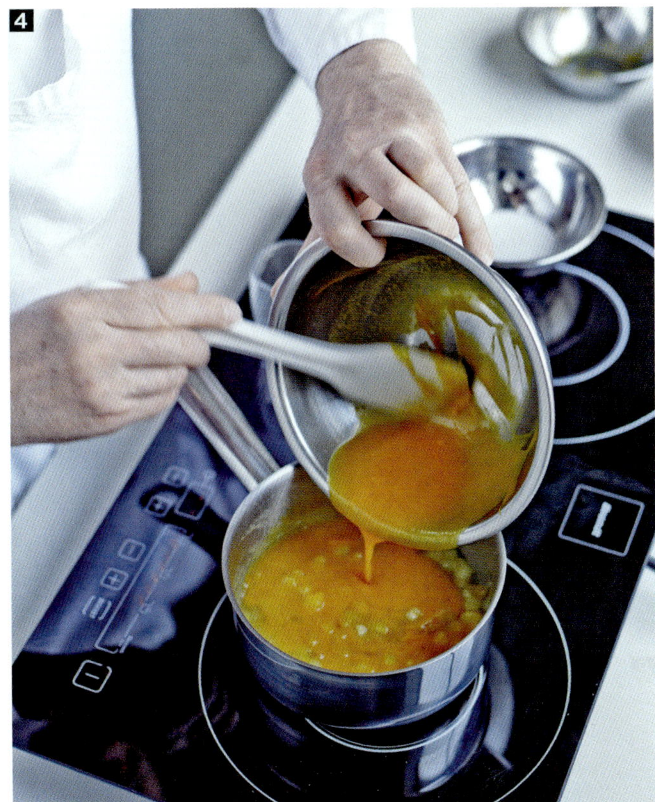

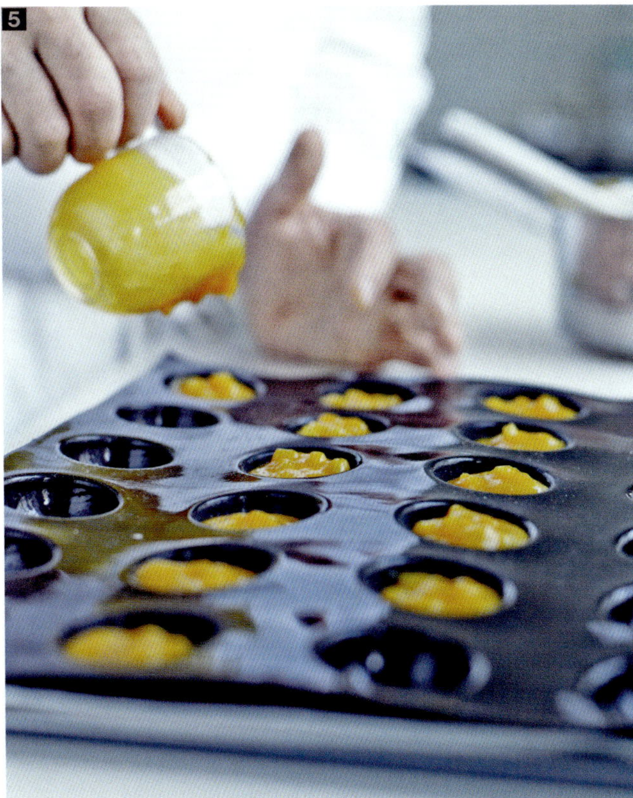

③ LA BAVAROISE VANILLE

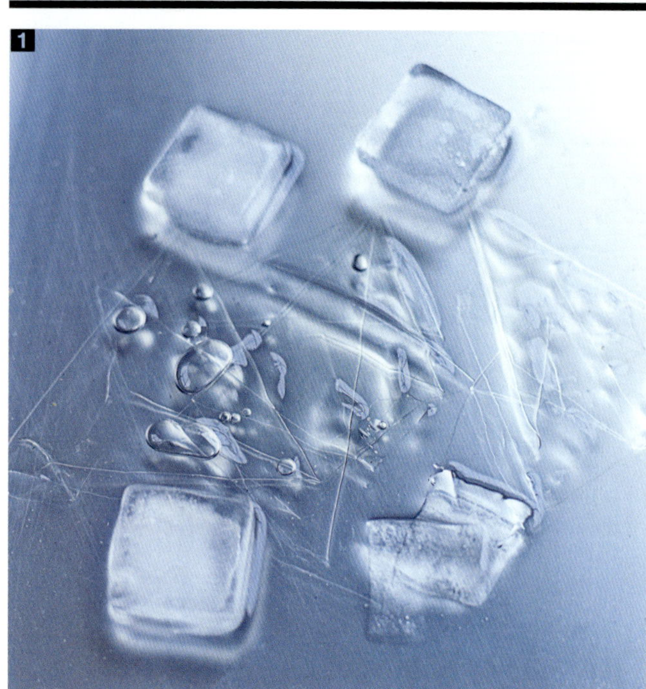

1

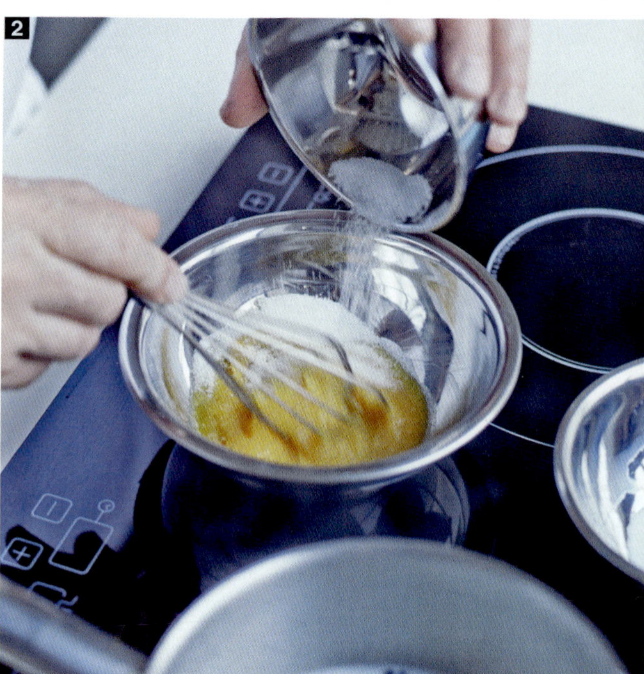

2

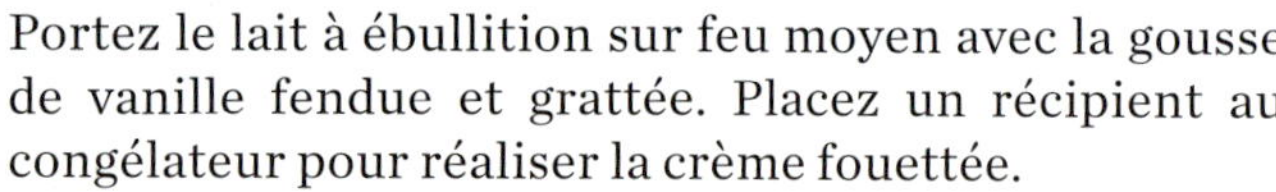

Portez le lait à ébullition sur feu moyen avec la gousse de vanille fendue et grattée. Placez un récipient au congélateur pour réaliser la crème fouettée.

1 Déposez les feuilles de gélatine dans un récipient d'eau froide (l'idéal est de mettre des glaçons) afin de les faire ramollir.

2 **3** Fouettez les jaunes d'œufs et le sucre.

4 Hors du feu, versez le mélange jaunes d'œufs sucrés dans le lait tout en fouettant.

5 Remettez la casserole sur feu doux et remuez doucement avec un fouet. Vous devez obtenir une texture « à la nappe » identique à celle d'une crème anglaise (entre 80 et 85 °C).

6 Lorsque la crème est cuite, hors du feu ou feu éteint, incorporez la gélatine. Mélangez bien au fouet. Enlevez la gousse de vanille. Cette crème ne doit pas figer quand on ajoute la crème fouettée.

7 Versez la crème liquide dans un récipient très froid et fouettez-la de façon à obtenir une belle crème fouettée. Transvasez la bavaroise dans la crème fouettée.

8 Mélangez avec une Maryse rapidement, mais sans faire retomber la préparation. Réservez à température ambiante.

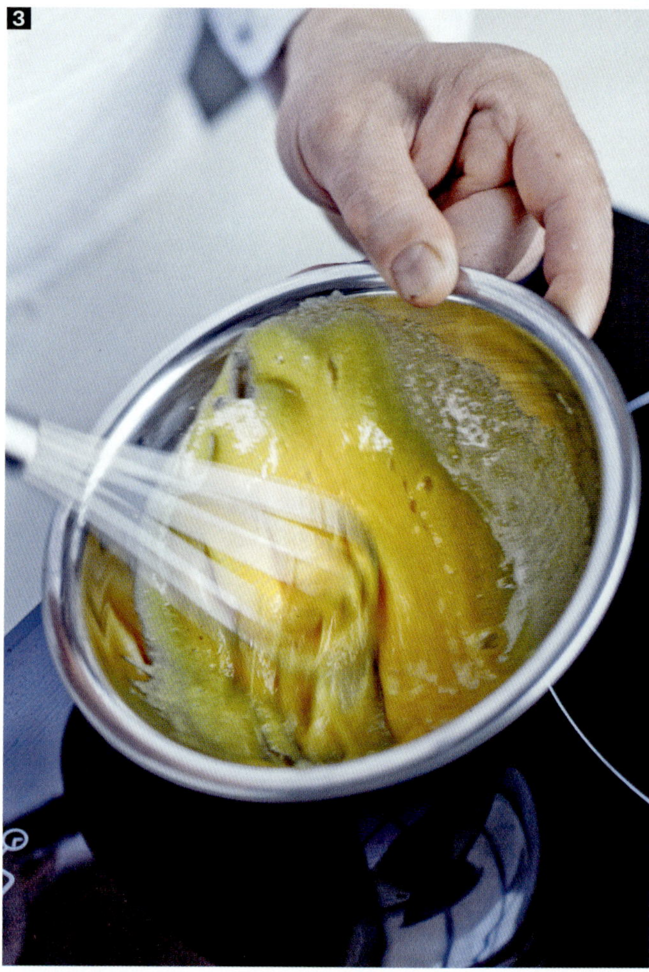

3

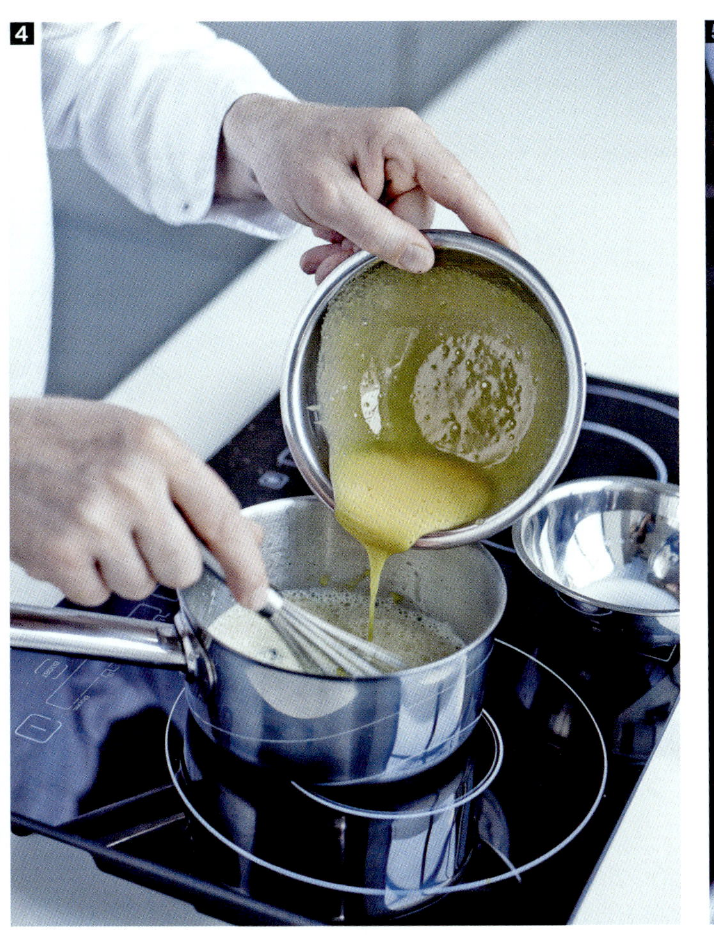
4

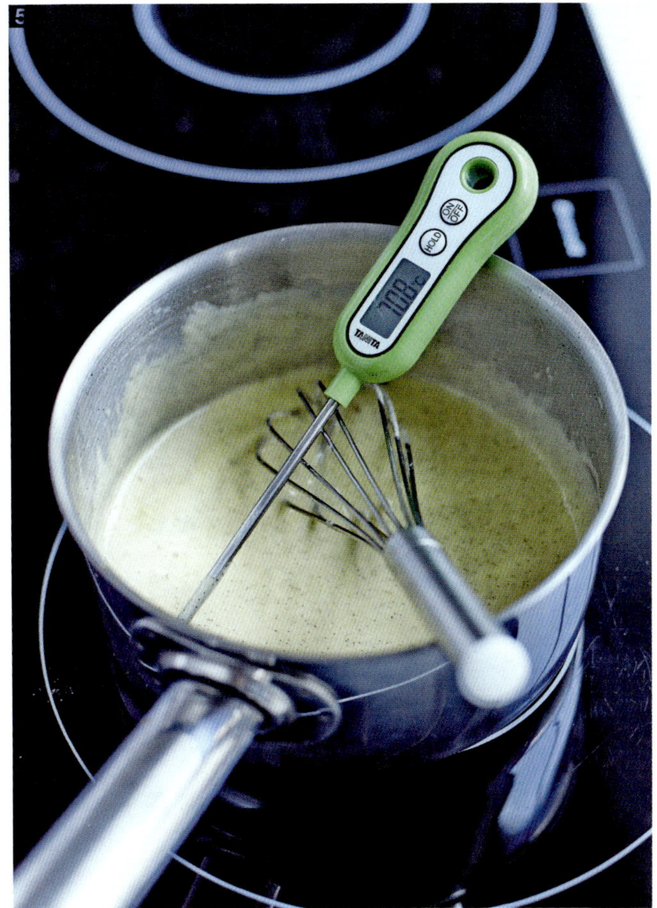

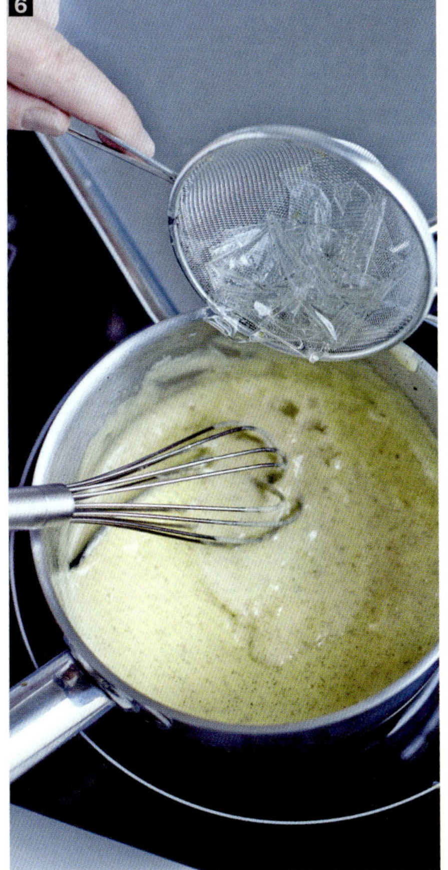
6

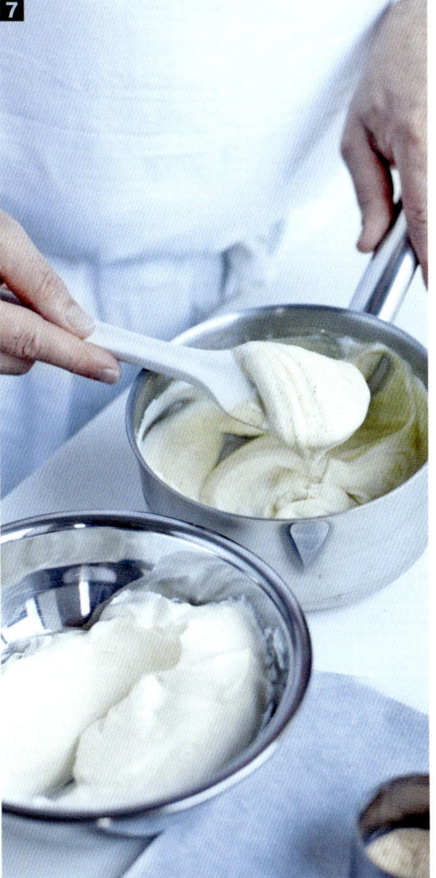
7

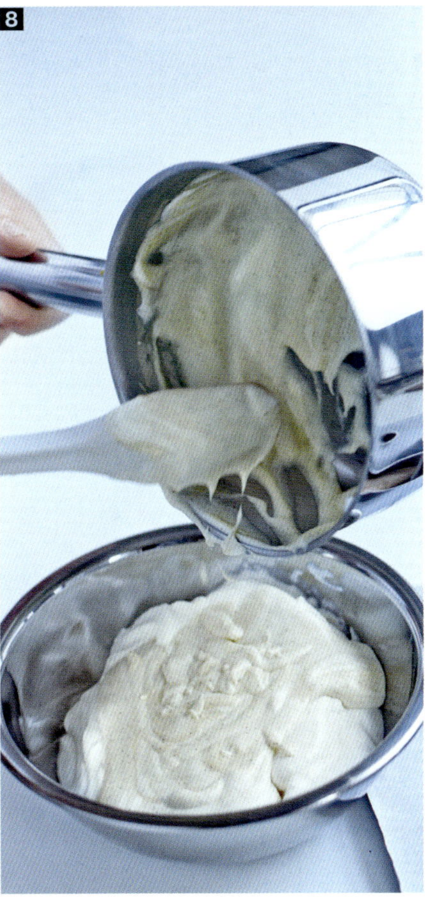
8

④ LE MONTAGE

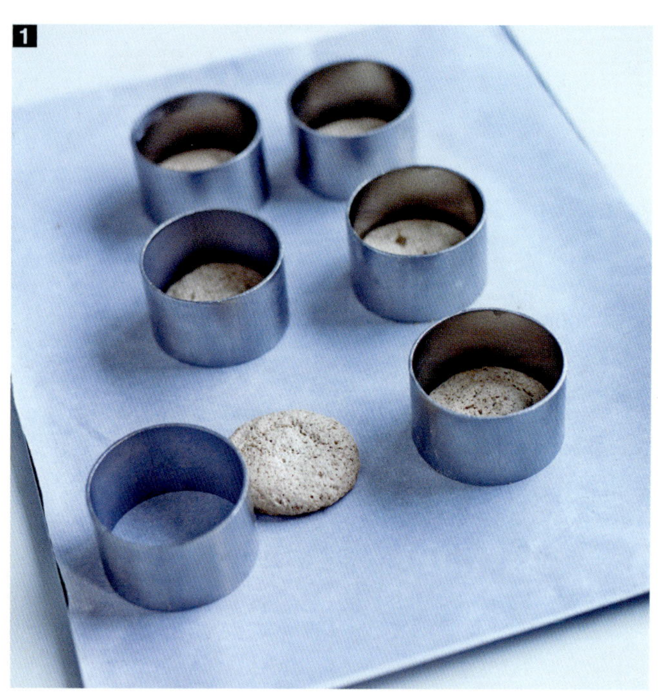

1 Placez les disques de dacquoise dans les cercles, posés sur une plaque recouverte de papier sulfurisé.
Il faut qu'il y ait un petit espace entre la dacquoise et le cercle.

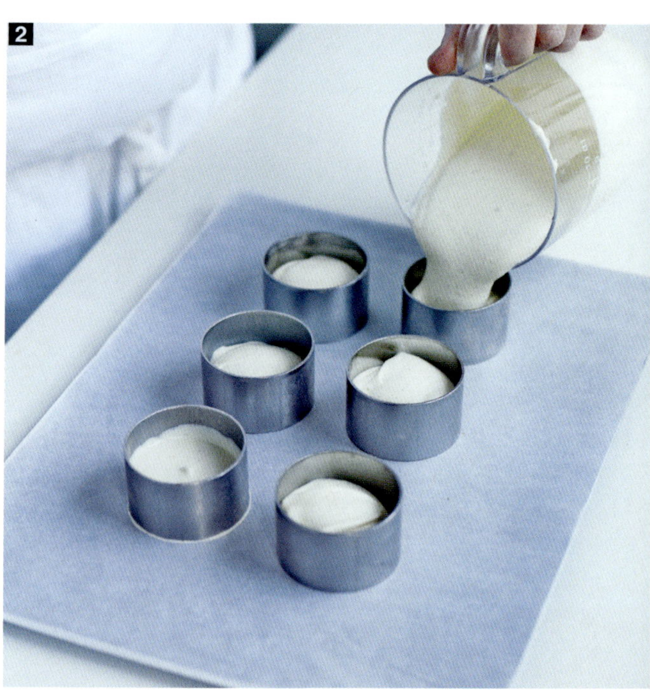

2 Versez la bavaroise vanille dans chaque cercle sur 2 cm d'épaisseur.

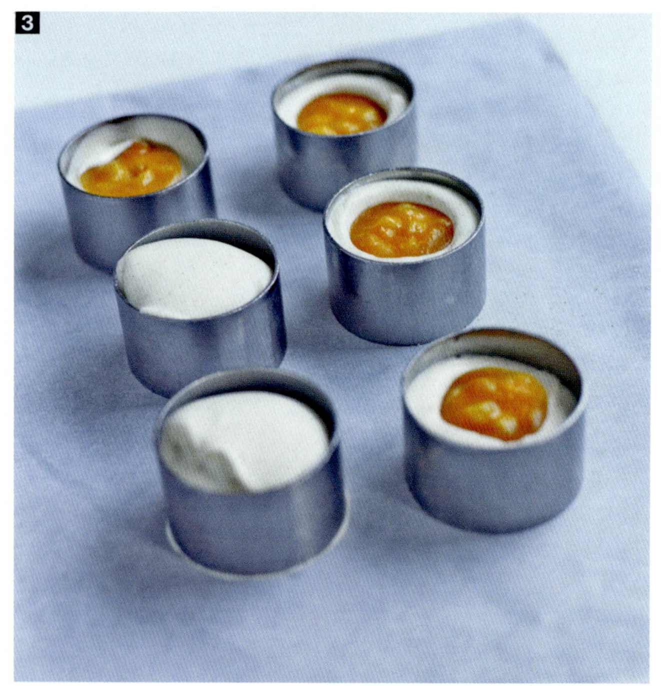

3 Déposez un palet congelé dans chaque cercle. Enfoncez-les légèrement.

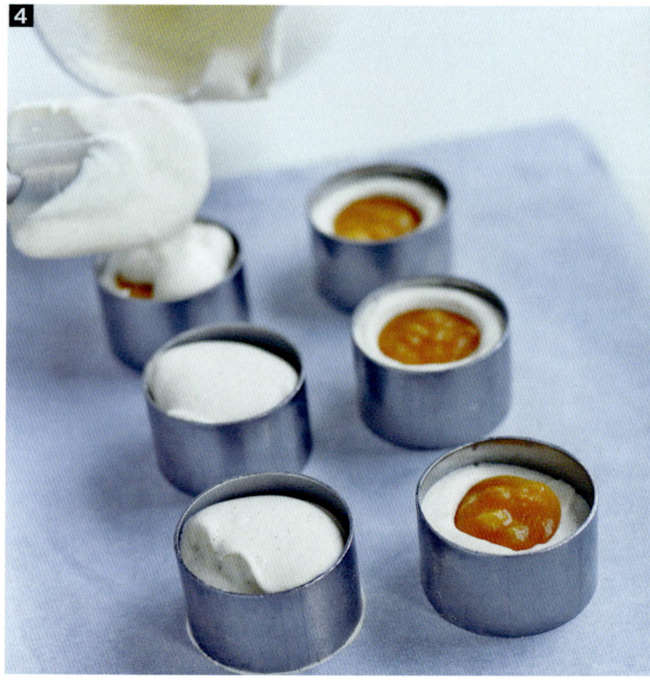

4 Versez de nouveau de la bavaroise dans chaque cercle.

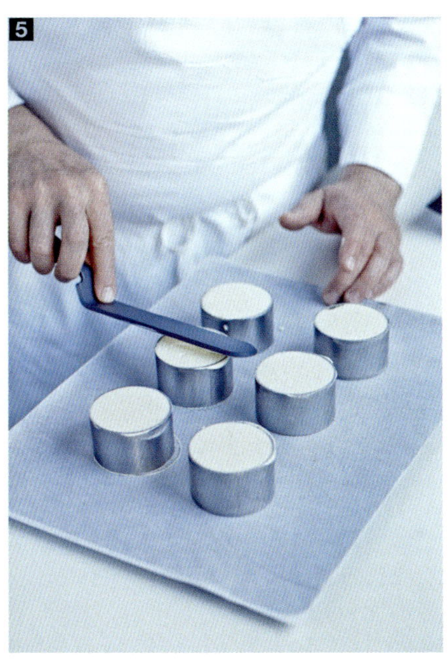

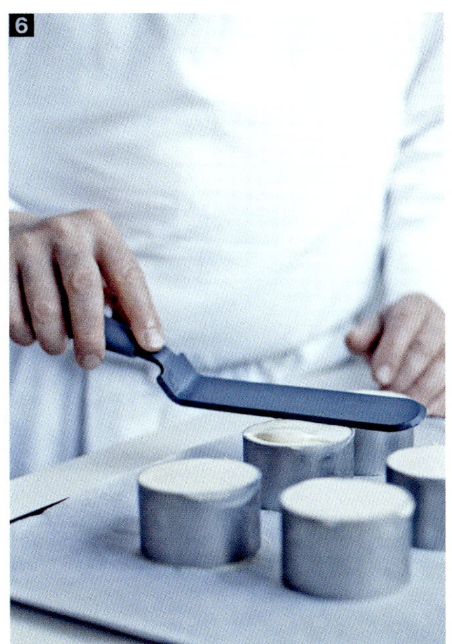

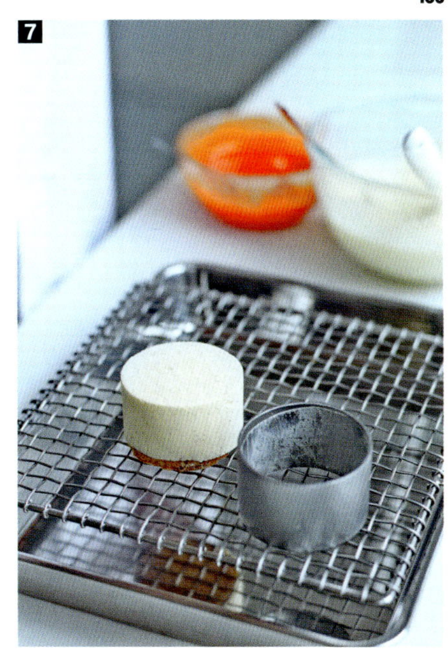

5 **6** Lissez avec une spatule en Inox. Déposez 30 minutes au congélateur et lissez encore une fois (la crème se sera tassée légèrement et le gâteau sera un peu creusé ; c'est la raison pour laquelle on rajoute un peu de crème et on lisse de nouveau). Laissez ensuite au congélateur pendant 2 heures 30.

Préparez le glaçage couleur selon la recette page 34. Réchauffez le glaçage légèrement au bain-marie. Il doit être à peine tiède.

7 Sortez les gâteaux du congélateur. Pour les démouler, roulez-les entre vos mains ou chauffez les cercles à l'aide d'un petit chalumeau. Remettez les gâteaux au congélateur. Déposez-les sur une grille avec une plaque à rebord en dessous qui recueillera l'excédent de glaçage.

8 Versez une cuillerée à soupe de glaçage blanc.

9 Puis une cuillerée à café de glaçage orange sur chaque gâteau.

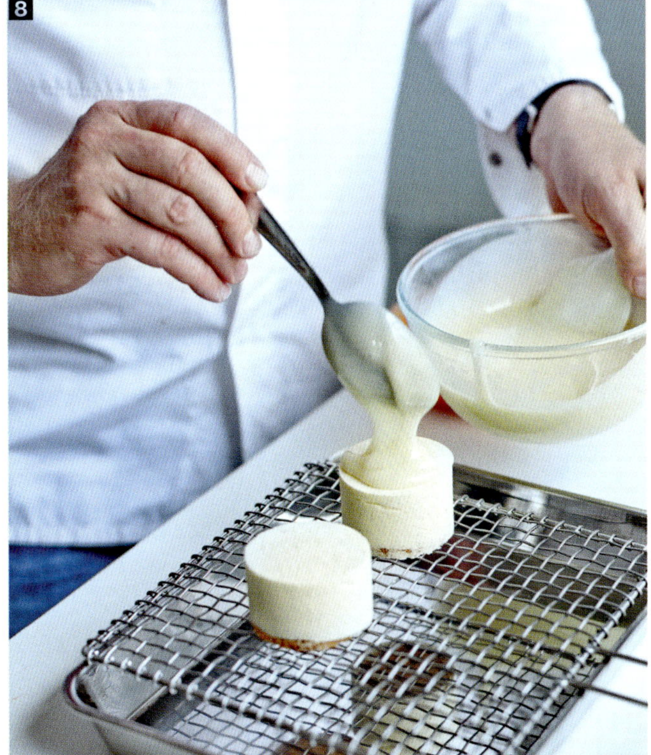

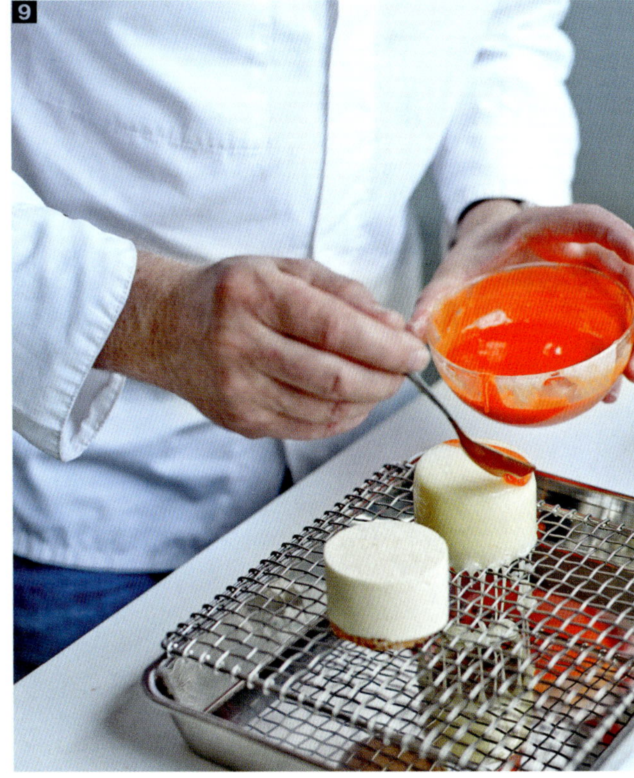

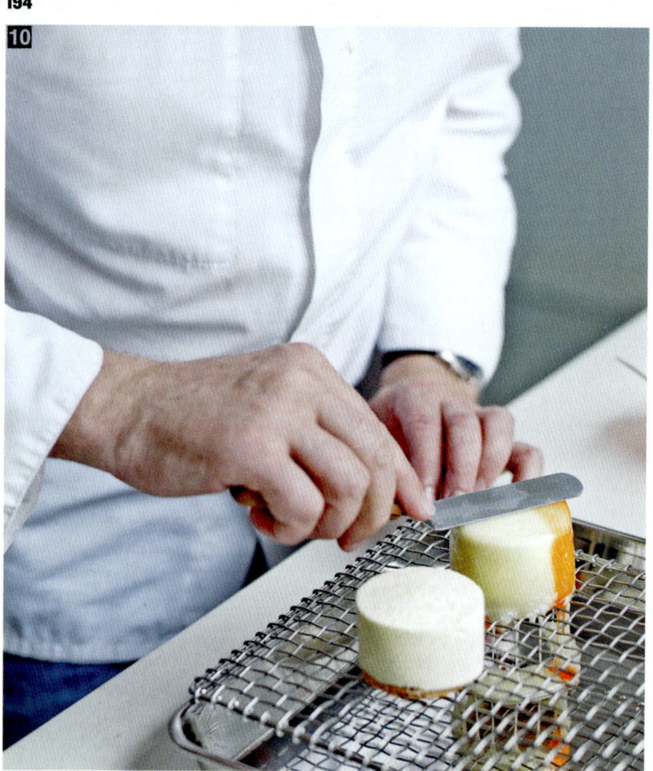

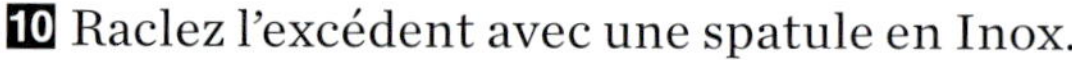

10 Raclez l'excédent avec une spatule en Inox.

11 Tempérez le chocolat ivoire selon la recette page 73. Posez la feuille plastique sur une plaque très propre à température ambiante. Étalez le chocolat tempéré avec une spatule coudée en Inox sur la feuille en plastique.

12 Secouez la feuille afin de lisser le chocolat. Laissez le chocolat figer (éventuellement au réfrigérateur en cas de température élevée dans la pièce).
Cassez des petits morceaux irréguliers. Fixez-les autour de chaque gâteau en appuyant légèrement. Vous pouvez mettre de la noix de coco en filament en bas des gâteaux ou de la noix de coco râpée. Déposez un peu de feuille d'or sur chaque gâteau.

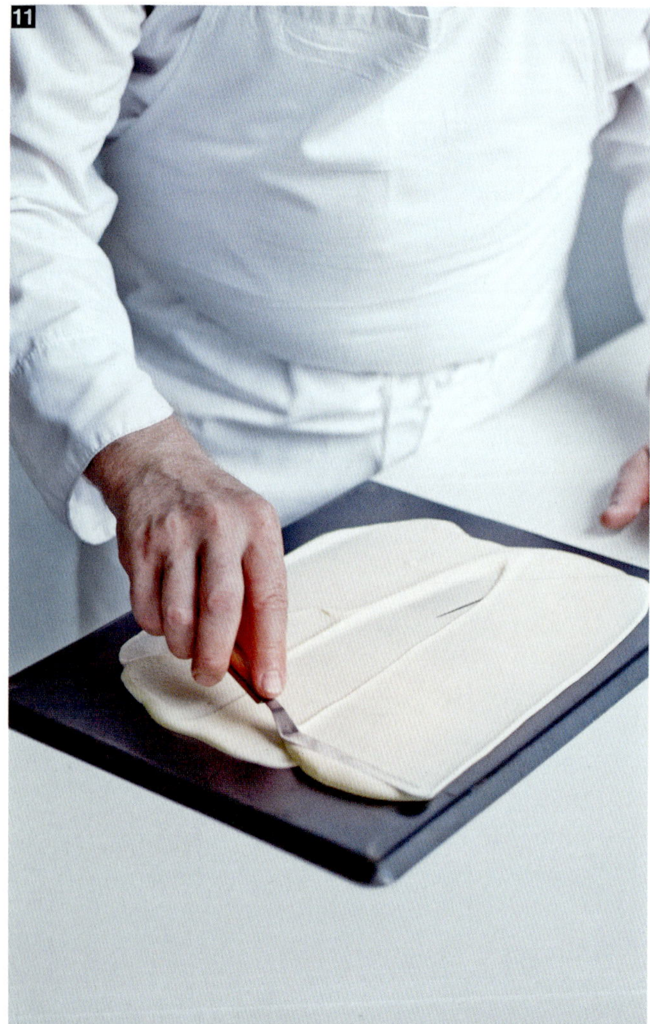

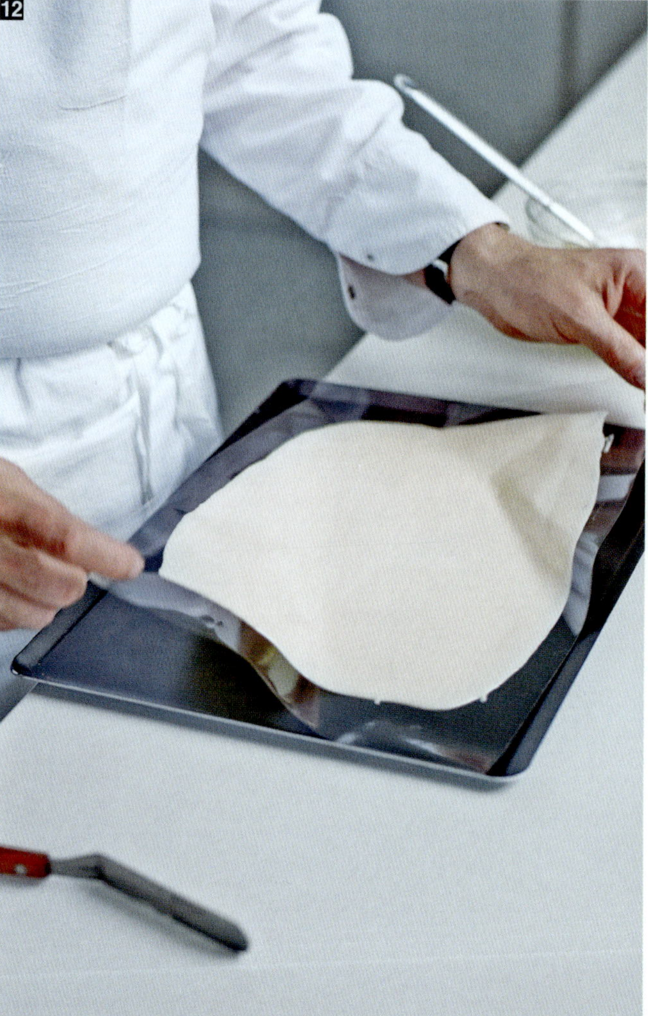

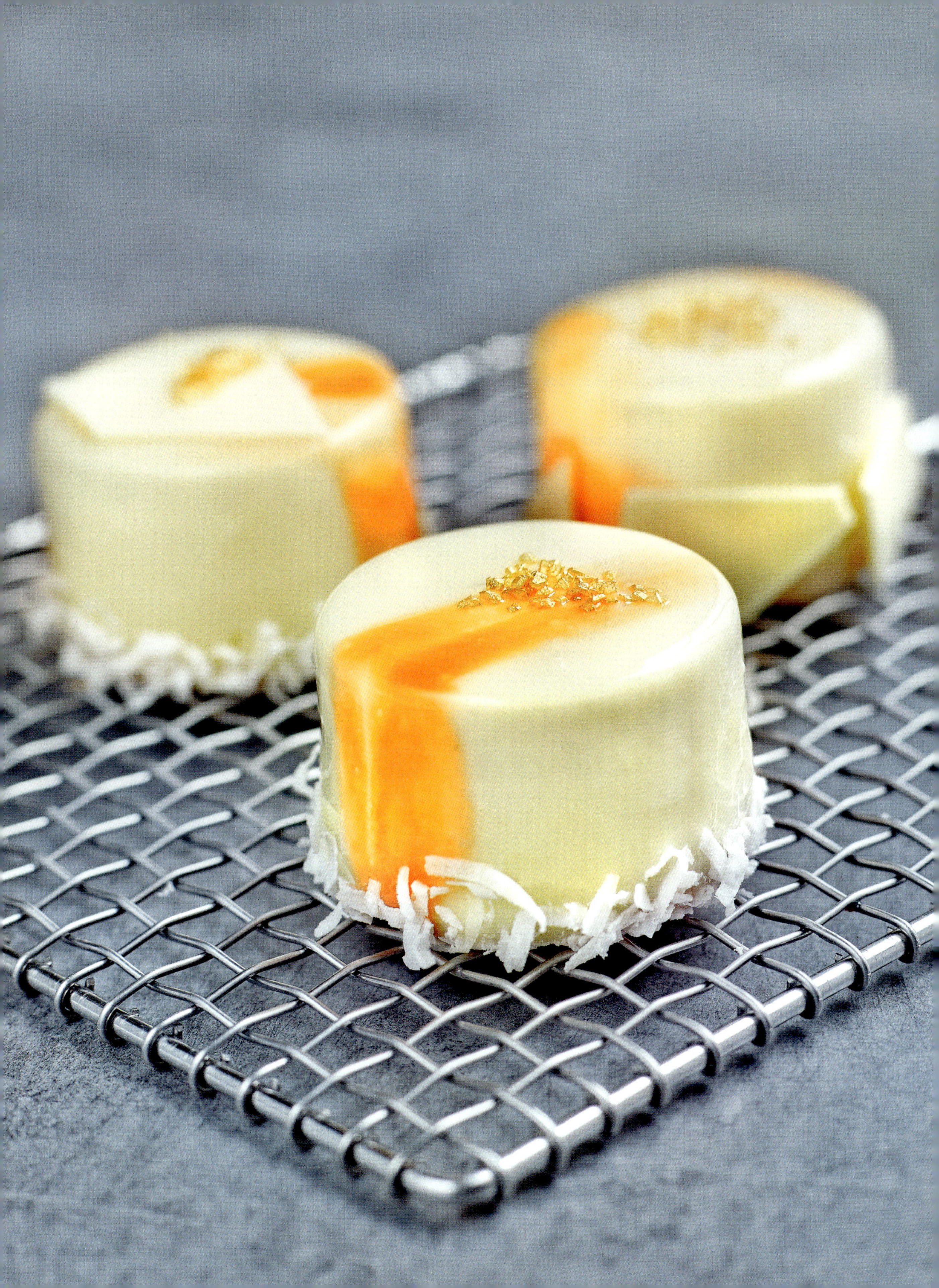

SAINT-O

TEMPS DE PRÉPARATION
2 HEURES

TEMPS DE CUISSON
1 HEURE

INGRÉDIENTS POUR 8 SAINT-O

① LA CRÈME PASSION

225 G DE PULPE DE FRUIT DE LA PASSION

3 PETITS ŒUFS (155 G)

175 G DE SUCRE SEMOULE

225 G DE BEURRE EN MORCEAUX

5 G DE GÉLATINE EN FEUILLE

② LA PÂTE FEUILLETÉE

250 G DE PÂTE FEUILLETÉE RAPIDE (VOIR LA RECETTE PAGE 72)

50 G DE SUCRE GLACE

50 G DE SUCRE SEMOULE

③ LES CHOUX

500 G DE PÂTE À CHOUX (VOIR LA RECETTE PAGE 58)

④ LE CARAMEL

400 G DE SUCRE SEMOULE

½ CUILLERÉE À CAFÉ DE JUS DE CITRON

½ CUILLERÉE À CAFÉ DE COLORANT ORANGE

⑤ LA CHANTILLY

VOIR LA RECETTE PAGE 71

(DOUBLER LA QUANTITÉ)

⑥ LE MONTAGE

SUCRE COLORÉ OR (VOIR CARNET D'ADRESSES PAGE 242)

USTENSILES

1 EMPORTE-PIÈCE LISSE DE 4 CM DE DIAMÈTRE

1 EMPORTE-PIÈCE DE 8 CM DE DIAMÈTRE

1 POCHE À DOUILLE

1 DOUILLE LISSE DE 3 À 4 MM

1 DOUILLE À SAINT-HONORÉ

① LA CRÈME PASSION

② LA PÂTE FEUILLETÉE

③ LES CHOUX

④ LE CARAMEL

⑤ LA CHANTILLY

⑥ LE MONTAGE

CONSEILS : vous pouvez remplacer les disques de pâte feuilletée par des disques de pâte sucrée. Le saint-honoré est un gâteau qui se prépare le jour-même de la dégustation.

Pour le sucre cuit, vous pouvez également faire la recette suivante : 250 g de sucre semoule / 50 g de glucose / 10 cl d'eau / Colorant

Mélangez le tout dans une casserole à fond épais, portez à ébullition. Ajoutez le colorant. Et faites cuire jusqu'à 155 °C. Plongez la casserole une demi-seconde dans un bac d'eau froide pour stopper la cuisson. Réchauffez à souhait. Cette recette permet d'avoir des caramels plus clairs.

① LA CRÈME PASSION

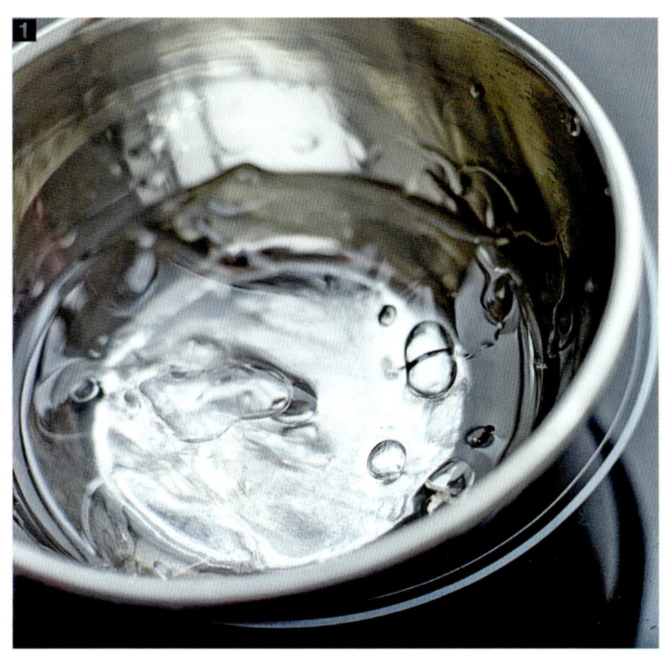

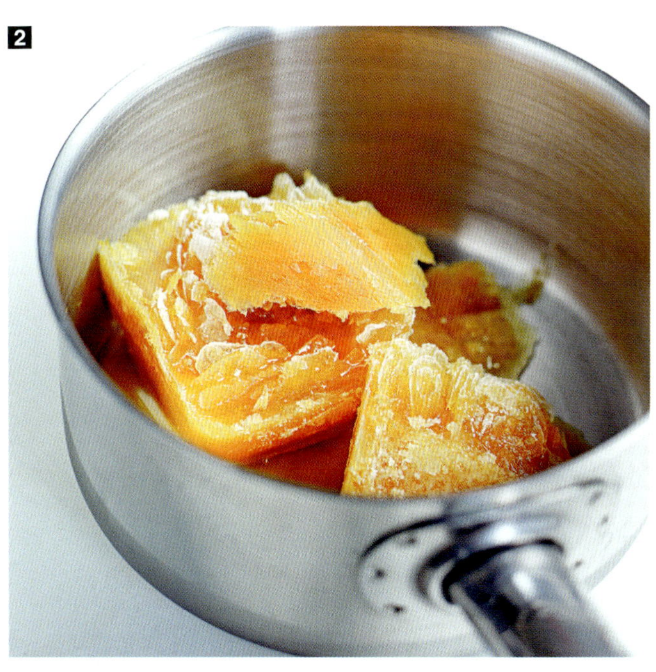

1 Mettez la gélatine à tremper dans de l'eau très froide.

2 Déposez la pulpe de fruit de la Passion dans une casserole.

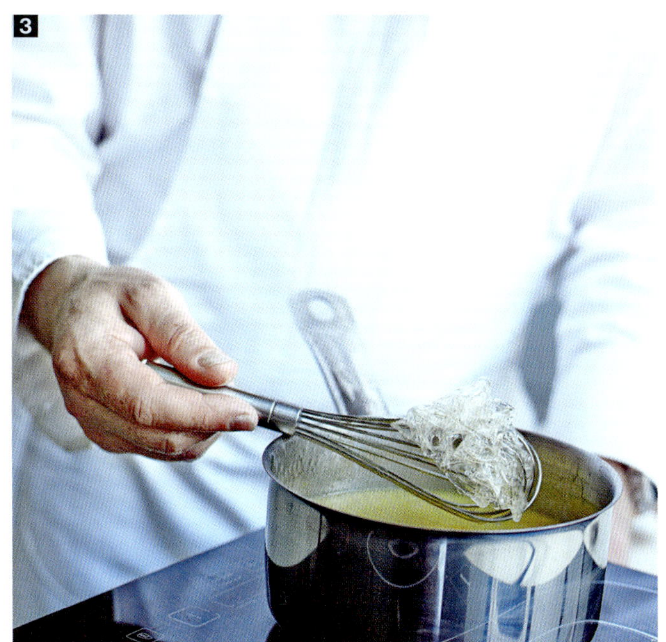

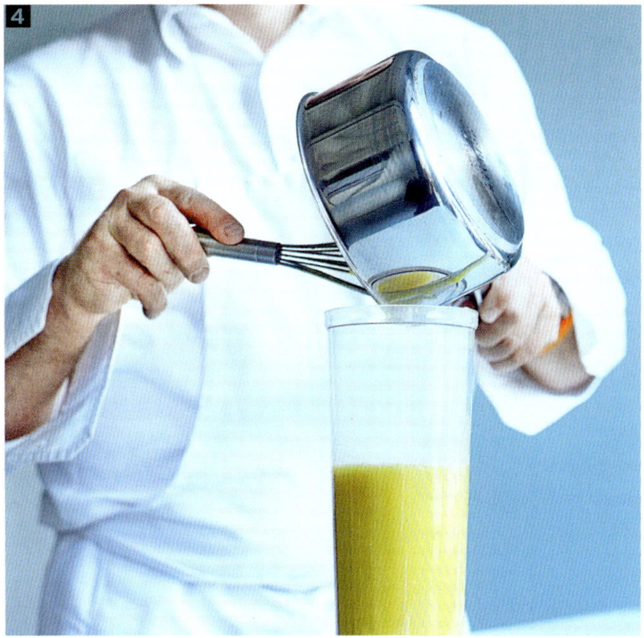

3 Ajoutez les œufs et le sucre. Faites chauffer sur feu moyen tout en remuant à l'aide d'un fouet, jusqu'à 85 °C (presque une ébullition). Hors du feu, Essorez et incorporez la gélatine puis le beurre. Mélangez.

4 Versez cette préparation dans un récipient haut.

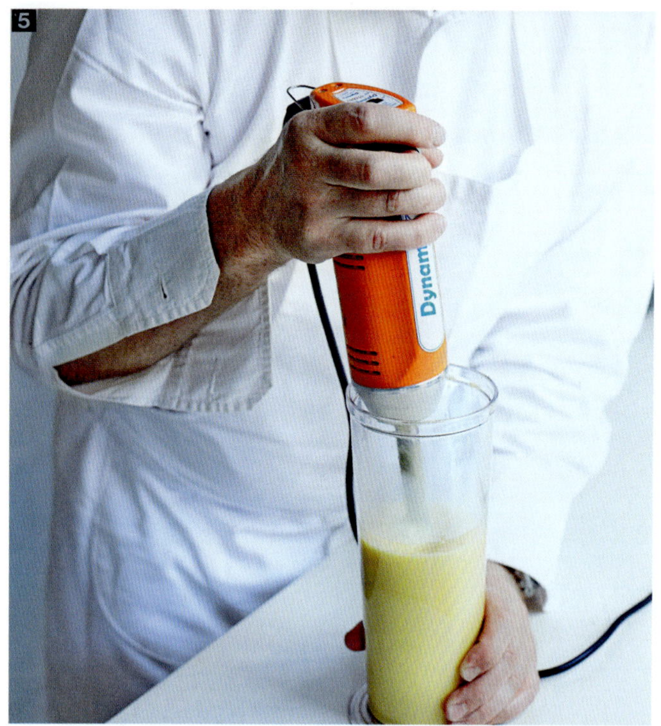

5 À l'aide d'un mixeur, mixez durant 1 minute sans remous afin de la rendre lisse.

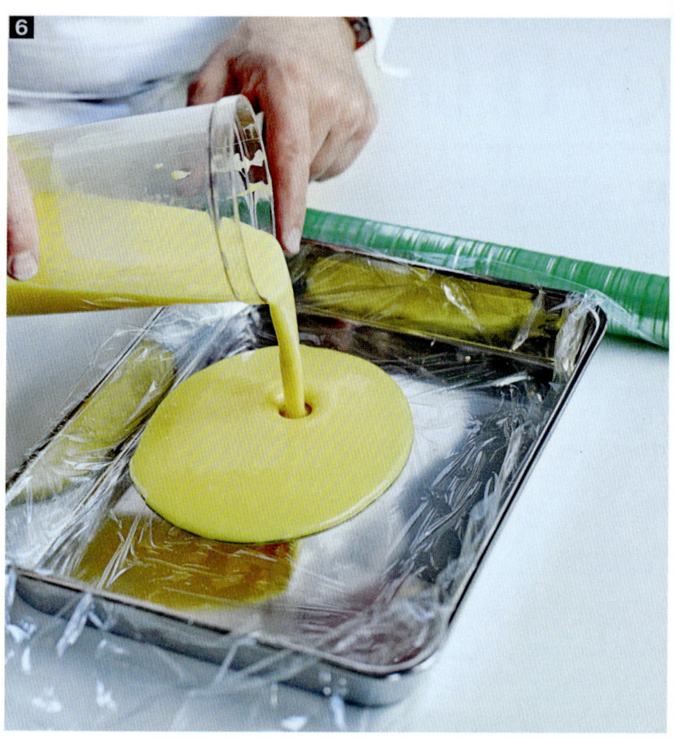

6 Déposez un film dans un plat rectangulaire. Versez la crème Passion sur le film sur une épaisseur de 1 cm et couvrez-la avec le film afin qu'elle ne sèche pas. Laissez refroidir la crème 1 heure au congélateur.

② LA PÂTE FEUILLETÉE

PRÉPAREZ SELON LA RECETTE **PAGE 72**

1 Détaillez des cercles de 8 cm de diamètre sur une plaque antiadhésive recouverte de papier sulfurisé. Saupoudrez-les de sucre semoule. Recouvrez de papier sulfurisé et déposez une plaque dessus pour que la pâte ne lève pas.

Enfournez pendant 20 à 25 minutes. Lorsque les cercles sont cuits. Sortez-les du four, retounez-les, saupoudrez de sucre glace. Enfournez de nouveau à 220 °C quelques instants pour que le sucre caramélise. Restez devant le four pendant ce moment-là. Laissez-les complètement refroidir sur une grille avant de vous en servir.

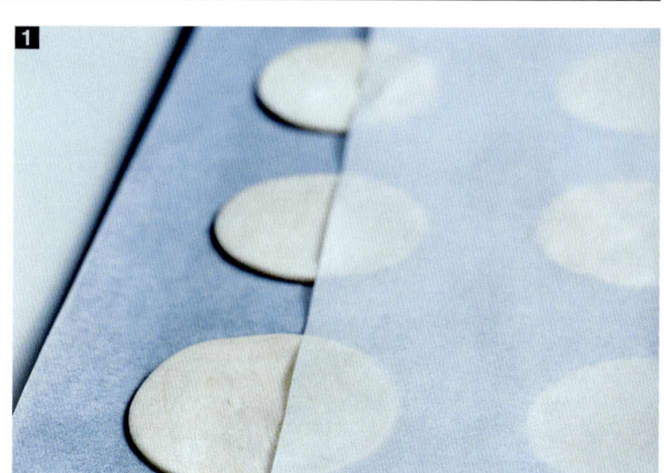

③ LES CHOUX

PRÉPAREZ SELON LA RECETTE **PAGE 58**

Pochez des choux de 3 cm de diamètre, saupoudrez-les de sucre glace.

④ LE CARAMEL

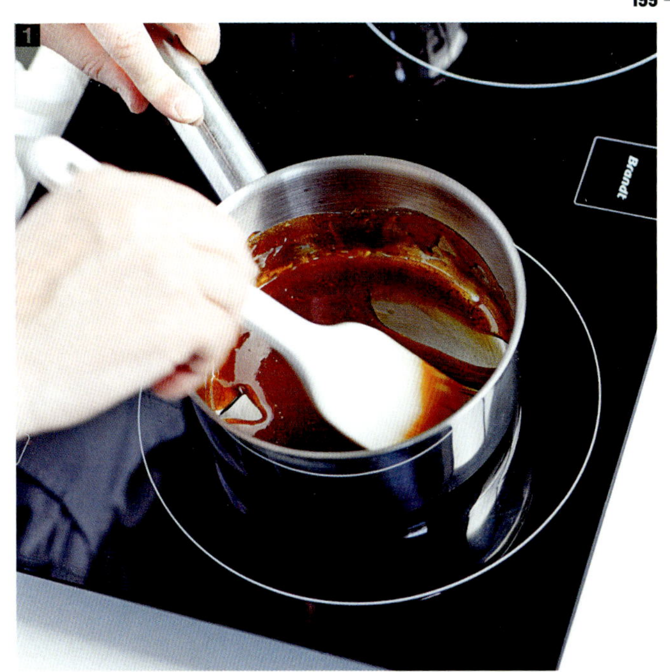

1 Dans une casserole à fond épais, faites fondre la moitié du sucre à sec avec le citron jusqu'à bonne coloration à puissance moyenne.

Dès qu'il est fondu, ajoutez le reste du sucre et le colorant, et continuez de remuer. Veillez bien à ce qu'il ne brûle pas. Arrêtez la cuisson lorsqu'il prend une belle couleur ambrée, en plongeant très brièvement le fond de la casserole dans un récipient d'eau froide.

⑤ LA CHANTILLY

PRÉPAREZ SELON LA RECETTE **PAGE 71**

⑥ LE MONTAGE

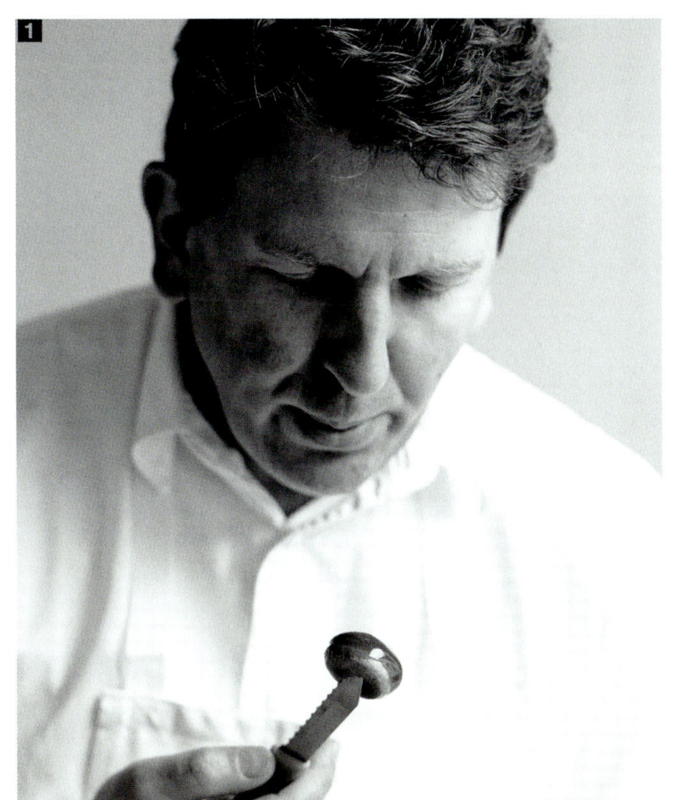

1 Piquez un chou avec un couteau. Trempez le dessus du chou dans le caramel chaud. Secouez-le légèrement pour enlever l'excédent de sucre. Retournez-le, soufflez dessus (ou à l'aide d'un petit ventilateur). Ainsi, le sucre fige et ne coule pas sur les bords du chou.

2 Voici les choux.

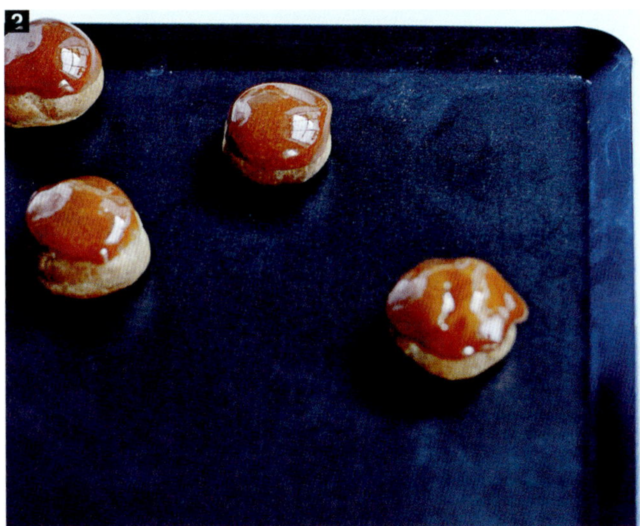

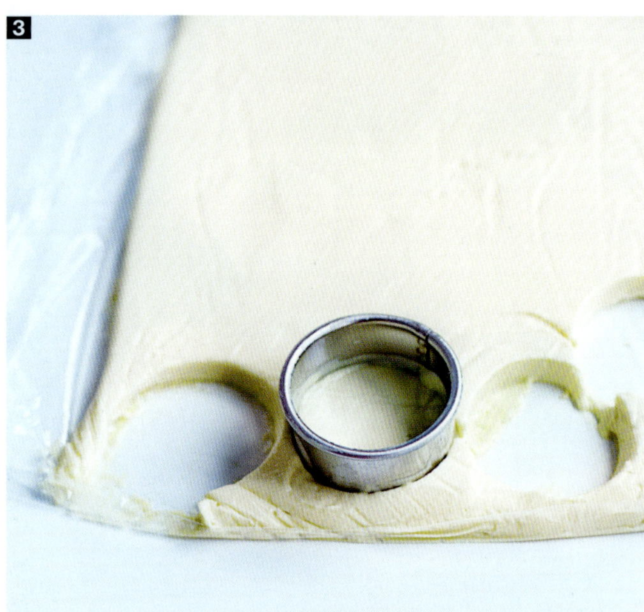

3 Sortez la crème Passion du congélateur, détaillez huit ronds de 4 cm.

Travaillez le reste de la crème Passion à l'aide d'une Maryse pour la ramollir. Remplissez une poche munie d'une douille lisse de crème Passion. Fourrez les choux (percez au préalable avec un stylo fermé.

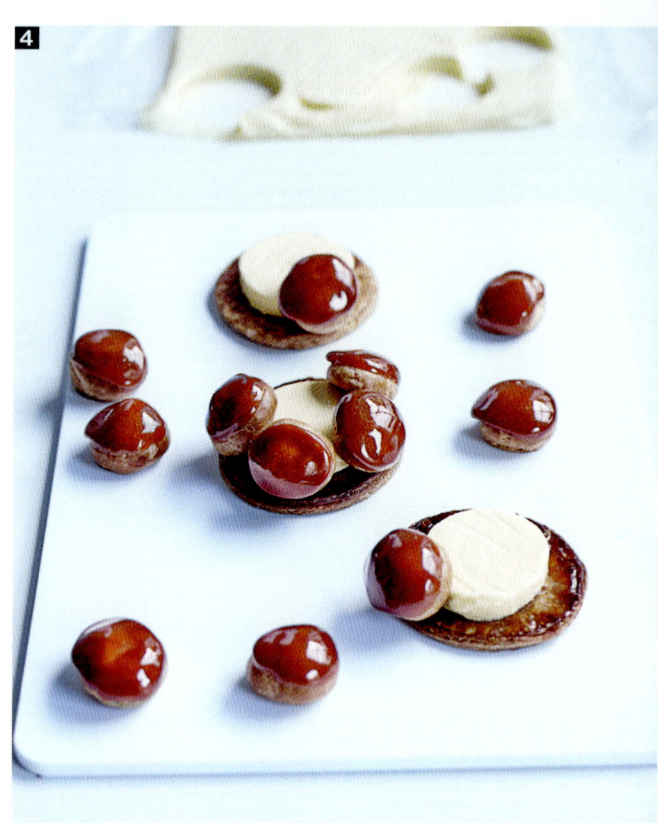

4 Posez un rond Passion au milieu du feuilleté.

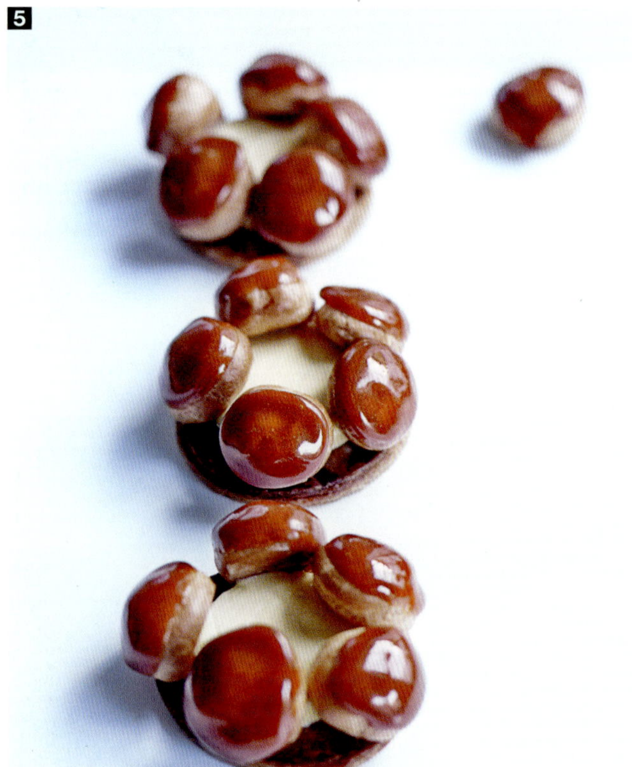

5 Collez les choux sur la crème Passion au bord de la pâte feuilletée.

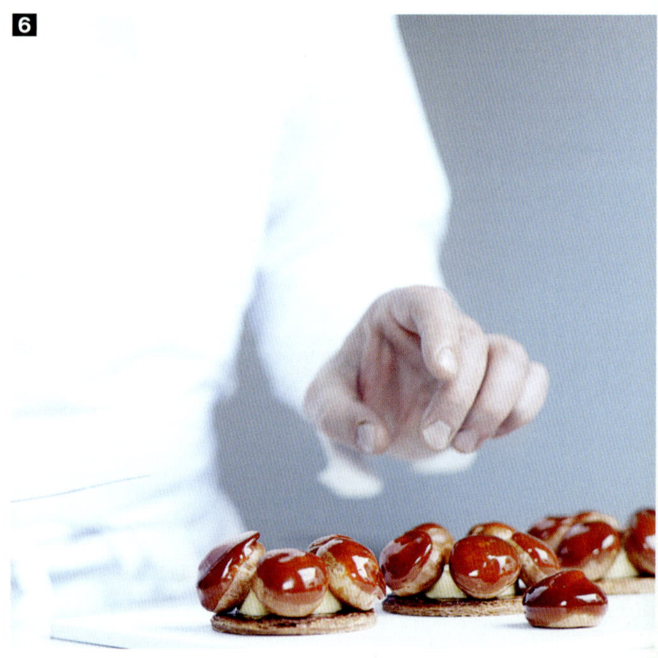

6 Voici le résultat.

Ensuite, en vous aidant d'une poche munie d'une douille à saint-honoré, réalisez de belles rosaces de crème Chantilly sur chaque Saint-O, en évitant d'être trop régulier ! Saupoudrez de sucre coloré en or. Vous pouvez décorer le Saint-O avec des framboises coupées en deux.

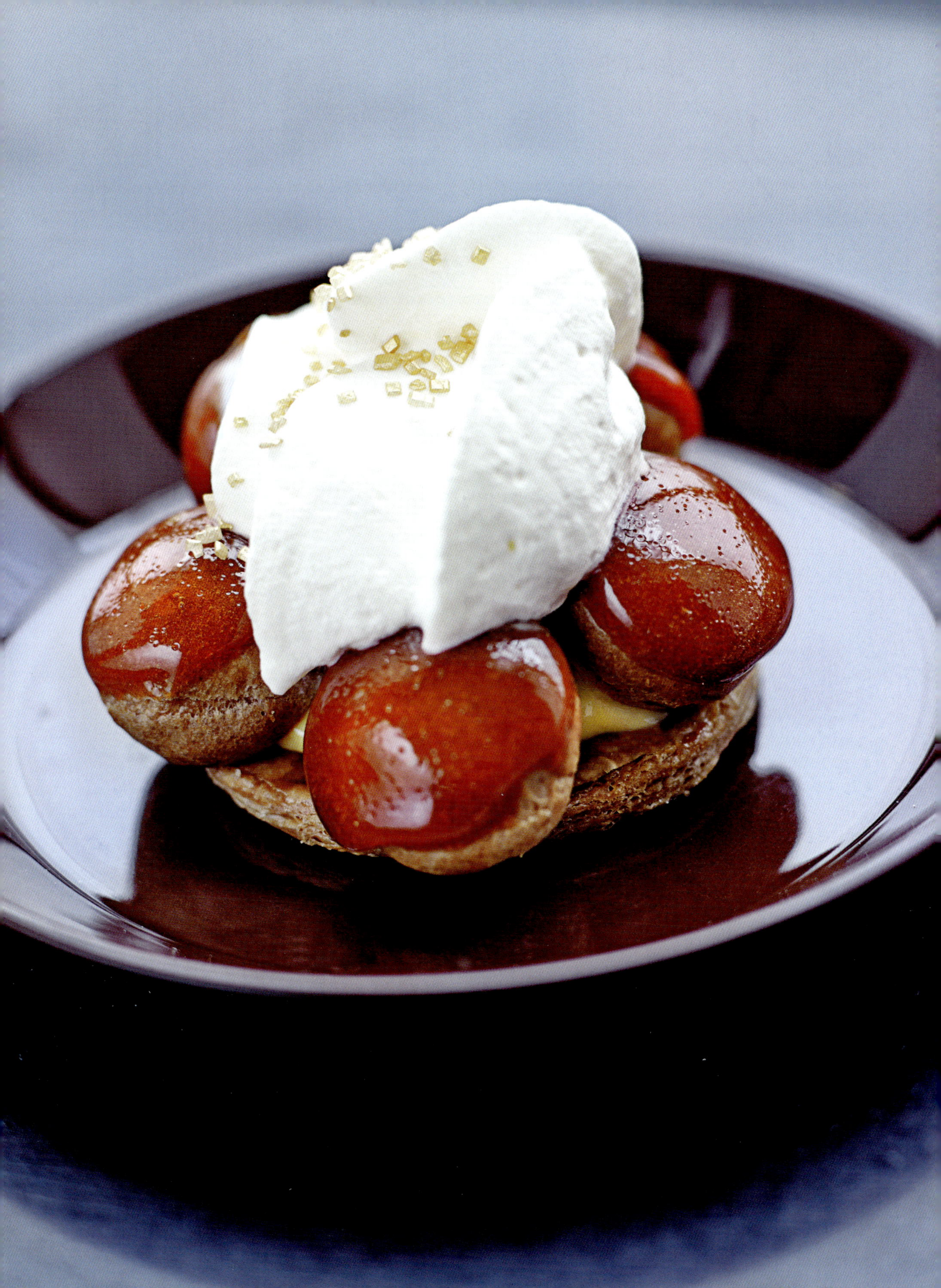

SOLEIL ABRICOT

INGRÉDIENTS POUR 1 QUINZAINE DE GÂTEAUX

① **LES PALETS ABRICOT**

6 G DE GÉLATINE EN FEUILLE

250 G DE PURÉE D'ABRICOT (FRUITS FRAIS MIXÉS OU PURÉE CONGELÉE)

50 G DE SUCRE SEMOULE

60 G DE DÉS D'ABRICOTS FRAIS

② **LA PÂTE D'AMANDE**

100 G DE PÂTE D'AMANDE (VOIR LA RECETTE PAGE 62)

③ **LA DACQUOISE**

525 G DE DACQUOISE (VOIR LA RECETTE PAGE 26)

④ **LA CRÈME LÉGÈRE À L'AMANDE**

4 G DE GÉLATINE EN FEUILLE

200 G DE CRÈME LIQUIDE ENTIÈRE

100 G DE PÂTE D'AMANDE RÉALISÉE CI-DESSUS

20 CL DE LAIT

3 JAUNES D'ŒUFS

40 G DE SUCRE SEMOULE

1 CUILLERÉE À SOUPE DE KIRSCH

⑤ **LE MONTAGE ET LE GLAÇAGE**

400 G DE GLAÇAGE NEUTRE (VOIR LA RECETTE PAGE 71)

2 ABRICOTS FRAIS

1 CITRON

QUELQUES AMANDES

1 MOULE EN SILICONE NONNETTE

1 EMPORTE-PIÈCE DE 5 CM DE DIAMÈTRE

1 QUINZAINE DE CERCLES DE 5,5 CM DE DIAMÈTRE ET 4,5 CM DE HAUTEUR

1 THERMOMÈTRE

1 SPATULE EN INOX

TEMPS DE PRÉPARATION
2 HEURES

TEMPS DE CUISSON
30 MINUTES

CONSEIL : l'intérêt est de faire une série d'une quinzaine de petits entremets et de les conserver au congélateur dans des boîtes hermétiques. Vous pouvez les sortir le matin même de la dégustation. Sachez que ce gâteau se conserve toute la journée au réfrigérateur comme le pâtissier qui le conserve ainsi en vitrine réfrigérée dans sa boutique.

L'idéal est de préparer de la purée d'abricots lorsque c'est la pleine saison. Vous pouvez ensuite la congeler et cela vous permet de faire ce gâteau en hiver avec des produits frais.
Il vous restera de la dacquoise. Congelez-la, une fois cuite pour une autre utilisation.

① LES PALETS ABRICOT

② LA PÂTE D'AMANDE

③ LA DACQUOISE

④ LA CRÈME LÉGÈRE À L'AMANDE

⑤ LE MONTAGE ET LE GLAÇAGE

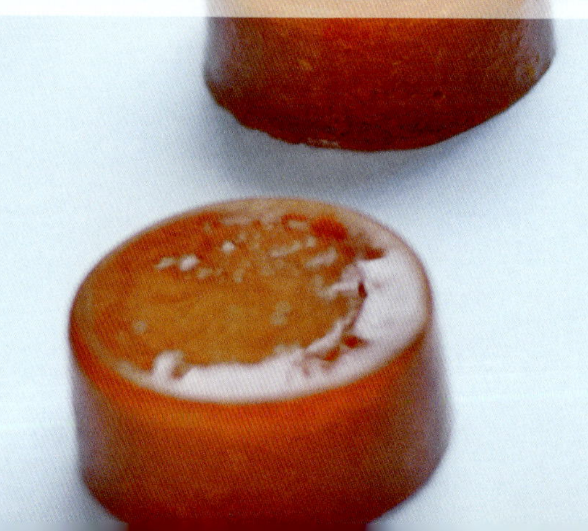

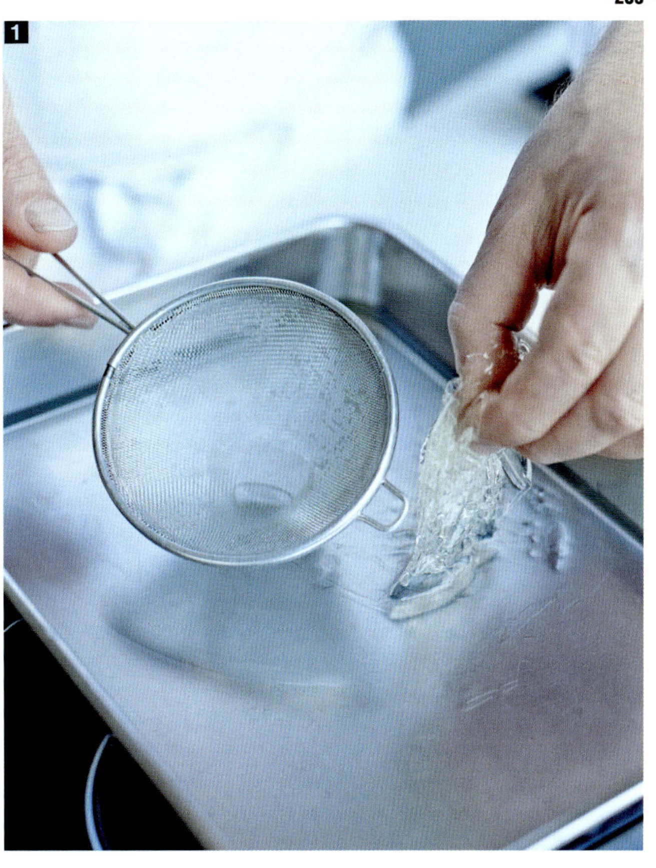

① LES PALETS ABRICOT

1 Mettez la gélatine dans de l'eau très froide.

2 Chauffez la purée d'abricot à puissance minimale.

3 Ajoutez le sucre.

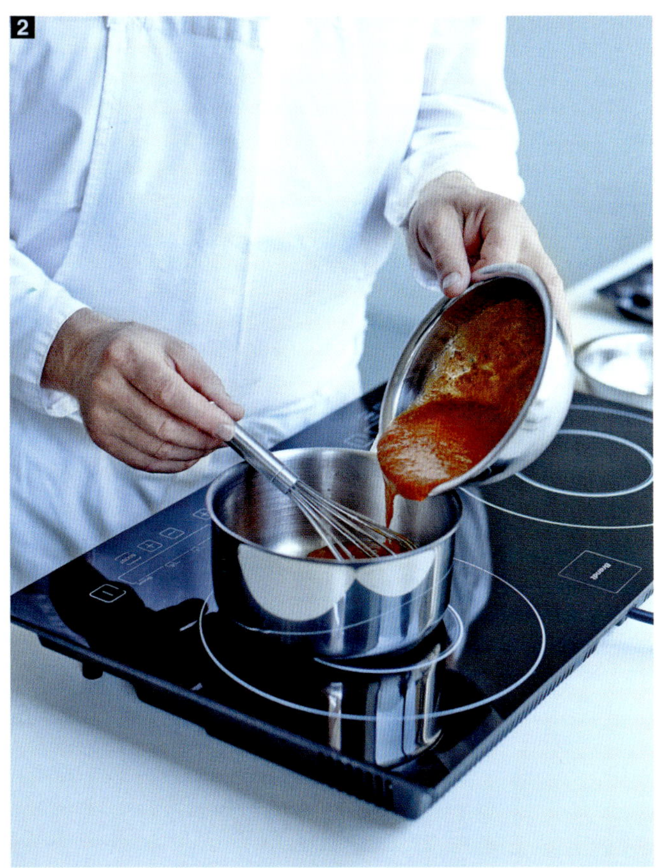

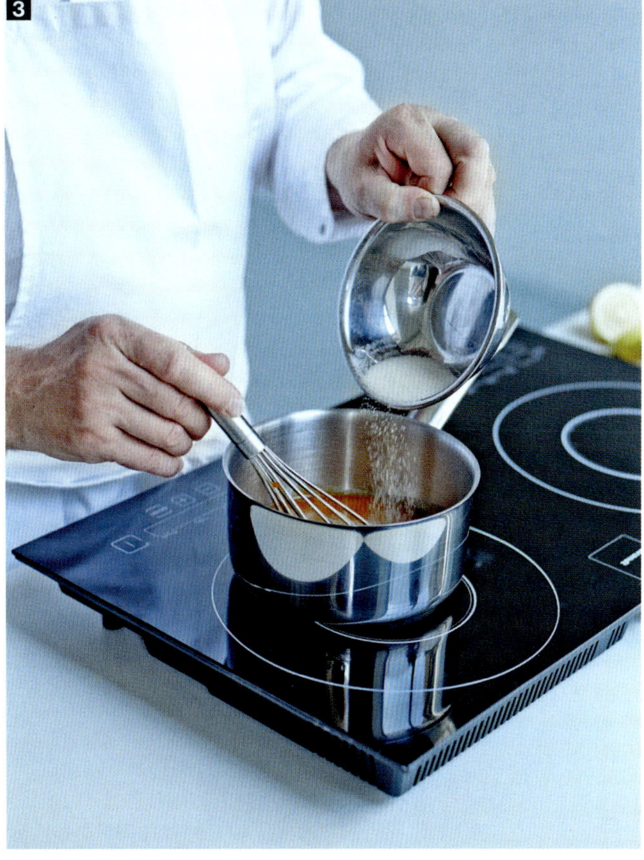

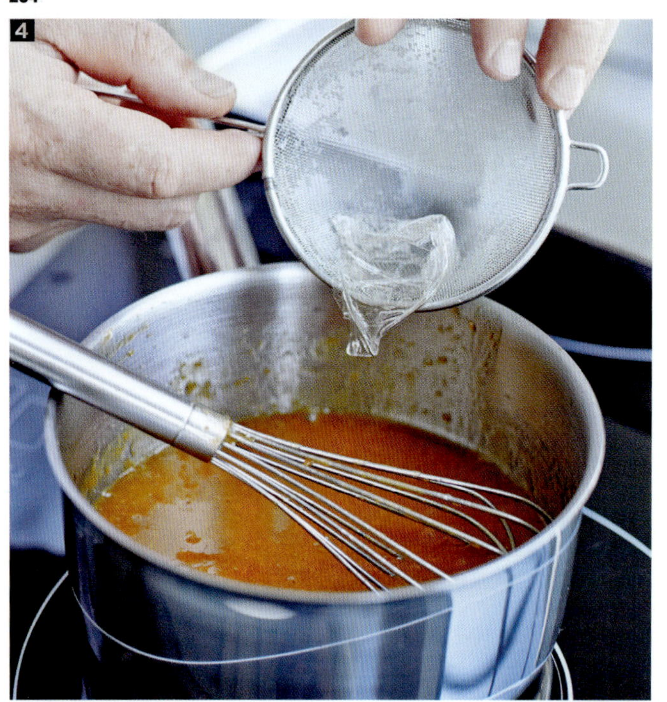

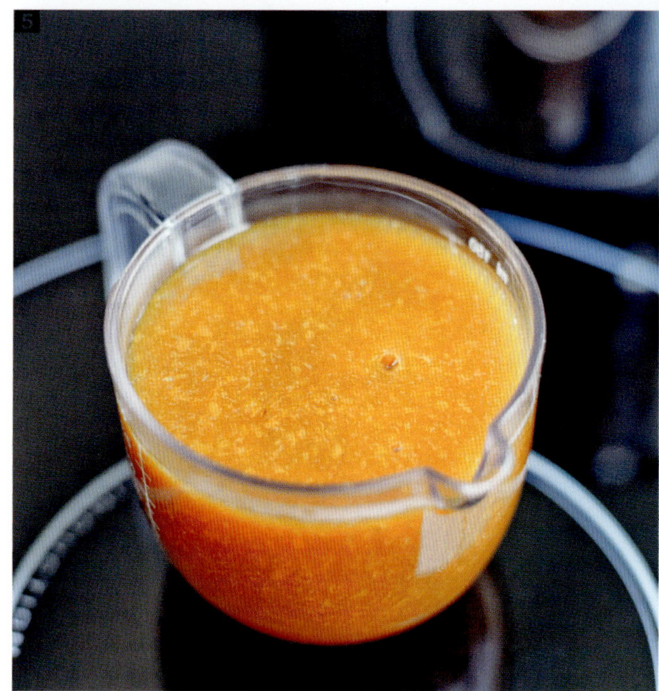

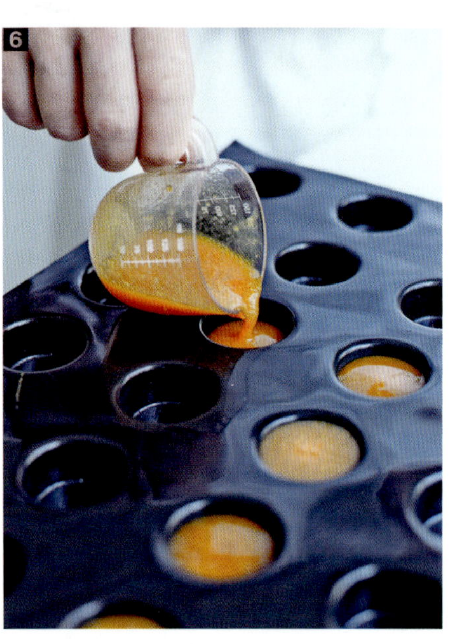

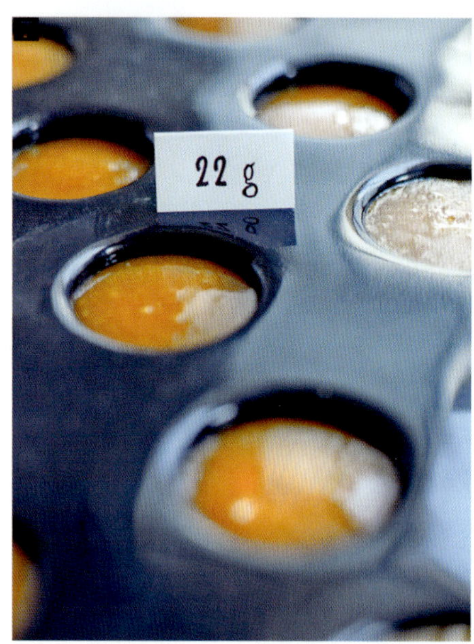

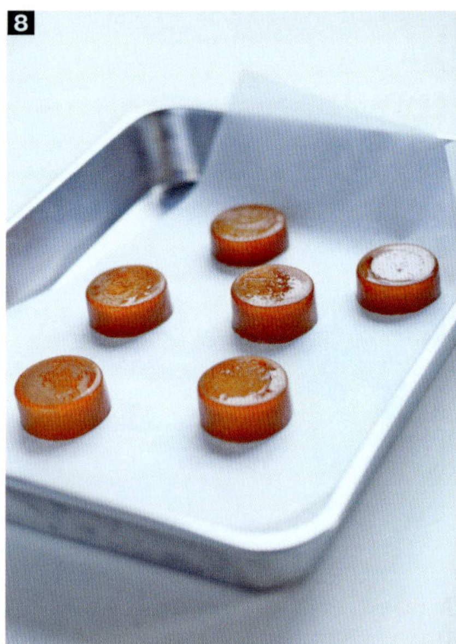

4 Hors du feu ou feu éteint, incorporez la gélatine essorée. Mélangez.

5 Mixez le tout.

6 Versez dans des petits moules en silicone, parsemez de cubes de fruits frais. Vous pouvez aussi mettre des framboises.

7 Placez au congélateur.

8 Voici les palets à la sortie du congélateur.

② LA PÂTE D'AMANDE

PRÉPAREZ SELON LA RECETTE **PAGE 62**

③ LA DACQUOISE

PRÉPAREZ SELON LA RECETTE PAGE 26

④ LA CRÈME LÉGÈRE À L'AMANDE

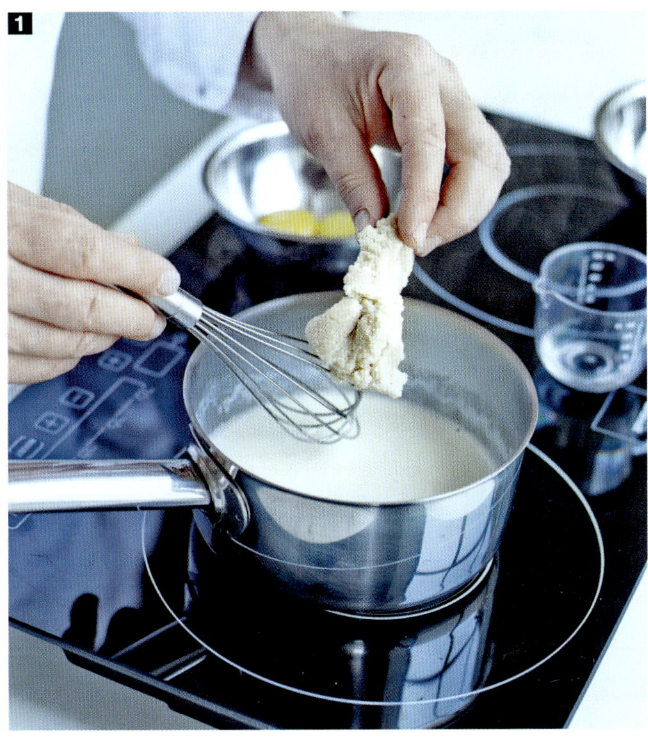

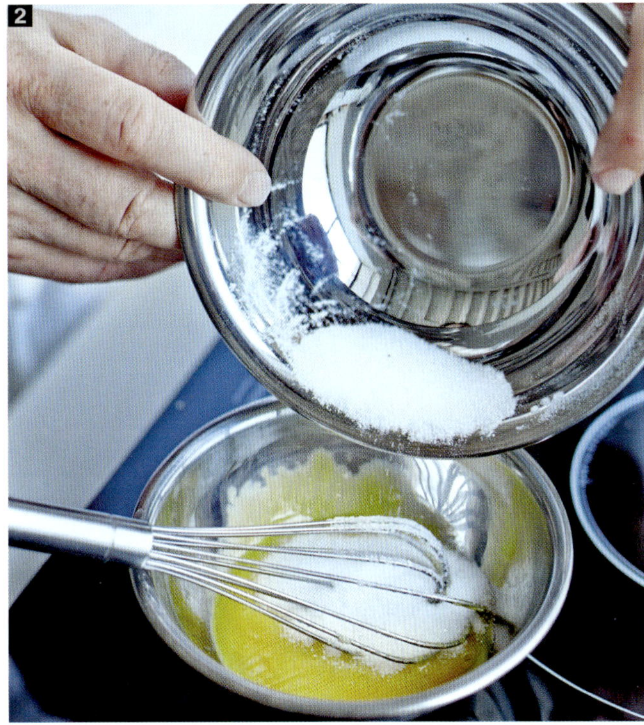

Mettez la gélatine dans de l'eau très froide.
Placez un récipient au congélateur, pendant 30 minutes pour réaliser la crème fouettée. Mettez-y la crème liquide et battez la crème liquide pour monter une crème fouettée. Réservez.

1 Plongez la pâte d'amande dans le lait porté à ébullition sur feu moyen.

2 Fouettez les jaunes d'œufs et le sucre.

3 Lorsque le lait bout, retirez la casserole du feu, et versez le lait sur les jaunes d'œufs sucrés tout en fouettant.

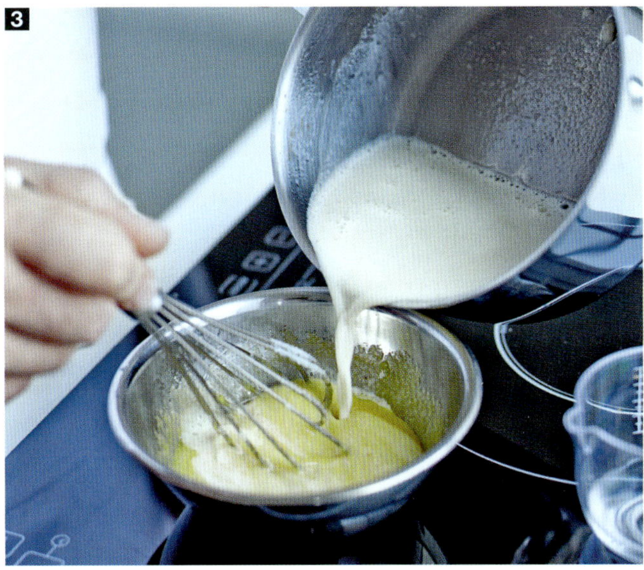

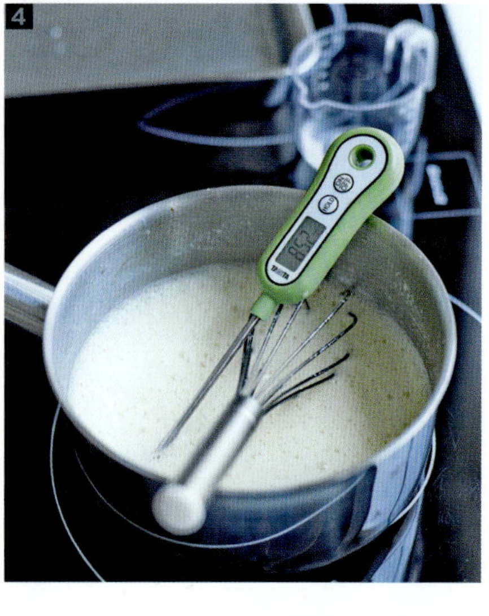
4

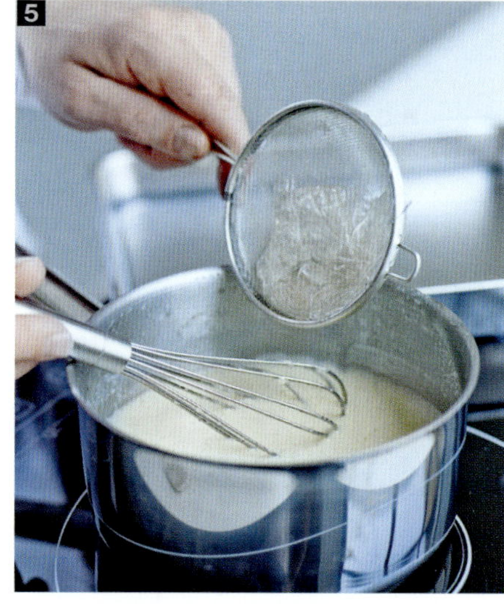
5

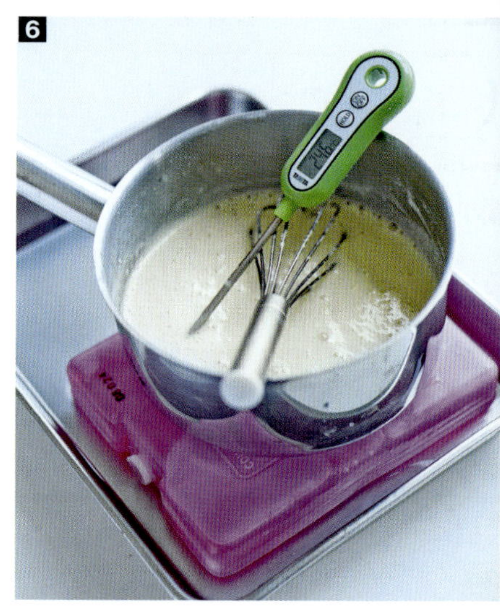
6

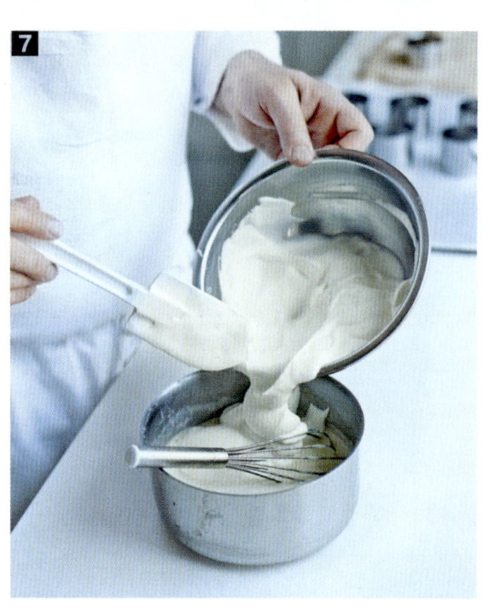
7

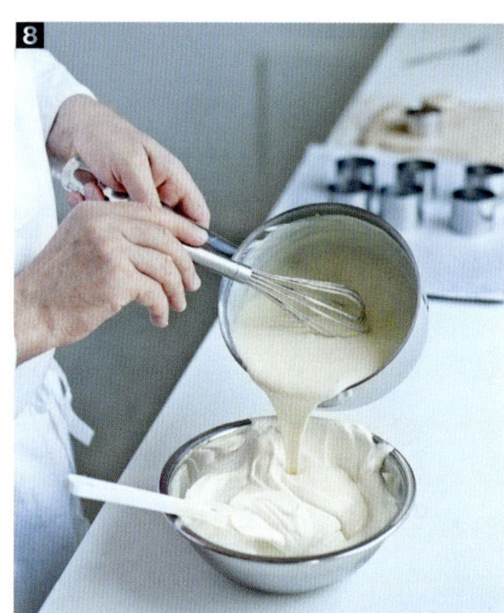
8

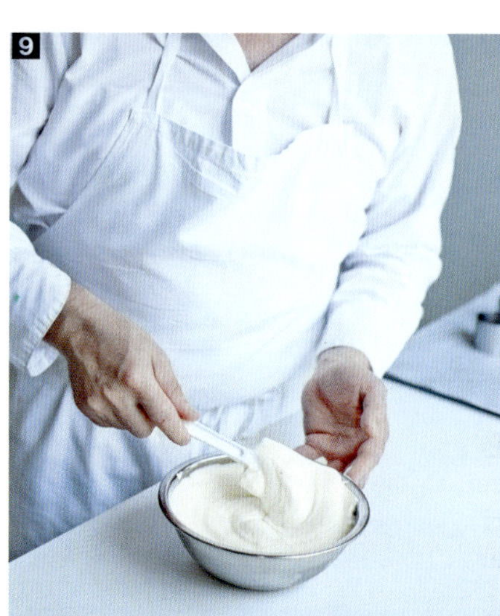
9

4 Remettez ensuite la casserole sur le feu doux et remuez doucement avec un fouet. Vous devez obtenir une texture « à la nappe » identique à celle d'une crème anglaise (soit entre 80 et 85 °C au thermomètre).

5 Lorsque la crème est cuite, hors du feu, incorporez la gélatine essorée. Mélangez bien au fouet.

6 Stoppez la cuisson en plaçant votre casserole dans un bac d'eau très froide afin qu'elle atteigne 25 °C. Réservez le temps de monter la crème.

7 Versez une partie de la crème fouettée dans la crème à l'amande.

8 Transvasez ensuite la crème refroidie, mais non figée (si c'est le cas, vous pouvez la réchauffer très légèrement) dans la crème fouettée.

9 Mélangez avec une Maryse. Réservez à température ambiante.

⑤ LE MONTAGE ET LE GLAÇAGE

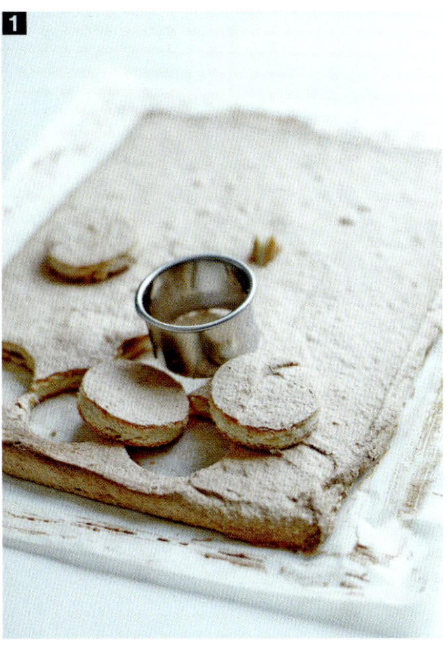

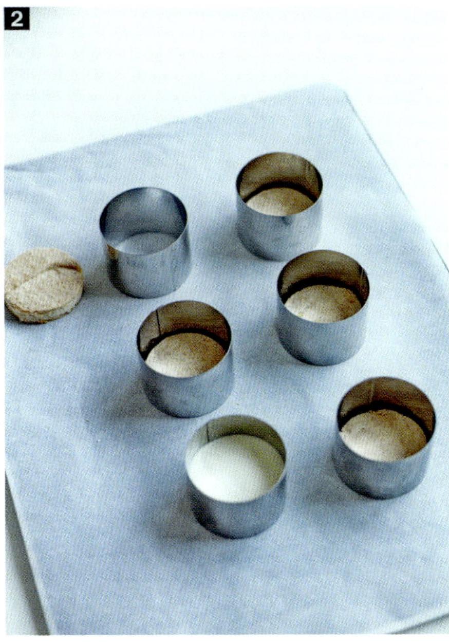

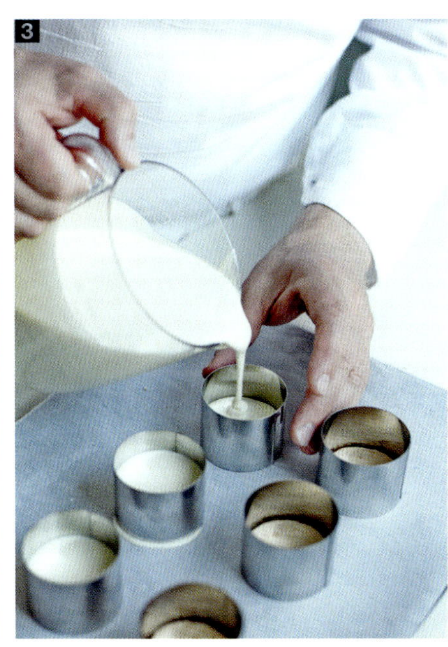

1 Détaillez des ronds de dacquoise avec un emporte-pièce.

2 Placez les disques de dacquoise au fond de chaque cercle posés sur une plaque recouverte de papier sulfurisé. Il faut qu'il y ait un petit espace entre la dacquoise et le cercle.

3 Versez un peu de crème légère à l'amande dans chaque cercle.

4 Déposez un palet abricot congelé dans chaque cercle.

5 Enfoncez-les légèrement.

6 Versez de nouveau de la crème légère à l'amande dans chaque cercle. Vous pouvez déposer un deuxième disque de dacquoise sur chaque cercle et un peu de crème légère à l'amande.

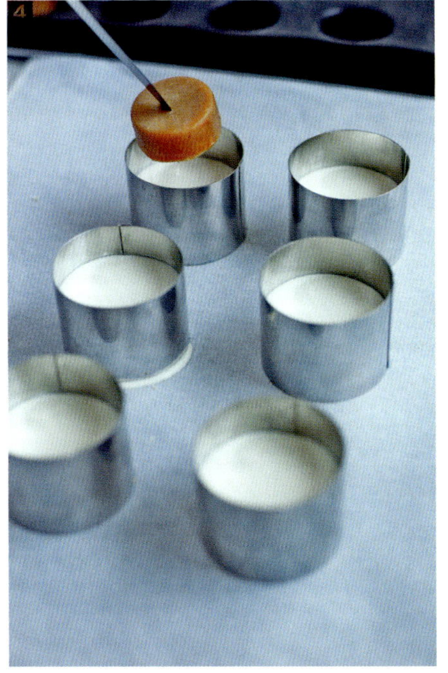

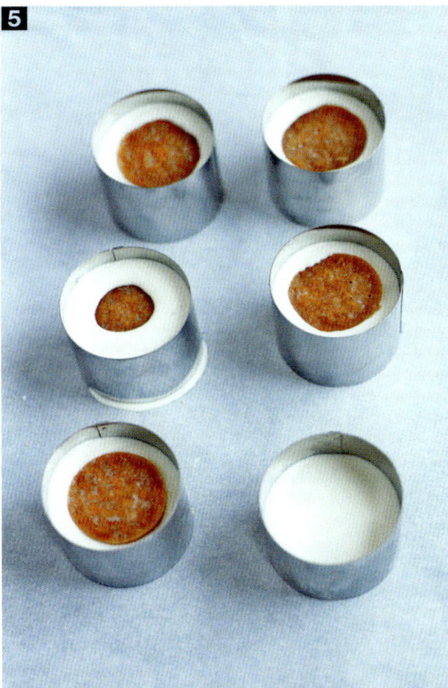

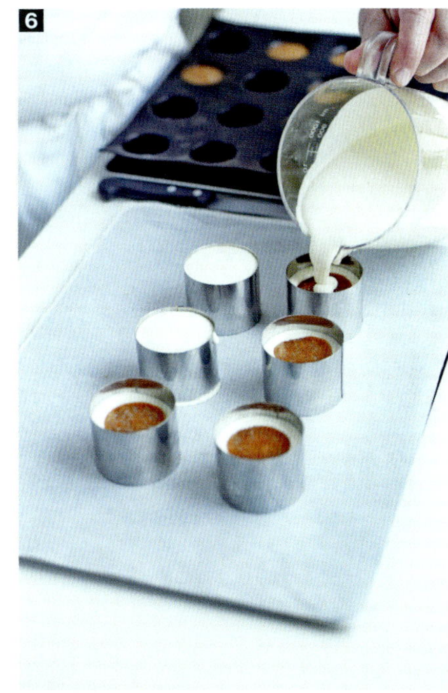

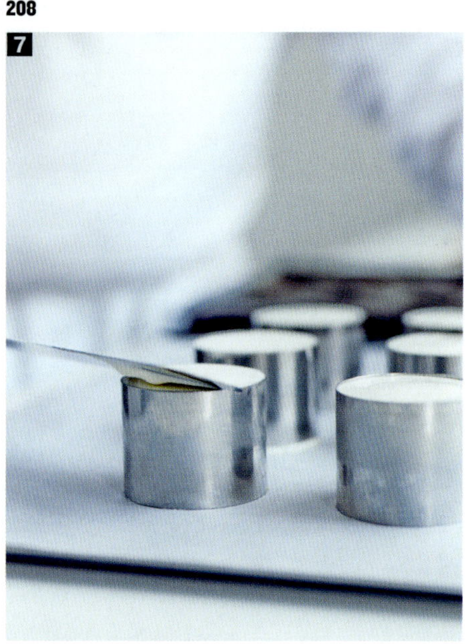

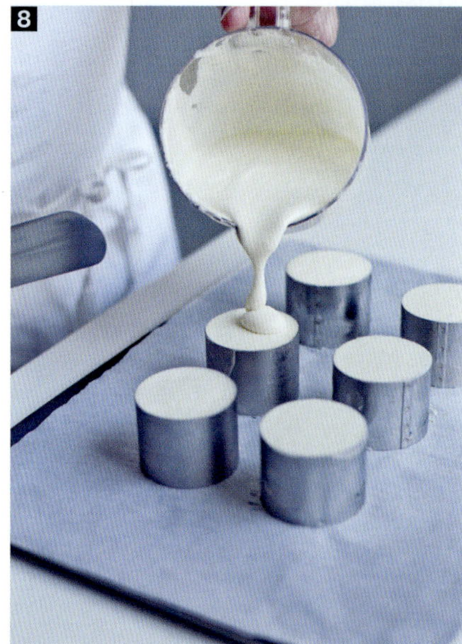

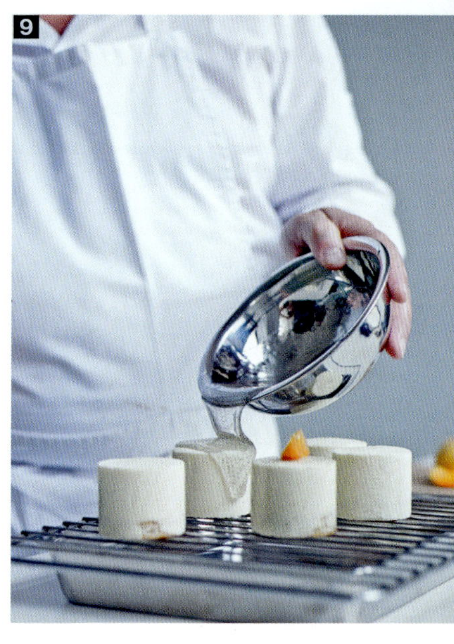

7 Lissez avec une spatule en Inox.

8 Déposez 30 minutes au congélateur et lissez encore une fois (la crème se sera tassée légèrement et le gâteau sera un peu creusé ; c'est la raison pour laquelle on rajoute un peu de crème et on lisse de nouveau). Laissez ensuite au congélateur pendant 2 heures 30.

Réalisez le glaçage neutre selon la recette page 71.

Sortez les gâteaux du congélateur. Pour les démouler, roulez-les entre vos mains ou chauffez les cercles au petit chalumeau. Remettez les gâteaux au congélateur. Déposez-les sur une grille avec une plaque à rebord en-dessous qui recueillera l'excédent de glaçage.

9 Versez le glaçage neutre, presque refroidi légèrement gélifié, sur chaque gâteau.

10 Raclez l'excédent avec une spatule en Inox. Placez les gâteaux au congélateur jusqu'à la finition.

11 **12** Coupez les abricots en 6 quartiers et les amandes en deux. Citronnez légèrement les abricots. Nappez les amandes et les abricots très finement au pinceau puis déposez-les sur chaque gâteau.

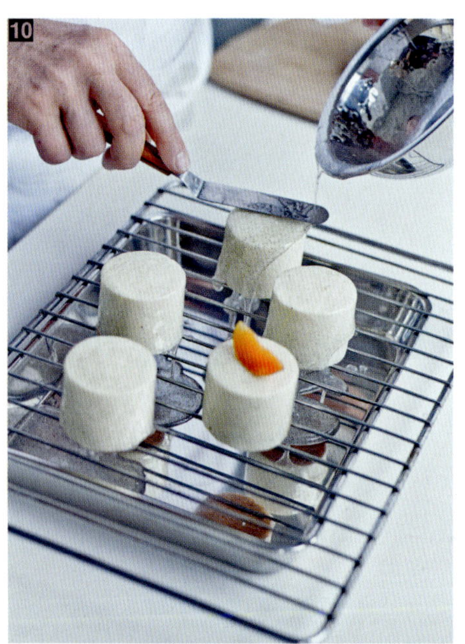

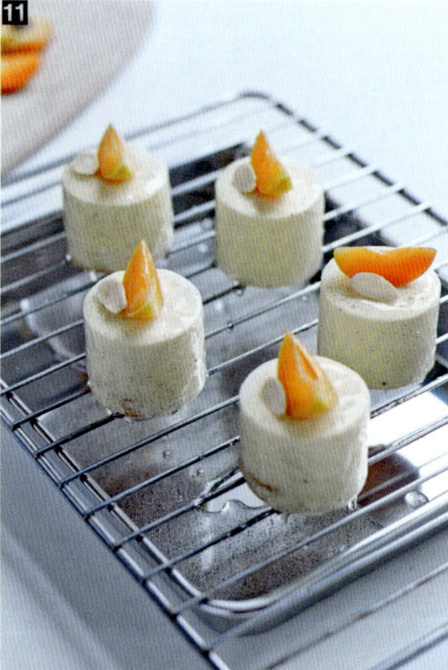

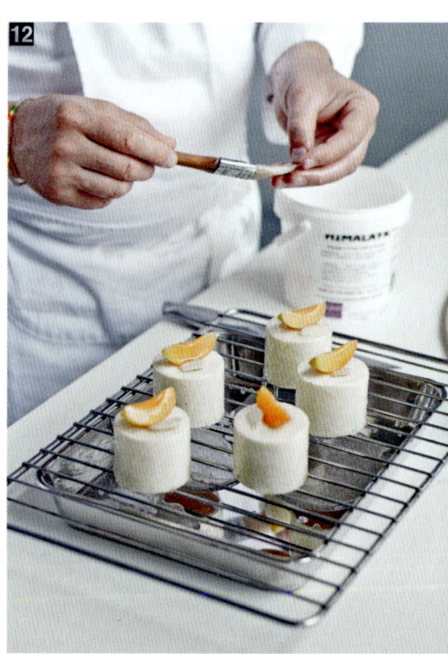

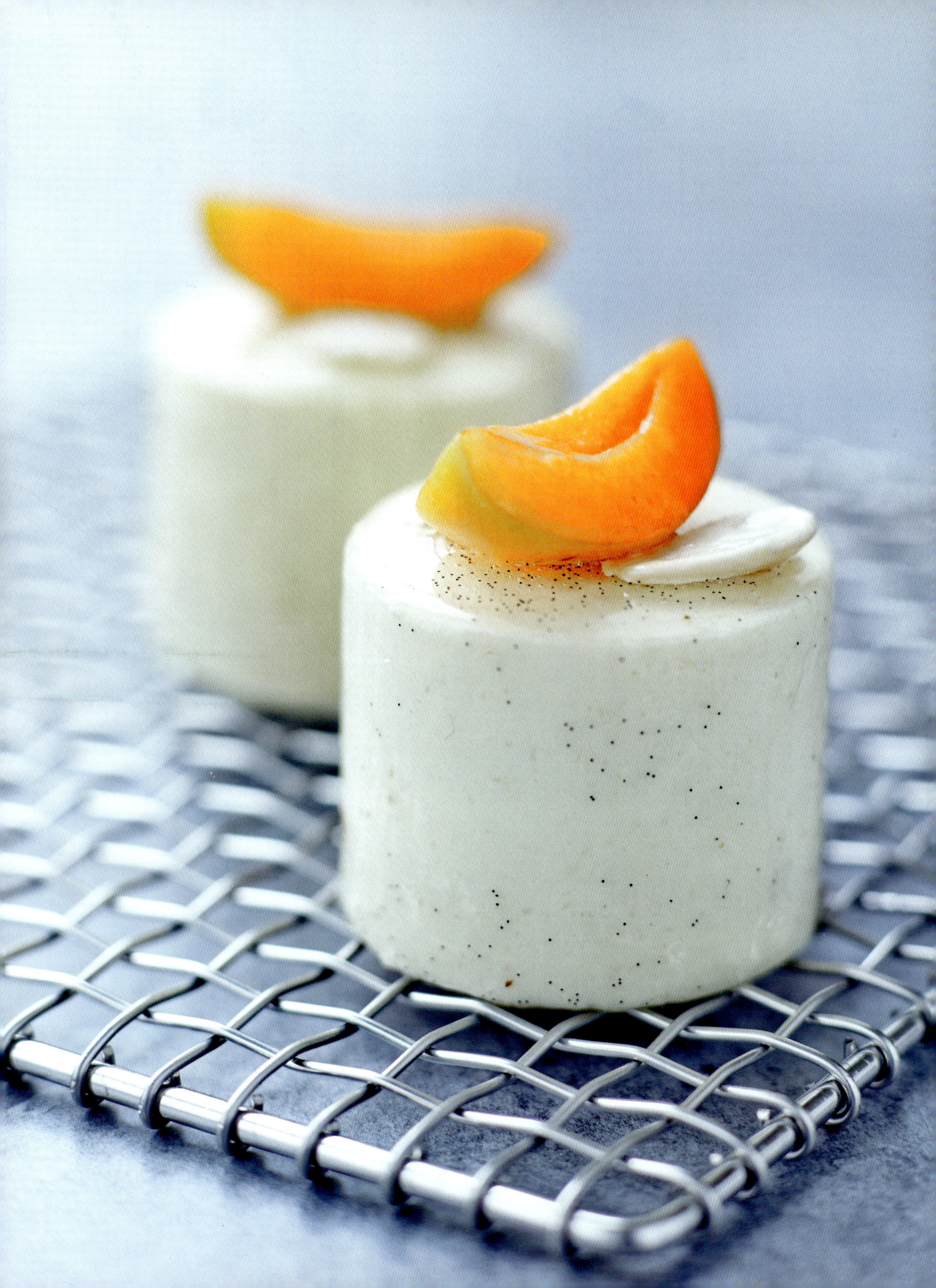

SUCCÈS MOKA

INGRÉDIENTS POUR UNE DIZAINE DE SUCCÈS MOKA

① LA MERINGUE AUX NOISETTES

100 G DE BLANCS D'ŒUFS

100 G DE SUCRE SEMOULE

50 G DE SUCRE GLACE

50 G DE NOISETTES EN POUDRE

② LA CRÈME MOUSSELINE MOKA

200 G DE CRÈME PÂTISSIÈRE (VOIR LA RECETTE PAGE 18)

1 EXPRESSO TRÈS SERRÉ

1 CUILLERÉE À SOUPE DE CAFÉ NESCAFÉ® « SPÉCIAL FILTRE » (OU EXTRAIT DE CAFÉ ARABICA, VOIR CARNET D'ADRESSES PAGE 242)

350 G DE CRÈME AU BEURRE (VOIR LA RECETTE PAGE 14)

③ LES NOISETTES TORRÉFIÉES

230 G DE NOISETTES TORRÉFIÉES (VOIR LA RECETTE PAGE 50)

④ LE MONTAGE

GARDEZ UN PEU DE CRÈME MOUSSELINE MOKA POUR FAIRE ADHÉRER LES NOISETTES TORRÉFIÉES SUR LES SUCCÈS

LES NOISETTES TORRÉFIÉES RÉALISÉES CI-DESSUS

50 G DE SUCRE GLACE SPÉCIAL DÉCOR (VOIR CARNET D'ADRESSES PAGE 242)

1 POCHE À DOUILLE

1 DOUILLE LISSE DE 8 MM DE DIAMÈTRE

10 CERCLES DE 5,5 CM DE DIAMÈTRE ET DE 4 CM DE HAUTEUR

1 SPATULE

TEMPS DE PRÉPARATION
3 HEURES

TEMPS DE CUISSON
2 HEURES 40

① LA MERINGUE AUX NOISETTES

② LA CRÈME MOUSSELINE MOKA

③ LES NOISETTES TORRÉFIÉES

④ LE MONTAGE ET LA FINITION

CONSEIL : les succès se conservent 3 ou 4 jours au réfrigérateur ou 3 semaines sous film au congélateur (réalisez la finition le jour de la dégustation).
Il existe des pâtes de café d'excellente qualité pour aromatiser la crème au beurre.

① LA MERINGUE AUX NOISETTES

Préchauffez le four à 150 °C.

1 Versez les blancs d'œufs dans la cuve du batteur et fouettez-les avec un peu de sucre semoule à puissance maximale.

2 Lorsque les blancs commencent à être bien montés, versez le sucre semoule au fur et à mesure. Continuez à fouetter jusqu'à obtention d'une meringue bien blanche et qui tient entre les branches de votre fouet.

3 Mélangez le sucre glace avec les noisettes en poudre à l'aide d'un fouet.

4 Ajoutez le mélange sucre glace et poudre de noisettes à la meringue.

5 Mélangez à l'aide d'une Maryse.

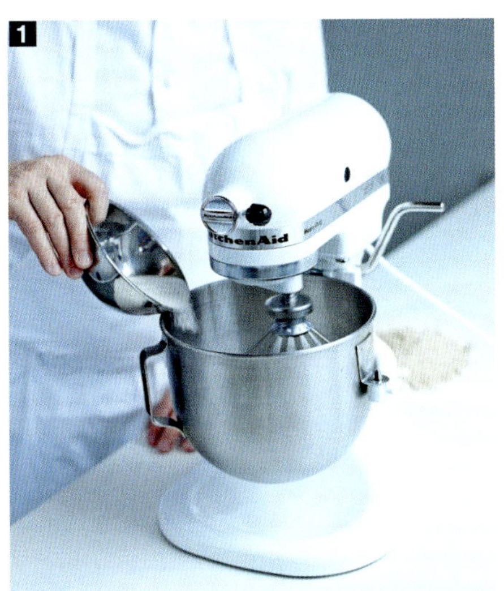

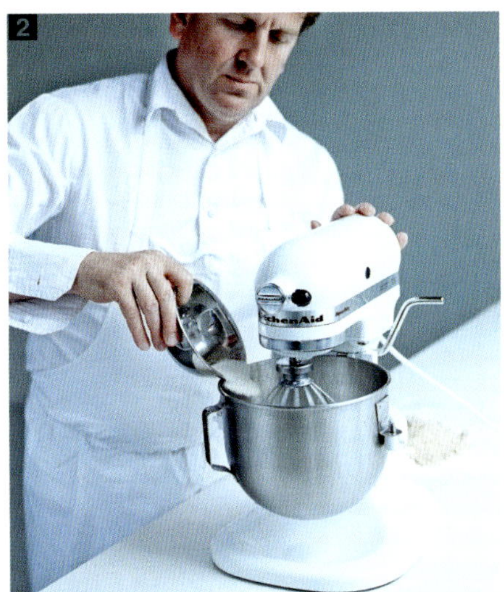

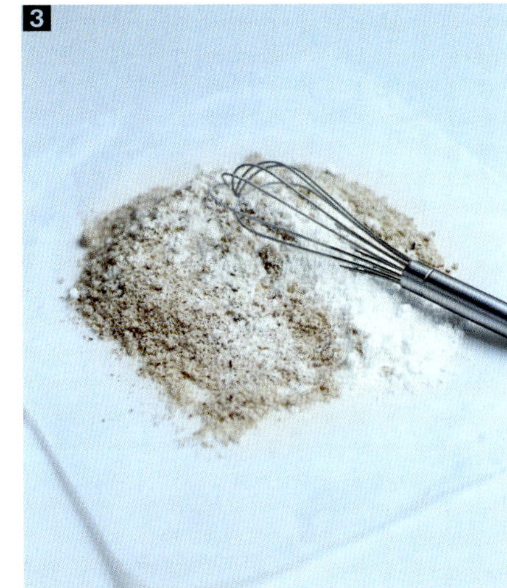

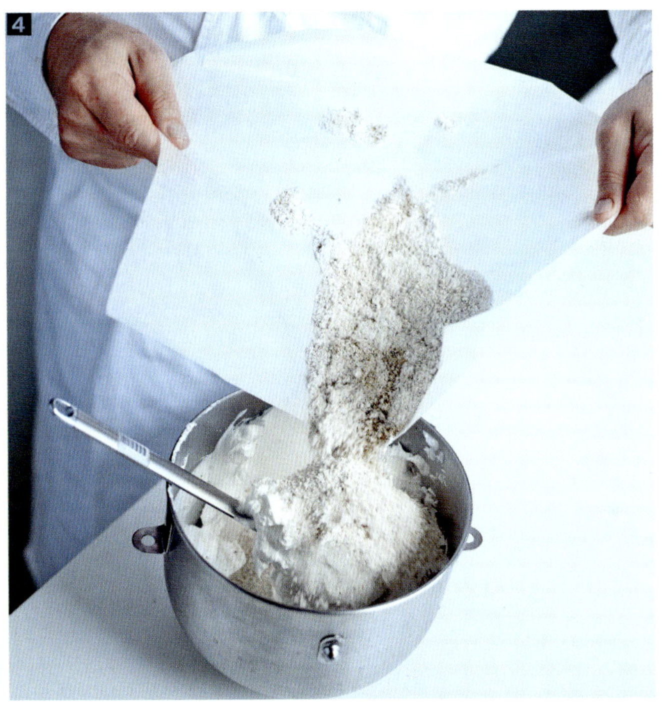

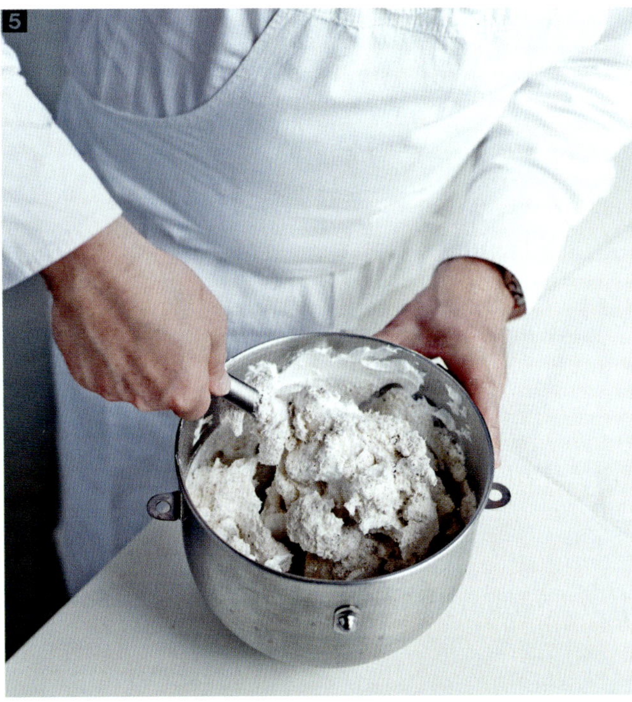

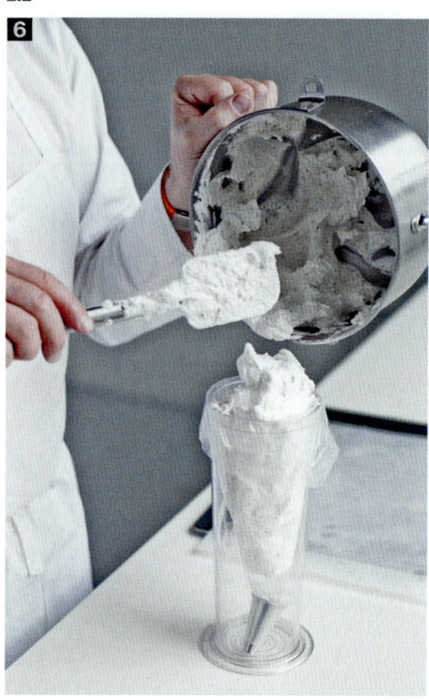

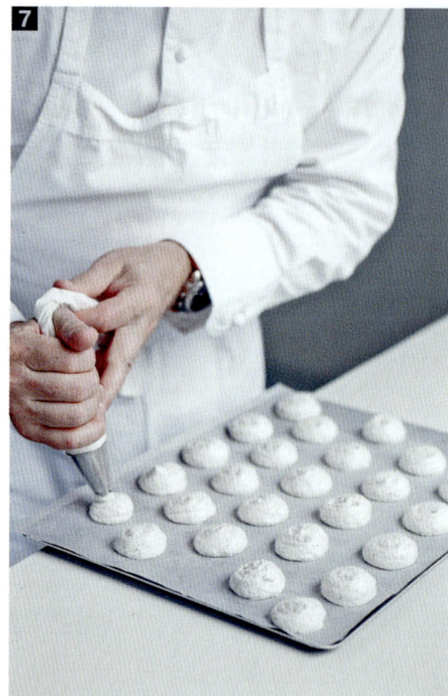

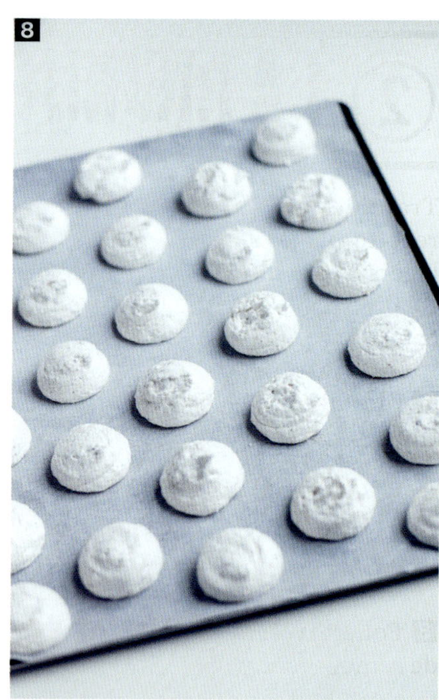

6 Mettez la préparation dans une poche à douille munie d'une douille lisse de 8 mm de diamètre.

7 Réalisez des boules de 5 cm de diamètre en quinconce sur une plaque recouverte de papier sulfurisé.

8 Voici le résultat souhaité.

9 Enfournez pendant 20 minutes à 150 °C, puis baissez votre four à 100 °C.
Laissez cuire pendant 2 h 20 environ.

10 Les meringues sont cuites lorsqu'elles sont bien sèches à l'intérieur. Laissez-les complètement refroidir avant de les garnir.

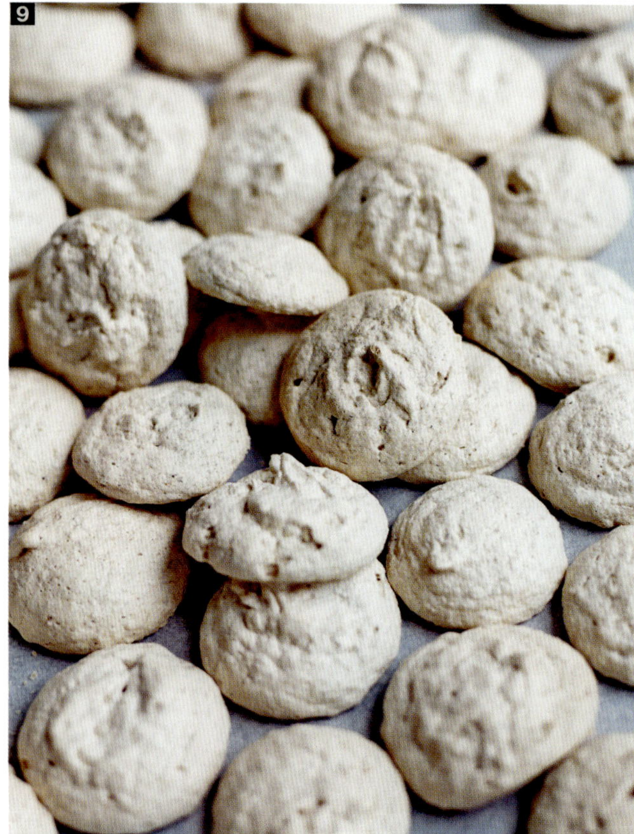

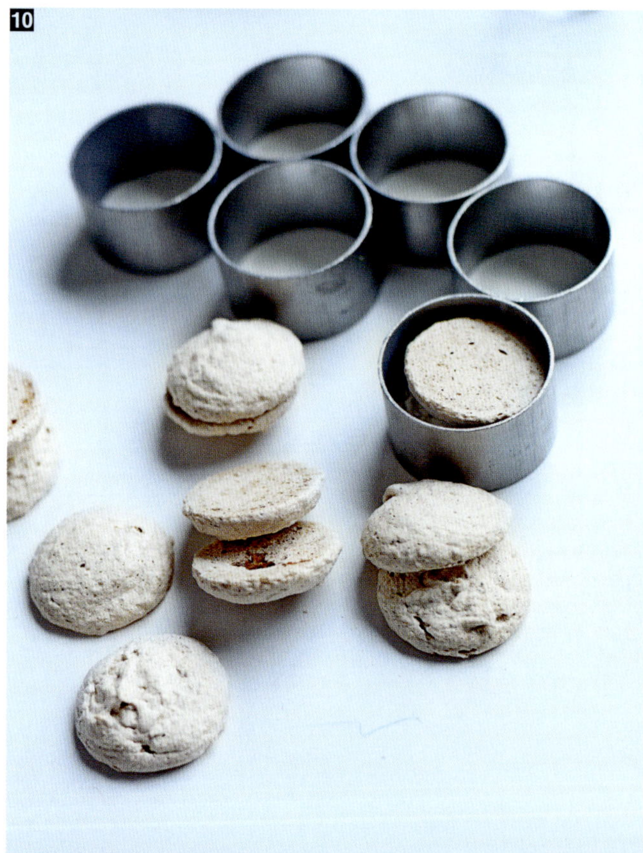

② LA CRÈME MOUSSELINE MOKA

Travaillez la crème pâtissière froide, réalisée selon la recette page 18, à l'aide d'une Maryse. Réchauffez-la légèrement au bain-marie pour la tempérer.
Réalisez l'expresso et ajoutez la cuillerée de café Nescafé®. Mélangez.

1 Incorporez le mélange de café dans une petite quantité de crème pâtissière.

2 Ajoutez le reste de crème pâtissière, puis la crème au beurre, réalisée selon la recette page 14. Mélangez le tout à l'aide d'une Maryse.

3 Fouettez légèrement dans un bain-marie chaud afin de ramollir la crème.

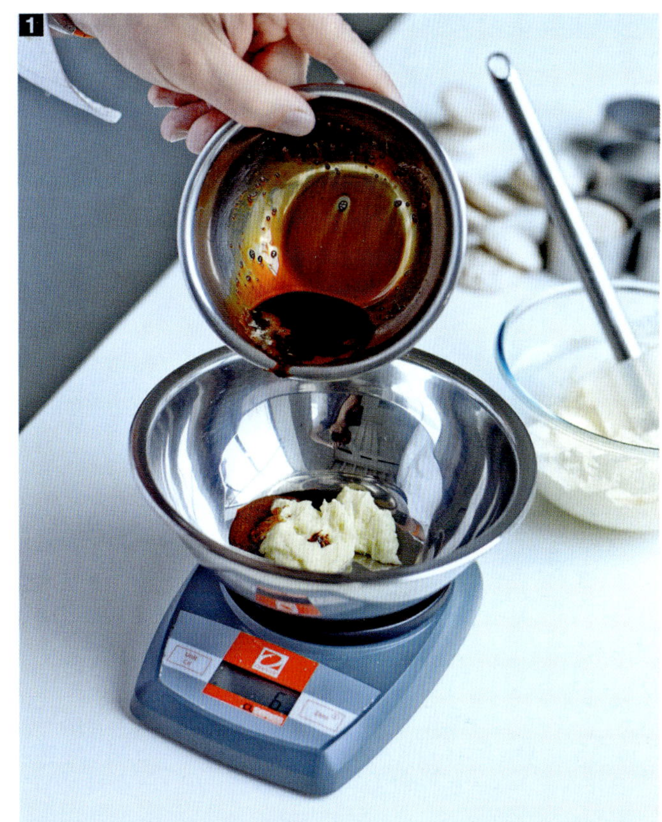

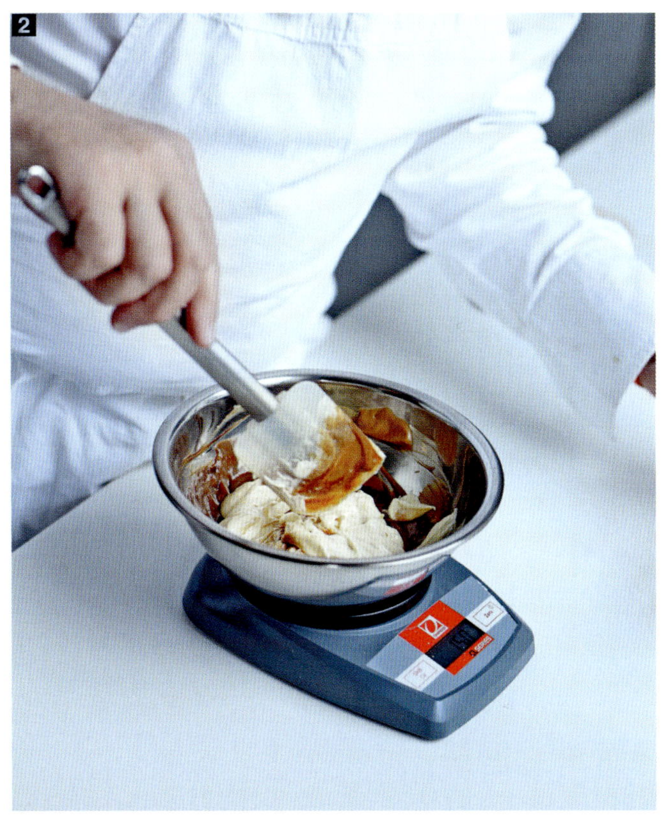

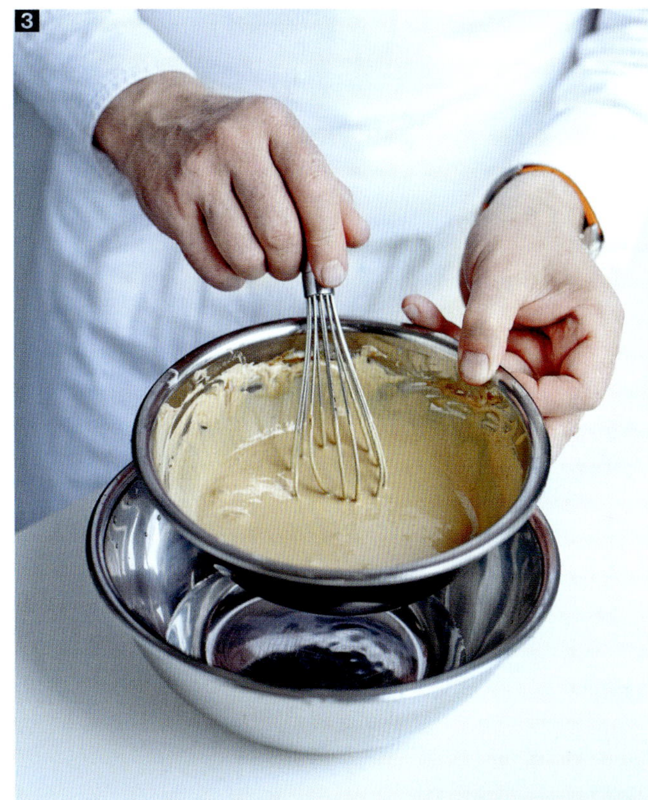

③ LES NOISETTES TORRÉFIÉES

PRÉPAREZ SELON LA RECETTE PAGE 50

④ LE MONTAGE ET LA FINITION

Posez les cercles sur une plaque recouverte de papier sulfurisé.

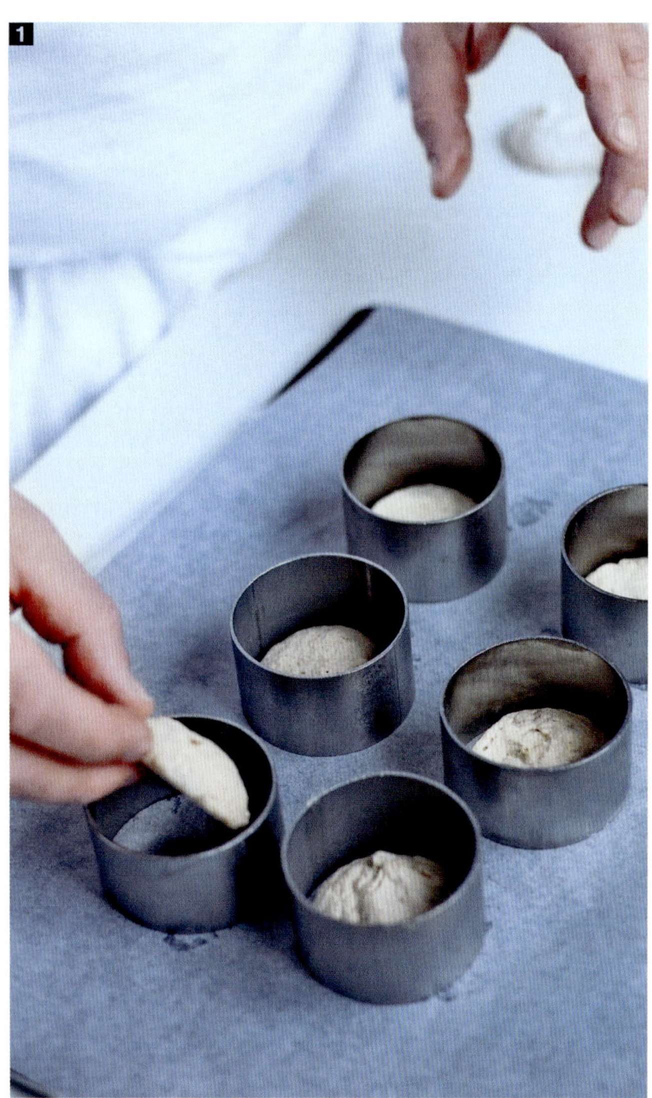

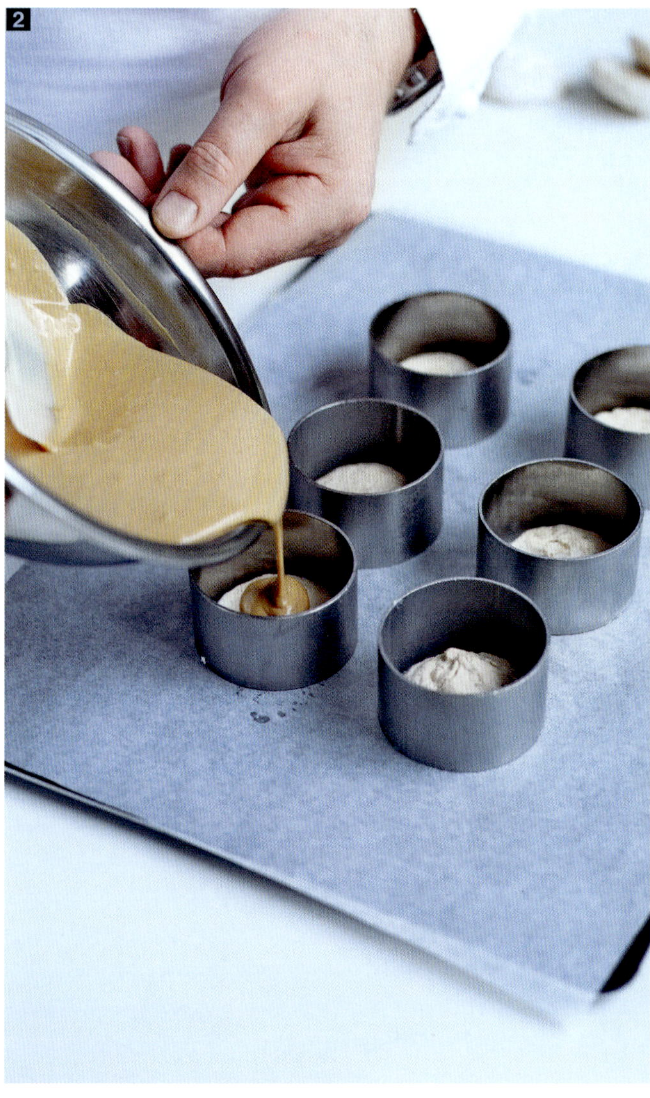

1 Placez une petite meringue dans chaque cercle.

2 Versez dessus la crème moka.

3

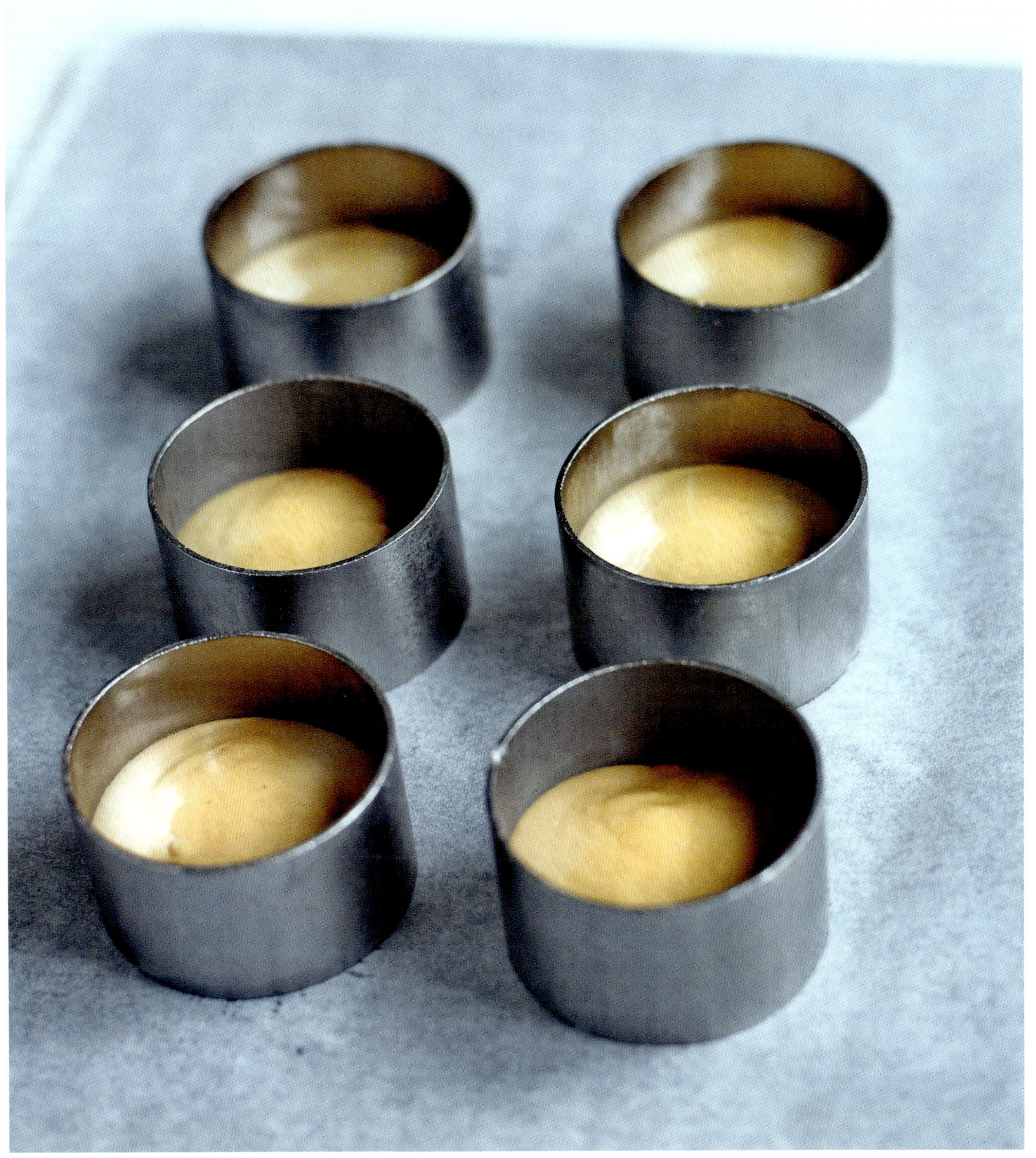

3 Remplissez à moitié (environ 40 g de crème par succès).

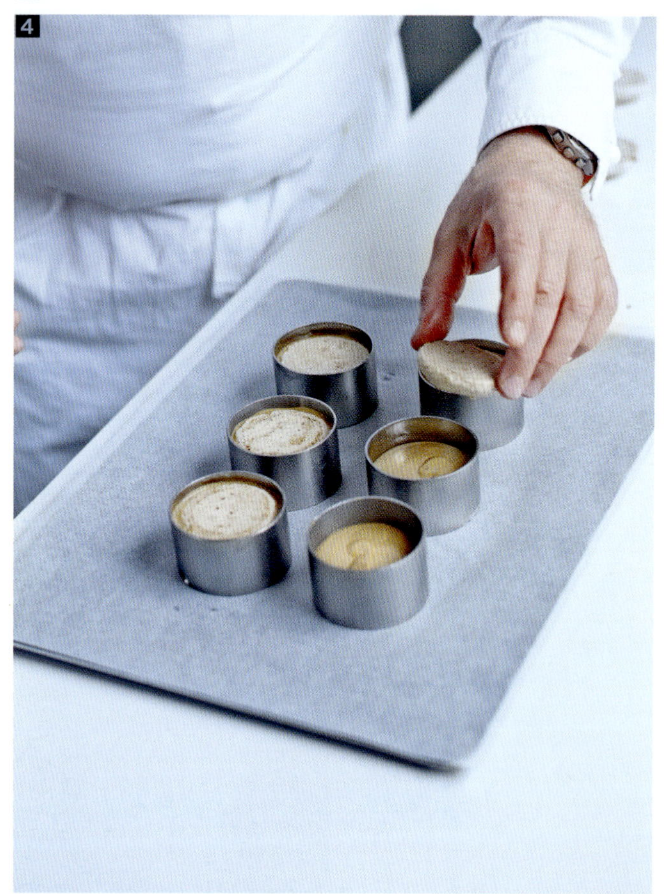

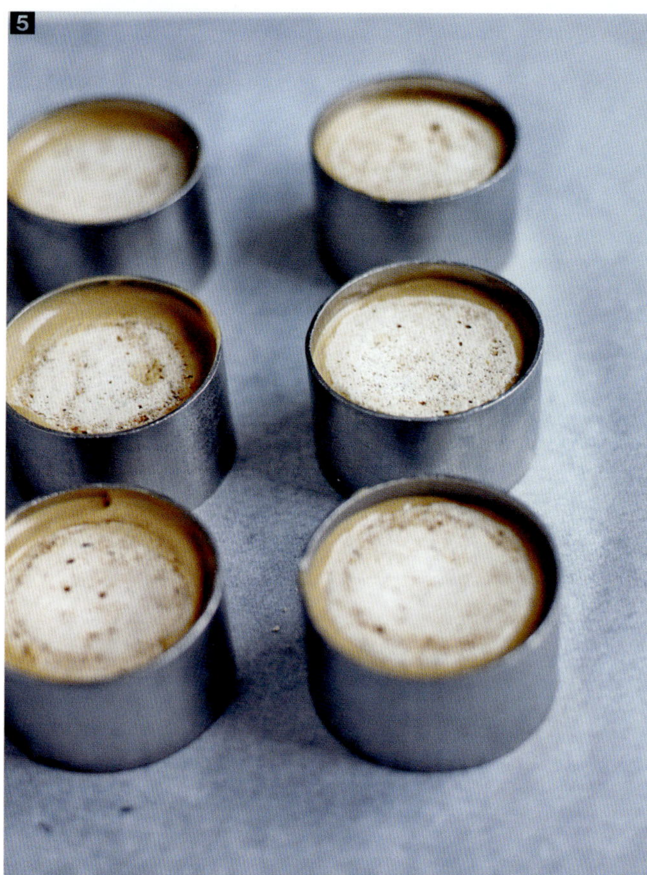

4 Déposez une seconde meringue (l'envers de la meringue en haut) dans chaque cercle.

5 Voici le résultat. Déposez-les au congélateur pendant 1 heure.

Sortez les succès du congélateur. Pour les démouler, roulez-les entre vos mains ou chauffez-les à l'aide d'un petit chalumeau. Mettez-les au réfrigérateur pour éviter la condensation pendant 30 minutes.
Laissez les succès revenir à température ambiante Déposez un peu de crème mousseline moka autour de chaque gâteau à l'aide d'une spatule.
Prenez un gâteau dans votre main et déposez des noisettes torréfiées tout autour du gâteau à l'aide d'une spatule. Procédez comme les étapes 3 et 4 du montage du Fragilité pistache (page 138).

6 Voici le résultat des succès enrobés de noisettes torréfiées.

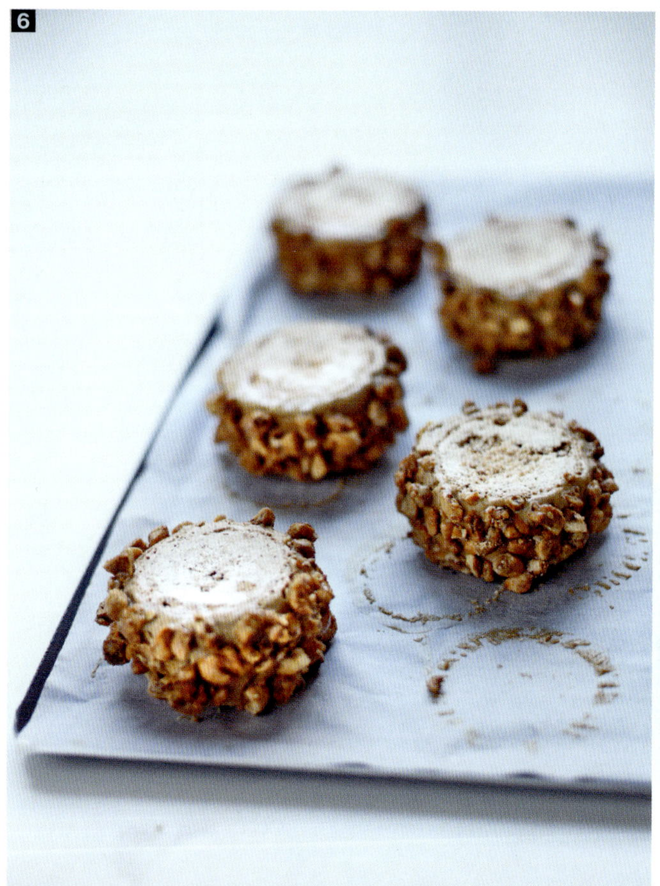

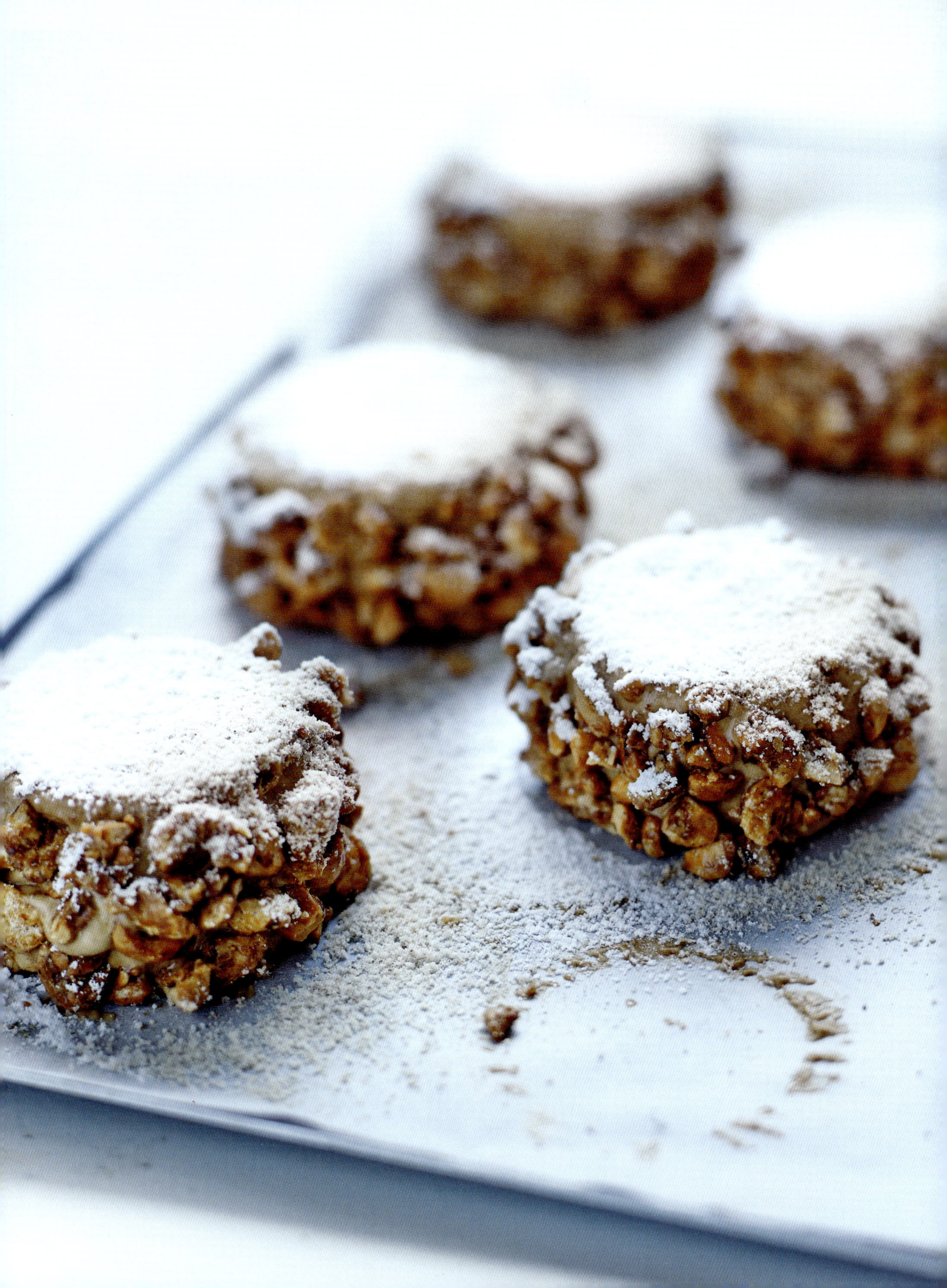

TRUFFE CHOCOLAT

INGRÉDIENTS POUR 10 TRUFFES

① LA MERINGUE FRANÇAISE
(VOIR LA RECETTE PAGE 46)

20 COQUES DE MERINGUE

② LA CRÈME CHOCOLAT

75 G DE CHOCOLAT MANJARI 60 À 65 % DE CACAO VALRHONA®

225 G DE CRÈME PÂTISSIÈRE (VOIR LA RECETTE PAGE 18)

225 G DE CRÈME AU BEURRE (VOIR LA RECETTE PAGE 14)

③ LE MONTAGE

150 G DE CHOCOLAT MANJARI OU EXTRA-BITTER 60 À 65 % DE CACAO VALRHONA®

30 G DE CACAO AMER EN POUDRE

1 THERMOMÈTRE

1 SPATULE EN INOX

1 POCHE À DOUILLE

1 DOUILLE LISSE DE 8 MM

2 OU 3 EMPORTE-PIÈCES DE 5 À 7 CM DE DIAMÈTRE

TEMPS DE PRÉPARATION
1 HEURE 30

TEMPS DE CUISSON
2 HEURES 30

CONSEIL : l'idéal est d'utiliser 2 ou 3 emporte-pièces. En effet, l'emporte-pièce a tendance à chauffer dans les mains, n'hésitez pas à le changer.
La truffe chocolat est une spécialité de la pâtisserie Oppé, qui existe depuis 1912.

① LA MERINGUE FRANÇAISE

② LA CRÈME CHOCOLAT

③ LE MONTAGE

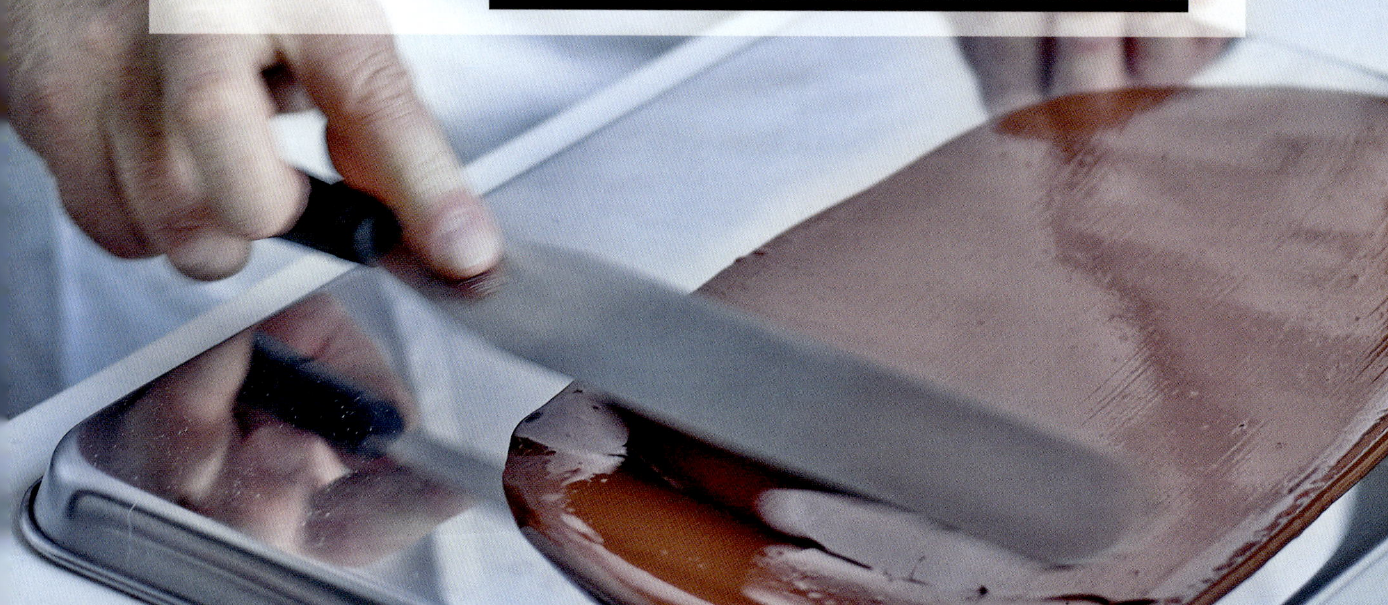

① LA MERINGUE FRANÇAISE

PRÉPAREZ SELON LA RECETTE PAGE 46

Vous pouvez les préparer 2 à 3 jours à l'avance et les stocker dans une boîte hermétique dans un endroit chaud et sec.

② LA CRÈME CHOCOLAT

Faites fondre le chocolat à 35 °C au bain-marie. Travaillez la crème pâtissière froide, réalisée selon la recette page 18, à l'aide d'une Maryse. Réchauffez-la légèrement au bain-marie pour la tempérer.

1 Incorporez le chocolat fondu dans la crème pâtissière.

2 Mélangez bien avec une Maryse afin que la crème soit lisse.

3 Ajoutez la crème au beurre, réalisée selon la recette page 14, à température ambiante.

1

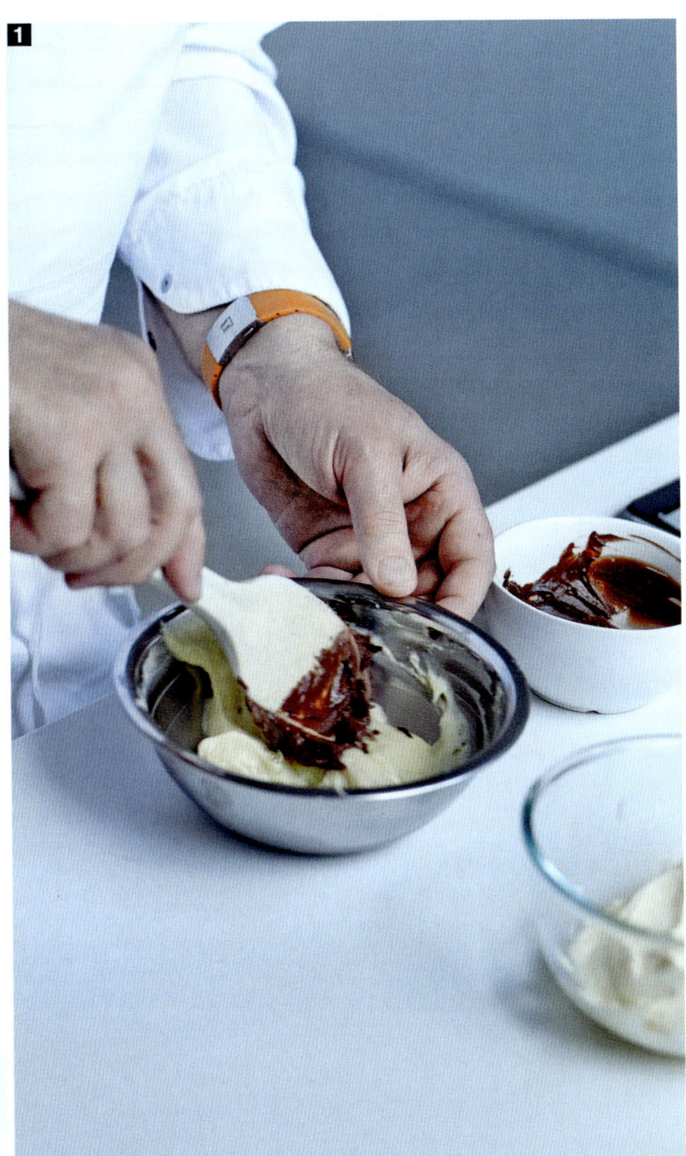

2

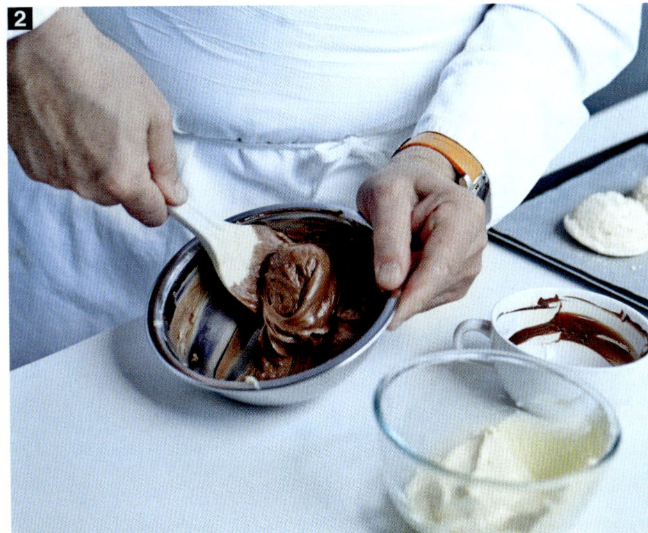

3

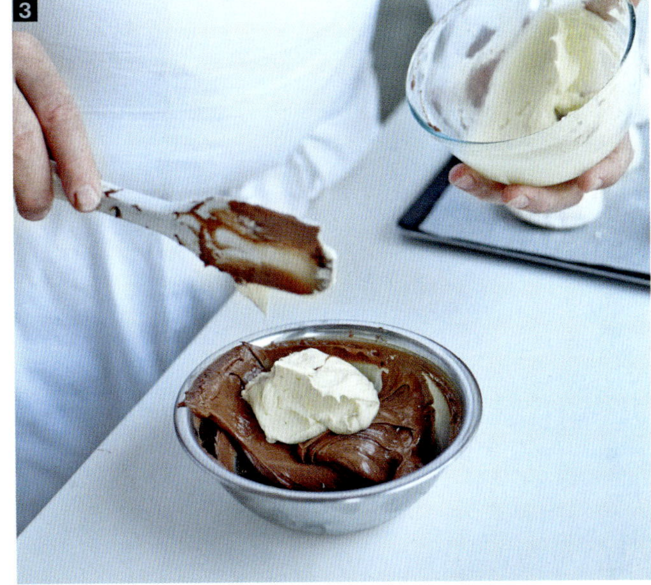

③ LE MONTAGE

1 Remplissez une poche à douille munie d'une douille lisse de crème chocolat. Placez les meringues à plat sur la plaque recouverte de papier sulfurisé. Déposez la crème en spirale sur le dôme de chacune des 10 meringues.

2 Déposez une deuxième coque de meringue sur la spirale de chocolat. Appuyez très légèrement. À ce stade, vous pouvez mettre les meringues garnies au congélateur pendant 1 heure afin de solidifier le montage.

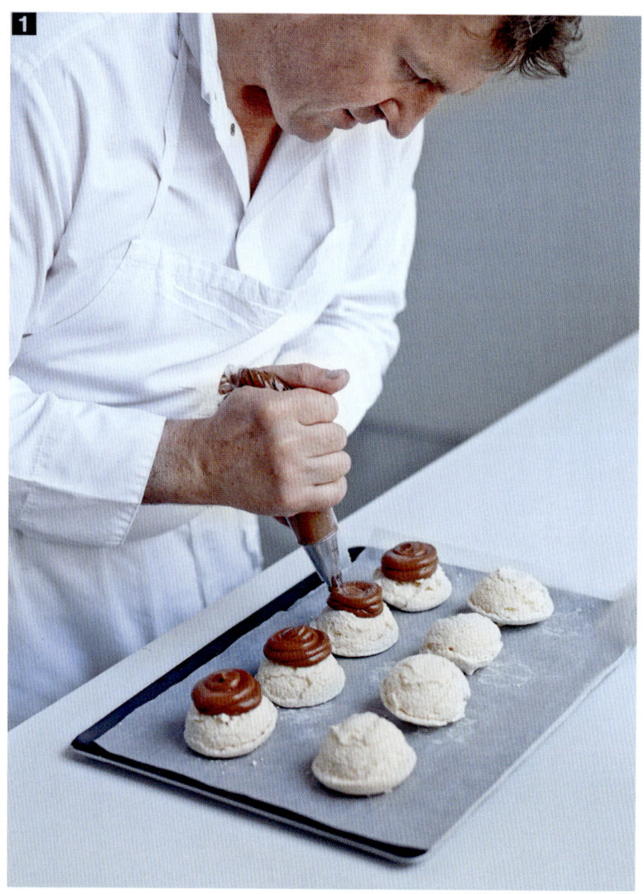

1

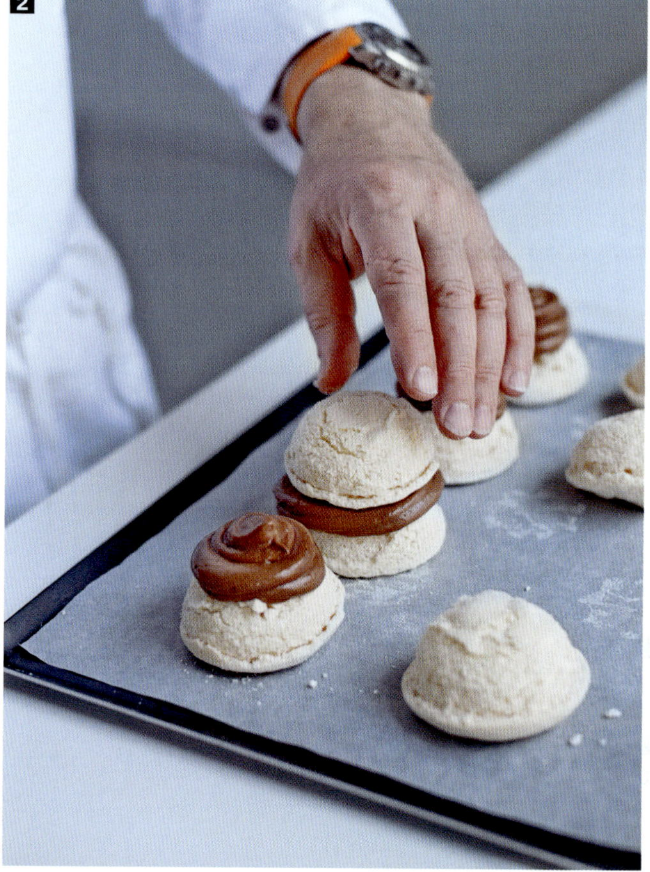

2

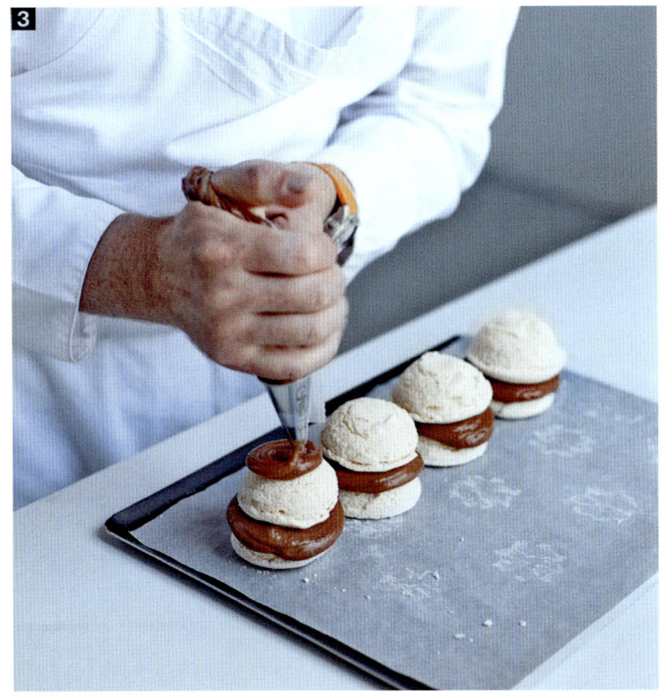

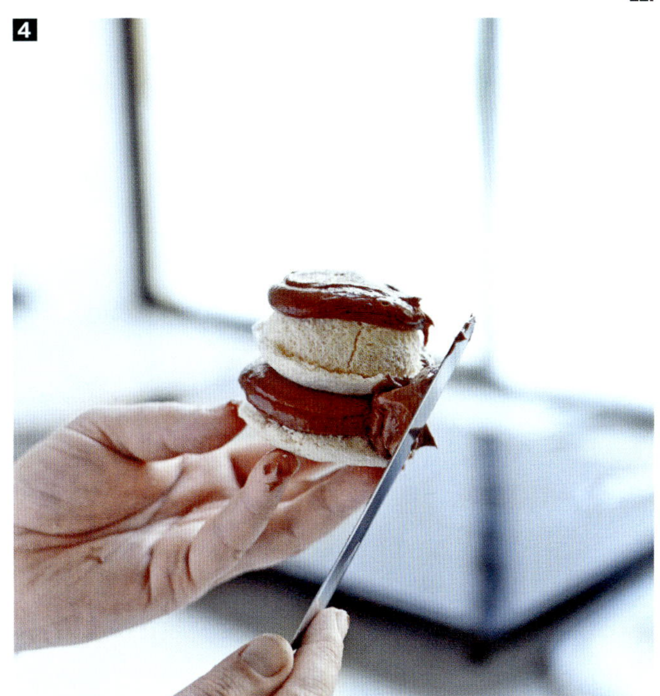

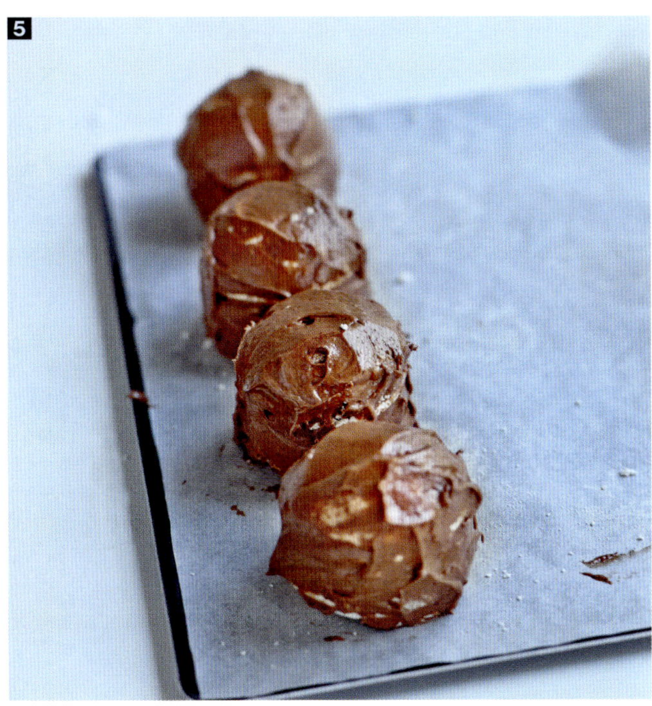

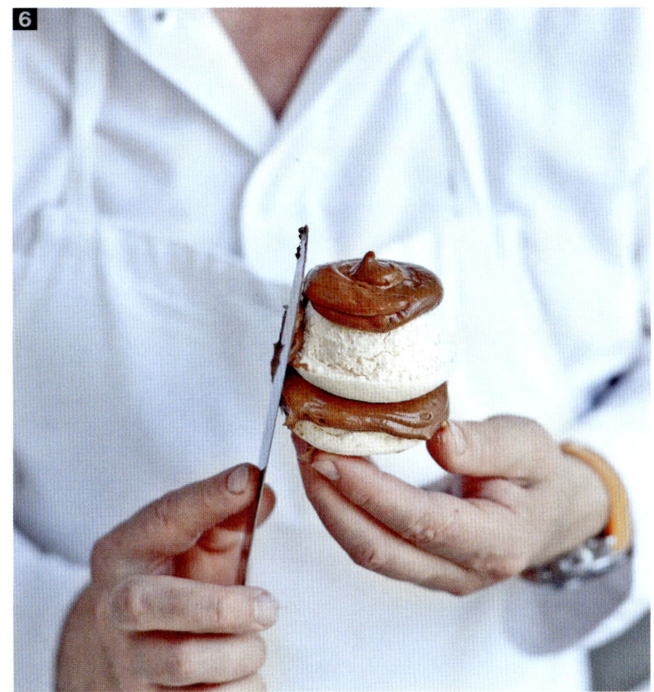

3 Réalisez de nouveau une spirale de chocolat sur les meringues.

4 **5** Prenez le gâteau dans votre main et masquez le tour avec la crème chocolat restante, en lissant parfaitement avec une spatule en Inox, afin d'avoir une fine couche de crème chocolat enrobant le gâteau.

6 Voici le résultat. À ce stade, vous pourriez placer vos meringues au réfrigérateur et les saupoudrer de cacao en poudre. En poursuivant cette recette, laissez les gâteaux à température ambiante.

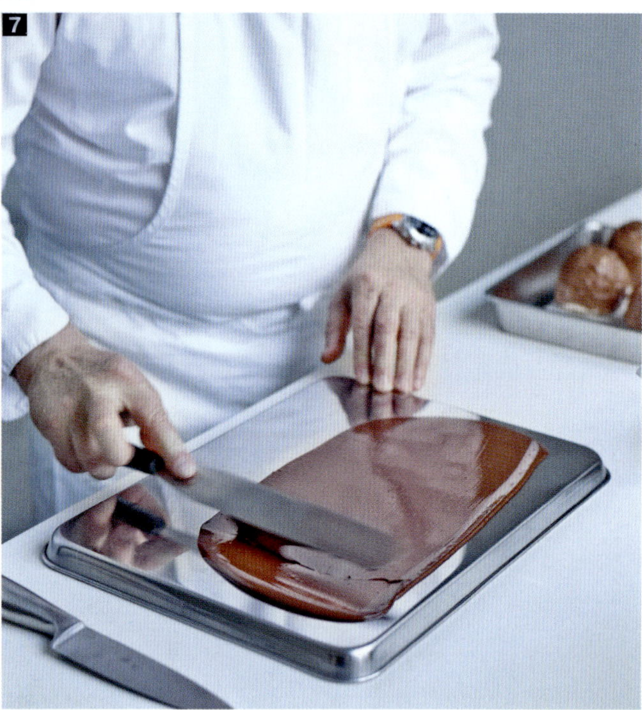

7 Tempérez le chocolat selon la recette page 73. Étalez le chocolat tempéré avec une spatule en Inox, sur une plaque Inox très propre à température ambiante.

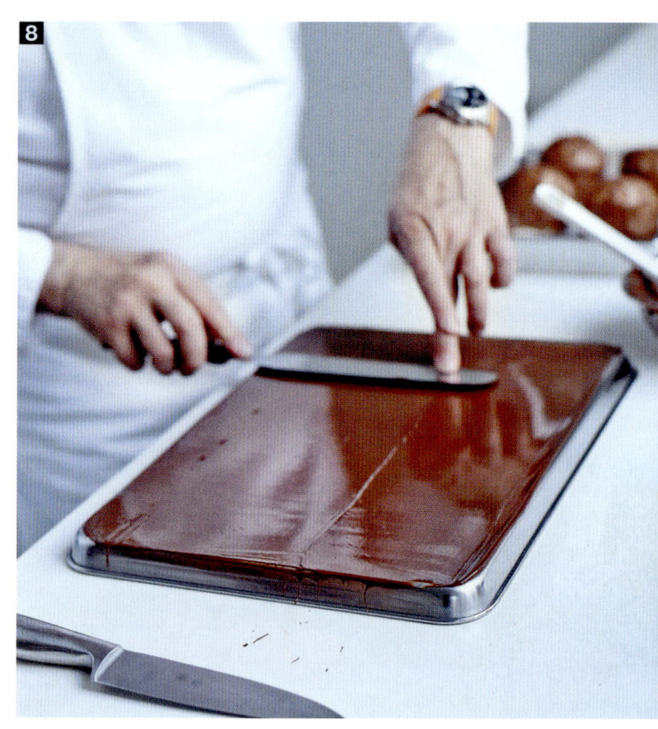

8 Étalez-le assez finement en vous aidant de la palette, jusqu'à ce que la surface soit bien lisse et régulière. Laissez le chocolat presque figer.

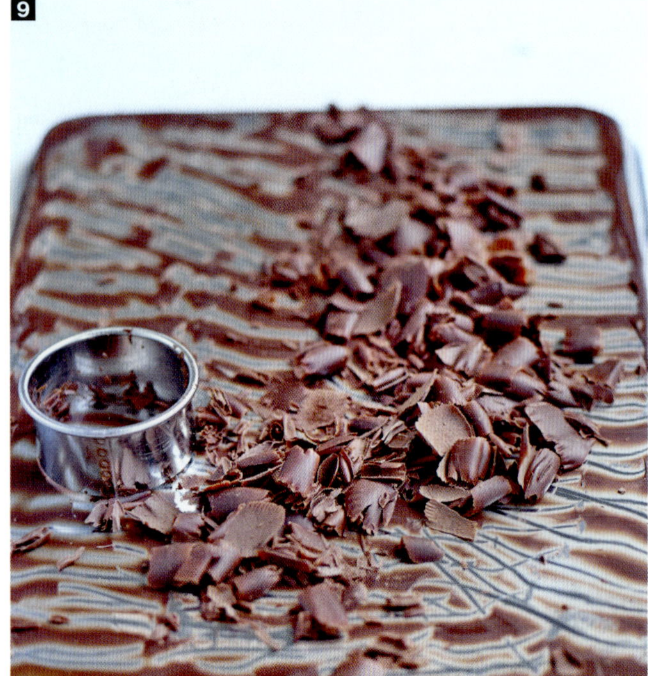

9 Raclez le chocolat avec un emporte-pièce en réalisant des petits copeaux. Placez les copeaux au réfrigérateur.

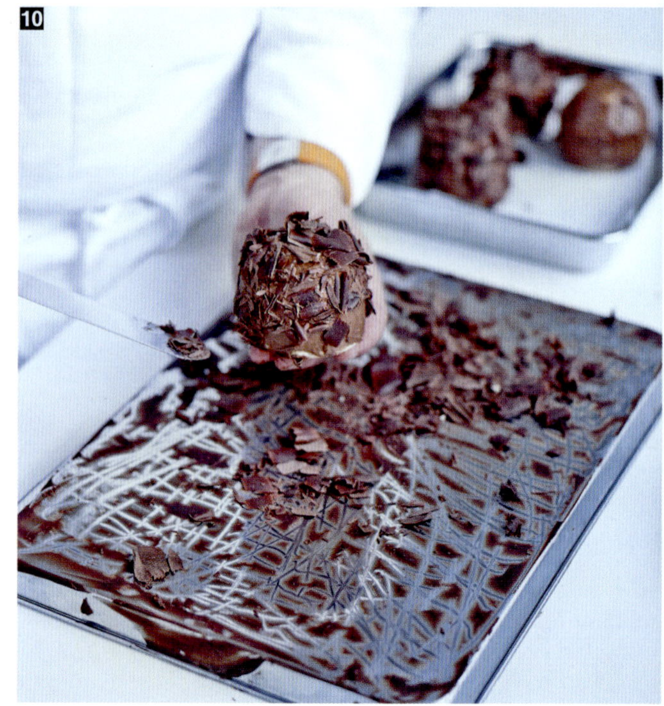

10 Prenez chaque gâteau dans votre main et collez des copeaux de chocolat à l'aide d'une spatule en Inox. Passez quelques minutes au réfrigérateur. Juste avant la dégustation, saupoudrez de cacao en poudre.

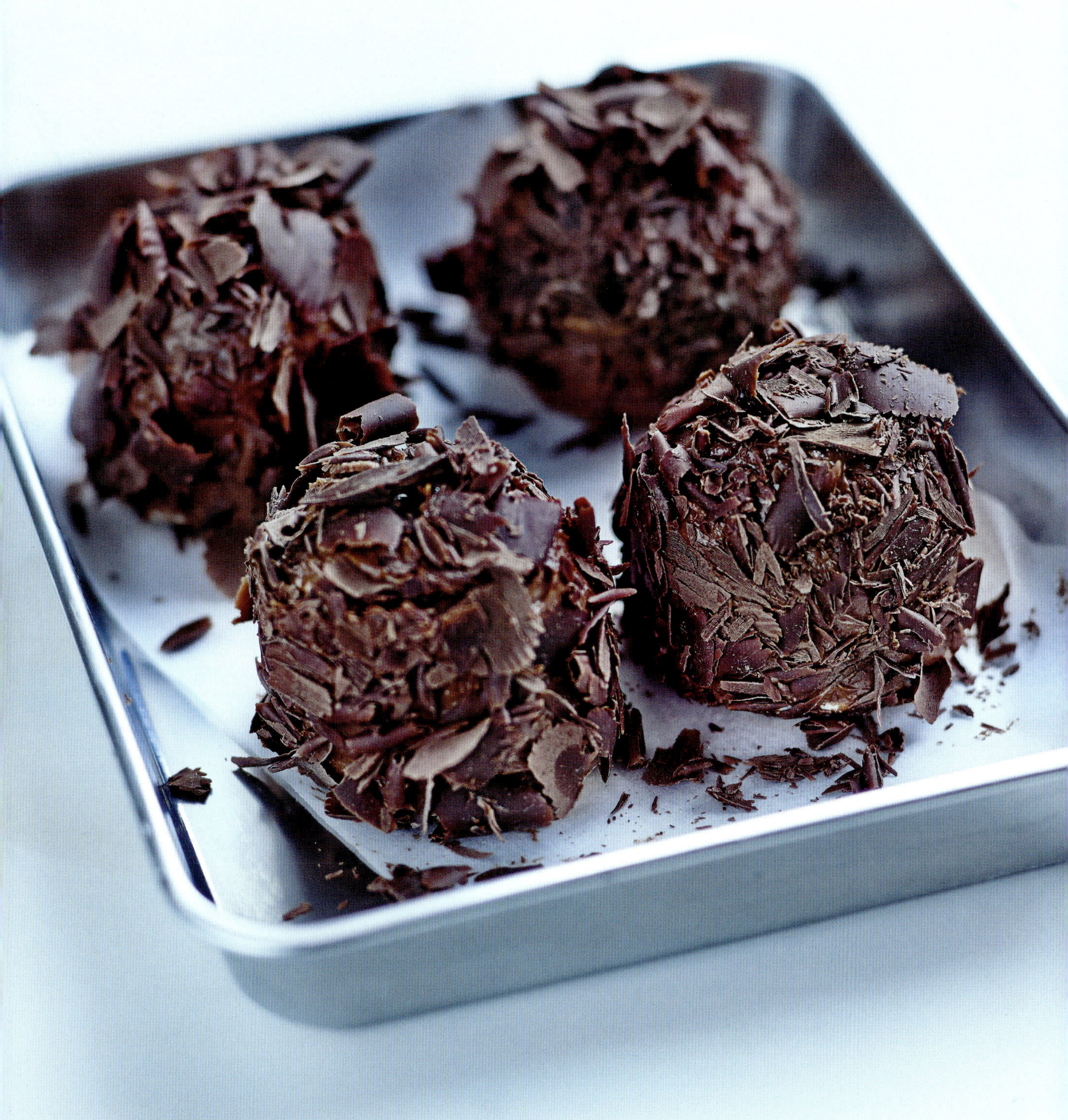

YELLOW

TEMPS DE PRÉPARATION
4 HEURES

TEMPS DE CUISSON
25 MINUTES

INGRÉDIENTS POUR
POUR 25 MADELEINES
POUR 1 DIZAINE
DE GÂTEAUX YELLOW

① LA COMPOTÉE DE FRAISES
(À PRÉPARER LA VEILLE)

190 G DE FRAISES

40 G DE SUCRE SEMOULE

4 G DE PECTINE

1 GOUTTE D'EXTRAIT DE ROSE

② LA CRÈME CITRON

1,5 CITRON

2 ŒUFS

100 G DE SUCRE SEMOULE

35 G DE BEURRE

③ LES MADELEINES ET LES SAVARINS

50 G DE BEURRE

2 ŒUFS

120 G DE SUCRE SEMOULE

2,5 CL DE LAIT

125 G DE FARINE

4 G DE LEVURE CHIMIQUE

7,5 CL D'HUILE D'OLIVE

1 ZESTE DE CITRON JAUNE

5 G DE JUS DE CITRON + LE RESTE DU JUS DE CITRON POUR IMBIBER LES MADELEINES

④ LA MOUSSE AU CITRON

LA CRÈME CITRON RÉALISÉE PRÉALABLEMENT

6 G DE GÉLATINE EN FEUILLE

25 G DE JUS DE CITRON

280 G DE CRÈME LIQUIDE ENTIÈRE

ZESTES D'UN CITRON RÂPÉS FINEMENT

⑤ LE MONTAGE

1 JUS DE CITRON PRESSÉ

⑥ LA FINITION

530 G DE GLAÇAGE COULEUR (AVEC QUELQUES GOUTTES DE COLORANT JAUNE ; VOIR LA RECETTE PAGE 34)

100 G DE CHOCOLAT IVOIRE VALRHONA® (EN RÉALISANT LES FEUILLES DE CHOCOLAT BLANC, VOIR LES ÉTAPES 11 ET 12 DU MONTAGE DU SAINT-BARTH', PAGE 194).

50 G DE CONFITURE AUX FRUITS DU SOLEIL (VOIR LA RECETTE PAGE 70)

ZESTES D'1 CITRON JAUNE

10 CL D'EAU

100 G DE SUCRE SEMOULE

1 THERMOMÈTRE

1 POCHE À DOUILLE

1 MOULE EN SILICONE PETITES DEMI-SPHÈRES

1 MOULE EN SILICONE À MINI-SAVARINS

1 MOULE EN SILICONE NONNETTES

1 MOULE EN SILICONE GRANDES DEMI-SPHÈRES

CONSEIL : le moule utilisé pour cette recette est extraordinaire, car la forme est parfaite. C'est un ustensile professionnel que vous pouvez retrouver dans le carnet d'adresses page 242. Pour ces gâteaux, vous pouvez varier les parfums de la compotée de fraise, mais évitez de changer la crème, car elle a une bonne tenue. Vous pouvez préparer les boules à l'avance et faire la finition le jour-même. À déguster dans les 2 jours après la réalisation. Vous pouvez également congeler ces boules en les laissant dans le moule.

① LA COMPOTÉE DE FRAISES

② LA CRÈME CITRON

③ LES MADELEINES ET LES SAVARINS

④ LA MOUSSE AU CITRON

⑤ LE MONTAGE

⑥ LA FINITION

① LA COMPOTÉE DE FRAISES

Coupez grossièrement les fraises.

1 Déposez les fruits dans une casserole et faites chauffer à feu doux jusqu'à 30-40 °C.

2 Ajoutez le mélange sucre et pectine. Mélangez bien avec une spatule en silicone.

3 **4** Ajoutez l'extrait de rose. Amenez à légère ébullition.

5 Hors du feu, mixez pour lisser la compotée.

6 Versez directement dans le moule en silicone nonettes.

7 Remplissez bien les moules. Mettez-les au congélateur pendant 2 heures.

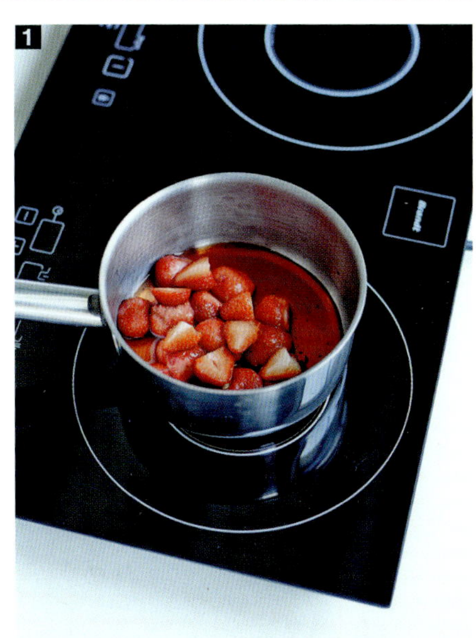
1

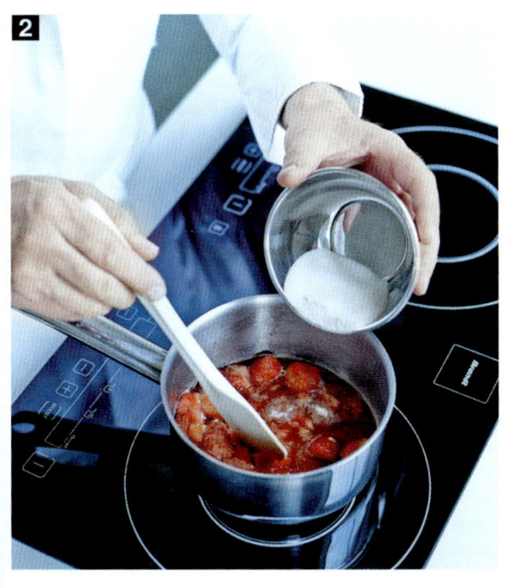
2

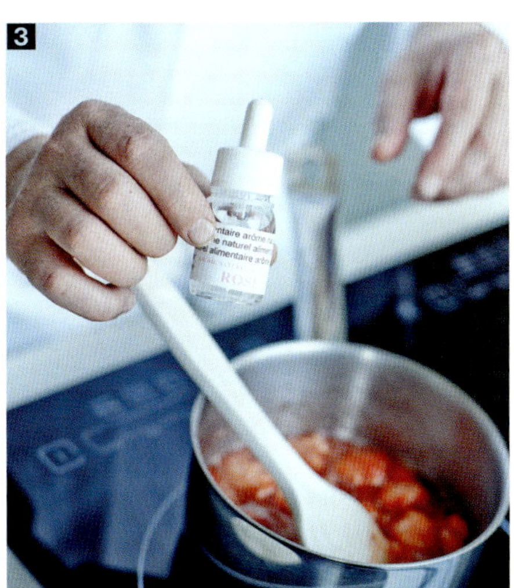
3

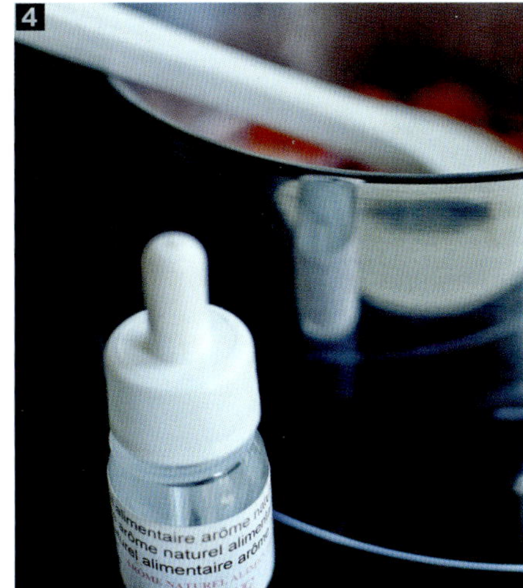
4

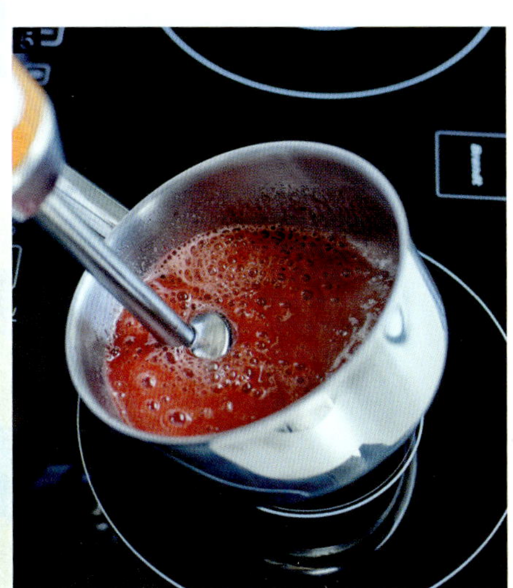
5

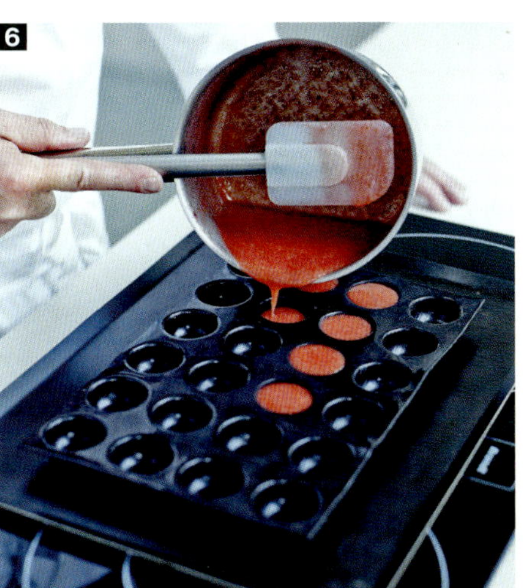
6

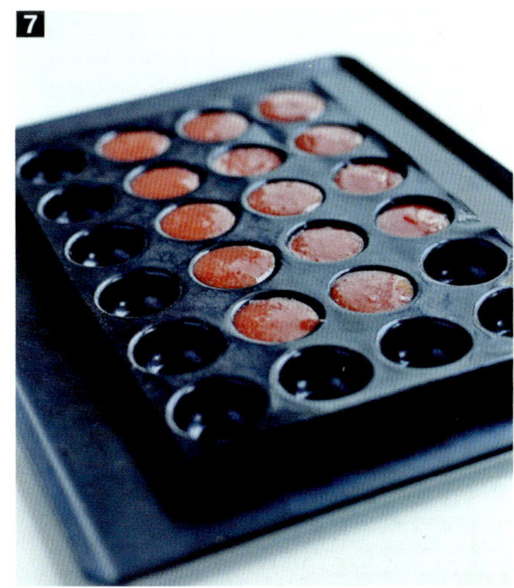
7

② LA CRÈME CITRON

1 Épluchez les citrons comme une pomme avec un économe.

2 Dans une casserole, versez les œufs, le sucre, le jus de citron passé au tamis et les épluchures de citron.

3 Faites chauffer sur feu doux et portez à ébullition.

4 Hors du feu, ajoutez le beurre. Mélangez jusqu'à ce qu'il fonde.

5 Passez au tamis la préparation. Réservez à température ambiante.

1
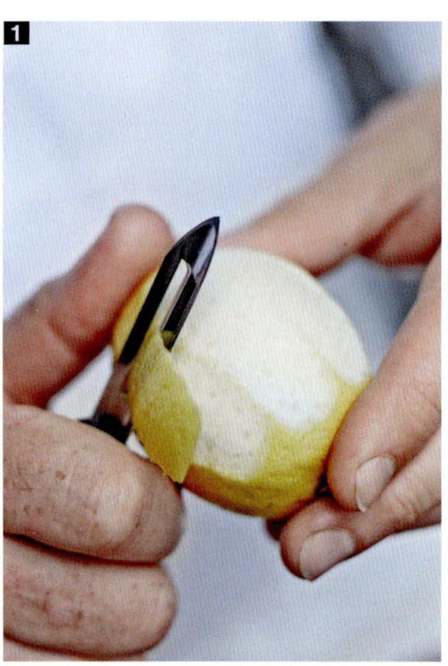

2
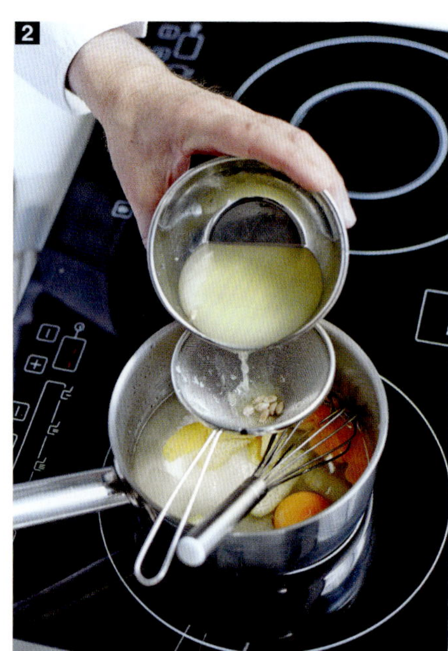

3
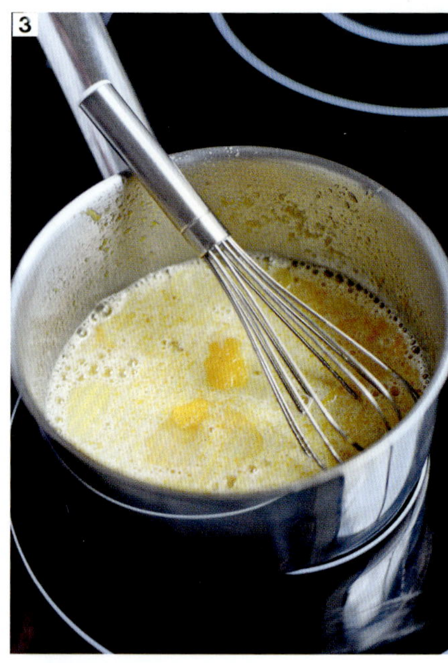

4
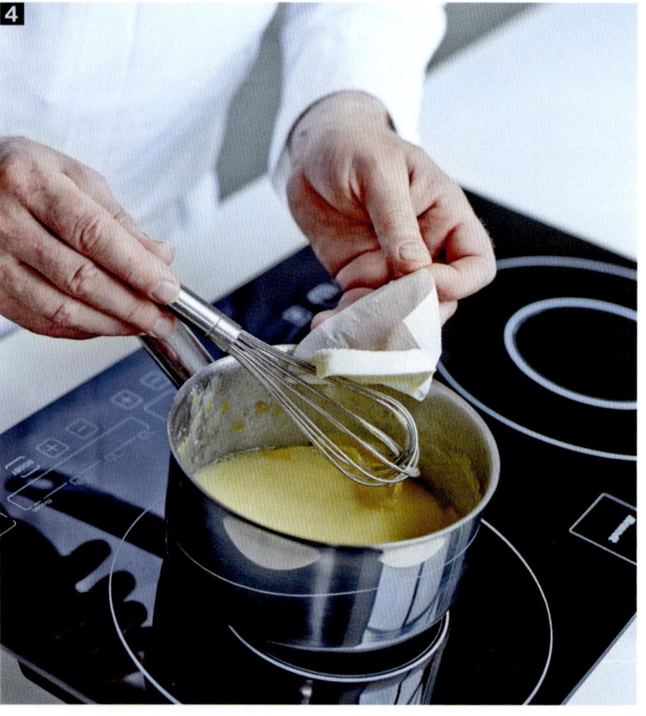

5
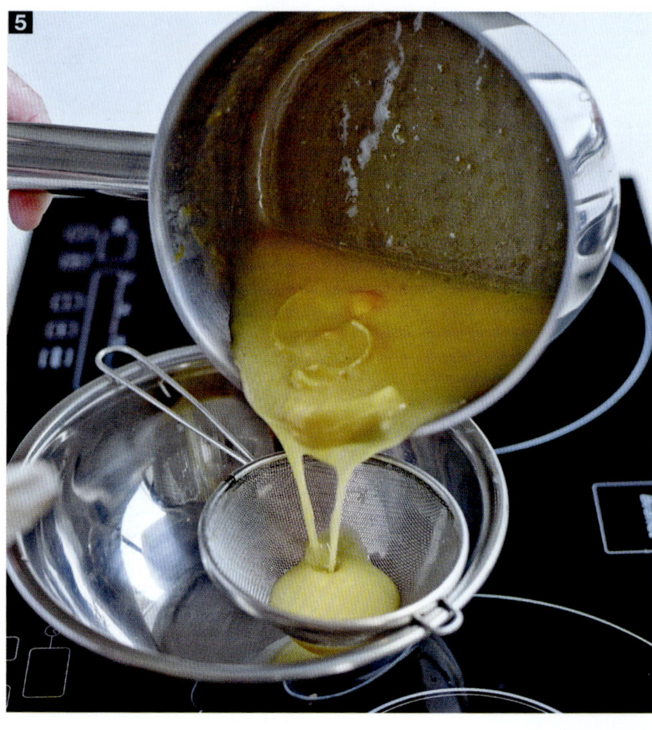

③ LES MADELEINES ET LES SAVARINS

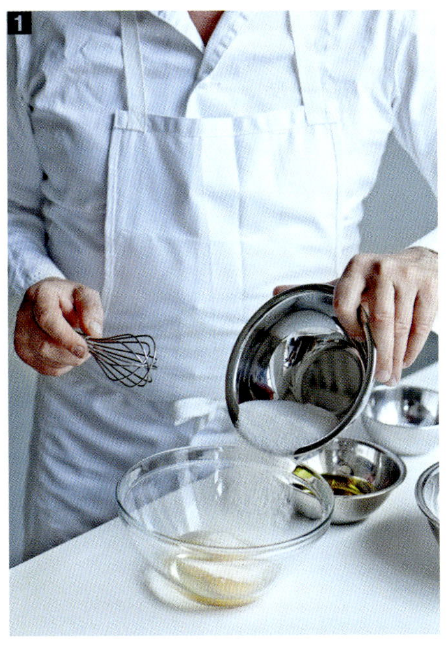
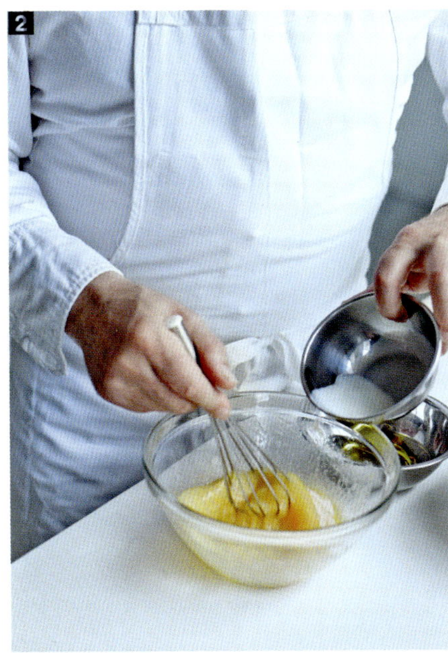
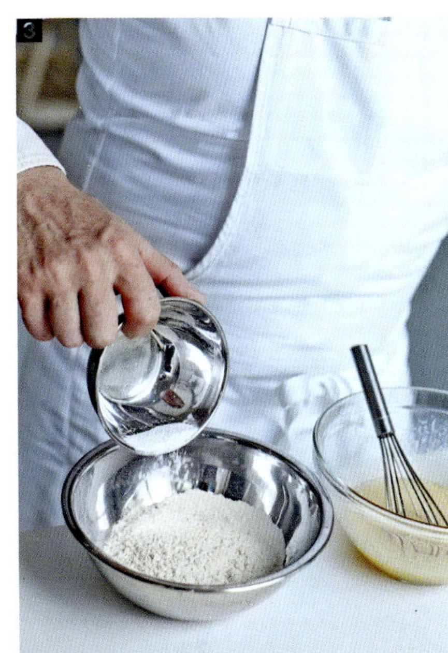

Préchauffez le four à 180 °C.
Faites fondre le beurre sur feu doux et réservez.

1 Versez dans un récipient les œufs et le sucre.

2 Fouettez énergiquement pendant 10 secondes. Et versez le lait.

3 Dans un récipient, mélangez la farine avec la levure.

4 Tamisez le mélange farine et levure dans la préparation précédente.

5 Lissez soigneusement la préparation. S'il subsiste quelques grumeaux de farine, mixez le mélange quelques secondes.

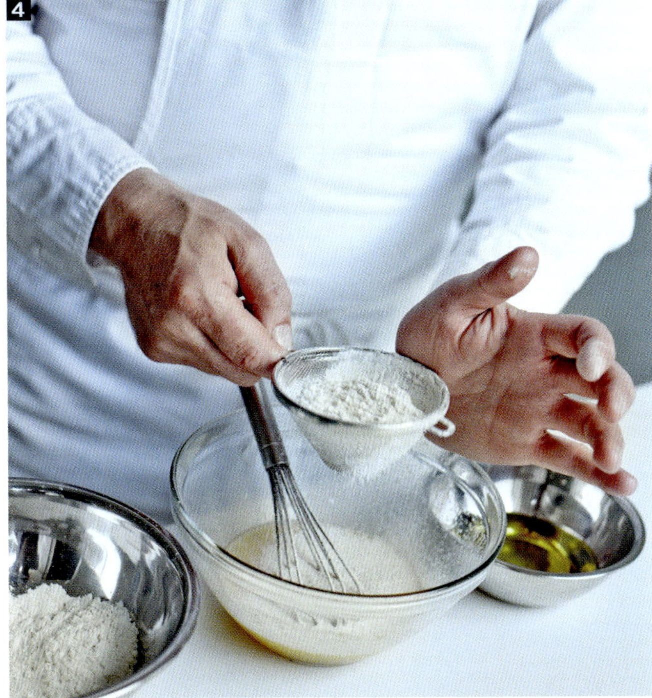
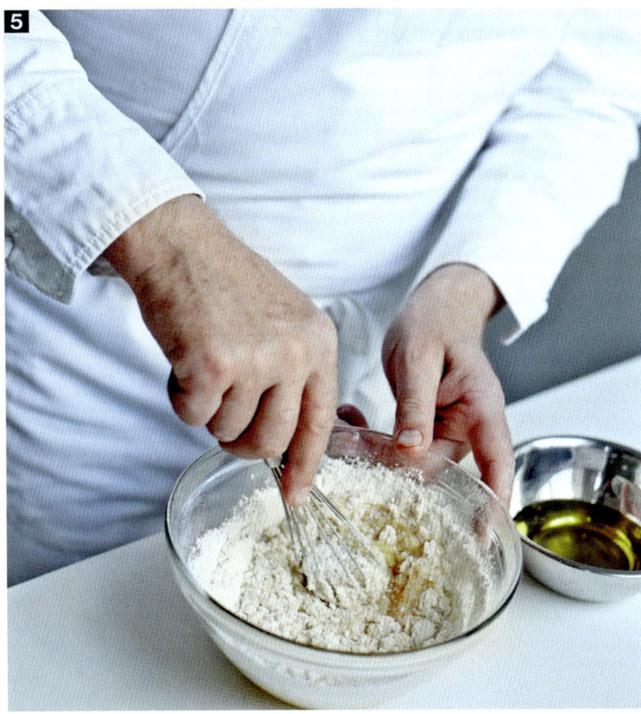

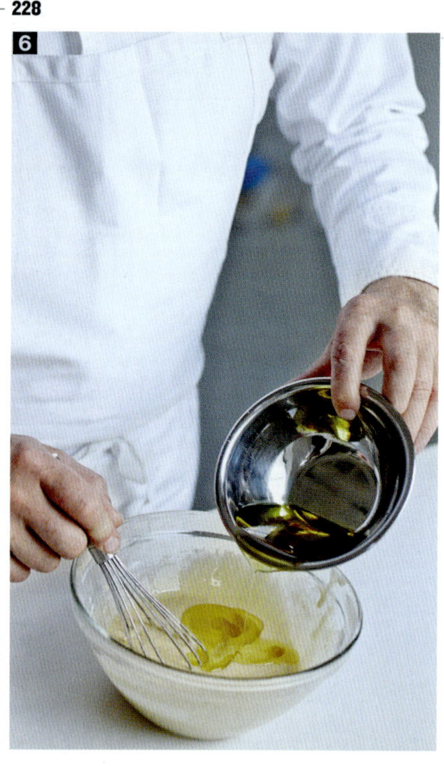
6

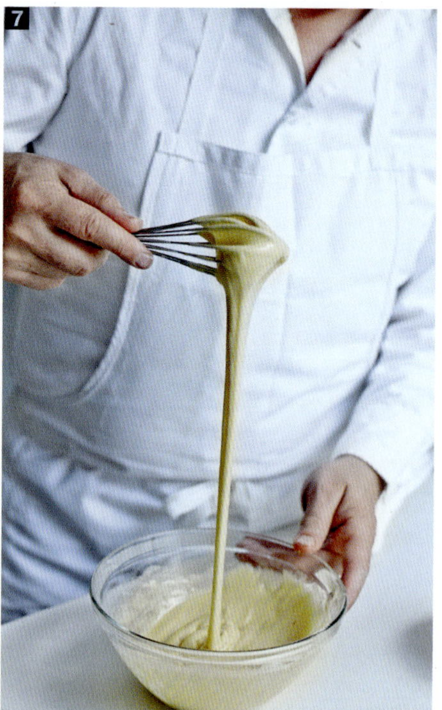
7

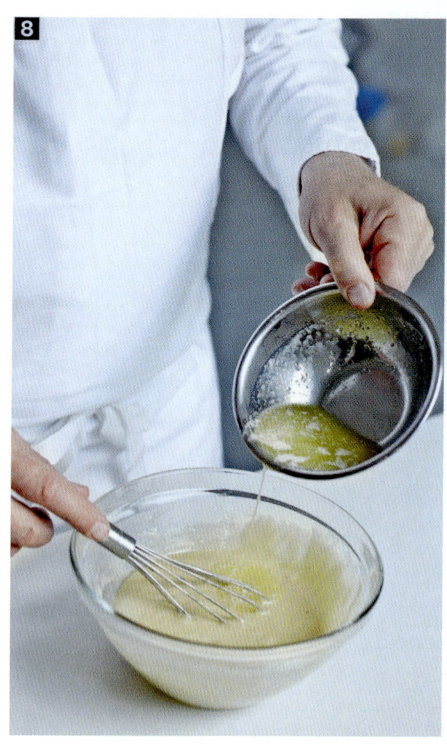
8

6 Versez l'huile d'olive. Mélangez avec le fouet.

7 Voici le résultat.

8 Ajoutez le beurre fondu. Mélangez.

9 Incorporez les zestes de citron et le jus de citron.

10 Remplissez votre poche à douille de la moitié de la pâte pour l'appareil à madeleines. Coupez le bout et pochez dans le moule en silicone petites demi-sphères. Enfournez 10 à 12 minutes.

11 Voici le résultat à la sortie du four. Imbibez avec un peu de jus du citron pressé.

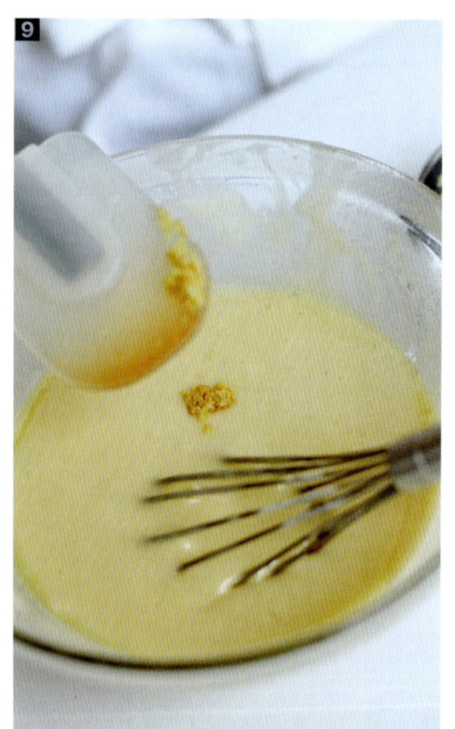
9

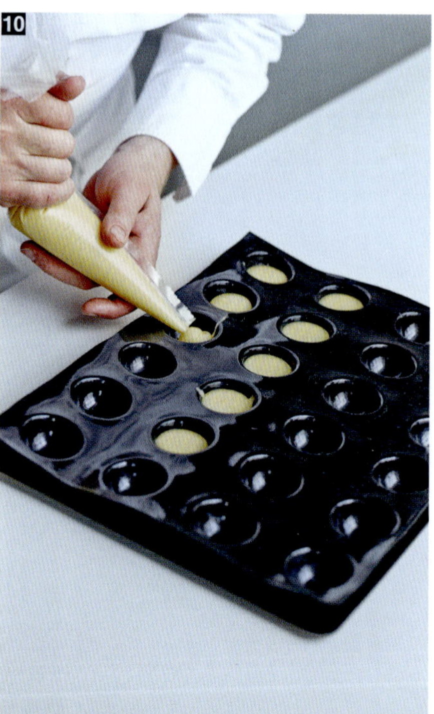
10

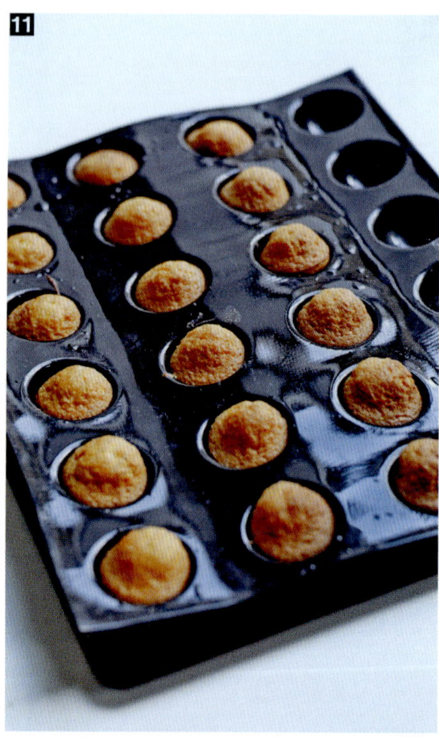
11

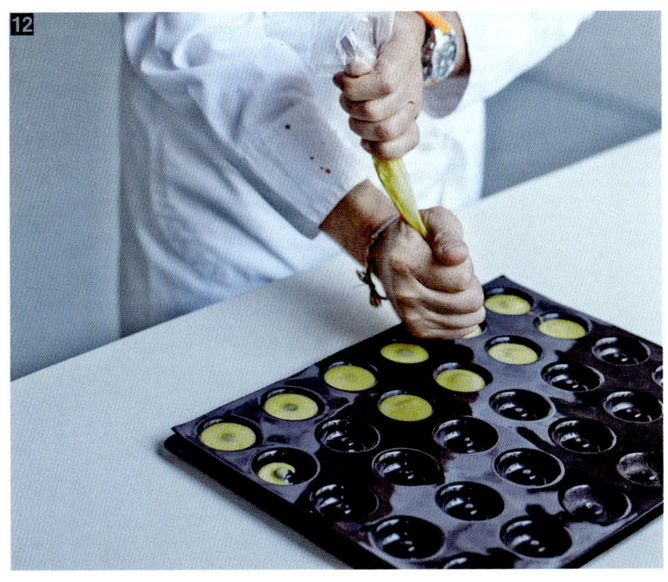

12 Pochez le reste de pâte dans les moules à savarin. Enfournez 10 à 12 minutes.

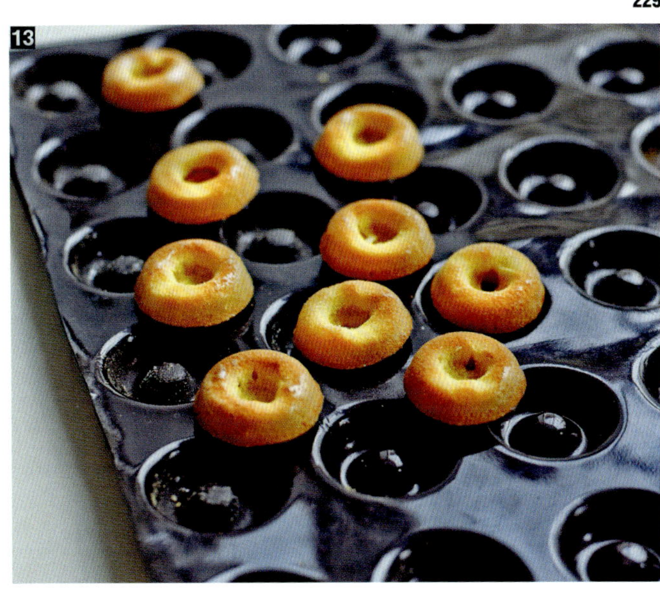

13 Voici le résultat à la sortie du four.

④ LA MOUSSE AU CITRON

Mettez la gélatine dans de l'eau froide pendant quelques minutes. Essorez-la et ajoutez-la au jus de citron. Faites chauffer le mélange au bain-marie jusqu'à ce que la gélatine soit fondue.
Fouettez la crème liquide pour réaliser une belle crème fouettée.

1 Incorporez les zestes à la crème citron refroidie

2 Ajoutez le mélange jus de citron et gélatine tiède. Mélangez. La crème doit être tempérée autour de 20 à 25 °C (réchauffez légèrement si besoin au bain-marie).

3 Versez la crème fouettée. Mélangez bien avec une Maryse. Réservez à température ambiante.

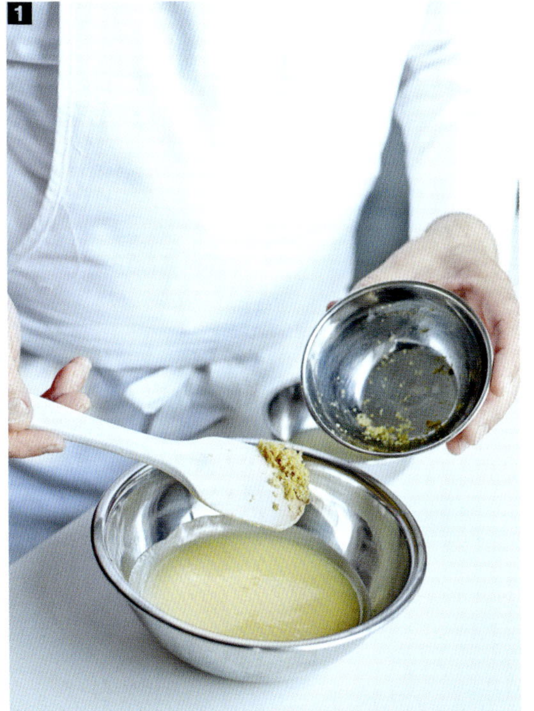

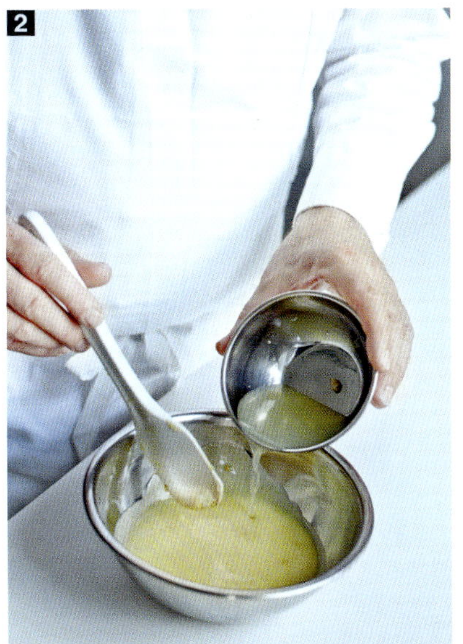

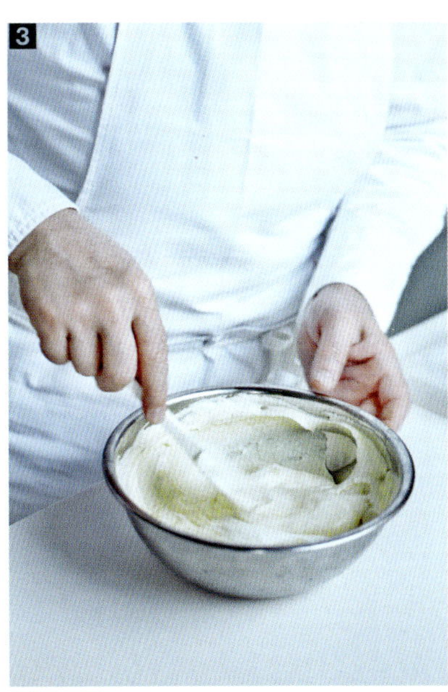

⑤ LE MONTAGE

1 Coupez la bosse « chapeau » des madeleines et placez-les dans le moule en silicone grandes demi-sphères.

2 Imbibez au pinceau chaque madeleine de jus de citron.

3 Pochez un peu de mousse au citron au fond de chaque moule et placez une madeleine dessus. Enfoncez légèrement.

4 Déposez un palet de compotée de fraises sur chaque madeleine.

5 Placez le chapeau sur chaque madeleine.

6 Fermez avec la deuxième partie du moule.

7 Déposez un peu de mousse citron sur l'ouverture de chaque sphère.

Placez au congélateur pendant 2 heures minimum.

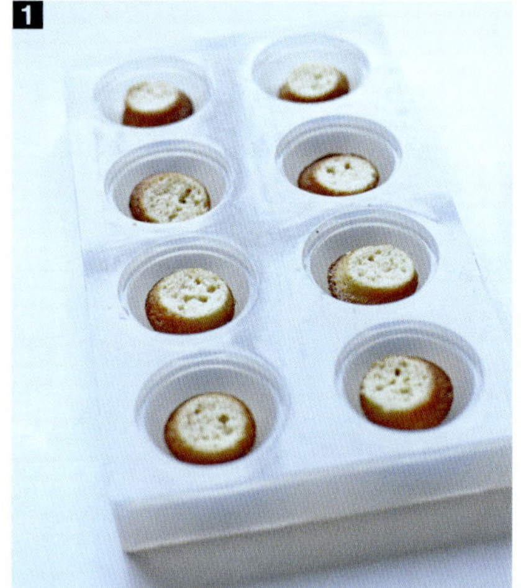

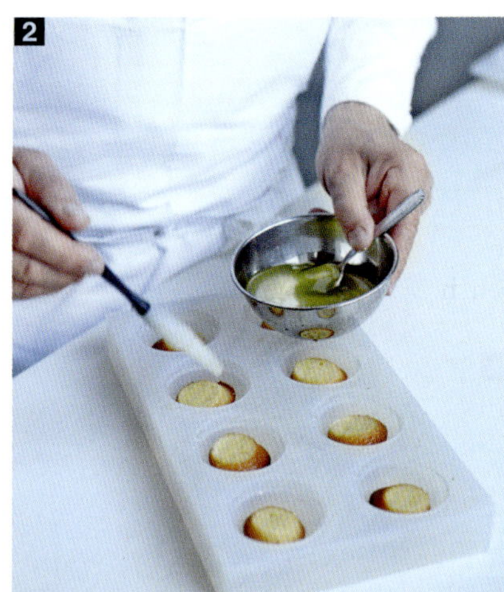

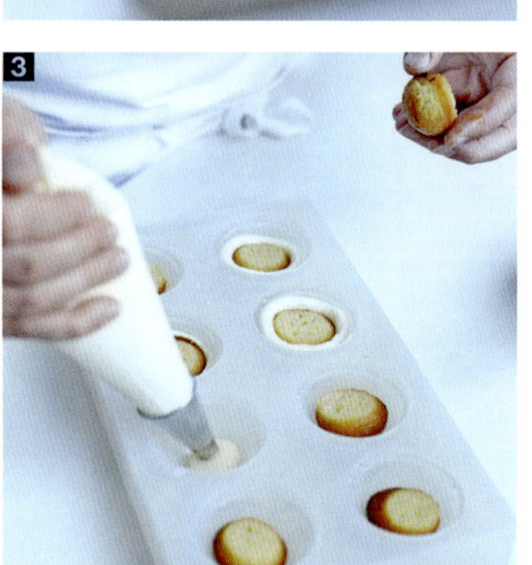

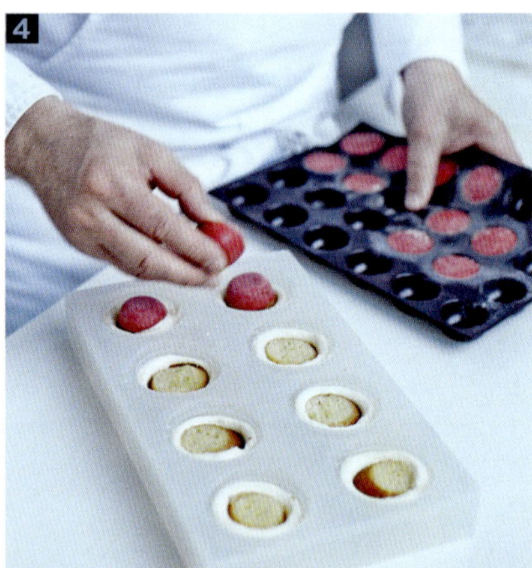

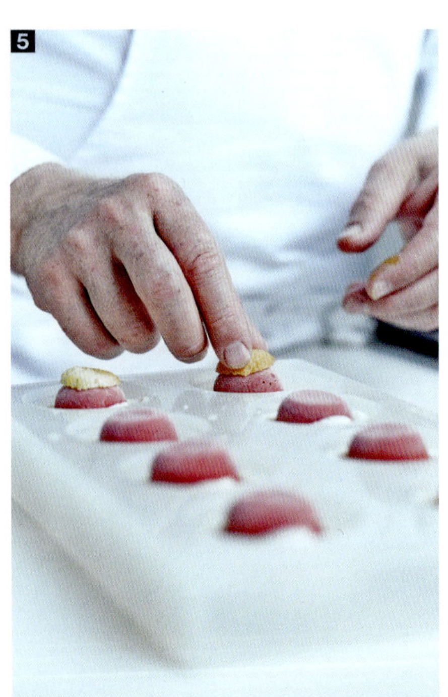

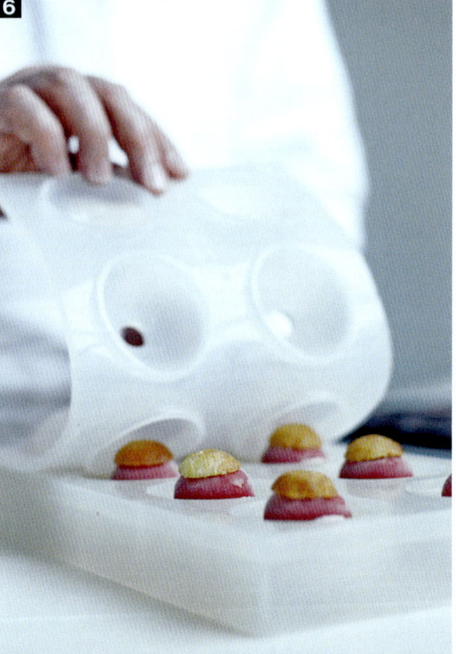

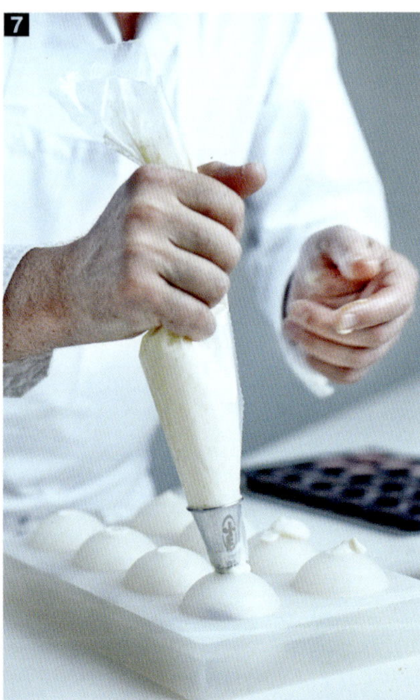

⑥ LA FINITION

Réalisez le glaçage jaune selon la recette page 34. Réalisez les feuilles de chocolat blanc en réalisant les étapes 11 et 12 du montage du saint-Barth' selon la page 194.

Zestez le citron jaune (en petits filaments). Plongez-les dans l'eau bouillante avec le sucre semoule pendant 5 minutes. Réservez.

1 Râpez légèrement le dessous des savarins afin qu'ils aient une bonne tenue.

2 Déposez un peu de confiture au centre des savarins.

3 Voici le résultat. Alignez-les afin d'être prêt pour les boules congelées et glacées.

4 Démoulez les boules. Reposez-les dans le moule et réservez au congélateur.

5 Piquez chaque boule congelée (côté biscuit madeleine de préférence) à l'aide d'un couteau (attention de ne pas trop enfoncer la lame pour la retirer plus facilement).

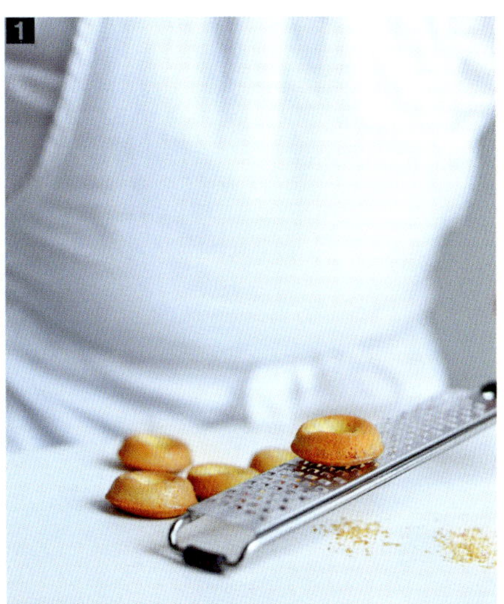
1

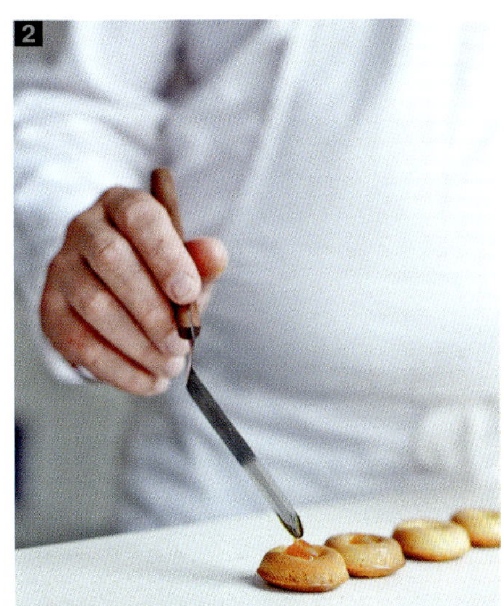
2

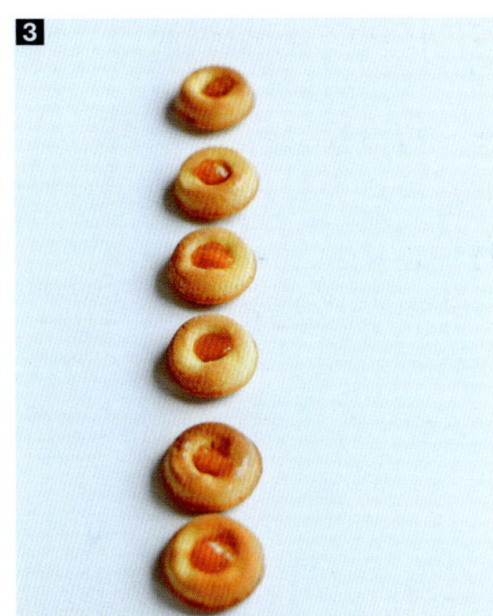
3

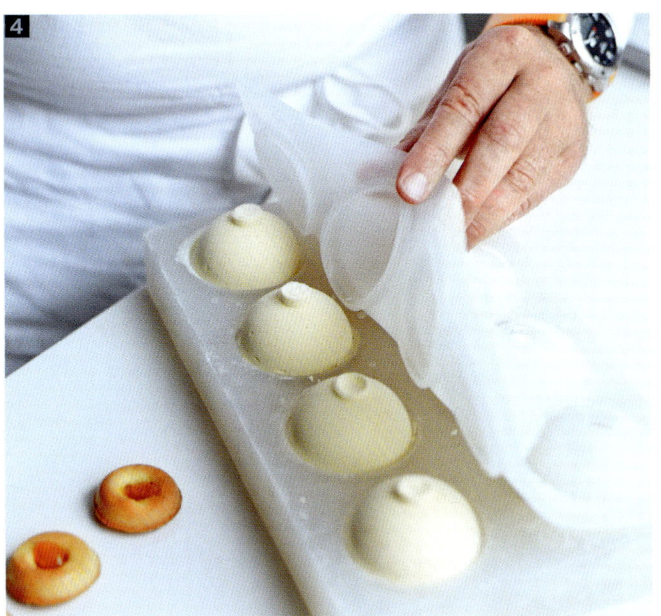
4

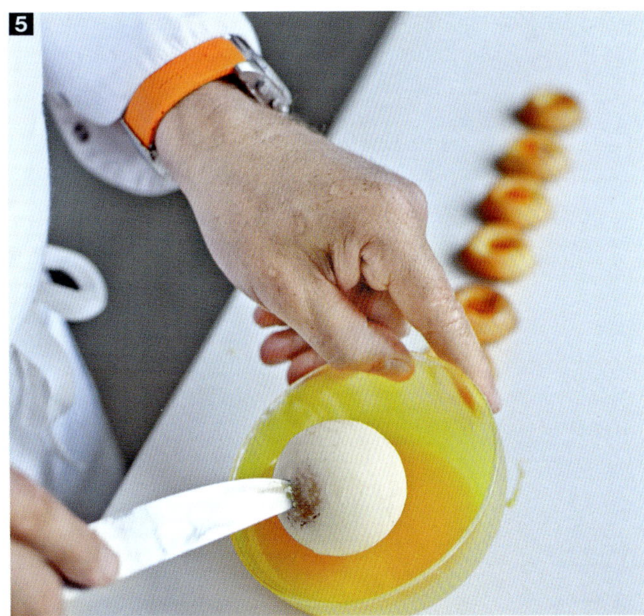
5

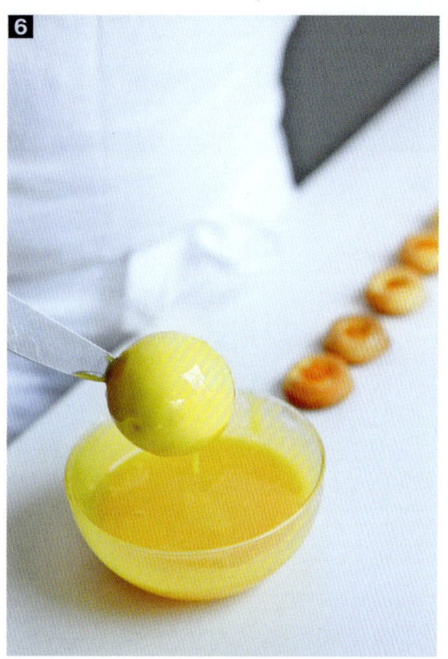

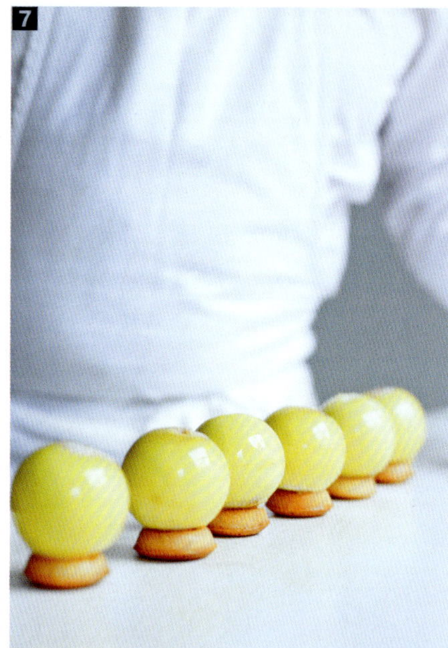

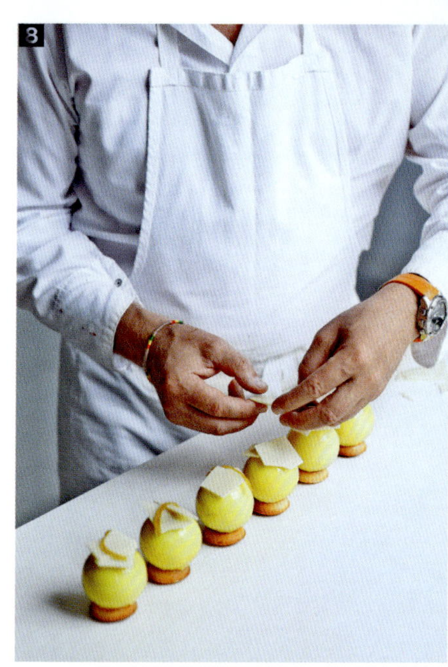

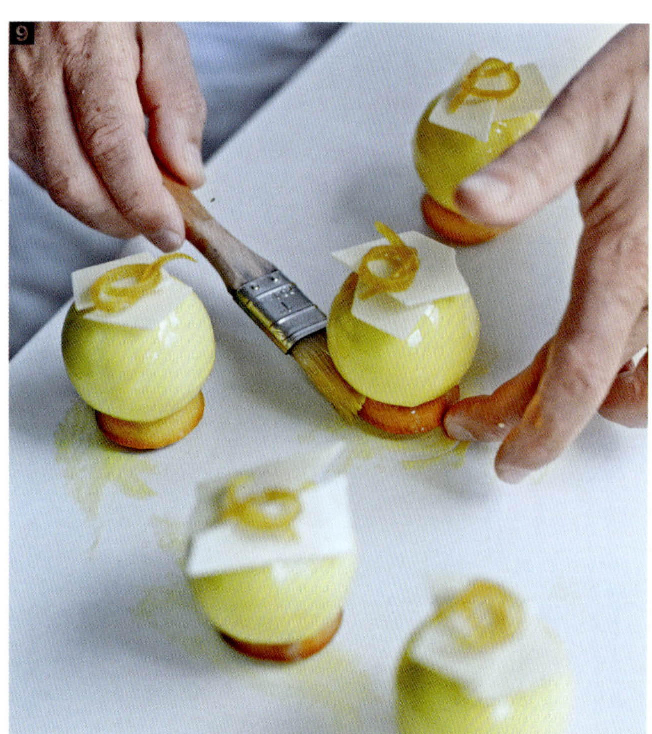

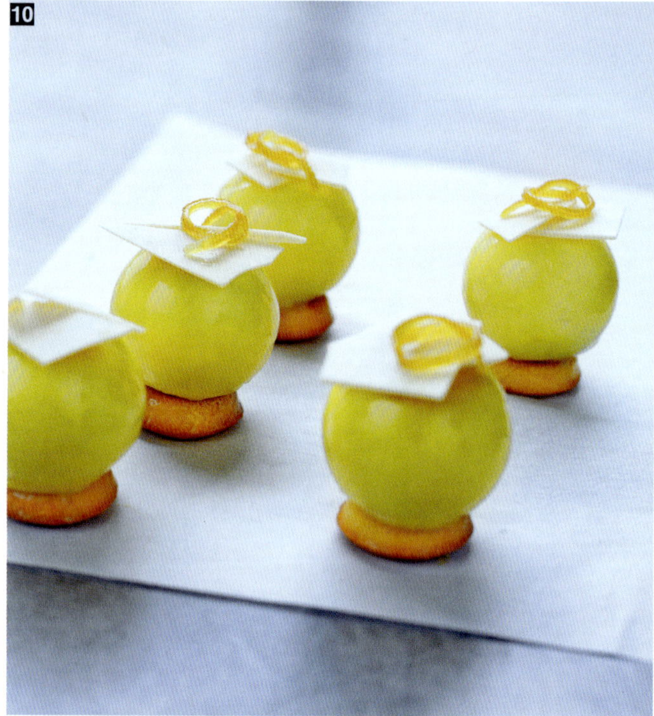

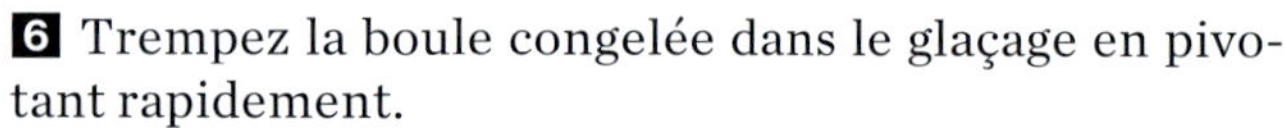

6 Trempez la boule congelée dans le glaçage en pivotant rapidement.

7 Déposez chaque boule sur les savarins. Pour cela, aidez-vous d'un autre couteau pour retirer la lame de chaque boule. Laissez figer au réfrigérateur pendant 30 minutes avant de décorer.

8 Déposez sur chaque boule quelques morceaux de chocolat blanc et un zeste de citron jaune confit.

9 Nettoyez au pinceau légèrement humide les coulures autour du savarin pour enlever l'excédent de glaçage.

10 Voici le résultat.

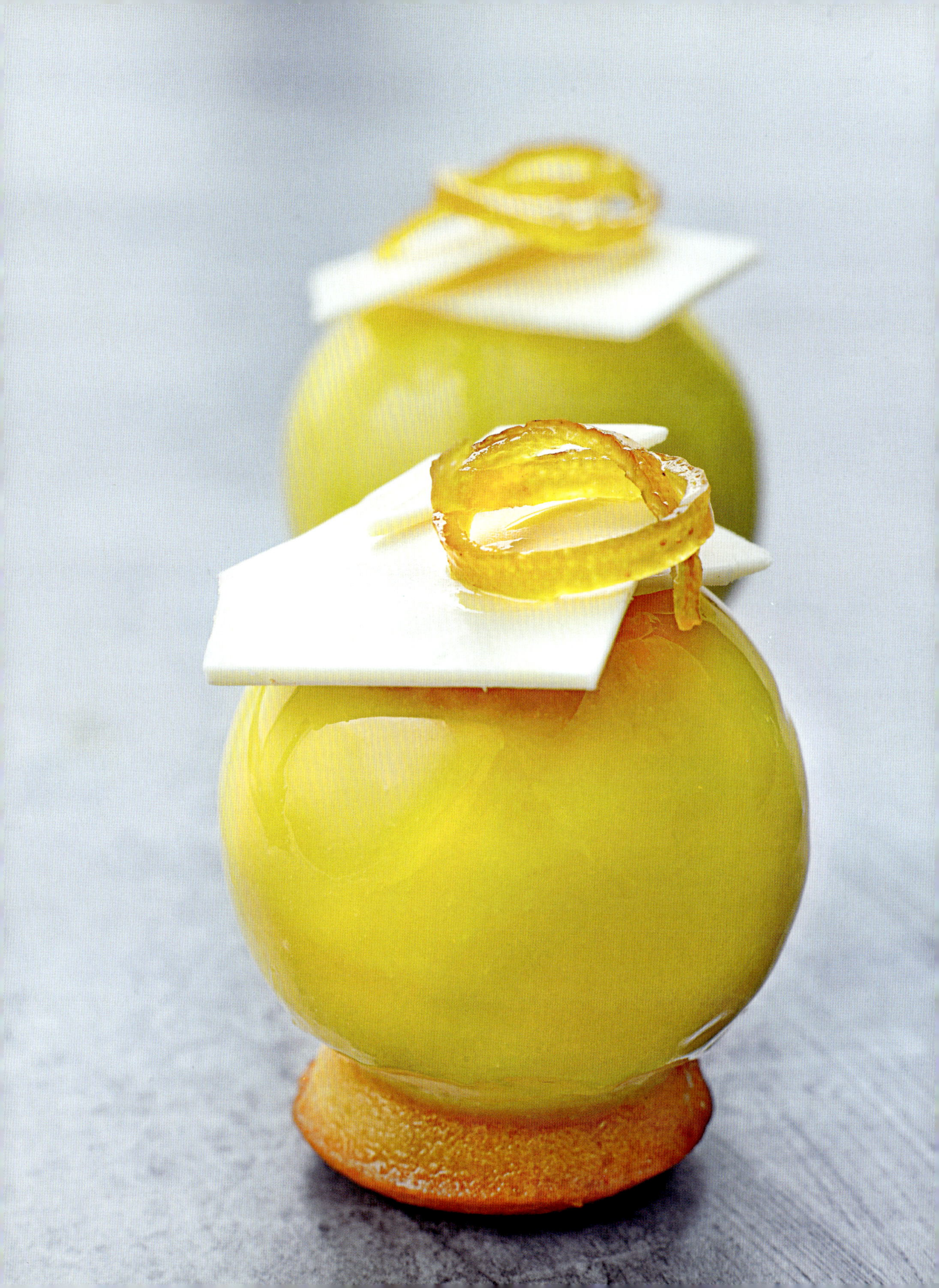

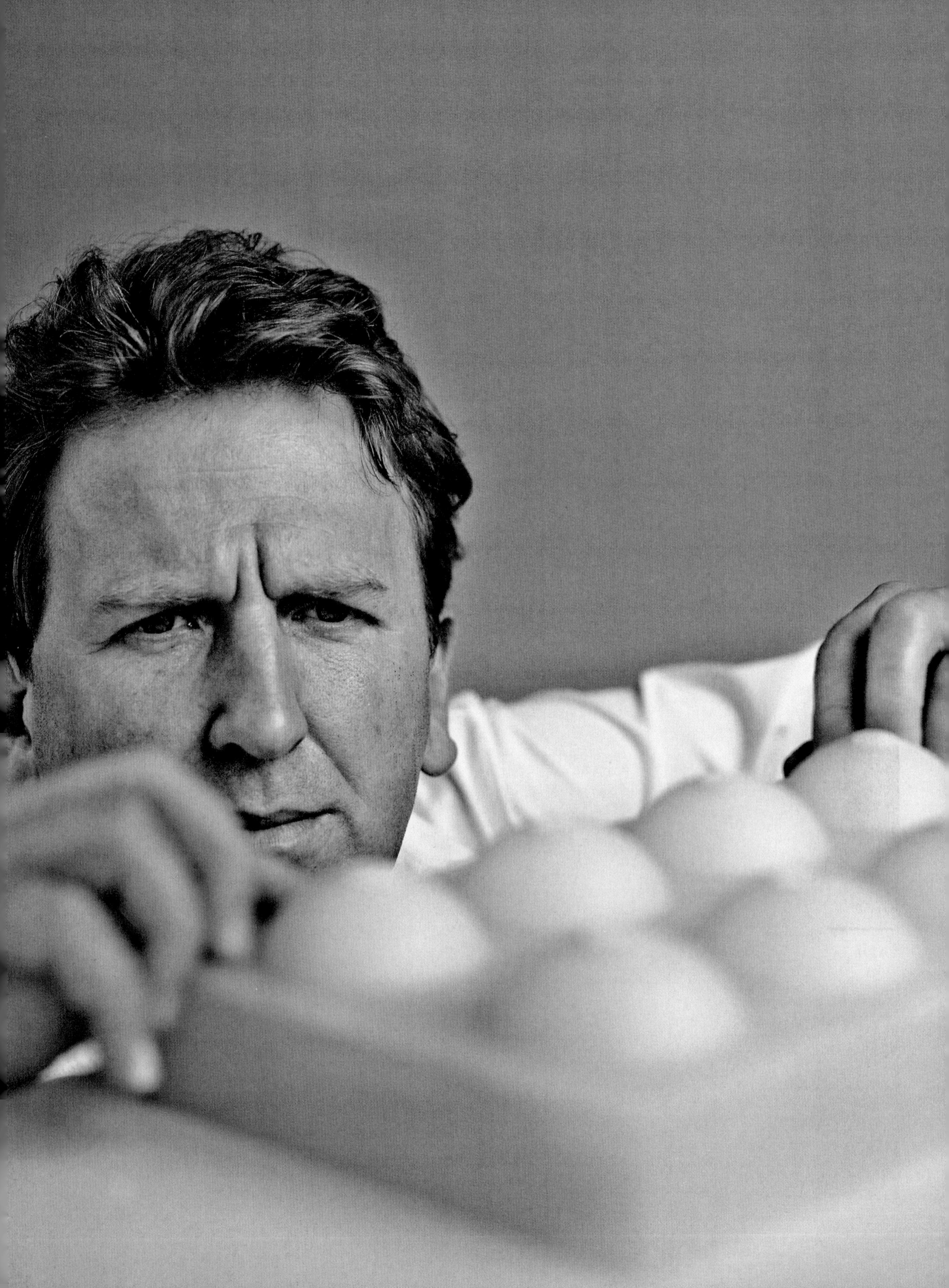

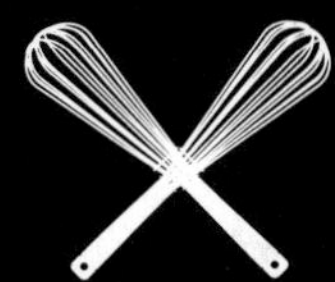

ANNEXES

TABLE DES RECETTES DE A À Z

TABLE DES INGRÉDIENTS

TABLE DES TECHNIQUES

LES ADRESSES DE CHRISTOPHE

UNIPATIS
ZA Tessy, Terres d'Entreprises
15, la Campagne – 50420 Domjean
Tél. 02 33 06 00 00
www.unipatis.fr
www.unipatis-selection-felder.fr
Toutes les préparations pour la pâtisserie et les décors (colorant, sucre glace spécial décor, feuille d'or...)

SENS GOURMET
www.sens-gourmet.com
Moules Gourmet Flex : gâteau Yellow

PCB CRÉATION
1, rue de Hollande – BP 67 – 67230 Benfeld
www.pcb-creation.com
Sucres colorés, paillettes or

MATÉRIEL DE DÉCOR

Artgato
5, avenue docteur Arnold Netter
75012 Paris
Tél. 01 44 73 93 13
www.artgato.com
Cercles et moules en silicone...

NOTRE PÂTISSERIE EN ALSACE AVEC CAMILLE LESECQ

Oppé
boutique et salon de thé
29, rue du Maréchal Foch – 67190 Mutzig
Tél. 03 88 38 13 21

Oppé
1, rue Mercure – 67120 Dorlisheim
Tél. 03 88 38 52 40

4 HÔTELS EN ALSACE

Kléber Hôtel
29, place Kléber – 67000 Strasbourg
Tél. 03 88 32 09 53
www.hotel-kleber.com

Le Gouverneur Hôtel
13, rue de Sélestat – 67210 Obernai
Tél : 03 88 95 63 72
www.hotellegouverneur.com

EtC Hôtel
7, rue de la Chaîne – 67000 Strasbourg
Tél : 03 88 32 66 60
www.etc-hotel.com

Hôtel Suisse
2-4, rue de la Râpe– 67000 Strasbourg
Tél : 03 88 35 22 11
www.hotel-suisse.com

COURS DE PÂTISSERIE GRAND PUBLIC

À Strasbourg
Studio Christophe Felder
Hôtel Suisse - 2-4, rue de la Râpe
Réservation au 03 88 35 22 11

À Paris
La Maison des Ateliers du Jardin
Jardin d'acclimatation – Bois de Boulogne
Réservation au 03 88 35 22 11

Site Internet
www.christophe-felder.com

Mon e-mail
christophefelder@wanadoo.fr

DU MÊME AUTEUR AUX ÉDITIONS DE LA MARTINIÈRE

LES LEÇONS

À paraître en septembre 2014

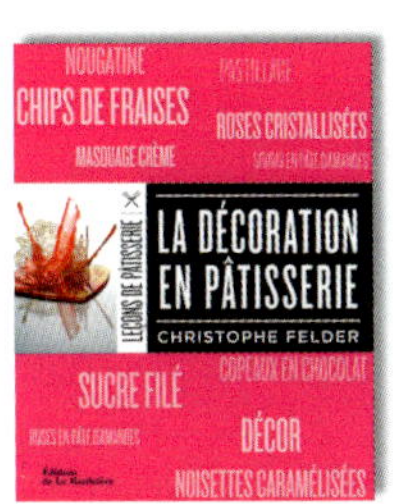

La Décoration en pâtisserie

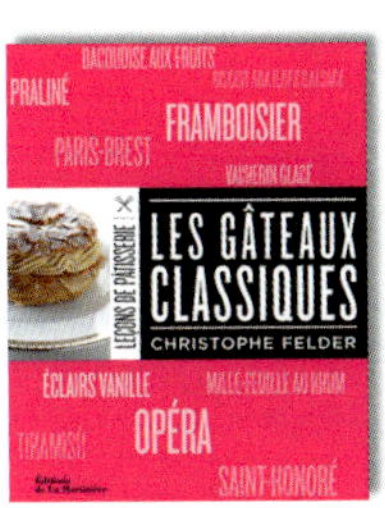

Les Gâteaux classiques

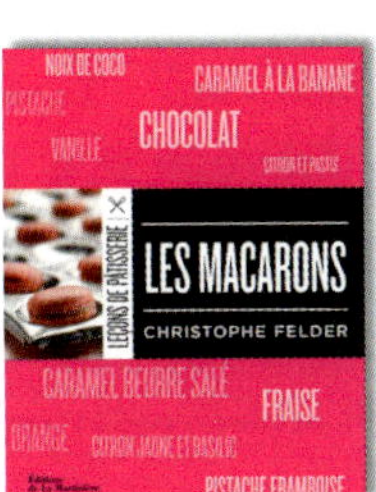

Les Macarons

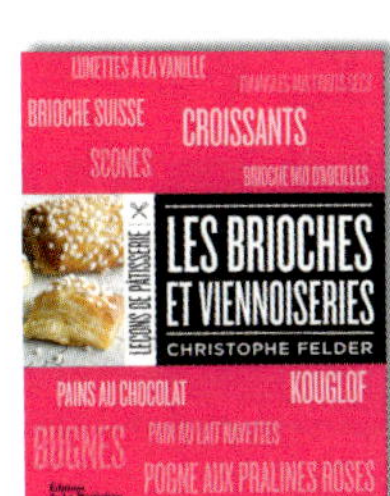

Les Brioches et Viennoiseries

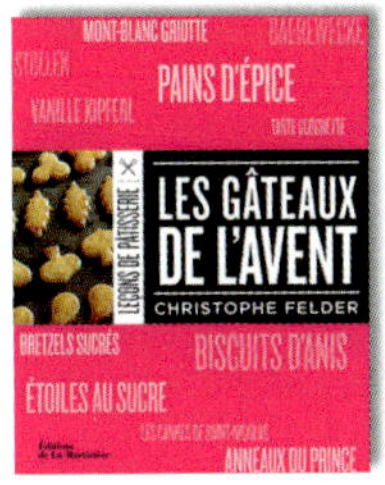

Les Gâteaux de l'Avent

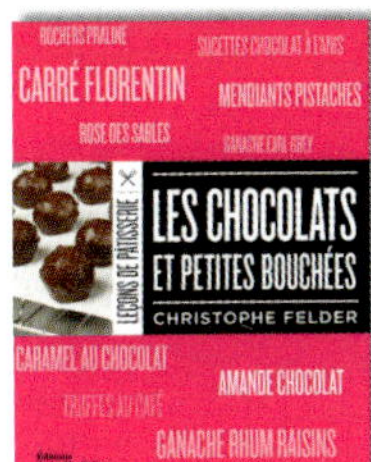

Les Chocolats et Petites Bouchées

LES BEAUX LIVRES

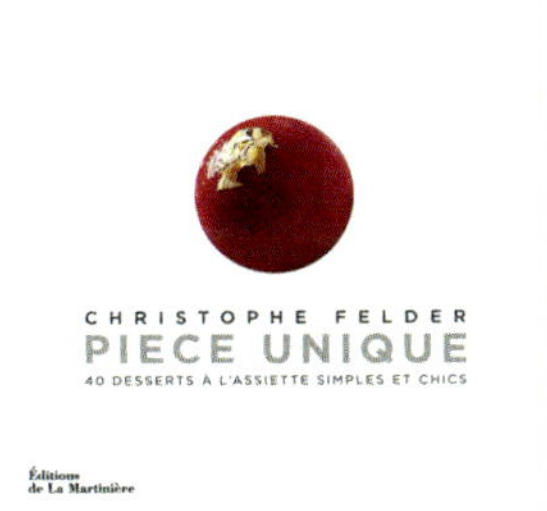

Pièce unique

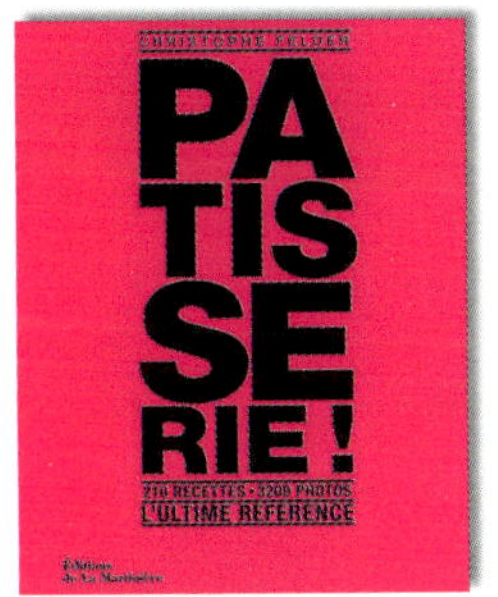

Pâtisserie !

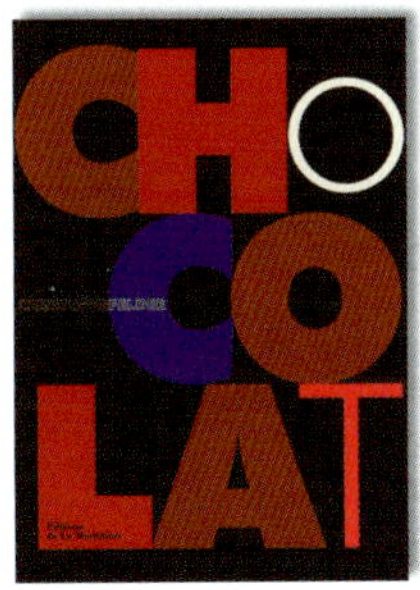

Chocolat

LES AUTRES TITRES

Les pâtes et tartes de Christophe
Les crèmes de Christophe
Les mignardises de Christophe
Mes recettes Haribo®
Mes p'tits Choux
Les Meilleurs Choco-Délices
Les Meilleurs Glaces et Sorbets
Les Meilleurs Mijotés
Les Meilleurs Gratins
Les Meilleurs Clafoutis
Les Meilleurs Gâteaux
Les Meilleurs Macarons
Les Meilleurs Spéculoos
Les Meilleurs Macarons salés
Macarons
Sugar Free

ÉQUIVALENCES THERMOSTAT TEMPÉRATURE

THERMOSTAT 1	=	50 °C
THERMOSTAT 2	=	60-80 °C
THERMOSTAT 3	=	90-110 °C
THERMOSTAT 4	=	120-140°C
THERMOSTAT 5	=	150-170 °C
THERMOSTAT 6	=	180-200 °C
THERMOSTAT 7	=	210-230 °C
THERMOSTAT 8	=	240-260 °C
THERMOSTAT 9	=	270-290 °C
THERMOSTAT 10	=	300 °C

ÉQUIVALENCES GRAMME/CENTILITRE

1 CL = 10 G	15 CL = 150 G
3 CL = 30 G	20 CL = 200 G
10 CL = 100 G	25 CL = 250 G
12 CL = 120 G	30 CL = 300 G

MESURES
DE QUELQUES INGRÉDIENTS

FARINE TOUT USAGE
1 CUILLERÉE À SOUPE = 12 G / 1 TASSE À CAFÉ = 60 G

SUCRE
1 CUILLERÉE À SOUPE = 15 G / 1 TASSE À CAFÉ = 80 G

SUCRE GLACE
1 CUILLERÉE À SOUPE = 9 G / 1 TASSE A CAFE = 70 G

BEURRE
1 CUILLERÉE A SOUPE = 20 G / 1 TASSE À CAFÉ = 80 G

CASSONADE
1 CUILLERÉE À SOUPE = 12 G / 1 TASSE À CAFÉ = 70 G

CACAO
1 CUILLERÉE À SOUPE = 8 G / 1 TASSE À CAFÉ = 40 G

AMANDES EFFILÉES
1 CUILLERÉE À SOUPE = 5 G / 1 TASSE À CAFÉ = 30 G

POUDRE D'AMANDE
1 CUILLERÉE À SOUPE = 10 G / 1 TASSE À CAFÉ = 40 G

NOIX DE COCO RÂPÉE
1 CUILLERÉE À SOUPE = 5 G / 1 TASSE À CAFÉ = 40 G

PENSEZ À BIEN RESPECTER LA PESÉE DES INGRÉDIENTS, C'EST UNE DES CLEFS DU SUCCÈS EN PÂTISSERIE : LA PRÉCISION !

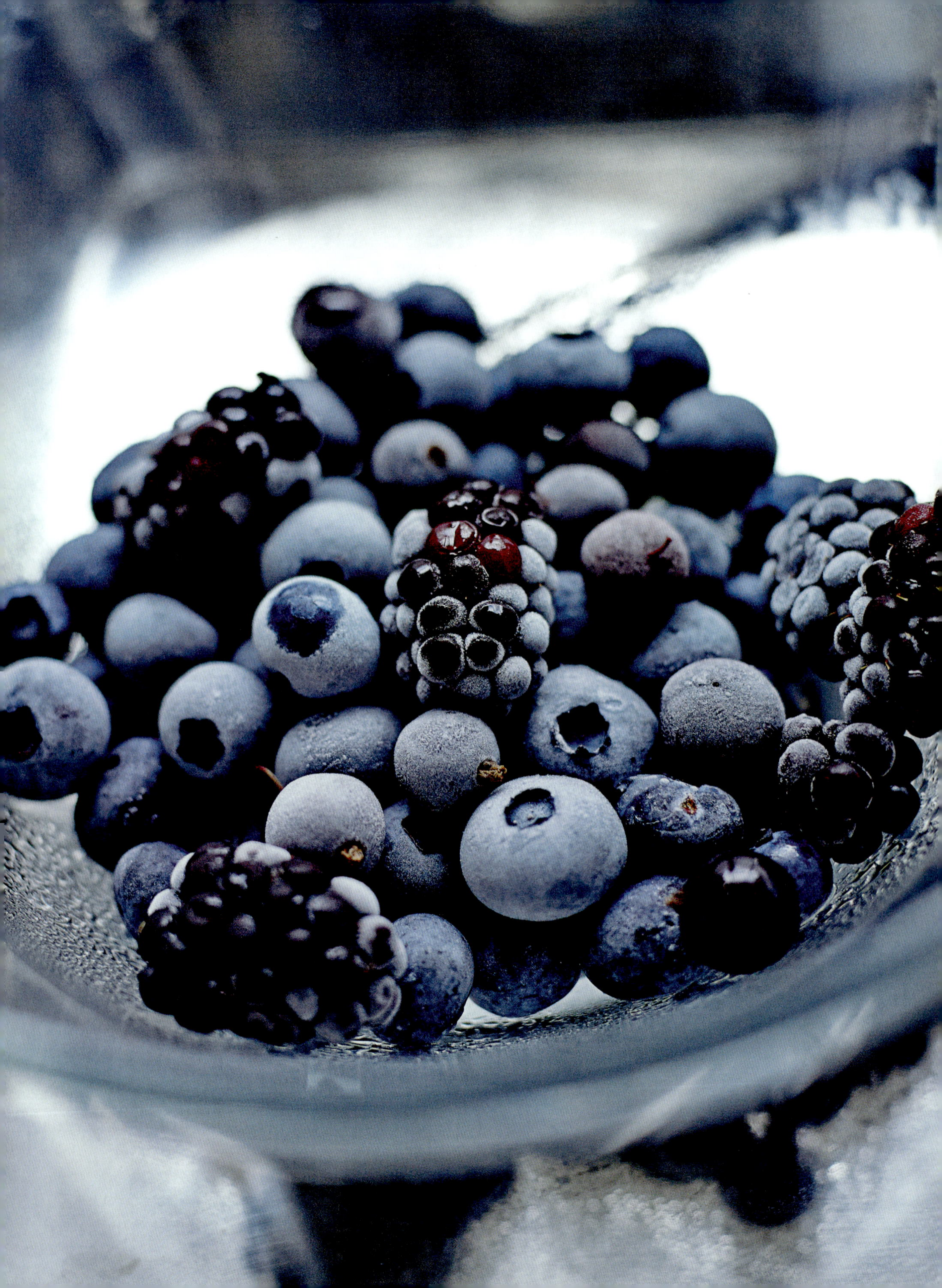

Mes remerciements

Au Big Boss, aux équipes des Éditions de La Martinière.

À Florence Lécuyer, pour son soutien, sa grande compétence.

À Laure Aline, pour sa rigueur de travail, son écoute et tout le reste.

À Jean-Claude Amiel, pour ses fabuleuses images, à Jeanne trop mignonne et talentueuse, à Sandrinette...

À Valérie Gautier, pour son sens artistique et son exigence.

À Benjamin Heuzé, l'homme invisible pour son implication à 100 %.

À Sylvie Kempler, pour sa lecture minutieuse.

À Marie-Hélène Lafin, pour sa fabrication très soigneuse.

À Jean-Luc Valentin.

À Françoise Vauzeilles, à Vianney Santy, pour leur dévouement.

À l'équipe d'Henri Charpentier.

À mes proches...

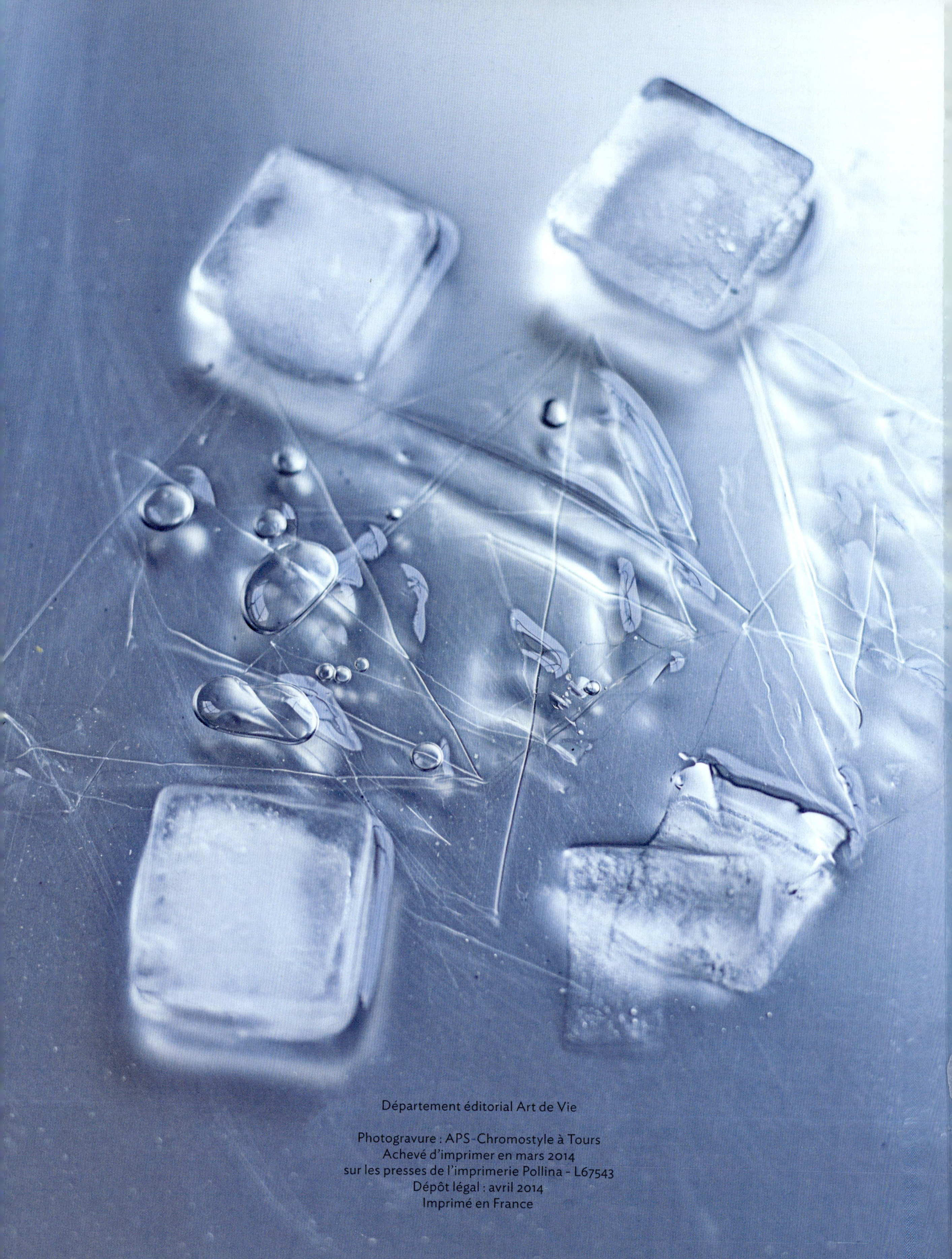

Département éditorial Art de Vie

Photogravure : APS-Chromostyle à Tours
Achevé d'imprimer en mars 2014
sur les presses de l'imprimerie Pollina - L67543
Dépôt légal : avril 2014
Imprimé en France